山东大学年鉴

（2019）

邢占军　史永志　主编

山东大学出版社
·济南·

图书在版编目(CIP)数据

山东大学年鉴．2019/邢占军，史永志主编．—济南：山东大学出版社，2021．4

ISBN 978-7-5607-6979-0

Ⅰ．①山… Ⅱ．①邢…②史… Ⅲ．①山东大学-2019-年鉴 Ⅳ．①G649．285．21-54

中国版本图书馆 CIP 数据核字(2021)第 055820 号

责任编辑：王桂琴
封面设计：牛 钧

出版发行：山东大学出版社
社 址 山东省济南市山大南路 20 号
邮 编 250100
电 话 市场部(0531)88364466
经 销：新华书店
印 刷：山东新华印务有限公司
规 格：787 毫米×1092 毫米 1/16
20 插页 41．75 印张 967 千字
版 次：2021 年 4 月第 1 版
印 次：2021 年 4 月第 1 次印刷
定 价：129．00 元

1 月 3 日，山东大学添翼工程入选首批高校思想政治工作精品项目

3 月 22～23 日，校长樊丽明赴河南省确山县调研脱贫攻坚工作

4 月 26 日，山东大学召开人文社科学术工作会议

5 月 8 日，山东大学与重庆市人民政府签署战略合作框架协议

5 月 27 日，山东大学本科生刘奔在丘成桐大学生数学竞赛斩获金牌

5 月 31 日至 6 月 2 日，山东大学本科生获全国大学生工程训练综合能力竞赛特等奖

6 月 16 日，刘大钧先生荣获 2019 年度“汤用彤学术奖”

6 月 21 日，山东大学海洋学院党委副书记范蕊当选 2019 年全国“最美高校辅导员”

6 月 28～30 日，丁肇中教授受聘山东大学高等技术研究院名誉院长

7 月 5 日，山东大学—南洋理工大学人工智能国际联合研究院揭牌成立

8 月 19 日，中国化学会第十届全国无机化学学术会议在山东大学开幕

8 月 25 日，山东大学学子获第七届“英特尔”杯全国并行应用挑战赛金奖

9 月 11 日，山东大学召开“不忘初心，牢记使命”主题教育动员部署大会

9月12日，山东大学举办科技成果发布会暨重大项目签约仪式

9 月 17～19 日，山东大学与东营、日照、淄博签署校地战略合作框架协议

10 月 15 日，山东大学正式启动百廿山大强校兴国行动

10 月 18～20 日，山东大学联合主办第四届众智科学与工程国际会议

10 月 25 日，山东大学召开 2019 年国际合作与交流工作会议

11 月 14～15 日，党委书记郭新立赴河南确山调研定点扶贫工作

11 月 22 日，山东大学陈子江教授、李术才教授分别当选中国科学院和中国工程院院士

11 月 23 日，山东大学一特拉维夫大学犹太与以色列联合研究所揭牌仪式举行

11 月 24 日，山东大学“智能无人系统”教育部工程中心启动建设

11 月 30 日，山东大学与威海市签署深化校地合作协议

11 月 30 日，山东大学澳国立联合理学院正式成立

12 月 1 日，山东大学研究生在第十六届中国研究生数学建模竞赛中获一等奖

12 月 1 日，山东大学济南宽禁带半导体产业研究院揭牌成立

《山东大学年鉴》编纂委员会

编写说明

一、《山东大学年鉴》(2019)(简称《年鉴》)是山东大学权威性的资料工具书和史料性文献。定期编纂《年鉴》是我校文化建设及校史编纂的基础性工作。《年鉴》编纂坚持以马列主义、毛泽东思想、邓小平理论和科学发展观、习近平中国新时代特色社会主义思想为指导，客观、公正地记载本年度学校在各项工作中取得的成绩，及时总结存在的问题，以史为鉴，促进学校的改革与发展。

二、《年鉴》按自然年度记载2019年学校各方面的工作情况，以学校事业发展为主线，从党政管理、人才培养、科学研究、国际合作与交流、基本建设、校办产业以及图书、档案、出版等各个方面反映了山东大学办学的全貌。内容包括：学校概况、特载、党的建设与思想政治工作、行政工作、学院建设、科研机构、威海校区、齐鲁医院、第二附属医院、全日制毕业生名单、学校各类“委员会”“领导小组”名单、校级及其以上各类先进表彰名单、聘任的各类专业技术人员名单、干部任命名单、大事记及基本情况统计等。

三、《年鉴》编写工作涉及学校各个职能部门，各学院、教学部，威海校区，各附属医院等单位。由于时间仓促、出版任务重及编撰人员水平所限，书中难免存在缺点和不足，敬请读者提出宝贵意见，以便改进。

《山东大学年鉴》编委会

2020年9月

目　录

概　述

特　载

党的建设与思想政治工作

行政工作

学院建设

科研机构

2019 届毕业生名单

各类“委员会”“领导小组”名单

聘用相关专业技术职务及岗位人员名单

组织机构与干部任职名单

基本情况综合统计

大事记

威海校区

附属医院

概　述

2019 年山东大学概况

山东大学是一所历史悠久、学科齐全、实力雄厚、特色鲜明，在国内外具有重要影响的教育部直属重点综合性大学，是世界一流大学建设高校（A 类）。

山东大学是中国近代高等教育的起源性大学。其医学学科起源于 1864 年，开启近代中国高等医学教育之先河。其主体是 1901 年创办的山东大学堂，是继京师大学堂之后中国创办的第二所国立大学，也是中国第一所按章程办学的大学。从诞生起，学校先后经历了山东大学堂、国立青岛大学、国立山东大学、山东大学以及由原山东大学、山东医科大学、山东工业大学三校合并组建的新山东大学等几个历史发展时期。百余年间，山东大学秉承“为天下储人材，为国家图富强”的办学宗旨，践行“学无止境，气有浩然”的校训，踔厉奋发，薪火相传，形成了“崇实求新”的校风，为国家和社会培养了 60 余万各类人才，为国家和区域经济社会发展作出了重要贡献。

近年来，山东大学实现了跨越式发展，各项事业均达到了前所未有的高度，学校的综合水平和办学质量明显提升，国际影响力显著增强。山东大学是中国目前学科门类最齐全的大学之一，在综合性大学中具有代表性，拥有博士学位授权一级学科 44 个，博士学位授权二级学科 1 个，硕士学位授权一级学科 51 个，本科招生专业 93 个，博士后科研流动站 42 个，涵盖除军事学以外的所有学科门类，目前有 18 个学科的学术影响力和贡献能力进入 ESI 世界排名前 1%，5 个学科进入 ESI 前 1‰，与 30 多个国家和地区的 200 余所学校签署了校际合作协议。

学校规模宏大，实力雄厚。总占地面积 8000 余亩（含青岛校区约 3000 亩），形成了一校三地（济南、威海、青岛）的办学格局。现有 4 所直属附属医院，15 所非隶属附属医院。各类全日制学生达 7 万人，其中，全日制本科生 42268 人，研究生 26818 人，学历留学生 1560 人。学校汇聚了一批杰出人才，专任教师 4530 人，中国科学院和工程院院士（含双聘）19 人，“长江学者奖励计划”特聘教授 40 人，青年项目入选者 12 人；国家杰出青年科学基金获得者 53 人，优秀青年科学基金获得者 37 人；“万人计划”领军人才 27 人，青年拔尖人才 12 人；国家百千万人才工程入选者 36 人。学术实力稳步攀升，现有国家级科研平台 12 个，国家“111 创新引智计划项目”6 项，国家级人才培养基地6个，教育部人文社会科学重点研究基地4个，部委级平台64个，另有大批省级重点实验室和工程技术研究中心。

学校始终坚守“为国育贤”办学初心，形成了结构完整、实力雄厚、独具特色的人才培养体系，家国情怀、崇实品格、担当精神、创新素养的“山大基因”广受赞誉。薛其坤、马大为、王小云、彭实戈等4位山大人先后获得未来科学大奖。

在历史发展中，山东大学形成了自己的学科优势和特色。特别是经过20世纪30年代和50年代在青岛办学时期的辉煌与发展，奠定了“文史见长”的学术特色，出现了一批在国内外享誉甚高的人文学者，以及像《文史哲》这样备受关注的学术阵地。2015年8月，学校成功举办了有“史学奥林匹克”之称的第22届国际历史科学大会，这是大会成立115年来首次走进亚非拉国家，创造了大会举办以来在注册参会国家数量、发展中国家历史学家参会人数和青年学者参会人数等多方面最高纪录。三校合并以来，新发展的金融数学、晶体材料、凝聚态物理、胶体界面化学、微生物、机械、材料学、心脑血管功能修复、新药制造、中国古典哲学等学科均达到国内一流水平，有些方向和领域已处在世界水平。

站在新的历史方位，面对新形势新任务新要求，全校师生医务员工正以追求卓越、只争朝夕的精神状态，团结一心，开拓进取，紧密围绕立德树人根本任务，全面深化综合改革，加快完善现代大学制度体系，为早日建成中国特色世界一流大学而不懈努力奋斗！

（张嵩迎）

特　载

在2018年度中层领导班子述职汇报评议会上的总结讲话

郭新立

（2019年1月20日）

同志们：

开展中层领导班子述职汇报，是大家展示工作、总结提高、学习交流的重要方式，也是学校党委了解各单位和部门班子领导能力、工作实绩和年度目标任务完成情况的重要渠道，更是激发干部干事创业热情、推动"双一流"建设的重要举措。刚才樊校长对这次述职工作的评价，我完全同意。可以说，这两天96个单位的述职，述出了成绩、述出了斗志、述出了信心，更述出了未来。

今年威海校区的12个学院首次来到现场，和大家一起参加述职，展现威海校区改革发展所取得的成绩。跟去年相比，今年的述职有继承，更有发展。发展就在于，今年的述职是在学校建立起"首尾相接，红烧中段"的全链条全覆盖体系之后的第一次述职，也是学校中层领导班子调整之后的第一次述职。各单位的述职都体现出了贯彻落实学校第十四次党代会精神，追求卓越、只争朝夕的新风貌和改革发展各项工作的新气象。应该说，大家的述职亮点纷呈、精彩纷呈，让我们感到十分的振奋、十分的感动。

在述职中，既有"吴臻倍增"，更有"洪渭感叹"。"吴臻倍增"代表了学校大力推进人才强校主战略的实施。在过去的一年里，学校高层次人才实现倍增，青年人才也实现了倍增。这充分说明了人才强校主战略的优势和成效开始显现出来。"洪渭感叹"就是洪渭同志前所未有地感受到了党建在学校改革发展中的作用。这句话是发自内心的，说明学校党的建设和改革发展开始从"两张皮"往"一张皮"去融合，说明我们推动党的建设成为学校改革发展最大优势的努力开始显现出作用。

在述职中，我们既看到"医学传奇"在2018年继续书写了新篇章、新辉煌，更看到"承慧文化"在学院改革发展中的作用。"承慧文化"体现的是一种"虎狼文化"。这种文化，体现的是对学院和学校的担当，体现的是对学院和学校的责任，体现的是一种斗志和精神，我们应该为这种文化而喝彩。承慧同志提出的“以新奇思路找到优胜出路”“少立庙，多干事”等一系列改革思路，值得每个学院和单位结合实际、学习借鉴，凝练形成自己学院和单位的文化。

在述职中，我们既听到了“学典呐喊”，更看到了“绪堂反思”。学典同志讲到了学校儒学的发展、人文复兴和社科振兴。从他所讲的“四大金刚”“三驾马车”“龙学双雄”，仿佛看到了“冯陆高萧”“八马同槽”又向我们走来，看到了学校人文复兴、社科振兴的希望，看到了文史见长又见长的大好局面。“绪堂反思”是发自内心的。在去年晶体所国家重点实验室的保卫战中，我和樊校长，还有科研院和晶体所的全体同志都经历了一场“炼狱”般的经历，我们既看到了取得的成绩和为国家所作的贡献，也看到了作为“国家的宝贝”我们为之付出的重要意义，更看到了存在的不足。所以，绪堂同志在台上非常感慨，必须要拿大项目，必须要出大成果，必须要有自己的院士。但是，没有大团队怎么去拿大项目？没有大项目怎么去争取大奖励？没有大奖励怎么能产生大人才？我们为什么要推动大团队、大平台、大项目、大成果的“四大建设”，因为这是从根上解决学校学术核心竞争力不强的一个重要举措。去年新一代半导体材料关键领域核心技术集成攻关大平台的建设，就是我们反思的成果。

在述职中，我们既看到了“丕平之变”，也认识到了“思想困局”对改革发展的阻碍。“丕平之变”，变在哪里呢？变在了思想上、观念上。过去是有多少钱办多少事，现在只要是有利于学校出高峰、有利于学校出“四大”、有利于学校促民生、有利于学校实现“由大到强”，就不差钱。同样，在办学所需要的人、财、物方面，都要有这样的思想转变。我们办什么事，需要空间，不能说没有空间，而是要去找空间；需要设备，不能说没钱买设备，而是要想法把设备买来。这就是一个思想观念的最重要转变。想干大事，想谋大事，想成大事，首先是要有谋、干、成的思想。当然，也有不少单位谈到了存在这样那样的问题，问题的档次也比去年有了很大的提高。这次大家提的困难是什么？交叉学科不能有效进行，缺乏大项目，缺乏大平台，缺乏大人才。但这些还不是最主要的问题，因为这些都是现象。最根本问题的什么？不止一个单位都谈到，就是思想的障碍、思想的束缚。因为很多单位都谈了，所以不好用某一个单位来命名，就把它叫作“思想困局”。这也是我们下一步改革发展，实现“由大到强”的最大障碍。我们必须要破解这个困局，必须要从这个困局之中走出来。一旦我们走出了思想的困局，我们也就走进了“由大到强”的发展征程。

在述职中，我们还看到了大家这一年多付出的辛苦和劳累。我听出这两天很多发言的同志都在感冒之中，在沙哑嗓音的背后，其实是一种辛劳。这一年，大家确实是非常辛苦，我们有点不落忍。对大家所付出的这种辛劳，我和樊校长负有不可推卸的责任，当然我要承担主要责任。因此，在这里我和樊校长要向大家表示真诚的慰问和衷心的感谢！

尽管这次述职还有一些不平衡现象，但总的来看，大家都准备得非常充分，PPT都做得非常精彩，讲得也非常好。台上讲得好，说明大家在台下干得好，走得很坚定，工作抓得也很有成效。可以说，这次会议既是对单位班子和工作成绩的一次大检阅，也是大家相互之间交流学习、共同提高的一次大学习，更是提振士气、谋划未来的一次大动员，充分展现了大家追求卓越、只争朝夕的精神。有了这样的状态，我们在世界一流大学建设的新征程上就有了干劲。这次中层领导班子述职汇报非常成功，主要体现在以下三个方面：

全链条全覆盖体系更加明确。去年学校建立起了任期目标责任制，在各单位制定中长期规划的基础上，我和樊校长与各单位党政主要负责人分别签订了《任期目标责任书》。同时，各单位班子成员也与内设的教学科研系所签订了责任书。俗话说，一诺千金。责任书一旦签订，大家身上的担子和责任就更加明确了。

健全了考核评价体系。第一，强化了对领导班子的考核，只有领导班子和干部个人的考核结果都是好的，才是真正的优秀。领导干部个人好，不能算真正的好。因为领导干部还肩负着一个单位的改革发展的责任。第二，突出了量化实绩考核。今年对各单位和部门的年度工作情况，都形成了考核自评表。在述职中，有几个单位都与任期目标责任书作了一一对应，但是更多的单位对应得还不够。所以，大家一定要把任期目标责任制确定的目标和每年所干的成绩对应起来，看看是不是完成了既定的目标。这样就能不断督促我们去朝着奋斗目标前进。第三，把水平性考核和成长性考核结合起来。今年既有整体考核，又有各个单项的考核。比如，有的单位在考核中会表现很好，说明水平很高，我们要奖励他们继续努力。同时，有些单位可能某一项单项工作成绩突出、整体发展进步明显，我们也应该鼓励。

强化了结果运用。学校党委去年研究讨论考核办法时再次明确，考核结果一定要有效果、有作用，否则就是考而无用，不如不考。今年我们专门下发了中层领导班子和领导人员考核工作的通知，明确了具体考核办法，对考核优秀的，首先要精神奖励，其次还有绩效奖励。对考核不好的，首先要跟班子谈谈话，分析分析原因，然后给一定的时间进行改正。如果连续两年考核还不太好，那就要视情况进行调整。只有这样，才能让考核结果真正地发挥作用。

当然，我们考核的目的不是为了考核而考核，而是要通过考核把大家干事创业、敢于担当的精神调动起来。今天借这个机会，我就下一步改进考核评价工作，推动学校实现“由大到强”历史性转变，再谈几点意见：

一、要提高政治站位，深刻领会担当作为的时代内涵

新时代呼唤新担当，新时代需要新作为。总书记在十九大报告当中特别强调，要完善干部考核机制，旗帜鲜明地为那些敢于担当、踏实做事、不谋私利的干部撑腰鼓劲。中央为此专门印发了《关于进一步激励广大干部新时代新担当新作为的意见》。总书记去年在全国组织工作会议上又特别指出，要建立崇尚实干、带动担当、加油鼓劲的正向激励体系。今天的述职评议，就是按照总书记的要求来做的。

那么，新时代为什么要有新担当和新作为呢？总书记在纪念改革开放40周年大会上有一句话回答得特别好：我们现在所处的，是一个船到中流浪更急、人到半山路更陡的时候，是一个愈进愈难、愈进愈险而又不进则退、非进不可的时候。这既是我们党和国家事业发展面临的新形势，也是我们学校改革发展面临的新挑战。

办好山大的事情，关键在哪里？关键在中层领导班子和干部队伍。大家都是每个单

位的“火车头”，是抓好改革发展稳定的关键，是学校事业发展的中坚力量。我们如果不担当、不作为，我们如果不苦干、不实干，山大就不可能实现“由大到强”的历史性转变，就不可能实现学校第十四次党代会擘画的宏伟蓝图。所以，大家一定要从讲政治的高度进一步提高对这个问题的认识。

二、要强化正向激励，发挥考核激励鞭策作用

考核实际上是一根干事创业的“指挥棒”，引导着大家往什么方向走。今年，我们在考核工作中尝试了一些方面的创新。但考核不能“一种办法包打天下”，必须要与学校改革发展紧密结合起来、与领导班子和干部队伍建设实际紧密结合起来，这样才能真正发挥作用。对领导班子的考核，要经常化、制度化、全覆盖，要看班子整体功能发挥得好不好，要看班子是不是有心往一处想、劲往一处使的政治生态，是不是有敢干事、干成事的使命担当。下一步，我们要进一步在改进完善考核评价制度，建立系统完备、科学规范、有效管用的综合考评体系上下功夫。

一是要注重考在平时。我们的工作开展到哪里，考核就应该跟进到哪里。日常考核就是要近距离接触班子和干部，既看班子的运行状况好不好、决策执行到不到位，又要看班子凝聚力、战斗力强不强，还要看对重大问题的思考深不深、处理复杂问题的能力强不强、推动改革发展的措施多不多。

二是要坚持分类思维。考核不能“一刀切”，否则就会严重影响班子和干部的积极性。今年的考核，我们已经作了一些改进。比如，对教学科研单位和校区、机关及直附属单位的考核体现了侧重点不一样，而且汇报评议成绩也区分不同类别进行排序。下一步，要继续在分类考核上下功夫，根据不同单位的基础水平、职能职责和年度目标，分类设置考核指标，更加突出考核重点。

三是要树立鲜明导向。这个导向就是要更加树立团结起来干大事的导向，这一点也是这次述职中大家表现略有差距的一点。这次述职中，只有陈峰院长讲到了一校三地大物理的概念，也有个别学院谈到了协同做事，但是更多的还没有谈到。我们要实施学术兴校战略，单靠哪一个学科单打独斗是很难完成的，只有大家协同起来，才能干好大事。考核不仅要看班子内部的协同，还要看校区与学校之间的协同、一校三地管理部门之间的协同、职能部门与教学科研单位之间的协同，以及教学科研单位之间的协同。

三、要谋大事、干大事，开启由大到强的新征程

当前，“大而不强”的问题是我们面临的最大挑战。在这两天的述职中，大家也都深刻认识到了。我们必须要下大力气解决这个问题。接下来我们学校领导班子将用两天时间召开寒假务虚会，主题就是“如何实现山大由大到强的历史性转变”。这次务虚会实际上是对前三次务虚会的进一步聚焦和进一步深化，进而找到实现“由大到强”历史性转变的必然路径。请大家回去以后，在各个单位述职的基础上，围绕“由大到强”这个主题，也进行深入研讨，进一步思考每一个学院、每一个基层单位怎么样实现“由大到强”的历史性转变。

同志们，奋斗的征程只有进行时，没有完成时。2019 年有机遇也有挑战。希望大家把这次述职汇报作为新的起点，努力奔跑，奋力追梦，以追求卓越、只争朝夕的精神，以打硬仗、闯难关的坚韧，以敢担当、善作为的干劲，集中力量谋大事、干大事、成大事，加快实现学校“由大到强”的历史性转变，为“双一流”建设作出新的更大贡献，以优异成绩向建国70周年献礼！

最后，我和樊校长代表学校给大家拜个早年，祝大家在新的一年里工作顺利、身体健康、阖家幸福、万事如意！

谢谢大家！

在2019年春季新学期工作会议上的讲话

郭新立

（2019年2月22日）

老师们，同志们：

刚才，樊校长代表学校对去年一年的工作作了系统总结，并对新学年的工作进行了全面部署。学校制定了今年的工作要点，会后将印发给大家，希望各单位认真学习和传达，并结合本单位的工作实际，抓好贯彻落实，确保全年的目标任务能够高质量地完成。

今年的春天仿佛来得特别早，我说的“春天”，指的是山东大学工作的春天，在春寒料峭的寒冬里就已经开始了。很多单位寒假期间不休息，及早部署本单位工作，纷纷召开新学期工作务虚会、研讨会、部署会，体现了大家只争朝夕的精神风貌。2019年是大事之年，也是关键之年，扎实做好今年的工作至关重要。最近一段时间，我们一直在思考一个问题，就是如何实现山东大学“由大到强”的历史性转变。这是去年学校第十四次党代会上明确提出的一大命题。昨天，学校召开了党委全委会。这次全委会，在学校第十四次党代会精神的指引下，在寒假校领导班子务虚会研讨成果的基础上，进一步统一了思想、凝聚了共识。我们聚焦实现“由大到强”的历史性转变，提出了基本思路，明确了行动路径，进行了全面部署，必将对学校未来发展产生重大和深远的影响。下面，围绕学校实现“由大到强”历史性转变，并就如何做好2019年各项工作，我再强调几点意见：

一、提高站位、凝聚共识，深刻理解实现“由大到强”历史性转变的重大意义

如何看待“由大到强”？我们说“由大到强”是一个哲学命题，里面有这样几个关键点：第一，大小和强弱，我过去说过，都是一个比较的概念，但是大家要注意比较的对象是什么。过去我们常常善于自己跟自己比，“由大到强”这个比不是和自己比，是要和别人比，是要和高水平去比，这一点我们要特别地明确。今年在中层述职的时候有一个失误，就是给大家提供的比较数据是各单位2014～2017年的数据，我们发现以后立即做了纠正。也就是说，我们要比就和强的去比，不是和我们的过去去比。第二，大

家一定要理解，大小的比较是个静态的比较，而强弱的比较是一个动态的比较，两者谁强谁胜一定要去打一打、拼一拼才能分得出高低，分出强弱。强弱里面的核心和关键是我们的竞争力强不强，竞争力强了我们才能变强，竞争力不强我们就永远强不了。

怎样看待山东大学的“大”？我们确实大，这个“大”体现在什么方面呢？体现在我们的本科招生规模大，体现在在校生规模大，体现在教师规模大，体现在学科规模大，体现在占地面积大，等等。大家要特别注意到，这个“大”是在一校三地总和的基础上的“大”，也就是说，如果我们一校三地实现了一体发展，我们才有这个“大”的概念。假如说一校三地不是一体发展，而是各行其是，我们连“大”的基础都没有。同时还应该看到，我们在“大”的同时还有很多“不大”的地方，还有很多“小”的地方。比如说，我们的学院虽然数量很大，但是单体的体量都不大；科研经费总量不大；高精尖的设备少；国家级平台少；博士生招生人数与各兄弟高校相比也是属于偏少的情况。与此同时，我们的“不强”问题越来越突出，具体表现在学科、人才、科研等许多体现优势的主要办学指标上，我们现在还都不够强。我们缺乏顶尖学科，第四轮学科评估没有全国排名第一的学科。我们的高层次人才稀缺，尤其缺少高层次的领军人才，上一次收获院士还是2007年。我们的学术核心竞争力不强，近两年斩获国家级科技大奖的情况在国内高校当中也还处于劣势，好在去年我们终于打破连续几年空白的局面。我们的人才培养理念创新和模式也不够，很多专业还都是停留在十年前的培养质量上。这些都足以说明，“大而不强”已经成为目前学校发展中最大的问题。

当前，中国的发展、山东的发展、中国高等教育的发展也都是“大而不强”。所以，山东大学“由大到强”的转变，实际上是与中国、山东和中国高等教育发展处在同一个历史脉络上、同一个发展时期内。我们要准确把握学校“由大到强”的丰富内涵，就必须要站在新时代历史方位中，在中国“由大到强”、山东“由大到强”、高等教育“由大到强”的背景下、过程中、使命里，去分析、去思考、去认识。

最近，我刚参加了山东省人代会，会后我们也召集学校的省人大代表和省政协委员召开了座谈会。大家都有突出的感受，这个感受就是山东在变。山东不仅在变，而且在酝酿着更大的变化，这种变化体现在思想上、体现在站位上、体现在理念上，大家可以看一看龚正省长代表省政府所作的政府工作报告。我们一致认为，山东的发展为山大的发展带来了难得的历史机遇，也给我们的发展提出了非常大的挑战。以前我开省人代会没有感受到压力，这次开人代会我深深地感受到来自山东发展对于山东大学的压力。这个压力恰恰形成一个动力，也就是在山东“由大到强”的历史进程中，为我们山东大学实现“由大到强”创造很多有利条件。整个逻辑是这样的，山大的“由大到强”一定是在山东“由大到强”的转变过程中去实现，而山大和山东实现“由大到强”必将助力我们国家实现“由大到强”的历史性转变。实现“由大到强”的历史性转变，是对学校第十四次党代会精神的深入落实，是对“三个阶段”安排和“六大战略”的聚焦深化。只有加快实现这个转变，让学校真正强起来，才能在“双一流”建设的激烈竞争中赢得主动。我们必须要紧紧抓住重大历史机遇，把握大势、抢占先机，迎难而上、众志成城，坚定不移地推动实现这次具有深远意义的重大转变。

我们可以从三个方面深刻认识实现“由大到强”历史性转变的重大意义。

第一，实现“由大到强”，是我校奋起赶超重塑辉煌的时代使命。

回顾学校过去100多年的光辉历程，曾在20世纪先后创造两次辉煌，赢得了“海洋学科远东第一”“生物学科全国最好”的美誉，形成了“文史见长”的特色。加快实现“由大到强”的历史性转变，建设“大而强”的山东大学是全体山大人的美好期盼。形势逼人，挑战逼人，使命逼人，包括在座各位在内，全校上下憋足了一口气，铆足了一股劲，希望山大重塑辉煌的呼声特别强烈。面对我们当前的困境，面临的压力和老师的期待，现在我们没有退路，必须背水一战才会有唯一的出路。我们必须认清差距、奋起直追，积极抢抓跨越发展的重大历史机遇，一心一意走内涵式发展道路，全面增强我们的核心竞争力，再造创新发展新优势，加快实现“由大到强”的历史性转变，确保学校在激烈竞争中立于不败之地。

第二，实现“由大到强”，是山东大学积极探索世界一流大学建设道路的伟大实践。

我过去曾经讲过历史不同时期的世界一流大学，其内涵完全不同，而一流大学的背后其实是一流的强国。中国要想建设我们的世界一流大学，必须要创造我们的世界一流大学的理念，而这个理念的创造，要按照习近平总书记提出的“扎根中国大地办大学”去探索、去落实。我们只有扎根中国大地办大学，才能创造出中国特色世界一流大学的理念，才能支撑起中华民族的伟大复兴。我们必须要积极地探索一条山大人自己的成功道路。在国家经济转型的过程中，在高校从规模扩张到高质量发展的转型过程中，山东大学作为历史悠久、学科综合、特色鲜明并在“双一流”建设高校中具有典型性和代表性的大学，必须要走在前列，争做新时代高等教育的排头兵，我们必须要在加快实现“由大到强”历史性转变过程中赢得发展主动，在办出一流水平中带动我国高等教育质量的整体提升，切实为高等教育强国建设作出新时代的山大贡献。

第三，实现“由大到强”，是山东大学提升服务国家和山东能力水平的迫切需要。

一直以来，国家和山东对我们学校一直高度重视、大力支持、寄予厚望，特别是最近，山东对山东大学的支持进一步加大。这次人大代表和政协委员在山东省“两会”期间一个突出的感受，就是省里对山东大学现在是普遍赞扬，从刘家义书记、龚正省长，到济南、威海、青岛的领导，还有我们的校友，都对山大的变化赞誉有加，寄予了殷切的期望。但是反观我们自己，服务国家重大战略需求和山东高质量发展的意识还不够强，能力还不够高，成效还不够大。我们经常有点感到力不从心，根源在哪儿？其根源就在于我们的学术核心竞争力不强，缺少“金刚钻”。新时代要有新担当新作为，我们的办学宗旨“为天下储人材，为国家图富强”在新时代应该如何践行？这就需要我们全面增强核心竞争力，大力提升服务国家战略需要和山东经济社会发展的能力，使我们的发展与党和国家的事业发展相适应，同人民群众的期待相契合，同我国综合国力和国际地位相匹配，为新时代国家发展、民族复兴和社会进步积极贡献“山大智慧”。

二、聚焦关键、突出重点，切实找准实现“由大到强”历史性转变的行动路径

下一步，我们的工作基本思路是：坚持以习近平新时代中国特色社会主义思想为指引，创新发展理念，突破思想困局，激发办学活力，强化战略思维，瞄准主攻方向，全面实施“六大战略”，积极做好实现学校“由大到强”转变与对接科技前沿、融入国家

战略、助推山东发展紧密结合这篇大文章，服务大局谋大事，凝聚力量干大事，深化改革成大事。这是我们实现“由大到强”的一个前提和基础，必须要融入科技前沿，必须要融入国家战略，必须要融入山东发展。我过去常说的一句话就是“不入主流，难成一流”，王学典老师又加了一句话，“不在前沿，难成伟业”，说的就是这么个意思。具体如何干呢？我们就要坚持以质图强，聚焦提升学术核心竞争力这一关键，聚力做强学科、做强学院两大重点，充分发挥党的领导在改革发展中的最大优势，加强资源统筹，锐意改革创新，制订实施《百廿山大强校兴国行动方案》，全力推进学科更新换代，加快推高学科整体水平，集中打造一流学科高峰，探索完善以“强院兴校”为核心的一校三地管理体制机制，扎实推动内涵式发展，切实提升办学质量和办学效益，加快实现“由大到强”的历史性转变。

以上就是我们实现“由大到强”的一个基本思路。核心点很简单，就是“121”——“1”就是聚焦学术核心竞争力这一个关键；“2”就是两个重点，一个是做强学科，一个是做强学院；再一个“1”，就是发挥我们党的领导这个最大的优势。

第一，加快学科更新换代，努力实现“学科之强”。

一流大学的本质其实就是一流的学科，我们说建世界一流大学关键要建世界一流的学科。在实现“由大到强”历史性转变的进程当中，必须要凝练学科方向，汇聚人才队伍，建设创新平台，构建各学科要素一体发展的现代化学科体系。这些学科要素大家可能都耳熟能详，但是请大家注意，我这里特别用了一句话，就是各要素一体发展，也就是学术方向和学术队伍以及我们的创新平台，一定要实现一体化。围绕着学术方向构建学术团队、搭建学科平台，这才是整个学科建设的全部内容。

一是要推进学术方向的现代化。学科的现代化或者说是学科的更新换代，其首要任务是学术方向的现代化，是学术方向的更新换代。很多同志经常谈起我们的学科方向老化、碎片化的问题，所以在学术方向上面临非常重的任务，学术方向能否凝练好，是我们下一步能否谋事、干事、成事的基础和前提。学术方向都没有高峰，就很难在学科上建成高峰，学术方向的凝练就是要按照“三个面向”，也就是面向世界科技前沿、面向经济主战场、面向国家重大需求，这里面也包括山东的需求，持续强化学术方向的凝练。对接国家战略和山东新旧动能转换的需要，有效整合淘汰弱势、老化方向，集中配置资源，支持重点、优势、前沿方向，努力形成学术方向上的高峰。要积极推进学科布局动态调整，认真做好学科的“加减法”，切实优化学科结构，有效消除学科短板，加快提升学科的基准水平。

在这方面，现在很多学院都已经开始着手工作。比如说，我们的历史文化学院，我刚来山大的时候专门看了历史学科的分析报告，老师们认为我们学校的历史学科如果跟复旦的历史学科去比的话，复旦历史学科的学术方向都在国家主流上，而我们历史学科的学术方向都不在主流上。历史学院为了解决学科分散这一根本问题，最近他们做了一项工作，凝练出了五个方向，包括中国古代制度文明研究、明清海洋与对外关系史研究、义和团与近代中国研究、抗日战争与近代中国研究、全球史与跨国史研究等。这体现了历史学科的前沿和国家的重大需求，同时他们在这五个方向的每一个上都组建了十多个人以上的学术团队，现在每个学术团队都已经开始在研究论证。同时，历史学院的方辉院长也跟我作了很深入的交流，他们在考古学上也在进行一项很大的工作，即如何在考古学上形成我们的比较优势。去年，考古学人才引进有非常大的突破，现在他们正在策划如何把国际上的考古，包括传统的考古优势，以及下一步我们要拓展的海洋考古紧密地结合起来，打造出山大的考古优势。非线性期望前沿科学研究中心，则是我们的数学学科不断地做学术方向凝练的具体体现。上个学期，我经常跟彭实戈老师聊一聊，他说我这大半年干了一件事，就是逐渐把我的方向凝练出来了。现在他们是以非线性数学期望研究为基础，带动金融数学、密码数学、海洋数学、生命数学、控制数学和基础数学，其中还有我们的医学领域。我有时候开玩笑讲彭实戈教授在研究糖尿病，他们确确实实在研究，用数学的方法研究糖尿病的治疗问题，他所能解决的问题可能是医学不能解决的问题。也有反面的例子，我们有的学院长期以来学术方向不凝练，不在前沿上，老化现象十分严重。我今天不点这个学院的名字，但是我从外面的渠道听到，比方说国家有关部门的同志，主管学术的同志跟我说，在这个方面看不到山东大学这个学科的影子，听不到这个学科的声音。学术方向的老化对其他方面都会带来影响。前几天开省人大会时的一个人大代表，也是一个国有企业的老总跟我说，他说“郭书记，我过去经常请山东大学来办班，后来发现我们学校办的班讲的课程千篇一律，老不变化，我们最近不请山东大学办了，我们现在请浙江大学去给我们办了”。这就说明，学术方向不凝练，学术不发展，你连培训都做不好。

这里要强调一点，我们要大力推进学科的交叉融合。我过去常说，现在我们已经进入大科技时代，大科技的时代靠单一的创新主体很难再作出科研上的重大创新。学科交叉是推动学科发展、催生知识创新的有效途径，是科学发展的主流态势。看一看这些年诺贝尔奖获得者，基本都是通过搞学科交叉而获得的。所以，我们必须要发挥学科的综合优势，遵循“汇聚一融合一交叉一新兴”的学科发展规律，打破学科壁垒，整合学科资源，促进基础学科、应用学科交叉融合创新，下大力气推动一流学科群的综合发展。我们要建设跨学院、跨学科的新型交叉研究机构，统筹推进 Med-X 创新工程、理工交叉、文理交叉，等等。要超前布局具有前瞻性和战略性的新兴交叉方向，建设好一批能够支撑结构转型、产业升级和区域发展的新兴学科、交叉学科，培植学科生长点，抢占学科制高点。这是我们山东大学的未来。我们现在不做这项工作，后人会埋怨我们，只有把这项工作做好了，才能使我们学校的发展始终处在充满勃勃生机的发展状态下。

前不久，韩启德同志到我们学校来，他是我们医学教育战略发展咨询委员会主任。启德同志跟子江同志说：“现在的创新都是方法学上的创新，子江同志你这个生殖做得非常不错，假如这个生殖联合物理学、电子学、信息学，能够实现物理上的可见，你就是全国第一。”所以方法学的创新是什么呢？就是一种思维的创新，就是一种思维范式的转变。我也经常谈起李术才团队，术才的学术做得非常不错，他们获得了很多的国家奖。我去看他们的研究时，术才跟我介绍过，两个关键点的突破都是靠他的博士生女朋友帮助完成的。大家一定要分清，不是李术才的女朋友，是李术才博士生的女朋友，这两个学生的女朋友分别在化学学院和信息学院，她们在解决两个关键点上给了很大帮助。其实这就是学科交叉，不同学科交叉所产生的奇异现象。

二是要推进人才队伍的现代化。世界一流大学建设归根到底是人才的竞争，我们现在面临的两个突出的问题，其中一个就是高层次人才的短缺。我们必须要完善学校的杰出人才体系，着力建设以讲席教授、特聘教授、杰出中青年学者为核心的高层次人才队伍，下大力气、有针对性地引进培育院士、战略科学家、跨学科领军人才、重点领域急需人才，加快实现高层次人才的重大突破。第二，要打造团队。学术方向凝练好了，必须要有一个团队跟上去。过去我们老说大团队、大平台、大项目、大成果，没有大团队产生不了大成果，承担不了大项目，最后也产生不了大人才。上个学期我们推出了“6＋6”攀登计划创新团队，下一步我们要加大团队的培育力度，特别是我们还要精心培育一批高水平的青年创新人才团队。我上次在科技工作会议上讲了，学校对于团队建设的支持“上不封顶”，需要多少给多少，但还有一条是“下不保底”，没做好我们也不给钱。我们还有一条政策，就是“永不关门”，哪个学院的团队培植好了，我们都给予支持。

三是要推进创新平台的现代化。平台是学科最重要的载体，是学术竞争力的集中体现。我们现在的问题就是国家级的平台太少，我们有很多平台建设还存在这样那样的问题，因此要更加聚焦服务国家战略，鼓励问题导向的探索性研究，以前瞻性科学研究和国家重大任务为驱动，推动学院和科研机构的组织形态从“原子型”向“网络型”转型。围绕承担前沿课题、支撑重大需求、提供基础理论，整合资源、强化协同，加大学科建设所需的重大基础设施和大型仪器装置装备建设。培育和建设一批国际合作前沿科学中心，不断提升科研的国际竞争力。

有了好的方向，有了团队，还需要有一个支撑的载体，这个载体就是平台。平台的水平越高，学科的水平最后就越强。上个学期，我们在平台建设上下了一番功夫。新一代半导体材料关键领域核心技术集成攻关大平台，正是瞄准了当前我们国家解决“卡脖子”问题的需要，教育部专门布局了一批重大攻关科学大平台，其中我们学校是首批批准建设的 6 个平台之一。一个是有我们的基础，第二将来我们要通过一种创新体制机制打造一个新型的科技创新平台。同时，非线性期望前沿科学研究中心也入选了，通过了教育部“珠峰计划”论证。我们现在正在筹备建立的、马上就要完成的，是丁肇中先生提议建立的山东高等技术研究院，山东省给予了我们非常大的支持。今后，我们学校要有一批能够进入国家队的平台，下面还要有一层面向山东省、教育部的平台。我们这些平台建设好了，就会有效地支撑学术核心竞争力的增强，实现我们“由大到强”的历史性转变。

四是要推进学科生态的现代化。学科是有生态的，我说的生态，第一个生态就是政治生态，没有一个好的政治生态就不会有好的学术生态。如果一个学院内部、一个学科内部整天乌烟瘴气，这个学科好不了。因此我们要通过政治生态的打造，营造一个好的学术生态。第二个生态，是有一个学科的文化生态。这个文化生态，就是我们要建设以学术为核心的大学文化，而这个大学文化，应该是建立在社会主义核心价值观基础之上的大学文化。我们要尊重差异、鼓励探索、宽容失败，支持我们的学者勇担时代使命、静心创造创新、潜心科研攻关，营造崇尚学术、尊重学者、关爱学生、淳化学风、光大学统的良好学术生态。还要健全以学术卓越为价值追求的激励机制和荣誉体系，推动形成崇尚精品、严谨治学、注重诚信、讲究责任的优良学风，以良好的学术生态环境激发学术共同体成员的认同感、归属感、荣誉感、责任感。第三个生态就是学科自身的生态。学科本身有的是提出问题的，有的是提供手段的，有的是面向国家发展需要的。不同的学科，各自有各自的发展任务，同时在学科发展中又承担着各有侧重的任务。所以，你去看世界的一流大学，为什么都是或者主要是综合性大学，学科生态是一个非常重要的基础和条件。山东大学在这方面有着得天独厚的优势，早在1951年我们跟华东大学合并的时候，那时候是彭康同志负责，他就谈到当时的山东大学是所有大学当中最完备的大学。到了今天，我们这个优势依然存在，我们44个一级学科博士点，覆盖了除军事学以外的所有学科门类，因此很多的学科都可以在这种良好的学科生态当中找到创新的发力点。

前两天，陈增敬和洪静兰两位老师——他们俩都是青岛市的人大代表，洪静兰是搞环境的、增敬同志是搞数学的。开会期间，静兰把自己的研究和增敬同志一说，增敬说你这个问题实际上就是数学指导下的环境发展。我跟静兰说了，数学跟她的研究一结合，就可能会找到一个新的跨越，这就是学科综合的优势所在。

第二，实施强院兴校行动计划，努力实现“学院之强”。

过去我们常常讲到一个例子，就是动车的例子。大家都坐过过去的绿皮火车，绿皮火车的特点是，一个火车头拉着一列车厢，60公里的速度。而现在，从济南到北京最快只用1小时22分钟，为什么？因为有了动车，动车的特点就是每节车厢都有了动力，所以每小时能跑350甚至400公里。在学校发展当中也是一样，学院是学校办学的主体，是学校一切改革和发展工作的落脚点，学院不强则山大不强。因此，实现山大的“由大到强”的落脚点和着力点就是“建强学院”。我们必须切实树立把学院做强的指导思想，制定实施强院兴校行动计划，进一步凸显学院的办学主体地位，有效地提高学院的理财能力、谋事能力、统筹能力和发展能力。

一是要加大制度创新力度。深化“放管服”改革，推动管理重心的下移，支持学院目标导向的制度重构，实现学术要素的重新分配、优化组合，最大限度激发一线组织和个体的发展活力。这个制度的创新，实际上就是责权利的有机融合。我刚才讲了每节车厢都有了动力，这就带来一个很大的问题，动力匹配的问题。假如说动力匹配不够好的话，就会出现翻车的现象。在我们强院过程中，这个制度的重构就是要把动力的匹配做好，要把责权利有机地进行衔接和统一。

二是要推动综合预算改革。不断完善学院自主决策机制，探索建立以人事和财务二级管理制度为核心，人事权、资源配置权和事务处置权统分结合的校院两级管理体制。过去我们的学院花钱有很多的规定，一个格子一个格子，我们老说打酱油的钱不能买醋，经费的割裂造成我们学院办不了大事，很多东西受到制约。应该说，国家在经费的管理上最近有了非常大的突破，“双一流”的建设经费过去我比较熟悉，我们对人才的经费、科研的经费、设备的经费，都有很多比较细的规定。最近国家把这个条件约束打破了，“双一流”的经费可以统筹使用，因此，我们也准备在国家下放权力的基础上，也进一步向学院下放权力，把这些格子通通打掉，增强学院的理财能力，推动学院去谋划大事。你只有理财能力强了，谋事能力才强，你的发展能力才强，你的统筹能力才强。这些能力强了，学院就做强了。

三是要启动强院兴校行动试点。选取一批党的领导强、改革意识强、发展基础好的学院进行改革探索，有力破解制约发展的体制机制障碍，不断激发改革发展的活力和动力。

第三，推进治理体系和治理能力现代化，努力实现“管理之强”。

我们必须从异地多校区办学格局的最大实际出发，大力实施一体发展战略，加强学校党委对各校区的集中统一领导，创新完善管理体制机制，建立以强院兴校为核心的一校三地管理体制机制，在推进一校三地办学进程当中，探索构建山大特色的现代大学制度。

一校三地是我们的现实，我过去说过，这也是我们的优势，但这有一个前提，必须要一体发展，实现了一体发展才是我们的优势，反之就可能成为不了我们的优势。要想实现一体发展，必须要建立一校三地一体化的管理体制机制。这个管理体制机制究竟如何建立，我觉得里面有两个点特别关键：第一，我们要加强各校区党工委的领导作用，因为各校区党工委实际上是处在一校三地发展的“腰”上，这个“腰”不硬，整个校区挺不起来。我们要明确校区党工委就是代表学校党委在本校区履行管党治党、办学治校的主体责任，我们要建立健全校区决策请示报告、定期汇报、述职评议、校区负责、部门协同、资源激励等制度。第二，一校三地的管理体制机制一定要建立在“服务学院”的前提下。山东大学的所有学院都具有平等的地位，都拥有同样的权利。我们的管理体制机制是干什么的？我们的管理体制机制就是怎么样为学院发展做好服务，我们的一校三地管理体制机制一定要建立在这个前提下。因此，我们要构建教学、科研、人事、资产等各项工作统筹谋划、协同推进的工作机制，打造校区机关优质高效服务学院品牌活动，进一步做好各校区的“增值服务”和“特色服务”。比如，在面向学院上，学校科研院和各个校区的科研院是一体化管理，大家共同围绕如何对学院做好服务，共同研究，确立各自的职责。

我们还要全面提升管理现代化水平。一是要加快能力提升。要遵循能力提升规律，打破传统考评思路，创新考评机制，建立健全既适应时代要求又与实现“由大到强”相融合的核心能力标准体系，尽快让管理队伍的能力素质强起来。今年 1 月中旬，我们进行了全校的中层述职，述职的结果还是非常好的，昨天常委会也通过了述职的考评结果，下一步我们还要进一步完善考评机制，也就是我们所说的“首尾相接、红烧中段”，用考评来激励大家。二是要注重制度激励，发挥以人为本的制度激励作用，建立健全高效便捷、协同有力、权责明确的制度体系和工作机制，充分调动管理队伍的积极性、主动性、创造性，有力推动各项工作高效运转、落实落细。三是要狠抓作风建设。紧紧围绕“为师生提供优质高效服务”目标，坚持把作风建设纳入党的建设总体规划，瞄准作风建设的难点、堵点、痛点持续发力，进一步明晰作风建设的责任体系，大力提升作风建设的针对性和实效性。上个学期，我们大力抓了机关作风建设，基本实现“两不出”的目标，但是机关作风建设的任务依然十分繁重，这个学期我们要继续推进、持续发力。在这方面，我们领导班子要带头。昨天的党委常委会通过了一项文件，就是领导班子成员带头深化作风建设、弘扬新风正气的“十项要求”。这“十项要求”里有政治的要求、落实的要求、担当的要求、八项规定的要求。我们说从自身带起头来，带头改进作风。这个文件适用于学校班子成员、党委常委、校长助理，适用于所有的党委委员、所有的纪委委员，适用于各校区党工委委员，各学院、各基层单位参照执行。学校党委的要求是，参照执行就是执行，我们领导同志关键少数先要在作风上带起头来。

第四，建立协同推进的工作格局，努力实现“协同之强”。

长期以来，学校各项工作普遍存在协同不强的突出问题。对此，我们必须要增强协同意识，提升协同能力，明确协同责任，提高各部门间协同作战的能力。一是大力加强校领导班子成员间、学校部门间、校部机关与校区机关间、机关与学院间以及学院间的协同，积极构建上下联动、横向协作、合力推进的工作格局。二是竭力消除不愿协同、不善协同的僵化思维和工作惯性，努力营造“想协同、能协同、善协同”的制度文化，抓好方案协同、落实协同、效果协同，促进各项改革举措在政策取向上相互配合、在实施过程中相互促进、在工作成效上相得益彰。

第五，扎实推进党的建设新的伟大工程，努力实现“领导之强”。

如何使党的领导、党的建设和全面从严治党成为我们学校改革和发展的最大优势，关键在学校党委的作用、学院党委的作用、党支部的作用和党员的作用能不能发挥出来，最核心的就是一定要破解“两张皮”的问题，“两张皮”变成了“一张皮”就是优势，“两张皮”还是“两张皮”就不是优势。去年，我们在破解“两张皮”上作了一些探索，但是还不够，还没有真正破解。怎么破解？党的建设“5＋2”体系——政治建设解决什么问题？解决政治生态问题。思想建设解决什么问题？解决思想解放问题。作风建设解决什么问题？解决我们的机关作风建设问题。纪律建设解决什么问题？解决一个底线的问题，解决一个规矩的问题。组织建设解决什么问题？解决一个凝聚力的问题。制度建设贯穿其中，在重点领域做好反腐败的斗争。我们把这篇文章做好了，“两张皮”就变成了“一张皮”。在党的建设伟大工程当中，我们要努力破解“两张皮”的问题。

三、锐意进取、担当有为，积极汇聚实现“由大到强”历史性转变的磅礴力量

我刚才对“由大到强”历史性转变的意义和思路阐述过了，大家已经明确，下一步关键是要把理念和思路落实到行动上、体现在成效上。我们一定要发扬“钉钉子”的精神，以追求卓越、只争朝夕的奋进姿态，以担当作为、狠抓落实的工作劲头，一锤接着一锤敲，一环接着一环拧，一项接着一项抓，从点的突破推动面的进展，加快实现“由大到强”的历史性转变。

一是要在把好“方向盘”上下功夫。作为中国特色社会主义事业的重要组成部分，确保各项工作在党的领导下沿着正确的政治方向前进，是山东大学全面推进“双一流”建设、加快实现“由大到强”历史性转变的根本保证。我们在各自岗位上，要切实做到以“四个意识”导航、“四个自信”强基、“两个维护”铸魂，把党的教育方针全面贯彻到学校改革发展过程中，坚定不移、毫不动摇地走中国特色世界一流大学建设道路，努力培养社会主义事业建设者和接班人。我这里特别要强调一点，随着近年来意识形态领域的矛盾更加突出、形势更加复杂、斗争更加激烈，全校各级干部必须提高做好新时代意识形态工作的能力，切实认识到意识形态工作的极端重要性，切实履行意识形态工作责任制，始终把意识形态工作的领导权、管理权、话语权牢牢掌握在手中。

二是要在用好“金钥匙”上下功夫。上学期大家在述职的时候，很多同志都谈到，现在制约我们发展的不再是钱，不再是空间，最大的障碍是我们的思想，我们把它命名为“思想困局”。“思想困局”不破，我们的事业很难发展，我们的难题就很难解决。我们正是因为有了“丕平之变”，才有了经费保障能力的提高；正是有了“德建之变”，才有了办学空间的保证。在各个方面我们都要破解我们的“思想困局”，破解“思想困局”最好的办法就是学懂弄通做实习近平新时代中国特色社会主义思想，用好这把“金钥匙”，以当代最鲜活的马克思主义指导推动学校实现“由大到强”的历史性转变。

三是要在种好“责任田”上下功夫。习近平总书记特别强调，伟大梦想不是等得来、喊得来的，而是拼出来、干出来的。落实不到位，是致命的问题。没有落实，再宏伟的蓝图都将是一纸空文。正月初七，山东省召开了“担当作为，狠抓落实”工作动员大会，我们几位同志都参加了这个会议，山东把2019年确定为“工作落实年”。家义书记对干部提出了五条要求，就是“转变作风，扑下身子抓落实；鼓足干劲，振奋精神抓落实；加强学习，提高本领抓落实；创新方法，完善机制抓落实；严明纪律，步调一致抓落实”。家义同志的讲话，对我们抓好各项重点任务，加快实现“由大到强”的历史性转变具有重要的指导意义。今天在座的，都是全校各部门各单位的负责同志，要把“由大到强”的“规划图”变成“施工图”，把“实现一流”的“时间表”变成“计程表”，大家是关键少数，重任在肩、责无旁贷，一定要心无旁骛干事业，聚精会神抓落实。要恪尽职守，认真抓好学校全委会和本次新学期工作会议精神的学习传达、贯彻落实工作，聚焦“由大到强”的目标，紧密结合本单位、本部门的工作实际，高标准、严要求、高质量地推进各项工作。要率先垂范，始终保持干事创业的激情和活力狠抓落实，不断增强抓落实的本领，切实把“由大到强”的行动路径变成我们最扎实有效的举措，努力干出风采、干出成效。学校将切实用好全链条全覆盖的落实机制，围绕关系推动“由大到强”历史性转变的各项重点任务，不断明确抓落实的目标，加快抓落实的行动，保证抓落实的质量，把“严”和“实”的要求贯穿实现“由大到强”历史性转变的全过程，精准发力，久久为功，善作善成。

我们这次会议结束之后，各个学院都要动起来，要研究本单位如何实现“由大到强”。从现在起，我和樊校长及班子成员都开始接受预订，大家有什么好的想法，有什么好的举措，都可以跟我们来谈，我们到学院去跟大家一起研究，一起解决问题，一起推进各个学院和中层单位的发展。

最后，我还要特别强调一下安全问题。2019年，我们将面临很多敏感的时间节点，安全稳定工作形势严峻，各级党组织、各单位要牢固树立“安全重于泰山，稳定压倒一切”的意识，始终绷紧安全稳定这根弦，提前研判、制订预案、加强联动，认真做好包括政治安全、网络安全、交通安全、食品安全、消防安全、实验室安全、校园安全等一系列安全工作，强化重点防范和管控，务必维护学校和谐稳定的发展大局。昨天学校党委常委会专题研究了安全工作，我们现在每个学期的第一次常委会都要研究安全工作。近日，我们还要对全校进行安全工作部署，所以务必请大家对安全工作高度重视起来。

老师们，同志们！实现“由大到强”的历史性转变，是我们站在中华民族伟大复兴和高等教育强国建设的关键节点上，必须担承好的光荣使命，必须落实好的重大任务，必须回答好的时代命题。让我们紧密地团结在以习近平同志为核心的党中央周围，高举习近平新时代中国特色社会主义思想伟大旗帜，不忘初心、牢记使命，真抓实干、埋头苦干，以敢打硬仗、勇闯难关的坚韧，以担当作为、敢做善成的干劲，谋大事、干大事、成大事，加快实现学校“由大到强”的历史性转变，努力开创中国特色世界一流大学建设新局面，以强校兴国的坚实行动和优异成绩，向新中国成立70周年献礼！

我就讲这些，谢谢大家。

培根铸魂　守正创新
为加快构建中国特色哲学社会科学
作出山大贡献

——在山东大学人文社科学术工作会议上的讲话

郭新立

（2019 年 4 月 26 日）

老师们，同志们：

大家上午好！

今天，我们在这里召开人文社科学术工作会议，意义重大。这次大会是深入贯彻习近平新时代中国特色社会主义思想和党的十九大精神，面向新时代的新形势和新要求，积极谋划山东大学人文社科振兴发展的大会；是全面落实学校第十四次党代会精神，大力实施“六大战略”，推动实现山东大学人文社科“由大到强”历史性转变的大会。召开这次大会，就是要在认真总结学校人文社科学术工作的基础上，深刻认识和理解新形势下高校人文社科工作者培根铸魂的历史使命，坚持守正创新，破除思想困局，凝聚共识、加强协同、谋划未来，明确新时代山东大学人文社会科学发展的道路。

2016 年 5 月 17 日，习近平总书记在哲学社会科学工作座谈会上发表重要讲话时指出，“要加快构建中国特色哲学社会科学”，为新时代我国哲学社会科学的发展指明了道路和方向。今年 3 月 4 日，总书记在看望参加全国政协十三届二次会议的文艺界、社科界委员时强调，“一个国家、一个民族不能没有灵魂，文化文艺工作、哲学社会科学工作就属于培根铸魂的工作”，勉励广大哲学社会科学工作者要坚定文化自信、把握时代脉搏、聆听时代声音，坚持以精品奉献人民、用明德引领风尚，指明了新时代哲学社会科学工作者的历史使命，对做好新形势下哲学社会科学工作提出了明确的要求。总书记关于哲学社会科学的重要讲话精神，是我们确定山东大学人文社会科学发展道路的根本遵循。

围绕新时代背景下山东大学人文社会科学的发展道路，以及如何坚定不移地沿着这条道路走下去、为加快构建中国特色哲学社会科学作出山大贡献，我谈三点意见：

一、为国家立心，为民族铸魂，深刻理解新形势下发展人文社会科学的重大意义

一个国家、一个民族的强盛，总是以思想为先导，以文化为支撑。实现中华民族伟大复兴，离不开哲学社会科学的繁荣发展。同自然科学一样，哲学社会科学是人类在长期的历史过程中形成的、把握世界的精神方式，是人们认识世界和改造世界的强大思想武器，是推动历史发展和社会进步的重要力量。正如总书记所强调的，“一个国家的发展水平，既取决于自然科学发展水平，也取决于哲学社会科学发展水平”。

当今世界正处于百年未有之大变局，当今中国正进行着人类历史上最为宏大的实践创新。我们要实现“两个一百年”奋斗目标和中华民族伟大复兴的中国梦，必须破解现阶段和新形势下存在的种种发展难题。比如，如何巩固马克思主义在意识形态领域的指导地位，培育和践行社会主义核心价值观，巩固全党全国各族人民团结奋斗的共同思想基础；如何贯彻落实新发展理念，加快转变经济发展方式，提高发展质量和效益，保障和改善民生，促进社会公平正义；如何提高改革决策水平，推进国家治理体系和治理能力现代化；如何加快建设社会主义文化强国，增强文化软实力，提高我国在国际上的话语权；如何不断提高党的领导水平和执政水平，增强拒腐防变和抵御风险能力，使党始终成为中国特色社会主义事业的坚强领导核心，等等。新的历史条件下，我们在进行伟大斗争的过程中、在推进中国特色社会主义事业的过程中，哲学社会科学具有不可替代的重要地位，哲学社会科学工作者具有不可替代的重要作用。

对于山东大学来讲，发展人文社会科学具有更为重要和深刻的意义。山东大学百余年历史中的两次辉煌，主要是在人文社科领域实现的。20 世纪 30 年代，闻一多、老舍、梁实秋、沈从文、游国恩、洪深、台静农等一批文史大师会聚山东大学，这些名家从不同领域对中国人文学术新范式进行了探索，成为国内人文学术相关领域的重要奠基人和开拓者，奠定了山东大学“文史见长”的学术传统。20 世纪 50 年代，山大的文学领域出现了以“冯陆高萧”为代表的古典文学研究群体，语言学领域出现了以二殷为代表的研究群体。历史学科由“八马同槽”领衔，在中国古代史和古代思想史等领域的研究独步学界，成就卓著。《文史哲》的创办为建国后中国人文学术研究范式转向和学术思想交流提供了重要平台。山大学者抓住研究范式转向的机会，比较准确地把握了社会思想变革的规律和趋势，引领了时代的潮流，创造了山大的第二次辉煌。两次辉煌奠定了山东大学的学术地位，为山大在海内外赢得了广泛的学术美誉。在新时代背景下，我们迎来了新的历史性机遇和挑战，这就是构建中国特色哲学社会科学。我们能否抓住这次学术范式重大转向的历史性机遇，再次引领时代潮流，创造山东大学人文社科的新辉煌，是摆在所有山东大学人文社科工作者面前的一份时代考卷。

二、面向时代，面向人民，明确新时代山东大学人文社会科学的发展道路

一个时代有一个时代的学术追求。站在新的历史起点上谋划山东大学人文社会科学的发展，一定要牢牢坚持马克思主义指导地位，在习近平新时代中国特色社会主义思想指引下，走出象牙塔，强化与现实的互动，面向时代和人民，面向中国现实，植根中国大地，立足学术前沿，服务国家需求，在若干学科领域和方向上形成山东大学的绝对优

势或比较优势，培育造就中国特色哲学社会科学“山大学派”，为加快构建中国特色哲学社会科学作出山大贡献。

(一) 坚持马克思主义指导地位，用好习近平新时代中国特色社会主义思想“金钥匙”

一项伟大事业的完成，不能没有伟大思想的指导。习近平总书记指出，坚持以马克思主义为指导，是中国特色哲学社会科学的灵魂所在、优势所在，是当代中国哲学社会科学区别于其他哲学社会科学的根本标志，必须旗帜鲜明加以坚持。我们发展人文社会科学必须始终坚持以马克思主义为指导，一要真懂真信；二要解决好为什么人的问题；三要落实到怎么用；四要落到研究我国发展和我们党执政面临的重大理论和实践问题上来，落到提出解决问题的正确思路和有效办法上来。

习近平新时代中国特色社会主义思想是在解决我国发展和我们党执政面临的重大理论和实践问题过程中形成的21世纪马克思主义，是当代中国马克思主义。我们要坚持用好习近平新时代中国特色社会主义思想这把“金钥匙”来破解人文社科发展中面临的问题。要加强习近平新时代中国特色社会主义思想研究，切实增强运用总书记思想解决实际问题的能力，将贯穿其中的鲜活思想灵魂体现到严谨治学的各个方面。要在习近平新时代中国特色社会主义思想的系统化、学科化、学理化方面作出山大贡献。

(二) 做大做强主流方向，奋力争创世界一流

新时代背景下，山东大学人文社会科学的发展一定要提高站位，要充分认识到，党和国家对人文社会科学的需要，就是山东大学人文社会科学发展的主流方向。我们的研究，要把握主流方向、契合主流方向、融入主流方向。我经常讲，“不在主流，难成一流”。学校各项事业的发展，包括人文社会科学的发展，一定要和国家发展紧密联系在一起，一定要和实现中华民族伟大复兴的中国梦紧密联系在一起，一定要和培养德智体美劳全面发展的社会主义建设者和接班人联系在一起。新时代党和国家对人文社会科学的要求可以从两个方面来理解，一个是“文化引领”，一个是“实践指导”。“文化引领”主要面向人文，“实践指导”主要面向社科。我们实施学术兴校战略，发展人文社会科学，人文一定要在“文化引领”上下功夫，社科一定要在“实践指导”上下功夫，坚持中国特色、山大特色，进行学术方向凝练和学术资源整合，认清形势，把握大势，找准切入点，顺势而为，抢占先机。只有立身国内主流，才有可能争创世界一流。总书记指出，“解决好民族性问题，就有更强能力去解决世界性问题”，我们要在主流方向上做大、做强、做出特色的同时，不断提升国际话语权和国际影响力，努力争创世界一流。

(三) 致力于优秀传统文化传承创新，实现文化引领

构建中国特色哲学社会科学，是文化自信的体现和要求。中华民族有着深厚的文化传统，文脉相传，内容宏富，形成了富有特色的思想体系，体现了中国人几千年来积累的知识智慧和理性思辨。中华优秀传统文化的资源，是构建中国特色哲学社会科学十分宝贵、不可多得的资源。山东大学在中国古典学术领域有着深厚的历史积淀，在中华优秀传统文化传承和创新方面有着独特的优势，我们一定要在“文化引领”方向上作出突出成绩，努力成为传承创新中国优秀传统文化最具代表性大学。一定要抓住机遇、继承传统、光大学统，以中国古典学术为中心构建优势学科群，大力加强以儒学为代表的特

色研究，深入挖掘中华优秀传统文化蕴含的思想观念、人文精神、道德规范，注重中华优秀传统文化的创造性转化和创新性发展。要在中国已经进入新时代、全球化日益加速的背景下，对中华优秀传统文化思想精华进行提炼、总结，充分融入新时代的创新性实践当中，为构建中国特色哲学社会科学、铸就中华文化新辉煌作出山大贡献。

（四）坚持问题导向，直面时代问题，不负使命担当

人文社会科学，特别是社会科学的发展，一定是在回答时代问题的过程中实现的。总书记指出，坚持问题导向是马克思主义的鲜明特点。问题是创新的起点，也是创新的动力。只有聆听时代的声音，回应时代的呼唤，认真研究解决重大而紧迫的问题，才能真正把握住历史脉络、找到发展规律、推动理论创新。山东大学人文社会科学的发展，一定要与国际背景、国家战略、区域需求同向发力，从全球治理、国家治理、服务山东中找到山东大学的位置。

一是要在中国参与全球治理大背景下，总结中国经验，彰显中国智慧，提供中国方案。中国逐渐走到世界舞台中央，开始参与全球治理。一方面，中国特色社会主义建设的伟大成就举世瞩目，我们有条件在把中国实践总结好的基础上，为解决世界性问题提供思路和办法；另一方面，中国古代的鸿篇巨制中包含着丰富的哲学社会科学内容、治国理政智慧，为古人认识世界、改造世界提供了重要依据。这两方面都是我们参与全球治理不可多得的优势资源。我们的人文社会科学要勇于面对“全球治理”这一新的挑战，用好我们的优势资源，围绕新的全球治理体系构建，着力提出能够体现中国立场、中国智慧、中国价值的理念、主张、方案。

二是要在国家深化改革转变治理模式大背景下，发挥特色优势，研究时代课题，贡献山大力量。新形势下，人文社会科学要深入研究和回答我国发展和我们党执政面临的重大理论和实践问题，以我们正在做的事情为中心，从我国改革发展的实践中挖掘新材料、发现新问题、提出新观点、构建新理论，加强对改革开放和社会主义现代化建设实践经验的系统总结，提炼出有学理性的新理论，概括出有规律性的新实践。要加强对社会主义市场经济、民主政治、先进文化、和谐社会、生态文明以及党的执政能力建设等领域的研究，加强对党中央治国理政新理念、新思想、新战略的研究阐释，着力推进中国特色新型智库建设，形成山东大学的智库品牌，为深化改革和国家治理献计献策。

三是要面向社会需求和山东发展，开展社会服务，助力新旧动能转换和乡村振兴。学校第十四次党代会提出“服务山东战略”，并作为学校长期坚持的目标要求和“双一流”建设的重要内容。大学的发展离不开地方经济社会发展的支撑，大学的成果也要反哺经济社会发展。服务社会作为现代大学的一项基本职能，不仅是社会的客观需要，也符合大学自身发展的逻辑。服务山东既是学校扎根齐鲁义不容辞的责任，也是学校推动事业发展的强有力举措，更是学校“双一流”建设的必由之路。山东大学人文社会科学的发展，要坚持“服务山东战略就是服务国家战略，服务山东发展就是服务国家发展，扎根齐鲁大地创建世界一流大学”的理念，进一步重视并做好服务山东工作，积极组织和发动广大人文社科工作者参与文化山东、经济山东、教育山东等方面工作，力争在服务中推动自身发展、增强实力、提高水平，加快人文社会科学发展振兴的进程。

三、担当作为，同频共振，开创山东大学人文社会科学发展新局面

新时代背景下，山大文科发展的关键是道路、格局、视野，这个问题解决了，根本问题才能解决。前面讲了道路问题，那么格局、视野问题怎么解决？我们的答案是建设中国特色哲学社会科学“山大学派”。

（一）培育造就与时代同频共振的“山大学派”

培育造就中国特色哲学社会科学“山大学派”是我们发展人文社会科学的总抓手。我们讲的“山大学派”不是狭义的学术流派，而是指在山东大学具有绝对优势或相对优势的学术领域和方向上，会聚一流的学者群体，像20世纪50年代的“冯陆高萧”和“八马同槽”。我们培育造就“山大学派”，要把“加快构建中国特色哲学社会科学”的总要求，与山大人文社会科学对新形势新问题的回应紧密地结合起来，下大力气凝练学术方向，在若干特色学科领域和方向上形成山东大学的绝对优势或比较优势，在这些领域、方向上会聚一批大学者、名教授，推出一批大成果。

我们培育造就“山大学派”，要深入学习领会习近平总书记关于加快构建中国特色哲学社会科学的要求，真正理解构建中国特色哲学社会科学在中国特色社会主义事业中的战略地位和重要意义，积极主动发挥山东大学在构建中国特色哲学社会科学中的作用。“山大学派”一定是在解决中国特色社会主义发展的重大理论问题和现实问题中建立的，不能承载时代重任的学派是没有任何意义的，人文社会科学的发展一定要跟国家战略紧密结合起来。

培育造就“山大学派”是发展人文社会科学的中心任务。我经常讲，要“谋大事，干大事，成大事”，培育造就“山大学派”就是我们人文社会科学发展的大事。我们要瞄准世界一流凝练学术方向，“精准滴灌”而不是“大水漫灌”，彻底改变我们学科“有高原、无高峰”的现象，形成面向未来的、国际一流的事业布局。“栽下梧桐树，引来金凤凰”，有了这样的事业布局，才能以事业前景吸引人才会聚，同时给人才提供发展的空间，形成正向循环，在增强学术核心竞争力的基础上实现“由大变强”的历史性转变。

（二）增强核心竞争力，掌握重大话语权，提升国际影响力

培育造就“山大学派”、增强学术核心竞争力，是我们人文社会科学掌握重大话语权、提升国际影响力的必由之路。没有话语权、影响力的大学，不会是世界一流大学。我们培育造就“山大学派”，不是为了独善其身，而是为了兼济天下。向内看，我们的目标是为国家立心、为社会明德、为人民铸魂；向外看，我们的目标是探索关系人类前途命运的重大问题。前不久，学典教授在《光明日报》发表的一篇文章中谈道：“中国学者必须要具备大抱负、大境界、大追求、大关怀、大视野和大动力。”我认为谈得非常好，值得我们去思考。习近平总书记指出，面对世界范围内各种思想文化交流、交融、交锋的新形势，如何加快建设社会主义文化强国、增强文化软实力、提高我国在国际上的话语权，迫切需要哲学社会科学更好发挥作用。所以，我们要主动适应我国现阶段的综合国力和国际地位，解读中国实践，构建中国理论，增强学术核心竞争力，努力在学术命题、学术思想、学术观点、学术标准、学术话语方面提高能力和水平，全面提

升我们的学术影响力、社会影响力和国际影响力，力争使我国的发展优势和综合实力转化为话语优势、文化优势。立足文化自信，主动作为，构建有中国底蕴、中国特色的思想体系、学术体系和话语体系，推动中华文化与世界文明交流互鉴，在“中华文化走出去”方面有所建树，为实现中华文化引领，构建人类命运共同体贡献山大力量。

（三）营造英才辈出、群贤毕至的学术生态

培育造就“山大学派”，核心是人才队伍。学术生态好了，有利于育才、引才、留才，高水平人才多了，才能有更多高水平成果。首先，要加大政策支持。我们要进一步完善人、财、物等管理制度，为人文社会科学发展创造条件。要进一步完善评价考核、职称评定和人才遴选制度，形成良好的人才激励机制，促进优秀人才不断成长。我们这次大会要讨论推出“华岗奖”“青年学者优秀成果奖”，建立规范的奖励体系，表彰有突出贡献的学者，以增强人文社科工作者的荣誉感、责任感、获得感。其次，要营造良好的学术风气。要把软约束和硬措施结合起来，推动形成崇尚精品、严谨治学、注重诚信、讲求责任的优良学风。广大人文社科工作者要树立良好学术道德，自觉遵守学术规范，立志做真学问、大学问。要把社会责任放在首位，严肃对待学术研究的社会效果。第三，要加强人文关怀。我们有了制度、有了规定、有了指标、有了考核，但是我们更要积极采取措施帮助学者，为学者创造条件，在工作生活上要真心实意地关心，做到感情留人、事业留人、待遇留人，力所能及地帮助学者解决实际困难，让学者感受到家一般的温暖和家人一般的关爱。

（四）创新体制机制，为人文社科振兴保驾护航

培育造就“山大学派”，必须要有相应的体制机制作为支撑和保障。一是要改革科研组织模式。首要一点是凝练学术方向，在此基础上组建团队、搭建平台，有的交叉学科还需要组建跨学科、跨学院的团队，这需要我们探索一些新的科研组织模式，围绕学术方向的发展需求提供相适应的制度供给，增强科研人员的流动性，为组建科研团队、搭建科研平台，创造更有利的条件，提供更有力的支撑。二是要改革人事管理制度。要本着“谁干大事谁有用人权”的原则，实行“首席专家”负责制，赋予“首席专家”更大的用人自主权，统筹“进”和“出”，组建起高水平的学术团队和平台来“干大事”“成大事”。要探索试行校内科研人员“双聘”制度，进一步增加科研人员的选择权和组合自由度，面向重大现实问题推进学科交叉融合创新。三是要改革学术评价制度。评价制度必须符合我们的发展战略。要“追求卓越”“由大变强”，评价制度就必须树立“质量导向”。要坚持分类评价，探索推广“代表作”评价、小同行评价，形成更有利于产出高水平成果的导向和激励机制。

（五）追求卓越，担当作为，狠抓落实

首先，要加强党对人文社科工作的领导。作为新时代中国特色社会主义事业的组成部分，山大文科发展必须加强和改善党的领导，在党的领导下沿着正确的政治方向前进，这是人文社会科学加快实现“由大到强”历史性转变的根本保证。要切实做到以“四个意识”导航、“四个自信”强基、“两个维护”铸魂，把党的教育方针全面贯彻到学校人文社会科学发展过程中，坚定不移、毫不动摇地走中国特色世界一流大学建设道路。其次，要加强部门协同。人文社会科学振兴发展的关键环节在于方向凝练、资源整

合、团队组建，这就要求打破制约学术协同创新的制度壁垒，实行更灵活的用人机制和适应新形势要求的学术评价机制。各职能部门要在学校党委统一领导下，围绕“学术兴校”战略和学术发展新要求，共同研究新问题、解决新问题，以“协同之强”支撑和保障“文科之强”。第三，要发挥二级单位主动性。二级单位是学术核心竞争力的承载主体，担负着把学校“规划图”变成“施工图”、把“由大到强”的行动路径变成具体举措的重担。我们要推动管理重心下移，实现学术要素的重新分配、优化组合，充分发挥各级学术委员会作用，尊重科研一线的实际需要和首创精神，在文科发展中充分激发二级单位的积极性、主动性和创造力。第四，要提升管理服务队伍的能力水平。人文社会科学的发展，不仅需要高水平的学术人才队伍，同样也需要与发展目标相适应的高水平管理人才队伍。要加大干事创业、勇于担当的高水平管理队伍的建设力度，加快能力提升，注重制度激励，狠抓作风建设，努力打造一支高水平的管理服务队伍。

老师们、同志们，希望大家通过今天半天的会议，明确新时代山东大学人文社科发展的道路和方向，会后还要下大功夫研讨完善拟出台的相关政策。道路和方向明确了，制度和文件出台了，关键还在于落实。一定要把会议精神贯彻下去，会议文件要抓紧征求意见，特别是征求一线教学科研人员的意见，修改完善后尽快下发。该《意见》中提到的每一项工作——平台、智库、团队、项目等要一一落实。这些都落实好了，学术方向就凝练出来了，团队就组建起来了，平台就能搭建出来了，“山大学派”的四梁八柱就有了。

老师们，同志们，今天的中国正经历着我国历史上最为广泛而深刻的变革，这是一个需要理论而且一定能够产生理论的时代，这是一个需要思想而且一定能够产生思想的时代。这样的时代，人文社会科学可以大有可为，也必将大有作为。我们要立时代之潮头、通古今之变化、发思想之先声，积极为党和人民述学立论、建言献策，担负起历史赋予的光荣使命，创建中国风格、中国气派和中国特色的学术体系、学科体系和话语体系。希望大家树立高远志向、秉持高尚情操，有信仰、有情怀、有担当，积极行动起来，为增强山东大学人文社科学术核心竞争力、实现人文社科“由大到强”历史性转变，为培育造就中国特色哲学社会科学“山大学派”，为早日实现中国特色世界一流大学的“山大梦”作出新的更大贡献！

谢谢大家！

在山东大学2019年全面从严治党工作会议上的讲话

郭新立

（2019年5月28日）

同志们：

今天，我们召开山东大学2019年全面从严治党工作会议。这次会议的主要目的是，认真学习贯彻党中央关于全面从严治党的精神、部署、要求，清醒认识目前学校全面从严治党面临的形势，部署下一步全面从严治党重点工作，以全面从严治党的实际成效引领和推动学校实现“由大到强”的历史性转变。下面，我谈几点意见。

一、认真总结经验，清醒认识目前学校全面从严治党面临的形势

去年，全校各级党组织把学习宣传贯彻习近平新时代中国特色社会主义思想和党的十九大精神作为首要的政治任务，紧紧围绕新时代党的建设总要求，紧紧围绕学校第十四次党代会确定的目标任务，坚持和加强党对学校工作的全面领导，扎实推进全面从严治党，引领推动全面从严治校，在全面建设世界一流大学的征程中迈出了坚实一步。刚才三位同志的发言，让我们清楚地看到了这些取得的成效。

一是政治统领不断彰显。坚持从政治的高度谋大势，成功召开学校第十四次党代会，规划了“三步走”战略安排、明确了“六大战略”“十大任务”，把全校上下的思想统一到党委决策部署上来，力量凝聚到共同的目标上来。坚持围绕中心抓党建、抓好党建促发展，明确实现“由大到强”历史性转变的行动路径，倡导“谋大事，干大事，成大事”，推动党的建设和学校事业发展深度融合。坚持党管人才，大力实施人才强校战略，人事人才体制机制改革全速推进，高层次人才数量大幅提升，形成具有山大特色的杰出人才体系，各项人才指标与2017年相比均实现倍增，尤其青年人才储备增速明显，队伍结构日趋完善，人才储备更加雄厚。大力实施学术兴校战略，先后召开科技工作会议、人文社科工作会议，科研创新成果不断涌现，学校整体实力稳步提升。坚持从政治的高度保稳定，牢牢掌握意识形态工作领导权、话语权，不断强化意识形态阵地建设和

管理，旗帜鲜明地解决了一些意识形态领域出现的问题，统筹了政治安全、实验室安全等一系列安全工作，确保学校各项事业平稳有序发展。全校师生医务员工“四个意识”明显增强，“四个自信”更加坚定，“两个维护”的自觉性、坚定性不断增强，全校上下呈现出昂扬向上、追求卓越的蓬勃朝气。

二是思想引领不断提升。坚持以习近平新时代中国特色社会主义思想武装头脑、指导实践、推动工作，创新学习模式，在科研创新、文化创新、总体国家安全观、综合改革、审计工作等方面取得了明显成效。规范化、常态化开展全校政治理论学习，开展处级以上领导干部深入学习贯彻习近平新时代中国特色社会主义思想和党的十九大精神集中轮训，引导广大师生医务员工进一步将习近平新时代中国特色社会主义思想内化于心、外化于行。加强对教师的思想引领，深入推进师德师风建设，组织向艾兴院士、赵明义先生学习活动，发挥先进典型的示范带动作用，以榜样的力量引导人、激励人、感召人，有两个教师团队分别获评全国和山东省“黄大年式教师团队”。坚持以理想信念铸魂育人，紧紧围绕立德树人根本任务，大力推动习近平新时代中国特色社会主义思想进教材、进课堂、进头脑，学习总书记在思政课教师座谈会上的讲话精神，加强思政课程与课程思政的有机融合，积极构建“三全育人”长效机制和工作格局，学生思想主流持续积极健康向上。

三是组织保障不断夯实。坚持把全面从严治党主体责任向基层压紧压实，制定落实全面从严治党“两个责任”任务清单、党风廉政建设责任制考核实施细则、问责条例实施细则等制度，进一步打造“知责明责一履责尽责一考责问责”的责任链条。出台《关于加强和改进基层党建工作的意见》，构建学校党委、基层党委、党支部、党员“四位一体”工作体系，在破解党建工作和业务工作“两张皮”问题上取得了积极进展。推动对标争先，加强示范引领，打造了一批全国全省党建标杆学院、样板支部和“双带头人”工作室。加强干部队伍建设，突出政治标准选人用人，扎实做好换届调整工作，中层领导班子配备和干部队伍结构进一步优化，选人用人满意度和公信力大幅提升。加大培养年轻干部力度，实施优秀青年教师和年轻干部校内双向挂职“双百人计划”。严格实行中层领导班子任期目标责任制，制定进一步抓好落实工作的实施意见，完善干部考核考评机制，出台容错免责实施办法，首次把中层领导班子考核与绩效分配挂钩，进一步健全“定目标一抓落实一严考核一强保障”的工作链条和制度体系，有力激发了干部队伍干事创业的内生动力和发展活力。

四是作风转变不断深化。坚定不移纠正“四风”，严肃查处违反中央八项规定精神问题并通报曝光，坚决防止不正之风。牢固树立以师生为中心的工作理念，推出服务师生“十件实事”，不断优化服务师生工作流程和工作制度，加强信息化建设，初步实现“教师办事不出学院、学生办事不出校区”，机关部门的服务意识明显增强，办事效率明显提高。刚才财务部丕平同志讲到了他们的“三个转变”，我认为“丕平之变”带给学校的影响是深远的，变得是思想观念，不再拘泥于有多少条件就办多少事，而是有多少事就去想多少办法，只要有利于师生、有利于发展，就千方百计去探索、去突破、去落实，我特别希望有更多部门、学院能多一些这样的改变。

五是党内监督不断强化。以学习贯彻新修订的《中国共产党纪律处分条例》为重点，深入开展党章党规党纪宣传教育。深化运用监督执纪“四种形态”，加大对“关键少数”约谈力度，加强对“重点领域”的监督力度，对违规违纪人员严肃处理，对失职失责事件严肃问责，切实提高纪律规矩的严肃性和权威性。从严从实深化巡视整改，开展“回头看”式对标对表，整改任务顺利完成。进一步加强督查巡察工作力度，分类别、有重点、有计划地开展了基层党组织政治巡察，集中发现了一批带有普遍性、代表性、苗头性的问题，督促指导整改落实，促进各项事业健康发展。党员干部的底线意识、规矩意识明显提高，不断向廉洁自律的高线看齐、向履职尽责的高线看齐、向先进榜样的高线看齐，全校政治生态持续向好。

总体来看，全校上下共同努力，党对学校工作的全面领导不断加强，党的领导优势得以彰显，学校改革发展与党的建设同向同行、同频共振、同步推进，展现出新气象、新担当、新作为。成绩可圈可点、值得肯定，但问题也客观存在、不容回避，刚才向阳同志已经提到了一些足以让我们警醒的具体问题。立足新的时代，与党中央的要求相比，与学校“双一流”建设的客观需要相比，与师生医务员工的期盼相比，我们还存在一些不容忽视的问题，具体表现在以下几方面：

一是管党治党、办学治校还没有“严”到位。全面从严治党基础在“全面”，关键在“严”，要害在“治”。“严”应是贯穿管党治党始终的主线，应是办学治校基本的底色。目前学校全面从严治党向基层延伸还存在冷热不均的问题，有的党组织、有的同志对“严”的认识还不够到位。有的政治生活不严，理论中心组学习制度执行不严格，民主生活会还有走过场现象，“三会一课”制度落实不到位；有的动真碰硬不够，面对意识形态领域出现的问题不能做到敢于亮剑、善于亮剑，对不良风气不能做到敢于斗争；有的管理监督不严，要求不高，对干部教师存在的问题碍于情面，不敢批评，师德师风、考风学风、违纪违法等方面问题时有发生。最近，本科生院通报了几起教学事故，有的教师上课迟到一个多小时，严重影响教学秩序，现在正按照相关规定进行处理。我们是一所大学，培养人是我们的基本任务，大家记住四个字，“上课为大”，老师给学生上课是天大的事情，什么时候也不能忘记。出现上课迟到一个多小时这种情况，就是非常严重的问题。以后，“严”的意识、“严”的要求、“严”的举措要贯穿工作的全过程和各方面，抓常抓长、落细落小。

二是党的建设与事业发展深度融合还不够到位。我们一直想努力破解“两张皮”的问题，现在“两张皮”的现象我们在认识上做到了，但具体工作中还存在现实的困惑和本领的恐慌。大家可以从刚才三位同志的发言中，学习他们的一些好的做法。党建强则事业强，党建兴则事业兴，事业发展受阻的背后一定是党的作用发挥出了问题，如果班子不够团结，沟通协调不顺畅，凝心聚力不够，就形不成专心干事业、潜心治学问的良好氛围。最近我们有的国家级平台在评估当中发现了问题，表面上看，是人才问题，是学术问题，是学科问题，但根本上是政治生态出了问题，是党的领导出了问题，是党的建设出了问题。我们邀请薛其坤院士来帮助我们整改，薛院士在讲话当中提到，要做好整改，首先要加强党的领导。院士说的这些话就让我们认识到问题的深刻性。

三是治理体系和治理能力现代化水平还不够高。治理体系是制度建设，治理能力是制度执行，二者密切联系。在制度制定上，有的对国家相关政策把握还不到位，研究还不充分，出台政策的评估和预判还不够足，发挥基层和群众的首创精神不够，有的制度操作性不强，执行不下去；有的制度要求过宽过低，制度不“长牙”，不“长牙”的制度就等于废纸一张。在制度执行上，有的规划多落实少，制度制定后就放下了，缺乏追踪和监督；有的执行不严格，遇到问题就想破规矩，信息公开不到位，内控机制不健全。同时，一校三地一体推进的协同机制还不健全，学校整体上现代化、信息化的服务手段与一流大学建设和多校区办学的实际还有较大差距，服务内容、服务时效与教职医务员工的期盼尚有距离。

四是干部队伍的能力提升与作风转变还不够。有的干部政治意识不强，不能以党章和廉洁自律准则的标准约束自己的言行，比如在对待公与私的问题上存在模糊认识，立场不坚定，不能做到公私分明、先公后私。有的政治能力不足，比如实验室安全问题，中央有明确要求，学校党委三令五申，但就是在这样的情况下，化学院、药学院、生命学院还依然发现问题，说明没有将安全工作放在“讲政治”的高度来落实，满足于传达了、部署了、要求了就算完成了这种“低功效”运行状态，对老问题习惯用惯性思维，对隐形问题持惰性思想，对新型问题有畏难情绪，缺少务实管用的实招高招。有的宗旨意识不强，推进服务师生重大项目不力，比如去年千佛山校区 5 号楼修缮工程延期，严重影响新生入住。有的部门协同意识不强，不作为、慢作为，在对待师生提出问题的落实过程中推诿扯皮，没有以师生为中心，缺乏关心维护师生利益的高度责任感，缺少快速解决师生问题的紧迫感。这些问题的根子在哪，根子在于立场出了问题，立场问题就是党性问题，说明党性修养还不够。形式主义、官僚主义在我校也一定程度存在，工作程序烦琐，会议多，报表多，基层单位减负的呼声比较高。我们现在深入基层严重不足，现在大家还习惯于把院系的同志叫上来开会，而不习惯到一线倾听呼声、解决问题。

二、提高政治站位，坚定不移推动全面从严治党向纵深发展

刚才，向阳同志传达了中央纪委三次全会等重要会议对深入推进全面从严治党作出的新部署和新要求，为我们下一步工作指明了方向。我们特别要认真贯彻落实总书记关于全面从严治党的讲话精神，以更高的政治站位、更强的政治担当，把全面从严治党要求落到实处。今年，我校全面从严治党工作的总体思路是，以习近平新时代中国特色社会主义思想为指导，深入学习贯彻中央纪委三次全会和 2019 年教育系统全面从严治党工作视频会议精神，以落实好学校第十四次党代会精神和 2019 年工作任务为出发点，以实现学校“由大到强”历史性转变为落脚点，以解决制约学校改革发展的顽疾为着力点，全面加强党的建设，推动全面从严治党向基层延伸，以高质量党建工作引领学校事业高质量发展，不断开创世界一流大学建设新局面。

（一）始终坚持把党的政治建设摆在首位，在充分发挥党的领导最大优势上再着力

要认真贯彻落实党中央《关于加强党的政治建设的意见》，坚持和加强党的全面领导，用好总书记的“金钥匙”，破解改革和发展中新的问题。要牢牢掌握意识形态工作领导权和话语权，坚决维护学校各类意识形态阵地安全，着力防范化解重大风险，全力保障学校和谐稳定大局。要把营造风清气正的政治生态作为加强党的政治建设的经常

性、基础性、根本性工作，严明党的政治纪律和政治规矩，严格贯彻落实新形势下党内政治生活若干准则，发展积极健康的党内政治文化，做到“令行禁止的一致”和“高度自觉的一致”。

（二）扎实推进基层组织建设，在全面提升组织力上再着力

我们建设中国特色世界一流大学，我们与国外的大学有什么区别？科研上、学术上、人才培养上都很难说有大的区别，我们最大的区别就是党的领导、党的建设。为什么党的建设把组织力的提升作为着力点，就是希望通过党的建设，把全校广大师生医务员工紧紧地团结起来，形成我们高度的共识，这就是我们的组织优势。所以基层组织建设，就是要加强组织力，把身边所有群众都团结起来，教育起来，党员在其中起先锋模范作用，党组织作用发挥就大得多，党的领导、党的建设就真的能成为我们改革和发展的最大优势，但是关键就是看能不能成功的破解“两张皮”，刚才国群同志讲得非常好，他们在破解“两张皮”问题上应该说摸索出了成功的经验和道路。

（三）切实加强干部队伍建设，在激发干事创业的内生动力上再着力

要坚持党管干部原则，以新修订的《党政领导干部选拔任用工作条例》为遵循，突出政治标准选人用人，坚持“事业为上，人岗相适，人事相宜”，把“政治上靠得住、工作上有本事、作风上过得硬”的干部选拔到领导岗位上，坚决调整不想为、不敢为、不会为、不作为、假作为、乱作为的干部，让想干事的人有机会，能干事的人有平台。要激发干部队伍活力，进一步改进完善干部考核评价机制，健全鼓励干部担当作为的制度环境和激励措施，杜绝“干与不干一个样，干好干坏一个样”。今年党委常委会专门通过了绩效分配办法，这个分配办法首次将考核结果与绩效挂钩，学校通过的是总原则，各二级单位还要制定自己的实施细则，要防止二级单位搞平均分配，要激励大家干事创业、担当作为。要大力培养年轻干部，加大机关与学院、机关之间的干部轮岗交流力度，搭建平台拓宽干部成长通道。继续加强干部培训，全面提升各支队伍能力水平。

（四）持续深化作风建设，在提升治理体系和治理能力现代化水平上再着力

要从讲政治高度严格落实中央八项规定精神，以钉钉子精神纠正“四风”，对“四风”问题顶风违纪行为坚决从严查处，通报曝光。要从讲政治的高度反对形式主义、官僚主义，从一文一会抓起，缩减会议、减少发文。善政必简，好的政策一定是简单的，这就要求站在师生的立场上，反对一切形式主义。要统筹规范督查检查考核工作，有效抓住最核心最本质的检查考核，推动基层单位工作。要精简基层上报的材料、报表，切实为学院减负。要以提升师生的获得感、幸福感为工作的出发点，扎实推进服务师生十件实事，紧紧围绕“为师生提供优质高效服务”的目标，着力提升“两不出”质量。要加快推进一校三地一体化运行，建立高效便捷、协同有力、权责明确的工作机制。

（五）进一步健全学校监督体系，在夯实发展保障上再着力

中央对中管高校纪检体制改革作出了总体部署，学校党委出台了《推进学校纪检体制改革的实施意见》，各单位要不折不扣抓好任务措施的贯彻落实，强化工作职能，健全工作制度，完善协调机制，构建学校纪检体制改革“1＋N”制度体系。各级党组织要切实把全面从严治党抓在经常、严在日常，深化运用监督执纪“四种形态”，狠抓工作落实，严明纪律规矩，强化日常教育提醒。现在工作当中发现一些干部规矩意识不够

强，没有底线意识，有一个学院的办公室主任，在现在这样的形势下醉驾，被开除党籍，待司法机关作出处理决定后还要再政纪处分，教训惨痛。从这个问题中深刻反映出有的干部没有规矩意识。督查巡察部门要进一步加大督促检查工作力度，坚持政治巡察定位，突出问题导向，强化靶向发力，推动全面整改。纪检监察机构要强化政治监督，做实做细日常监督，紧盯“关键人”“关键时”“关键事”“关键处”，加大监督执纪问责力度，不断净化政治生态，涵养良好育人环境。

完成以上各项工作任务，关键在“关键少数”。党员领导干部要发挥“头雁”作用，自己做不到怎么要求别人做到；自己不严格要求，别人更不能严格要求。今年年初，学校出台《关于深化作风建设、弘扬新风正气的十项要求》，管总的是“四个意识”“四个自信”，其他的都是见细见微，从小事开始做起。比方说我们要带头贯彻民主集中制、带头反对特权思想和特权行为、带头建立健康的工作关系、带头强化组织观念、带头抵制不正之风、带头传播正能量、带头抓好工作落实、带头反对形式主义官僚主义，还要带头保持清清爽爽的同志关系和规规矩矩的上下级关系，这一条是总书记提出来的，总书记在中纪委三次全会讲话时反复强调，要让党内政治生活好起来，就需要同志关系、上下级关系清清爽爽、干干净净，所以学校党委作出决定，学校领导班子成员、党委常委、校长助理、党委委员、纪委委员等领导干部不能接受本单位工作人员的宴请。为什么这么做呢？如果接受了A的宴请、B的宴请，C的宴请没接受，今后在处事的时候就有可能产生不公正。同志关系不清爽、上下级关系不干净，政治生态就会遭到破坏，看似一件小事，但是带来的后果是严重的。前几天齐鲁医院换届调整完成，我去宣布班子的时候，就给医院的班子成员提出了明确的要求。第一，不能利用这次提任和离任的机会接受齐鲁医院任何一位同志的宴请，私款不行，公款更不行。第二，新的班子成员今后不能接受本单位人员的宴请，私款不行，公款更不行。从这件小事做起，希望营造好的政治生态，以好的政治生态涵养好的学术生态，形成党内风清气正的大氛围、大环境，推动大家干事创业。希望领导干部都能按此要求。同时党员要发挥先锋模范作用，就是关键时刻站得出来，这一点我们党员做得还是比较好的。但是平时还要能看得出来，就是党员和一般群众要求是不一样的。举第二医院的例子，他们按支部定了党员的负面清单，比如加班，群众可以发牢骚，党员不能发牢骚，因为党员的标准要高，要对照党章来要求，全校党员的模范作用发挥出来了，党的组织力就体现出来了。

同志们，党中央对高等教育事业和高校全面从严治党工作高度重视，寄予厚望，充满期待，提出了新的更高要求。我们一定要抓紧推进全面从严治党。学校党委要切实肩负起管党治党、办学治校主体责任，一如既往全力支持学校纪委履行职责，为纪委开展工作创造有利条件，提供有力保障，自觉接受监督，切实维护监督的权威性和独立性。全校各级党组织要进一步夯实全面从严治党主体责任，全力保障监督执纪问责更好落实。纪检监察机构要顺应改革变化，坚守职责定位，践行使命担当，忠实履职尽责，不断开创纪检监察工作新局面，展现纪检体制改革的新成效。纪检监察干部要带头加强政治建设，打铁必须自身硬，要敢于担当，敢于碰硬，不断提高精准监督执纪问责水平，以强有力的政治监督为学校改革发展提供坚强保证。

最后，我要特别强调一下安全问题。总书记告诫我们，要统筹好发展和安全两件大事，要把发展和安全两件大事一起谋划，没有安全，发展就成了空的。各级党组织、各单位要把安全工作作为“生命线”“高压线”“底线”去重视、去思考、去抓实。要切实树立“安全重于泰山，稳定压倒一切”的思想认识，思想上的弦一刻也松不得，一松就会出问题，各方面的安全工作，这其中包括政治安全、网络安全、交通安全、食品安全、消防安全、实验室安全、校园安全等等，都需要我们时刻盯紧。要保持“防患于未然”的工作主动性，坚持安全工作关口前置，把事情想在前面、做在前面、抓在前面，提前做好研判、制定预案，把隐患消灭于萌芽状态。特别要深入到老师当中去、深入到学生当中去、深入到离退休干部当中去、深入到广大教职医务员工当中去，了解他们的思想动态，解决他们遇到的问题，把安全工作的隐患提前予以解除。要把工作做到细之又细、实之又实，切实加强各部门、各单位之间协同联动，不给安全问题、安全隐患留下“谁都不管”的真空地带，大家都多管一步，安全就没有缝隙、没有漏洞。要多措并举切实把安全工作抓好，为学校各项事业发展创造一个平稳有序的环境。

同志们，新时代高等教育的改革发展催人奋进，山东大学“由大到强”的历史性转变不容懈怠。我们要进一步解放思想，锐意进取，以更宽广的视野谋划学校事业，以更顽强的意志和决心破解发展困局，以追求卓越，只争朝夕的奋斗精神坚定不移地推进全面从严治党，破除顽疾，提振士气，砥砺奋进，以优异成绩迎接新中国成立70周年！

在2019年秋季新学期工作会议上的讲话

郭新立

（2019年8月30日）

老师们，同志们：

下午好！刚才，樊校长代表学校对春季学期的工作进行了深入总结，并对新学期工作进行了全面部署。希望各单位认真学习和传达，并结合本单位的工作实际，抓好贯彻落实，确保全年的目标任务能够高质量地完成。

刚刚过去的这个暑期，很多单位都没有休息，大家结合整改落实积极谋划工作，展现了担当作为、锐意进取的精神风貌。两天前，也就是27日、28日，我们召开了暑期校领导班子务虚会。昨天，学校又召开了党委全委会。这次全委会，在学校第十四次党代会精神的指引下，在暑期校领导班子务虚会研讨成果的基础上，聚焦坚定不移推进"由大到强"历史性转变进行了再部署、再落实、再深化，进一步统一了思想、凝聚了共识、明确了方向、提出了举措，将对学校未来一个时期产生积极和深远的影响。

回顾上半年工作尤其是第十四次党代会以来的学校改革发展情况，我们真切感受到，最近一个时期，全校上下焕发出昂扬向上、干事创业的新面貌，展现出矢志一流、奋勇争先的新气象，各个方面均取得了令人鼓舞、催人奋进的新成绩。可以说，学校上下"追求卓越、只争朝夕"的氛围已经形成，各项事业蓬勃发展的态势已经凸显，实现"由大到强"历史性转变的端倪已经出现。这充分说明，我们所确定的发展方向是正确的，我们所提出的发展战略是科学的，我们所选择的发展路径是可行的，我们所实施的发展举措是有效的。山东大学有着丰富的文化积淀，有着深厚的基础优势，有着巨大的发展潜力，有着战胜任何艰难险阻的决心、勇气、智慧和力量。我们要保持定力、增强信心，抢抓机遇、砥砺奋进，坚定不移推动学校加快实现"由大到强"的历史性转变。

今年下半年，学校将按照中央和教育部的统一部署组织开展"不忘初心，牢记使命"主题教育，这是我们下一阶段必须全力完成好的最重要的政治任务。下一步，我们要以扎实开展"不忘初心，牢记使命"主题教育为强大动力，切实把全校上下的思想行动统一到党中央、教育部、山东省委和学校党委的决策部署上来，推动主题教育与加强党的领导和建设、与推进改革发展稳定各项任务、与实现"由大到强"历史性转变有机衔接、深度融合，使主题教育的成果转化为办好人民满意教育的决心和意志，升华为扎根中国争创一流的使命担当，广泛汇聚爱校护校荣校的磅礴力量，坚定不移地推动实现“由大到强”的历史性转变。

一、以抓好一流党建为“由大到强”提供坚强引领

两年多来，学校党委坚持用习近平新时代中国特色社会主义思想“金钥匙”破解改革发展难题，不断夯实管党治党、办学治校的主体责任，扎实推进党的各项建设，着力解决党建工作和改革发展“两张皮”问题，充分彰显了党的领导这一社会主义制度最大办学优势，有力引领推动了学校事业的快速发展、持续进步。我们深刻体会到，学校改革发展取得的突出成绩得益于学校党的领导全面加强、得益于党的建设扎实推进。办好山大的事情，关键在党，已经成为广大党员和师生医务员工的思想共识。下一步，我们要准确把握和全面落实新时代党的建设总要求，扎实开展“不忘初心，牢记使命”主题教育，以刮骨疗伤的勇气、坚忍不拔的韧劲大力整治思想、政治、组织、作风等突出问题，旗帜鲜明、立场坚定地同一切影响党的先进性、弱化党的纯洁性的问题作坚决斗争，扎实推进党的建设新的伟大工程，不断提高党的建设质量，充分彰显党的领导的最大优势。要坚持以一流党建引领学校发展，扎实推动基层党组织全面进步、全面过硬，切实把学校各级党组织建设成为宣传党的主张、贯彻党的决定、领导基层治理、团结动员群众、推动改革发展的坚强战斗堡垒，进一步发挥基层党委政治核心和推动改革发展作用、党支部战斗堡垒作用、党员先锋模范作用，最大限度地把党员和师生医务员工团结到事业发展中来，切实把习近平新时代中国特色社会主义思想转化为推进建设世界一流大学的生动实践，把初心使命变成党员干部锐意进取、开拓创新的精气神，变成埋头苦干、真抓实干的自觉行动，变成攻坚克难、干事创业的实际成果，汇聚起全体山大人逐梦前行的强大正能量，使党建工作和业务工作“两张皮”有机融合、协同推进、创新发展，为中国特色世界一流大学建设提供坚强的政治保证、思想保证和组织保证。

二、以加快“双一流”建设为“由大到强”奠定坚实基础

自 2016 年启动世界一流大学建设以来，学校“双一流”建设稳步推进，取得了可喜成绩，但在高层次人才、国家级平台、重大科研项目、标志性成果等方面还存在短板，其本质问题是“大而不强”。目前，学校正在组织“双一流”建设中期自评工作，我们要以此为契机，全面总结经验，认真提炼特色，深刻剖析问题，切实以评促改、以评促建，统筹谋划好下一阶段工作，在聚焦学术前沿、对接国家急需、服务经济社会发展中谋大事、干大事、成大事，奋力取得实质性、标志性、根本性的建设成效。

一是在深化改革中加快“双一流”建设。深化改革是“双一流”建设的根本动力。要进一步解放思想，坚信“一切皆有可能”，聚焦关键环节和重点领域，持续推进系统性、整体性、协同性的综合改革，切实破除体制机制障碍，加快提升人才培养能力、学术生产能力、社会服务能力。要深入实施人才强校战略，牵住人事制度和人才发展体制机制改革这一牛鼻子，不断完善杰出人才体系，多渠道汇聚海内外优秀人才，加快实现高层次人才的重大突破。

二是在服务需求中加快“双一流”建设。“双一流”建设的目标，不仅是各项办学指标要达到一流，更要体现在为国家和社会培养一流的创新人才，为中华民族的伟大复兴乃至人类社会的文明进步作出一流的创新贡献。要始终立足“三个面向”，积极践行“四个服务”，坚持需求引领和供给主导并重，着力推动大平台、大团队、大项目、大成果一体化发展，强化前瞻性独创性基础研究，突破重点领域关键技术，产出一批重大标志性成果，培育更多创新型高素质人才，切实以“双一流”建设的新成效为国家重大战略和山东高质量发展作出山大贡献。

三是在协同创新中加快“双一流”建设。要坚持走联合攻关、协同发展的道路，突出学科建设龙头作用，以五大一流学科群为核心，加强一校三地统筹、校院两级协同、学科集群配合，以开放的心态积极联合校内外、国内外力量，深入开拓办学资源，不断夯实条件支撑，推进实施学科现代化工程，促进学科交叉融合和内涵建设，推动学科“瘦身、长高、变强”，加快实现学科升级换代，全力打造“高原”“高峰”，以一流学科建设带动学校整体实力的提升。

三、以实现内部治理深刻变革为“由大到强”注入强大动力

暑期发生的舆情事件让我们深刻认识到，学校内部管理中存在着不严不实、宽松软等突出问题。我们必须从讲政治的高度，认真反思，深刻剖析，全面深入彻底地整改，提升刀刃向内、勇于变革的思想自觉、政治自觉、行动自觉，以一种自我革命的精神推动内部治理来一次深刻变革。

一是要实现思想观念上的深刻变革。要树立“刮骨疗伤”的意识，下定“壮士断腕”的决心，鼓足“刀刃向内”的勇气，全面检视学校内部治理存在的问题，全面强化政治意识、纪律意识、法治意识、风险意识、程序意识、责任意识，着力消除不适应不符合现代大学建设要求的思想认识，切实树立现代化的治理理念。要以党员干部为重点，大力加强思想引领和宣传教育，最大程度凝聚师生医务员工共识，全面筑牢推动学校内部治理深刻变革的思想基础。要以知耻而后勇的斗争精神，挖深根源，对症下药，不断实现内部管理的自我净化、自我革新、自我完善、自我提高。

二是要实现体制机制上的深刻变革。要以坚持和完善党委领导下的校长负责制为核心，以落实《山东大学章程》为引领，将实施强院兴校行动和深化一校三地管理体制机制改革作为着力点和突破口，深入推动学校内部治理体系的全面改革，坚决破除不合时宜的体制机制，大力加强制度创新和制度激励，显著提升内部治理的制度化、规范化、程序化水平，积极适应“由大到强”历史性转变的迫切需要。一方面，通过“强院兴校”行动，完善校院两级管理体制，推进管理重心下移，充分激发学院办学活力、内生动力和创新潜力，切实以强院带动兴校，全面提升学校整体水平和竞争实力。主要举措包括：夯实学院主体地位，明确学院定位，推进简政放权，转变管理模式，健全制度规范，强化服务保障，做到“学院吹哨，部门报到”，确保全校上下全心全意为学院改革发展服务，建立健全为学院解决实际困难的工作机制，加强学校公共服务体系建设，让学院师生医务员工有实实在在的获得感和尊严感；支持学院做强学科，指导帮助学院凝练学科方向，汇聚一流师资，提升创新能力，改善学术生态，推动学院建立基于学科的

管理模式，加快实现学科更新换代；完善学院内部治理，健全治理体系，进一步理顺工作机制，健全学院内部监督体系，优化组织结构，提升治理能力，确保学校下放的权力能够接得住、用得好；实施综合预算改革，进一步理顺校院两级预算管理体制，优化财务资源配置模式，充分下放财务管理权限，有效提升学院的谋事能力、统筹能力、理财能力、发展能力。学校将根据事业发展状况、财力承受程度等因素，先期选取一批党的领导强、发展基础好的学院进行改革试点，总结试点经验后再逐步全面推广。另一方面，要不断深化一校三地管理体制机制改革，全面加强学校党委对三地办学的集中统一领导，完善学校领导体制，创新校区党政管理体制，规范学术管理体制，健全民主管理体制，强化统筹谋划机制，优化资源配置机制，探索构建权责明晰、协调高效的管理体制和运行机制，在推进一体发展中探索完善中国特色现代大学制度。

三是要实现管理服务上的深刻变革。要大力开展全员全方位职业能力培训，切实提升管理服务的专业化水平，加快建设一支高素质现代化的管理服务队伍。要不断加强思想引领，引导广大党员干部自觉提高政治站位，积极践行宗旨意识，在服务师生、追求卓越、争创一流中彰显自己的人生价值。要积极构建上下联动、横向协作、合力推进的工作格局，尽快形成协同解决问题的有效机制，大力加强校区、校院、处处、院处、院院之间的工作协同。要持之以恒狠抓作风建设，着力突破管理服务中的盲点、堵点和痛点，积极适应“由大到强”历史性转变对内部治理提出的新要求，着力满足广大师生对管理服务提出的新期待。

四、以落实全面整改任务为“由大到强”补齐发展短板

前期，学校党委精心部署、扎实推进整改落实工作，取得了阶段性成效，为开展主题教育打下了坚实的基础。下一步，我们要自觉把全面整改检视的问题与主题教育查找的问题结合起来一同整改，促进同步提升、同步见效，确保整改落实对标中央、看齐核心、服务大局、促进发展。

一是要切实增强整改落实的责任感紧迫感，聚焦突出问题，举一反三、追根溯源，从严从实深入整改、全面整改、彻底整改，真刀真枪解决问题，确保 22 项重点专项整改任务按时保质完成。

二是要抓住制约学校“由大到强”的主要矛盾和矛盾的主要方面，抓住落实办学使命的热点难点问题，紧盯首要任务抓整改，聚焦专项整治抓整改，集中时间精力抓整改，有力提升贯彻落实新发展理念和有效防范化解各类风险的办学治校能力。

三是要强化整改责任，加强组织领导，强化督查督办，形成一级抓一级、层层抓落实的良好局面，推动整改落实健康平稳、有力有序开展；要严把整改审核关，明确整改工作的高标准严要求，坚持以解决实际问题的成效作为衡量标准，着力提升整改落实的质量与效果；要对照台账，实行销号管理，逐项抓好整改任务的督察落实，严肃问责追责，确保每一项整改任务都落到实处、取得实效。

五、以维护学校安全稳定为“由大到强”夯实支撑保障

稳定是学校改革发展的最大前提。当前，外部环境复杂，不稳定不确定因素明显增

多，学校安全稳定工作形势严峻。习近平总书记总体国家安全观特别强调要统筹安全和发展两件大事，现在大家对安全重要意义的认识比以前更加清楚，但还不够深刻、不够到位。我们要进一步提高政治站位，准确把握当前学校安全工作面临的风险和挑战，深入贯彻落实总体国家安全观，积极统筹好发展和稳定两件大事，全力加强学校安全稳定工作，全面提升防范化解重大风险的能力，确保学校安全稳定的大局万无一失。

一是要抓住重点领域，着力防范消除安全稳定风险隐患。要切实担负维护学校稳定的政治责任，抓住管理工作中的薄弱环节，着力做好包括政治安全、网络安全、交通安全、食品安全、消防安全、实验室安全、校园安全等一系列安全工作。要全面排查隐患，建立问题清单，逐项及时解决。要坚决防止舆情反弹风险，健全舆情处置体系，充分发挥舆情处置工作专班的作用，加强校内校外、线上线下的工作联动，充分做好各种情况应急预案，严防次生舆情发生，坚决维护校园和谐稳定。

二是健全工作机制，积极构建安全稳定防控体系。要高度重视一校三地安全体系建设，发挥安全工作委员会作用，加强组织领导，加强协调联动，强化督导检查，形成全校上下共同关心、共同维护校园安全的工作局面，织密各个校园的安全网络，为各校区的发展营造良好的环境。要健全校园内布防控网络，完善联动应急处置机制，加快形成校园安全定期检查、定期梳理、定期研究、定期总结的常态工作机制，不断提升安全管理水平。

三是要完善责任体系，切实确保安全稳定工作要求落到实处。要坚决落实学校安全工作责任，把健全学校安全责任体系作为工作重点，落实领导责任，拧紧责任链条，明确责任主体，强化责任追究，做到党政同责、一岗双责、齐抓共管、严肃问责。要通过真督查、严问责，传导压力，压实责任，切实把学校安全稳定各项任务落到实处。

还有一个月，我们将迎来新中国成立 70 周年，在这一重要的节点，我们要更加高度重视并做好师生思想政治工作，及时全面掌握师生思想动态，为深入统一思想奠定坚实的基础。要积极回应学生关切，耐心帮助学生解疑释惑，加快完善“三全育人”体系，引领服务学生成长成才。要深入做好教师的思想政治工作，坚持把思想引领和管理服务相结合，营造尊师重教的良好氛围，在优质的管理服务中传递学校主流价值观。要坚持横到边、纵到底，加强对离退休人员、民主党派、校友等群体的思想引领，激励更多的山大人积极投身到实现“山大梦”的光荣事业中。各级党组织、各单位要牢固树立“安全重于泰山，稳定压倒一切”的意识，始终绷紧安全稳定这根弦，提前研判、制定预案、加强联动，把各项安全工作做到位。礼拜一我们召开了党委书记工作会议，部署了迎新季，这次的迎新季从现在开始一直到国庆节都作为迎新，要把这段迎新的各项安全工作做好，要确保庆祝新中国成立 70 周年活动的顺利进行，确保迎新工作的顺利进行，务必维护学校和谐稳定的发展大局。

同志们！“一分部署，九分落实”，任务已经非常明确，关键是扑下身子、抓好落实。我们要切实解决好抓落实不够有力、不够有效的主要问题，要深刻认识到，抓好各项部署落实，就是坚定“两个维护”的具体体现，就是贯彻落实习近平总书记“思想再解放、改革再深入、工作再抓实”要求的具体行动，也是全体山大人的共同期盼。我们要深化认识抓落实。在思想上把抓落实作为政治责任，确保工作目标与学校党委要求相一致，工作安排与学校党委部署相吻合，以追求卓越的责任感使命感紧迫感高标准抓落实。我们要完善机制抓落实。要确保“头尾相连、红烧中段”这样一个全链条、全覆盖的工作落实机制切实发挥作用，因此还得再加把柴把这把火烧旺、确保烧熟，一定要落实落实再落实。我们要改进作风抓落实。要强化责任担当，以时不我待、只争朝夕的劲头切实把各项目标任务落到实处。要树立“服务师生，服务学院，服务学术”的理念，深入教学科研一线，掌握发展实情，帮助解决困难，提高办事效能，推动学院层面、机关部门层面、教师层面一起抓好落实。要继续深化作风建设，着力解决形式主义、官僚主义的顽疾，鼓励担当作为，真正在机关作风上来一个大转变、大提升。我们要突出重点抓落实。要集中力量围绕“由大到强”一系列决策部署，围绕全委会列出的重点工作、围绕秋季学期的各项任务抓好落实，保证“目标不变、任务不减，决心更强、力度更大”。特别是要领导带头抓落实。发挥好“关键少数”的关键作用，学校领导从我和樊校长做起，各单位从主要负责人做起，要心无旁骛干好工作、一心一意推动发展。我们必须一级做给一级看、一级带着一级干，层层压实责任，当好改革发展的开拓者、促进派、实干家。希望我们在座的中层干部发挥好“头雁”作用，以“功成不必在我”的精神境界和“功成必定有我”的历史担当，咬定青山不放松，不达目标不罢休，对照会议明确的各项任务和责任分工，埋头苦干、真抓实干，争取打实基础、早见效果。如果我们每一项工作都能一一得到落实，我们的蓝图就一定能早日变成现实，我相信那一定会是让每个人都充满骄傲、无比自豪的山大！

让我们紧密团结在以习近平同志为核心的党中央周围，高举习近平新时代中国特色社会主义思想伟大旗帜，不忘初心，牢记使命，坚定信心、振奋精神，以“追求卓越，只争朝夕”的昂扬姿态，团结带领全体师生医务员工，坚定不移地推动学校实现“由大到强”历史性转变，以优异的成绩向新中国成立70周年献礼！

在《百廿山大强校兴国行动方案》发布会暨服务山东高质量发展工作恳谈会上的讲话

郭新立

（2019 年 10 月 15 日）

各位领导、各位来宾、各位朋友，老师们、同学们：

大家上午好！

在新中国成立 70 周年的喜庆氛围中，在山东大学 118 周年华诞的特殊日子里，很高兴与各位新老朋友齐聚一堂，共同开启“百廿山大强校兴国行动”，深入畅谈加强校地合作、助力山东高质量发展大计。刚才，忠林书记出席了启动仪式，樊丽明校长介绍了我校改革发展成就和《百廿山大强校兴国行动方案》，各地市及合作企业代表都作了重要发言，会议开得务实高效、顺利圆满，进一步凝聚了共识、凝聚了智慧、凝聚了力量。

再过两年，我们将迎来中国共产党建党 100 周年和山东大学建校 120 周年。从这个意义上说，这次会议既是我们面向甲子之交的展望会，也是团结 60 万山大人勇担强校兴国使命、向第一个一百年奋斗目标献礼的动员会，对于新时代山东大学的发展具有继往开来的重要意义。借此机会，围绕“强校兴国”的使命担当，我与大家交流三点认识。

一、“强校兴国”是山东大学的文化基因

118 年前，在救亡图存、兴学图强的时代呼唤中，山东大学应运而生，成为京师大学堂之后的第二所国立大学，也是中国第一所按章程办学的大学。创校之时，她就在办学章程中宣示：“公家设立学堂，是为天下储人材，非为诸生谋进取；诸生来堂肄业，是为国家图富强，非为一己利身家。”这种博大的胸襟和气魄，已化为一种文化基因和精神源泉，激励着一代又一代山大人担承使命、奋勇前行。

118 年来，她始终坚守着“为国育贤”的办学初心。先后为国家和社会培养输送 60

万优秀人才，朴实、扎实、务实的"山大底色"赢得了广泛赞誉。从共和国元帅到抗战英雄，从科学大师到文学巨匠，从党和国家领导人到各行各业中流砥柱，一代代山大学子胸怀天下、实干兴邦，以卓越贡献生动诠释了对国家的忠诚、对人民的大爱。改革开放以来，山东大学本科毕业生当选两院院士人数，在全国高校名列第6位。在"未来科学大奖"获奖人中，山东大学校友薛其坤、马大为、王小云囊括其中三席，列全国高校第一。

118年来，她积淀形成了"学术报国"的优良传统。在跨越两个世纪的办学历程中，创造了中国科学史上的诸多"中国之最"。20世纪，赢得"海洋学科远东第一""生物学科全国最好"和"文史见长"的美誉，涌现出"中国克隆之父"童第周、"中国雷达之父"束星北等一批学术大家。《文史哲》杂志作为新中国第一份高校文科学术期刊，一直享有"文科学报之王"的美誉。21世纪以来，涌现出以金融数学专家彭实戈院士为代表的学术领军人物及其突出成果。成功举办素有"史学奥林匹克"之称的第22届国际历史科学大会，全球汉籍合璧工程获国家重大文化工程立项，彰显了"文史见长"的办学优势。今年，国家自然科学基金和国家社科基金立项数分列全国第8位、第6位。

118年来，她竭力履行好"服务社会"的神圣使命。始终厚植齐鲁大地，坚持在服务国家重大需求、支撑区域经济发展中担承责任、主动作为。最近一个时期，大力实施服务山东战略，强力助推山东高质量发展，不断深化与政府、企业的交流合作，共建山东工业技术研究院、齐鲁交通学院等平台，大力推动产学研合作。2018年，在山东科技成果转化经费大幅度提升。前不久，学校专门举办科技成果发布会暨重大项目签约仪式，签署合同总额达2.1亿元。家义书记和龚正省长对我校服务山东工作专门作出批示，给予高度肯定。

各位领导、各位来宾、各位朋友：

回首118年办学历程，山东大学在救亡图存的探索中诞生，在新中国的建设中成长，在新时代的征程中奋进，每一次选择、每一步印迹，都始终与国家、民族命运紧密相连，与城市、人民共生共荣。山大的历史，不仅是全体山大人的宝贵精神财富，也是中国高等教育砥砺奋进的生动写照，更是鞭策我们担承强校兴国使命的动力之源。

二、"强校兴国"是山东大学的时代担当

教育兴则国家兴，教育强则国家强。大学要始终与国家和民族同心同向，要始终以国家强盛、民族振兴为使命担当。这是大学发展的动力所在，也是创建世界一流大学的普遍规律，更是山东大学118年办学实践的深刻总结。

党的十九大提出了全面建成社会主义现代化强国的宏伟目标，把"建设教育强国"明确为中华民族伟大复兴的基础工程。当前，党和国家对高等教育的需要，对科学技术的需要，对创新人才的需要，比以往任何时候都更为迫切。大学在服务国家战略、引领社会发展、推动民族复兴中的作用，比以往任何时候都更为凸显。

站在新时代的历史方位下，即将迎来双甲子的山东大学，机遇前所未有、挑战前所未有、希望前所未有。"强校兴国"是党和国家赋予山东大学的时代使命，是百年山大

办学初心的内在要求，是我们新时代再创辉煌的战略选择。

一是提升强校兴国的政治自觉。“进行伟大斗争，建设伟大工程，推进伟大事业，实现伟大梦想”是新时代党治国理政的重大战略部署，我们要进一步提高政治站位，切实增强责任感、使命感和紧迫感，在有机融入大格局、大战略中践行强校兴国的时代使命，为实现伟大梦想贡献智慧和力量。

二是明确强校兴国的目标指向。山东大学的发展要同我国发展的现实目标和未来方向紧密联系在一起，体现党的教育方针和社会主义办学方向的内在要求，彰显中国特色社会主义大学的初心使命，以新时代新作为新贡献，践行强校兴国的时代担当。

三是激发强校兴国的精神动力。道路自信、理论自信、制度自信、文化自信是实现中华民族伟大复兴中国梦的精神支柱。我们要把中国特色社会主义道路自信、理论自信、制度自信、文化自信转化为强校兴国的山大自信，以更加坚定的信念、更加昂扬的斗志、更加有力的举措把强校兴国不断推向前进。

三、“强校兴国”是山东大学的坚实行动

在中华民族伟大复兴、高等教育强国建设和山东高质量发展的关键时期，加快实现“由大到强”历史性转变，是山东大学担承“强校兴国”时代使命的必然选择和必由之路。我们深刻认识到，学校实现“由大到强”，一定要在高等教育“由大到强”、山东“由大到强”、中国“由大到强”的征程中去谋划、去推动、去实现。

站在以质图强、争创一流的历史新起点，我们将坚持以习近平新时代中国特色社会主义思想为指导，增强“四个意识”、坚定“四个自信”、做到“两个维护”，紧紧围绕统筹推进“五位一体”总体布局和协调推进“四个全面”战略布局，充分发挥党的领导这一最大办学优势，创新发展理念，激发办学活力，推动内涵发展，大力实施“六大战略”，全面推进世界一流大学建设，加快实现“由大到强”历史性转变，为实现中华民族伟大复兴的中国梦作出山大贡献。

我们将始终坚持立德树人。实施铸魂育人工程，彰显“正心术，敦品行，明伦理，知大体”的教育风格，构建山大特色的人才培养体系，以培养最优秀的本科生和最具创造力的研究生为己任，努力造就担当民族复兴大任的时代新人。

我们将大力推动人才强校。努力建设一支政治素质过硬、业务能力精湛、育人水平高超的教师队伍，着力打造新时代精英云集的高地，为人才强国建设和山东人才强省战略提供强有力的人才支撑。

我们将深入推进学术兴校。面向国家战略需求、面向世界科技前沿、面向经济社会发展需要，加快推进学科更新换代，显著增强科研创新能力，持续产出原创性、标志性、引领性学术成果，冲击世界一流水平，着力破解核心技术难题，努力成为支撑国家发展的创新高地。

我们将全面服务山东发展。坚持“服务山东战略就是服务国家战略、服务山东发展就是服务国家发展、扎根齐鲁大地就是扎根中国大地”的理念，紧密围绕山东“八大战略布局”，系统推进服务“六个山东”，全力打造服务山东“山大系”品牌，真正把力量投放在山东，把成果转化在山东，为山东实现“走在前列，全面开创”目标贡献山大

力量。

我们将着力凸显文化引领。坚持以社会主义核心价值观为统领，弘扬百年文化传统和红色基因，熔铸新时代价值追求，打造山大人共同的精神家园，汇聚山大人贡献民族复兴的磅礴力量。着力建设传承创新中华优秀传统文化最具代表性大学，为社会主义先进文化建设和中华文化走出去作出积极贡献。

我们将不断加强对外开放。深入实施国际化战略，积极拓展与世界一流大学及科研机构的战略合作，汇聚全球一流学者，培养国际一流人才，培育世界一流成果，持续提升学校国际竞争力和影响力，在国家开放大局中奋力展现山大新作为。

我们将加快实现一体发展。立足一校三地办学格局，创新异地多校区管理体制机制，深度激发内生动力和发展活力，积极探索中国特色、世界一流、山大模式的办学之路，努力为高等教育创新发展提供山大样板。

各位领导、各位来宾、各位朋友：

百年学府，薪火相传。昂首迈向“双甲子”的山东大学，有着丰沛的文化积淀，有着独特的办学优势，有着强劲的发展活力。“百廿山大强校兴国”，凝聚着全体山大人争创一流、为国图强的初心、决心和信心，使命无比光荣，责任无比重大，意义无比深远！让我们高举习近平新时代中国特色社会主义思想伟大旗帜，锐意进取，埋头苦干，以奋进新时代的磅礴之力，开创崭新甲子的伟业，铸就强校兴国的辉煌，为早日建成社会主义现代化强国、实现中华民族伟大复兴的中国梦而不懈努力奋斗！

谢谢！

提高站位 抢抓机遇
在新时代国家开放大局中展现山大新作为

——在山东大学国际合作与交流工作会议上的讲话

郭新立

（2019 年 10 月 25 日）

老师们，同志们：

今天开会的目的是深入探讨学校国际化发展的战略路径，扎实推进“双一流”建设，加快实现“由大到强”的历史性转变。

习近平总书记指出：“要服务党和国家工作大局，统筹国内国际两个大局，提升教育对外开放质量和水平。”这为我们做好新时期教育对外开放工作提供了基本遵循。新时代高校国际合作与交流工作，必须要更好地服务于党和国家对外工作这个大局，更好地服务于我国全面开放新格局这个时代命题，更好地服务于建设教育强国和加快教育现代化这项中心工作，更好地服务于广大人民群众对美好生活的向往这个奋斗目标，不断提升我国高等教育的全球影响力和竞争力，为实现中华民族伟大复兴作出更大贡献。面对新形势新任务新要求，我谈三点意见。

一、提高站位、凝聚共识，深刻理解国际化办学的重大意义

第一，国际化是服务国家战略的使命要求。教育对外开放肩负着培养优秀人才、促进人文交流、推动现代化建设的重要使命，是必须长期坚持的教育基本政策。实现中华民族伟大复兴的宏伟目标，要求不断扩大教育对外开放，提高教育国际化水平。随着科技强国、人才强国、创新驱动发展及“一带一路”等国家战略的深入推进，对高等教育国际化提出了更为迫切的需求。我们必须从服务国家战略高度深刻理解国际化办学的重大意义，以更高远的历史站位、更宽广的国际视野、更深邃的战略眼光，精心谋划、超前布局，通过国际化办学助力科技强国、人才强国、创新驱动发展、人类命运共同体建设等国家重大战略，培养大批具有国际视野、通晓国际规则、能够参与国际事务和国际竞争的国家急需人才；吸引更多海外高精尖人才回国或来华工作，“聚天下英才而用之”；瞄准国家急需、薄弱、空白和关键领域，加强科技的国际协同创新，服务国家创

新驱动发展；深度对接“一带一路”倡议，为构建人类命运共同体贡献智慧和力量。

第二，国际化是高等教育发展的必然趋势。当前，世界多极化、经济全球化、社会信息化进程不断加快，高等教育正面临革命性调整，社会对高等教育的更高期待、经济社会高速发展的需要、生活与学习行为对传统模式的挑战等，使人们不得不重新定义教育和大学。越来越多的国家意识到必须在全球视角下审视教育改革发展，高等教育国际化已超越教育政策层面而上升为打造国际化人才高地、谋求新突破与新发展的国家重要战略。纵观世界一流大学，在其飞速发展的进程中无一例外都选择了国际化战略。因此，我们应该更加准确把握当前高等教育国际化发展的大趋势，积极回应时代对高等教育的呼唤，在助力现代化高等教育强国建设中努力为全球教育发展提供中国经验、中国方案、中国智慧。

第三，国际化是学校实现“由大到强”历史性转变的关键举措。作为中国近代高等教育的起源性大学，山东大学自建校之初就兼容并蓄、中西汇通，国际化几乎是山大与生俱来、融入血液中的一种基因。1901 年，山东大学堂招收第一批学生时，聘请中西教习 50 余人，后增至 110 多人，从师资配备到课程设置，无不深深地打上国际化的烙印。回顾 118 年办学历程，国际化始终是山东大学事业发展的题中之义。从世界主要的大学排名来看，国际化一直是评价大学综合实力和办学水平的重要指标，并成为我国“双一流”建设的重要内容和学科评估的关键因素。在新的历史方位下，学校确立了新时代扎根中国大地办大学的发展目标和基本思路，提出了国际化等“六大战略”，开启了建设中国特色世界一流大学的新征程。国际化战略是推进其他各项战略的催化剂和加速器，也是学校实现“由大到强”历史性转变的强大动力和重要支撑。我们要秉承“为天下储人材，为国家图富强”的办学初心，把国际化作为“双一流”建设的“先手棋”和突破口，坚持在全球大舞台上校准定位、谋划发展、争创一流，把提高国际化水平作为质量建设、内涵发展的重要抓手，以国际化办学的新作为新突破新成效助推学校实现“由大到强”历史性转变。

二、认清形势，明确方位，准确把握国际化办学的时代要求

当今世界正处于百年未有之大变局，国际格局正经历新一轮大发展大变革大调整，大国战略博弈全面加剧，国际体系和国际秩序深度调整，人类文明发展面临的新机遇新挑战层出不穷，不确定不稳定因素明显增多。中国特色社会主义进入新时代，我国各项事业快速发展，社会主要矛盾发生转化，在国际格局和世界体系中处于新方位。在这样的大背景下，高等教育国际化肩负着更宏大、更艰巨的历史使命。我们要坚持以习近平新时代中国特色社会主义思想为指引，从贡献中华民族伟大复兴和构建人类命运共同体的高度推动国际化进程，积极顺应世界高等教育发展大势，坚持教育对外开放的大方向不动摇，明确在复杂多变的外部环境中坚定自信、保持定力的总要求，找准推进教育对外开放内涵发展、提质增效的突破口，为加快推进教育现代化、建设教育强国、办好人民满意的教育作出更大贡献。

一是要始终坚持对外开放。我国改革开放 40 年的历史实践启示我们：开放带来进步，封闭必然落后。正如习近平总书记指出的，改革开放是党和人民大踏步赶上时代的

重要法宝，是坚持和发展中国特色社会主义的必由之路，是决定当代中国命运的关键一招，也是决定实现“两个一百年”奋斗目标、实现中华民族伟大复兴的关键一招。教育对外开放是国家改革开放事业的重要组成部分，既是教育改革和发展的重要推力，又是外交和中外人文交流的重要支撑。对高等教育而言，开放发展，既是建设现代化教育强国的重要途径，也是高等教育强国的基本特征。高等教育发展到今天，已经不是愿不愿开放、要不要开放的问题，而是如何适应新的形势不断加快和扩大对外开放的问题。我们要牢固树立国际化办学理念，秉持全球眼光、世界格局、战略思维，以更加开放的姿态，积极构建范围更广、程度更深、联通更密、合作更紧、影响更广的国际化办学新格局，既要做到自家大门开得更大，更要出去敲开更多的大门。

二是要加快实现内涵发展。党的十九大作出了“加快一流大学和一流学科建设，实现高等教育内涵式发展”的战略部署，标志着我国高等教育进入到以“双一流”建设为牵引、以内涵式发展为指向的历史新阶段。习近平总书记在全国教育大会上指出：“要扩大教育开放，同世界一流资源开展高水平合作办学。”因此，我们要坚持以促进学校内涵式发展为指向，主动在优化布局、调整结构、资源分配、体制创新等方面下功夫，着力解决国际化工作中不平衡不充分的问题，打好提质增效攻坚战；要坚持“请进来”“走出去”，加强与世界高水平大学、科研机构开展实质性合作，积极学习借鉴一流大学先进的办学理念和经验，努力探索中外合作办学新模式，实现资源共享、互利共赢，全面提升学校的国际影响力和竞争力。

三是要不断坚定山大自信。我国有独特的历史、独特的文化、独特的国情，决定了我国必须走自己的高等教育发展道路，扎实办好中国特色社会主义高校。党的十八大以来，我国教育事业总体发展水平挺进世界中上行列，教育对外开放工作全方位推进，在培养高层次人才、引进优质教育资源、推动中外人文交流等方面取得了重大成就。中国高等教育正以前所未有的自信昂首阔步走向世界教育舞台，充分彰显了建设现代化教育强国的强大信心和决心。习近平总书记指出：“办好中国的世界一流大学，必须有中国特色。没有特色，跟在他人后面亦步亦趋，依样画葫芦，是不可能办成功的。”我们推进国际化办学，就是要按照习近平总书记所强调的，“扎根中国、融通中外，立足时代、面向未来，坚定不移走自己的路”，努力做到“引进来”与“走出去”相统一，坚持以我为主、兼容并蓄，把中国特色社会主义道路自信、理论自信、制度自信、文化自信转化为办好中国特色世界一流大学的山大自信。

三、加强领导、夯实责任，奋力开创国际化办学的崭新局面

全面提升国际化办学的质量和水平，事关学校长远发展和世界一流大学建设全局，我们每一名山大人都负有一份沉甸甸的责任。在推进国际合作与交流方面，没有分外之事，没有分外之人，全校上下必须齐心协力、众志成城、久久为功，坚定不移地将国际化战略落实落地落细，全力以赴推动工作再上新台阶。下面，我代表学校党委提几点要求：

一是要加强党的领导。党的领导是中国特色社会主义大学的本质特征，也是我们创建世界一流大学的最大优势。要切实以一流党建引领推动学校国际化工作，坚持用习近

平新时代中国特色社会主义思想“金钥匙”破解改革发展难题；要始终坚持社会主义办学方向，不断强化思想引领，把党的教育方针全面贯彻到学校国际化进程之中，积极探索中国特色、世界一流、山大模式的发展道路，切实形成推动国际化的强大合力。

二是要强化工作协同。从大学功能上看，国际合作与交流服务并贯穿于人才培养、科学研究、社会服务、文化传承创新等各个方面。做好国际化工作，需要各环节相互贯通、各方面协同配合。要强化全校“一盘棋”思想，树立“大协同”理念，积极构建全校上下联动、横向协作、合力推进的工作格局，不断加强不同校区之间、学校与学院之间、职能部门之间的工作协同，合力推进国际化战略的落地见效。

三是要狠抓责任落实。推进国际合作与交流是全校的事，绝不仅仅是国际事务部的事。全校各单位要把国际化工作纳入重要议事日程，各司其职、各负其责；各职能部门要抓好顶层设计、战略谋划，为国际化办学提供一流的管理和服务支撑；学院党政主要负责同志要熟悉国际化工作、关心国际化工作、研究国际化工作，实现学院与学校国际化发展的同谋划、同部署、同落实。要在单位年度考核、领导干部任期考核等有关制度安排中，体现国际化工作情况，切实发挥政策的导向和激励作用。

四是要建强工作队伍。要加快建立一支高素质高水平的国际化工作队伍，加强校院两级管理人员的配置与培训，明确各类专兼职管理人员的工作任务与目标，积极选派青年管理骨干出国研修，不断提升管理服务队伍的国际合作与交流能力，以优质科学高效的管理服务为学校实施国际化战略、加快国际化进程提供有力保障。

五是要确保安全稳定。当前，国际和地区形势的新变化为学校开展国际合作与交流增加了不确定性，在与国外部分高校科研合作、孔子学院建设、国际学生招生培养等方面面临新的挑战，也对学校做好新时期国际合作交流工作提出了更高要求。我们在实施国际化战略过程中，必须要把安全稳定摆在更加突出的位置，坚决守住安全稳定底线，努力防范化解各种风险挑战。要不断强化政治意识、安全意识、纪律意识和规矩意识，严格遵守国家外事纪律和学校各项规章制度，全力维护国家和社会和谐稳定的发展大局。

老师们，同志们！提升国际合作与交流水平、加快学校国际化进程是新时代山东大学响应国家发展战略的迫切需要，是参与国际教育竞争的迫切需要，是实现“由大到强”转变的迫切需要。希望今天的会议能够开启实施学校国际化战略新起点、新征程，让每一位同志都以时不我待的紧迫感和舍我其谁的责任感，解放思想、抢抓机遇、锐意进取，在新时代国家开放大局中展现出山大新作为，为实现中华民族伟大复兴作出新的更大贡献！

谢谢大家！

在山东大学校友会第三届理事会第四次会议暨2019年校友工作会议上的讲话

郭新立

（2019年10月26日）

各位校友、各位理事，同志们：

大家上午好！

金秋十月，喜事连连，我们迎来了新中国成立70周年，也刚刚度过了山东大学118周年华诞。在这个洋溢着欢乐与喜悦的美好时节，非常高兴欢迎大家荣归母校，畅叙深厚情谊，共商发展大计。今天的会议内容丰富、务实高效，刚才五位同志的发言都非常好，思想到位、认识到位、见解到位，对于促进学校校友工作的改革发展具有重要意义。可以说，这次会议，汇聚了全体山大人磅礴力量，吹响了“百廿山大强校兴国”的集结号。

中国特色社会主义进入新时代，中华民族迎来了从站起来、富起来到强起来的伟大飞跃。在新时代的历史方位下，将于2021年迎来建校120周年的山东大学，肩负着强校兴国的时代使命，机遇前所未有，挑战前所未有，希望前所未有。为此，学校在本月的15日发布了《百廿山大强校兴国行动方案》，这是学校向社会彰显办学初心、宣誓使命担当的一部宣言，是引领我们团结凝聚60万山大人逐梦教育强国、奋进复兴征程的一面旗帜，也是开启“双一流”建设下半篇、推动学校实现“由大到强”历史性转变的行动纲领，对于新时代山东大学的发展具有继往开来的重要意义。刚才，樊校长介绍了《行动方案》的具体内容。借此机会，围绕“强校兴国”的使命担当，我再与大家交流三点认识。

一是要不忘强校兴国的初心。创校之时，山东大学就在办学章程中宣示：“公家设立学堂，是为天下储人材，非为诸生谋进取；诸生来堂肄业，是为国家图富强，非为一己利身家。”这种博大的胸襟和气魄，已化为一种文化基因和精神源泉，激励着一代又一代山大人担承使命、奋勇前行。118年来，她始终坚守着“为国育贤”的庄严承诺，先后为国家和社会培养输送60万优秀人才，朴实、扎实、务实的“山大底色”赢得了广泛赞誉。118 年来，她积淀形成了“学术报国”的优良传统。在跨越两个世纪的办学历程中，创造了中国科学史上的诸多“中国之最”。118 年来，她竭力履行好“服务社会”的神圣使命。始终厚植齐鲁大地，坚持在服务国家重大需求、支撑区域经济发展中担承责任、主动作为。回首 118 年办学历程，山东大学在救亡图存的探索中诞生，在新中国的建设中成长，在新时代的征程中奋进，每一次选择、每一步印迹，都始终与国家、民族命运紧密相连，与城市、人民共生共荣。山大的历史，不仅是全体山大人的宝贵精神财富，也是中国高等教育砥砺奋进的生动写照，更是鞭策我们担承强校兴国使命的动力之源。

二是要下定强校兴国的决心。教育兴则国家兴，教育强则国家强。党的十九大提出了全面建成社会主义现代化强国的宏伟目标，把“建设教育强国”明确为中华民族伟大复兴的基础工程。当前，党和国家对高等教育的需要，对科学技术的需要，对创新人才的需要，比以往任何时候都更为迫切。大学在服务国家战略、引领社会发展、推动民族复兴中的作用，比以往任何时候都更为凸显。“强校兴国”是党和国家赋予山东大学的时代使命，是百年山大办学初心的内在要求，是我们新时代再创辉煌的战略选择。我们要提高强校兴国政治自觉，切实增强责任感、使命感和紧迫感，在有机融入大格局、大战略中践行强校兴国的时代使命；我们要明确强校兴国的目标指向，始终与我国发展的现实目标和未来方向紧密联系在一起，努力践行强校兴国的时代担当；我们要激发强校兴国的精神动力，把“四个自信”转化为强校兴国的山大自信，以更加坚定的信念、更加昂扬的斗志、更加有力的举措把强校兴国不断推向前进。

三是要提振强校兴国的信心。近年来，特别是学校第十四次党代会以来，学校锐意进取、开拓创新，各个方面均取得了令人鼓舞、催人奋进的新成绩，刚才樊校长已经向大家介绍了。可以说，学校“追求卓越，只争朝夕”的氛围已经形成，各项事业蓬勃发展的态势已经凸显，实现“由大到强”历史性转变的端倪已经出现。这充分说明，我们所确定的发展方向是正确的，我们所提出的发展战略是科学的，我们所选择的发展路径是可行的，我们所实施的发展举措是有效的。近年来，在学校创建世界一流大学的征程中，广大校友不断贡献智慧和力量，为学校实现“由大到强”历史性转变注入了强劲动力，提供了坚实保障，有力证明了校友是母校最可信赖的依靠力量。近期，我们先后在北京、深圳、苏州、青岛、西安、济南等六地召开了校友座谈会，与会的校友在对学校发展积极献言献策的同时，也表达了对母校改革发展成就的高度认可，对母校美好未来的殷切期盼。这让我们更加充满信心、充满斗志，山东大学有着丰富的文化积淀，有着深厚的基础优势，有着巨大的发展潜力，有着战胜任何艰难险阻的决心、勇气、智慧和力量。只要我们心往一处想，力往一处使，没有什么能够阻挡山东大学实现“由大到强”历史性转变的脚步，山东大学也必将在践行“强校兴国”的时代使命中，担负起中华民族伟大复兴的中国梦的重任！

各位校友、各位理事，同志们：

今年是山东大学校友会成立 31 周年。我们高兴地看到，学校的校友工作发生了众多可喜的变化，组织建设不断完善，校友活动日趋丰富，形成了学校与校友相互关心、相互支持、共同发展的良好局面，在服务校友发展、服务学校发展、服务社会发展等方面作出了重要贡献。取得这样的成绩，得益于各级校友组织的鼎力相助，得益于广大校友工作者的倾情奉献，得益于全体山大人的共同努力。在此，我代表学校向大家的辛勤付出表示衷心的感谢和崇高的敬意！

国家繁荣昌盛需要大学勇担“强校兴国”使命，学校“由大到强”也离不开校友工作“提质增效”。面临新形势、新任务、新要求，在此，我再对学校校友工作提出三点希望：

一是提高政治站位，转变思想观念。要坚持以习近平新时代中国特色社会主义思想为指导，认真落实学校十四次党代会精神，明确校友工作新的目标方向，努力打造与“强校兴国”使命要求相适应的校友工作体系，汇聚和引导广大校友在国家经济社会发展中建功立业，在实现中华民族伟大复兴“中国梦”的实践中践行山大办学宗旨，作出山大贡献。要加强党的领导，不断增强“四个意识”，坚定“四个自信”，坚决做到“两个维护”，充分发挥党的政治优势、组织优势，努力推动校友工作实现新突破。要以《百廿山大强校兴国行动方案》为行动指南，坚持推动学校发展、服务地方经济的工作目标，理清思路，准确定位，突出重点，促进校友与学校之间的合作与资源共享，扎实推进学校校友工作稳步开展。要不断解放思想，切实把校友工作纳入学校办学体系，进一步拓宽校友工作的理念和范围，积极引导校友参与支持学校发展。要强化全局意识，推动形成全员参与校友工作的氛围，特别是学院要将校友工作作为一项重要任务来谋划，充分调动全员工作积极性，努力形成人人关注校友、人人重视校友的良好局面。

二是要健全体制机制，打造事业共同体。去年，学校出台了《关于新时期加强和改进校友工作的意见》，明确了校友工作的工作目标和重点任务。要深入贯彻该《意见》精神，落实落细各项工作任务，进一步打造共赢发展的平台，深化事业共同体建设。要建立服务需求的发展模式。当前，学校、校友以及社会各界对校友会的期望、对校友工作的要求越来越高，我们要紧紧围绕校友的发展、母校的建设、社会的需求，积极转变工作方式，全面提升服务质量。要积极探索体制机制创新，创新校友工作方式方法，集思广益打造具有山大特色的校友活动，发挥“校友经济”功能，助力区域经济社会发展和学校“双一流”建设。要完善互联共享的校友网络，以兼容并包的开放态度，不断创新组织构架、联络方式等，把我们校友会的旗帜插遍世界各地，将校友圈由国内扩展到全球，更好地发挥校友会维系母校与校友间浓厚根叶情谊的纽带作用，让每一个山大人在都能找到自己的“家园”。学校各个部门与学院要积极行动起来，集全员之智，汇全员之力，积极构建院处有效联动、协同配合的工作机制。

三是要加强文化建设，培养校友意识。校友文化是学校文化的重要组成部分，校友也是学校文化的传承者。要深入实施文化引领战略，进一步凝练“关爱校友、感恩母校，担承责任、奉献社会”的校友文化，不断丰富山大文化时代内涵，全面推进文化共同体建设。要积极拓展校友文化载体，做强做大校友工作品牌，扎实推进“校友之家”建设，努力打造传播山大文化、加强校友联络、开展校友活动、实现创新协同的重要平台。要高度重视在校生的校友感情培育，讲好山大故事，展示辉煌成就，激励学生成才，引导他们爱校护校荣校。

各位校友、各位理事，同志们！

凡我在处，便是山大！山大是我们每个山大人的山大，他呵护着我们成长，见证着我们进步，是我们的精神家园。因为有山大我们才被称为山大人，山大好，山大人才好；山大人好，山大会更好。站在以质图强、争创一流的历史新起点，让我们高举习近平新时代中国特色社会主义思想伟大旗帜，以追求卓越、只争朝夕的精神，汇聚起60万山大人的磅礴力量，勇担强校兴国的时代使命，为实现中华民族伟大复兴的中国梦作出山大贡献！

祝各位校友身体健康，事业进步！希望大家常回家看看！

在2019年度党组织书记履行全面从严治党责任和抓基层党建述职评议会上的讲话

郭新立

（2019年12月31日）

同志们：

开展党组织书记述职评议工作，是学懂弄通做实习近平新时代中国特色社会主义思想、深入学习贯彻党的十九届四中全会精神的生动实践，是全面落实管党治党政治责任的重要举措，更是巩固深化“不忘初心，牢记使命”主题教育成果的有力抓手，对推动和加强学校党建工作具有非常重要的作用。今年，按照山东省委要求，我们统筹开展党组织书记履行全面从严治党责任和抓基层党建述职评议，目的就是以述职促履职，以评议促整改，以考核促发展，进一步增强全校各级党组织书记管党治党的紧迫感责任感使命感，牢固树立“抓好党建是最大政绩”的观念，推动全面从严治党向纵深发展，以高质量党建引领中国特色世界一流大学建设。

这次述职评议会议，既是互相学习的总结交流会，也是改革发展的推动落实会，更是鼓劲加压的动员部署会。各位党组织书记作为第一责任人，这一年工作抓了什么、怎么抓的、抓得成效如何，到台上来讲一讲，让大家评一评，相互之间比一比，述的是行动和责任，看的是成效和状态，体现的是初心和使命。台上八分钟，台下一年功。刚才，听了25位书记的现场述职，大家讲得都不错，谈成绩有声有色，找问题刀刃向内，讲原因深挖根源，抓整改有的放矢。相关校领导的点评非常到位，直奔问题、切中要害，有提醒、有辣味、有指导。总的来看，这次述职评议，会前准备充分，会议质量很高，述出了责任，述出了压力，述出了动力，更述出了希望，起到了明确方向、落实责任、提振士气的良好效果。同时，我们要深刻认识到，述职评议不是简单的“年终考试”，绝不能有“过关”思想，更不能述职前“精心准备”，述职后“一述了之”“没了下文”，而是要对存在问题一改到底、一抓到底。

2019年，对山东大学来说是不平凡的一年。这一年，学校党委谋划了一条“由大到强”的发展之路，各级党组织着力发挥在改革发展中的引领和支撑保障作用，在全体教职医务员工的共同努力下，学校“由大到强”历史性转变初现端倪，充分彰显了党的领导的最大优势，开创了中国特色世界一流大学建设新局面。这一年，我们把开展好主题教育作为一项重大政治任务，紧扣目标要求，聚焦主题主线，一体推进学习教育、调查研究、检视问题、整改落实，取得了实实在在的成果，坚守“为国育贤”办学初心、勇担“强校兴国”时代使命成为每一位山大人的行动自觉，改革发展中的一系列深层次问题正在有效破解，师生医务员工的获得感幸福感安全感不断增强。这一年，我们认真贯彻党中央关于全面从严治党各项决策部署，以政治建设为统领，扎实推进纪检体制改革，拧紧全面从严治党责任链条，筑牢意识形态阵地防线，深入开展校内巡察，以全面从严治党引领推动全面从严治校，推动政治生态、学术生态、育人环境持续向好。这一年，我们坚持和加强党对学校工作的全面领导，以提升政治功能和组织力为重点，全面推行以党建为统领的领导班子任期目标责任制，狠抓党建重点任务落实，大力推进党建工作示范创建和质量创优，学校党委、基层党委、党支部和党员“四位一体”的组织体系进一步完善，在破解党建和中心工作“两张皮”、引领推动“双一流”建设上取得积极进展。概括来说，这一年，学校政治建设持续加强、全面从严更加深入、基层基础更加牢固，为高质量发展提供了坚强保证。这些成绩，是大家认认真真、扎扎实实干出来的，是大家主动作为、勇于担当拼出来的。借此机会，我和樊校长代表学校对大家一年来的辛苦付出表示衷心的感谢！

下面，我就下一步做好学校党的建设各项工作，再讲几点意见。

一、坚持高站位谋划，持续在学懂弄通做实上下功夫

党的十八以来，习近平总书记对党的建设为什么抓、谁来抓、抓什么、怎么抓等方向性、根本性、全局性重大问题作出了一系列重要论述，为深入推进党的建设新的伟大工程提供了根本遵循。具体到高校党的建设工作，总书记也给予高度重视，先后在全国高校思想政治工作会议、全国组织工作会、全国教育大会上发表重要讲话，为做好新时代高校党建工作指明了方向。今年 10 月，党的十九届四中全会明确提出，要建立“不忘初心，牢记使命”的制度，健全党的全面领导制度，完善全面从严治党制度。对我们来说，关键就是要把习近平新时代中国特色社会主义思想作为建设中国特色世界一流大学的根本遵循，做到学思用贯通、知信行统一。

一是要持续推动主题教育走深走实走心。坚持以党的创新理论滋养初心、引领使命，构建“不忘初心，牢记使命”长效机制，始终把习近平新时代中国特色社会主义思想作为破解学校改革发展难题的“金钥匙”，不断增强运用总书记的思想解决难点堵点痛点问题的意识和能力，坚持不懈锤炼党员干部忠诚干净担当的政治品格。二是要加强党对学校的全面领导。坚持党管办学方向、党管改革发展、党管意识形态、党管干部人才原则，建立健全坚持和加强党对学校全面领导的组织体系、制度体系、工作机制，把党的领导融入办学治校各环节，把党的建设贯穿立德树人全过程，保证党的领导最大优势得到充分发挥。三是要始终把政治建设摆在首位。把政治纪律和政治规矩挺在前面，把政治标准和政治要求贯穿党建工作全过程，把政治担当和政治责任落实到具体工作中，教育引导党员和师生医务员工不断增强“四个意识”、坚定“四个自信”、做到“两个维护”，真正以政治上的加强推动全面从严治党向基层延伸，引领带动党的建设质量全面提高。

二、坚持高质量推进，以一流党建引领推动改革发展

习近平总书记在全国组织工作会议上强调，提高党的建设质量，是党的十九大总结实践经验、顺应新时代党的建设总要求提出的重大课题。今年7月，在中央和国家机关党的建设工作会议上，总书记又突出强调了要全面提高机关党的建设质量和水平。党的建设质量，是党的建设新的伟大工程的生命线。这条生命线抓住了、抓好了，党的建设在进行伟大斗争、推进伟大事业、实现伟大梦想中的决定性作用才能发挥好。

一是要把党建质量体现在织密建强组织体系上。党的力量来自组织。要着眼提升基层党组织组织力，进一步健全学校党委、基层党委、党支部、党员“四位一体”的组织体系，加快完善基层党建制度体系，强化基层党委政治功能，突出党支部标准化规范化建设，严格落实各项基层组织制度，创新基层党组织设置，积极搭建党员发挥先锋模范作用平台，形成落实党的领导、加强党的建设纵到底、横到边、全覆盖的工作格局。二是要把党建质量体现在引领推动改革发展上。党建质量高不高，推动改革发展是试金石，也是磨刀石。要站在“四个伟大”的高度来全面认识党的建设的丰富内涵，伟大工程是为了伟大斗争、伟大事业、伟大梦想来推进的，离开伟大斗争、伟大事业、伟大梦想，伟大工程就失去了意义。这就要求我们，必须着眼于推动党建和中心工作的深度融合，树立融合理念，找准融合路径，构建融合机制，把党的政治优势、思想优势、组织优势与事业发展融为一体，真正把党的领导最大优势充分发挥出来。三是要把党建质量体现在落实党建工作责任上。总书记反复强调，不明确责任，不落实责任，不追究责任，从严治党是做不到的。同样，没有责任落实，提升党建质量也是难以做到的。作为党建工作第一责任人，大家要扛起主责、抓好主业、当好主角，抓配套措施，抓重点突破，抓制度完善，抓改革创新，切实把每个环节的党建工作抓具体、抓深入，坚决防止“一手硬，一手软”。

三、坚持高标准落实，推进全面从严治党向纵深发展

习近平总书记强调，党要管党、从严治党，是党的建设的一贯要求和根本方针。回顾党的十八大以来我们党抓自身建设的历程，全面从严治党始终是贯穿其中的鲜明主题。从近几年学校管党治党、办学治校的实践来看，我们在抓思想从严、抓管党从严、抓执纪从严、抓作风从严、抓反腐从严方面还需要持续发力。

一是要勇于自我革命。这是我们党最鲜明的品格，也是我们党的最大优势。要坚持刀刃向内，以彻底的自我革命精神推动党的各项建设，在打扫政治灰尘中实现自我净化，在补短板强弱项中实现自我完善，在扎实推进学校纪检体制改革中实现自我革新，在加强党性锻炼和政治历练中实现自我提高，切实把严的标准、严的要求、严的措施、严的纪律贯彻落实到管党治党全过程。二是要发扬斗争精神。当前，学校管党治党、办学治校还存在着压力传导层层递减、监督合力不够、“四风”问题具有顽固性反复性、治理体系和治理能力现代化水平不高、意识形态领域形势严峻等一系列新情况新问题。

我们必须要发扬斗争精神，增强斗争本领，深化运用监督执纪“四种形态”，用好政治巡察利剑，持之以恒正风肃纪，巩固拓展作风建设成果，维护学校政治安全和意识形态安全，不折不扣地把管党治党政治责任落到实处。三是要狠抓整改落实。目前，学校主题教育已经进入收尾阶段，但收尾绝不等于“收场”。要坚持主题不变、机构不撤、力度不减、标准不降，聚焦8个方面的专项整治内容和高校需着力整改的5个方面问题，按照“项目化推进，全过程督办，销号式管理”的要求，下大力气抓好整改落实“后半篇文章”，确保一项一项抓到位、一件一件落到底。

同志们，“强校兴国”是山东大学的办学初心，更是山东大学的时代担当。2020年是全面建成小康社会和“十三五”规划收官之年，也是学校实现“由大到强”历史性转变的关键一年，推进学校党的建设新的伟大工程极为重要，每一位同志肩上的担子都很重。最关键的一点就是要在实施“强院兴校”行动中，充分发挥党建引领作用，充分彰显党的领导最大优势，谋大事、干大事、成大事，把学校“由大到强”历史性转变的步伐推进得更快、更好，凝聚起“强校兴国”的磅礴力量。希望大家把“不忘初心、牢记使命”作为加强党的建设的永恒课题，以追求卓越、只争朝夕的精神，以抓铁有痕、踏石留印的劲头，坚定不移加强党对学校的全面领导，坚定不移加强和改进学校党的建设，坚定不移把全面从严治党引向深入，为中国特色世界一流大学建设提供坚强的政治保证、思想保证和组织保证！

我就讲这些。谢谢大家！

在2019年春季新学期工作会议上的讲话

樊丽明

（2019年2月22日）

老师们，同志们：

大家上午好！按照惯例，开学第一天我们就召开新学期工作会议，我在这里首先给大家拜个晚年，祝大家在新的一年里工作顺利、身体健康、万事如意！同时，向寒假期间坚守岗位、辛勤付出的同志们表示衷心的感谢！

我们今天这次会议的主要任务是研究部署学校2019年重点工作。下面，我代表学校党委和行政就学校工作与大家做一下沟通交流。稍后，郭书记将作总结讲话，给大家提出工作要求。

一、2018年主要工作回顾

2018年，我们全面学习贯彻落实习近平新时代中国特色社会主义思想和党的十九大精神，以追求卓越、只争朝夕的昂扬姿态，成功召开第十四次党代会，紧紧围绕建设中国特色世界一流大学奋斗目标，深入贯彻新发展理念，全面深化综合改革，扎实书写山大“奋进之笔”，各项事业取得明显进步。

（一）切实加强党的领导和党的建设

一是胜利召开学校第十四次党代会。大会确立了新时代扎根中国大地办大学的奋斗目标、基本思路和发展战略，规划了面向21世纪中叶的“三步走”战略安排，提出了人才强校、学术兴校、服务山东、文化引领、国际化、一体发展“六大战略”，明确了未来五年学校改革发展“十大任务”，对学校党的建设新的伟大工程作出系统部署，全面开启加快实现“由大到强”历史性转变、建设中国特色世界一流大学的新征程。二是坚持用习近平新时代中国特色社会主义思想“金钥匙”破解改革发展难题。持续在学懂弄通做实上下功夫，取得了一系列改革发展成效。三是加强事业发展统筹规划。成立发展战略咨询委员会和医学发展战略咨询委员会，加强战略研究和顶层谋划。引导和推动各单位对标一流、追求卓越，统筹谋划党的建设和学科建设，科学编制高水平发展规划，有力支撑一流大学建设目标实现。四是全面提升党的建设工作水平。组织召开全校党建工作会议，明确了下一步党建工作的基本思路。材料科学与工程学院入选“全国高校党建工作标杆院系”，土建学院岩土中心党支部、马克思主义学院中国化马克思主义教研室党支部入选“全国党建工作样板支部”，塑性成形工艺与模具技术党支部书记张存生工作室入选首批全国高校“双带头人”教师党支部书记工作室。五是扎实推进思想政治工作。深入贯彻落实全国高校思想政治工作会议和中央31号文件精神，认真抓好各项任务的落实落地。成立党委教师工作委员会，加强对教师的思想引领。组织向艾兴院士、赵玥义先生学习活动，以榜样的力量引导人、激励人、感召人。“添翼工程”入选首批高校思想政治工作精品项目，“三全育人”长效机制初步形成。六是切实加强干部队伍建设。出台加强中层领导班子建设的意见、中层领导人员管理办法，顺利完成中层领导班子换届调整，推进干部轮岗交流和队伍年轻化，干部素质与队伍结构得到明显改善。七是持续改进意识形态工作。认真贯彻落实全国宣传思想工作会议精神，制定实施意识形态工作责任制实施细则，切实解决意识形态领域一批重点难点问题，牢牢掌握意识形态工作领导权。八是深入推进正风肃纪。制定学校贯彻落实中央八项规定精神及实施细则的实施办法，推进内控建设，加强对重点领域关键环节的监管，完成对威海校区艺术学院党总支、体育教学部直属党支部和后勤党委、后勤保障部的专项巡察。坚持以师生为本，狠抓机关作风转变，“两不出”的目标基本实现。

（二）全面加快世界一流大学建设进程

按照学校第十四次党代会决策部署，聚焦人才强校和学术兴校，抓机遇、聚合力、推改革、促发展，推动教育部和山东省签署《关于重点共建山东大学的意见》，学校“双一流”建设迈入新阶段。

第一，人才培养开启新篇章。组织召开全校本科教育工作会议，颁布实施“本科教育30条”，对办好山大风格的一流本科教育作出全面部署。出台《本科专业建设与发展行动计划（2018～2020）》，推动实施专业现代化工程。获得国家级教学成果一等奖1项，二等奖4项，实现历史性突破。一校三地教育教学资源共享机制进一步健全，全校育人合力逐步凸显。实施学位点现代化工程，探索交叉学科和学科交叉研究生培养新机制，不断加强研究生培养过程管理。毕业生就业质量和就业满意度稳步提升。

第二，人才队伍实现新突破。牢固树立“人才是第一资源”的理念，大力实施人才强校战略，组织召开人才工作会议，深入推进人事人才工作体制机制改革，探索构建杰出人才体系。全年引育各类高层次人才217人，实现同比增量翻番。长江学者特聘教授、万人计划青年拔尖人才入选人数均位居全国第四。

第三，学术水平迈上新台阶。一是深入推进一流学科建设。实施“三大计划”，通过“瘦身，长高，变强”，加快实现学科更新换代。全力建设五大优势学科领域，大力推动交叉融合，积极布局新兴交叉学科，新建齐鲁交通学院、数据科学研究院、网络空间安全研究院、数学与交叉科学研究中心、人工智能国际联合研究院、高等医学研究院等高端平台。3个学科进入ESI前1‰，16个学科进入ESI前1%，进入前1‰和前1%学科数均列全国高校第9位。9个学科进入软科2018世界一流学科排名前100，总上榜学科数居国内高校第11位。二是切实增强科技创新能力。召开全校科技工作会议，制定科技创新能力提升的实施意见，探索学术兴校的实现路径。筹建山东高等技术研究院，布局建设非线性期望前沿科学研究中心，规划新一代半导体材料核心领域关键技术集成攻关大平台获教育部首批支持。获批国家重点研发计划等重大科研项目6项，单项获批经费再创新高。建设高端引领性交叉创新团队，首批遴选6+6高水平“攀登计划创新团队”。获国家科学技术奖4项；获中国青年科技奖2项，获奖人数位列全国高校第三。一批成果相继在*Cell*、《新英格兰医学杂志》等国际顶尖期刊上发表，首次有学者入选国际高被引科学家榜单。组建科技创新军民融合研究院，深度融入军民融合国家战略，积极创造条件，顺利通过武器装备承制单位资格现场审查。三是不断凸显人文社科优势，有9项课题获国家社科基金重大项目立项，立项数量并列全国高校第五，创历史最好水平。《中国经学学术编年》荣获第三届全球华人国学成果奖。焦家遗址田野考古入选全国十大考古新发现和“2017年中国考古新发现”。特聘教授李占扬团队的“许昌人”研究成果入选“2017年度中国科学十大进展”。肯尼亚联合考古在探索现代人类起源领域取得关键进展。黄发有教授著作《中国当代文学传媒研究》获得第七届鲁迅文学奖文学理论评论奖。

第四，服务山东展现新作为。大力实施服务山东战略，建立“九大机制”，落实“十大计划”，系统推进服务“六个山东”。推动产学研深度融合，科技成果转化立项经费近亿元，其中有4项“千万元级”成果。对接“十大产业”签约建设30余个产学研合作平台，24人入选山东新旧动能转换重大工程“十强产业”智库首批专家，精品旅游、医养健康、新材料三个行业协会落户山大。广泛汇聚校友力量聚创齐鲁，联手名校院所共同服务山东发展。刘家义书记和龚正省长对我校服务山东工作专门作出批示，给予高度肯定。

第五，文化建设取得新成效。精心组织习近平总书记视察曲阜五周年系列活动，成功举办第五届尼山论坛、山东论坛（2018）、第二届鲁青论坛等高端学术论坛。全球汉籍合璧工程获国家重大文化工程立项，被列入“中华古籍保护计划”。开展“中华经典诵读工程”“传统节日振兴工程”，启动“一院一品”立项活动，打造“美丽山大”品牌。

第六，对外交流开拓新局面。研究制订《国际化战略规划（2018～2025）》，进一步明确国际化办学的总体思路和主攻方向。全面推进“海外一流学科伙伴计划”，深化与耶鲁大学等世界名校的实质性合作。与剑桥大学签约共建国际创新转化学院，功能材料与器件学科创新引智基地获“111计划2.0”支持。积极参与共建“一带一路”教育行动，加入全球能源互联网大学联盟，推进“金砖国家项目管理高教联盟”建设。试行“国际学分计划”，推动学分学位互认互授，成立国际学生学者中心，建立国际合作联络教授制度，持续打造“留学山大”品牌。

第七，一体发展增添新动能。与济南市、章丘区签署共建协议，坚持以新发展理念统筹推进龙山校区（创新港）建设。大力推进威海校区、青岛校区改革发展规划实施，齐鲁医学继续保持强劲发展势头。研究制定关于深化一校三地管理体制机制改革的意见，创新完善异地多校区管理体制机制，深入探索山大特色的办学模式，不断激发内生动力和发展活力。

与此同时，我们着力加强条件保障，不断夯实学校事业发展支撑，办学资源进一步拓展，基础设施进一步完善，民生福祉进一步增进，有力提升了广大师生医务员工的获得感、幸福感、自豪感。

老师们、同志们，2018 年可以称为“新时代高等教育元年”，学校工作有声有色，改革发展进入快车道，交出了一份沉甸甸的年度答卷。在此，我代表学校感谢同志们的辛苦付出，向大家致以崇高的敬意！我们在看到发展成绩的同时，也要清醒地认识到，对照世界一流大学的愿景和师生医务员工的期盼，我们的工作还存在一些问题和不足，主要表现在：思想解放不够，观念相对保守；以师生为中心的理念落实还不到位，狠抓落实的风气尚未完全形成；学科有原缺峰，交叉融合不够；高层次人才稀缺，学术核心竞争力不强，人才培养的理念创新和模式创新不够；服务山东的能力还不够强；国际交流合作的水平、层次还有待提高；办学资源紧缺，统筹配置不够，结构性矛盾依然突出；异地多校区管理体制机制不够完善，内部治理能力尚需进一步增强；党的领导优势发挥得还不充分，在破解党的建设与中心工作“两张皮”的难题上，有了良好的开端，但还需要下更大的功夫。这些问题和不足，制约着学校发展，我们必须高度重视，并在 2019 年工作中有所改进和突破。

二、2019 年需要落实的重点工作

2019 年学校工作的总体要求是：高举中国特色社会主义伟大旗帜，以习近平新时代中国特色社会主义思想为指导，深入贯彻党的十九大和十九届二中、三中全会精神以及全国教育大会精神，全面学习贯彻落实学校第十四次党代会精神，牢牢把握高质量发展根本要求，紧紧围绕立德树人根本任务和“双一流”建设，始终聚焦“六大战略”和“十大任务”，充分发挥党的全面领导优势，以追求卓越、只争朝夕的奋进姿态，谋大事、干大事、成大事，加快推动学校实现“由大到强”的历史性转变，奋力开创中国特色世界一流大学建设新局面，以优异成绩庆祝新中国成立 70 周年。

具体来讲，要全力落实好以下十个方面的重点工作：

（一）扎实推进党的建设新的伟大工程，切实提升“双一流”建设的引领力

1. 不断强化理论武装。深入推进习近平新时代中国特色社会主义思想学习宣传、研究阐释和“五进”工作，坚持以创新理论武装头脑、指导实践、推动工作。深入学习贯彻党的十九大精神及全国教育大会精神、学校第十四次党代会精神，组织开展好“不忘初心，牢记使命”主题教育。

2. 切实提升党建质量。加强党建标杆学院、样板支部建设，开展党支部书记示范培训。加强基层党建制度体系建设，进一步理顺校区、科研机构、直附属单位党组织隶属关系。建立学院党建工作考核体系，全面实施教师党支部书记“双带头人”培育工程。加强和改进学生党建工作，推进专职组织员队伍建设。

3. 加强和改进思想政治工作。贯彻落实全国高校思政会精神和中央 31 号文件，健全“十大育人体系”，推进思政课改革和全国重点马院建设。实施思想政治工作质量提升工程，着力提升思想政治工作的亲和力和实效性。探索构建大统战格局，创办“同心

圆”大讲堂。

4. 进一步抓好意识形态和宣传思想工作。严格落实意识形态工作责任制，开展意识形态工作校内巡查督查，牢牢把握意识形态工作领导权。完善一校三地宣传思想工作联席机制，构建快捷高效、凝心聚力的内宣系统。加强与主流媒体的深度合作，拓展海外宣传网络，提升学校的美誉度和影响力。

5. 着力建设高素质干部队伍。坚持好干部标准，突出实践实干实效，开展中层领导班子运行调研评估，做好优秀年轻干部发现培养选拔工作，推进教师干部校内双向挂职锻炼“双百人计划”。制定干部教育培训规划，着力提升广大干部适应“双一流”建设的本领能力。完善干部考核评价机制，改进考核方式方法，强化考核结果分析运用，不断改进工作作风，引导和激励广大干部担当作为、干事创业。

6. 深入推进正风肃纪。落实全面从严治党“两个责任”任务清单、问责条例实施细则，把全面从严治党和党风廉政建设任务抓实抓细抓严。深入学习贯彻中纪委三次全会精神，制定实施学校纪检监察体制改革方案。持续深化中央巡视整改，认真落实《山东大学巡察工作规划（2018～2022 年）》。加大对重点领域监督力度，加强党章党规党纪教育，推进干部廉政档案建设。全面深化作风建设，提升“两不出”质量和水平，打通服务师生“最后一公里”。

（二）认真落实立德树人根本任务，全面提升人才培养能力

1. 增强学生思想政治工作实效。启动“三全育人”综合改革试点，构建“三全育人”新格局。做深做细“新双心活动”“添翼工程”等活动，创新推动网络思政，打造山大思政新品牌。筹备召开团代会，健全“青马工程”工作体系。深入实施学生拓展培养计划，着力创建志愿服务品牌项目。强化体育美育和实践育人，促进学生身心健康、德智体美劳全面发展。

2. 发展一流本科教育。全面落实新时代学校“本科教育 30 条”。调整优化专业结构，推进专业现代化建设，建设 30 个左右国家级一流本科专业；推进精品在线开放课程和混合式教学模式改革，建设 50 门左右国家级一流课程。启动实施“六卓越一拔尖”人才教育培养计划 2.0，实现卓越人才培养文理工医全覆盖。深化创新创业教育改革，推进跨学科领域创新创业实践。完善教学荣誉体系，发挥优秀教师的示范引领作用。加强教学质量监控和评价体系建设，推进教师发展工作。

3. 提高研究生培养质量。召开研究生教育工作会议，围绕培养最具创造力的研究生，全面深化研究生教育改革。推进学位授权点现代化工程，落实“奖优、扶强、助青”为导向的资源分配新机制。创新育人模式，试点建设一批学科交叉研究生培养方向。强化导师责任，改革评聘机制，建强导师队伍。完善研究生质量保障体系，逐步提高研究生特别是博士生奖助水平。

4. 提升就业创业和继续教育工作水平。推进毕业生就业工作信息化建设。做好就业市场规划，实施研究生就业挂职锻炼计划，优化就业行业分布和地域分布。推进继续教育，网络学历继续教育招生规模稳定在 2 万人左右，力争学历、非学历教育总收入达到 4.5 亿元。

（三）大力推进人才强校，加快建设高素质师资队伍

1. 切实加强师德师风建设。出台进一步加强和改进教师思想政治工作的意见。加强示范引领，挖掘、选树、宣传师德师风先进典型。出台《山东大学师德负面清单和失范行为处理办法》《山东大学师德考核办法》，健全师德建设长效机制。

2. 深入推进人事制度改革。全面贯彻落实学校《关于深化人事人才工作体制机制改革的意见》及相关配套方案。根据学科建设目标，全面核定二级单位人力资本，将四年编制岗位指标打包分配给各校区、各单位，在人员招聘、岗位聘用、职务晋升等方面赋予充分自主权。修订新进教师聘用管理办法，完善预聘—长聘体系。深入推进多元考核评价，强化聘期考核，注重个人评价与团队评价相结合，探索促进交叉科学研究的学术评价机制。启动干部人事档案数字化工作。制定教职工能力提升计划，健全培训机制，完善荣誉体系。建立非事业编制人员职称职级晋升体系，完善非事业编制人员薪酬体系。

3. 积极打造具有国际竞争力的人才队伍。完善杰出人才体系。探索建立新型学术特区，全力打造开放、充满活力的人才高地。完善人才工作目标责任制考核，强化学院引育人才的主体地位。建立人才工作联动机制，实施首接负责制，加强人才服务保障。举办第四届齐鲁青年论坛，推进海外人才工作站建设。精准引育顶尖和领军人才，力争院士增选实现突破，高层次人才数量实现倍增。完善专聘科技人员管理办法，做大做强专职科研队伍，提升博士后规模和质量。畅通管理人员晋升通道，夯实实验技术队伍。

（四）全面推动学术兴校，着力增强学术核心竞争力

1. 全力抓好学科建设。实施学科现代化工程，推进学科升级换代，加强内涵建设，改善学科生态。深入实施“学科高峰计划”，全力建设五大优势学科领域，推动实现集群发展。以大平台建设为突破，推动学科出“峰”，支持若干处于基础支撑地位或前沿新兴领域的学科加快发展。大力支持新兴交叉学科发展，谋划新建前沿交叉科学济南研究院、人工智能研究院、生物医学工程研究院等。统筹推进学科跨校区、跨学院协同发展，促进一校三地学科联动。编制学科建设成效半年报告，开展建设绩效年度考核。

2. 加快提升科技创新能力。全面落实学校科技工作会议精神，深入实施科技创新能力提升的实施意见。深化科研管理体制机制改革，构建“一纵、一横、一面”的新型科技管理组织体系，推进科研一体化发展。大力推动“四大”建设，积极推进新一代半导体材料核心领域关键技术集成攻关大平台、非线性期望前沿科学研究中心、山东高等技术研究院等集成创新平台建设，谋划建设一批新型集成科技创新平台。新增国家级平台1～2项、省部级平台5～6项。持续推进首批攀登计划创新团队（理工医）建设，启动建设交叉学科青年创新团队。建立健全山东大学科技创新荣誉体系，加大奖励力度，实现成果新突破。推进山东工研院建设，新建5～7个创新中心。搭建具有山大特色的技术转移体系，努力实现成果转化总经费翻一番。力争年度横向科研总经费超过5.64亿元，竞争性科技经费增长30%以上。

3. 系统推进人文社科振兴。组织召开全校人文社科学术工作会议，系统谋划人文社科改革发展。设立攀登计划创新团队（人文社科）、重大培育项目等，多措并举推进卓越研究，积极培育“山大学派”。做大做强教育部人文社科重点研究基地，力争新增

1 个国家级研究平台。打造国际问题研究院、一带一路研究院、以色列研究中心等国际化学术平台。加大科研组织创新力度，促进文理、文工、文医交叉融合和实质性合作。建设高端智库，提升服务实效。完善学术评价激励，设立华岗奖。力争年度科研经费增长 20%以上。

（五）深入推进服务山东战略，有效助推经济社会发展

1. 强化服务山东统筹协调。落实“九大机制”、推进“十大计划”，完善服务山东网络，健全多方会商机制，着力打造“山大系”，制定实施服务济南计划、服务青岛计划、服务烟威计划以及乡村振兴齐鲁样板、军民融合发展、海洋强省建设的“山大方案”，促进学校与山东发展同频共振、同向发力。

2. 实现服务山东重点突破。聚焦新一代信息技术、新材料、医养健康等重点产业相关领域，强化与山东重工等行业龙头企业及民营企业的合作。深化产教融合，实现学科专业和产业集中对接。推动建立宽禁带半导体等系列联合机构，以重点领域和关键环节带动服务山东全盘工作。

3. 完善服务社会工作体系。全面推进校友会、基金会、理事会建设。加快推进各驻外研究院转型发展。统筹构建一校三地校友工作格局，深耕校友资源，新建 3～5 个海外校友组织。举办校友节，建设校友之家、校友文化产品中心，推动校友产业园区建设，提升“山大人”的社会影响力和美誉度。

（六）切实强化文化引领，加快建设传承创新中华优秀传统文化最具代表性大学

1. 建设精神文化家园。研究制定《山东大学文化引领战略规划》，推动文化引领战略实施。研究启动 120 周年校庆工作，着力做好校史研究，进一步凝练山大精神。推动一校三地文化资源融合共享，扎实开展“一院一品”文化创建活动，不断丰富校园文化内涵。

2. 推进文化传承创新。发挥马克思主义理论学科等优势，积极推动社会主义先进文化的研究和传播。加强《文史哲》英文版等外文期刊建设，提升人文社科学术国际影响力。实施好全球汉籍合璧等重大工程，推进“乡村儒学”“社区儒学”计划及“孔子新汉学计划”，加强孔子学院建设，进一步推广普及中华优秀传统文化。

（七）深入实施国际化战略，持续提升国际合作交流能力

1. 统筹做好国际化的顶层设计和战略实施。召开全校国际合作与交流工作会议，加大谋划和推进国际化工作力度，完善工作机制，充实专业化工作队伍，全面实施《山东大学国际化战略规划（2018～2025)》。制定“一带一路”教育行动计划，在学生培养、科研合作等多个领域开展合作。实施“海外一流学科伙伴计划”，拓展 3～5 个新的高水平伙伴。实施国际合作联络教授制度，进一步加强与一流大学的沟通交流和实质性合作。

2. 健全国际化人才培养支持机制。全面实施“国际学分计划”，逐步实现“国际学分”全覆盖。大力拓展海外教育合作项目，设立学生海外经历奖学金。推动实施“课程国际化计划”，打造 100 门英文授课国际化课程。推动山东大学澳大利亚国立大学联合国际理学院等合作办学，争取中外合作办学取得新突破。实施“学历留学生提升计划”，推动以教授及院系为主体的招生改革。丰富“留学山大”特色内涵，提高留学生培养质

量和水平。

3. 推进人才队伍国际化能力建设。打造引智品牌，扩大外教规模。实施“师资国际化能力提升计划”，有计划、有针对地支持青年教师赴海外交流培训。大力开发职员海外研修项目，提升工作人员的国际化管理服务能力。

4. 深化国际科研合作。培育一批具有竞争力的国际性联合科研项目和平台。推进完善“国际科研合作种子基金计划”，促进与国外一流大学和一流学科开展全方位、多层次、可持续的国际科研合作。新增10个科研项目及1～2个科研平台，做好相应孵化支持工作。

（八）全面深化综合改革，着力推进内部治理体系和治理能力现代化

1. 加强改革的系统谋划和协同推进。围绕学校综合改革方案的深入实施，抓住人事制度和人才发展体制机制改革这个牛鼻子，蹄疾步稳地推进各专项改革任务落实落地，着力创新体制机制，加快突破发展瓶颈，不断完善“七大体系”。修改完善《山东大学章程》，探索建立符合教育、文化和学术生长规律的现代大学制度。

2. 试点启动强院兴校行动。制订实施强院兴校行动计划，试点推动院为实体和综合预算改革，探索建立“以人事和财务二级管理制度为核心，人事权、资源配置权和事务处置权统分结合”的校院两级管理体制，有效提升学院的理财能力、谋事能力、统筹能力、发展能力，切实让学院成为充满活力的办学主体，充分激发学院办学的积极性、主动性和创造性。

（九）扎实推进一体发展，不断彰显异地多校区办学优势

1. 促进各校区协调发展。优化济南校本部学科布局和空间资源配置，积极稳妥推进龙山校区（创新港）规划建设。深入实施威海校区“双一流”建设行动方案（2018～2020），全面提升威海校区办学水平。积极推进青岛校区二期工程，着力实施青岛校区发展改革规划纲要（2018～2025），不断加快“三区四基地”建设步伐。实质推进部委省共建，深入实施医学教育改革发展规划纲要（2018～2025），深化医学教育管理体制改革。提升附属医院水平，做强齐鲁医学品牌。

2. 探索一体发展实现路径。出台关于深化一校三地管理体制机制改革的意见，完善异地多校区管理体制机制，落实“六个统一”，推进共建共享，激发办学活力，实现一体发展，探索山大特色的办学模式。

（十）着力强化支撑保障，持续提升师生医务员工的获得感、幸福感、自豪感

1. 提高财务保障水平。进一步理顺学校财务管理体制，实现学校年度收入总规模75.42亿元预算目标。动员部署120周年校庆筹资工作。构建全面预算绩效管理体系。全面实施政府会计制度，推进二级单位内控建设，推动配备科研财务助理，探索从传统财务会计向管理会计转型。

2. 加强支撑条件建设。完善资产资源配置、共享、评价体制机制，强化归口资产规范管理，落实办学用房规划配置方案和教学科研用房绩效评价，推动建立公有住房统一管理的制度体系。建设4个左右开放度高、智能性强的教学实验中心。推进国内一流的功能性科研支撑平台、重大科研基础设施的规划建设。完善实验室技术安全管理制度，进一步落实安全责任网格化体系。实施所属企业体制改革方案，促进校属企业战略

转型和持续稳定发展。启动建设威海校区材料与空间科学科研楼、新工科与交叉学科科研楼，完成工学教学科研综合楼二期、趵突泉校区学生活动中心、千佛山校区6号教学楼及信息楼等工程，修缮千佛山校区3、4号学生公寓，加快动物实验中心建设。推进“智慧山大”建设，启动信息化公共服务平台二期工程。加快建设现代化图书馆。深入开展平安校园建设，确保校园安全稳定和谐。

3. 着力增进民生福祉。积极办好服务师生十件实事。积极推动实施老旧住宅加装电梯，兑现教职工一次性住房资金补偿挂账，落实住宅楼大证及房产证办理，完成住宅区水电一户一表改造。提升交通、通讯及物业服务质量，推动各校区供餐保障再上新台阶，做强附属中小学及幼儿园教育品牌。筹备召开教代会、工代会。开展“健康山大”系列服务活动，丰富民生“五大工程”建设内涵，持续改善师生医务员工的学习工作生活条件。

同志们，以上就是我们今年要完成的10大项32小项的工作任务，请大家会后对照学校2019年工作要点，认真抓好贯彻落实工作。一是要凝心聚力，紧盯重点抓落实。围绕大平台建设和五个重点学科群，强化方向引领，推动学科交叉，集中优质资源，实现重点突破，以点带面推动实现内涵式发展。二是要革故鼎新，深化改革抓落实。改革争在朝夕，落实难在方寸。2018年，我们在诸多领域迈出了坚实的改革步伐，2019年更要勇于解放思想，以改革创新精神咬定青山不放松，乘胜追击，再接再厉，披荆斩棘，真正做到抓铁有痕、踏石留印。三是要登高望远，统筹协调抓落实。立足学校发展大局，一切工作讲担当，大家都来抓落实，主动作为，协同推进，深入实施“六大战略”，全面加快“双一流”建设步伐，做实做好“由大到强”这篇大文章。

老师们、同志们！比认识更重要的是决心，比方法更关键的是落实。2019年是山东省的“工作落实年”，“担当作为、狠抓落实”已经成为全省工作最强音，学校现在的主要任务，就是把实现学校“由大到强”的历史性转变的“规划图”变成“施工图”，把“时间表”变成“计程表”，早日让蓝图成为现实。全体同志要有“事思敬”“执事敬”的敬业精神和“光阴迫”“从来急”的奋进态度，追求卓越、只争朝夕，真抓实干、埋头苦干，努力开创中国特色世界一流大学建设新局面，以优异成绩向新中国成立70周年献礼！

谢谢！

顺应时代　再铸辉煌
加快实现我校人文社科“由大到强”
历史性转变

——在山东大学人文社科学术工作会议上的讲话

樊丽明

（2019 年 4 月 26 日）

老师们，同志们：

大家上午好！

时隔 13 年后，我们在这里再次召开人文社科学术工作会议，意义重大。这次会议的主题是顺应时代、继承传统、服务国家、创新发展，为加快构建中国特色哲学社会科学作出山大贡献。要以习近平新时代中国特色社会主义思想为指引，深入贯彻党的十九大精神，认真落实习近平总书记有关哲学社会科学工作的系列重要讲话精神，面对新时代国家发展对人文社科学术工作提出的新要求、新挑战、新任务，全面落实学校第十四次党代会作出的战略部署，以全球视野审视当前学校人文社科学术工作的形势与挑战，总结经验、直面问题、树立目标、明确任务，形成队伍结构合理、发展方向明晰、体制机制健全、学科生态优良并在若干领域具有重要影响的人文社会科学创新发展体系，在服务国家战略和区域经济社会发展中贡献山大智慧，在推进中国特色世界一流大学建设中担当新使命，展现新作为，实现新跨越。

刚才，我们对杜泽逊教授等 9 位获得 2018 年度国家社科基金重大项目立项的负责人、黄发有教授等 10 位第 32 次省社科优秀成果奖一等奖以上获得者以及儒学高等研究院等 6 个 2018 年度优秀科研组织单位进行了表彰。杜泽逊等 8 位教授，围绕儒学研究山大学派、强院兴校、学科方向凝练、交叉学科推进、杰出人才引育、科研服务思政课教学、科研组织策划、校地融合、治学体会、团队建设等，与大家进行了交流和分享。他们的发言有信心、有高度、有思路、有办法，听后很受启发。

百年山大在人文社科领域形成了自己的学术竞争力和社会影响力，但我们的目标是要成为世界一流的有思想、有文化的高校，部分优势学科要达到世界一流水平，任务依然艰巨，当前我们的突出问题是“大而不强”。实施学术兴校战略，是推动山东大学人文社科由大到强转变的关键路径，是实现“双一流”建设目标的重要举措。要从根本上解决“大而不强”的问题，就必须将学术兴校摆在更加突出的战略位置，把学术振兴作为学校发展的第一要务。

学校高度重视这次会议，有关部门和学院认真筹备，多次召开专题会议听取意见建议，可以说，提交这次大会讨论的《山东大学关于加快推进人文社会科学发展的若干意见》及7个配套文件的征求意见稿是全校广大人文社科工作者的智慧结晶。下面，我代表学校，对近年来我校人文社科学术的发展情况进行总结，就推动我校人文社科学术实现“由大到强”历史性转变谈几点意见。

一、过去五年的工作和主要成就

过去五年，我校认真贯彻落实习近平总书记有关哲学社会科学系列讲话精神，聚焦当今世界格局正在发生的巨大深刻变革、当代中国正在经历的社会变革和实践创新对哲学社会科学研究提出的新要求，围绕“立德树人”根本任务，大力推动人文社科学术发展。广大人文社科工作者齐心协力、埋头苦干、承续传统、守正求新，人文社科学术整体实力显著提升。

（一）着力强化思想引领

习近平总书记在全国高校思想政治工作会议上强调，办好中国特色社会主义大学，要强化思想引领，牢牢把握高校意识形态工作领导权。五年来，面对当前不同思想文化交流交融交锋的复杂形势，我们在人文社科学术工作中牢牢抓住思想引领这个关键环节，加强理论学习、头脑武装，将“坚持与时代同步伐、坚持以人民为中心、坚持以精品奉献人民、坚持用明德引领风尚”作为新时代山大人文社科学术工作的前进方向。秉承“让思想引领学术，以学术砥砺思想”的理念，坚守专业性、时代性与创新性的学术品性，引导学术发展、规范学术风尚，在现代化转型中塑造学术品格，努力做到以优秀的学术成果影响社会精英，引领社会民众，积极推进学术研究本土化、现代化、国际化，更好地服务于新时代中国特色社会主义建设。2018年6月15日，《文史哲》编辑部在曲阜主办了“领会‘5·17讲话’精神，构建一流的哲学社会科学知识体系”为主题的研讨会，对如何立足中国实践发现新理论、用世界听得懂的语言讲好中国故事进行了较为全面的探讨与阐发，彰显了山东大学在建设富有本土特色的话语体系方面所作的重要贡献。

（二）稳步推进平台建设

高校科研平台可以培养和提高教师队伍的学术水平，促进学科的交叉、融合和发展，从而促进高校科研水平的提高，我校通过分类分层扎实推动科研平台和机构建设，取得了一定成效。过去五年，我校入选首批全国重点马克思主义学院，建设工作取得突破性进展；环境与社会考古国际合作联合实验室获批立项建设；与山东省政府签署了共建儒家文明协同创新中心的战略合作协议，新增协同单位17个，形成了以山东大学牵头、国内7所高校为核心，联合相关政府部门、社会组织、研究机构协同创新的发展模式；新增1个省级协同创新中心，3个省理论工程重点研究基地，9个省“十三五”高校人文社会科学研究基地、实验室；与省人大常委会共建地方立法研究服务基地；新增8个人文社科专题数据库和人文社科实验室等科研公共支撑平台。

发挥高校智库作用、服务国家经济社会发展已经成为衡量高校综合创新能力和社会服务水平的重要指标，更是高校自身的职责所在、使命所系。我校拥有庞大的人才队伍、齐全的学科门类、深厚的学术积累，具备建设高端智库的良好条件和独特优势。近年来，学校对接国家重大战略需求，整合校内相关研究力量，瞄准国家级智库加大了新型智库培育力度。目前，山东发展研究院等9个机构入选中国智库索引CTTI来源智库，卫生管理与政策研究中心、山东区域金融改革与发展研究中心入选山东省重点新型智库建设试点单位，县域发展研究院、山东省文化发展战略新型智库入选山东省高校重点新型智库。在发挥山东发展研究院等智库平台作用的同时，近年来学校成立了国际问题研究院、孔子学院研究中心、精品旅游研究院等智库平台，不断提升服务国家战略和区域经济社会发展的能力，加快推动有条件的教育部人文社科基地的智库转型。目前正在国家治理等领域凝练方向，谋划建设跨学科、跨学院、跨校区的智库平台。

（三）努力建设人才队伍

习近平总书记指出，“人才是第一资源”，“得人者兴，失人者崩”。要从根本上解决山大人文社科“大而不强”的问题，就必须抓住人才队伍建设这个关键，加强全方位育人、引人、留人，真正“聚天下英才而用之”，让更多“千里马”竞相奔腾。目前，我校已经建立了包括讲席教授、特聘教授、杰出中青年学者、齐鲁青年学者、未来计划学者以及荣聘教授在内的完善的杰出人才体系，打通了人才成长成才的通道，引进培育了大批人文社科领域杰出人才，队伍结构有了较为明显的改善。五年来，人文社科新增“长江学者奖励计划”特聘教授3人、青年学者1人；万人计划哲学社会科学领军人才5人、教学名师3人；青年拔尖人才支持计划入选者3人；泰山学者特聘教授7人；泰山学者青年专家8人。新增专职人文社科类荣聘教授13人，讲席教授11人，特聘教授19人，中青年杰出学者25人。全职引进了贝淡宁、李占扬、刘森林、黄发有等一批在学界有重要影响力的国内外杰出学者和中青年学术骨干。

（四）大力推进项目培育

学校通过不断完善校内项目培育体系，引导广大人文社科学者聚焦国家战略和学科前沿，面对重大理论和现实问题开展研究，积极争取和承担了一大批国家级、省部级项目，研究重大理论问题、现实问题的能力显著增强。2014～2018年，承担纵向科研项目1192项，比前5年增长32.6％，承担国家社科基金年度项目175项，比前5年增长44.6％，并列全国高校第10位。其中，承担重大项目27项，比前5年增长170％。令人振奋的是，2017年，山东大学10项课题获得国家社会科学基金后期资助项目立项，立项数在全国高校中排名第1位，彰显出山大人文社科学者潜心笃志、牢记使命、立足本位、铸造精品的学术导向，与学校大力营建宽松包容的学术氛围密不可分。2018年我校国家社科重大项目立项数并列全国高校第5位，取得历史性突破。由我校牵头组织的“全球汉籍合璧工程”获国家重点文化工程立项支持，被列入“中华古籍保护计划”，协同境内外22所高校和科研机构，与50多家境外藏书机构建立合作关系或达成合作意向，经费预算2.8亿，目前各项工作进展顺利。

（五）持续推出精品力作

近五年来，学校全面加大对各类成果的培育、激励和推介力度，人文社会科学研究成果的数量和质量均有较大提升，有239项科研成果获得省部级以上奖励，其中教育部一等奖2项；获山东省社会科学优秀成果奖228项，比前5年增长32.5％。据不完全统计，2013～2017年，全校共发表CSSCI论文5798篇，和前5年持平；SSCI论文与A&HCI论文578篇，比前5年增长80.8％。这表明，我校人文社科学者研究能力和治学水平在不断提升，学术话语权不断增强，国际影响力不断扩大。到目前为止我校入选国家哲学社会科学成果文库成果累计12项，并列全国高校第7位。由我校三代学人接力历时36年完成的《杜甫全集校注》荣获全球华人国学大典国学成果奖，《鲁东南沿海地区系统考古调查报告》和《转型时期消费需求升级与产业发展研究》获教育部高校优秀科研成果一等奖，《20世纪中国史学编年》《子海珍本编》《中国特色社会主义与相关“主义”比较研究》等一批具有较高学术价值的作品引起学界广泛关注，“章丘焦家遗址”考古项目入选2017年度“全国十大考古新发现”和“中国考古新发现”。过去三年，我校学者仅通过教育部《大学智库专刊》《山大智库快报》等渠道就报送智库成果180余件，其中40余件被省部级以上领导批示或进入中央决策。

（六）繁荣扩大学术交流

学术交流是科学发展的产物，也是学术发展的需要。只有广泛开展学术交流，才能将科学推向前进，并开拓出新的学术领域。为此，学校一直不遗余力地加大力度培育高端学术品牌论坛。五年来，在继续办好“尼山世界文明论坛”“齐鲁大讲坛”的基础上，相继承办“第22届国际历史科学大会”“第8届世界儒学大会”等一系列具有广泛影响力的国际学术论坛，打造了“山东论坛”“鲁青论坛”等高端学术交流平台，促进了中华文化与世界文化的交流对话，提升了我校的学术影响力。2015年8月承办的第22届国际历史科学大会，是大会115年来首次走进亚非拉国家，国家主席习近平为大会专门发来贺信，刘延东副总理亲临大会现场并发表重要讲话。此外，我们通过与美国加州大学伯克利分校中国研究所联合举办“国际中共学和世界社会主义比较学术研讨会”，着力打造了国际中共学这一学术品牌；出版《文史哲》英文版，扩大了这一知名学术品牌的海外影响。在加强高端学术论坛建设的同时，各学科、各层级的学术交流活动也日益活跃。2018年，系统策划、隆重推出了40多场纪念改革开放40周年的专题论坛和报告会，引起了很大反响。

（七）逐步优化学术评价

为贯彻落实习近平总书记关于改革科技评价制度的重要讲话精神，逐步建立符合中国特色世界一流大学治理体系和价值追求的学术评价制度，我校在完善学术评价制度方面作出了扎实的努力与探索。一是探索建立以质量为导向的分类评价机制。在校级重大项目结项中尝试采用代表作评价，注重成果的学术影响力。启动制定智库类成果、古典文献类成果等评价办法，推动分类评价。二是建立鼓励团队合作的评价机制。鼓励科研团队在资源配置、绩效考核、人员聘用等方面大胆创新，引导形成有利于团队紧密合作，协同解决重大问题的合作机制。2018年，推出了《全球汉籍合璧工程关键岗位设置聘用管理办法》，初步确立以团队评价为基础的首席专家评价制度。三是加强对学术评价的科学引导与规范管理。努力建立科学权威、公开透明的学术成果评价体系，确保评价活动规范有序，培育良好的学术生态。

五年来的成就，是教育部和山东省委正确领导的结果，是社会各界大力支持的结果，是学校党委坚强领导的结果，更是全体山大人团结奋斗的结果。我代表学校，向在座的各位、并通过大家向全体人文社科工作者表示衷心感谢！

在看到这些成绩的同时，我们也必须清醒地意识到，我校人文社科还存在不少问题，主要表现在：一是人才队伍结构和质量都有待优化，杰出人才特别是领军人物偏少，研究团队培育滞后，优秀青年人才发现和培育机制有待健全；二是高层次科研平台建设和管理力度不够，平台大多体量小、影响力弱、辐射引领作用不明显，智库建设和社会服务力量分散、咨政能力不强，个别重点研究平台面临很大困难。三是学术方向凝练不够，学科交叉融合明显滞后，校区之间、学院之间错位互补发展的态势尚未形成，合作研究与协同机制有待强化；四是具有重大影响的原创性和标志性学术成果偏少，对国家重大战略需求敏感度较差，对区域经济社会发展参与度不高、话语权不多，对学术前沿重大问题把握不到位，创新能力不强；五是期刊、学会等学术阵地影响力不够，我校一些学术期刊综合影响力尚待提升，有些国家级学会处于松散软的状态。上述问题都需要我们进行认真反思，深刨根源，进一步明确今后的工作重点和发力点。我们要对标世界一流大学查找不足，直面问题，有针对性地提出解决方案。

老师们、同志们！党的十九大报告指出，经过长期努力，中国特色社会主义进入了新时代，这是我国发展新的历史方位。在新的发展理念指导下，要紧扣当前我国社会主要矛盾的变化，开启一场关系山东大学人文社科领域发展全局的深刻变革。对此，学校审时度势、高度重视，大力实施人文社会科学振兴计划，将人文社会科学发展列为“双一流”建设的重点内容。学校第十四次党代会从整体发展层面，对全面建成中国特色世界一流大学进行了战略谋划，提出了人才强校、学术兴校、服务山东、国际化、文化引领、一体发展六大战略，为我校人文社会科学发展指明了方向和路径。

二、今后一个时期人文社科工作的总体要求和建设目标

历经百年发展，山东大学在人文社科领域形成了深厚的历史积淀。历代山大人文社科学者始终秉承“为天下储人材，为国家图富强”的办学宗旨，自觉把个人的学术追求同国家民族发展联系在一起，在 20 世纪 30 年代和 50 年代创造了两次辉煌，屹立东方、佼佼不群，我校人文社科所作出的历史贡献和所形成的学术影响极为深远，赢得了各方的高度评价，收获了广泛的学术美誉。

今后一个时期，面对新形势新任务，山大人文社科学术工作要认真落实习近平总书记有关哲学社会科学系列重要讲话精神，面向时代和人民，扎根中国大地，立足学术前沿，服务国家需求，深入实施学术兴校战略和文化引领战略，显著增强学术核心竞争力，培育造就中国特色哲学社会科学“山大学派”，实现山东大学人文社会科学“由大到强”历史性转变，为构建中国特色哲学社会科学学科体系、学术体系、话语体系做出山大贡献。

一是要面向时代、跨越发展。加强战略谋划，引导广大科研人员坚定文化自信，把

握时代脉搏，聆听时代声音，从国家发展需要出发，提升科研创新能力，勇于回答时代课题，实现学校人文社会科学发展的新跨越。

二是要弘扬传统、特色发展。巩固发扬文史见长的学术传统，加强学术方向凝练，提升文史哲等人文学科优势，为中华优秀传统文化的创造性转化和创新性发展作出杰出贡献；引导社会科学学者面向中国特色社会主义伟大实践开展原创研究，推动经管法政等社会科学的特色发展。

三是要交叉融合、创新发展。充分发挥学校学科门类齐全的综合优势，搭建跨学科创新平台，打破学科专业壁垒，整合资源，大力推进学科交叉融合研究，深度激发创新活力，努力取得重大原创性突破，实现创新发展。

四是要开放包容、内涵发展。尊重学术规律，弘扬开放包容、合作共赢的科学精神，营造充分尊重创新、鼓励大胆探索、追求卓越研究、更加注重成果质量和社会效益的学术氛围，形成有利于内涵发展的学术生态。

五是要改革驱动、协同发展。积极推进“放管服”改革，做强学院和科研平台基地；加强学术谋划与组织，破除制约学术发展的体制机制弊端；大力实施一体发展战略，优化组合一校三地学术资源，推动科研协同发展。

回应时代要求，我们应明确新的历史方位下山东大学人文社会科学发展方向和路线，全面提升山东大学人文社会科学思想引领能力、学术原创能力、学术话语体系构建与传播能力、服务国家重大战略需求能力和国际学术影响力，推动实现山东大学人文社会科学学术方向的现代化、人才队伍的现代化、创新平台的现代化和学科生态的现代化。

到 2025 年，建成 5 个左右学术水平与学术声望达到世界一流水平的学科；10 个以上高端科研平台；5 个左右对国家和地方发展发挥重要作用的高端智库；10 个左右能够从事原创性研究且在国内外有重大影响的创新研究团队；承担一批具有重大学术创新价值和文化传承意义的重大项目，产出系列具有重大影响的标志性成果，服务国家和地方经济社会发展能力显著提升，学术核心竞争力和国际影响力大幅跃升，在文史哲政经管法等若干领域形成“山大学派”，人文社会科学在学校实现一流大学建设目标的过程中总体上走在前列。

三、激发活力、重点突破，加快推动我校人文社科学术发展

加快推动我校人文社科学术发展，必须站在全局高度进行系统谋划，创新动力机制，激发内生活力，找准重点领域和重点环节，争取有所突破，全面提升我校人文社科核心竞争力和学术影响力。

提交本次大会的系列文件旨在解决制约我校人文社科由大到强历史性转变的一些关键问题。拟推出的《山东大学关于人文社会科学发展的若干意见》带有战略性、全局性和指导性，目的是进一步明确我校人文社会科学发展的方向和路径。《山东大学人文社会科学创新团队建设实施办法》解决的是凝练重点研究方向、组建培育学术团队问题，从长计议培育造就山大学派。《山东大学人文社会科学高端科研平台培育管理办法》解决的是集中攻关重点领域、培育国家级高端平台问题，提高我校人文社科核心竞争力。

《山东大学人文社会科学研究重大项目实施办法》旨在培育提升承担重大课题的能力，鼓励研究重大问题，产出重大成果。《山东大学人文社会科学青年学者支持计划实施办法》旨在加大对青年教师的支持力度，促进青年学者更好更快成长发展。《山东大学人文社会科学优秀成果华岗奖评选奖励办法》旨在激发学者创新活力，激励学者潜心研究、产出原创性标志性成果。《山东大学智库成果认定暂行办法》旨在解决智库类社会服务工作的科学评价问题，鼓励学者关心现实，资政启民。《山东大学人文社会科学高端学术论坛资助管理办法》旨在加强交流平台建设，进一步增强学术活跃度和学术影响力。

一要着力培育造就“山大学派”。聚焦国家、区域经济社会发展重大战略和学科前沿，积极推进人文社科领域学术研究方向凝练和学科布局优化调整，立足学术传统，优化资源配置，重点支持优势、前沿方向，努力打造新的特色优势方向和高峰学科。在若干国家主流学科领域和学术方向上形成山东大学的绝对优势或比较优势。

二要大力推进高端平台建设。引导现有国家级、省部级科研平台与优势学科融合，布局新增一批科研平台。细化对不同类型科研平台的支持措施与评估考核要求，建立学校重点支持平台的准入与退出机制，充分调动学术活力。利用国际科研合作种子基金建设一批国际性高端科研合作平台。按照“小核心、大协同”的原则，跨学科、跨学院、跨校区布局一批校内重点培育平台和新型智库。

三要培育建设人文社科创新团队。围绕“山大学派”培育，统筹学校资源，重点支持一批人文社科创新团队。我们希望经过5年的重点建设，使这些创新团队科研实力达到一流水平，成为重大项目、重大成果、杰出人才、高端平台和原创思想的策源地，推动相关学科实现跨越式发展，为一流大学建设提供重要支撑。

四要实施青年学者支持计划。要加强人才培育力度，在这个方向上准备推出一揽子方案，包括设立青年研究专项、青年优秀成果奖、资助青年学者学术沙龙等，帮助青年学者突破瓶颈、迅速成长。通过长期重点支持，着力发现、培养一批年富力强、锐意进取的青年学术新秀，为“山大学派”培育造就提供新生力量。

五要实施重大项目培育计划。推动人文社会科学研究力量战略性重组，统筹资源，集中配置，重点支持，逐步引导其面向国家和区域经济社会文化发展战略需求，聚焦基础理论前沿和重大现实问题开展科学研究，培育形成国家级重大项目，产出具有重要学术价值和社会影响的研究成果。

六要鼓励交叉科学深度融合发展。针对国家重大需求和科研发展新趋势，促进文理、文工、文医交叉融合和实质性合作，在科研组织、学术评价、绩效考核等方面探索促进融合创新的体制机制，超前布局战略新兴领域，推动科研力量联合与科研组织协同，要努力寻求科研空白领域突破创新，勤尝试、广合作、促成果。

七要建立健全人文社科学术荣誉体系。逐步形成以最高学术荣誉“华岗奖”、青年学者优秀成果奖等为主的规范的奖励体系，对具有重大影响的原创性标志成果进行奖励，表彰有突出贡献的山东大学人文社会科学学者，增强他们的荣誉感、责任感、获得感。

八要改革学术评价机制、不断优化学术生态。遵循学科规律，按照“高质量、多元化”的原则，完善评价体系。建立健全分类评价机制，科学设置考核周期，引导研究人员潜心钻研、铸造精品。鼓励卓越研究，探索代表作制度，实施基础学科长周期考评制度。完善校内跨学科的学术评价、成果互认与共享机制。建立与团队发展相适应的评价机制。

九要活跃学术交流、提升学术话语权。要打造能够彰显山大特色、有重大影响力的人文社科高端学术论坛品牌，巩固发展人文领域的品牌论坛、加快打造社科领域的品牌论坛，通过每一位教师的学术“朋友圈”，提升整体学科声望。加强对期刊、学会等学术阵地的组织管理与支持，鼓励创办英文学术期刊，设立优秀学术成果外译项目，培育重大中外合作项目，支持校内研究机构和团队与世界一流学术机构共建学术组织、顶尖国际会议及期刊。

十要加强组织领导，完善条件保障。成立“山东大学人文社会科学工作领导小组”，发挥顶层谋划决策作用，统一指导和协调推进人文社会科学工作；组建“山东大学人文社会科学发展咨询委员会”，充分发挥校内外具有战略视野知名学者的作用，为学校人文社会科学发展提供决策咨询。要进一步完善体制机制，确保学校各部门和二级学院共同努力、协调一致。设立人文社会科学发展基金，立足长远发展，对人文社科学术给予持续有力的支持。

四、凝聚共识、形成合力，推动各项举措落实落地

根据学校第十四次党代会提出的“三个阶段”目标要求，学校2021年要努力进入国内高校第一方阵，2035年要努力跻身世界一流大学行列，可以说是时间紧、任务重、压力大。世界发展瞬息万变，不进则退，慢进亦退。学校事业发展的宏伟蓝图已经绘就，需要每一个山大人携手努力，合力书写时代篇章，这是我们在培育新时代“山大学派”过程中所必须具备的奋进姿态。今天的会议只是个开头，会议结束后，各相关学院和部门一定要把会议精神及时准确地传达到每一位班子成员和每一位教职员工，并在今后的工作中认真贯彻落实。对此，我提三点具体要求。

（一）加强学习宣传，营造良好氛围

各相关二级单位要迅速行动起来，采取多种形式，加大对此次人文社会科学工作会议精神的学习宣传，在全校上下营造追求卓越、崇尚学术、敬业创新的发展氛围。要让大家看到学校全面推动人文社会科学发展、助力“双一流”建设的决心；要扎实做好政策解读和宣讲，会后要及时召开传达通报会议，让每一位相关同志对新政策、新办法都有准确到位的理解和把握；要通过融媒体平台向社会各界广泛宣传，彰显团结一致、奋勇争先的精神风貌，推动全校进一步凝心聚力、形成共识，激发全体山大人的创新活力。

（二）牢记职责使命，深入贯彻会议精神

从前期调研和座谈情况看，各方面对本次会议拟出台文件期待较高，反馈总体上是好的，但仍需要进一步充实和完善。各相关二级单位要认真组织座谈研讨，提出修改意见。学校有关部门要全面搜集意见，尽快修改完善、正式提交学校研究通过。相关政策一经出台，要切实抓好落实。各级党组织要确保政治领导和工作指导，把方向、管大

局、作决策、保落实；各相关二级单位要根据任务分工，结合工作实际，制定出贯彻落实会议精神的具体推进措施，把每一项任务细化到人，人文社科研究院作为牵头部门务必全程负责、一抓到底。

（三）多方协同联动，改进管理服务

要在推进人文社科发展的过程中，进一步理顺体制机制，坚持做强学院学科，建立健全高效便捷、协同有力、权责明确的制度体系和工作机制，充分调动各相关职能部门的积极性、主动性、创造性，有力推动各项工作高效运转、落实落细。要牢固树立“全校一盘棋”的思想，加快完善一校三地一体化管理模式，各职能部门要定期会商、充分沟通、加强协同，明确管理与服务的职责范围，更加深入、精准地做好“放管服”工作，切实解决改革发展过程中面临的问题，加快推进人文社会科学振兴。

雄关漫道真如铁，而今迈步从头越。老师们、同志们，在全面推进“双一流”建设的背景下，学校人文社科学术发展正迎来新一轮战略机遇期。我们要进一步提高站位，切实增强紧迫感责任感使命感，对标国家重大战略发展需求，以更加开阔的视野、更加宽广的胸怀，以时不我待、只争朝夕的精神状态，聚焦学术兴校，大胆解放思想，积极探索创新，切实做到明方向、强队伍、建平台、优机制、增活力、出成果，加快实现学校人文社科“由大到强”的历史性转变，以优异的成绩向新中国成立70周年和山东大学建校120周年献礼，为早日建成中国特色世界一流大学作出新的更大贡献！

谢谢！

认认真真自评　扎扎实实建设
加快实现学校“由大到强”历史性转变

——在山东大学世界一流大学建设自评工作会议上的讲话

樊丽明

（2019 年 6 月 17 日）

老师们、同事们：

大家下午好！今天会议的主题是迎接“双一流”第一周期建设中期自评，同时还有一个重要的背景就是迎接第五轮学科评估。第五轮学科评估预计在 2020 年启动，这将是近期我们面临的又一次重大考验。刚才建亚同志传达了翁铁慧副部长关于“双一流”建设的最新精神，洪渭同志就学校中期自评工作进行了具体安排。我想借此机会与大家交流一下对一流大学和一流学科建设的认识，并结合我校启动一流大学建设以来的成就和存在问题，对本轮自评和今后的工作提几点要求。

一、准确把握国家“双一流”建设总体要求

巍巍上庠，国运所系。高等教育的发展与国家的强盛息息相关。改革开放以来，国家先后实施“211 工程”“985 工程”，重点推动一批高校建成“具有世界先进水平的一流大学”和“国际知名的高水平研究型大学”。进入新的历史时期，为加快建成一批世界一流大学和一流学科，提升中国高等教育综合实力和国际竞争力，2015 年国务院印发《统筹推进世界一流大学和一流学科建设总体方案》（以下简称《总体方案》），启动实施“双一流”建设，对大学及学科建设提出明确的任务要求，分三个阶段制定了时间表。2017 年 10 月党的第十九大召开，对高等教育提出了“加快一流大学和一流学科建设，实现高等教育内涵式发展”的新要求，标志着我国高等教育由“重量”到“重质”发展的新阶段。

第一，质量发展是“双一流”建设的核心要求。

随着我国高等教育即将迈入普及化阶段，一流大学和一流学科的建设重点由规模扩张转变为质量发展、特色发展。新时期，质量发展已成为未来发展的第一要务。翁部长讲话中明确提出，“双一流”建设就是质量建设，凡重点不突出、平铺建设的高校很难

进入第二轮。6月11日，中共中央办公厅、国务院办公厅联合印发了《关于进一步弘扬科学家精神加强作风和学风建设的意见》，旨在鼓励科技工作者淡泊名利、潜心研究，甘坐“冷板凳”，肯下“数十年磨一剑”的苦功夫，勇于提出新理论、开辟新领域、探寻新路径，体现了中央对扎实学风和质量发展的高度重视。近期，学科建设与发展规划部围绕质量发展对各大权威排名的指标体系，特别是论文指标进行了全面分析。国内外各类大学和学科排名指标体系都体现了质量建设导向，质量指标权重占比在80%以上，甚至达到了100%。第四轮学科评估指标体系，各一级指标也以考察质量为主，比如师资队伍指标中的骨干教师，人才培养指标中的教学成果奖、优秀在校生和优秀毕业生，科学研究指标中的ESI高被引论文、代表性论文、国家重大和重点专项、重大科研获奖等等。基于当前国家要求和第三方评价的导向，各建设高校纷纷出台相关政策，推动学校质量发展。有的学校突出质量指标在教师职称评定、研究生指标分配等方面的影响权重；有的学校为了加强论文质量，提高了对博士发表论文的质量要求。

第二，动态调整是“双一流”建设的核心机制。

一流大学和一流学科高校遴选不是一劳永逸。《总体方案》明确提出坚持以绩效为杠杆，建立激励约束机制，打破身份固化，建立建设高校及建设学科有进有出动态调整机制。教育部将对各高校建设过程实施动态监测，实行动态管理，监测和考核的重要内容不再是单纯的数量指标，而是对学校的发展质量、建设成效和发展水平进行全面画像。教育部将组织建设高校进行中期自评和期末评估，根据评估结果，调整确定下一轮建设范围和支持力度。

我们正处于中国高等教育新格局形成的关键期，一流大学和一流学科建设高校身份动态变化，竞争激烈，不进则退。为此，学校十四次党代会提出了“三个阶段”“六大战略”“十大任务”战略安排，学校第十四届委员会第三次全委会提出学校实现“由大到强”历史转变的基本思路。全校上下形成了解放思想、追求卓越、只争朝夕的良好氛围，全力加快推进学校世界一流大学建设步伐。

第三，学科建设是“双一流”建设的基础。

“双一流”建设强调一流大学与一流学科协调并进。学科是一流大学建设的基本单元，没有一流学科就建不成世界一流大学。学科建设的重点第一在于尊重规律、构建体系。要立足学校办学定位和学科发展规律，加强总体谋划，优化学科结构，凝练学科发展方向，突出学科建设重点，构建协调可持续发展的学科体系。第二在于强化优势、突出特色。要根据不同学科的特点，分类建设。优势学科要加快培育国际领军人才和团队，实现重大突破，抢占未来制高点，率先冲击和引领世界一流。特色学科要围绕主干领域方向，强化特色，扩大优势，打造新的学科高峰，加快进入世界一流行列。中国特色的学科，特别是哲学社会科学领域要立足解决重大理论、实践问题，积极打造中国特色、中国风格、中国气象。

我们必须按照这一要求反观我们的学科，凝练我们的特色，强化我们的优势。充分发挥我校学科综合、门类齐全的优势，加强学科交叉融合，做大做强优势学科，稳定培育特色学科，调整整合老化弱化学科，形成结构合理、优势突出、特色鲜明的学科体系。

第四，深化改革是“双一流”建设的根本动力。

全面深化改革，是破除大学体制机制障碍、解放和发展人才培养能力和学术生产能力的根本途径。我国的一流大学和一流学科建设虽然取得了长足的进步，但与世界顶尖大学长期形成的深厚积淀相比，在教师队伍水平、人才培养能力、关键核心技术、办学资源积累、学术生态的构建等方面仍然有较大差距。面临着治理体系、人事人才制度、科研机制、资源配置制度等一系列深层次的矛盾和问题，只有改革才能真正解决这些深层次问题，只有改革才能实现高等教育内涵式发展。

国家对高等教育与科技创新体系进行了深刻反思，先后出台《关于深化教育体制机制改革的意见》《国务院关于优化科研管理提升科研绩效若干措施的通知》等一系列改革文件，推动高等教育向纵深发展。全面深化改革也是破除我校体制机制束缚，充分激发办学活力，推动学校实现“由大到强”历史性转变的关键一招，学校已出台《山东大学关于深化人事人才工作体制机制改革的意见》《山东大学重大科研项目培育办法（理工医）》等十几项专项改革方案，谋划推动一校三地一体发展体制机制改革，为一流大学建设持续提供动力。

二、学校启动一流大学建设以来的成就和存在问题

2016 年学校启动实施“学科高峰计划”，正式拉开全面建设世界一流大学的序幕。经过全校师生医务员工的共同努力，取得了令人鼓舞的建设成效。学科整体实力迈上新台阶，工程学、材料科学先后进入 ESI 前 1‰，2018 年 11 月总数达到 3 个；农业科学进入 ESI 前 1%，总数达到 16 个，均位居国内高校第 9 位。人才培养质量不断提高，2018 年获高等教育国家级教学成果奖一等奖 1 项，二等奖 4 项，实现一等奖零的突破；2019 年 QS 世界大学就业能力排名中，我校学生与雇主关系排名位列世界第 4 位，国内第 2 位。进入我校人才体系的高层次人才 2017、2018 年实现连续翻番，其中，2017 年长江学者特聘教授、万人计划青年拔尖人才入选人数均位居全国前列。学术核心竞争力持续提升，一批科研成果在 *Cell*、*New England Journal of Medicine* 等国际顶级期刊上发表；年度科技经费逐年大幅增加，2018 年年度科技经费突破 24.2 亿元，同比增长 33.85%；国家级人文社会科学研究项目数量位居全国高校前列，2018 年国家社科基金重大立项 9 项，并列国内高校第五。服务山东新旧动能转换成效显著，2018 年科技成果转化立项经费过亿元，其中“千万元级”成果转化达 4 项。文化传承创新成绩突出，中国当代儒学山大学派崛起，实力达到国内一流水平。承办第 22 届国际历史科学大会、世界儒学大学、尼山论坛、山东论坛、鲁青论坛等系列大型文化活动，在强化思想引领、推动中西文明交流对话和优秀传统文化普及传播方面作出了山大贡献。

在看到发展成绩的同时，也要清醒地认识到，与国内外一流大学相比，我们的差距同样明显。

学科高峰少的现状没有根本改变。第四轮学科评估只有一个 A+学科，获 A 类的学科只有 8 个。2018 年软科世界一流学科排名前十的学科数 0 个，2018 年软科中国最好学科排名前 1%的学科 0 个，前 5%学科数 3 个。

高层次人才短缺仍为制约学校发展的主要短板。虽然近几年高层次人才建设成效显

著，但由于历史欠账太多，人才总量与国内一流大学相比仍有较大差距。院士不足上海交通大学的 1/3，长江、杰青和四青人才仅为标杆学校的 1/3 左右。

学术核心竞争力与世界一流大学仍有明显差距。承担大项目，取得大成果，获得大奖励的能力和科研经费总量与标杆学校差距还很大。2018 年学校科技经费迈入 20 亿元大关，浙江大学、复旦大学和中山大学等标杆学校已超过 40 亿元。

跟自己比，我们进步明显，成绩喜人。但对比国家对“双一流”建设的总体要求，对比学校《世界一流大学建设方案》和十四次党代会目标，对比标杆学校，我们的发展速度如何，总体水平如何？我们应当借此中期自评的机会，认真总结，全面分析，对学校建设成效和发展水平进行一次全面画像。

三、对本轮自评和下一阶段工作的要求

做好本轮中期自评工作要搞清楚三个问题，一是“评什么”，二是“怎么评”，三是“评估结果怎么用”。关于这三个问题，建亚同志和洪渭同志已经进行了详细解读。下面我对本轮自评和下一阶段工作提几点要求。

第一，统一思想、提高认识。

“双一流”建设中期自评是高等教育深入贯彻落实党的十九大精神、全国教育大会精神，推动高等教育实现内涵式发展的具体体现。是教育部监测评估各高校建设目标完成情况，建设任务实施情况，标志性建设成果取得情况；开展期末评估、实施动态调整的重要参考。是学校落实十四次党代会精神，客观检视、深刻剖析学校和学科建设过程，开展阶段性建设成效总结，提炼特色、分析问题、精准谋划，推动学校和学科加快建设、特色建设、高质量建设的重要契机。全校上下要统一思想、提高认识，党政同责。学校党委高度重视本轮自评，常委会认真研究了《自评方案》，成立了由党委书记、校长为组长的山东大学世界一流大学建设领导小组，全面统筹安排、协调推进自评工作；各学院也要成立书记、院长为组长的学科建设领导小组，组织各学科自查自评，层层抓好责任落实，集全校之力、聚全校之智，“对好标”“找差距”“补短板”“谋长远”，圆满完成自评各项工作。

第二，坚持一校三地统筹，校院两级协同。

中期评估是对山东大学整体建设成效的评价，是对济南、威海和青岛三校区以及所有学科的评价。各单位要提高站位，站在学校的高度，按照“统筹布局、一体发展”的要求，对照各校区在世界一流大学建设中的功能定位，统筹谋划推进学校和学科自评工作。学校层面，由学校世界一流大学建设工作小组牵头，加强校区协同、各职能部门协同、各教学科研单位协同，建立协同机制，统筹推进本轮自评和今后的一流学科建设工作。学科层面建立学科一体发展、一体建设的有效机制。各学科按照一级学科口径，成立学科建设工作小组。这一工作小组与以前以教学科研单位为主成立的建设工作小组不同，不仅要统筹一校三地学科建设的学术力量和管理力量组织好本轮自评、迎接第五轮学科评估，还要着眼未来，谋划推动本学科建设。

第三，坚持学科集群协同。

学科力量分散，交叉融合不够一直是制约我校学科发展的突出问题。当前，单一学

科研究已经很难实现重大科学问题的突破，很多重大科技成果都是学科交叉的产物，比如纳米技术，综合了物理学、材料学和化学等学科；量子通信技术，汇聚了量子力学、通信理论和计算机科学等；环境考古学，综合了地质学、气候学和环境学等多个领域学科。国家级平台的重新布局特别强调研究的交叉性与集群性，国家自然科学基金委也加大了对交叉学科的支持力度。

学校谋划了数学与数据科学、化学与物质科学、材料及加工制造、临床医学与重大疾病、中国古典学术等五个重点建设的一流学科领域，这是我校学科集群发展的重点，也是我校实现一流学科突破的主要希望所在。各一流学科领域要借此中期自评机会，进行一次全面自检。一方面总结建设成效，另一方面查摆问题，研究下一步如何彰显学科集群发展的特色和优势。核心学科的负责人要负起责任，有担当、有作为，以一流为己任，牵头带领本学科领域规划建设小组的同志们把自评工作做好，更要把下一阶段建设思路谋划好、落实好。

第四，坚持自评与下一步工作部署相结合。

本轮自评以学校自我诊断评估为主，重在分析问题，推进下一步建设。各单位要以自评为契机，全面梳理学校整体和学科阶段建设成效，总结建设经验，提炼发展特色，分析存在问题，以评促改，以评促建，按照问题导向大胆创新、锐意改革，探索破除制约学校和学科发展的体制机制障碍，解决发展顽疾痼疾的对策，统筹谋划部署下一阶段工作，精准改进，扎扎实实加强建设。学校也将以本轮自评为依据，谋划下一年度以及今后一段时期的工作重点。

老师们、同事们，学校中期自评的总体要求和主要任务已经明确，各单位的责任分工也已经落实。希望大家抖擞精神、铆足干劲、狠抓落实，按照学校通知要求，对照任务分工，强化责任担当，细化工作措施，确保各项工作落到实处、取得实效，圆满完成本轮中期自评工作，确保实现山东大学世界一流大学建设目标。

在实现强国梦的征程中放飞青春梦想

——在 2019 届本科毕业典礼上的讲话

樊丽明

（2019 年 6 月 21 日）

尊敬的各位嘉宾、各位老师，各位家长朋友，亲爱的 2019 届毕业生同学们：

大家上午好！

对在座的每一名毕业生同学来说，今天是一个你们专属的节日。首先，我要代表学校全体师生医务员工，向所有毕业生同学以及你们的亲友表示最热烈的祝贺！向为你们成长成才付出辛劳的老师们表示最衷心的感谢！向始终关心支持山东大学发展的广大校友、各位家长以及社会各界朋友致以最崇高的敬意！

毕业季的校园，情谊浓浓，精彩多多。同学们用充满创意的“毕业纪念册”，为学校增添了无比靓丽的风采；你们用千人毕业长跑，向母校、向青春真情告白；你们用写满寄语的横幅和道旗装点校园干道，让离别充满了温情。公共卫生学院王惜媛同学这样说：“青春时光聚或散，心中铭记是我山。”我看了很感动，也很欣慰，是山大承载了你们的青春记忆，记录了你们的成长故事：军训时绞尽脑汁把被子叠成豆腐块，睡觉时也不舍得打开；宿舍里装了空调，有了浴室，济南的夏天终于不再那么难熬；教室翻新后，课堂实现了三地互动，你们也抓住了“网红”教室的尾巴；舌尖上的山大内容更加丰富，校车实现免费，图书馆全年开放，座位可以预约，“一座难求”得到了缓解。总体上，我们学习生活的条件有了很大改善，校园越变越美了。最近有一位女同学在毕业前，到各校区“旅拍”了婚纱照，作为校长，我祝贺你找到了理想的人生伴侣，祝你新婚快乐！希望你常回母校这个“娘家”看看！

毕业典礼是一场重要的仪式，有着极为深刻的意义，既为同学们一段将要结束的学习旅程画下精彩句点，更为大家迎接灿烂美好的人生未来开启序幕。稍后，我们将为每一位毕业生拨正流苏、颁发证书，用庄重的仪式来见证和祝贺你们在山大求学的优异成绩：电气学院的陈梦竹同学，你将创业第一桶金捐赠给母校，设立了“梦竹爱心基金”，提前践行了“凡我在处，便是山大”的一往情深；口腔学院的冯毫同学，在校期间你发表了 5 篇 SCI 论文，获得了 2 项国家专利和 1 个全国临床技能大赛一等奖，为未来的医学生涯奠定了坚实基础；物理学院的于东睿同学，你文体兼修、全面发展，既在全国大学生物理学术竞赛中鏖战群雄，还在全省大学生运动会上所向披靡，为学校争了光、添了彩；哲学与社会发展学院的陈程同学，你投身实践、甘于奉献，深入山东乡村调研，在希望的田野上为乡村振兴积极贡献山大智慧；控制学院的刘彤彤同学，疾病的疼痛和化疗的折磨没有击倒你，你用半年时间补齐了大三的全部课程，并以优异成绩保研，你堪称学校的“自强之星”；14 号楼 222 宿舍的管理学院 6 位女同学，你们用四年青春时光书写了学霸宿舍养成记，“全员研究生”的传奇不仅留在了山大，还将带往北大、人大、南大、南开。还有，刚刚出现在毕业短片中的六组同学、现场接受表彰的优秀毕业生代表以及 2019 届每一位毕业生同学，你们每个人都充分绽放出青春的活力与神采，也必将有力托举起“我山”的希望与未来！

时光荏苒，人间芳华。回眸同学们山大求学的这些日子，在大家的参与和见证下，学校发展可以说是日新月异、喜事连连：2015 年，我们成功主办了有“史学奥林匹克”之称的第 22 届国际历史科学大会，刷新多项纪录，习近平主席为大会发来贺信。2016 年，青岛校区正式启用，掀开了我们一校三地办学的新篇章，在座的很多同学从济南奔赴青岛参与志愿服务，身着“山大红”的你们成了鳌山湾一道最美的风景。2017 年，今天在场的很多老师和同学一起迎接了李克强总理来校考察，学校顺利进入世界一流大学 A 类建设高校行列。2018 年，教育部和山东省签署《关于重点共建山东大学的意见》，学校胜利召开第十四次党代会，科学擘画事业发展宏伟蓝图，全面开启了加快实现“由大到强”历史性转变、建设中国特色世界一流大学的新征程。

今年是五四运动 100 周年，也是中华人民共和国成立 70 周年。从启蒙思想、救亡图存的爱国运动，到筚路蓝缕、自力更生的建设岁月，再到除旧布新、踏浪前行的改革时代，一个世纪以来，亿万中国人民在中国共产党的团结带领下，振奋精神、接续奋斗，投身于实现民族复兴的历史洪流，从站起来、富起来到强起来，创造了一个又一个人间奇迹，实现了一次又一次伟大飞跃。在这个历史进程中，中国青年作为先锋力量，始终满怀对祖国和人民的赤子之心，将个体价值的实现与国家民族的命运联结在一起，用青春之我创造青春之中国、青春之民族，谱写了“救国”“建国”“兴国”的奋斗篇章。

今天，进入新时代的中国正日益走近世界舞台中央，中华民族伟大复兴的曙光从来没有像今天这样清晰可见，建设富强民主文明和谐美丽的社会主义现代化强国，成为我们每一个中华儿女的共同心愿。对同学们来说，十分幸运的一点，就是你们的人生黄金时期正好与“两个一百年”的奋斗目标实现阶段高度契合。作为新时代的中国青年，作为传承百年山大“为国图强”精神的新一届毕业生，你们既面临着建功立业的历史机遇，更肩负着“天将降大任于斯人”的时代使命，理应成为实现中华民族伟大复兴强国梦的中坚力量。借此机会，我想对你们提出三点希望：

一是希望你们勇于担当，砥砺强国之志。孟子曰：“夫志，气之帅也。”一个人追求的目标越高，就越容易激发追求上进的毅力和奋发图强的热情，因而取得的成就就越大，对社会的贡献就越大。大家熟知的“两弹一星”元勋郭永怀先生（他曾经在私立青岛大学附中上过学，也可以说是我们山大的杰出校友），在青年时代就立下了科技救国的人生志向。新中国成立后，他毅然放弃美国优厚的生活待遇和先进的科研条件，冲破重重阻力，义无反顾回国工作，为此不惜烧掉所有的研究手稿。面对同事朋友的挽留，他说："我当年出国，就是为了学成后回国！作为中国人，我有责任回到祖国。"他的心愿，就是希望自己的祖国早一天强大起来，永远不再受人欺侮。1968 年 12 月 5 日凌晨，他为了第一时间报告热核导弹研究的重要线索，连夜从青海赶回北京，因飞机失事壮烈牺牲。在生命的最后时刻，他同警卫员牟方东紧紧抱在一起，以血肉之躯筑起一道坚不可摧的"防火墙"，确保了热核导弹的绝密文件完好无损。正是依据这份他用生命换来的重要资料，在他牺牲的 22 天后，我国第一颗热核导弹试爆成功。

"繁霜尽是心头血，洒向千峰秋叶丹。"希望同学们牢记母校"为天下储人材，为国家图富强"的办学宗旨，以郭永怀先生为榜样，精忠报国，励志图强，把"为中国人民谋幸福，为中华民族谋复兴"作为毕生的追求。

二是希望你们善于创新，展现强国之才。创新已成为当今时代发展的主旋律。在激烈的国际竞争中，唯创新者进，唯创新者强，唯创新者胜。中美贸易战让我们在正视差距的同时，更加清醒地认识到自主创新、科技强国的重要意义。我校网络空间安全学院院长王小云院士在这个方面给我们做出了非常好的表率。大家可能知道，她曾在十年内破解 5 个国际通用 HASH 函数算法，"王氏攻击"一度震惊世界密码学界。为了实现"网络安全强国梦"，她放弃参与设计新国际标准密码算法，转而设计国内的密码算法标准，正如她所说"祖国的需要就是她做科研的重要动力"。近年来，她主持设计多个密码算法与系统，为国家密码重大需求解决了实际问题，为保护国家重要领域和重大信息系统安全发挥了巨大作用。王院士以她在密码研究领域的杰出才华为我们树立了创新强国的时代标杆！

需要指出的是，实现强国梦不仅需要我们增强科技"硬实力"，也需要我们提升文化"软实力"。文化是一个国家、一个民族的灵魂。没有文化的繁荣兴盛，也很难有中华民族的伟大复兴。我校人文学科领域——尤其是儒学高等研究院的老师们，长期致力于中华优秀传统文化的传承与创新，切实推动创造性转化和创新性发展，积极培育当代儒学的"山大学派"，取得了一大批具有广泛影响的创新性学术成果，为坚定和增强中国特色社会主义文化自信作出了山大贡献。前不久，俄国圣彼得堡国立大学赠送给习近平总书记的古籍珍本《铁冶志》，就是通过我校儒学高等研究院的全球汉籍合璧工程团队发现并遴选出来的。让我们借此机会为他们点赞！

创新是一个民族进步的灵魂，是一个国家兴旺发达的不竭动力，也是中华民族最深沉的民族禀赋。同学们在校求学期间，浸润于崇实求新的校风，熏陶于创新创业的氛围，"创新"早已融入你们的精神血脉，成为你们的文化标识。未来的日子，希望你们进一步树牢创新意识，弘扬创新精神，强化创新思维，提升创新能力，人人争当创新的实践者、推动者、引领者，努力用新思想新知识新文化开创出中华民族的伟大光明前景。

三是希望你们甘于奋斗，奉献强国之力。"空谈误国，实干兴邦"，再伟大的理想只有付诸行动才有可能成为壮举。正如习近平总书记指出的，"中国社会发展，中华民族振兴，中国人民幸福，必须依靠自己的英勇奋斗来实现，没有人会恩赐给我们一个光明的中国”。新时代是奋斗者的时代，只有奋斗者才能创造无愧于历史的辉煌业绩、书写出不平凡的人生华章。原国家电网董事长、现任全球能源互联网发展合作组织主席、我校电力系 1974 级刘振亚校友，毕业后从最基层的电厂技术员干起，他不怕难、不怕输，坚持实干、苦干，一步步成长为国家电网的掌舵人。在任期间，他顶住重重压力，创造了拥有完全自主知识产权、世界领先的特高压输电技术，形成了“西电东送、北电南供、水火互济、风光互补”的能源互联网新格局，满足了更大范围优化配置能源的需求，成就了中国电力科技创新的新高度。时至今日，刘振亚校友仍然在为构建全球能源互联网、推动世界能源变革转型努力拼搏、不懈奋斗。用他的话说，“只要事业能干成，只要特高压能成功，只要全球能源互联网能成功，我个人怎么样都行”。这就是我们的山大校友，这就是奉献强国、实干兴邦！

“为者常成，行者常至。”山再高，往上攀，总能登顶；路再长，走下去，定能到达。青年人的奋斗有多努力，中国的未来就有多美丽。希望同学们始终秉承“朴实、扎实、务实”的山大品格，争做起而行之的行动者、知行合一的实干家、攻坚克难的奋斗者，脚踏实地，锐意进取，在干事创业中开拓人生，在披荆斩棘中创造辉煌！

同学们！一代人有一代人的长征，一代人有一代人的担当。我们的老校友季羡林先生曾经说过：“生命只有和民族的命运融合在一起才有价值；离开民族大业的个人追求，总是渺小的。”愿你们带着母校的嘱托，以担当砥砺强国之志，以创新展现强国之才，以奋斗奉献强国之力，在成就“大我”中升华“小我”，在实现强国梦的征程中放飞青春梦想！

母校永远祝福你们！

在2019年秋季新学期工作会议上的讲话

樊丽明

（2019年8月30日）

老师们，同志们：

大家下午好！这个暑期并不平常，同志们全员在岗在位在状态，团结一心、坚守一线、全力以赴打赢维护学校安全稳定发展的硬仗，跟同志们道一声：辛苦了！

我们今天这次会议的主要任务是研究部署学校2019年秋季学期重点工作。下面，我代表学校党委和行政就学校工作与大家做一下沟通交流。稍后，郭书记将作总结讲话，给大家提出工作要求。

一、2019年春季学期主要工作回顾

今年上半年，我们坚持以习近平新时代中国特色社会主义思想为指引，深入贯彻落实党的十九大精神，扎实推进第十四次党代会各项战略部署，认真落实立德树人根本任务，全面加强党的领导和建设，持续深化校内综合改革，聚焦聚力“双一流”建设，推动“由大到强”迈出坚实步伐，各项工作取得新成效。

（一）党的领导优势不断彰显

深入学习贯彻习近平新时代中国特色社会主义思想，坚持用“金钥匙”破解事业发展难题，学校党委总揽全局协调各方的能力持续增强。宣传思想和意识形态工作全面加强，党员干部理想信念更加坚定，“四个意识”不断增强，广大师生医务员工思想主流始终保持积极健康向上。干部队伍和基层党组织建设取得阶段成效，党建先进典型不断涌现，10个党组织入选全国全省党建双创培育建设单位，5个党组织获评“山东教育系统先进基层党组织”，央视《新闻联播》报道“百微山大”典型做法。全面从严治党深入推进，管党治党制度规范日益健全，机关作风持续改善，党风校风学风稳中向好，政治生态不断净化。

（二）“双一流”建设关键领域实现持续突破

一是立德树人扎实推进。实施思想政治工作质量提升工程，加快构建“三全育人”新格局，组织评选“教书育人楷模”，精心打造“榜样的力量”等特色品牌，学生思想政治工作的质量稳步提升。积极推进学校新工科、新医科、新文科建设，深化专业综合改革，增设6个战略新兴本科专业，专业结构进一步优化，协同育人机制进一步完善，本科招生再创佳绩；推进实施研究生生源质量提升方案和学位点现代化工程，建设交叉融合育人平台，导师立德树人职责不断夯实。毕业生就业率稳中有升，育人质量赢得社会赞誉。

二是人才引育再创新高。引育各类高层次人才478人，与去年相比，国家杰青、国家优青、长江青年和泰山学者都实现倍增。张友明教授入选欧洲科学院院士，丁肇中教授受聘山东大学高等技术研究院名誉院长，薛其坤院士受聘晶体材料国家重点实验室名誉主任。深入推进人事人才工作体制机制改革，积极拓展引才渠道，新设4个海外人才工作站。当前，“人才强校”已经成为全校上下的一致共识，学院人才工作的积极性主动性创造性不断增强，强劲的吸才效应和良好的人才生态正在加快形成。

三是学术振兴步伐稳健。获国家自然科学基金集中申报项目505项，立项数列全国第8位，同期增长112项，增幅位列全国第3位，其中青年基金项目立项数227项，列全国第6位，均创山东大学历史最好水平。揭牌成立山东大学一南洋理工大学人工智能国际联合研究院，成功举办第十届全国无机化学学术会议。医学研究团队先后在*Cell*、《柳叶刀》等国际顶级期刊上发表多项成果，展现了医学发展的强劲势头。召开人文社科学术工作会议，系统谋划了新时代学校人文社会科学的发展道路。国家社科基金年度项目立项数列全国高校第6位，获山东省社会科学优秀成果奖50项，占全省获奖数的20%。前两天刚刚公布的教育部人文社会科学重点研究基地重大项目立项数量列全国高校第6位。

四是服务社会成效显著。大力实施服务山东战略，着力打造“山大系”品牌，有效助推济南高质量发展，受到济南市委主要领导高度评价。与财政部山东监管局签署战略合作框架协议。科技成果转化再上层楼，截至目前合同经费达8849.5万元，其中3项“千万元级”成果分别在山东和广州落地转化，有1项成果转让额达6000万元，有力助推山东新旧动能转换和区域经济社会发展。深度对接国家中西部发展重大战略部署，与重庆市政府签署战略合作协议，积极服务鲁渝两地经济社会发展。举办第三届鲁青论坛，深化鲁青合作，推动对口支援工作向纵深开展。驻外研究院充分发挥桥梁纽带作用，深入推进政产学研合作，有效助力学校人才引育、服务社会等中心工作。

五是国际交流合作深入拓展。深化与剑桥大学、墨尔本大学、特拉维夫大学、爱丁堡大学、诺丁汉大学的实质合作。获批科技部“高端外国专家引进计划”29项，2项获得“111”学科创新引智基地2.0支持，创历史新高。

（三）条件建设和民生工程取得积极成效

一是优化办学资源。推进落实空间资源优化配置，制订《山东大学空间新动能实施方案》，推动10栋楼宇7.5万平方米公房完成修缮改造并投入使用。全面推进学校内部控制建设，不断提高风险防控能力。稳步推进校属企业体制改革，取得阶段性进展。二是改善基础设施。加强实验室建设管理，推进实验室规划建设，实验室安全专项整治行动成效显著。下大力气改善科研基础条件和学生住宿条件。三是加强民生保障。坚持以师生为本，全力落实服务师生十件实事，各项工作均按计划稳步推进，房产证办理遗留问题取得实质性进展，教职工一次性住房资金补偿挂账兑现已基本完成，有力提升了全体山大人的获得感、幸福感、自豪感。

总之，春季学期以来，学校党委总揽全局、协调各方，大力实施“六大战略”，坚定不移地推动“由大到强”历史性转变，各项事业取得积极进展，学术核心竞争力迈上新台阶。

二、2019 年秋季学期重点工作

2019 年秋季学期学校工作的总体要求是：以习近平新时代中国特色社会主义思想为指导，深入学习贯彻党的十九大和全国教育大会精神，全面落实学校第十四次党代会战略部署，牢牢把握高质量发展根本要求，以开展“不忘初心，牢记使命”主题教育为动力，紧紧围绕立德树人根本任务，始终聚焦“六大战略”和“十大任务”，狠抓年度重点工作和整改任务落实，全面深化综合改革，不断加快“双一流”建设步伐，大力推动内涵式发展，切实维护学校安全稳定大局，坚定不移地推动学校实现“由大到强”的历史性转变，以优异的成绩向新中国成立 70 周年献礼。下面，部署十个方面的工作：

（一）全面加强党的领导和党的建设

1. 扎实开展“不忘初心，牢记使命”主题教育。贯彻落实中央精神和教育部党组、山东省委部署要求，以处级以上领导干部为重点，在全体党员和师生医务员工中组织开展好“不忘初心，牢记使命”主题教育，牢牢把握“守初心、担使命，找差距、抓落实”的总要求，推动主题教育与加强党的建设、与推进改革发展稳定各项任务有机衔接、深度融合，确保主题教育取得实实在在的成效。

2. 不断提升党建工作水平。深入推进高校党建工作重点任务落实，进一步健全“四位一体”组织体系，大力培育建设一批全国、山东省党建工作标杆学院、样板支部和教师党支部书记“双带头人”工作室；深入实施党组织书记抓基层党建突破项目和党组织活动立项工作，充分发挥学院党委、党支部、党员在改革发展中的积极作用，推动基层党组织全面进步、全面过硬。

3. 持之以恒正风肃纪。夯实党委主体责任和纪委监督责任，强化领导干部“一岗双责”意识，层层传导压力，认真解决全面从严治党中存在的相关问题。全面加强党的纪律建设，有效运用监督执纪“四种形态”，不断强化日常监督执纪。开展党风廉政建设责任制考核，强化结果运用。深入推进机关作风建设，加强部门间工作协同，着力提升“两不出”质量和水平。

（二）认真落实立德树人根本任务

1. 加强学生思想政治工作。加强和改进学生思政工作，推进“三全育人”综合试点学院建设工作，健全“十大育人体系”，强化体育美育劳动教育，建立促进学生身心健康、全面发展的长效机制。建好用好学生事务大厅，为学生提供优质综合服务。统筹推进一校三地就业工作，强化价值引领，积极引导和鼓励毕业生服务国家战略需求，着力促进高质量就业。

2. 建设一流本科教育。深入推进本科专业现代化，加快专业结构调整和一流专业建设，合并整合15个左右现有本科专业，本科专业总数控制在90个以内，力争30个左右专业进入首批国家一流专业行列，完成新一轮人才培养方案修订；推进新工科、新文科和新医科建设，加快人才培养模式改革，启动建设6个基础学科拔尖人才培养基地，新增5个双学位培养项目；启动新一轮通识核心课程建设，加快建设在线开放课程，推进课堂教学改革，争取新增10门以上国家级精品在线开放课程。

3. 提高研究生培养水平。深化学位与研究生教育改革，提升研究生培养质量。召开学位与研究生教育大会，出台学位与研究生教育综合改革方案；开展专业学位点预警评估工作，加强专业学位授权点建设；构建贯穿培养全过程的拔尖创新人才激励体系，制定一贯制培养实施办法；制定山东大学研究生教育国际化行动方案，提升人才培养国际化水平；完善研究生教育一体发展路径，促进一校三地学生培养与毕业标准统一；做好2020年研究生推免和考试招生工作，不断提升生源质量。

（三）加快建设高素质师资队伍

1. 深入推进人事制度改革。加快完善人事人才工作体制机制，加强管理、支撑服务队伍建设，核定各教学科研单位管理人员数量；完善职员职级和管理人员职称晋升条件修订，激发管理队伍活力；深入推进非事业编制管理支撑队伍改革实施方案，构建岗位体系，搭建发展通道，淡化身份界限，增强非事业编认同感和归属感；统筹推进教职工能力提升工作，建设能力提升管理系统，完善能力提升项目及人员管理办法，为促进“强院兴校”夯实人力基础。

2. 大力推进高层次人才引育工作。进一步丰富和完善杰出人才体系，调整兼职特聘教授薪酬标准及发放方式，设立中青年人才兼职岗位，加大齐鲁青年学者的支持范围和力度。举办第四届齐鲁青年论坛，大力引进青年人才。推动各学院成立战略咨询委员会。强化人才工作目标责任制考核。修订专聘科研人员管理办法，打造符合学校建设发展需要的专职科研队伍。

（四）不断增强学术核心竞争力

1. 大力加强学科建设。扎实做好“双一流”建设中期自评工作。深入实施学科现代化工程，启动学科动态调整工作，加快研究生学位点和本科专业同步调整，推进学科升级换代，打造学科高峰。

2. 全面提升科技创新能力。深入贯彻科技创新能力提升的实施意见，大力推动“四大”建设，努力实现国重培育建设的突破，扎实推进新一代半导体材料核心领域关键技术集成攻关大平台、非线性期望前沿科学研究中心、高等技术研究院等集成创新平台建设，谋划建设一批新型集成科技创新平台。全面提升承担国家重大任务的能力，加大重大科技成果激励力度，争取2019年度竞争性科技经费增长30%以上。大力推进攀登计划创新团队（理工医）建设，完成山东大学青年交叉创新群体评审和立项工作，积极建设交叉科学研究机构。推动重大科技成果转化落地，努力实现年度成果转化总经费翻一番、横向科研总经费超过5.64亿元、“千万级”成果转化项目5项以上。落实“强刊兴学”计划，启动编制世界一流出版战略规划。

3. 推动实现人文社科振兴。深入贯彻关于加快推进人文社会科学发展的若干意见，大力推进人文社科改革发展，整合优势资源，推动重大项目、重大成果、重要人才等取得积极进展。加强国别与区域研究中心培育建设，启动人文社科学术创新团队建设以及青年学者支持计划工作，加强对省级科研平台的管理与服务。结合庆祝新中国成立70周年，推出一批有影响的高端学术论坛和报告会。瞄准学术前沿，服务重大需求，推进学科交叉融合，提升学术原创能力，加大智库团队和智库成果培育力度，精心培育“山大学派”。

（五）着力提升服务社会成效

1. 推进服务山东战略。加快构建服务山东“山大系”，完善服务济南工作方案，组建市校联合工作专班，制订服务青烟威工作方案，启动服务青烟威行动计划。整合校内外资源，推进供给侧改革，精准对接山东新旧动能转换、军民融合、经略海洋、乡村振兴等战略，加强与淄博、东营等地方以及山东重工等行业龙头企业的实质性合作。

2. 完善服务社会工作体系。加快推进各驻外研究院转型发展，发挥其在社会服务中的积极作用。拓展服务校友举措，挖掘海外校友资源，建设校友文化，进一步提升“山大人”品牌形象。

（六）切实强化文化引领

研究制定文化引领战略实施纲要，推动文化引领战略实施。实施好全球汉籍合璧等重大工程，推进“乡村儒学”“社区儒学”计划及“孔子新汉学计划”，加强中华美德教育学院建设，进一步推广普及中华优秀传统文化。发挥马克思主义理论学科等优势，积极推动社会主义先进文化的研究和传播。抓好校园文化建设顶层设计，推动一校三地文化资源融合共享，扎实做好“一院一品”校园文化建设项目考核和推广工作，不断丰富校园文化内涵。

（七）持续提升国际合作交流能力

1. 做好国际化的顶层设计和战略实施。召开全校国际合作与交流工作会议，加大国际化工作力度，系统推进学生国际化培养、科研国际化平台和智库建设以及完善国际化评价体系等工作，切实保障国际化战略落地见效。深化与一流大学的实质性合作，举办山东大学国际合作伙伴周、中日韩工科研讨会、世界港口城市大学联盟会议等活动。设立“山大海外访问学者”项目，助推我校高层次人才引进取得更大突破。开发师资和职员海外研修项目，提升教职员工的国际化教学、管理和服务能力。扎实推进孔子学院建设，进一步发挥孔子学院的智库及合作交流平台作用。

2. 全面加强留学生教育管理。出台《山东大学新时期推进国际学生教育规范管理提高质量的意见》，理顺国际学生培养体制机制，大力推进中外学生趋同化管理，切实提高国际学生培养质量。

（八）全面深化综合改革

1. 实施强院兴校行动。制订实施《关于开展“强院兴校”行动的实施意见》，完善校院两级管理体制，推动管理重心下移，切实增强学院的谋事能力、统筹能力、理财能力、发展能力，使其真正成为办学主体，充分激发办学活力、内生动力、发展潜力，切实以强院带动兴校，全面提升学校整体水平和竞争实力。

2. 深化一校三地管理体制机制改革。制定实施《关于深化一校三地管理体制机制改革的意见》，全面加强学校党委对三地办学的集中统一领导，完善学校领导体制，创新校区党政管理体制，规范学术管理体制，健全民主管理体制，强化统筹谋划机制，优化资源配置机制，探索构建权责明晰、协调高效的管理体制和运行机制，充分激发学校内生动力和发展活力。深入实施威海校区、青岛校区、齐鲁医学院中长期规划，大力促进各校区协调发展，不断彰显综合性大学一校三地办学优势。

3. 加强改革的系统谋划和协同推进。围绕学校综合改革方案的深入实施，统筹长远目标与近期任务，蹄疾步稳地推进专项改革任务落实落地，不断完善"七大体系"。召开学校发展战略咨询委员会第二次会议。修改《山东大学章程》，探索建立符合教育、文化和学术生长规律的现代大学制度

（九）统筹谋划120周年校庆工作

正式启动120周年校庆筹备工作，加强统筹谋划，做好顶层设计，制定校庆筹备工作实施及任务分工方案，明确校庆主题、指导思想、目标要求，建立工作机制，成立专项工作组，有序推进整体策划、活动组织、校史研究、筹资、形象宣传、校史馆建设及校园基础设施更新改造等一系列工作。

（十）进一步夯实保障支撑

1. 抓好校园安全工作。加强组织领导，加大监督力度，狠抓责任落实，统筹做好政治安全、意识形态安全、实验室安全、网络信息安全等各项安全工作。夯实防护基础，加强人防、物防、技防，推进安全基础建设。建立健全一校三地专业化安全防控体系，构建多方协同工作机制，狠抓安全制度落地。抓好安全宣传教育，增强防范意识，着力提升防范化解重大风险能力、应急处置能力，加强风险隐患排查防范，不断提升校园安全管理水平，切实维护师生医务员工安全和校园和谐稳定。

2. 提升财务保障和经营性资产运营水平。围绕加强内控规范化管理和绩效管理绩效化，明确"山大财务系"的责权利边界，规划学校财经工作发展蓝图，提升财务与资产管理的谋划、牵引、保障、基础等四项能力。完善财经制度，出台《新时期加强财经工作的若干意见》和《山东大学财务管理办法》，明确财务工作的根本遵循；制定实施《关于完善省级财政科研项目资金管理的若干意见》《学分制收费管理实施办法》等文件，修订《科研经费使用与报销管理规定》。推进预算绩效管理，建立健全山大特色的预算绩效管理体制。制定《关于学院综合预算改革工作的实施意见》及《学院综合预算改革实施细则》，推动实施学院综合预算改革。认真落实政府会计制度。组织召开增收节支大会，推动树立全员理财理念。稳定推进校属企业体制改革，促进所属企业持续健康快速发展。

3. 改善基础条件。推动设备平台体制机制建设及教学实验室规划建设，落实自制自研仪器设备激励政策，提高校院公共技术平台运行水平。推进公房配置改革，制定《关于进一步深化教学科研用房配置的实施意见》及配套办法，大力推动新增空间KPI绩效考核，形成创新大厦二期使用方案。统筹推进基础设施建设，加快改善教学科研条件和学生住宿条件，加强智慧山大建设，推进图书馆、博物馆等建设。统筹推进智慧后勤建设，完善能耗平台及计量设施建设。启动基建"十四五"规划编制工作。统筹推进

青岛校区二期建设。积极稳妥推进龙山校区（创新港）规划建设工作。

4. 增进民生福祉。扎实做好服务保障和修缮改造等工作，及时精准满足师生多元化需求。加大力度落实服务师生十件实事，重点推进加装电梯、水电户表改造、中心校区南院危房处置、社区管理社会化改革等工作。不断提升饮食、交通、通信、物业等服务质量，持续推进附属中小学幼儿园、附属医院等各项建设。

同志们，以上就是我们今年秋季要完成的10大项工作任务，请大家会后对照学校2019年秋季工作要点，认真抓好贯彻落实工作。在这里，我还要特别强调，当前和今后一段时期，我们要紧紧瞄准学校第十四次党代会确定的第一阶段目标，抢抓机遇、善抓机遇、抓好机遇，扎扎实实做好打基础、利长远的事情，尤其是要在学科、人才、教学、科研等核心办学指标上有更进一步的提升，真正实现内涵式、高质量发展。下一步，一是要着力深化改革，拿出开创历史的勇气，敢闯敢试、敢为人先、系统推进，在学校层面重点推进强院兴校行动、一校三地管理体制改革，在学部层面重点推进医学教育管理体制机制改革，在具体领域推进国际学生趋同化管理、资源配置等专项改革，努力实现以改革促发展。二是要着力突出重点，坚持以重点带动一般，进而推动整体发展。要集中资源，在高层次人才引育、重点学科、重点平台建设、内部治理、制度激励等方面精准发力。三是要着力提升能力，推动各条战线各支队伍提高思想认识，加强业务培训，建设学习型组织，切实提升业务能力，不断夯实组织保障，持续增强新时代干事创业的素质和本领。四是要着力抓好落实，今年暑期务虚会的主题就是要“工作再落实，管理再加强”，我们要以真抓的实劲、敢抓的狠劲、常抓的韧劲，加强督察督办，夯实主体责任，狠抓落实、善抓落实、抓好落实，把会议精神付诸实践，推动各项工作任务落实落细落地。五是要着力防控风险，进一步增强忧患意识，从严从实推动全面整改到位，不断加强各方面的防控工作，切实把各种风险消除在萌芽状态，坚决维护好学校安全稳定局面。

同志们！世上无难事，只要肯登攀。学校改革发展的任务艰巨，责任重大，使命光荣。让我们不忘初心、牢记使命，锐意进取、埋头苦干，以更强的担当、更大的作为、更实的举措，不断加快“双一流”建设步伐，坚定不移推进“由大到强”历史性转变，以改革发展的优异成绩向新中国成立70周年献礼！

做奋进新时代的优秀山大人

——在济南校本部2019级本科生开学典礼上的讲话

樊丽明

（2019年9月6日）

尊敬的胡海岩院士、老师们，亲爱的2019级同学们：

大家上午好！

今天，我们在这里隆重举行山东大学济南校本部2019级本科生开学典礼。首先，我谨代表学校和海内外所有校友，欢迎来自世界各地的5808名新同学加入山东大学这个大家庭！向一路陪伴你们走来的家长和老师致以崇高的敬意！

迎新期间，我走了几个校区，在各单位迎新现场我看到了同学们昂扬自信、意气风发的精神风貌：物理学院的张连川同学，你身残志坚、自强不息的求学事迹感动了很多人，在今后的学习生活中，你不仅有父亲的照顾陪伴，还有学校和师长同学们的关心帮助，山大就是你最温暖的家，我们都是你最坚实的依靠，希望你继续拼搏，努力奋斗，让梦想之花傲然绽放。机械工程学院的李鲜同学，虽然你的年龄只有15岁，但我听说你已经有了考研的学业规划，我相信你这位“小大学生”一定能迅速适应大学新生活，顺利开启人生新征程。护理学院的黄启琛同学和崔方明同学，还是新生的你们已然像老生一样为同学服务了，期待你们成为闪亮的志愿新星。你们与其他13位男同学的到来，实现了学校护理学专业招生的新突破，我为你们自主探索职业发展道路、主动将个人追求和社会需求相结合的选择点赞。经济学院的任清宇同学，欢迎你来到父亲30年前读书的地方，作为“山大二代”，希望你握紧历史的接力棒，努力让山大精神和文化代代传承、发扬光大。2019级的每一名新同学，感谢你们坚定地选择了山大，成就了我们一起求学、共同探索的缘分。你们的到来，为这所即将迎来118岁生日的高等学府注入了动力、增添了活力、提升了魅力！我相信在不久的将来，你们一定会用智慧和汗水书写出不平凡的山大故事！

刚才，从胡海岩校友、孙康宁老师、“榜样的力量”学生代表和周冠辰同学的发言中，我深切地感受到了他们对山大的热爱和作为山大人的自豪。山东大学主体肇基于

1901年创办的山东大学堂，是继京师大学堂之后近代中国的第二所国立大学，也是中国第一所按章程办学的大学，被誉为中国近代高等教育的起源性大学。创校之时，她就在办学章程中宣示："公家设立学堂，是为天下储人材，非为诸生谋进取；诸生来堂肄业，是为国家图富强，非为一己利身家。"这种博大的胸襟和气魄，已化为一种文化基因和精神源泉，流淌在山大人的血脉里，激励着我们担承使命、果敢前行。118年来，一代又一代山大人踔厉奋发、薪火相传，为中华民族实现从站起来、富起来到强起来的历史性飞跃积极贡献山大力量，用行动诠释了为国育贤的初心，用奋斗履行了兴学强国的使命。

民族危难之际，山大人心系家国，发出救亡图存的时代呐喊。今年是五四运动100周年。100年前，在中华民族内忧外患、风雨飘摇的历史背景下，一大批山大人与国家和民族同呼吸、共命运，在苦难中觉醒、在压迫下奋起，决心改变民族积贫积弱的命运和人民苦不聊生的状况。青岛鱼山之上的海鸥剧社，俞启威、王弢等进步青年用一幕又一幕的话剧，如风雨之中的海鸥，刺破黑暗的天幕，为救亡图存而奔走呼号；预科学生罗荣桓积极投身反对军阀和帝国主义的爱国活动，揭露青、沪惨案真相，募集救济金，慰问死难者的家属。此外，还有以身殉国的一代名将张自忠，以文化做武器的"人民艺术家"老舍，等等。在民族存亡之际，山大人前赴后继、共赴国难，或投笔从戎、坚持抗战，或转战内地、坚持教学，展现了气吞山河的家国情怀，彰显了"天下兴亡，匹夫有责"的民族气节。这份弘毅担当的精神，生生不息，历久弥新，已深深融入山大人的骨血，成为永不磨灭的文化品格！

新中国建设时期，山大人开拓创新，作出科教兴国的独特贡献。今年是新中国成立70周年。70年来，一代代山大人努力拼搏、接续奋斗，实现了学校发展与共和国建设的交相辉映，创造了许多中国乃至世界的第一。"中国克隆之父"童第周、"中国雷达之父"束星北、"中国藻类研究之父"曾呈奎、"两弹一星元勋"王淦昌等著名科学家都曾在山大执掌教鞭，产生了"童鱼"等国际上为数不多用中国人命名的重大成果。蒋民华院士带领晶体材料创新团队研究制备出了多种国际领先的功能晶体材料，打破了西方垄断。"不要给自己设限"，这是我校彭实戈院士反复说到的一句话。不为专业所限，他从当年一位物理系的学生到如今成为蜚声国际的数学大家，并将金融和数学两门学科结合得相得益彰；不为水平所限，使他徒步行走45公里与志同道合的乡村知青探讨数学难题，也使他远赴海外在异国他乡同国际数学大师比肩齐名，成为在世界数学家大会上作一小时报告的首位中国大陆数学家。敢于去开拓、去创新、去突破，彭院士以坚实行动为"崇实求新"的山大校风作了生动注解，以杰出成就积极助力于国家发展和社会进步。

新时代方位下，山大人砥砺奋进，迈出振兴中华的坚实步伐。今年是决胜全面建成小康社会第一个百年奋斗目标关键之年。"振兴中华，乃我辈之责。"我校网络空间安全学院院长王小云院士，为了实现"网络安全强国梦"，主持设计多个密码算法与系统，解决了国家密码重大需求中的许多关键问题，为保护国家重要领域和重大信息系统安全发挥了巨大作用。我校的岩土工程中心团队，一直致力于地下空间的探索与开发，利用隧道突水突泥灾害防治技术成果，成功解决了吉莲高速永莲隧道、南京地铁、平南水泥等一系列重大工程技术难题。今天在台上就座的李术才副校长就是这个团队的领头人。我校的儒学研究团队，坚持以传承创新中华优秀传统文化为己任，集中三代学者历时36年完成了《杜甫全集校注》，荣获全球华人国学大典国学成果奖；他们组织实施的全球汉籍合璧工程，入选国家重点文化工程，被列入“中华古籍保护计划”，对坚定文化自信、推动中国特色社会主义文化繁荣、促进世界多元文化交流与合作具有重大意义。前不久，俄国圣彼得堡国立大学赠送给习近平总书记的古籍珍本《铁冶志》，就是由这个团队发现并遴选出来的。

最近一段时期，在全体山大人的共同努力下，学校各个方面均取得了令人鼓舞、催人奋进的新成绩。目前，学校有2个学科进入ESI前1‰，16个学科进入ESI前1%，位列全国高校第11位；9个学科进入软科2018世界一流学科排名前100，总上榜学科数均位列全国高校第11位；在2019软科世界大学学术排名中，山东大学首次进入世界前300名。

同学们，你们的人生黄金时期正好与“两个一百年”的奋斗目标实现阶段高度契合。习近平总书记说，“一代人有一代人的长征，一代人有一代人的担当”。作为新时代的山大人，你们既面临着建功立业的历史机遇，也肩负着“天将降大任于斯人”的时代使命，代表着山东大学的美好未来！在这里，我想借用今年录取通知书里附含的“正心术、敦品行、明伦理、知大体”这十二字箴言对同学们提出四点期望：

第一，正心术，确立人生方向。“欲修其身者，先正其心。”一方面，要坚定理想信念。理想指引人生方向，信念决定事业成败。只有理想信念坚定的人，才能始终不渝、百折不挠，不论风吹雨打，不怕千难万险，坚定不移为实现既定目标而奋斗。要始终坚定对马克思主义的信仰，始终坚定对共产主义和社会主义信念，始终坚定实现中华民族伟大复兴“中国梦”的信心，不断筑牢信仰之基、补足精神之钙、把稳思想之舵。另一方面，要胸怀远大抱负。一个人能成就多大的事业，很大程度上取决于他的抱负大小。面对新形势新挑战新机遇，大家要以“会当凌绝顶，一览众山小”的豪情、以“咬定青山不放松”的坚韧，乘势而上，勇立潮头，做到“立志做大事”，而不是“立志做大官”。宋代哲学家张载说得好，要“为天地立心，为生民立命，为往圣继绝学，为万世开太平”。“正心术”的精髓在于涵养浩然正气，心中有正气才能淡泊守志，刚锋永在，清节长存。建校至今，学校一直将“正心”作为选才育才的重要标准，而且将“学无止境、气有浩然”确定为校训。大家可能注意到，在我们中心校区的百年世纪林里，有一尊闻一多先生的铜像，因为一多先生曾担任山东大学文学院院长兼国文系主任。抗战八年中，他蓄须明志，借以表达抗日到底的决心。面对敌人的白色恐怖，他持节不屈，临难不避，舍生取义，为祖国和人民洒尽了最后一滴热血。他说：“正义是杀不完的，因为真理永远存在。”他的浩然正气激励着无数爱国志士奋勇前进。希望同学们以一多先生这样的先贤为榜样，始终坚守正念、恪守正道、涵养正气，一步一个脚印地向着诗和远方逐梦前行。

第二，敦品行，夯实发展基础。欲成第一等学问、事业、人才，必先砥砺第一等品行。大学阶段，你们要着力在以下几个方面下功夫：一是要勤奋学习各种知识。要始终保持对知识渴求的热情，坚持将“学习”作为第一要务，刻苦地学习、主动地学习、深入地学习，充分汲取各种知识营养，不断完善知识结构。二是要全面提升自身能力。积累知识固然重要，但我们更应将这些知识变成经验和见解，最终转化为自身的某种能力，包括学习的能力、判断的能力、沟通的能力、合作的能力、创新的能力等等。希望同学们在系统学习知识的过程中，有效地掌握方法，逐步将知识转化为解决问题、改造世界的高超本领。三是要积极弘扬奉献精神。奉献是中华民族的传统美德，也是全人类共同的价值追求。泰戈尔说过："我们必须奉献于生命，才能获得生命。"我校有一支"髓缘"学生志愿服务队，成立十年来，充分发挥专业所长，积极开展造血干细胞志愿捐献和科普宣传等公益活动，为众多白血病患者带来了生命的希望，实现了"精神成人"与"专业成才"的双丰收，被学校授予 2017 年"榜样的力量"特殊贡献奖。希望同学们今后多向这样的身边典范学习，继承和弘扬志愿服务的优良传统，人人争做志愿者，在奉献国家、奉献社会、奉献人民中提升人生境界。

第三，明伦理，守护道德高地。习近平总书记指出："学伦理可以知廉耻、懂荣辱、辨是非。"社会主义核心价值观是一个民族赖以维系的精神纽带，是一个国家共同的思想道德基础，体现着一个社会评判是非曲直的价值标准。青年学生学伦理、明伦理的核心要义在于积极践行社会主义核心价值观。一是要遵守社会公德。坚持爱国、敬业、诚信、友善，做到文明礼貌、爱护公物、保护环境、遵纪守法，懂得尊重他人、关心他人、同情他人、帮助他人。二是要弘扬家庭美德。家庭是组成社会的基本单元，是人们遮风挡雨的港湾。"欲治其国者，先齐其家。"过去这些年，你们的家庭为了帮助你们实现梦想、考入大学，倾其所有、不遗余力，希望同学们永怀感恩之心，以更加优异的成绩回报父母、回报家庭，争做注重家庭、家教、家风的时代表率。三是要培养职业道德。要逐步树立职业生涯规划意识，结合自己的性格、能力、兴趣和特长，明确自我定位，提升职业素养。总之，希望同学们牢牢把握勤学、修德、明辨、笃实的实践途径，努力将社会主义核心价值观的基本要求变成自己的日常行为准则，内化为精神追求、外化为实际行动，仔细扣好人生第一粒扣子，真正做到明大德、守公德、严私德。

第四，知大体，扛起时代责任。"不谋全局者，不足谋一域。"大体就是大局，"知大体"就是要从整体、全局出发看待事物、分析问题，要把个人的发展放到天下大势中去思考、定位、谋划，把自身的前途命运与中华民族的前途命运紧紧联系在一起。当前，对国家来讲，大局就是实现"两个一百年"奋斗目标，实现中华民族伟大复兴的中国梦。对学校来讲，大局就是扎根中国大地建设世界一流大学，为办好人民满意的教育和建成高等教育强国作出山大贡献。对同学们来讲，大局就是要仰望星空、脚踏实地，学好知识，打牢基础，增长才干，努力使自己成为国家栋梁和社会中坚，以己所学、尽己所能，坚决扛起时代责任，尽情绽放人生光芒。

同学们，以上四点，"正心术"是前提，"敦品行"是根本，"明伦理"是底线，"知大体"是目标，它们一起构成我们山大人为人为学所应遵循的基本准则。胡适先生说："一粒一粒的种，必有满仓满屋的收。"你们是与新时代同行的一代，是国家和民族的希望，是山东大学的未来。希望大家以先辈和校友为榜样，珍惜时光、勤奋学习，坚定信念、奋勇前行，在与时代、与国家、与山大一起奋进中绽放精彩、实现梦想、成就人生！

祝福你们！

在《百廿山大强校兴国行动方案》发布会暨服务山东高质量发展工作恳谈会上的报告

樊丽明

（2019 年 10 月 15 日）

尊敬的王忠林书记，

各位领导、各位来宾、各位朋友，老师们、同学们：

大家上午好！

“与君远相知，不道云海深。”今天的山东大学，群贤毕至，高朋满座，来自山东各地的政府、企业代表齐聚一堂，见证《百廿山大强校兴国行动方案》发布，共商服务山东高质量发展大局，这是山东大学发展史上的一次里程碑式的会议，也是山东大学 118 岁生日的最美贺礼。在此，我谨代表学校，对各位领导、嘉宾和朋友的莅临表示热烈的欢迎和诚挚的问候！对大家长期以来给予山东大学的关心支持表示衷心感谢和崇高的敬意！

山东大学是一所历史悠久、学科齐全、特色鲜明的教育部直属重点综合性大学，是国家“985 工程”“211 工程”重点建设高校，2017 年入选世界一流大学建设 A 类高校。学校的主体是 1901 年创办的山东大学堂，是继京师大学堂之后中国创办的第二所国立大学，也是中国第一所按章程办学的大学。其医学学科起源于 1864 年，开启近代中国高等医学教育之先河。百余年间，山东大学秉承“为天下储人材，为国家图富强”的办学宗旨，践行“学无止境，气有浩然”的校训，踔厉奋发，薪火相传，形成了“崇实求新”的校风，为国家和社会培养了 60 余万各类人才，为国家和区域经济社会发展作出了重要贡献。

近年来，在党中央和国务院的亲切关怀下，在教育部和山东省委、省政府的正确领导下，学校始终高举习近平新时代中国特色社会主义思想伟大旗帜，牢牢把握社会主义办学方向，全面贯彻落实党中央、国务院关于建设世界一流大学和一流学科的重大战略决策部署，深入学习贯彻党的十九大精神、全国教育大会和教育部“双一流”推进会精神，围绕国家战略和经济社会发展需求以立德树人为根本，以学科为龙头，以改革为动力，扎实推进“中国特色，世界一流，山大风格”的世界一流大学建设，形成了“追求卓越，只争朝夕”的良好氛围，各项事业蓬勃发展。

上个月，学校召开世界一流大学建设中期自评专家评议会，经过专家的评议，一致认为学校已顺利完成2018年的中期建设任务，实现了到2020年整体实力及主要办学指标接近或进入世界200强，5个左右的学科初步达到世界一流的建设目标，为世界一流大学建设奠定了坚实基础。下面，我简要介绍一下学校近年来改革发展取得的成效。

（一）学科建设取得新进展

实施“学科高峰计划”“学科激励计划”“学科整合计划”，全力推进五大一流学科领域建设，稳定支持15个特色学科和9个新兴交叉学科，布局新兴交叉学科，培育新的学科增长点，整合淘汰8个老化弱化学科，推动学科“变强”“长高”“瘦身”。

根据今年9月公布的结果，学校2个学科进入ESI前1‰，16个学科进入ESI前1%，位列国内第11。“材料科学”“临床医学”“药理学与毒理学”接近ESI前1‰，“化学”“材料科学”“药理学与毒理学”位列ESI前100，“数学”“考古”“护理”在国际主流学科排名中列全国前三。

（二）人才培养开启新篇章

构建“三全育人”新格局，推进以“思政课程＋课程思政”为目标的课堂教学改革，将学术导向下的学风建设贯穿于人才培养全过程。引导全体学生“人人都做志愿者”。坚持“一个都不能少”，全面施行“学业共促计划”、助困“添翼工程”。

坚持“以本为本”，颁布实施“本科教育30条”，开展重德性的通识教育；探索多类型的拔尖教育，着力打造四大学堂；推进开放式的双创教育，学生创新创业能力位居全国前列。积极推进学位与研究生教育专项改革，实施研究生生源质量提升计划。近年来，学校毕业生就业质量和就业满意度稳步提升，育人特色广受赞誉。

专业学位点现代化建设初见成效。压缩改造19个老化专业，增设10个新工科、新文科和新医科专业。新增3个一级学科博士点，撤销11个博士、硕士学位授权点，同步布局人工智能等新兴交叉学科学位点。

2018年获高等教育国家级教学成果一等奖1项、二等奖4项。系列国家精品课程建设成绩斐然，资源共享课程数量全国第九，在线开放课程全国第十，虚拟仿真实验项目全国第五。

（三）人才队伍实现新突破

全面实施人才强校战略，构建杰出人才体系，制订实施人事人才工作体制机制改革的“1意见N方案”，竭力破除制约人才发展的体制机制障碍，一大批杰出学者纷纷加盟山大。

三年来，学校引育各类高层次人才723人，其中国家及省级人才202人，现有国家和省级人才总数较2015年底增幅67%；2018年长江学者特聘教授、万人计划青年拔尖人才入选人数均居全国第4。不断做大青年人才蓄水池，培育未来计划人选204人、特别资助类博士后90人，为高层次人才梯队建设提供坚实后备力量。

（四）科研水平迈上新台阶

创新平台体系建设取得新成效。新一代半导体材料集成攻关大平台，获批成为教育部首批重点支持的6大平台之一；深度融入军民融合发展战略，成为教育部首批6个科技创新军民融合示范高校之一，国防科技综合实力跻身教育部直属高校前十；非线性期望前沿科学中心，列入教育部“珠峰计划”培育行列；网络空间安全学院（研究院），获批国家示范学院。“环境与社会考古实验室”获批教育部国际合作联合实验室，“雅乐”获批教育部中华优秀文化艺术传承基地，“儒家文明协同创新中心”已通过专家论证。6个机构入选教育部国别区域研究备案中心，各教育部人文社科重点研究基地顺利实现智库转型。

团队建设带动学术创新取得新突破。组建首批12个“攀登计划”科技创新团队；布局10个左右人文社科创新团队；建设20个青年交叉科学创新群体。获批国家自科基金创新研究群体等国家级科技创新团队8个，国家重点专项17项，国家社科基金重大项目21项，国家自科基金、国家社科基金年度立项稳居全国前十。

学术基本面进入国内高校第一方阵。学校学术振兴步伐稳健，2019年国家自然科学基金立项数列全国第8，其中青年基金227项，列全国第6。2019年国家社科基金年度立项数列全国第6。2018年国家社科基金重大项目立项数居全国第5，教育部人文社会科学重点研究基地重大项目立项数列全国第六。

（五）服务山东展现新作为

贯彻“扎根中国大地办大学”，全校形成“服务山东战略就是服务国家战略，服务山东发展就是服务国家发展，扎根齐鲁大地创建世界一流大学”的思想共识和行动自觉，将“服务山东战略”确立为学校发展“六大战略”之一，系统推进服务“六个山东”，切实为推动山东新旧动能转换、实现高质量发展发挥引领支撑作用。山东省委书记刘家义同志和省长龚正同志对我校服务山东工作专门作出批示，给予高度肯定。

全面深化校地校企合作。推动学科对接科技前沿、产业发展重大需求，与全省16地市建立全面合作关系，与东营市、淄博市、日照市人民政府签署战略合作框架协议，18项产学研合作项目同时签约落地；与青岛市、剑桥大学共建国际创新转化学院，与省科技厅、济南市共建山东工业技术研究院，与齐鲁交通集团（出资8亿）共建齐鲁交通学院；与海信集团、潍柴动力等50余家企业开展全方位战略合作。建设精品旅游产业专家智库、医养健康专家智库、新材料行业协会等高端智库，服务新旧动能转化；光大齐鲁医学品牌，建设齐鲁国际医学中心，实施Med-X创新工程，服务齐鲁大健康发展；打造基础教育品牌，促进山东基础教育高水平发展。

服务社会取得突出成绩。科技成果转化取得新突破，2018年校地、校企合作协议总额逾3亿，科技成果转化协议经费过亿，其中千万元级项目4项。孵化山大地纬、蓝剑钧新等上市企业10余家，2018年利税总额超5亿元。2018年10月，山东省委书记对服务山东工作作出批示，高度肯定学校取得的成绩。《教育部简报》全面介绍了山大的经验做法。

（六）文化引领彰显新担当

打造山大人共同的精神家园。以社会主义核心价值观为统领，以学术为核心，打造“同一个山大，同一种文化，同一个精神家园”。《山大日记》获首届全国高校网络宣传思想教育优秀作品特等奖，《百微山大》系列视频工程典型做法被央视《新闻联播》专门报道。研究阐释习近平新时代中国特色社会主义思想科学内涵，积极推进中华优秀传统文化创造性转化创新性发展，为社会主义先进文化建设作出山大贡献。举办“亚洲文明对话”分论坛、“尼山世界文明论坛”“世界儒学大会”等学术会议，发行《文史哲》《周易研究》英文版，建立8所孔子学院、13个孔子课堂，为中华文化走出去贡献山大力量。

（七）对外开放开创新局面

加强国际化战略顶层设计。出台《国际化战略规划》《服务“一带一路”倡议行动计划》建立国际科研合作培育机制。设立国际科研合作种子基金，培育国际科研合作成效初显。健全国际化创新人才培养体系。推动中外优质教育模式互学互鉴，实施“国际学分”计划，打造“留学山大”品牌，学历留学生占比由2015年的42%提高至50.4%。完善海外引智体系。实施海外专家引智计划，与海外一流大学合作拓展教职工海外培训。

（八）内部治理激发新活力

党的领导优势不断凸显。牢牢把握新时代党的建设总要求，全面推进党的各项建设，着力解决党建工作和改革发展“两张皮”问题，充分发挥党的领导这一社会主义制度最大办学优势，切实为学校事业发展提供坚强的政治保证、思想保证和组织保证。

不断彰显一校三地办学优势。坚持“统筹布局，一体发展”，充分对接山东新旧动能转换三核布局，实施一体发展战略，落实“六个统一”，研究制定关于深化一校三地管理体制机制改革的意见，着力推进一校三地共建共享、优势互补，充分激发各校区内生动力和发展活力，积极探索山大特色的异地多校区办学模式。

启动实施强院兴校行动计划。选取一批党的领导强、改革意识强、发展基础好的学院进行改革试点，进一步优化院级治理体系，完善学院自主决策机制，切实让学院成为充满活力的办学主体，最大限度激发一线组织与个体的发展活力。

可以说，学校上下“追求卓越，只争朝夕”的氛围已经形成，各项事业蓬勃发展的态势已经凸显，实现“由大到强”历史性转变的端倪已经出现。获得如此丰硕的成绩，得益于党中央、教育部和山东省委省政府的正确领导下，得益于社会各界朋友的大力支持，得益于全体师生医务员工和广大校友的不懈努力。在此，代表学校对大家进行衷心的感谢和崇高的敬意！

各位领导、各位来宾，各位朋友！

中国特色社会主义进入新时代，中华民族迎来了从站起来、富起来到强起来的伟大飞跃。在新时代的历史方位下，将于2021年迎来建校120周年的山东大学，肩负着强校兴国的时代使命，机遇前所未有，挑战前所未有，希望前所未有。今天，我们在这里正式发布《百廿山大强校兴国行动方案（2019～2021年）》，号召60万山大人以校庆为契机，在习近平新时代中国特色社会主义思想指引下，以追求卓越、只争朝夕的昂扬姿态，彰显初心使命，逐梦教育强国，奋进复兴征程，加快实现学校“由大到强”的历史性转变，为决胜全面建成小康社会、实现第一个百年奋斗目标作出山大贡献！

下面，我向各位来宾简要介绍方案的具体内容：

一、坚持为国育贤，着力培养担当民族复兴大任的时代新人

1. 实施铸魂育人工程。坚持立德树人，悉心培养德智体美劳全面发展的社会主义建设者和接班人。健全“三全育人”体系，打造具有山大特色的思想政治教育工作品牌，建设一批思政“金课”和100门左右通识教育系列精品课程。抓好师德师风建设，坚持不懈培育优良校风教风学风。

2. 改进创新创业就业工作。高标准推进“双创”示范基地建设，加强课程、实训、孵化、“导师+”和项目基金五大支撑体系建设，推进国际创新转化学院建设，实现国内各类顶级赛事全覆盖并保持领先优势，参与学生超过1万人次。办好中国高校创新创业学院联盟年会，争取1～2项在国内外具有较高声誉和影响力的赛事落户山大。制定实施《关于促进毕业生服务国家战略工作的意见》。

3. 努力培养中国最优秀的本科生。坚持把本科教育作为立校之本，大力推进本科专业现代化，推进文理工医等各学科专业交叉复合培养，依托国家级人才培养基地，着力培养基础扎实、创新能力强的精英人才，推进“四大学堂”建设，落实国家卓越系列人才培养计划。

4. 显著提升研究生培养质量。全面推进研究生教育综合改革，实施研究生学位授权点现代化工程，推进跨学科、跨机构的研究生协同培养，探索建立拔尖创新人才一贯制培养方案，构建应用型拔尖人才培育体系，实施“双导师”、导师团队指导模式，促进专业学位博士研究生应用型创新成果产出。

二、夯实人才基础，打造新时代精英云集的高地

5. 广揽天下英才。实施以目标制管理为主要特征的柔性引才模式，到2021年实现杰出人才数量翻两番。探索团队引进、整体支持的新模式，坚持“走出去”，力争到2021年在全球设立15个左右海外人才工作站，坚持“请进来”，办好“齐鲁青年论坛”，吸引海内外青年才俊助力学校发展。

6. 营造人才成长发展良好生态。深入推进人事人才工作体制机制改革，丰富和完善具有山大特色的杰出人才体系，加大对青年人才的支持力度，加强博士后和专职科研队伍建设，构建多维度、全方位、精准化的人才服务工作体系，让所有人才在山东大学都有价值、有贡献、有奔头。

三、推进更新换代，加快建设世界一流学科

7. 优化学科结构布局。构建结构合理、特色鲜明、优势突出、文理工医融合发展的学科体系，实施“学科激励计划”，支持人工智能、数据科学、网络空间安全、智慧医学等若干处于基础支撑地位或前沿新兴领域的学科加快发展，实施“学科整合计划”，撤销或升级现有10个硕士学位授权一级学科，逐步将一级学科调整到50个左右。

8. 打造学科高峰。深入实施“学科高峰计划”，全力建设五大优势学科领域，冲击世界一流水平，力争到2021年12个左右的学科进入国际主流排名全球前100名，5个左右学科进入ES1排名前1‰，部分学科或方向进入世界一流前列。做强“数学与数据

科学”“化学与物质科学”“材料及加工制造”“临床医学与重大疾病领域”“中国古典学术”五大重点学科。

9. 推进学科交叉融合。超前布局具有前瞻性和战略性的新兴交叉方向，建好一批能够支撑结构转型、产业升级和区域发展的新兴学科、交叉学科。建设跨学院的数据科学研究院等新兴交叉研究机构，统筹推进 Med-X 创新工程、理工交叉、文理交叉等，实施青年交叉科学创新群体培育计划。

四、致力科技创新，为创新驱动发展提供源头供给

10. 实施“重大基础研究行动计划”。推进建设非线性期望前沿科学中心，谋划布局网络安全、高能物理、空天探测、固有免疫调控与重大疾病等一批前沿科学中心，建设中国东部地区地基空间环境综合监测基地，发展卫星载荷关键技术，实现 1～2 项以我为主研发的卫星载荷的搭载发射和在轨运行，开展空天监测重大科研装置研发。

11. 合力突破关键核心技术。推进建设新一代半导体材料集成攻关大平台，谋划建设高性能纤维材料集成攻关大平台，谋划建设地下工程灾害预警与防控集成攻关大平台，谋划组织川藏铁路、渤海海峡跨海通道等若干亿元级国家重大科技计划项目，深度融入军民融合发展国家战略。

五、弘扬人文传统，推动哲学社会科学全面振兴

12. 培育“山大学派”。依托“文史见长”优势，打造人文社科学术重镇和原创思想策源地，提升人文社科学术原创能力、思想引领能力、学术话语体系构建与传播能力、国际学术影响力，在构建中国特色哲学社会科学中发挥重要作用。依托儒家文明省部共建协同创新中心，深入开展儒学基础研究。全面加强教育部人文社会科学重点研究基地建设。在语言文学、历史学、考古学、哲学等优势或特色学科形成一批新的学术增长点。

13. 实施文化引领战略。系统推进全球汉籍合璧工程、《十三经注疏》汇校与研究、儒学重大基础研究工程、易学典籍数字化工程等重大项目研究，深入开展习近平新时代中国特色社会主义思想研究，推进中华文化研究与体验基地建设和乡村儒学发展。加强孔子学院建设，组建全球汉学联盟，推进《文史哲》英文版等外文期刊建设，建设科技考古国际联合实验室、犹太与以色列联合研究所。

14. 建设新型高端智库。发挥经济学、管理学、政治学、法学等领域优势，增强学校在国家和区域经济社会发展中的参与度、话语权和贡献力。与国务院参事室合作共建国家治理研究院，加强山东大学国际问题研究院建设，建设山东发展研究院、文化产业研究院、精品旅游研究院、县域经济研究院、自贸区研究院等。

六、扎根齐鲁大地，全面提升服务经济社会发展能力

15. 打造“山大系”品牌。凝聚“山大师生系”“山大校友系”“山大校企系”“齐鲁医学系”“山大基教系”力量，全力打造服务山东“山大系”品牌。制定实施“山大系”服务济南、青岛、烟威工作方案，打造“1+5”空间服务体系，推进实施十大重点

项目和八大辐射计划。

16. 助力山东加快现代化强省建设。以为新旧动能转换重大工程十强产业发展提供智力支撑、人才支撑、平台支撑、科技支撑为重点，实施《山东大学服务山东行动方案》，制定实施乡村振兴齐鲁样板、经略海洋和军民融合山大服务方案。

17. 凝聚校友力量实干兴邦。以“聚创齐鲁”为先导，以校友经济为抓手，主动对接、跟踪服务省内落地的校友企业及重大项目，聚集一批校友创新创业企业，打造具有山大特色的全新业态模式。促进“城市＋母校＋校友”多方共赢、共同发展。充分发挥各地校友组织力量，延伸、打通“双创”全流程，支持帮助年轻校友就业创业、报效祖国，有力助推国家创新驱动发展战略实施。

七、扩大对外开放，不断提升国际影响力和竞争力

18. 推进人才培养国际化。三年内将学生海外经历比例提升至30%，实施学生“国际学分计划”，逐步实现国际学分全覆盖。实施“课程国际化计划”，建设5～10个“留学山大”品牌专业。引领带动国际化人才培养机制改革，推动工程、工商管理、医学等领域开展专业国际化认证，深入推进国际学生趋同化培养，不断提高国际学生培养质量。

19. 拓展国际科研合作。实施科研国际合作种子基金计划，围绕优势特色学科培育打造10个左右高水平国际科研联合大平台，加快推进“国际联合实验室”项目。主动融入全球科技创新网络，积极参与欧洲核子中心AMS、ATLAS以及大亚湾反应堆中微子实验项目等国际大科学计划，拓展与麻省理工学院、欧洲核子中心的密切合作，谋划建设AMS全球数据中心。

20. 构建全球合作伙伴网络。深入实施“海外一流学科伙伴计划”。与耶鲁大学、剑桥大学等一批世界一流大学建立紧密的战略合作伙伴关系。拓展与“一带一路”国家高校合作关系，加强与土耳其及中亚国家高校在公共卫生领域的合作；推动与印度尼西亚大学国家海事研究中心、南洋理工大学海事研究中心在海洋学科领域开展合作；主动参与非洲、中东及南亚国家的基础研究合作，服务全球能源互联网建设；加强南亚、东北亚研究等区域国别研究。

八、深化综合改革，着力推进治理体系和治理能力现代化

21. 创新异地多校区办学模式。推进实施一体发展战略，深化一校三地管理体制机制改革，加快形成异地多校区办学的“山大模式”。坚持“统筹布局，一体发展”，对标世界一流大学建设目标，进一步明确各个校区发展定位：济南校本部，为全面创建一流注入新动能；威海校区，成为创建一流大学的新亮点；青岛校区，成为创建一流大学的新引擎。

22. 实施强院兴校行动。聚力做强学科、做强学院两大重点，探索完善校院两级管理体制，试点实施综合预算改革，进一步推动管理重心下移，切实增强学院的谋事能力、统筹能力、理财能力、发展能力，充分激发学院的办学活力、内生动力和创新潜力，以强院带动兴校，全面提升学校整体水平和竞争实力。

23. 推动内部管理实现深刻变革。坚持和完善党委领导下的校长负责制，以贯彻落实《山东大学章程》为引领，深入推进依法治校，不断优化内部治理结构，大力加强制度创新和制度激励，切实提升学校治理的制度化、规范化、科学化水平。加快建设一支高素质现代化的管理服务队伍，着力提升管理服务的专业化水平。构建全链条全覆盖的落实机制，形成上下联动、横向协作、合力推进的工作格局，实现加强校区、校院、处处、院处、院院之间的有效协同。

九、强化支撑保障，筑牢实现“由大到强”的物质基础

24. 切实提高财务保障水平。推动实现学校财务工作向战略财务转型，有力支撑学校改革发展；树立全员理财意识，拓宽多元化筹资渠道，提前实现学校收入翻番目标；推进全面预算管理，坚持有所为有所不为，切实保障一流大学建设战略重点支出；实施政府会计制度改革，推广管理会计应用，建立业财融合的绩效评价机制，加强内部控制建设，厉行勤俭节约，不断提高办学效益。

25. 扎实推进条件建设。统筹办学资源建设；规划建设国内一流的功能性科研支撑平台、重大科研基础装置和实验教学平台；建设实验科学馆（中心）、国家虚拟仿真实验教学项目；研发具有自主知识产权的高端仪器设备群；加快建设“智慧山大”、现代化图书馆。

十、加强和改进党的领导，扎实推进党的建设新的伟大工程

26. 使党的领导成为最大办学优势。始终坚持以习近平新时代中国特色社会主义思想为指导，全面贯彻党的教育方针，牢牢把握社会主义办学方向，树牢“四个意识”，坚定“四个自信”，坚决做到“两个维护”，坚定不移走中国特色社会主义教育发展道路。大力推动学校党委做到“四个过硬”、基层党委做到“五个到位”、党支部做到“七个有力”、党员做到“四个合格”。

下一步，山东大学将始终高举习近平新时代中国特色社会主义思想伟大旗帜，以追求卓越、只争朝夕的奋进姿态，抢抓机遇，逐梦前行，不断开创中国特色世界一流大学建设新局面，以强校兴国的坚实行动和优异成绩，向中国共产党建党100周年献礼！

继往开来　砥砺奋进
全面加快学校国际化进程

——在山东大学国际合作与交流工作会议上的讲话

樊丽明

（2019年10月25日）

老师们，同志们：

大家下午好！

今天召开学校国际合作与交流工作会议，主要有两个方面的考虑：一方面，不忘本来，深入总结梳理学校国际合作与交流工作的总体情况，摸清家底、正视差距；另一方面，面向未来，准确把握教育对外开放的新形势新任务新要求，对国际化战略进行再研究再部署再落实，理清思路、全面提速。这次会议，对于充分激发全校上下参与国际合作与交流的积极性、主动性、创造性，全面推进学校国际化办学进程，加快实现山东大学“由大到强”历史性转变意义重大、影响深远！

上午，郭书记作了重要讲话，系统阐释了国际化办学的重大意义，深刻分析了国际化办学的时代要求，为我们加强和改进国际合作与交流工作指明了努力方向。圣浩同志全面总结了学校国际化工作取得的成绩、深入分析了存在的问题和差距、详细介绍了下一步的改革举措。六位来自不同校区、不同学科的代表以及一位国际合作联络教授代表，分别围绕国际化课程建设、国际学生培养、师资国际化、科研国际化、中外合作办学、国际高水平合作平台搭建等主题作了交流发言，让我们深受启发、备受鼓舞。总的来说，这次会议准备充分、议程紧凑、内容丰富，凝聚了共识、增强了信心、取得了实效，开得很成功。

实施国际化战略，是学校站在新时代方位下，积极服务国家战略的必然要求，是加快实现内涵发展的有力举措，是大力推进“双一流”建设的重要抓手。对于今后一个时期学校的国际化工作，我再谈三点意见：

一、肯定成绩，直面问题，切实增强国际化工作的紧迫感、危机感、责任感

山东大学有着天然的国际化办学基因，创办之初就采用国际化的教学制度和教学方

法。建校118年来，始终坚持走开放办学道路，积淀形成了鲜明的国际化办学特色。近年来，学校主动服务国家对外开放大局，自觉校准定位，积极对接需求，注重顶层设计，以汇聚全球一流学者、培养国际一流人才、培育世界一流成果为核心目标，不断加快国际化工作步伐。

一是在人才培养方面，大力实施“国际学分计划”，坚持“走出去”与“引进来”相结合，学生海外学习交流人数大幅增长，“留学山大”品牌初步建立。近三年共有4500余人参加学生海外经历项目，2018年较2017年增长34%，2019年暑期学校开设全英文海外师资国际学分课程近200门，组织特色学术类国际暑期项目13个。二是在人才引进方面，积极构建立体化人才集聚网络，着力打造海外人才工作站、“齐鲁青年论坛”等引才品牌，海外引才工作成效显著。2017、2018连续两年实现数量倍增，共引进海外高层次人才、青年教师等220余人，有的海外研修教师合作研究产生了高水平成果，令人欣喜和鼓舞。三是在学术研究方面，学校已经与全球200余所高校和科研机构建立了合作关系，在若干重要学科领域与世界名校开展务实合作、与国际高水平研究机构共建科研平台；深度参与ATLAS、AMS、STAR等国际重大科学工程，科研国际影响力逐步提升。数学、物理、微生物、空间热工程、基础医学、临床医学、考古、犹太教、公共卫生政策等学科在推动国际科研合作方面开展了很多富有成效的工作，有力推动了学科水平的整体提升。成立不久的山东大学高等技术研究院、山东大学—南洋理工大学人工智能国际联合研究院，以及刚才交流发言的山东大学—亥姆霍兹联合生物技术研究所和山东大学—耶鲁大学环境与社会考古国际合作联合实验室，都代表着建设国际科研大平台大项目的有益探索，初见成效，未来可期。四是在文化交流方面，我们扎根齐鲁沃土，强化使命担当，构筑儒学高地，建设孔子学院，实施汉籍合璧工程等国家重大文化项目，举办尼山论坛世界儒学大会等高端活动，积极推进中华优秀传统文化创造性转化、创新性发展，为构建人类命运共同体贡献山大力量。

总的来看，学校国际化工作正迈入全方位、深层次、实质性的新阶段。这一系列成绩的取得，是全校师生医务员工共同努力的结果，更是与在座各位的辛勤付出紧密相关。在这里，我代表学校，向所有为学校国际化工作作出贡献的同志致以崇高的敬意和衷心的感谢！

与此同时，我们应该清醒地看到，与国家和社会发展的迫切需要相比，与国内外同层次同类型的高水平大学相比，与自身的办学目标相比，学校国际化工作还存在差距、问题和不足。总体而言，我校国际合作与交流的层次和水平还不够高，与“一带一路”等国家发展战略对接还不够紧密，国际化在学校工作大局中的支撑和导向作用还不够突出，全校一体化的大外事格局还没有真正形成。我们的师资水平、管理能力、保障条件等还不能适应国际化办学的要求，国际科研合作不足且深入性、持续性不够，国际化氛围不浓，国际化工作体制机制亟待完善，等等。圣浩同志刚才介绍得已经很详尽了，我在此就不再赘述。

同志们，存在问题并不可怕，怕的是对问题视而不见。因此，我们必须对症下药，在看到成绩的同时勇于直面问题。当前，学校正处在实现“由大到强”历史性转变的关键时期，我们要充分认识到，国际化是全面提升办学质量、不断增强核心竞争力和国际影响力的关键一招，是建设世界一流大学的必由之路。百舸争流，奋楫者先，从学校到学院都必须保持强烈的忧患意识、使命意识、对标意识，要以“等不起”的紧迫感、“慢不得”的危机感、“坐不住”的责任感，全面加强和改进国际化工作，立足新起点、抢抓新机遇、开创新局面。

二、凝心聚力，乘势而上，全面提升学校国际合作与交流的层次、能力、水平

根据学校十四次党代会的决策部署，经过广泛调研、深入论证、凝聚共识、集中智慧，我们在去年底制订出台了《山东大学国际化战略（2018～2025）》，明确了指导思想、基本目标，提出了“四大任务”“十大计划”，是学校在今后一段时期深入开展国际合作与交流的行动纲领。刚才，圣浩同志给大家介绍了我们目前的工作进展情况。可以说，我们已经有了一个良好的开端，但是我认为还不够。下一步，学校将坚定不移地坚持开放发展理念，不折不扣地落实学校第十四次党代会目标任务，以培养高水平国际化人才为中心，以提升师资队伍国际化水平和科研国际化水平为关键，以优化完善国际化工作体制机制为保障，确保国际化战略落实落细落地，大力推进更加务实、更为深入、更有内涵的国际合作与交流，加快提升学校的核心竞争力和国际影响力。今后一段时期，学校国际化工作的重点是：

（一）着力优化国际化战略布局

在学校层面，要将国际化工作置于国家教育对外开放重大战略需求中谋划和推进，在服务国家重大战略和山东高质量发展方面作出积极贡献。要加强战略谋划，统筹布局，重新梳理和构建学校国际战略合作伙伴网络，坚持以我为主、互利共赢，努力拓展与世界一流大学的战略合作关系，不断扩大国际“朋友圈”。要认真落实《山东大学服务“一带一路”倡议行动计划（2019～2025）》，深入开拓与中东欧及“一带一路”沿线国家高校、政府和企业的合作，着力培养知华、友华人才，积极推动中华文化走出去，精准服务国家战略和地方发展需求。

在学院层面，要注重工作谋划，充分发挥主观能动性，积极调动师生参与国际合作与交流的积极性（刚才我看了一下各学院提交的国际化战略规划，大部分下了功夫、动了脑筋，目标和路径也比较可行，但也能看出来个别学院重视程度不够，研究不深入、规划不清晰、措施不具体）。大家要进一步提高站位，充分认识到国际化是学院和学科发展的内在需求和强大动力，切实以追求卓越、只争朝夕的精神抓好落实。要坚持“以学院为主体，以学者为中心，以学科为基础，以项目为抓手”，深入实施“海外一流学科伙伴计划”。每个学院都要与3～5个国际知名大学同类学院建立实质性的学术伙伴关系，采取坚决的“盯、关、跟”措施：牢牢“盯”住，密切“关”系，快步“跟”上，从教学、课程、科研到人才培养、人员交流等方面全面对标、虚心学习、合理吸收，在借鉴中优化、在优化中提升、在提升中赶超，逐步实现从“跟跑”“并跑”直至“领跑”的转变。

（二）着力推进人才培养的国际化

一是稳妥推进国际学生趋同化管理。国家《来华留学生高等教育质量规范（试行）》明确提出，要推进中外学生教学、管理和服务的趋同化，要求高校将来华留学生教育纳入全校的教育质量保障体系中，实现统一标准的教学管理与考试考核制度，提供平等一致的教学资源与管理服务，保障中外学生的文化交流与合法权益。趋同化管理不仅是上级的要求，更是大势所趋，有利于保证国际学生的培养质量，有利于推动不同文化间的沟通交流，有利于降低学校办学的管理成本。下一步，要认真落实《山东大学新时期推进国际学生教育规范管理提高质量的意见》，夯实各职能部门和培养单位的责任，加强国际学生招生、培养、管理的过程管理，到2020年稳妥实现国际学生的趋同化管理，切实提升国际学生培养质量，更好地服务于学校一流大学建设和国家经济社会发展。特别需要强调的是，趋同化管理《意见》的目标是规范管理、提高质量，《意见》的落实是一个系统工程，涉及我们人才培养的方方面面，对我们的管理制度、管理机制、管理能力提出了更高的要求甚至是挑战，各学院党委要切实负起责任，将国际学生招生、培养、管理的责任落实到人，建立起包括院领导、指导教师、辅导员、外事秘书、班级、学生社团等等在内的全链条人才培养体系，真正将国际学生培养完全融入我们的人才培养体系。同时也要注意，趋同化并不意味着“等同化”，不能搞“一刀切”，既要对中外学生一视同仁，也要看到国际学生风俗习惯和语言、文化存在差异，要坚持合理、公平、审慎的原则，帮助国际学生尽快融入学校环境，推动文化交流，增进理解认同。

二是大力提升学生国际化培养能力。坚持“走出去”“引进来”，实施学生“国际学分计划”，逐步实现国际学分全覆盖。一方面，要持续拓展学生海外经历项目。总的要求是，“扩大项目规模，丰富项目层次，提高项目质量，突出项目特色”。在继续深化现有学生海外经历项目合作基础上，充分发挥学科专业优势，积极拓展以学院为项目开发主体、以学科特点与学生需求为出发点、注重学术性与规范化的定制式项目，努力形成长短期项目兼具、学分与非学分项目兼顾、科研与企业实习项目兼有的多层次学生交流平台。同时，要在疏通“堵点”上下功夫求实效，完善机制、优化政策，修订《山东大学本科学生海外经历管理办法》，解决学分认定、成绩使用、推免评优等技术性问题，力争三年内将学生海外经历比例提升至30％。另一方面，要花大力气推进国际化课程建设。学校将出台《大力推进国际化课程建设的意见》，通过借鉴世界一流大学的课程设计理念、授课方法和评价方式，瞄准国际水平，着力打造跨院系英文授课公共平台，并在此基础上建设临床医学（MBBS）、中国学、国际项目管理等一批具有优势特色的全英文国际化学历课程项目，既从根本上打破国际学生来校“无课可选”的困局，也让国内学生在家门口就可接受一流的课程或项目教育。

三是统筹开展中外合作办学。中外合作办学要以“双一流”建设为引领，瞄准“双一流”建设的目标要求和标准体系，做好顶层设计，促进中外合作办学合理定位、办出特色。要大力支持山东大学澳大利亚国立大学联合国际理学院建设，引领带动学校国际化人才培养机制改革。要围绕国家急需的自然科学、工程科学及医疗卫生类专业，在济南校本部、青岛校区进行国际化合作办学试点，为国家输送急需的国际化人才，不断产出高水平的科研成果。

（三）着力推进师资队伍的国际化

一是加大高层次海外人才引进力度。一方面，要全力引进国际一流科学家、学科领军人物和创新团队。紧跟时代步伐、面向国家需求、服务山东发展，充分依托国家、省市人才项目及学校杰出人才体系，聚焦学校五大一流学科群及“高峰学科”，围绕大平台的搭建和大项目的实施，引进培养学科发展急需的战略科学家、杰出领军人才、学术带头人和优秀青年学术骨干。另一方面，要不断完善长短结合、层次多样的引智体系。持续推进海外人才工作站布局，着力打造引智品牌，加快建立常态化海外招才引才工作机制，多渠道汇聚海外优秀人才。同时，还要不断优化人才考核评价机制，让海外人才“引得进、用得好、留得住”。

二是加强现有师资的国际化培养。充分利用国际合作网络，多方拓展交流渠道，继续有计划、有针对性地支持青年教师赴海外交流培训，提高教师的教学科研水平和创新能力。出国进修1年及以上的教师回校后，要对其在开设全英文授课课程、推动学校与海外高校相应学科建立合作关系以及拓展国际合作项目等方面提出明确要求，最大限度发挥教师出国研修的综合效益，达到“出去一个，带动一群”的效果。

（四）着力推进科学研究的国际化

一是持续加强国际科研合作大平台大项目建设。要建好并管好6个“111计划”学科创新引智基地和1个教育部国际合作联合实验室，发挥引领示范作用。持续实施“国际科研合作种子基金计划”，对标国际一流大学和一流学科，聚焦五大一流学科群、高峰学科及学术团队建设，按照“择需、择重、择优、交叉融合”的原则，以“项目—人才—平台”为主线，培育建设一批面向国际学术前沿和国家重大战略需求的国际科研合作平台（比如，加快推进环境与社会考古、亥姆霍兹联合会等“国际联合实验室”项目，推动中德工业创新研究平台建设，与新加坡南洋理工大学共建人工智能研究院，与新加坡国立大学共建生物医学工程研究院等科研平台等）。下一步，学校将很快出台国际科技合作能力提升计划的文件，请大家用足用好新政策、新资源、新机遇。

二是积极谋划以我为主的国际科研合作研究。依托谋划建设的海洋环境模拟、地下中子能电站、地下工程模拟等重大科技基础设施，策划推进以我校为主导的国际大科学计划或大科学工程，努力实现相关学科的跨越式发展。

三是强力助推中华文化走出去。继续推进“全球汉籍合璧”重大工程，办好尼山世界文明论坛、世界儒学大会等高端论坛，充分展示中华文化独特魅力。将出台《山东大学区域和国别研究平台管理办法》，进一步加强区域与国别研究中心建设，组织开展山大特色的智库研究，努力为国家外交战略作出山大贡献。此外，要积极推进孔子学院新时代的转型升级发展，充分彰显孔子学院人才培养和综合性文化交流平台功能。

（五）着力推进管理服务的国际化

一是发挥国际合作联络教授的“特使”作用。国际合作联络教授制度是去年成立的新的工作机制，学校聘请了一批关心学校国际合作、热心国际交流的学者教授作为学校的友好使者，他们既是学院合作的基点，也代表学校进行对外联络，希望学院对他们的工作予以大力支持、积极配合，只有校院的协同推进，才能带动学校整体国际化水平的大幅提升。目前，在联络教授们的努力工作下，这一制度取得了不错的效果。下一步，要继续跟进完善，加强配套保障，通过开展点对点地对外联系，不断拓展学校的“朋友圈”。

二是提升管理服务队伍国际化能力。通过与海外知名高校及友好学校合作开展职员互换、海外专项培训等形式，选派青年管理骨干和专业技术人员出国研修，不断提升管理队伍和实验技术等支撑服务队伍的国际交流能力和专业化水平。

三是营造国际化的校园氛围。加快推进现代大学制度建设，建设有利于开展国际合作与交流的政策环境。完善英文教学、科研、办公信息系统，加强英语标识和多元化校园文化建设，积极举办校园国际文化交流活动。加强外文宣传媒介建设，建设好校院两级英文网站以及社交媒体公众号等，积极拓展学校外宣渠道，展现学校人才培养、教学科研、国际交流的最新动态及建设成果，不断扩大学校的国际影响力与社会声誉。发挥海外校友会和海外社交媒体力量，讲好山大故事，传播好山大声音，有效提升学校的海外影响力和美誉度。

三、担当作为，狠抓落实，推动国际化战略各项举措落实、落地、落细

一分部署，九分落实。学校国际化发展的蓝图已经确定，下一步的关键是把蓝图变为现实。为此，学校研究制定了一系列的政策文件，主要的思路是要落实国际化战略规划，解决人才培养国际化、来华留学生管理、国际科研合作、人文学科国际化、孔子学院建设、海外宣传等难点、痛点问题，全面提升核心竞争力和国际影响力。在这里，我再提三点要求：

（一）加强学习宣传，营造良好氛围

会后，各部门各学院要迅速行动起来，采取多种形式，加大对此次会议精神及学校国际化战略的学习宣传，并对新近拟出台的文件政策进行深入讨论，尽快向相关职能部门反馈修改意见，在全校上下营造追求卓越、砥砺奋进的国际化建设氛围。要让全体教职医务员工看到学校全力推进国际化战略、助力“双一流”建设的决心；要扎实做好政策解读和宣讲，机关职能部门要深入学院与师生面对面交流，让每一位相关同志对新政策、新办法、新举措都有准确到位的理解和把握。

（二）牢记职责使命，落实会议精神

各部门、各学院要根据学校国际化战略规划以及本次会议精神，立足学院实际，加强发展谋划，明确推进重点，细化工作职责，尽快形成国际化工作的目标、步骤和计划，做到人员、责任、工作、效果“四个到位”。要加强督导考核，强化督查督办，建立工作落实情况定期通报制度，加大国际化指标评价体系在学校考核的权重，努力补齐国际化工作的短板。

（三）注重协同联动，保障一体推进

推进国际化工作，协同是关键。全校上下要树立“一盘棋”思想，构建学校统一领导、外事部门归口管理、各职能部门和学院协同合作、广大师生积极参与的“大外事”工作格局，汇聚全校合力。要坚持定期会商探讨，充分发挥国际化工作委员会的职能和作用，广泛收集学院国际化发展中的重要线索和瓶颈问题，及时解决工作推进中的困难和问题，扎实推进国际化战略规划的落实落地落细。

老师们，同志们，中国特色社会主义进入新时代，学校国际化工作正迎来新一轮战略机遇期。让我们进一步解放思想，勇于担当，积极作为，以更高的标准谋求合作，以更实的举措促进交流，以更大的力度推动开放，全面提升学校国际合作与交流水平，为加快实现山东大学“由大到强”的历史性转变注入强劲动力，为切实担负强校兴国的时代使命提供坚实支撑！

谢谢大家！

在山东大学校友会第三届理事会第四次会议暨2019年校友工作会议上的报告

樊丽明

（2019年10月26日）

尊敬的各位理事、各位校友：

大家上午好！

今天是山大校友会和全体山大校友的共同节日，大家齐聚母校，召开校友会第三届理事会第四次会议，共商学校改革发展大计，开启强校兴国征程，具有重要的意义。在此，我谨代表学校和校友总会，向外莅临现场的各位校友表示热烈的欢迎和衷心的感谢。也通过你们，向海内外全体山大人表示崇高的敬意和诚挚的祝福！

近年来，在党中央和国务院的亲切关怀下，在教育部和山东省委、省政府的正确领导下，在广大校友的参与和支持下，全体山大人追求卓越，只争朝夕，学校各项事业蓬勃发展。上个月，学校召开世界一流大学建设中期自评专家评议会，经过专家的评议，一致认为学校已顺利完成2018年的中期建设任务，实现了到2020年“整体实力及主要办学指标接近或进入世界200强，5个左右的学科初步达到世界一流”的建设目标，为世界一流大学建设奠定了坚实基础。下面，我简要介绍一下学校近年来改革发展取得的成效。

一、学科建设取得新进展

实施“学科高峰计划”“学科激励计划”“学科整合计划”，全力推进五大一流学科领域建设，稳定支持15个特色学科和9个新兴交叉学科，布局新兴交叉学科，培育新的学科增长点，整合淘汰8个老化弱化学科，推动学科“变强”“长高”“瘦身”。

根据今年9月公布的结果，学校2个学科进入ESI前1‰，16个学科进入ESI前1%，位列国内第11。“材料科学”“临床医学”“药理学与毒理学”接近ESI前1‰，“化学”“材料科学”“药理学与毒理学”位列ESI前100名，“数学”“考古”“护理”在国际主流学科排名中列全国前三。

二、人才培养开启新篇章

构建“三全育人”新格局，推进以“思政课程＋课程思政”为目标的课堂教学改革，将学术导向下的学风建设贯穿于人才培养全过程。引导学生“人人都做志愿者”。坚持“一个都不能少”，全面施行“学业共促计划”、助困“添翼工程”。

坚持“以本为本”，颁布实施“本科教育30条”，开展重德性的通识教育；探索多类型的拔尖教育，着力打造四大学堂；推进开放式的双创教育，学生创新创业能力位居全国前列。积极推进学位与研究生教育专项改革，实施研究生生源质量提升计划。近年来，学校毕业生就业质量和就业满意度稳步提升，育人特色广受赞誉。

专业学位点现代化建设初见成效。压缩改造19个老化专业，增设10个新工科、新文科和新医科专业。新增3个一级学科博士点，撤销11个博士、硕士学位授权点，同步布局人工智能等新兴交叉学科学位点。

三、人才队伍实现新突破

全面实施人才强校战略，构建杰出人才体系，制定实施人事人才工作体制机制改革的“1意见N方案”，竭力破除制约人才发展的体制机制障碍，一大批杰出学者纷纷加盟山大。

三年来，学校引育各类高层次人才723人，其中国家及省级人才202人，现有国家和省级人才总数较2015年底增幅67%；2018年长江学者特聘教授、万人计划青年拔尖人才入选人数均居全国第4。不断做大青年人才蓄水池，培育未来计划人选204人、特别资助类博士后90人，齐鲁青年学者实现突破，未来计划青年学者逐年增加，为高层次人才梯队建设提供坚实后备力量。

四、科研水平迈上新台阶

创新平台体系建设取得新成效。新一代半导体材料集成攻关大平台，获批成为教育部首批重点支持的6大平台之一；深度融入军民融合发展战略，成为教育部首批6个科技创新军民融合示范高校之一，国防科技综合实力跻身教育部直属高校前十；非线性期望前沿科学中心，列入教育部“珠峰计划”培育行列；网络空间安全学院（研究院），获批国家示范学院。“环境与社会考古实验室”获批教育部国际合作联合实验室，“雅乐”获批教育部中华优秀文化艺术传承基地，“儒家文明协同创新中心”已通过专家论证。6个机构入选教育部国别区域研究备案中心，各教育部人文社科重点研究基地顺利实现智库转型。

团队建设带动学术创新取得新突破。组建首批12个“攀登计划”科技创新团队；布局10个左右人文社科创新团队；建设20个青年交叉科学创新群体。获批国家自科基金创新研究群体等国家级科技创新团队8个，国家重点专项17项，国家社科基金重大项目21项，国家自科基金、国家社科基金年度立项稳居全国前十。

学术基本面进入国内高校第一方阵。学校学术振兴步伐稳健，2019年国家自然科学基金立项数列全国第八，其中青年基金227项，列全国第六。2019年国家社科基金年度立项数列全国第六。教育部人文社会科学重点研究基地重大项目立项数列全国第六。

五、服务山东展现新作为

坚持扎根中国大地办大学，全校形成“服务山东战略就是服务国家战略，服务山东发展就是服务国家发展，扎根齐鲁大地创建世界一流大学”的思想共识和行动自觉，将“服务山东战略”确立为学校发展战略，系统推进服务“六个山东”，切实为推动山东新旧动能转换、实现高质量发展发挥引领支撑作用。刘家义书记和龚正省长对我校服务山东工作专门作出批示，给予高度肯定。

全面深化校地校企合作。推动学科对接科技前沿、产业发展重大需求，与全省16地市建立全面合作关系，与东营市、淄博市、日照市人民政府签署战略合作框架协议，18项产学研合作项目同时签约落地；与青岛市、剑桥大学共建国际创新转化学院，与省科技厅、济南市共建山东工业技术研究院，与齐鲁交通集团（出资8亿）共建齐鲁交通学院；与海信集团、潍柴动力等50余家企业开展全方位战略合作。建设精品旅游产业专家智库、医养健康专家智库、新材料行业协会等高端智库，服务新旧动能转化；光大齐鲁医学品牌，参与济南国际医学科学中心建设，服务健康山东；打造基础教育品牌，促进山东基础教育高水平发展。

服务社会取得突出成绩。科技成果转化取得新突破，2018年校地、校企合作协议总额逾3亿，科技成果转化协议经费过亿，其中千万元级项目4项。孵化山大地纬、蓝剑钧新等上市企业10余家，2018年利税总额超5亿元。《教育部简报》全面介绍了山大经验做法。

六、文化引领彰显新担当

打造山大人共同的精神家园。以社会主义核心价值观为统领，打造“同一个山大，同一种文化，同一个精神家园”。《山大日记》获首届全国高校网络宣传思想教育优秀作品特等奖，《百微山大》系列视频工程典型做法被央视《新闻联播》专门报道。积极推进中华优秀传统文化创造性转化创新性发展，为社会主义先进文化建设作出山大贡献。举办“亚洲文明对话”分论坛、“尼山世界文明论坛”“世界儒学大会”等学术会议，发行《文史哲》《周易研究》英文版；建立8所孔子学院、13个孔子课堂，为中华文化走出去贡献山大力量。

七、对外开放开创新局面

加强国际化战略顶层设计。出台《国际化战略规划》《服务“一带一路”倡议行动计划》建立国际科研合作培育机制。设立国际科研合作种子基金，培育国际科研合作成效初显。健全国际化创新人才培养体系。推动中外优质教育模式互学互鉴，实施“国际学分”计划，打造“留学山大”品牌，学历留学生占比由2015年的42%提高至50.4%。完善海外引智体系。实施海外专家引智计划，与海外一流大学合作拓展教职工海外培训。

八、内部治理激发新活力

党的领导优势不断凸显。牢牢把握新时代党的建设总要求，全面推进党的各项建设，着力解决党建工作和改革发展“两张皮”问题，充分发挥党的领导这一社会主义制度最大办学优势，切实为学校事业发展提供坚强的政治保证、思想保证和组织保证。

不断彰显一校三地办学优势。坚持“统筹布局，一体发展”，充分对接山东新旧动能转换三核布局，实施一体发展战略，着力推进一校三地共建共享、优势互补，充分激发各校区内生动力和发展活力，积极探索山大特色的异地多校区办学模式。

启动实施强院兴校行动计划。进一步优化院级治理体系，完善学院自主决策机制，切实让学院成为充满活力的办学主体，最大限度激发一线组织与个体的发展活力。

可以说，学校上下“追求卓越，只争朝夕”的氛围已经形成，各项事业蓬勃发展的态势已经凸显，实现“由大到强”历史性转变的端倪已经出现。以上成绩的取得，得益于党中央、教育部和山东省委省政府的正确领导，得益于社会各界朋友的大力支持，得益于全体山大人的不懈努力。在此，代表学校对大家致以诚挚的谢意和崇高的敬意！

各位理事、各位校友！

中国特色社会主义进入新时代，中华民族迎来了从站起来、富起来到强起来的伟大飞跃。在新时代的历史方位下，将于 2021 年迎来建校 120 周年的山东大学，肩负着强校兴国的时代使命，机遇前所未有，挑战前所未有，希望前所未有。10 月 15 日，学校正式发布《百廿山大强校兴国行动方案（2019～2021）》，号召 60 万山大人以百廿校庆为契机，在习近平新时代中国特色社会主义思想指引下，以追求卓越、只争朝夕的昂扬姿态，彰显初心使命，逐梦教育强国，奋进复兴征程，全面推进世界一流大学建设，加快实现学校“由大到强”的历史性转变，为决胜全面建成小康社会、实现第一个百年奋斗目标作出山大贡献！

下面，我向各位校友简要介绍方案的具体内容：

一、坚持为国育贤，着力培养担当民族复兴大任的时代新人

1. 实施铸魂育人工程。紧紧围绕立德树人根本任务，悉心培养德智体美劳全面发展的社会主义建设者和接班人。健全“三全育人”体系，打造具有山大特色的思想政治教育工作品牌，建设一批思政“金课”和 100 门左右通识教育系列精品课程。抓好师德师风建设，坚持不懈培育优良校风教风学风。

2. 努力培养中国最优秀的本科生。坚持把本科教育作为立校之本，大力推进本科专业现代化，推进文理工医等各学科专业交叉复合培养，依托国家级人才培养基地，着力培养基础扎实、创新能力强的精英人才，加强“学堂”育人品牌建设，落实国家卓越系列人才培养计划。

3. 致力于培养最具创造力的研究生。扎实推进研究生教育综合改革，实施研究生学位授权点现代化工程，推进跨学科、跨机构的研究生协同培养，探索建立拔尖创新人才一贯制培养方案，构建应用型拔尖人才培育体系，促进专业学位博士研究生应用型创新成果产出。

4. 改进创新创业就业工作。高标准推进“双创”示范基地建设，加强课程、实训、孵化、“导师＋”和项目基金五大支撑体系建设，加强国际创新转化学院建设，实现国内各类顶级赛事全覆盖并保持领先优势，参与学生超过1万人次。办好中国高校创新创业学院联盟年会，争取1～2项在国内外具有较高声誉和影响力的赛事落户山大。制订实施《关于促进毕业生服务国家战略工作的意见》。

二、夯实人才基础，打造新时代精英云集的高地

1. 广揽天下英才。实施以目标制管理为主要特征的柔性引才模式，到2021年实现杰出人才数量翻两番。探索团队引进、整体支持的新模式，坚持“走出去”，力争到2021年在全球设立15个左右海外人才工作站，坚持“请进来”，办好“齐鲁青年论坛”，吸引海内外青年才俊助力学校发展。

2. 营造人才成长发展良好生态。深入推进人事人才工作体制机制改革，丰富和完善具有山大特色的杰出人才体系，加大对青年人才的支持力度，加强博士后和专职科研队伍建设，构建多维度、全方位、精准化的人才服务工作体系，让所有人才在山东大学都有价值、有贡献、有奔头。

三、推进更新换代，加快建设世界一流学科

1. 打造学科高峰。深入实施“学科高峰计划”，全力建设五大优势学科领域，冲击世界一流水平，力争到2021年12个左右的学科进入国际主流排名全球前100名，5个左右学科进入ESI排名前1‰，部分学科或方向进入世界一流前列。做强“数学与数据科学”“化学与物质科学”“材料及加工制造”“临床医学与重大疾病领域”“中国古典学术”五大学科集群。

2. 优化学科结构布局。构建结构合理、特色鲜明、优势突出、文理工医融合发展的学科体系，实施“学科激励计划”，支持人工智能、数据科学、网络空间安全、智慧医学等若干处于基础支撑地位或前沿新兴领域的学科加快发展，实施“学科整合计划”，撤销或升级现有10个硕士学位授权一级学科，逐步将一级学科调整到50个左右。

3. 推进学科交叉融合。超前布局具有前瞻性和战略性的新兴交叉方向，建好一批能够支撑结构转型、产业升级和区域发展的新兴学科、交叉学科。建设跨学院的数据科学研究院等新兴交叉研究机构，统筹推进Med-X创新工程、理工交叉、文理交叉等，实施青年交叉科学创新群体培育计划。

四、致力科技创新，为创新驱动发展提供源头供给

1. 实施“重大基础研究行动计划”。推进建设非线性期望前沿科学中心，谋划布局网络安全、高能物理、空天探测、固有免疫调控与重大疾病等一批前沿科学中心，建设中国东部地区地基空间环境综合监测基地，发展卫星载荷关键技术，实现1～2项以我为主研发的卫星载荷的搭载发射和在轨运行，开展空天监测重大科研装置研发。

2. 合力突破关键核心技术。推进建设新一代半导体材料集成攻关大平台，谋划建设高性能纤维材料集成攻关大平台，谋划建设地下工程灾害预警与防控集成攻关大平

台，组织参与川藏铁路、渤海海峡跨海通道等若干亿元级国家重大科技计划项目，深度融入军民融合发展国家战略。

五、弘扬人文传统，推动哲学社会科学全面振兴

1. 实施文化引领战略。系统推进全球汉籍合璧工程、《十三经注疏》汇校与研究、儒学重大基础研究工程、易学典籍数字化工程等重大项目，深入开展习近平新时代中国特色社会主义思想研究，推进中华文化研究与体验基地建设和乡村儒学发展。加强孔子学院建设，组建全球汉学联盟，推进《文史哲》英文版等外文期刊建设，建设科技考古国际联合实验室、犹太与以色列联合研究所。

2. 培育“山大学派”。依托“文史见长”优势，打造人文社科学术重镇和原创思想策源地，提升人文社科学术原创能力、思想引领能力、学术话语体系构建与传播能力、国际学术影响力。依托儒家文明省部共建协同创新中心，深入开展儒学基础研究。全面加强教育部人文社会科学重点研究基地建设。在语言文学、历史学、考古学、哲学等优势或特色学科形成一批新的学术增长点。

3. 建设新型高端智库。发挥经济学、管理学、政治学、法学等领域优势，增强学校在国家和区域经济社会发展中的参与度、话语权和贡献力。与国务院参事室合作共建国家治理研究院，加强山东大学国际问题研究院建设，建设山东发展研究院、文化产业研究院、精品旅游研究院、县域经济研究院、自贸区研究院等。

六、扎根齐鲁大地，全面提升服务经济社会发展能力

1. 打造“山大系”品牌。凝聚“山大师生系”“山大校友系”“山大校企系”“齐鲁医学系”“山大基教系”力量，全力打造服务山东“山大系”品牌。制定实施“山大系”服务济南、青岛、烟威工作方案。打造“1＋5”空间服务体系，推进实施十大重点项目和八大辐射计划，为济南建设“大强美富通”现代化国际大都市作出重要贡献。

2. 助力山东加快现代化强省建设。以为新旧动能转换重大工程十强产业发展提供智力支撑、人才支撑、平台支撑、科技支撑为重点，实施《山东大学服务山东行动方案》，制定实施乡村振兴齐鲁样板、经略海洋和军民融合山大服务方案。

3. 凝聚校友力量实干兴邦。加强校友会建设，注重思想文化引领，着力于“服务校友发展、服务学校发展、服务社会发展”，不断夯实全体山大人情感基础，推动校友与母校事业共同体建设。以“聚创齐鲁”为先导，以校友经济为抓手，主动对接服务省内落地的校友企业及重大项目，聚集一批校友创新创业企业，打造具有山大特色的全新业态模式。注重典型示范，加速复制推广，促进“城市＋母校＋校友”多方共赢、共同发展。充分发挥各地校友组织力量，积极拓展多方资源，延伸、打通“双创”全流程，支持帮助年轻校友就业创业、报效祖国，扶持培育一批示范性、创新性企业和创业英雄，有力助推国家创新驱动发展战略实施。

七、扩大对外开放，不断提升国际影响力和竞争力

1. 推进人才培养国际化。三年内将学生海外经历比例提升至30％，实施学生“国

际学分计划”，逐步实现国际学分全覆盖。实施“课程国际化计划”，建设 10～20 个“留学山大”品牌专业。加快山东大学澳大利亚国立大学联合国际理学院建设。开展专业国际化认证。深入推进国际学生趋同化培养，不断提高国际学生培养质量。

2. 拓展国际科研合作。实施科研国际合作种子基金计划，围绕优势特色学科培育打造10个左右高水平国际科研联合大平台，加快推进“国际联合实验室”项目。主动融入全球科技创新网络，积极参与欧洲核子中心 AMS、ATLAS 以及大亚湾反应堆中微子实验项目等国际大科学计划，拓展与麻省理工学院、欧洲核子中心的密切合作，谋划建设 AMS 全球数据中心。

3. 构建全球合作伙伴网络。深入实施“海外一流学科伙伴计划”。与耶鲁大学、剑桥大学等一批世界一流大学建立紧密的战略合作伙伴关系。拓展与“一带一路”国家高校合作关系。

八、深化综合改革，着力推进治理体系和治理能力现代化

1. 创新异地多校区办学模式。深化一校三地管理体制机制改革，加快形成异地多校区办学的“山大模式”。坚持“统筹布局，一体发展”，对标世界一流大学建设目标，进一步明确各个校区发展定位：济南校本部，为全面创建一流注入新动能；威海校区，成为创建一流大学的新亮点；青岛校区，成为创建一流大学的新引擎。

2. 实施强院兴校行动。聚力做强学科、做强学院两大重点，探索完善校院两级管理体制，试点实施综合预算改革，进一步推动管理重心下移，切实增强学院的谋事能力、统筹能力、理财能力、发展能力，充分激发学院的办学活力、内生动力和创新潜力，以强院带动兴校。

3. 推动内部管理实现深刻变革。坚持和完善党委领导下的校长负责制，以贯彻落实《山东大学章程》为引领，深入推进依法治校，不断优化内部治理结构，大力加强制度创新和制度激励，切实提升学校治理的制度化、规范化、科学化水平。加快建设一支高素质现代化的管理服务队伍，不断提升管理服务的专业化水平。构建全链条全覆盖的落实机制，形成上下联动、横向协作、合力推进的工作格局，实现加强校区、校院、处处、院处、院院之间的有效协同。

九、强化支撑保障，筑牢实现“由大到强”的物质基础

1. 切实提高财务保障水平。推动实现学校财务工作向战略财务转型，有力支撑学校改革发展；树立全员理财意识，拓宽多元化筹资渠道，提前实现学校收入翻番目标，力争跻身百亿行列；推进全面预算管理，坚持有所为有所不为，切实保障一流大学建设战略重点支出；实施政府会计制度改革，厉行勤俭节约，不断提高办学效益。

2. 扎实推进条件建设。统筹一校三地办学资源，进一步改善办学条件；规划建设国内一流的功能性科研支撑平台、重大科研基础装置和实验教学平台；建设实验科学馆（中心）、国家虚拟仿真实验教学项目；研发具有自主知识产权的高端仪器设备群；加快建设“智慧山大”、现代化图书馆。

十、加强和改进党的领导，扎实推进党的建设新的伟大工程

1. 充分发挥党的领导这一最大办学优势。始终坚持以习近平新时代中国特色社会主义思想为指导，全面贯彻党的教育方针，牢牢把握社会主义办学方向，树牢“四个意识”，坚定“四个自信”，坚决做到“两个维护”，坚定不移走中国特色社会主义教育发展道路。大力推动学校党委做到“四个过硬”、基层党委做到“五个到位”、党支部做到“七个有力”、党员做到“四个合格”。

各位理事，各位校友！

蓝图已绘就，奋进正当时。在母校的求学时光，给予了全体山大人共同的精神寄托和使命担当。母校的发展也离不开每一位校友的关心与支持。百廿山大，薪火相传，强校兴国，重任在肩。让我们团结一心，众志成城，合力开创校友工作的崭新局面，携手书写山东大学新甲子的壮丽篇章！

最后，预祝大会取得圆满成功，祝各位校友身体健康，事业进步！欢迎各位校友回家！

谢谢大家！

党的建设与思想政治工作

中共山东大学委员会 2019 年党建工作要点

2019 年是中华人民共和国成立 70 周年，是深入贯彻落实全国教育大会精神开局年，是学校实现“由大到强”历史性转变关键年。

2019 年学校党建工作总体要求是：以习近平新时代中国特色社会主义思想为指导，深入贯彻党的十九大和十九届二中、三中全会精神，全面贯彻全国教育大会精神和第 26 次全国高校党建工作会议精神，深入落实学校第十四次党代会精神，坚定不移加强党的全面领导，全面贯彻党的教育方针，坚持党要管党、全面从严治党，增强“四个意识”、坚定“四个自信”、做到“两个维护”，以党的政治建设为统领，全面推进党的政治建设、思想建设、组织建设、作风建设、纪律建设，将制度建设和反腐败贯穿其中，坚持重点发力，抓好基层基础，不断提高党的建设质量，切实增强党的创造力、凝聚力、战斗力，为学校实现“由大到强”的历史性转变提供坚强政治保证、思想保证和组织保证，以优异成绩庆祝中华人民共和国成立 70 周年。

一、深入推进学习贯彻习近平新时代中国特色社会主义思想

1. 坚持不懈推动理论武装。在学懂弄通做实习近平新时代中国特色社会主义思想上下功夫，努力推进党的创新理论进学术、进学科、进课程、进培训、进读本，坚持以理论创新武装头脑、指导实践、推动工作，用“金钥匙”打开制约学校各项事业发展的“锈锁”。深入贯彻党的十九大精神、全国教育大会精神和第 26 次全国高校党建工作会议精神，紧密结合中央重大决策部署和学校发展需要，研究制定学习计划和专题，切实提升各级党委理论中心组学习质量和效果；加强学风建设，着力解决理论学习中存在的问题，注重理论学习内容消化，提升保持政治定力、驾驭政治局面、防范政治风险的能力。深入贯彻落实学校第十四次党代会精神，持续做好宣传讲解工作，开展贯彻党代会精神典型宣传，以党代会精神凝聚师生医务员工力量，激发干事创业活力。积极准备习近平新时代中国特色社会主义思想研究院认定工作。

2. 开展“不忘初心，牢记使命”主题教育。贯彻落实中央部署，以学习贯彻习近平新时代中国特色社会主义思想为主要内容，以处级领导干部为重点，组织开展“不忘

初心，牢记使命”主题教育，有效推动党员干部真正学懂弄通做实，筑牢理想信念，增强治校本领，提升品行作风，进一步筑牢同以习近平同志为核心的党中央保持高度一致的思想根基，更加激发出奋力开创中国特色世界一流大学建设新局面的政治自觉和行动自觉。

二、充分发挥学校党委领导核心作用

1. 认真抓好意识形态工作。贯彻落实全国高校思想政治工作会议精神和中央31号文件，强化执行、狠抓落实，切实提升学校思想政治工作质量。全面落实意识形态工作责任制，敢抓敢管、敢于亮剑，做到守土有责、守土负责、守土尽责。不断增强风险意识、底线思维，下好先手棋，打好主动仗。牢牢把握意识形态工作领导权，抓好课堂、网络、微博微信、讲座论坛等各类阵地，在教师引进、课程建设、教材选用、学术活动等问题上把好政治关。做好自媒体、互联网群组管理，加强与主流媒体深度合作，巩固壮大主流舆论。

2. 着力推进人才队伍建设。坚持党管人才，牢固树立“人才是第一资源”的理念，努力打造具有国际竞争力的人才队伍。实施学校领导干部与专家学者联系服务“直通车”方案，全面畅通沟通渠道，发挥专家学者在学校改革发展中的重要作用。坚持不唯学历、不唯职称、不唯资历、不唯身份，丰富杰出人才体系，完善人才遴选办法。建立人才工作联动机制，实施首接负责制，不断健全人才服务保障机制。推进设立海外人才工作站，搭建全球引才网络。持续开展“弘扬爱国奋斗精神，建功立业新时代”活动，突出学用合一、知行合一，不断赋予爱国奋斗精神新的时代内涵。

3. 深入推动改革发展。坚持学校党委全面领导，切实履行把方向、管大局、作决策、抓班子、带队伍、保落实的领导职责。聚焦主要矛盾，聚力重点领域，深入实施“六大战略”，全面深化综合改革，不断夯实条件保障，持续改善民生福祉，扎实推动内涵式发展。着力推进人事制度改革，全面贯彻落实学校深化人事人才工作体制机制改革意见及相关配套方案。推进一流学科高峰建设，全力建设五大优势学科领域，大力支持新兴交叉学科发展，全面落实学校科技工作会议精神，加快振兴人文社科。大力推进服务山东战略，促进学校与山东发展同频共振、同向发力，确保服务山东工作全面起势。持续推动国际化战略，提升国际合作交流能力。统筹推进一校三地一体发展，不断凸显异地多校区办学优势，加快探索山大特色的办学模式。启动强院兴校行动试点，推动学院加速发展。

4. 扎实推进决策部署落实落细。围绕学校改革发展和人才培养等各项任务，抓好统筹谋划、推进落实和监督检查关键环节，健全“定目标－抓落实－强督查－严考核”全链条全覆盖工作机制。实行领导班子成员重点突破项目负责制，对事关学校事业发展和师生根本利益的重大事项、重点工作，亲自部署协调、督办落实。各党工委和基层党委履行党建主体责任，强化责任担当，认真贯彻执行上级党组织和学校党委各项决策部署，统筹谋划本单位党的建设和思想政治工作，确保层层抓好落实。

三、抓实抓好师生思想政治工作

1. 着力加强教师队伍思想政治工作。认真落实新时代教师职业行为十项准则和“四个相统一”“四有好教师”“四个引路人”要求。积极探索新时代教师思想政治工作规律，研究出台进一步加强和改进教师思想政治工作意见，着力提升教师思想政治素质和教书育人能力。健全完善教师培训体系，扩大培训规模，大力实施派出计划。做好榜样示范引领，继续挖掘、选树、宣传师德师风典型。深化师德师风综合整治，加强导师育人行为规范，实施师德“一票否决”，出台《山东大学教师师德考核办法》《山东大学教师师德失范行为负面清单及处理办法》。

2. 不断提升学生思想政治工作质量。落实以学生为中心的理念，积极做好学生思想引领、价值引领，健全“十大育人”体系。启动“三全育人”综合改革试点，推进立德树人融入思想道德教育、文化知识教育、社会实践教育各环节，推动构建“三全育人”新格局。围绕学生成长成才，不断强化体育美育教育，建立促进学生身心健康、全面发展的长效机制。夯实学生工作队伍，加强辅导员队伍建设，推进辅导员进课堂、进宿舍、进操场、进网络，不断加强人文关怀和心理疏导。做深做细“新双心活动”“添翼工程”“诚信状”“榜样的力量”等活动，整合设计科学化、系统化、高端化项目，创新推动网络思政，打造思想政治工作新品牌。完善“青马工程”校院两级工作体制，推进实施“团支部工作日志”制度，加强基层团组织建设。深入实施拓展培养计划，大力弘扬国家情怀和志愿精神，创新发展“学伴计划”“星愿行动”等志愿服务品牌。组织开展庆祝中华人民共和国成立70周年和纪念五四运动100周年等主题教育活动。筹备召开第十七次团代会。

3. 深入推进重点马院建设和思想政治工作研究。着力提升重点马克思主义学院建设质量和水平，突破制约瓶颈，补齐短板弱项，建强马克思主义理论学科，推动党的创新理论研究，把马克思主义学院打造成马克思主义理论教学研究宣传的坚强阵地。不断加强思政课专任教师队伍建设，全面提升思政课教师政治业务素质和能力。打好思政课质量和水平攻坚战，坚持在改进中加强、在创新中提高，以“课程思政”为目标推进课堂教学改革，真正让学生坐得住、听得进、用得上。实施思想政治工作质量提升工程，提升思想政治工作研究水平，做好高校思想政治工作精品项目、中青年骨干队伍建设项目、高校思想政治工作研究文库、高校原创文化精品推广行动计划等培育、遴选、申报、建设工作。

4. 重视做好学生会和学生社团工作。加强组织领导，深入改革学生会和学生社团，探索建立以服务和贡献为导向的激励和纪律约束制度，引导学生骨干成为青年学生的榜样和模范。推进学生会从“活动主导型”向“服务发展型”转变，将学生会打造成“思想引领型”组织，切实引导青年学生坚定理想信念、厚植爱国情怀、加强品德修养、培养奋斗精神。完善学生代表履职制度，推进学生权益工作体系建设，畅通学校与学生联系沟通桥梁。推进学生社团联盟建设，促进学生社团稳定且活力发展。

四、推动基层党建全面进步全面过硬

1. 加强党的组织体系建设。规范基层党组织设置，理顺科研机构、直附属单位党组织隶属关系，创新活动方式，推动党的组织和工作全覆盖。落实学校党建工作会议部署，全面提升组织力，突出政治功能，充分发挥各级党组织和党员队伍在“双一流”建设中的作用，着力克服党建和业务“两张皮”。全面深化基层党建示范创建和质量创优工作，加强工作指导和支持力度，扎实做好获评单位的创建工作。坚持以点带面、整体推进，持续建设一批党建工作标杆学院、样板支部和“双带头人”教师党支部工作室，推动党建质量普遍提升。深入推进高校党建工作重点任务落实，认真贯彻上级党组织关于高校党建工作指导标准，扎实抓好考核反馈意见整改。健全学生党建、教师党建的组织领导机制和工作格局，着力提升师生思想政治工作亲和力和实效性。设立党建专项经费、党员活动场所，完善相关配套设施。

2. 加强党支部标准化规范化建设。认真执行党支部工作条例，健全完善党支部各项标准、制度，落实党支部工作考核评价办法，推动支部做到“七个有力”。坚持抓两头、带中间，选树先进支部典型，排查整顿后进支部，带动中间支部提升。选优配强党支部书记，落实党委书记建立党支部工作联系点制度，着力打造过硬党支部。严格落实“三会一课”、主题党日、组织生活会、民主评议党员、谈心谈话等组织生活制度，切实增强党内政治生活的政治性、时代性、原则性、战斗性。

3. 加强党员教育管理监督。坚持“两学一做”学习教育常态化制度化，推动党员干部把学习成果转化为推动学校事业发展的政治担当。搭建党员发挥作用平台，引导党员在教学科研生活中亮身份、立标尺、树形象，引领带动师生积极投身学校改革发展、维护学校和谐稳定。落实发展党员制度规定，切实提高发展质量，加强在高知识群体、海外留学归国人员中发展党员工作。

4. 加强统战群团老干部工作。把握新时代统一战线工作新机遇，打造亮点，加强正面发声，努力构建大统战格局，不断提升学校统战工作科学化水平。推动教职医务员工积极参与学校民主管理、民主监督和民主建设，积极落实“五大工程”，维护教职工合法权益，提升教职医务员工获得感、幸福感、荣誉感。完善教代会组织制度和工作机制，修订《山东大学教职工代表大会实施办法》，筹备召开教代会和工代会。全面推进共青团“凝聚青年、服务大局、当好桥梁、从严治团”四维工作格局。进一步做好离退休干部工作和妇女工作。

五、着力培养忠诚干净担当的高素质干部队伍

1. 充分激发干部队伍活力。坚持党管干部原则，树立正确选人用人导向，认真落实好干部标准，不断拓宽选人用人视野。健全干部发现储备、培养锻炼、选拔使用和管理监督的机制，不断优化成长路径。改进完善考核评价制度，建立系统完备、科学规范、有效管用的综合考评体系。深入开展领导班子和领导人员任期调研评估和分析研判，强化考核运用，营造选拔任用干部的良好氛围，激发干部干事创业、担当作为。

2. 发现培养使用优秀年轻干部。建立持续发现培养优秀年轻干部的常态化工作机

制，全方位、多渠道、近距离观察干部，发现和掌握一批优秀年轻干部和青年教师。推进“双百人计划”，建立多方联动的优秀年轻干部培养锻炼机制，为不同类型的年轻干部和青年教师搭建事业发展平台，拓展成长路径。

3. 建立健全干部教育培训体系。制定实施干部教育培训规划，分层分类、有重点多形式举办专题辅导、示范培训、业务研修，坚持以倡导和弘扬共产党人价值观、坚定和提高政治觉悟为重点，大力抓好党的理论教育和党性教育，创新培训方式方法，提升学习培训效果，有效服务干部成长和学校事业发展。

六、持之以恒正风肃纪

1. 深入推进全面从严治党。贯彻执行新形势下党内政治生活若干准则，制定实施《中共山东大学委员会关于深化作风建设 弘扬新风正气的十项要求》。组织召开全面从严治党工作会议。推动落实全面从严治党“两个责任”任务清单，继续开展纪委书记约谈二级单位主要负责人工作，压紧压实责任；加大党风廉政建设责任制考核力度，强化结果运用；贯彻落实问责条例实施细则，用好问责利器。强化政治监督、日常监督，把监督的触角延伸到学校工作各方面，确保党的路线方针政策和学校党委的决策部署不折不扣落实到位，推进重点领域廉政风险防控工作。贯彻落实容错免责实施办法，树立为担当者担当、为负责者负责的鲜明导向，巩固风清气正的校园政治生态。

2. 深化巩固巡视整改成果。持续推进中央巡视整改任务的落实，确保措施落实、任务完成、整改到位。认真落实《山东大学巡察工作规划（2018～2022 年）》，坚持政治巡察定位，不断扩大校内巡察覆盖面，推动全面从严治党向纵深发展。分类别、有重点、按计划开展巡察工作，适时在全校范围内通报被巡察单位整改落实情况。以整改促落实，不断完善体制机制建设，确保学校成为坚持党的领导、培养德智体美劳全面发展的社会主义建设者和接班人的坚强阵地。

3. 持续强化监督执纪问责。深化运用监督执纪“四种形态”，坚持抓早抓小、防微杜渐，对苗头性问题早发现、早提醒、早处置，对不收敛、不知止行为，特别是违反中央八项规定精神以及损害师生利益的不正之风和腐败问题，严肃处理、绝不姑息。驰而不息纠正“四风”，大力整治形式主义官僚主义，探索建立整治长效机制。推进完善干部廉政档案建设，加强档案数据分析应用，严格把好选人用人政治关、品行关、作风关、廉洁关。积极稳妥推进纪检体制改革，不断开创学校纪检工作新局面。

4. 巩固深化机关作风建设。加强各单位协同联动，形成强大合力。逐步健全日常考核、全方位考核、分类考核的考核评价机制，强化考核结果运用，充分发挥干部选任、业绩绩效、评奖评优等作用，建立鼓励担当、优绩优酬的干部激励机制，推进作风建设持续向好，提升“两不出”工作质量。

七、积极构建文明和谐稳定校园

1. 打造师生精神文化家园。突出文化引领，积极推进中华优秀传统文化创造性转化、创新性发展。凝练山大精神和山大文化，讲述好山大故事，传播好山大声音，塑造好山大形象，不断提升学校美誉度和影响力。发挥文化委员会的组织领导作用，研究制定《山东大学文化引领战略规划》。强化一校三地文化资源融合共享，开展“一院一品”文化创建活动，丰富校园文化内涵。启动学校120周年校庆工作，着力做好校史研究，全面梳理总结办学历史和文化传统。突出育人导向，学术引领搭建优质平台，做大做强学术文化品牌。

2. 维护校园稳定。全面贯彻落实总体国家安全观，提高安全工作政治能力，统筹发展和安全两件大事。牢固树立“万无一失、一失万无”的工作理念，切实做到超前部署、预防为主、系统联动、快速反应。召开安全稳定工作会议，做好各类安全工作培训。健全强化整体联动机制、分析研判机制、群防群治机制、舆情处置机制、严肃问责机制，做到“横到边、竖到底、全覆盖”，确保校园和谐稳定。

3. 加强校内宣传。加强内宣工作顶层设计，着力构建大宣传格局，提升内宣的传播力、感召力、公信力、引导力。加强全校统筹和联动，建立“学校—校区—学院”三级联动工作体系。拓展内宣工作渠道，广泛动员各方力量，切实增强工作效果。统筹协调报、台、网、微、端、屏，推进校内媒体融合，形成内宣外宣统筹协调、统一部署、同向发力、项目化运作的宣传模式，提升宣传工作到达率，不断增强广大师生认同感、归属感。

纪检监察工作

2019年，纪检监察工作坚决落实党中央全面从严治党要求，认真贯彻上级纪委和学校党委决策部署，强化监督执纪问责，持续正风肃纪反腐，推动学校纪检监察工作高质量发展。

一、始终把学习贯彻习近平新时代中国特色社会主义思想作为首要政治任务常抓不懈，扎实开展“不忘初心，牢记使命”主题教育

把习近平新时代中国特色社会主义思想作为做好一切工作的根本遵循和行动指南，通过党委常委会、理论中心组学习、全校处级领导干部会、纪委全委会、辅导报告、座谈研讨、“三会一课”等形式，深入学习领会习近平总书记关于全面从严治党和高等教育工作的重要论述和中央纪委国家监委、省纪委省监委关于高校纪检工作的新部署新要求，研究制定贯彻落实举措。扎实开展“不忘初心，牢记使命”主题教育，聚焦“学习贯彻十九届四中全会精神，做好政治监督，加强纪律建设，从严监督管理干部，转变作风，加强督查巡察，完善党风廉政建设制度”等专题，深入开展交流研讨和调查研究，全面检视存在问题，有序推进整改落实，推动主题教育取得实实在在的成效。

二、强化政治监督，以良好政治生态涵养良好教书育人环境

聚焦立德树人根本任务，组织开展政治安全和意识形态安全专项督导，把意识形态阵地建设作为校内巡察重点内容；加强抵御渗透和防范校园传教，严肃查处从事传教活动1人，给予降低岗位等级处分；围绕网络阵地管理、学生入校离校教育、实验室安全管理、体育场馆资源管理、校园文化、校园招聘等情况开展专题调研和专项调查，督促相关主责部门把落实党的教育方针融入工作全过程。聚焦政治生态建设，加强选人用人监督，为44名拟提拔干部出具党风廉政意见，对问责工作中发现不适宜担任现职的2名领导干部提出组织调整建议，推进建设干部廉政档案管理系统；严肃党内政治生活，制定《关于深化作风建设 弘扬新风正气的十项要求》。聚焦重大政治任务，持续推进中央巡视整改，目前已完成整改任务96%，对尚未整改到位的2项督促年底前完成，对已整改到位的坚决防止再反弹；加强定点扶贫工作监督，开展扶贫干部专项约谈，赴定点扶贫单位河南确山开展扶贫资金使用专项检查。聚焦教风学风建设，推动相关部门严肃处理教学事故、学术不端问题，2019年共通报教学事故9起，给予造成严重教学

事故2人警告处分，给予学术不端行为2人警告处分，“严”和“实”逐渐成为党员干部和教职员工的自觉习惯。聚焦治理体系和治理能力建设，发现学校在后勤服务、机关作风等方面存在的问题，通过改革进一步理顺体制机制，综合集中整治，推动学校内部治理实现深刻变革。

三、持之以恒纠正“四风”，坚决整治形式主义官僚主义

开展违反中央八项规定精神问题专项整治，对学校近几年查处的典型问题集中排查，修订完善公务差旅、公务接待等方面制度规定，明确细化办公用房整改、领导干部参加研讨会和论坛等方面制度规定。抓住重要时间节点加强警示教育，严肃查处2起违反中央八项规定精神问题并通报曝光，督促所在单位召开专题民主生活会剖析检查、开展整改。开展形式主义官僚主义突出问题专项调查和整治，全面清理规范“一票否决”和签订责任状事项，将全校性督查检查考核事项由35项合并核减为6项，形成关于解决形式主义突出问题为基层松绑减负的若干措施，推动建立担当作为、狠抓落实、协同高效的工作机制。加强对师生反映问题落实情况的督查力度，对落实不力的开展约谈。开展漠视师生医务员工利益问题专项整治，推动解决职称评审、房改遗留问题、学生住宿条件改善等影响师生利益的难事和实事，提高师生群众幸福感和满意度。

四、深化运用监督执纪“四种形态”，一体推进“不敢不能不想”

坚持把纪律挺在前面，给予轻处分8人，重处分6人。开展处分决定执行情况专项检查，坚决纠正执行不到位问题。规范纪律处分程序，推动相关部门完善师德师风、学术不端、教学事故等问题处理的工作程序和规章制度。加强日常监督检查，综合运用信访监督、专题调研、谈话提醒、列席会议等方式开展监督的再监督，对发现的问题及时采取约谈函询、批评教育、诫勉等第一种形态进行提醒纠正，对涉及单位有针对性地提出监督建议，不断规范权力运行，堵塞管理漏洞。今年以来共运用第一种形态158人次，对13个党组织提出监督建议。强化党员干部纪律规矩意识，通过廉政党课、专题报告、条例宣讲、案例通报、播放警示教育片、组织赴山东省廉政教育馆、配发学习教育材料等多种方式开展纪律教育，2019年特别策划“书记说纪”专题教育，采取微视频教育片形式宣传，增强纪律教育感染力和传播力。

五、充分发挥协助职能，推动“两个责任”贯通协同、形成合力

协助党委组织召开2019年全面从严治党工作会议，谋划部署重点工作。开展全面从严治党调研，综合分析研判学校政治生态，向党委提出对策建议。纪委书记定期向党委书记报告沟通全面从严治党工作，专项约谈学校党委领导班子成员、基层党组织书记和部门负责人，推动落实“第一责任人”责任和“一岗双责”。开展全面从严治党风险点排查防控，加强和改进党风廉政建设责任制落实情况考核，推动形成健全有效的风险防控和责任落实机制。创新开展校内巡察，邀请其他中管高校前纪委书记担任巡察组组长，分别采取1对1、1托2、1＋N的方式对部分基层党委、青岛校区党工委及其所属党组织开展巡察，采取巡察督查相结合的方式开展对继续教育学院党支部的巡察和继续

教育工作的安全督查，扎实做好上轮巡察整改“回头看”，提升基层党组织贯彻执行能力。坚持失责必问、问责必严，对6个单位和8名领导干部追责问责，对共性问题在全校开展自查自纠，发挥问责一起、警示一片、规范一方的治本作用。

六、扎实推进学校纪检体制改革，提升监督执纪工作质量

严格落实中央纪委国家监委和省纪委省监委关于推进学校纪检体制改革的要求，协助学校党委研究制定推进学校纪检体制改革的实施意见，在同级监督、信访举报办理、问题线索处置、案件审查审理等方面制定配套制度，形成学校纪检体制改革“1＋N”制度体系。严格落实“双重领导”“三为主”要求，及时向省纪委报告重要情况。持续深化“三转”，学校纪委书记只分管纪检监察、督查巡察工作，学校纪委参与的议事协调机构从36个减为9个。开展纪检监察信访举报处理工作中的形式主义、官僚主义问题专项整治，对问题线索大排查大起底，提高问题线索办理质量和办结率。严格执行监督执纪工作规则，重要问题集体研究，严格落实查审分离，提高监督执纪工作规范性。加强监督执纪信息化建设，建立学校纪检监察机关案件监督管理系统。规范谈话工作制度和审批程序，建成基本符合要求的标准化谈话室并投入使用，确保走读式谈话和执纪审查安全底线。完善全校二级纪检组织运行机制，强化对各纪工委、二级单位纪委的指导、管理、服务和保障，形成全校纪检工作一盘棋。

七、从严从实加强纪检队伍建设，做忠诚干净担当的表率

坚持以政治建设为统领，贯彻落实中央纪委三次全会“三个带头”要求，牢固树立“四个意识”、坚定“四个自信”、践行“两个维护”。加大教育培训和实践锻炼力度，选派3名优秀纪检干部到上级帮助工作、挂职锻炼，学校纪委专职纪检干部实现全员培训，不断提升专业化水平。完善纪检工作内控机制，严格各项纪律规矩要求，以更严要求、更硬素质、更实作风，建设让党放心，让师生群众满意的纪检干部队伍。

（左然征）

组织工作

一、扎实开展“不忘初心，牢记使命”主题教育

按照学校党委部署，制订主题教育实施方案，服务学校领导班子、指导推动各基层党委统筹推进4项重点措施，扎实开展好主题教育各项工作。坚持“一位班子成员领学，认领一个问题，聚焦一个专题，制订一个方案，破解一个难题”开展学习教育学习研讨620余场次，指导各党支部开展学习活动4100余次；坚持“团队式攻关，矩阵式分工，组合式发力”深入一线开展调查研究1100余次；坚持“自己主动找，互相帮助找，回顾总结找，对标先进找，检视反思找”深刻检视剖析检视问题1554个，广泛征求师生医务员工意见2500余条；坚持“项目化推进，全过程督办，销号式管理”有序推进整改落实，真正让主题教育开展与实现“由大到强”历史性转变紧密结合、融为一体。通过开展主题教育，广大党员干部和师生医务员工对“为国育贤”办学初心和“强校兴国”时代使命的认识和理解更加深刻，理论学习有新收获，思想政治受到深刻洗礼，干事创业本领持续增强，为民服务意识明显提升，党风校风教风学风持续改善，在用习近平新时代中国特色社会主义思想破解改革发展难题方面取得实实在在成效。

二、着力提升基层党建工作质量

认真学习贯彻党的十九届四中全会精神，加强基层党建制度体系建设，健全学校党委、基层党委、党支部、党员“四位一体”组织工作体系。坚持以点带面、示范引领，设立专项经费支持党建工作标杆学院、样板支部、“双带头人”教师党支部书记工作室的培育建设。组织全校基层党组织结合强院兴校行动，开展“学习先进抓党建，对标争先促发展”专题学习研讨，查找不足，创先争优，以高质量党建引领改革发展。建立学院领导班子成员帮包联系党支部工作机制，开展软弱涣散党支部和党支部规范设置专项排查，每月编发基层党组织“三会一课”和主题党日活动指南，做好基层党组织按期换届督促提醒，推进党支部标准化规范化建设。从严把好发展党员入口关，年度发展党员2452人，改进入党培训模式，提高入党培训课堂质量，全年培训入党积极分子2866人、发展对象1260人。加大对党员教育阵地建设投入，指导资助每个学院党委至少建设一个党员活动室。加强党员管理，全年接收党员4758人次，转出党员6904人次。举办党务工作专题培训，提高党务工作队伍业务能力。2019年，1个支部入选第二批全国

党建工作样板支部建设单位；山东大学党委等5个党组织获“山东教育系统先进基层党组织”称号；4名党员获“山东教育系统优秀共产党员”称号；3名党员获“山东教育系统优秀党务工作者”称号。

三、大力加强干部队伍建设

坚持党管干部原则，落实新时代好干部标准，突出政治标准，坚持事业为上，严守工作程序，完成了齐鲁医院、软件学院、艺术学院、晶体所、出版社等单位领导班子换届调整和各类空缺岗位的调整补充工作。深入开展领导班子运行和优秀年轻干部调研，深入107个单位，谈话2105人次，形成了《中层领导班子运行情况调研报告》，发现和掌握一批优秀年轻干部。对威海校区、齐鲁医院、后勤保障部、晶体所等单位进行专题调研，详细了解掌握了班子运行和干部表现情况。建立谈心谈话制度，经常性、近距离、有原则地接触干部，及时为干部解疑释惑。拓宽选人视野和渠道，创造平台让干部脱颖而出。从严从实抓好干部日常管理监督，对社会兼职、近亲属等情况进行摸底排查，制定学校领导人员、中层领导人员和管理人员等三类人员的行为规范。

四、多策并举激励干部担当作为

不断夯实“定目标，抓落实，严考核，强保障”的工作链条和制度体系，健全日常考核和分类考核，强化考核结果在选拔任用、绩效分配、评奖评优等方面的作用。结合班子运行调研、年度考核、试用期满考核，推进干部能上能下。大力发现培养使用优秀年轻干部，制定《山东大学优秀年轻干部发现培养选拔工作实施办法》，分级、分类做好培养锻炼工作，开展校内双向挂职工作，强化干部的实践锻炼。聚焦党和国家政策热点和高等教育发展重点难点焦点问题开展专题培训和面上培训，着力提升干部党性修养和政策理论水平，拓展改革发展思路，年度专题培训干部1940人，面上培训干部近4000人次。

五、持续加强机关党建和作风建设

以开展“不忘初心，牢记使命”主题教育为契机，突出政治功能加强理论学习，为机关各支部配发辅助学习材料10余种、4000余册，围绕支部政治建设、党员教育管理、干部能力建设、初心与使命等主题编印《“三会一课”学习材料》6期。突出工作协同和联学特色，与直属单位党委联合举办两期“学人讲座”，与纪委、督查巡查办公室等单位开展联学。机关党委牵头召开校院机关、校区机关间的协同座谈会，协调解决作风建设推进过程中存在的问题。组织机关作风建设督查组研究推进作风建设新模式，落实“为民服务解难题”，督促指导机关支部完成29次集中学习研讨，围绕解决师生的烦心事、操心事、揪心事，深入开展调查研究，形成84份调研报告，列出600余条整改措施。

（崔　杨）

宣传工作

2019 年，党委宣传部、教师工作部以习近平新时代中国特色社会主义思想和党的十九大精神为指导，深入贯彻学校第十四次党代会精神，践行“举旗帜，聚民心，育新人，兴文化，展形象”的使命任务；扎实开展“不忘初心，牢记使命”主题教育，以暑期舆情事件为契机切实做好整改，提升政治意识、思想认识和内部治理能力水平，各项工作取得积极进展。

一、扎实做好理论教育和意识形态工作

1. 坚持不懈强化理论武装。统筹安排好全校政治理论学习，组织学校党委理论学习中心组学习 8 次，编发理论学习重点 19 期，发放学习资料 1400 余册。组织党的十九届四中全会精神学习贯彻，积极开展宣讲。

2. 做好“学习强国”学习平台推广。构建各级学习组织，着力提升学员参与度、活跃度，完成“传统文化”“沂蒙精神”“每日校训”等栏目资料收集、遴选、报送，13 门课程入选“学习强国”学习慕课，38 篇稿件被推荐发布。

3. 牢牢掌握意识形态工作领导权。

二、着力构建高效快捷的内宣工作系统

1. 打造坚强宣传阵地。加强报、台、网、微建设，积极推进媒体融合。校报出版 39 期计 192 个版面，办好“视野”“全球化·中国化·我们”等特色栏目，14 件作品获山东省高校校报好新闻奖。济南六校区每天 50 分钟校园广播联网联播。推出《百微山大》系列微视频 40 余期；央视《新闻联播》报道《百微山大》典型做法。山东大学新闻网共发布稿件 10000 余条，发稿总字数超过 800 万，“中央厨房”作用更加突出。在此期间，《山大日记》发稿 1800 余篇。持续打造官方新媒体矩阵，官方微信发稿 365 篇，微博发布 3895 篇，在高校官微中率先运用 SVG 等前端开发技术，并入选教育部教育政务新媒体年度优秀案例。

2. 做好学校重大活动宣传。承担 450 余场学校重要会议、重要活动、重要节点的新闻宣传任务，派出文字、摄影、摄像记者超 1000 人次。进一步加强学校学术精英素材库、视频素材库、图文音频素材库建设，做好资料保存和提供。

3. 创新内宣工作举措。贯彻寒假务虚会精神，组织开展全校性内宣工作沙龙 5 期，

开展基层宣传培训 10 余次，努力加强专门工作人员、通讯员、学生记者等队伍建设。撰写内宣工作专报 9 期，制作政策解读类大图 15 张，各单位政策宣讲积极性不断提高。做好内宣工作数据统计，有针对性开展“山大人物”示范性报道，推出通讯 130 余篇；提升山大首页轮播图设计品质，制作 100 余幅。规范微信企业号信息发布，100 个单位在企业号中发布各类信息 5000 余条。

4. 加强主题教育宣传。认真组织校领导班子“不忘初心，牢记使命”主题教育集中学习研讨，建立主题教育专题网站和报纸专栏，发布相关新闻 600 余篇，微视频 10 期，新媒体推文 37 条。

5. 开展庆祝新中国成立 70 周年宣传教育。组织群众性主题宣传教育活动 200 余场次，内容涵盖了新中国 70 年成就展等学习体验活动、理论宣讲活动、人文社科高端学术论坛、群众性文化活动、先锋模范学习活动等多个层面，通过阐释新中国发展历程和成就、讲述追梦筑梦奋斗圆梦的故事，引导师生体悟家国情怀，增强思想自觉，激发爱党爱国爱社会主义的情怀。开展“我和祖国共成长”主题征文活动；发布“祖国，我想对您说”相关随笔、评论；积极参与教育部发起的“青春为祖国歌唱”网络拉歌活动，并被《新闻联播》报道。

三、努力提升思想政治工作质量

1. 强化思政工作质量提升的顶层设计。制订实施《山东大学思想政治工作质量提升工程实施方案》，开展年度思政研究项目评选，对 8 个项目进行立项。做好相关研究成果申报，推荐参评教育部 2020 年度高校思想政治工作有关培育建设项目 3 项。获评 11 项省高校思想政治教育优秀成果。

2. 提升教师思想政治素质。进一步发挥教师工作委员会作用，完善教师思政工作机制；印发《习近平总书记关于教师队伍建设的重要论述》等学习材料，引导广大教师规范从教行为；深入开展教师思想状况调研；严把教师政治关、品德关，对新聘教师、国家级人才项目拟聘人选等 800 余人次进行考察。申报山东省师德师风涵养基地，参与教师课程思政教学改革。

3. 加强师德师风建设。开展“山东大学教书育人楷模”等评选活动，举办教书育人经验分享会，发挥示范带动作用。组织新入职教师和青年教师参加报告会、学人系列讲座和师德师风培训。研究制定《山东大学关于教师师德失范行为的处理办法》等制度，规范教师履职尽责行为，畅通师德失范行为举报渠道，对师德失范行为依法依规严肃惩处。

四、积极构建山大人共同精神家园

组织起草《文化引领战略实施纲要（征求意见稿）》。《为国育贤守初心 士以弘道布德泽——基于齐鲁文化弘扬的“大师大爱”系列教育活动》项目获评第五届全国高校“礼敬中华优秀传统文化”系列活动特色展示项目。开展山东大学首届“一院一品”校园文化建设，做好立项评比、中期考核、结项考核等工作，全校 55 个项目顺利结项，20 个项目获得后续支持，为“强院兴校”战略提供精神原动力。

五、持续扩大学校社会影响力美誉度

1. 做强正面声音。社会媒体原发报道 6600 篇，转载 5 万余篇。以山大为第一人称的新闻报道共 3688 篇。其中，在央视刊播报道 16 次，在《人民日报》、新华社、《光明日报》、学习强国等重点平台刊发报道 908 篇。学校位列人民网 2019 年度中国高校新媒体影响力排行榜第六名，荣获中国教育报刊社“高校教育新闻宣传先进单位”，山东省互联网传媒集团“2019 山东最佳社会声誉高校”，新浪“山东高校德育宣传奖”“山东高校校园文化宣传奖”“山东本科高校新媒体宣传奖”，山东省互联网传媒集团“2019 最具影响力高校政务新媒体”等各项荣誉。以“媒体看山大”网站为平台，转载外宣信息，“媒体看山大”网站共发布与山大相关的新闻报道 2800 余篇。

2. 加强外宣策划。起草《关于进一步加强对外宣传工作的方案》，修订《新闻发布和新闻发言人制度实施办法》。挖掘宣传亮点，加强外宣策划，做好“两会”、主题教育等专题报道。与新华网策划发布推文《山东大学，来了》，获 163 万点击量；在《光明日报》等媒体刊发袁世硕、陈代荣、孙康宁等教授的深度报道；做好王小云、陈子江、李术才院士的事迹推广。运用微信、微博、抖音等新媒体平台形成传播矩阵，各平台播放量超过 120 万次。

3. 拓展媒体合作。全年协调校内专家学者采访 480 余次。组织开展《光明日报》知识分子交友工程、人民网“高校新闻宣传工作前沿经验分享沙龙”、大众网“寻找‘青年政治佳’”以及媒体恳谈会等活动，发挥媒体智库作用。

4. 推进海宣工作。学校海外正面新闻报道 700 余篇。英文网站发布稿件 200 余篇。制定《海外宣传工作推进方案》。探索与境外第三方监测推广机构 Meltwater Group 的合作。

六、稳步提升用网管网水平

1. 完善舆情风险防范与应急处置机制。

2. 加强网站与新媒体建设管理。制定《校园网站管理规定》《校园新媒体管理规定》和《学校师生医务员工互联网自媒体公众账号及群组行为规范》。为 200 余个校内网站、57 个微信公众号办理备案、认证手续，对全校 58 个单位的 402 个新媒体账号进行排查备案。开展未经授权使用他人作品等情况的自查自纠工作。

3. 高质量完成中宣部舆情直报点信息报送工作。全年共报送舆情稿件 77 篇，15 篇被采用，采用率较往年提高 67%，2 篇被中央主要领导同志批示。

（万广远）

督查巡察工作

督查巡察办公室按照学校党委部署要求，结合“不忘初心，牢记使命”主题教育，深入推进校内巡察和督促检查工作。

一、深入扎实推进校内巡察

按照学校党委要求，根据《山东大学巡察工作规划（2018～2022年）》，上半年组建了三个巡察组，分别对青岛校区党工委及其所辖党组织、电气工程学院党委、物理学院党委、软件学院党委开展了巡察。本轮巡察将意识形态领域专项巡察与学校常规巡察相结合，把强化对意识形态阵地建设情况的监督检查作为一项重要内容。对青岛校区党工委遵循“全面覆盖，上下贯通”的原则、采取“1＋N”的方式开展巡察，对其管理的10个党组织开展专项巡察；同时，采取交叉巡察方式，邀请了兄弟高校的领导同志担任巡察组组长，着力破解“熟人社会”问题。

12月，组建了党委巡察（督查）组，对继续教育学院党支部开展巡察，同时对继续教育学院、威海校区继续教育学院、齐鲁医学院继续（网络）教育中心以及各相关办学单位（学院）的继续教育工作进行安全督查。这是结合我校继续教育办学点多面广，特别是委托办学、合作办学情况复杂等实际，以督导巡、以督促改，实现巡察监督与督促检查深度融合的一次探索和尝试。

二、做好巡视巡察“后半篇文章”

上半年，后勤党委、后勤保障部整改期间，学校成立三个专项工作组，相关部门共同参与，通过理顺体制机制，取得了较好的整改成效。

6月，制定印发了《关于开展中央巡视反馈意见整改落实情况督促检查的工作方案》，从强化巡视整改责任、着力推动落实、建立推动整改落实的长效机制三个方面，对各责任单位深入落实中央巡视整改任务提出明确要求。9月，对中央专项巡视整改落实情况进行了自查自评，并形成自查自评报告报送教育部巡视工作办公室。

12月上旬，在巡察反馈1年以上的7个单位党组织自查自评的基础上，依托主题教育指导组，对其整改落实情况进行了回访检查。

三、加强督查督办工作

年初，将学校2019年工作要点、2019年党建工作要点、第十四次代表大会报告任务分工方案一体考虑、贯通执行，形成一份年度工作任务清单。10月份，对相关单位年度工作推进情况进行了中期督查督办；年底，对全年工作任务完成情况进行督查。

7月，对上半年党委常委会和校长办公会议决事项的推进落实情况进行了督查督办，分别形成督查报告提交党委常委会和校长办公会审议，有效地推进了学校会议议决事项的贯彻落实。

扎实开展专项督查，先后专项督查督办了环境科学与工程学院仪器设备条件建设工作的推进情况和郭书记与青岛校区部分学院座谈会上师生代表提出的其他18个问题的推进落实情况，体育学院由于场馆对外出租、体育设施老化、信息不公开等导致的体育场馆设施严重短缺问题，校医院改进学生门诊医疗费用报销相关工作推进情况，2019年服务师生“十件实事”“扶贫工作”等的推进落实情况，落实《教育部办公厅关于全面开展教育对外开放专项工作调研指导的通知》情况。启动了对贯彻落实《中共山东大学委员会关于深化一校三地管理体制机制改革的意见》情况的督查督办。

印发《中共山东大学委员会关于统筹规范督查检查考核工作的具体措施》，对涉及全校的督查检查考核事项统筹实施，着力推进一校三地督查检查考核的一体化。按照该《措施》要求，统计汇总了督查检查考核事项35项，梳理出涉及全校的督查检查考核事项6项。

积极推动主题教育和舆情事件相关问题整改。在完成本单位主题教育整改的同时，牵头负责有关形式主义、官僚主义问题专项整治，启动对专项整治任务推进落实情况的督查督办。会同党办校办对贯彻落实中央决策部署不力问题进行专项整治，对暑期舆情事件梳理出的22项重点整改任务进行了督查督办。

四、加强制度建设和队伍建设

建立完善了督查巡察专员制度。7月，学校党委印发《中共山东大学委员会督查（巡察）专员实施办法》。11月，在全校范围内遴选优秀干部，由学校党委正式发文聘任了6名督查（巡察）专员（含3名已退休人员）。

7月，结合舆情整改，进一步梳理并细化了巡察工作流程、巡察发现的问题线索移交流程、巡察工作信息发布流程等，完善了巡察档案管理办法，逐步形成了以《山东大学巡察工作实施办法》为核心，其他制度文件、工作流程为支撑的校内巡察工作制度体系；制订了年度工作任务推进落实情况督查督办流程、党委常委会、校长办公会议决事项推进落实情况督查督办流程、专项督查工作流程。有效地提升了巡察、督查工作的精细化、规范化、科学化水平。

着力强化督查巡察工作队伍能力建设。积极组织巡察干部（含巡察信息库人员）参加上级部门组织的纪检监察、校内巡察工作培训、研讨交流。今年以来，督查巡察办公室每名同志均参加了2轮以上学习培训，选派1名巡察工作骨干参加教育部党组的巡视工作。北京中医药大学、上海对外经贸大学先后来我校交流校内巡察工作。

（梁　辰）

统战工作

2019 年，山东大学统一战线认真落实中央和省委关于统一战线的决策部署，科学谋划，凝心聚力，紧密围绕学校“由大到强”历史性转变，推动统一战线各项工作稳步推进。

一是完善体制机制，发挥“大格局”统战作用。落实学校一体化发展战略，召开统一战线联席会，加强各校区统战部门的联系与沟通，畅通信息互通、资源共享渠道，增强协同作战能力。紧扣加强党对统战工作集中统一领导这一根本，不断落实推进三级工作网络，做到统战成员人人都有联系人。深入学院基层进行调研，及时掌握基层统战动态。

二是开展学习实践，加强思想引领。按照学懂弄通做实的要求，不断深化对习近平新时代中国特色社会主义思想的学习贯彻。4 月份，举办首期“同心圆大讲堂”，邀请中央社会主义学院王小鸿教授为我校统战委员做了专题培训。扎实推进“不忘合作初心，继续携手前进”主题教育。6 月，赴遵义举办了民主党派主要负责人政治专题培训班。11 月，组织统战干部前往河北举办了统一战线专题培训班。积极选派民主党派骨干成员和无党派人士参加省委、市委举办的调训。

三是支持党派发展，民主党派建设实现新突破。在各民主党派 29 个基层组织设立联络员。5 月，召开了信息员交流座谈会，深入了解党派工作情况，基本构建“党委统战部—民主党派委员会—民主党派基层组织”三级信息沟通网络。7 月，九三学社青岛校区支社、民盟青岛校区总支成立。9 月，支持民主党派联合制定《山东大学民主党派发展成员工作规程》，规范了申请加入、培养考察、批准备案和教育管理等环节的工作流程和具体要求，严把党派成员入口关、政治关、质量关。指导各民主党派落实《山东大学民主党派基层组织工作细则》，推动党派开展领导班子民主生活会。重视向各党派主委、无党派人士问计问策，召集学校“由大到强”历史性转变座谈会、“百廿山大”方案通报会和情况通报会，通报学校重大部署，安排统战工作。

四是做好民族宗教工作，建立长效机制。按照中央和省委教育工委相关要求，安排部署全校师生信教情况排查和统计，认真完成宗教工作月报告和整改落实工作，制订了民族宗教责任清单，上报总结、情况报告共 8 份。充分发挥统战工作三级网络作用，采取一对一联系、谈心谈话、建立联系人制度等措施，与学工部、团委等职能部门协同，积极推进信教团员学生教育转化工作。

五是开展统战理论调研和宣传工作。落实省委统战部有关要求，打造精品调研宣传成果，进一步提升我校统战调研宣传工作水平，于4～5月开展了统战调研宣传重点课题申报工作，其中5项课题被立为2019年度全省理论政策研究重点课题，1项课题被立为教育工委重点课题。做好信息报送工作，9篇信息被省委统战部《每日信息要报》刊发，1篇获省委统战部主要领导批示，1篇被中央统战部信息刊物采用。

六是做好统战部自身建设。以“不忘初心，牢记使命”主题教育活动为契机，按照学校党委要求，开展集体学习与自我学习，不断提高党支部战斗力，强化使命担当和工作作风改进。结合部门实际，制定了《党委统战部印章使用管理办法》《党委统战部保密工作制度》，逐级签订《安全责任书》，制定并完善了党委统战部关于“三重一大”制度、议事决策规则和“三会一课”制度等文件，不断提升工作效能和议事决策水平。加强统战工作信息化建设，优化服务流程。

（吕淑良）

学生工作

学生工作中工作举措、主要成效、突出亮点有：

一、凝聚力量，构建“三全育人”新格局

初步建立起“三全育人”领导体制和工作机制，定期召开立德树人协调机构联席会、一校三地学生工作部门和教与学部门联席工作会议，加强教学、学生思政教育与管理、体美劳育等工作的协同联动，制定落实《关于进一步加强学生德育推进“三全育人”的实施方案》，明确各单位育人职责。29个机关职能部门梳理149条育人职责，并与学生党支部开展了“结对帮扶共建”活动。全体校领导、一校三地101名处级领导干部、122个教工党支部与241个学生班级、社团、宿舍结对共建。一校三地配备班主任649人和本科生导师近2685人，发挥专任教师育人作用，济南、青岛92名学工人员开展联系班级活动。组织国企领导上讲台，聘任国企骨干担任校外辅导员，聘任54名“五老”学生德育辅导员。牵头启动学校“三全育人”综合改革。

二、齐抓共管，落实学生党建新要求

协同组织部、党校优化入党后教育管理模式，实施学生党支部组织力提升计划，开展学生党支部书记（负责人）培训工作。开展以“七个一”为主要内容的毕业生党员主题教育活动，举办毕业生主题党日报告会，提高党性修养，强化宗旨观念，站好文明离校最后一班岗。继续组织“一校三地”本科学生党支部负责人、学生骨干155人赴井冈山开展示范培训。

三、传承创新，打造山大思政新品牌

精心打造“榜样的力量”“成才大讲堂”“新双心活动”“诚信状”等思政品牌；注重“六个融入”，建强网络文化阵地，线上线下深入互动，开展“新双心”毕业季等专题教育活动；组织一校三地优秀传统文化、诚信法纪、安全教育活动，深入推进文化育人，开展“青春告白祖国”系列主题教育活动；突出学术导向，开展“星火联盟”“砺学破茧”学业帮扶活动。

四、强化服务，把握学生工作新方向

规范班级建设，优化学生评价体系，注重精神激励，全面推行荣誉奖励申请制；加强少数民族、港澳台侨学生的分类指导，积极探索实行“制度健全，权责明确”的校院两级管理体制机制，协同一体做好国际学生趋同化教育管理工作；建立健全“济困、励学、厚德、强能”四维资助育人体系，连续13年实施“添翼工程”，开展30余项助学育人培训，累计培训学生共6651人；做好日常国防教育活动，提高师生国防意识，提升国防教育基地、国旗护卫队育人成效，新生军训期间开展丰富多彩的素质拓展教育；育心与育德相结合，构建“五位一体”的心理健康教育工作格局；优化学生成长成才环境，加强公寓安全防范、基础设施建设、公寓文化建设，打造平安型、安居型、文化型公寓。

五、多措并举，建设学生工作新队伍

举办一校三地学生工作专题培训研讨会，开展双周交流研讨；进一步明确并落实“四进”“晨会”“晚点名”“联系班主任和授课老师”等工作制度；全面推行本科生导师制，聘任2685名导师，统筹优化本科生导师、辅导员、班主任、学工部门带班的人员选配、管理和考核。做好辅导员绩效考核，制定《山东大学辅导员考评办法》；实施“山东大学优秀辅导员培育工程”，选派6名辅导员参加海外研修，30名辅导员参加全国高校思想政治工作骨干示范培训班，协调推进辅导员工作室建设；一人当选2019年全国“最美高校辅导员”，一人荣膺山东省辅导员年度人物。

六、紧扣主线，务求主题教育新实效

紧扣主题主线、突出融会贯通、强化问题导向、狠抓整改落实，统筹推进四项重点措施。部领导班子开展6次集中学习研讨，共列出17项问题，形成“三类困难学生的关心帮扶及风险化解”“三全育人”两篇高质量的调研报告，推进主题教育走深走实走心。

（李国强）

工会工作

2019 年，学校工会在校党委和上级工会的正确领导下，在各基层工会和全体工会干部的共同努力下，在全校教职医务员工参与支持推动下，紧紧围绕中心、服务大局，以“增三性”为要求，以履行维护职工合法权益、竭诚服务职工群众为根本职责，以深入推进“五大聚心工程”为抓手，充分发挥凝心聚力和联系职工桥梁纽带作用，在推进学校“双一流”建设、实现“由大到强”历史性转变中作出了积极贡献，工会工作取得了新成效，迈上了新台阶。

一、深入开展“不忘初心，牢记使命”主题教育

1. 加强政治理论学习，学习教育有成效。深刻领会把握习近平总书记关于加强党的政治建设、全面贯彻党的教育方针、坚持立德树人、做好高校意识形态工作等重要论述，进一步增强“四个意识”，坚定“四个自信”，做到“两个维护”。

2. 深入调查研究，干事创业有担当。校工会领导班子及工作人员分别到济南各校区、威海校区、青岛校区组织了 5 场调研座谈会，还通过教代会执委会会议、教代会代表专题调研、全校基层工会主席例会等形式广泛征求教职医务员工意见建议，并认真组织研讨，制订整改方案，工作人员的干事创业热情和担当作为意识得到提高。

3. 牢记初心使命，为民服务解难题。始终坚持以服务职工为中心的工作导向，认真履行工会基本职责，针对师生医务员工关注度高的问题，主动沟通协调，及时研究加以解决，真心实意为职工做实事、办好事、解难事，在服务职工方面取得新进展、新成效，满足了职工需求。

4. 会同相关部门组织开展 2019 年度保密知识在线答题活动，增强了教职医务员工的保密意识。

二、顺利完成“双代会”换届工作，校、院二级教代会制度建设迈出坚实步伐

1. 按照学校党委部署要求，筹备召开了山东大学四届一次教代会暨十九届一次工代会。审议通过了《山东大学教职医务员工代表大会实施办法》《山东大学二级教职医务员工代表大会实施细则》，选举产生了山东大学第四届教职医务员工代表大会执行委员会、山东大学第十九届工会委员会和山东大学第十九届工会经费审查委员会。本次“双代会”打破了过去以校区为单位组建代表团的惯例，凸显了学院主体地位，体现了

为学院发展服务的理念和全校一体发展的战略。会上对三届三次教代会16件“优秀提案”、10个“承办提案先进单位”进行了表彰。

2. 采取有效措施，积极推动提案办理落实。分别向校长办公会、教代会执委会汇报关于四届一次教代会提案落实情况。改进提案办理工作方式，对职工关注度高、影响面大的重点提案，召集教代会代表和相关部门进行沟通、协商，组织有针对性调研活动，推动解决困扰师生多年的中心校区知新楼噪音问题、趵突泉校区东院职工宿舍加装路灯问题、千佛山校区影响职工生活的居民楼餐饮商清退问题、威海校区和青岛校区教工子女入学问题。

3. 召开教代会执委会会议，听取有关工作情况汇报，审议通过了学校工作人员参加机关事业单位养老保险等议题。

4. 指导督促基层学院落实《山东大学二级教职医务员工代表大会实施细则》，全面推进召开二级教代会，不断推动民主建设工作深入发展。

三、以深化“五大聚心工程”为抓手，提升教职医务员工获得感、幸福感、荣誉感

1. 支持和推广基层工会建设。建立“午间学术沙龙”“青联午餐会”“下午茶”等制度，为教职医务员工进行思想文化交流、学术交流搭建平台。举办了山东大学第四届单身教职工联谊会，来自校内外的120余位单身青年参加。开展了优秀教职医务员工暑期休养活动，由过去两条线路增加到三条线路，共有来自全校51个基层工会116名优秀职工参加。继续完善退休教职医务员工荣休制度。

2. 组织开展送温暖活动。积极推动解决了学校各单位自筹经费聘用非事业编制人员福利待遇问题，其健康体检标准及节日、生日慰问品发放标准参照在职事业编制人员标准执行，切实提高了非事业编人员待遇。采取更加灵活便捷的方式，为会员发放生日蛋糕卡、春节慰问品等，满足会员多样化、个性化需求。2019年，共发放生日、节日慰问品1100万元。推动在全校基层工会组织开展“五必到”服务，积极做好家庭经济困难师生精准帮扶工作，为115名困难职工提供帮扶资金20.5万元。坚持立德树人、资助育人，支持学工部开展本科生“自强之星”评选、支持研工部开展“研究生道德风尚奖”评选，共计资助奖学金32.8万元，助力学生的成长成才，激励获奖学生发挥榜样作用，产生了良好的影响。

按照中央扶贫工作精神和学校党委部署安排，赴河南确山老臧庄村开展扶贫工作，向其捐赠价值2万元的广场大屏幕和广场健身器材，支持文化广场建设；向确山县捐助扶贫款40万元，组织购买确山县农产品近250万元，为老区人民送去山东大学的一份温暖，助力乡村振兴。

3. 积极打造“职工之家”服务平台。自筹专项配套资金54万元，支持学校18个基层工会进行“职工之家”建设，打造集学习、交流、会议、展示、活动、休憩等多种功能于一体的综合性平台，改善教职医务员工的工作环境条件，助力教师思想沟通和学术交流。

4. 首次组织开展“便民服务日”活动。与银座、龙大等多个商家合作，在中心校区、千佛山校区首次组织开展了“便民服务日”活动，为全校职工提供质优价廉的商品

与便捷服务。

5. 继续推进“健康工程”建设。完成职工2018年度健康体检工作，首次实现教职医务员工电子体检报告和健康评估报告网上查阅。筹划为学校高层次人才提供“一对一”健康顾问服务，在各校区组织开展三场“健康山大”系列知识讲座。大幅提高了健康体检套餐标准，实现职工自主选择体检医院和全覆盖。

四、以“教工先锋号”创建和选树先进典型为抓手，引导动员教职医务员工聚焦立德树人根本任务

1. 首次组织开展“教工先锋号”创建考评工作，对31个创建单位进行现场考评，对优秀、合格单位给予经费支持，发挥“教工先锋号”的示范、引领和激励作用。

2. 积极组织申报各类先进典型。2019年，先后推荐陈增敬荣获全国“五一劳动奖章”、蒋晓芸荣获全国“五一巾帼标兵”、艾量家庭当选2019年度全国“最美家庭”，戴瑛、王俊菊荣获山东省教育工会女职工建功立业标兵、护理学院荣获山东省教育工会女职工建功立业标兵岗等。为土建与水利学院徐又建教授发放新中国成立70周年纪念章。通过学校网站、工会网站、微信群、《中国教工》等平台，大力宣扬先进事迹。以“五一劳动节”为节点，组织评选表彰了27个工会工作先进集体、491名工会工作先进个人。举行一校三地纪念“三八国际劳动妇女节”109周年暨先进表彰座谈会。

3. 组织开展师德建设教育月、争当“四有”好老师青年教师师德师风征文比赛等活动，大力弘扬高尚师德，加强思想引领，营造了尊师重教浓厚氛围。

五、打造健康文明、昂扬向上、全员参与的职工文化

1. 以庆祝新中国成立七十周年为主题，组织开展系列校园文化活动。举办“放歌新时代”教职医务员工合唱比赛；开展“巾帼心向党·建功新时代”为主题的第二届妇女文化节；举办首届女教职医务员工诗词竞赛，全校35支队伍100余人参加；举办“书香四季·智慧女性”经典诗文诵读会。

2. 完善一校三地体育联赛机制，进一步加强不同校区、不同院部职工间的交流与融合，增强了各单位集体荣誉感和凝聚力。组织教职医务员工参加学校2019年田径运动会。举办山东大学首届教工气排球比赛，选派男女教职工代表队参加全省高校气排球片区赛，分获冠亚军。

3. 加强青年职工社团协会建设，新成立了青年教师足球协会。

六、强化工会组织建设，增强工会组织活力

1. 定时召开工会全委会，听取工会工作和工会经费审查情况报告；坚持和完善主席办公会、基层工会主席例会和定期交流工作等长效机制，不断提高依法治会水平。

2. 加强基层工会组织建设。2019年，山东大学新增基层工会组织3个，截至2019年底，共有基层工会组织56个。年度划拨经费100余万元，支持鼓励基层工会开展形式多样的活动，增强基层工会活力，为做好新时期高校工会工作奠定坚实基础。

3. 全面加强工会信息化建设。正式启用电子提案系统，组织活动报名、申报职工困难补助等均通过工会信息管理系统进行，提高了工作效率，有效地促进了工会在民主管理、服务职工、日常办公等方面工作的开展。

4. 加强工会财务预算管理，严格经费支出。会同财务部研究制定《青岛校区基层工会经费收支管理暂行规定（试行）》，解决青岛校区工会跨校区报账难问题。

5. 落实全面从严治党要求，加强廉政和作风建设。坚持民主集中制和“三重一大”集体决策制度，福利发放等重大事项严格按照学校规定进行招标，重大投资和推先选优等坚持公开透明和公示制度，加强风险防控，做到诚信廉洁。

（刘淑红）

附

山东大学第四届教职医务员工代表大会第一次会议

2019 年 4 月 28～29 日，山东大学第四届教职医务员工代表大会（简称“教代会”）第一次会议召开。会议应出席代表 444 人，实际出席 421 人，符合法定人数。根据会议议程，校党委书记郭新立致开幕词，校长樊丽明作学校工作报告。

一、教代会完成的主要议题

（1）听取讨论学校工作报告；（2）听取讨论学校财务工作情况报告；（3）讨论工会工作报告；（4）通过第四届教代会执委会、第十九届工委会、第十九届工会经审会委员候选人名单；（5）通过第四届教代会提案、福利和职业道德教育专门工作委员会调整名单；（6）讨论审议《山东大学教职医务员工代表大会实施办法》和《山东大学二级教职医务员工代表大会实施细则》；（7）听取审议第三届教代会提案落实和本届教代会提案征集工作报告。

二、校长樊丽明代表学校在大会上作学校工作报告

报告系统梳理了本年度主要工作任务：第一，推进党的建设，积极彰显最大办学优势。第二，坚持立德树人，全面提升人才培养能力。第三，夯实人才强校，着力建设一流师资队伍。第四，提升学科实力，有力支撑内涵发展。第五，推动学术振兴，切实增强创新能力。第六，厚植齐鲁大地，强力助推山东发展。第七，拓展合作交流，加快提升国际化水平。第八，优化治理体系，深度激发办学活力。要持续深化改革，完善“七大体系”；制定实施强院兴校行动计划；修订《山东大学章程》；改进和加强校友工作；正式启动 120 周年校庆筹备工作。第九，统筹三地办学，推动实现一体发展。第十，加强条件建设和民生保障，不断提升师生获得感和满意度。积极改善办学条件；持续夯实民生保障。

大会认为，报告着眼学校改革发展全局，全面系统地总结了三届一次教代会以来学校工作取得的主要成绩，实事求是地分析了学校当前工作中存在的问题和不足，紧紧围绕建设中国特色世界一流大学的办学目标和学校第十四次党代会以及党委全委会第三次会议的决策部署，聚焦加快实现学校“由大到强”历史性转变的战略任务，从实现主动转型、加强统筹谋划、突出建设重点、深化综合改革、坚持师生为本等五个方面，有针对性地提出了今后一段时期学校改革发展的基本思路，对2019年主要工作任务进行了周密部署。报告必将引领和激励全校教职医务员工团结奋进、争创一流，加快实现“由大到强”的历史性转变。

三、芦延华副校长作学校财务工作报告

大会听取并审议了芦延华副校长所作的学校财务工作报告。大会认为，报告全面准确地总结了2016年以来学校财务工作的情况，肯定了成绩，总结了经验，分析了形势，提出了未来学校财务工作的总体思路，规划了近期重点任务，明确了2019年财务预算安排。代表们认为，学校财务工作紧紧围绕中国特色世界一流大学的办学目标，按照学校事业发展需要，解放思想，创新机制，加强统筹，拓展资源，服务效能和支撑能力不断提升，为学校各项事业发展提供了强有力的财务保障。代表们希望，财务工作要进一步提高站位，开拓进取，迎难而上，勇于担当，全力服务“双一流”建设、民生工程等大事要事，持续提升财务管理水平和财务支撑能力，为加快实现“由大到强”的历史性转变作出新的更大贡献。

四、大会通过的办法及细则

大会讨论通过了《山东大学教职医务员工代表大会实施办法》（以下简称《办法》）、《山东大学二级教职医务员工代表大会实施细则》（以下简称《细则》）。大会认为，这是进一步健全和完善山东大学教职医务员工代表大会制度的创新之举，《办法》和《细则》的出台必将有力保障教职医务员工参与民主管理和民主监督的权利，促进依法治校和民主办学，加快推进现代大学制度建设。

五、大会通过的报告

大会审议并通过了第三届教代会提案工作委员会主任刘战强同志所作的学校第三届教代会提案落实及第四届教代会提案征集工作情况报告、校工会主席曲波同志所作的工会工作报告。大会充分肯定了教代会在推动学校改革发展中的积极作用和工会在增进民生福祉方面的重要贡献，对加强和改进新时代教代会、工会工作，进一步凝心聚力、推进民主管理、强化服务保障等提出了更高的期望和要求。

六、大会产生的委员会

大会充分发扬民主，选举产生了山东大学第四届教职医务员工代表大会执行委员会、山东大学第十九届工会委员会和山东大学第十九届工会经费审查委员会。

大会号召，广大教职医务员工和工会会员要在学校党委的坚强领导下，坚持以习近

平新时代中国特色社会主义思想为指导，深入贯彻党的十九大和十九届二中、三中全会精神以及全国教育大会精神，全面学习贯彻落实学校第十四次党代会和党委全委会第三次会议精神，以更加奋进的姿态、更加有力的举措、更加扎实的工作，切实担负起时代使命和历史责任，努力汇聚起全体山大人的磅礴力量，在加快实现“由大到强”历史性转变的征程中追求卓越、只争朝夕，奋力开创中国特色世界一流大学建设新局面，以崭新风貌和优异成绩向新中国成立 70 周年和学校 120 周年华诞献礼！

（刘淑红）

妇委会工作

妇委会在学校党委的领导下，在上级妇联组织的指导下，按照2019年工作要点，以学习贯彻习近平新时代中国特色社会主义思想和党的十九大精神、中国妇女十二大精神、学校十四次党代会精神为主线，围绕学校的中心工作，以联系妇女、服务妇女、维护妇女合法权益为根本任务，努力增强四个意识，坚定四个自信，充分发挥妇委会桥梁纽带作用，团结引领广大妇女听党话、跟党走，为学校的改革发展贡献力量。

一、政治思想工作

以习近平新时代中国特色社会主义思想为指导，学习贯彻党的十九大精神、十九届三中、四中全会精神，努力增强政治性、先进性、群众性，引导广大女师生医务员工打牢高举旗帜、维护核心、紧跟党走的思想政治根基，加强女职工思想政治教育，提高女职工的综合素质，倡导和培育社会主义核心价值观，团结带领广大妇女紧密团结在以习近平同志为核心的党中央周围，坚持立德树人的根本原则，立足本职，做好工作，为实现学校十四次党代会提出的六大战略、十大任务努力奋斗。开展了“巾帼心向党·建功新时代”为主题的第二届妇女文化节活动；举办了“巾帼心向党·建功新时代”庆祝新中国成立70周年山东大学首届女教职医务员工诗词竞赛，活动得到全校女教职医务员工的广泛关注和积极参与，全校35支队伍100余人参加了竞赛。

二、妇女权益保障工作

关心女教职工生活，力所能及地为她们做好事、做实事。

举办了山东大学第四届单身教职工联谊会。来自校内外的120余位单身青年参加了会议，同时组织单身教职工参加了省教育工会举办的驻济高校单身联谊会。为近30位困难女教职工提供了1000元、2000元、3000元不等的补助。

三、评选表彰工作

召开了一校三地纪念“三八国际劳动妇女节”表彰座谈会，表彰了2018年度“三八红旗手”15人、“三八红旗集体”5个、妇女工作先进个人6人、最美家庭65户，并通过各种渠道宣传她们的事迹。开展了2019年度“三八红旗手”（集体）、妇女工作先进个人、最美家庭的评选活动。

四、女大学生工作

召开了部分学院党委副书记座谈会，探讨新形势下作好女大学生工作的途径、方法；积极为女大学生就业、创业搭建平台。

举办了山东大学女大学生“书香四季·智慧女性”经典诗文诵读会，94 位女大学生参与活动。

五、其他工作

开展了全国“五一巾帼标兵”和“山东省三八红旗手”的推荐工作。

（朱桂英）

共青团工作

2019年，山东大学各级团组织在学校党委和上级团组织的领导下，坚持以习近平新时代中国特色社会主义思想为指导，深入贯彻落实党的十九大和十九届二中、三中、四中全会精神及团的十八大精神，紧紧围绕学校党政工作部署和学校的人才培养目标，以激发青年团员积极向上、爱国荣校的精神内核为主要目的，完善团干部队伍建设，深化学生组织改革，依托青马团校、第二课堂、素拓培系统以及学生社团等多个阵地，打好立德树人培育青年的组合拳。

一、树立大抓基层的鲜明导向，以“小切口，大纵深”的思路推动团的基层建设质量全面提升

为落实团中央“关于团内推优”的相关规定，本年度积极开展团情信息摸底统计工作，并通过团支部“达标升级”“五四”评比表彰、“榜样的力量”颁奖晚会等活动，以评促建，提升基层团组织活力。“智慧团建”系统建设工作持续完善，学社衔接率达98%，位居全国前列，毕业团组织关系转接工作得到有效开展；赴各学院开展系统业务培训工作，并在11月组织全校管理员进行线上直播培训。我校作为团中央直接联系的信息直报高校，及时调研掌握青年思想动态，获得团中央表彰。

二、进一步加强青年学生思想引领工作，筑牢青年学生理想信念根基

青马工程第30期团校作为第一站，为新任团支书培训班、团委委员培训班、大学生骨干班、社团骨干培训班合计400余名团干部开展专题培训，构建起“一校三堂四班”青马工程体系。其中，成仿吾英才班经过探索与实践，形成“三个结合”的培养模式，合格学员授辅修证书，有效发挥了青马工程特色人才培养试点班级的带头模范作用。与此同时，开展新生团员入学第一堂团课，深入推进“青年大学习”行动，全年号召全校团员青年共完成5季“大学习”团课，每期学习人数过万人。此外，广泛开展主题教育活动，举办“校长有约·校长思政课”“青春心向党·建功新时代”“纪念五四运动100周年”“我与祖国共奋进——国旗下的演讲”等七大主题团日活动，加强团员思想引领，引导山大学子紧跟时代形势、传播山大声音、书写山大故事。

构建以“青春山大”网站、“青春山大”微信平台为核心的全方位宣传矩阵，牢牢把握新时代网络宣传工作的特色，通过推出“我和山大的故事”“青·笔谈”等网络栏

目，在舆情期间敢于发声，发表了3篇阅读量过万的正本清源的推文，推广深入青年学子的优质思想文化产品，以高质量的宣传文化内容加强对青年学子的思想引领。

三、促进青年学生全面发展，实现一二课堂的有效融合

制定“拓展培养方案修订指导意见”，推进“拓展培养计划”融入培养方案，从体制机制上保障一二课堂有效融合。通过开展四点半课堂，引导学生充分利用课余时间，实现支部有活动、青年有进步的拓展培养目标，相关做法被中新网专题报道。将志愿服务作为加强劳动育人的重要抓手，构建“人人都做志愿者”的山东大学志愿服务新模式；组建第二十一届研究生支教团，赴山西灵丘、石楼，新疆伊宁，河南确山4地10所学校开展支教扶贫服务，年内共有近百支学生支教团队千余人次开展支教活动。相关做法得到团中央领导批示认可并予以推广，人民网进行专题报道。

将推进大学生艺术团建设作为学生美育工作的重要载体，组织开展“美育文化日”活动，发挥“舜歌合唱团”“舜逸舞蹈团”的示范引领性作用，举办山东大学第七届合唱文化节，形成山大的“合唱文化”。创新性开展体育活动，组织开展趣味“gogogo”等体育活动，在校园内形成人人参加美育活动、人人坚持体育锻炼、人人都做志愿者的良好氛围。

四、完善实践育人的工作载体，深入开展社会实践与创新创业工作

一方面，1.3万余名在校生组成1265支社会实践队伍、102支专项团队，奔赴全国30个省、自治区、直辖市、423个市县、1000余个村镇进行社会实践。山东大学“研支团”实践队获评全国优秀社会实践团队。另一方面，不断完善创新创业实践育人体系，开展校政企协同竞帆计划。本年度累计服务678个校内创新创业团队，3014名学生参加第十六届“挑战杯”、第五届“互联网＋”等竞赛，累计获得省级荣誉33项，指导老师累计获得省级荣誉12人次、国家级荣誉9项。

五、保持改革攻坚的强势劲头，推进学生社团、学生会、研究生会改革

修订《山东大学学生社团管理条例》，引入“负面清单”，强化社团建设与管理。把加强骨干培养纳入山东大学“青马工程”团校培训体系，举办社团骨干培训班、建设研讨会等活动，促进学生社团骨干成员更深入地理解国家和学校的育人理念。大力培育理论社团建立“一十百千”学生马克思主义理论自主学习体系，充分发挥理论学习骨干的引领作用和学生理论社团的带动作用，以点带面引领全体学生自觉成长为青年马克思主义的模范践行者和传播者。

深入推进学生会、研究生会改革，探索推行半流动的事务组工作模式和以服务、激励为导向的志愿者管理办法，开展“青山计划”学生骨干培训3期，举办“山大杯”辩论赛共计64轮比赛得到全校学生广泛参与，公众号原创推文获2万～6万的阅读量。研究生会通过校院研究生会联席会议、“青岩计划”培训活动等方式，升级“权益之声”平台，开创“研·知”专栏，开展悦动山大、研究生辩论赛等特色活动，覆盖全部校区30余个学院千余名研究生，积极发挥了服务引领作用。加强校院两级学生会联动，校

院联合开展13项校级活动。

六、恪尽服务青年的政治责任，积极回应青年日益增长的美好生活需要

面向各学院开展青联双促计划，进一步发挥基层共青团、青联团结青年、服务青年教职工成长与发展的作用，通过青年读书会、学术沙龙、青年交流会等形式的18个立项通过审批并顺利开展。建设好“权小益”工作室，打造“权小益”QQ服务号，收集的提案80%得到妥善解决，受众覆盖全校4万余名学生，访客量突破100万人次。

七、丰富校园文化活动品牌，营造积极向上的校园文化品牌

构建“育贤校友讲坛”，先后邀请了薛其坤、郭雷、纪德法三位校友做客讲坛，不断完善“讲人生”“大家讲坛”等品牌化校园文化活动，举办山东大学迎新晚会、山东大学小树林毕业晚会，增强学生爱校荣校意识，举办“舜歌”十周年美育汇报演出、“山东大学校园十大歌手比赛”，观众首次突破3500人，覆盖6个校区，打造校园内展现青春活力的舞台，开展了山东大学“演员的诞生”、社团“星光达人秀”“才艺新星大赛”等活动，引领学生树立正确的审美观念、陶冶高尚的道德情操、塑造美好的心灵。

（方　华）

行政工作

山东大学2019年行政工作要点

2019年学校工作的总体要求是：高举中国特色社会主义伟大旗帜，以习近平新时代中国特色社会主义思想为指导，深入贯彻党的十九大和十九届二中、三中全会精神以及全国教育大会精神，全面学习贯彻落实学校第十四次党代会精神，牢牢把握高质量发展根本要求，紧紧围绕立德树人根本任务和“双一流”建设，始终聚焦“六大战略”和“十大任务”，充分发挥党的全面领导优势，以追求卓越、只争朝夕的奋进姿态，谋大事、干大事、成大事，加快推动学校实现“由大到强”的历史性转变，奋力开创中国特色世界一流大学建设新局面，以优异成绩庆祝新中国成立70周年。

一、扎实推进党的建设新的伟大工程，切实提升“双一流”建设的引领力

1. 不断强化理论武装

深入推进习近平新时代中国特色社会主义思想学习宣传、研究阐释和“五进”工作，持续在学懂弄通做实上下功夫，坚持以创新理论武装头脑、指导实践、推动工作，用“金钥匙”打开制约事业发展的“锈锁”。深入学习贯彻党的十九大精神及全国教育大会精神，组织开展多形式、分层次、全覆盖的学习培训。继续推进“两学一做”学习教育常态化制度化，组织开展好“不忘初心，牢记使命”主题教育。全面贯彻落实学校第十四次党代会精神，持续深入做好宣讲工作，广泛凝聚改革发展力量。

2. 切实提升党建质量

以“对标争先”建设计划为契机，以政治建设为统领，以质量攻坚为动力，以提升组织力为重点，以推动事业发展为落脚点，坚持培育为基、重在建设、典型引领、整体推进，加强党建标杆学院、样板支部建设，开展党支部书记示范培训，以点带面发挥引领带动作用，推动基层党组织全面进步全面过硬。加强基层党建制度体系建设，规范基层党组织设置，进一步理顺校区、科研机构、直附属单位党组织隶属关系。建立学院党建工作考核体系，完善党支部考核评价机制，推进党支部标准化规范化建设，全面实施教师党支部书记“双带头人”培育工程。加强和改进学生党建工作，推进专职组织员队伍建设，认真做好发展党员工作，树立起大抓基层、严抓基层的鲜明导向，营造学习先

进、争当先进的良好氛围。

3. 加强和改进思想政治工作

贯彻落实全国高校思政会精神和中央31号文件，健全“十大育人体系”，推进思政课改革和全国重点马院建设。实施思想政治工作质量提升工程，健全学生党建、教师党建的组织领导机制，着力提升思想政治工作的亲和力和实效性。统筹全校思想政治理论学习，筑牢师生医务员工思想理论基础。探索构建大统战格局，创办“同心圆”大讲堂。

4. 进一步抓好意识形态和宣传思想工作

严格落实意识形态工作责任制，开展意识形态工作校内巡查督查，加强阵地管理，在教师引进、课程建设、教材选用、学术活动等问题上把好政治关，牢牢把握意识形态工作领导权。完善一校三地宣传思想工作联席机制，开展全校宣传思想工作培训，建好官方新媒体和学校新媒体联盟，统筹协调报、台、网、微、端、屏，打造快捷高效、凝心聚力的内宣系统。加强舆情监测预警分析，做好舆情直报工作。加强与主流媒体的深度合作，拓展海外宣传网络，提升学校的美誉度和影响力。

5. 着力建设高素质干部队伍

坚持好干部标准，突出实践实干实效，开展中层领导班子运行调研评估，做好优秀年轻干部发现培养选拔工作，推进教师干部校内双向挂职锻炼“双百人计划”。制定干部教育培训规划，强化能力培训和实践锻炼，突出精准化和实效性，着力提升广大干部适应“双一流”建设的本领能力。完善干部考核评价机制，改进考核方式方法，强化考核结果分析运用。建立健全抓落实长效机制，不断改进工作作风，激励广大干部以追求卓越、只争朝夕的精神状态担当作为、干事创业。

6. 深入推进正风肃纪

落实全面从严治党“两个责任”任务清单、问责条例实施细则，把全面从严治党和党风廉政建设任务抓实抓细抓严。深化运用监督执纪“四种形态”，强化日常监督，加大对重点领域监督力度，驰而不息正风肃纪。加强党章党规党纪教育，教育引导党员干部追求高线、守住底线。推进干部廉政档案建设，严格把好选人用人政治关、品行关、作风关、廉洁关。深入学习贯彻中纪委三次全会精神，制定实施学校纪检监察体制改革方案。持续深化中央巡视整改，认真落实《山东大学巡察工作规划（2018～2022年）》，推动全面从严治党向纵深发展。全面深化作风建设，围绕认识再提高、重点再聚焦、责任再落实、机制再优化，提升“两不出”质量和水平，打通服务师生“最后一公里”。健全机关作风建设考核评价机制，强化考核结果运用，充分调动机关工作人员的积极性、主动性、创造性。

二、认真落实立德树人根本任务，全面提升人才培养能力

1. 增强学生思想政治工作实效

落实以学生为中心的理念，启动“三全育人”综合改革试点，推动思想政治工作体系与学科、教学、教材、管理等体系相贯通，构建“三全育人”新格局。加强学生思想政治工作队伍特别是辅导员队伍建设，做深做细“新双心活动”“添翼工程”“成才大讲

堂”“诚信状”“榜样的力量”“解忧杂货铺”等活动，创新推动网络思政，打造山大思政新品牌。筹备召开学校团代会，健全“青马工程”工作体系，提升服务青年学生能力与水平，着力做好团员青年的思想引领与价值引领工作。深入实施学生拓展培养计划，大力弘扬家国情怀和志愿精神，创新开展“学伴计划”“星愿行动”等志愿服务品牌项目。进一步加强学生会与学生社团建设。强化体育美育和实践育人，促进学生身心健康、德智体美劳全面发展。

2. 发展一流本科教育

聚焦最优秀本科生的培养目标，全面落实新时代学校“本科教育30条”。调整优化专业结构，大力推进专业现代化，建设30个左右国家级一流本科专业；推进精品在线开放课程和混合式教学模式改革，建设50门左右国家级一流课程。启动实施“六卓越一拔尖”人才教育培养计划2.0，实现卓越人才培养文理工医全覆盖。深化创新创业教育改革，推进跨学科领域创新创业实践。完善教学荣誉体系，发挥优秀教师的示范引领作用。加强教学质量监控和评价体系建设，推进教师发展工作，完善基层教学组织，力争入选教育部质量文化示范校、高校教师教学发展中心典型和高校基层教学组织工作先进单位。

3. 提高研究生培养质量

召开研究生教育工作会议，围绕培养最具创造力的研究生，全面深化研究生教育改革。健全育人机制，打造主动适应需求、动态调整优化结构的学位授权点现代化工程，落实“奖优，扶强，助青”为导向的资源分配新机制。创新育人模式，增强协同育人能力，试点建设一批学科交叉研究生培养方向，延揽多方优质资源，建设多元高端育人新平台。强化导师责任，改革评聘机制，建强导师队伍。完善研究生质量保障体系和荣誉体系，逐步提高研究生特别是博士生奖助水平，强化激励育人导向，推出有较高价值和影响力的教育教学创新成果。

4. 提升就业创业和继续教育工作水平

积极引导和鼓励毕业生服务国家战略。做好就业管理和信息服务工作，推进毕业生就业工作信息化建设。做好就业市场规划，完善就业市场拓展和维护机制，加大校企合作力度，实施研究生就业挂职锻炼计划。加强毕业生就业战略布局，优化就业行业分布和地域分布。构建校院两级就业创业指导体系，实施职业生涯规划课程教学改革，加强就业创业指导队伍建设。筹建中华美德教育学院。推进继续教育，网络学历继续教育招生规模稳定在2万人左右，力争学历、非学历教育总收入达到4.5亿元。

三、大力推进人才强校，加快建设高素质师资队伍

1. 切实加强师德师风建设

出台进一步加强和改进教师思想政治工作的意见，不断提升教师思想政治素质和教书育人能力。加强思想引领，挖掘、选树、宣传师德师风先进典型，营造良好育人氛围。加强师德师风培训，丰富内容、健全体系、提升内涵，扩大培训的覆盖面和受益面。拓展工作载体，出台《山东大学教师师德考核办法》《山东大学教师师德失范行为负面清单及处理办法》，健全师德建设长效机制。

2. 深入推进人事制度改革

全面贯彻落实学校《关于深化人事人才工作体制机制改革的意见》及相关配套方案。根据学科建设目标，全面核定二级单位人力资本，多元化补充师资力量；将四年编制岗位指标打包分配给各校区、各单位，在人员招聘、岗位聘用、职务晋升等方面赋予充分自主权。修订新进教师聘用管理办法，完善预聘—长聘体系。深入推进多元考核评价，强化聘期考核，注重个人评价与团队评价相结合，探索促进交叉科学研究的学术评价机制。加强人力资源信息化建设，推进“一张表”工程，启动干部人事档案数字化工作。制定教职工能力提升计划，健全培训制度，创新培训内容和方式，完善分类别、分层次、分岗位的培养培训体系。构建从个人到集体、从教学一线到服务保障的全方位多层次荣誉体系。建立非事业编制人员职称职级晋升体系，完善非事业编制人员薪酬体系。

3. 积极打造具有国际竞争力的人才队伍

进一步丰富和完善杰出人才体系，将在教学、应用技术开发等方面具有标志性成果的人才纳入人才体系进行支持，促进各类人才协调发展。围绕重点平台创新体制机制，探索建立新型学术特区，集中配置资源，在人才引育、经费保障、空间条件支持和招生名额等方面予以足额支持，优化“引育留用”全链条人才生态，全力打造开放、充满活力的人才高地。完善人才工作目标责任制考核，强化学院引育人才的主体地位，赋予学院在人员招聘、岗位聘用、职务晋升等方面更多自主权。建立人才工作联动机制，实施首接负责制，健全人才服务保障机制。举办第四届齐鲁青年论坛，推进海外人才工作站建设。拓展人才引进渠道，加大人才培育力度，精准引育顶尖和领军人才，院士增选实现突破，新增讲席教授、特聘教授 30 人；加强青年人才储备，新增齐鲁青年学者 100 人、未来计划 100 人，力争高层次人才数量实现倍增。完善专聘科技人员管理办法，做大做强专职科研队伍，提升博士后规模和质量。推进支撑服务队伍建设，畅通管理人员晋升通道，加快建设多元化、有梯次、高水平的实验技术队伍。

四、全面推动学术兴校，着力增强学术核心竞争力

1. 全力抓好学科建设

实施学科现代化工程，推进学科升级换代，加强内涵建设，改善学科生态。深入实施“学科高峰计划”，全力建设五大优势学科领域，推动实现集群发展。以大平台建设为突破，推动学科出“峰”，支持若干处于基础支撑地位或前沿新兴领域的学科加快发展。大力支持新兴交叉学科发展，谋划新建前沿交叉科学济南研究院、人工智能研究院、生物医学工程研究院等。探索构建协同发展机制，统筹推进学科跨校区、跨学院协同发展，促进一校三地学科联动。实时监测学科建设进展和经费执行情况，编制学科建设成效半年报告，开展建设绩效年度考核，集中有效配置各类资源。

2. 加快提升科技创新能力

全面落实学校科技工作会议精神，深入实施科技创新能力提升的实施意见，积极探索学术兴校的实现路径。深化科研管理体制机制改革，构建“一纵、一横、一面”的新型科技管理组织体系，推进科研一体化发展。大力推动“四大”建设，积极推进新一代

半导体材料核心领域关键技术集成攻关大平台、非线性期望前沿科学研究中心、山东高等技术研究院等集成创新平台建设，谋划建设一批新型集成科技创新平台。加强对国家级、省部级平台的谋划、培育、建设和管理，实行年度考核和定期评估机制，新增国家级平台1～2项、省部级平台5～6项。持续推进首批攀登计划创新团队（理工医）建设，启动建设交叉学科青年创新团队，积极推进交叉科学研究。建立健全山东大学科技创新荣誉体系，加大对重大科技成果的奖励力度，努力在国家重大科技项目、国家杰出青年基金、国家级科技奖励等方面实现新突破。推进山东工研院建设，新建5～7个创新中心，推动行业发展关键性成果在济南落地转化。搭建具有山大特色的技术转移体系，努力实现成果转化总经费翻一番。力争年度横向科研总经费超过5.64亿元，竞争性科技经费增长30%以上。

3. 系统推进人文社科振兴

组织召开全校人文社科学术工作会议，系统谋划人文社科改革发展。培育人文社科创新团队，设立攀登计划创新团队（人文社科）、人文社科重大培育项目、青年团队项目、高端学术论坛项目等，强化学术支持、资源支撑，多措并举推进卓越研究。探索构建“山大学派”的四梁八柱，繁荣发展中国特色哲学社会科学。做大做强教育部人文社科重点研究基地，力争新增1个国家级研究平台。打造国际问题研究院、一带一路研究院、以色列研究中心等国际化学术平台。加大科研组织创新力度，探索交叉融合新模式，促进文理、文工、文医交叉融合和实质性合作。瞄准国家和区域经济社会发展需求，培育人文社科社会服务重点平台，建设高端智库，提升服务实效。建立健全分类评价机制和人文社科学术荣誉体系，设立华岗奖，完善学术评价激励，不断优化学术生态。力争年度科研经费增长20%以上。

五、深入推进服务山东战略，有效助推经济社会发展

1. 强化服务山东统筹协调

在顶层设计、集成发展、规模效应、引领作用等方面，着力提升服务山东能力和水平。落实“九大机制”、推进“十大计划”，完善校院两级服务山东工作架构，压实工作责任，打造条块结合、协调高效的服务山东网络体系。健全与山东省、济南市、青岛市、烟台市、威海市的多方会商机制，制定实施校外挂职规划及校外挂职人员管理服务办法，着力打造“山大系”，实施服务济南计划，制定实施服务青岛计划、服务烟威计划，促进学校与山东发展同频共振、同向发力。强化一校三地协调联动，制订实施乡村振兴齐鲁样板、军民融合发展及海洋强省建设的“山大方案”。

2. 实现服务山东重点突破

聚焦新一代信息技术、新材料、医养健康、高端装备、智慧海洋、文化创意等重点产业相关领域，强化与山东重工等行业龙头企业及民营企业的合作。紧密结合济南、青岛、烟台、威海等重点区域产业规划和学科发展实际，深化产教融合，实现学科专业和产业集中对接。推动建立宽禁带半导体等系列联合机构，以重点领域和关键环节带动服务山东全盘工作。

3. 完善服务社会工作体系

统揽合作发展全局，全面推进校友会、基金会、理事会建设。加快推进各驻外研究院转型发展，发挥其在社会服务中的积极作用。统筹构建一校三地校友工作格局，深耕校友资源，吸纳社会力量，新建3～5个海外校友组织。举办校友节，提升“山大人”社会影响力和美誉度。建设校友之家、校友文化产品中心，推动校友产业园区建设，打造具有山大特色的校友经济。

六、切实强化文化引领，加快建设传承创新中华优秀传统文化最具代表性大学

1. 建设精神文化家园

研究制定《山东大学文化引领战略规划》，推动文化引领战略实施。研究启动120周年校庆工作，着力做好校史研究，总结办学历史和文化传统，进一步凝练山大精神。抓好校园文化建设顶层设计，推动一校三地文化资源融合共享，扎实开展“一院一品”文化创建活动，不断丰富校园文化内涵。

2. 推进文化传承创新

发挥马克思主义理论学科等优势，积极推动社会主义先进文化的研究和传播。加强《文史哲》英文版等外文期刊建设，提升人文社科学术国际影响力。实施好全球汉籍合璧等重大工程，推进“乡村儒学”“社区儒学”计划及“孔子新汉学计划”，加强孔子学院建设，进一步推广普及中华优秀传统文化。

七、深入实施国际化战略，持续提升国际合作交流能力

1. 统筹做好国际化的顶层设计和战略实施

召开全校国际合作与交流工作会议，加大谋划和推进国际化工作力度，完善工作机制，充实专业化工作队伍，全面实施《山东大学国际化战略规划（2018～2025）》。制定“一带一路”教育行动计划，在学生培养、科研合作等多个领域开展合作。实施“海外一流学科伙伴计划”，重点推进与耶鲁大学等世界名校的实质性合作，拓展3～5个新的高水平伙伴，构建全球战略合作伙伴网络。实施国际合作联络教授制度，进一步加强与一流大学的沟通交流和实质性合作。

2. 健全国际化人才培养支持机制

全面实施“国际学分计划”，通过“走出去”与“引进来”相结合，逐步实现“国际学分”全覆盖。大力拓展海外教育合作项目，设立学生海外经历奖学金。推动实施“课程国际化计划”，通过国际暑期学校项目，引进海外师资，打造100门英文授课国际化课程。推动山东大学澳大利亚国立大学联合国际理学院等合作办学，争取中外合作办学取得新突破。实施“学历留学生提升计划”，推动以教授及院系为主体的招生改革。丰富“留学山大”特色内涵，提高留学生培养质量和水平。

3. 推进人才队伍国际化能力建设

搭建长短结合、多层次引智体系，打造引智品牌，扩大外教规模，实现海外学者来校交流合作的持续发展，助推我校高层次人才引进取得更大突破。实施“师资国际化能力提升计划”，有计划、有针对地支持青年教师赴海外交流培训，不断提高教师国际科

研和教学能力。大力开发职员海外研修项目，开展多形式海外研修，提升工作人员的国际化管理服务能力。

4. 深化国际科研合作

培育一批具有竞争力的国际性联合科研项目和平台。推进完善“国际科研合作种子基金计划”，促进与国外一流大学和一流学科开展全方位、多层次、可持续的国际科研合作。新增 10 个科研项目及 1～2 个科研平台，做好相应孵化支持工作。

八、全面深化综合改革，着力推进内部治理体系和治理能力现代化

1. 加强改革的系统谋划和协同推进

围绕学校综合改革方案的深入实施，统筹长远目标与近期任务，抓住人事制度和人才发展体制机制改革这个牛鼻子，蹄疾步稳地推进人才培养、科研创新、异地多校区管理等专项改革任务落实落地，着力创新体制机制，加快突破发展瓶颈，不断完善“七大体系”。修改完善《山东大学章程》，探索建立符合教育、文化和学术生长规律的现代大学制度。

2. 试点启动强院兴校行动

制定实施强院兴校行动计划，试点推动院为实体和综合预算改革，探索建立“以人事和财务二级管理制度为核心，人事权、资源配置权和事务处置权统分结合”的校院两级管理体制，有效提升学院的理财能力、谋事能力、统筹能力、发展能力，切实让学院成为充满活力的办学主体，充分激发学院办学的积极性、主动性和创造性。

九、扎实推进一体发展，不断彰显异地多校区办学优势

1. 促进各校区协调发展

坚持高质量发展，推动优化济南校本部学科布局和空间资源配置，积极稳妥推进龙山校区（创新港）规划建设，按照高起点规划、高标准设计、高效能推进的要求，统筹做好立项报批、规划设计、配套项目建设等重点工作。坚持内涵发展，深入实施《山东大学（威海）学习贯彻十九大精神推进“双一流”建设行动方案（2018～2020）》，推进落实“一二三”发展规划，全面提升威海校区办学水平。坚持创新发展，积极推进青岛校区二期工程，深入实施《山东大学（青岛）发展改革规划纲要（2018～2025）》，不断加快“三区四基地”建设步伐，全面打造“双一流”建设新引擎。实质推进部委省共建，深入实施《山东大学医学教育改革发展规划纲要（2018～2025）》，推进 Med-X 创新工程、杰出人才汇聚工程、卓越教育质量工程，实施医学国际化推进计划、临床学科提升计划、健康山东服务计划，深化医学教育管理体制改革，推动医理、医工、医文学科交叉发展。提升附属医院水平，做强齐鲁医学品牌。

2. 探索一体发展实现路径

贯彻学校关于实施一体发展战略的基本思路，出台关于深化一校三地管理体制机制改革的意见，建立统分有序、权责明确、科学高效、协同推进的异地多校区管理体制机制，落实“六个统一”，推进共建共享，激发办学活力，实现一体发展，在加快中国特色世界一流大学建设进程中探索山大特色的办学模式。

十、着力强化支撑保障，持续提升师生医务员工的获得感、幸福感、自豪感

1. 提高财务保障水平

立足异地多校区办学实际，进一步理顺学校财务管理体制。修订《山东大学创收收入管理分配办法》，落实“双一流”建设配套经费，实现学校年度收入总规模 75.42 亿元预算目标。完善校院两级筹资机制和模式，构建多层次筹资体系，动员部署 120 周年校庆筹资工作。制定绩效考核办法，构建全面预算绩效管理体系。全面实施政府会计制度，推进二级单位内控建设，推动配备科研财务助理，探索从传统财务会计向管理会计转型。加强和改进采购与招投标工作。

2. 加强支撑条件建设

完善资产资源配置、共享、评价体制机制，提高资产运营水平。强化归口资产规范管理，落实办学用房规划配置方案和教学科研用房绩效评价，着力缓解“双一流”重点建设需求，推动建立公有住房统一管理的制度体系。启动教学实验室标准化、信息化规划建设工作，建设 4 个左右开放度高、智能性强的教学实验中心，提高人才培养保障能力。大力推进国内一流的功能性科研支撑平台、重大科研基础设施的规划建设、整合共享和自研自制实验装备体系建设。完善实验室技术安全管理制度，加大实验室技术安全投入力度，进一步落实安全责任网格化体系。深入实施《山东大学所属企业体制改革方案》，促进校属企业战略转型和持续稳定发展。积极推动学校“十三五”基本建设规划的落地实施，加强校园基础设施建设，启动建设威海校区材料与空间科学科研楼、新工科与交叉学科科研楼，完成工学教学科研综合楼二期、趵突泉校区学生活动中心、千佛山校区 6 号教学楼及信息楼等工程，修缮千佛山校区 3、4 号学生公寓，加快动物实验中心建设。推进“智慧山大”建设，启动信息化公共服务平台二期工程，重点加强学院信息系统保障，以更高标准和更好质量提升“两不出”服务效果。深入推进网络智能交互教室、信息化学习平台等建设，启动智慧学院、智慧研究院建设试点。加快建设现代化图书馆，构建资源丰富、技术先进、服务完善的文献信息保障体系。深入开展平安校园建设，强化重点防范和管控，确保校园安全稳定和谐。

3. 着力增进民生福祉

积极办好服务师生十件实事。兑现教职工一次性住房资金补偿挂账，落实住宅楼大证及房产证办理，启动教职工宿舍区多层住宅加装电梯工作，完成住宅区水电一户一表改造，持续推进社区管理社会化改革。着力解决校区间供餐保障不平衡不充分问题，推动各校区供餐保障再上新台阶。提升交通、通信及物业服务质量，做强附属中小学及幼儿园教育品牌。筹备召开教代会、工代会，建立“教工先锋号”“职工之家”。开展“健康山大”系列服务活动，丰富民生“五大工程”建设内涵，持续改善师生医务员工的学习工作生活条件。

人才培养

本科生教育

2019年，山东大学本科生院以党的十九大精神和习近平新时代中国特色社会主义思想为指引，深入贯彻全国教育大会、新时代全国高等学校本科教育工作会议部署，积极落实学校第十四次党代会发展目标和任务，进一步坚定正确办学方向，以立德树人为根本，以改革创新为动力，以全面提高人才培养能力为核心，以培养最优秀的本科生为己任，加快落实“以本为本”和“四个回归”，提高站位、积极作为、追求卓越，以实际举措加快本科教育改革创新，贯通融合通识教育、拔尖教育和创新创业教育，坚持面向未来、面向全体、交叉融合的原则，着力培养富有家国情怀、传承崇实品格、体现担当精神、具备创新创业能力的一流人才，取得了显著成效。

一、本科招生与教育拓展

2019年，全校招生规模为10250人，其中济南校本部和青岛校区共录取6565人，总体生源质量良好，山东普通批文理录取线分别为606分和622分，排名分别为1675名和7583名；综合评价等特殊类型招生考试规范有序，录取计划足额完成，改革成效显著；教育拓展工作进一步深化，品牌活动丰富，师生参与度高，呈现信息化、立体化、融媒体趋势，探索开办未来山大人科学营、学部走向中学宣传专业等新的拓展模式，宣传效果有效提升；完成新高考改革试点省份的模拟计划编制，研究筹备基础学科招生改革试点申报，启动开展艺术类、保送生等下一年度特殊类型招生工作。

二、本科教育教学改革与建设

1. 专业结构优化调整

申请增设4个本科专业，19个现有专业停止招生，新批设的6个战略新兴本科专业启动招生，本科招生专业数量优化到95个。制定了《山东大学关于修订本科人才培养方案（2020）的指导意见》，新增重点提升计划、创新实践计划、拓展培养计划毕业要求，形成集专业培养计划、素质拓展培养计划、辅修培养计划一体的、第一第二课堂贯通的复合型人才培养方案。组织申报国家级一流本科专业32个、省级一流本科专业

27 个，推荐数学、中文、物理、化学、生物、计算机等 6 个基地申报基础学科拔尖人才培养基地 2.0。

2. 专业认证工作

组织召开人才培养方案修订和专业认证研讨会，聘请校内外专家对专业认证工作进行详细解读；组织无机非金属材料工程、机械设计制造及其自动化两个专业参加了教育部工程教育认证联合专家组的专业认证现场考查。最终两个专业均通过了专业认证，有效期 6 年。7 个工科专业提交了 2020 年专业认证申请，4 个专业获准入校考察。

3. 新工科、新文科建设

举办高校“新文科”建设座谈会和“新文科建设高峰论坛：从理念到行动”两次会议，延邀教育部高教司领导、教育部教指委委员、省内外院校专家代表，广泛凝聚共识。10 月底，出台了《山东大学新文科建设工作方案（2019～2021 年）》，率先提出新文科建设的山大方案，启动建设部分新文科建设项目。37 名学习者完成学习要求，申请授予“古典文学微专业”荣誉证书。对现有 17 个新工科项目进行中期检查，启动 42 门课程的建设工作。新工科建设项目目前在读学生 1232 人，其中新设专业学生 307 名。专业建设与多元化人才培养内涵更加丰富。

4. 课程建设

继续加强在线开放课程建设。目前上线课程 135 门，总数居全国前列，形成了古典文学、基础医学、临床医学、管理学、大学数学、文学经典、艺术汇等系列特色课程群。推荐申报 17 门国家级一流在线开放课程，32 门国家级一流线上线下混合式、线下和实践课程，42 门省级一流课程；出台《山东大学国际化课程建设方案（2019～2020）》，首批建设 8 个全英文授课本科国际学位项目，同时实施国际学生 1＋1＋2 培养模式。

5. 教学研究

立项教学改革项目 362 项，其中重点项目 10 项，年度总经费 887 万元。组织开展了 2019 年校级教学成果奖申报工作，全校共申报 123 项。开展了 2020 年教改项目申报工作，全校共申报 679 项。目前，这些项目均已进入评审阶段。

6. 跨校区共建共享

持续推动济南校本部 6 个学院与威海校区 5 个学院签订《跨校区本科教学“6＋5”院一院共建共享合作协议》，全面启动对口专业的共建共享；开展“8＋2”专业与课程跨校区本科教学共建共享专项建设。2019 年，围绕搭建开放共享的网络环境，建设在线课程 27 门。

三、教务管理与服务

加强制度建设，规范教学管理，修订完善《在校本科生转专业学习管理规定》《本科学生海外学习经历管理办法（修订）》《实习教学基地建设与管理办法》等系列文件。落实趋同化管理要求，深化国际学生管理服务改革，把国际学生培养纳入本科教育教学体系。坚持以学生发展为中心和因材施教的教育理念，稳步推进本科生转专业工作改革，一校三地共有 829 名本科生转入其他专业学习。以国际暑期项目、暑期精品项目及未来山大人项目三大板块为依托，全新打造2019年暑期学校，一校三地开设项目586项，9843名同学选课，选课1.7万人次，733名学生跨地区选课，各项指标均创历史新高，更好地满足了学生多元化发展需要。坚持需求导向，加强信息化建设，优化服务大厅线上服务和线下自助业务办理，服务师生质量与水平不断提升。加强统筹协调，完善教学运行保障机制，全力保障本科教学工作平稳运行。

四、创新创业教育

1. 平台建设与学科竞赛

新增2个创新创业教育平台，各平台组织各级各类培训115次，累计参与学生14566人次；组织及参与校级、省级、国家级竞赛67余场次，累计参与学生40182人次。共获得各类学术与科技竞赛省级以上奖励874个，其中国际竞赛奖项37项，国家级奖项278项，省级奖项559项。

2. 创新创业项目

国家级科创项目结题157项，校级科创项目结题396项，1584名学生参与。2019年新立项国家级科创项目167项、校级科创项目500项。

五、教学促进与教师发展

1. 教师教学胜任力提升

举办首期山东大学教学学术周，校院两级举办教学学术活动80多场次，近3000人次参加；组织参加山东省第六届高校教师教学比赛参赛，获一等奖3项、二等奖5项和优秀奖10项，并获得优秀组织奖；举办新入职教师教学能力提升研修班、课堂互动系统使用技能培训等系列活动，征集并评出262门优秀“课程思政”教学设计案例，提升教师核心教学技能；承担完成山东省省属高校6期480名新入职教师教学能力提升研修班培训任务。

2. 教学质量文化建设

修订《山东大学本科教学督导工作管理办法》，组织编制《2018～2019学年山东大学本科教学质量报告》《山东大学2017年各学院本科教学质量报告》和《山东大学2017年度各专业人才培养状况报告》；启动完成首次本科教学荣誉体系评审奖励工作，共评出本科教学终身成就奖2名、教学卓越奖4名、教学优秀奖20名；开展2019年教育部高等教育质量监测国家数据平台数据采集填报工作；编制并发布本科教学督导简报，严肃教学纪律，2019年共通报11起本科教学事故。

（孙大永）

研究生教育

一、立德树人，提升质量，谋划和推进研究生教育综合改革

研究生教育围绕立德树人生命线，立足于培养富有家国情怀、践行使命担当、传承山大基因的最具创造力研究生，逐步形成以服务国家需求、引领科技前沿、提升创造力为导向的研究生教育质量观，建立和完善以提升研究生教育质量为导向资源配置机制。大力加强研究生培养过程管理，采取多种措施提升生源质量，探索学科交叉育人模式，系统设计研究生奖助体系激发学生学术热情，培养质量不断提升。结合主题教育活动开展不断提升思想站位和工作能力，不断解放思想、创新尝试，为培养以政治思想素质为基础，原始创新力和应用创新力兼备的高层次人才踏实探索。

二、服务需求，交叉融合，发展前沿新兴和重大战略方向的人才培养

面向需求，内涵发展，推进学位点现代化工程建设。用好学位授权自主审核权限，构建动学位点动态调整机制，出台了《学位授权点现代化工程建设方案》《山东大学学位授权自主审核实施办法》。自主增列“电子信息”博士专业学位类别，自主设置“遗传咨询”“国别和区域学”目录外二级学科。严把质量，主动停招“资产评估”“保险”专业学位类别招生，将“图书情报”调至历史文化学院建设。协同学院和职能部门共建社会工作研究生教育中心。统筹MBA教育资源，整合管理、经济、商学院、国际创新转化学院优势，将零散分布的工商管理类别硕士授权统一招生、同一标准、聚成合力。国家合格评估抽评的学位授权点均通过检查。

支持马克思主义理论、集成电路等国家急需学科招生，主动对接网络信息安全、大数据、人工智能、新一代半导体材料等战略新兴学科和前沿交叉学科的发展和人才培养。积极申报研究生招生计划，研究生招生规模增幅明显，全日制硕士生规模增幅4%，博士生增幅11%。

三、强院兴校，服务放权，生源质量结构性提高

学院主体责任逐步落实，生源在规模增长的同时有结构性改善。将齐鲁医学院、威海校区各招生单位分别独立纳入招生专业目录；专设拓展经费账户，由学院自主统筹使用；年度招生计划全部下达给招生单位，各招生单位自主确定专业、导师的招生计划和招录方式。以教育质量为依据，将人才队伍建设、科研绩效、学科水平、培养质量、生源质量等因素纳入招生计划分配体系中。大部分学院组建了由著名学者和导师加入的招生拓展组，通过学术报告会、实验室参观实习等活动有效延揽了生源。举办大学生夏令营49场，参与全国研招现场咨询会19场，师生见面会、政策宣讲会200多场。在2020年硕士研究生报考中，确认报考学生24422人，增幅12%。

圆满完成招生计划，录取硕士研究生6849人，博士研究生1271人，其中全日制硕士“双一流”生源占比达60%,；博士生高质量生源增加了10%。推免生接收工作成效

显著，生源质量和结构有了质的突破，接收推免生2086人，增幅21%（不含医学长学制），接收外校人数首次超过学校推荐人数，推免生的常规计划占比达到40%。加强对学院招生工作的指导和监督，规范招生行为，坚持奖优罚劣。制订《山东大学2020年研究生招生拓展方案》等一系列规范性文件，在全校召开3次招生工作专题会，开展招生工作先进单位、先进个人进行表彰总结会，加大制度约束和奖励激励。

四、培育卓越，激发动力，多线并进提升研究生创造力

1. 完善研究生培养过程管理

简化优化业务流程，实现“两不出”；全年开设研究生课程4244门次，组织23门公共课考试；确立责任意识，完成研究生中期考核工作，要求不达标的培养单位提交培养质量承诺书；稳妥推行国际研究生趋同化管理工作方案。提升学位授予质量，修订学位授予文件和外审标准，加强学位论文质量内部控制，增加学位论文终稿内审环节，严格规范论文预答辩、论文评阅、答辩程序，强化学术规范和学术道德教育，加大对导师和培养单位质量责任追究力度，对出现质量问题的导师暂停招生，对学位点减少计划直至暂停招生。加大国际化培养力度。

2. 推进导师队伍建设

试点组建“导师+”团队，进一步完善四级协同导师培训交流机制，加强师德师风和思政教育，主动深入一线培养单位，提供质量数据、案例和讲解。

3. 加强研究生培养国际化

制订《山东大学研究生教育国际化实施方案》；通过国家公派项目共选派研究生出国交流179人，山大研究生海外留学基金共资助联合培养博士41人，学校公派其他长短期项目108人，出境参加国际学术会议342人；引入国际化师资，资助暑期学校21项，博士研究生高端学术讲坛项目40项。

4. 推进研究生教育教学改革

设立资助首届研究生教育教学优秀成果培养计划项重点支持项目5项、自由探索项目10项；资助齐鲁医学院立项建设研究生网络课程23门；评选山东大学研究生教育教学改革研究立项项目23项，其中推荐申报省级项目14项；评选出2019年山东大学研究生教育优质课程建设项目15门，推荐申报省级项目14门。

5. 强化榜样激励

评选研究生优秀学术成果奖195项（含威海校区9项）；给予9名博士研究生创新能力提升计划资助资格；评定第二届研究生学术之星奖8人，提名奖12人，通过融媒体宣传“学术之星”，起到榜样示范作用。

（李啸闻）

继续教育

2019 年，继续教育学院坚持以习近平新时代中国特色社会主义思想为指导，紧紧围绕学校发展的战略目标，全面推进我校继续教育工作取得跨越式发展，办学质量和办学效益取得双提升。

一、整体情况

全年共招收网络教育学生 3.15 万人，成人教育学生 1393 人；全校共举办非学历教育培训 611 个班次，参加培训学员 44198 人次，同比增长 55%，对标国内其他“双一流”高校，增速较快；出国留学培训项目 4 个，招收学员 515 人，较 2018 年同比增长 38%，创造历史新高；老年大学培养学员 393 人，较往年有所减少，预计 2020 年底老年大学学员全部毕业。

继续教育总收入 4.48 亿元，圆满完成 2019 年度工作目标，并连续三年维持在 3.4 亿元以上，继续教育净利润由 2016 年 1.20 亿元、2017 年 1.39 亿元、2018 年 1.89 亿元，到 2019 年 1.63 亿元，净利润降低是学历继续教育控制规模的结果。

学院设院长 1 人，副院长 2 人，靳光华任院长。学院下设 11 个科室，其中新设学习设计研究室和青岛校区综合服务办公室。

二、党建工作

扎实开展“不忘初心，牢记使命”主题教育活动。主题教育期间开展 6 次集中学习研讨，3 次主题党课活动，赴山东省党史馆进行实地参观学习；领导班子分头调研，形成调研报告并开展调研成果汇报交流会；认真梳理检视问题、整改落实，开展了高质量的民主生活会、组织生活会和民主评议党员工作。

三、学历继续教育工作

1. 严格规范网络教育招生管理，防控招生风险。完善管理平台功能，提高信息化水平，严格报名管理；实行线上缴费，全面杜绝乱收费、多收费、变相收费行为；对新生全面回访，及时传达基本政策及了解报名入学相关信息，发现存在违规招生情况立即停止学习中心招生权，并根据相关规定作出处理。

2. 净化学习中心队伍，推动现有学习中心优胜劣汰。对学习中心违规行为实行一票否决制，共与 31 个学习中心终止合作关系，对 30 个学习中心的负责人进行了约谈，目前学习中心数量由 2017 年 76 个调整到 45 个。

3. 建立健全校外学习中心（函授站）质量监管机制。与各学习中心（函授站）签订了《山东大学网络（成人）教育规范办学自律公约》，并印发《山东大学网络教育学业顾问管理办法》；建立学业顾问上岗培训制度，举办山东大学网络（成人）学历教育学业顾问上岗资格培训班，通过三期培训，共计培训学业顾问 357 人；建立校外学习中心（函授站）质量监管考核体系，实行全流程工作节点可量化可视化，实时响应的线上考核指标管理。

4. 优化专业结构，建设应用型人才培养方案。对原有 39 个专业进行整合、淘汰，合并 7 个碎片化专业，撤销 16 个专业，增设思想政治理论课程，优化通识教育模块，重点打造药学专业，形成了课、证、岗一体的专业人才培养方案。

5. 建立以学生为中心的课程资源标准化体系，不断提升课程质量。研讨制订《以学生为中心的混合式课程设计方案》，构建混合式教学设计基本模型，并确立了一套包括具体技术参数及量化指标的审核方案，建立课程质量检测小组，保证了课程的听视觉呈现质量。

6. 建立网上巡学机制，加强信息化基础设施建设及管理。编写《山东大学继续教育学院安全管理制度汇编》，提升学院的网络及数据安全保障能力，推行网上巡学机制，并在平台中设置不当信息自动过滤功能，对不当言论进行自动过滤屏蔽。

7. 初步建立继续教育校友组织。依托各学习中心，已在 13 个地市构建校友组织，并建立了校友微信群。

四、非学历教育培训工作

1. 成立山东大学中华美德教育学院。为有效对接国家文化发展战略，着力推动中华优秀传统文化传承创新，经中共山东大学第十四届委员会第 19 次常务委员会议研究，决定成立山东大学中华美德教育学院。该学院为学校直属非实体性学院，挂靠继续教育学院，由继续教育学院和儒学高等研究院共建。学院实行理事会领导下的院长负责制。设书记 1 人，由儒学高等研究院书记兼任；院长 1 人，由儒学高等研究院执行院长兼任；执行院长 1 人，由继续教育学院院长兼任；根据工作需要配副院长若干人。6 月 23 日举办“山东大学中华美德教育学院揭牌仪式暨中华美德教育高峰论坛——首届干部政德教育论坛”，迅速打开中华美德教育学院工作局面。

2. 实施全面下沉学院战略，促进教育培训高质量发展。坚持帮助、支持和指导的原则，全面推动下沉学院战略，主动对各教学单位开展调研，深挖学院教育培训资源，激发办学热情，通过下沉学院举办非学历教育培训 372 班次，促进了教育培训工作品牌化高质量发展。

3. 完成在山东省各地市以及驻鲁部队的拓展布局。加强直属学习中心建设，已完成全省十地市布局；积极构建军民融合人才培养平台，开展 5 期军队转业安置干部培训，共与 12 个师旅级驻鲁部队确定军民共建关系，设立军民融合人才培养工作站。

4. 建立健全办学管理和教育培训各项规章制度，规范管理保证质量。起草《山东大学非学历继续教育管理办法（草案）》，结合各办学单位意见进行了修订与完善；制定《山东大学非学历继续教育合作办学立项审批流程》等 6 项教育培训相关制度以及 7 项出国留学培训相关制度，推动建立较为完善的非学历继续教育管理制度体系。制定《山东大学继续教育学院教育培训项目开班领导聘任规定》等 4 项管理规定，以及通过信息化管理平台实现的培训全流程各个节点的工作标准，以信息化管理彰显教育培训的专业化水平。

5. 对留学语言培训项目进行统一管理、资源整合。全年 4 个出国留学培训项目招收学员共计 515 人，其中教学学院招收学员 322 人，继续教育学院与软件学院合作项目招收学员 193 人。

6. 以山东大学（章丘）在线教育研究院为平台，吸引顶级教育专家形成智库，吸引大学、企业大学及企业入驻。依托在线教育研究院成立“中国高校教育培训战略合作伙伴联合体”；聘请北京师范大学教育学部教授、博导张伟远教授，山东大学管理学院丁荣贵教授入驻在线教育研究院，形成专家智库；建立了“人的现代化”课程体系框架。

7. 定点扶贫河南确山县培训基层干部。邀请知名专家学者作专题辅导报告，以送教上门和短期培训的形式共培训确山县各级干部 997 人。

8. 启动高等教育自学考试网络助学工作。分别在济南和青岛两地同时启动招生，招生注册人数共计 162 人，同时开展高等教育自学考试新型导学助学工作。

五、内部治理工作

1. 加强制度建设，逐步完善学院内部管理体系。修订并出台了新闻宣传类、安全管理类、综合管理等三类 15 项制度规定，把学院制度栅栏扎得更密、更牢、更实，为学校继续教育工作快速发展提供强有力的制度保障。

2. 加强文化建设，注重文化引领。在一校三地办公区开展文化墙建设工作，进行中华美德教育学院宣传册的设计和制作，完成学院“党员活动室”的设计工作。

3. 重视宣传工作，助力品牌建设。根据国家法律法规和学校规章制度，结合学院实际情况，制定《继续教育学院新闻宣传报道及审核发布暂行管理办法》《山东大学继续教育学院微信公众号管理制度》；全年共向学校新闻网报送 170 篇，采用 118 篇，采用率达到 69.41%，企业微信活跃度一直较高；重视学院宣传队伍建设，参加山东大学管理人员公文处理核心技能培训，并在学院各部门设置宣传员，加强宣传报道，助力学院品牌建设。

4. 启用“钉钉”，实行工作复盘及工作控制活动。利用“钉钉平台”实时在线管理，通过日报和周报的形式加强工作信息的相互沟通和协同管理。实行工作复盘和工作控制活动，加强工作反馈力度，提高工作效率。

5. 进行组织机构调整，开展中层干部竞聘上岗。机构调整由原有 13 个减少到 11 个，推行扁平化管理。竞聘上岗后的中层干部人数，由原有的 17 名增加到 28 名，其中 70%是非事业编制，打破固有身份界限，给年轻员工提供了晋升空间，中层干部队伍更加年轻化、专业化。

6. 重新启动招聘，扩充人才队伍。通过校内招聘调入事业编制专业技术人员 1 名，通过社会公开招考选拔事业编制专业技术人员 1 名，招聘非事业编制人员 2 名，研究院人员 5 名。

7. 完成一校三地办公场所的修缮与家具、设备采购管理工作。为学院创造良好的工作环境提供了后勤保障。

六、工作亮点

1. 创新党建工作，发挥党的政治核心作用。在直属单位党委的领导下，认真做好“不忘初心，牢记使命”主题教育活动，通过“重走长征路”、系列讲座、创建党员活动室等方式，全面提升党建工作质量。采用“个人学习＋组织学习＋行动学习”的形式，通过全员竞争上岗、每周“工作复盘和工作控制”“钉钉考勤”等，把主题学习教育要求融入日常业务工作，突出党建统领作用，全员工作节奏与效率明显提升，有效解决了党建和业务工作两张皮的问题。严格按照学校要求，完成“凝心聚力，勇于担当，追求卓越”专题整改、经济责任重要风险自查及整改、暑期舆情事件整改、学校党委巡察（督查）等工作。

2. 办学质量和风险防控水平显著提高。全员思想高度统一到“提高质量，防范风险”上，完成办学安全自查。对学习中心（函授站）严格实施“一票否决制”与“质量保证金”制度。强化合作办学监管，召开“非学历继续教育合作办学项目年度总结评估会”，评出优秀 1 名、合格 4 名，基本合格 1 名。全年共举办 611 个培训班次，比 2016 年增长近 5 倍。以信息化建设为抓手，设计并启动建设 Moodle 平台，实现学历教育与非学历培训的融合，解决“教与学的关系”问题，推动网络教育转型升级、高质量发展；启动非学历继续教育管理平台建设，提高管理信息化水平，规范办学行为，提高办学质量。全年下沉教学学院 372 个培训班次，支持、帮助、指导教学学院开展深度行业培训，形成覆盖山东省的教育培训网络，并基本完成了辐射长三角、珠三角的教育培训布局。

3. 初步形成品牌影响力。成立“山东大学中华美德教育学院”，举办“中华美德教育高峰论坛—首届干部政德教育论坛”，山东大学“中华优秀传统文化继承与发展”培训品牌得到明显关注和认可，中共四川省委宣传部、中共宁夏回族自治区党委宣传部、山东省民族宗教委、中共成都市委宣传部组织主题班次来我校参训。大规模承接山东省直机关工委正处级实职领导干部“不忘初心，牢记使命”读书班，分两期培训 2308 人，全面彰显综合服务能力，“继续教育服务山东”赢得好评。

（郑寅朋）

国际教育

2019年是学院发展中极为重要的一年。国际形势复杂多变，国际学生教育面临严峻的外部环境。学校出台了《山东大学新时期推进国际学生教育规范管理提高质量的意见》（山大外字［2019］47号），对学院工作提出更高要求。在学校党委领导下，学院师生员工认真履行职责，努力开拓创新，紧紧围绕着学校总体部署，各项工作取得进一步提升。

一、立足国家战略，以“双一流”大学建设为目标推动人才培养与学科建设

为加强非学历国际学生教育管理，出台了《山东大学新时期推进国际学生教育规范管理提高质量的意见》，制定了《山东大学招收和培养非学历教育国际学生管理办法》，以国际学生教育为基础，大力加强学科建设，推进国家一流本科专业和研究生专业学位建设，加强孔子学院智库研究和应用实践，实现由高速向中高速过渡转型的新常态发展。2019年，全年共有在校学位生306人，其中包括中国学生235人（本硕博分别为127人、87人、21人）、国际学生71人（本硕博分别为47人、23人、1人）。中外本科学生比例趋于稳定合理，实现融通培养。大学预科及非学历国际学生教育中，长期生789人次，短期生500余人。

1. 以承担全校国际学生公共汉语教学课为契机，实现服务学校国际化战略的嵌入式发展。承接全校国际学生公共汉语课教学任务；成立学院预科教学指导委员会，研发预科数学基础教学大纲和题库资源，改造学院教学录播平台，自主研发“语言教材编写平台”；完善规章制度；与北京语言大学出版社等联合主办“来华留学预科阶段汉语教学案例研讨会”。

2. 落实国家本科教育方针和学校“以本为本”战略，在讲课比赛和课程思政建设等方面取得优异成绩。两人获得山东大学青年教师讲课比赛一等奖，其中一人获得山东省青年教师讲课比赛一等奖第一名。获山东大学“课程思政”教学设计案例评选一等奖两项、二三等奖各一项。拓展稷下创新荣誉学分课程和暑期学校海外师资课程。

3. 通过一批教研项目和获奖发挥示范性，加强研究生教育国际化，在“点”和“面”两个方面凝练特色。获得学校“我心目中的好导师”“优秀研究生指导教师”“优秀学位论文”，以及山东省“专业学位研究生案例库项目”“研究生导师指导能力提升项目”“优秀学位论文”各1项。首次开设海外专家流动岗项目。推动学校与莱顿大学签

订首个海外汉语教学实习合作协议。举办学院第六届学生论文大赛。

4. 以"两支队伍"建设为目标提高师资配置水平，形成科研、教研、教学等特征明显的教师成长路径。推动"两支队伍"建设，一是以汉语教学和文化教学为主的教学型教师队伍，二是以中外学历生教育培养为主的教学科研型教师队伍。采用双聘、兼聘、返聘等方式聘任校内外师资。

分别获国家社科和教育部人文社科课题各 1 项，分别获省社会科学优秀成果二三等奖各 1 项。获首批孔子学院与汉语国际教育基金资助 3 项，获省社科资助 6 项。《孔子学院研究年度报告（2019）》在 2019 年国际中文教育大会首发。修订出台《学院资助教师参加学术会议和业务培训暂行规定》。宁继鸣教授连任世界汉语教学学会常务理事。

二、以提升质量为目标推进中外学生趋同化管理

完善学院"CMCS"学生发展培养体系，以"规范管理，趋同培养，深度融合"为目标，扎实做好学生教育管理，提升中外学生培养质量。

中国学生方面，获评学校十佳团支部、十佳学生会、济南市百佳学生社团各 1 项，参加学校国学达人挑战赛获冠军。学生获评学校榜样力量年度人物和校长奖（单项）、学校道德风尚奖、第四届中国青年志愿服务项目大赛银奖等。

国际学生方面，加强全过程管理和节点管理，充实心理健康、校园安全、疾病防控等内容，组织参加中国社会主义学院中华文化体验班，组织参加中华诵读大赛获全省一等奖和全国三等奖。校友诗婷获得"汉语桥"世界大学生汉语比赛全球总冠军。建设学校国际学生发展指导辅导员工作室；建立国际学生荣誉体系。

在中外融合培养方面，依托学校"一院一品"重点立项"和合你我"中外文化交流互鉴活动，吸引近千名中外学生参与，多家融媒体平台宣传报道，提升活动品牌效应，形成中外文化互鉴、中外互动融合的学院特色工作局面，"一院一品"获学校示范建设项目。

三、加强招生拓展的制度规范与合作网络建设，加大短期来华交流项目服务国际中文教育和服务地方的力度

完善各类留学生招生录取规范，启动建设学位生录取面试题库。启动学院英文网站上线。赴蒙古国招生宣讲，赴义乌国际学校调研交流。与"留学中国预科教育联盟"积极沟通，积极拓展合作范围。

短期来华项目全年学员数较上年增长近 30%。依托一校三地办学特色优化短期来华项目组织结构。加强与英国驻华使馆文化处/英国文化协会、中国驻以色列使馆等项目委托单位，以及历城区第二中学等项目合作单位业务联系，加大服务孔子学院与国际中文教育的力度。

四、孔子学院工作办公室工作

1. 纳入学校发展规划，推动形成"全校办孔院"的新局面

2019 年，学校在原有规划文件的基础上，又将孔子学院工作连续列入《山东大学

国际化战略规划（2018～2025）》《山东大学服务“一带一路”倡议行动计划（2019～2025）》两个重要文件，并多次研究论证《山东大学关于进一步加强孔子学院建设提质增效的意见》及相关配套文件，旨在新时期、新形势下打造孔子学院建设的“山大模式”，形成全校办孔院的局面，继续保持在行业内的引领和示范作用。

2. 实现孔子学院平稳发展

2019 年，樊丽明校长访问视察了新加坡南洋理工大学孔子学院，学校组织代表团参加了蒙古国立大学下设孔子课堂的揭牌仪式，选派了专家学者赴新加坡、韩国等孔子学院出席学术会议和短期讲学。在中外双方的共同努力下，妥善解决了荷兰莱顿大学孔子学院合作协议到期的事宜。在复杂多变的国际形势下，保障了其他孔子学院的平稳运行，并在一带一路及沿线国家积极探索新的合作对象。

3. 规范和强化内部建设及人员管理

2019 年，孔子学院工作办公室修订、制定了《山东大学孔子学院风险管理应急预案》《山东大学孔子学院专职教师管理办法》《山东大学孔子学院海外任职人员思想党建工作管理规定》等一系列内部管理规定，规范和强化了内部建设及人员管理。

4. “孔子新汉学计划”招生取得佳绩

2019 年，我校“孔子新汉学计划”录取人数和招生质量均创历史最好成绩，学生分别来自自美国、加拿大和韩国等国的知名高校。本项目录取的博士生科研能力和综合素质得到了导师和学校的高度认可，目前已有两个批次的学生顺利毕业，其中，马来西亚籍学生谢依伦荣获山东大学 2019 年度国际学生优秀毕业生。

5. 参与并实施总部重要来华团组和奖学金项目

2019 年，我校共承接各类来华团组 21 个，学员总数共 496 人，录取接收孔子学院奖学金 33 名，其中学位生 13 人，语言进修生 20 人。通过这些项目，有力地推动了国际社会对中国，特别是山东省文化教育事业的认识和了解，搭建起中外交流的合作平台，提高了我校的社会影响力，实现了综合效益。

五、中华传统文化研究与体验基地工作

响应新文科建设和本科教育改革，完善课程群建设，服务学校通识教育。倡导大学生讲中国故事，激发学生创意思维，开展文创实践，引导学生参与优秀传统文化的创造性转化创新性发展。获批唐仲英教育基金援助。进一步完善“大学教师＋工艺名家”相结合的特色教学团队，积极筹备“大学生文创工作坊”和“非物质文化遗产大师工作室”，探索文科实验室建设路径，努力形成容课程创新、人才培养、学科建设、社会文化普及与对外文化传播等于一体的成果集群。

六、高质量开展“不忘初心，牢记使命”主题教育，以党的十九大精神、学校十四次党代会为纲领全面加强党的建设

一是紧扣思想建设，坚持将学习贯彻习近平新时代中国特色社会主义思想作为首要政治任务；二是紧扣政治建设，严肃党内政治生活，全面落实主题党日和“三会一课”，高效扎实推进主题教育深入稳步开展；三是紧扣党员队伍建设，切实提升干事创业的能

力，深入贯彻“强院兴校”行动；四是紧扣组织建设，以支部联学共建促发展，以党建引领业务；五是紧扣作风建设，通过主题教育查摆出的问题结合暑期整改要求，坚持问题导向，推动各项整改落实任务往深处做、往实里抓。

（王　勤）

学生就业

一、主要工作举措及成效

1. 毕业生就业基本情况

截至2019年11月30日，山东大学2019届毕业生总体就业率为95.74％，其中，本科毕业生就业率为95.53％，硕士毕业生就业率为95.93％，博士毕业生就业率为97.30％。另外，本科生境内外深造比例达到51.59％。

2. 加强校园招聘管理服务，提升毕业生就业质量

为搭建并发挥好这个平台，一方面加强了与各地方政府、用人单位的联系与合作，举办了山东省16地市校地合作论坛、校企俱乐部合作论坛、医药卫生类合作论坛等活动，与碧桂园、融创中国等企业签订就业实习实践基地协议、共建校企合作俱乐部。另一方面，为满足毕业生多样化的需求，举办了医药专场、各地市卫健委组团招聘会、航天系统、博硕专场、中央直属某部委、各地市人社局等多场小型招聘会，同时建设和开通了一校三地多校区校园招聘宣讲同步视频直播和手机直播系统。

2018～2019学年，进入山东大学一校三地招聘毕业生的用人单位共4477家次，其中：专场宣讲会用人单位1815家次，组团招聘会22场800家次，大型双选会5场1894家次，网上发布在线招聘信息3235条，实习招聘483条。

3. 加强毕业生服务国家战略就业引导

坚持一校三地协同推进，建立健全国际组织人才培养和推送工作体系。牵头召开国际组织人才培养推送工作推进会，各单位就进一步加强国际组织人才培养推送工作进行了深入研讨。举办了7期“国际组织人才培养与推送”系列讲座。选派一校三地48名优秀学生赴意大利、奥地利等国家参加联合国精英班。举行赴西部、基层和重点单位就业毕业生表彰大会，对169名毕业生进行表彰并颁发“励志先锋”奖章。针对赴国家行政机关，各省市省直、市直机关以及基层管理部门工作的240余名毕业生，进行公共管理部门就业毕业生专题培训。

推进校院两级职业生涯教育与深造就业指导。加强个性化指导，开展考研、考公等专题培训14场；培训一线就业创业工作人员110人次；开展3期国际组织人才培养与推送讲座，举办国际组织人才核心素养提升训练营；推荐5名学生赴联合国粮农组织、联合国开发计划署、联合国教科文组织进行实习。

4. 加强平台建设，打造创新创业服务体系

开展院级大学生创新创业教育示范基地立项。大学生就业创业体验中心——凤岐茶社、盈创空间升级改造建设。推进“山东大学——编程猫就业创业实践基地”建设。“浪潮·山东大学双创实训基地”正式揭牌启动。做好山东省省级大学生创业孵化示范基地复审工作。

创新创业校地合作建设：与济南市人社局、高新区齐鲁软件园开展创新创业战略性合作。成功中标济南公共就业服务中心项目制职业定点培训机构创业训练营入围项目共同。

创新创业教育建设：举办了30余次实训课程。开展了各类主题分享会。开办了实训课程以创业模拟实训课。

5. 加强就业过程管理和精准帮扶

切实做好2019届毕业生就业方案编制上报、毕业派遣及档案转递工作；组织评选2019届“山东省优秀毕业生”“山东大学优秀毕业生”1821人；实施就业预警机制，加强毕业生签（解）约管理，持续开展各项就业进展“每周一报”动态监测；修订完善《山东大学优秀毕业生评选办法》，自2020届毕业生起实施，激励先进典型，助力学生择业；为毕业生提供“一站式”服务，多渠道做好就业政策咨询答疑、就业手续办理和就业材料审核鉴证；在一校三地多个校区，面向学院一线就业工作人员先后开展5场生源采集、就业派遣等毕业班辅导员专题业务培训，面向毕业生开展4场毕业季“就业政策及手续办理咨询日”宣传活动。

6. 重点帮扶双困学生就业，跟踪服务未就业毕业生

强化精准资助、精准帮扶，申报发放省级求职创业补贴，309名2019届毕业生共计22.58万元，601名2020届毕业生共计41.38万元；切实做好对2019届离校未就业毕业生就业状况的实名登记、跟踪统计和帮扶指导。

7. 持续推进就业信息化建设

维护网络信息安全稳定有序运行，保障学生就业创业工作顺利开展。立足学生诉求，方便广大用人单位，继续加强信息化建设，优化招聘服务模块，升级完善就业管理模块。协同推进一校三地信息化建设，就业网站实现用人单位招聘服务、学生就业过程管理的功能一致，资源和数据共享。“山东大学就业”微信平台（微信号：SDUjob）共策划推送信息295期1070条，截至2019年12月初用户数超8.3万。加强宣传效果，发挥毕业生的榜样作用，引导和鼓励毕业生“到祖国最需要的地方”建功立业。学生团建工作扎实开展，组织培训、提升指导、切实提高团队学生的写作水平和业务素质。

8. 加强就业调研反馈，为人才培养改革提供支持

首次统筹一校三地毕业生数据，启动《山东大学2019届毕业生就业质量报告》编制工作。组织开展全校2019届毕业生深造就业调研、用人单位调研，组织全校各单位参加人社部2020届毕业生抽样调研。对威海校区毕业生调研、用人单位调研进行指导。针对“双万计划”国家级和省级一流专业申报和专业建设需要，指导学院进行调研和分析；为学科评估、专业学位点建设提供调研支持。开展就业总结考评，组织各二级单位形成毕业生就业状况报告并提交党政联席会研究，从学院和专业层面加强对教育教学的

反馈。参加山东大学本科教学质量报告、本科招生手册的撰写。

9. 加强就业调研反馈，为人才培养改革提供支持

组织开展2019届毕业生就业调研、用人单位调研，启动毕业生就业质量报告编制工作；针对“双万计划”国家级和省级一流专业申报和专业建设需要，指导学院进行调研和分析；为学科评估、专业学位点建设提供调研支持。

二、工作亮点

一是首次举办了服务山东十六地市人才引进专场招聘会暨校地协同战略人才合作签约仪式；二是2019年各省市选调毕业生人数突破400人；中央国家机关选调20人，在试点院校中位居前列。推动优秀学生赴党政机关挂职锻炼。暑期共派出126名学生在7省16地市挂职锻炼。三是暑期举办了国际组织人才核心素养提升训练营，推荐了5名学生赴联合国粮农组织、联合国开发计划署、联合国教科文组织进行实习。四是与华为技术有限公司共建网络安全实验室；五是实现了毕业生校网签（解）约功能和就业协议书自助打印功能。

（张　莹）

人文社科研究

一、科研项目与经费

2019年，人文社科各类科研项目立项409项，其中，纵向项目240项，横向项目169项。国家社科基金年度项目48项，列全国高校第6位；国家社科基金年度重大项目8项，并列全国高校第9位；国家社科基金中华学术外译项目6项，并列全国高校第4位；教育部人文社科一般项目29项，列全国高校第8位。2019年，科研到账经费总额9070.89万元。其中纵向项目经费2533.05万元，横向项目经费6537.84万元。出台《山东大学人文社会科学研究重大项目管理办法》。

二、科研成果与奖励

2019年，出版人文社科类著作144部。2018年度，在CSSCI来源期刊发文985篇；SSCI收录论文190篇，A&HCI收录论文15篇。2019年，通过《山东大学智库快报》等渠道向中央部委和山东省委省政府报送智库成果60余项，获国家领导人批示1项,5项被中办采纳，2项被教育部《大学智库专刊》刊用。2019年，获山东省第三十三届社会科学优秀成果奖50项（含一等奖7项），山东省文化创新奖2项，山东省高等学校优秀科研成果奖39项。获第十三届山东省社会科学突出贡献奖1项、学科新秀奖1项。出台《山东大学人文社会科学青年学者支持计划实施办法》。

三、科研平台建设

2019年度，学校新增1个省部共建协同创新中心。新增2个学校直属科研机构。新增15个非实体研究机构。出台《山东大学人文社会科学高端科研平台培育管理办法》《山东大学自主设置科研机构管理办法》《山东大学人文社会科学创新团队建设实施办法》。

四、智库建设与社会服务

2019年，进一步加强智库建设顶层设计，明确了“全球治理，国家治理，服务山东”的建设理念。2019年，组建了国际问题研究院和国家治理研究院，出台了《山东大学智库成果认定与奖励暂行办法》《山东大学国别和区域研究平台培育建设管理办法》，召开了“山东大学国别区域平台建设研讨会”，亚太研究所获中联部“一带一路”智库合作联盟优秀理事单位称号。系统谋划并提出瞄准国家重大战略需求，服务区域经济社会和文化发展，一大批人文社科专家学者担任省委、市委等部门咨询专家，与历下区合作共建山东大学文化产业研究院，加快推进溯源山大泺源书院项目建设工作。

五、学术交流

2019年，山东大学承办首届亚洲文明论坛“文明多样性与亚洲未来”专题研讨会。举办或承办人文社科类有重要影响的国际学术会议19场。承办了6期齐鲁大讲坛活动。支持举办了33场人文社科高端学术论坛、10场庆祝新中国成立70周年学术报告会、20场青年学者学术沙龙。出台《山东大学人文社会科学高端学术论坛资助管理办法》。

六、人文社科具体情况见以下附件

附件1：国家社科基金项目
附件2：教育部人文社科项目
附件3：山东省社会科学优秀成果奖
附件4：新增省部级研究平台
附件5：新增学校直属科研机构
附件6：新增非实体研究机构
附件7：国际学术会议
附件8：齐鲁大讲坛
附件9：高端学术论坛
附件10：庆祝新中国成立70周年学术报告会
附件11：青年学者学术沙龙

（梁　健）

附件1　　**国家社科基金项目**

序号	批准号	项目名称	负责人	工作单位	项目类别	立项经费（元）
1	19ZDA019	马克思与德国古典哲学关系的拓展性研究	刘森林	哲学与社会发展学院	重大项目	800000
2	19ZDA026	易学古籍数据库建设	刘大钧	易学与中国古代哲学研究中心	重大项目	800000
3	19ZDA031	《斯宾诺莎全集》翻译与研究	黄启祥	哲学与社会发展学院	重大项目	800000
4	19ZDA044	西方自然美学通史	张红军	威海校区文化传播学院	重大项目	800000
5	19ZDA091	地方金融运行动态监测及系统性风险预警研究	曹廷求	经济学院	重大项目	600000

续表

序号	批准号	项目名称	负责人	工作单位	项目类别	立项经费（元）
6	19ZDA137	我国海外园区全球布局的空间选择与协同治理研究	张　宏	经济学院	重大项目	800000
7	19ZDA247	中国古代小说理论术语考释与谱系建构研究	李桂奎	文学院	重大项目	800000
8	19ZDA287	加拿大不列颠哥伦比亚大学图书馆藏汉籍调查编目、珍本复制与整理研究	聂济冬	儒学高等研究院	重大项目	800000
9	19AGL010	企业绿色并购的驱动因素、决策选择与长效机制研究	潘爱玲	管理学院	重点项目	350000
10	19ASH002	空间社会学的新发展研究	林聚任	哲学与社会发展学院	重点项目	350000
11	19AZS002	中国马克思主义史学范式的构建与兴起研究（1919～1949）	陈　峰	儒学高等研究院	重点项目	350000
12	19AZX004	现代虚无主义思想史与批判史	刘森林	哲学与社会发展学院	重点项目	350000
13	19AZX012	现象学视域下的友爱哲学研究	陈治国	哲学与社会发展学院	重点项目	350000
14	19BFX101	认罪认罚从宽制度下的刑事错案预防研究	黄士元	法学院	一般项目	200000
15	19BFX108	检察民事公益诉讼的基本法理与有效运行研究	刘加良	法学院	一般项目	200000
16	19BGL198	数字技术冲击下劳动就业面临的新问题及对策研究	薛欣欣	经济学院	一般项目	200000
17	19BJL074	贸易摩擦背景下中小企业创新驱动与出口绩效提升战略研究	梁俊伟	威海校区商学院	一般项目	200000
18	19BJY013	人工智能、版权保护与版权产业发展研究	魏　建	经济研究院	一般项目	200000
19	19BJY230	中央与地方财政支出责任研究	李齐云	经济学院	一般项目	200000
20	19BKG002	开县余家坝墓地发掘报告	陈淑卿	文化遗产研究院	一般项目	200000
21	19BKG020	山东垦利海北遗址考古发掘报告	陈章龙	历史文化学院	一般项目	200000
22	19BKG048	临淄粉庄战国时期居民口腔疾病及齿根管形态研究	谷　雨	历史文化学院	一般项目	200000

续表

序号	批准号	项目名称	负责人	工作单位	项目类别	立项经费（元）
23	19BKS084	新时代“三治合一”农村社会矛盾化解体系及其构建研究	厉尽国	马克思主义学院	一般项目	200000
24	19BKS134	人民群众获得感提升研究	闵　琪	马克思主义学院	一般项目	200000
25	19BKS150	新时代高校意识形态风险防范机制研究	郑敬斌	马克思主义学院	一般项目	200000
26	19BRK010	基于主客体互倚模型的失能老人居家长期照护质量预测模型及干预研究	李　明	护理学院	一般项目	200000
27	19BSH094	新媒体时代农村青少年亚文化建构与干预机制研究	李　淼	哲学与社会发展学院	一般项目	200000
28	19BSH187	“健康中国”战略背景下中国特色安宁疗护服务体系构建研究	王云岭	基础医学院	一般项目	200000
29	19BTQ097	国家大数据战略背景下档案数据治理体系构建研究	谭必勇	历史文化学院	一般项目	200000
30	19BTY061	区域体育产业转型升级的主体行为与业态更新研究	张　颖	威海校区体育教学部	一般项目	200000
31	19BWW056	文艺复兴时期英国文学中的忧郁书写研究	郭全照	威海校区翻译学院	一般项目	200000
32	19BWW071	奥古斯丁的文本理论与西方现代阅读传统的形成研究	芮　欣	威海校区文化传播学院	一般项目	200000
33	19BXW020	智媒时代新闻生产算法风险及其协同治理研究	张　超	威海校区文化传播学院	一般项目	200000
34	19BYY024	现代汉语肯否范畴偏转识解的交互主观性与生成机制研究	尹海良	威海校区文化传播学院	一般项目	200000
35	19BYY058	山东回民汉语方言调查研究	张燕芬	文学院	一般项目	200000
36	19BZJ005	中国佛学中的“无神论”研究	陈　坚	犹太教与跨宗教研究中心	一般项目	200000
37	19BZJ046	全真道学术史	赵卫东	儒学高等研究院	一般项目	200000
38	19BZS123	中国古代城乡关系研究	马　新	历史文化学院	一般项目	200000
39	19BZS154	清代川西南浅山地区移民研究	龙　圣	儒学高等研究院	一般项目	200000

续表

序号	批准号	项目名称	负责人	工作单位	项目类别	立项经费（元）
40	19BZW014	法兰克福学派美学思想的生态维度研究	尤战生	文艺美学研究中心	一般项目	200000
41	19BZW022	西方文学文本理论知识增长的历史与逻辑研究	付昌玲	文学院	一般项目	200000
42	19BZW131	新文化运动以来的汉语译诗与译者写诗研究	崔　春	威海校区文化传播学院	一般项目	200000
43	19BZX063	宋代易图学史论	张克宾	易学与中国古代哲学研究中心	一般项目	200000
44	19BZX064	王夫之《庄子解》注释与疏义	邓联合	哲学与社会发展学院	一般项目	200000
45	19BZZ076	中国干部教育培训体系比较研究	李　振	政治学与公共管理学院	一般项目	200000
46	19CDJ020	中国共产党革命话语体系中的概念建构与当代启示研究	马明冲	马克思主义学院	青年项目	200000
47	19CFX039	全球性合规风险背景下刑事合规制度建构的方法及其边界研究	李本灿	法学院	青年项目	200000
48	19CJY059	地方政府治理与我国金融风险形成机理研究	钱先航	经济学院	青年项目	200000
49	19CKS009	马克思规范理论视阈下社会主义核心价值观凝聚社会共识研究	冯　波	哲学与社会发展学院	青年项目	200000
50	19CSH026	中国学生“课外辅导热”的成因及后果研究	张月云	哲学与社会发展学院	青年项目	200000
51	19CTQ034	后现代语境中的档案与身份认同研究	闫　静	历史文化学院	青年项目	200000
52	19CTY017	中国武术嵌入国家形象话语体系的机制研究	姜　南	体育学院	青年项目	200000
53	19CXW018	环境传播视角下媒体对公众治霾行为的影响机制研究	杨晓冬	新闻传播学院	青年项目	200000
54	19CZS031	清代衍圣公研究	孔　勇	历史文化学院	青年项目	200000
55	19CZW043	中国网络文学海外传播研究	刘小源	威海校区文化传播学院	青年项目	200000
56	19CZZ007	印度国家治理模式与治理绩效研究	王子涵	管理学院	青年项目	200000

续表

序号	批准号	项目名称	负责人	工作单位	项目类别	立项经费（元）
57	19WZXB012	论国学	包汉毅	外国语学院	中华学术外译项目	300000
58	19WZXB025	玄学与理学的学术思想理路研究	王彩芹	威海校区东北亚学院	中华学术外译项目	400000
59	19WZXB026	玄学与理学的学术思想思路研究	石　坚	威海校区东北亚学院	中华学术外译项目	400000
60	19WZXB028	中国墨学通史	邢永凤	外国语学院	中华学术外译项目	600000
61	19WJLB010	中国近代经济地理（第一卷）	王湘云	威海校区翻译学院	中华学术外译项目	400000
62	19WGLB003	教育投入、资源配置与人力资本收益：中国教育与人力资源问题研究	张丽娟	经济学院	中华学术外译项目	400000

附件 2

教育部人文社科项目

序号	批准号	项目名称	负责人	工作单位	项目类别	立项经费（元）
1	19YJA630045	面向服务创新的新型服务业人力资源管理模式研究	刘　冰	管理学院	规划基金项目	100000
2	19YJA630094	基于协同演进的平台企业社会责任治理及价值获取机制研究	辛　杰	管理学院	规划基金项目	100000
3	19YJA630118	中国传统思想在企业国际化文化双融的实践研究	张晓峰	管理学院	规划基金项目	100000
4	19YJA710025	习近平新时代中国特色社会主义经济思想研究	刘雅静	马克思主义学院	规划基金项目	100000
5	19YJA710064	21世纪西欧发达国家共产党适应性变革与政治走向研究	赵　婷	政治学与公共管理学院	规划基金项目	100000
6	19YJA730002	贝德士与中国基督教史研究	刘家峰	历史文化学院	规划基金项目	100000
7	19YJA740057	甲骨文义位系统综合研究	王晓鹏	历史文化学院	规划基金项目	100000
8	19YJA760010	新时代语境下“红色经典”油画的当代价值研究	戴艳萍	威海校区艺术学院	规划基金项目	100000
9	19YJA770012	数字人文视野下中国近代“道”的概念的转型与变迁研究	邱伟云	历史文化学院	规划基金项目	100000

续表

序号	批准号	项目名称	负责人	工作单位	项目类别	立项经费（元）
10	19YJA790003	文化产业推动西藏经济增长的历史、理论与实证研究	陈新岗	经济学院	规划基金项目	100000
11	19YJA790074	“走出去”战略对中国企业出口产品质量的影响研究	随洪光	经济学院	规划基金项目	100000
12	19YJA790109	适宜性技术选择、新旧动能转换与制造业转型升级的动力机制研究	余东华	经济学院	规划基金项目	100000
13	19YJAGJW009	海洋政治学的中国话语构建研究	张景全	威海校区东北亚学院	规划基金项目	100000
14	19YJC190003	医患间多元认同叠合的社会心理机制研究	程婕婷	威海校区法学院	青年基金项目	80000
15	19YJC630102	“放管服”改革对县级政府公信力的影响机制及提升路径：基于问卷实验和访谈法的研究	刘华兴	政治学与公共管理学院	青年基金项目	80000
16	19YJC630132	业绩补偿承诺在并购中的风险研究：衍生机理、传导路径及经济后果	邱金龙	管理学院	青年基金项目	80000
17	19YJC730005	学统与法统：韩国现代佛教对知讷的论争研究	李海涛	犹太教与跨宗教研究中心	青年基金项目	80000
18	19YJC740120	动态系统理论视角下中国大学生跨文化交际研究	赵　翔	威海校区翻译学院	青年基金项目	80000
19	19YJC760049	亚太电影促进会（NETPAC）研究	李　岩	威海校区机电与信息工程学院	青年基金项目	80000
20	19YJC770034	明清时期山东的州县财政与基层社会组织机制研究	任雅萱	文化遗产研究院	青年基金项目	80000
21	19YJC790055	人口结构与生育政策双重转型对家庭人力资本投资偏好的影响研究	李　超	威海校区商学院	青年基金项目	80000
22	19YJC790060	基于利他偏好与募款策略视角的慈善行为机制研究	李菁萍	经济研究院	青年基金项目	80000
23	19YJC860017	行动者网络视角下孔子学院跨文化传播转译机制研究	矫雅楠	国际教育学院	青年基金项目	80000
24	19YJC870019	社会化链接信息共享行为机制及条件组合研究：基于关系强度视角	盛东方	管理学院	青年基金项目	80000

续表

序号	批准号	项目名称	负责人	工作单位	项目类别	立项经费（元）
25	19YJCZH156	孝道思想在日本的流传与衍变研究——以孝子故事的传播为中心	王慧荣	外国语学院	青年基金项目	80000
26	19YJCZH255	体医融合干预老年人群轻度认知功能障碍的模式构建及实证研究	张宪亮	体育学院	青年基金项目	80000
27	19JD710064	新中国 70 年中国共产党政党外交的经验研究	常　辉	马克思主义学院	专项任务项目	50000
28	19JD710065	新时代党内政治文化的价值导向功能研究	房世刚	威海校区马克思主义学院	专项任务项目	50000
29	19JDSZK098	马克思主义理论学科研究生培养质量监测体系建设研究	张路园	马克思主义学院	专项任务项目	100000

附件 3

山东省社会科学优秀成果奖

序号	成果名称	获奖等级	负责人	工作单位
1	先秦说体文本研究	特等奖	廖　群	文学院
2	法的结构规范化研究	一等奖	汪全胜	威海校区法学院
3	制度演化经济学的理论发展与建构	一等奖	黄凯南	经济研究院
4	税收竞争、区域环境与资本跨区流动——基于企业异地并购视角的实证研究	一等奖	王凤荣	经济研究院
5	近代以来华北乡村研究中的惯性表述及困境——以济南冷水沟村为例	一等奖	赵兴胜	历史文化学院
6	经济史研究中经济学范式应用的思考	一等奖	孙圣民	经济研究院
7	两城镇：1998～2001 年发掘报告	一等奖	栾丰实	历史文化学院
8	中国当代文学传媒研究	一等奖	黄发有	文学院
9	马克思主义问题性与文艺理论创新	一等奖	谭好哲	文艺美学研究中心
10	回归自然与超越自然：重思“自然历史过程”	一等奖	刘森林	哲学与社会发展学院

续表

序号	成果名称	获奖等级	负责人	工作单位
11	Shadow Banking In China—Risk, Regulation and Policy	二等奖	沈　伟	法学院
12	域外取得的刑事证据之可采性	二等奖	冯俊伟	法学院
13	乡村司法与国家治理——以乡村微观权力的整合为线索	二等奖	郑智航	法学院
14	"异质性难题"化解与碳排放 EKC 再检验——基于门限回归的国别分组研究	二等奖	余东华	经济学院
15	交叉上市、股权性质与企业现金股利政策——基于倾向得分匹配法（PSM）的分析	二等奖	程子健	威海校区商学院
16	China's rural children left-behind: The impact of parental migration on health, nutrition and educational outcomes	二等奖	周成超	公共卫生学院
17	Vehicle routing problem with fuel consumption and carbon emission	二等奖	张江华	管理学院
18	"后危机时代"世界一流公立大学财政结构转型及启示——以加州大学伯克利分校为例	二等奖	韩　萌	马克思主义学院
19	宏观金融风险联动综合传染机制	二等奖	宫晓琳	经济学院
20	Understanding the rapid growth of China′s energy consumption: A comprehensive decomposition framework	二等奖	杜克锐	经济研究院
21	新闻业的数据新闻转向：语境、类型与理念	二等奖	张　超	威海校区文化传播学院
22	"诗人"的"变形记"：丁玲短篇小说《诗人》的白俄叙事	二等奖	杨　慧	威海校区文化传播学院
23	论宋赋的滑稽艺术	二等奖	刘　培	《文史哲》编辑部
24	Foreign Language Reading Anxiety: Chinese as a Foreign Language in the United States	二等奖	赵爱萍	外国语学院
25	华北乡村社会姻亲关系研究	二等奖	刁统菊	儒学高等研究院
26	论阳明后学对《周易》乾卦义理的发挥	二等奖	翟奎凤	儒学高等研究院

续表

序号	成果名称	获奖等级	负责人	工作单位
27	我国市政公用事业合作治理模式研究	二等奖	曹现强	政治学与公共管理学院
28	性犯罪记录制度的体系性构建：兼论危险评估与危险治理	三等奖	刘　军	威海校区法学院
29	正犯与主犯关系辨正	三等奖	周啸天	法学院
30	Collaborative Emission Reduction Model Based on Multi-Objective Optimization for Greenhouse Gases and Air Pollutants	三等奖	孟庆春	管理学院
31	The role of the construction industry in China's sustainable urban development	三等奖	王楠楠	管理学院
32	一种加权主成分距离的聚类分析方法	三等奖	吕岩威	威海校区商学院
33	唐后期五代诸军州镇屯田营田的若干变化——土地私有与国家基层政治体制的重建	三等奖	刘玉峰	历史文化学院
34	1858～1911 年珠三角地区鸦片走私与缉私	三等奖	马　光	历史文化学院
35	媒介文贱文化批判——以典型网络热词为例	三等奖	周　妍	威海校区文化传播学院
36	中西“互文性”理论的融通及其应用	三等奖	李桂奎	文学院
37	汉语演变过程中的韵律构词——基于性状指示词“许”历时形成的考察	三等奖	冯　赫	国际教育学院
38	与收入相关的健康不平等的动态变化与分解——以我国中老年群体为例	三等奖	陈　东	经济学院
39	自由与物役——从斯宾诺莎到马克思的启示	三等奖	冯　波	哲学与社会发展学院
40	城邦、人与正义：亚里士多德与荀子之间的对话	三等奖	陈治国	哲学与社会发展学院
41	明代易学史	三等奖	林忠军	易学与中国古代哲学研究中心
42	体用论与传统儒家形而上学	三等奖	沈顺福	儒学高等研究院

续表

序号	成果名称	获奖等级	负责人	工作单位
43	论“重写儒学史”与“儒学现代化版本”问题	三等奖	黄玉顺	儒学高等研究院
44	罗尔斯与规范性的寻求	三等奖	卞绍斌	哲学与社会发展学院
45	集体身份认同与统一国家的建构——关于多民族国家统一问题的思考	三等奖	马风书	政治学与公共管理学院

附件 4　　新增省部级研究平台

序号	平台类别	平台名称	负责人	依托单位
1	省部共建协同创新中心	儒家文明省部共建协同创新中心	王学典	儒学高等研究院

附件 5　　新增学校直属科研机构

序号	机构名称	负责人	依托单位
1	山东大学国家治理研究院	曹现强	政治学与公共管理学院
2	山东大学生态环境损害鉴定研究院	高振会	人文社会科学青岛研究院

附件 6　　新增非实体研究机构

序号	机构名称	负责人	依托单位
1	山东大学—特拉维夫大学犹太与以色列联合研究所	傅有德	哲学与社会发展学院
2	山东大学产业政策研究中心	李长英	经济学院
3	山东大学竞争政策研究中心	林　平 王哲伟	经济学院
4	山东大学机关事务研究中心	王佃利	政治学与公共管理学院
5	山东大学《史记》文献研究中心	赵生群	文学院

续表

序号	机构名称	负责人	依托单位
6	山东大学文学研究中心	龚鹏程	文学院
7	山东大学东方文化研究中心	时卫国	外国语学院
8	山东大学民营企业发展研究中心	刘　冰	管理学院
9	山东大学全球战略人才发展研究中心	唐贵瑶	管理学院
10	山东大学舆论研究中心	刘明洋 戴元初	新闻传播学院
11	山东大学影视文化艺术传播中心	唐锡光 于晓风	新闻传播学院
12	山东大学诗学高等研究中心	孙基林	人文社会科学青岛研究院
13	山东大学互联网＋党建研究中心	方　雷	人文社会科学青岛研究院
14	山东大学莫言与国际文学艺术研究中心	丛新强 张志忠	人文社会科学青岛研究院
15	山东大学国际问题研究院	张蕴岭	威海校区东北亚学院

附件 7

国际学术会议

序号	会议名称	主办/承办单位	举办时间
1	世界格局变革与东亚命运共同体建设国际学术研讨会	政治学与公共管理学院	2019．03．21-23
2	第三届壬辰战争研究（国际）工作坊	历史文化学院	2019．04．20
3	“心智能力及其形而上学”学术研讨会	哲学与社会发展学院	2019．05．20-22
4	山东大学第一届反垄断经济理论与实践国际研讨会	经济学院	2019．05．23-24
5	“有温度的田野·中国礼俗传统与当代乡村振兴”学术研讨会	儒学高等研究院	2019．06．08-09
6	“中国与希伯来经典之跨文本阅读”国际学术研讨会	犹太教与跨宗教研究中心	2019．06．15-16

续表

序号	会议名称	主办/承办单位	举办时间
7	首届类脑经济学国际研讨会	经济学院	2019. 06. 29
8	致敬70年：中国企业管理发展论坛	管理学院	2019. 07. 07
9	"百年儒学走向"国际学术研讨会暨牟宗三先生诞辰110周年纪念会	儒学高等研究院	2019. 07. 13
10	山东大学第一期金融市场学术研讨会	经济学院	2019. 07. 16
11	中国哲学起源问题的新探索国际论坛	易学与中国古代哲学研究中心	2019. 07. 17-18
12	2019绿色金融和低碳经济国际研讨会	经济学院	2019. 07. 20-21
13	《文史哲》青年学者工作坊暨第十二届中国中古史青年学者联谊会	儒学高等研究院	2019. 08. 23-25
14	第二届中韩佛教学术大会	犹太教与跨宗教研究中心	2019. 09. 05-08
15	第一届多元文化研究与跨文化教育国际研讨会	外国语学院	2019. 09. 19-20
16	新时代物流与供应链管理创新高端学术论坛	管理学院	2019. 11. 08-09
17	"当下中日韩社会家族文化的实践样式比较研究"国际工作坊	哲学与社会发展学院	2019. 11. 16-17
18	第十届中日学术研讨会	经济学院	2019. 12. 18
19	2019年运作管理创新论坛	管理学院	2019. 12. 18-20

附件8

齐鲁大讲坛

序号	主　题	主讲人	时　间
1	人工智能时代的机遇与挑战	宗成庆	2019. 05. 18
2	孔子在当代	龚鹏程	2019. 06. 22
3	周礼与现代社会	王　锷	2019. 06. 29
4	何谓"非遗"？——关于非物质文化遗产保护的基本原则	叶　涛	2019. 11. 30
5	《春秋》以道义——孔子治国理念探微	赵生群	2019. 12. 07
6	当前中国经济社会转型与财税改革	马海涛	2019. 12. 15

附件 9

高端学术论坛

序号	会议名称	主办/承办单位	举办时间
1	“生态美学的中国话语形态研究”论坛	文艺美学研究中心	2019. 03. 30
2	“创新转化的国际经验与中国实践”论坛	国际创新转化学院	2019. 04. 13
3	新中国土地制度演变与农业发展研讨会	经济研究院	2019. 04. 21
4	第八届环渤海体育法学论坛暨地方体育法学组织 2019 年联合学术年会	体育学院	2019. 05. 11-12
5	山东大学第一届反垄断经济理论与实践国际研讨会	经济学院	2019. 05. 23-24
6	“有温度的田野·中国礼俗传统与当代乡村振兴”学术研讨会	儒学高等研究院	2019. 06. 08-09
7	新中国 70 年马克思主义文化研究高端论坛	威海校区马克思主义学院	2019. 06. 15
8	“新中国成立以来中国法理学的发展与回顾”学术研讨会	法学院	2019. 06. 15-16
9	中国特色社会主义预算管理理论与制度创新论坛	经济学院	2019. 06. 16
10	新中国 70 年生态文明建设与生态设计实践高端学术论坛	威海校区艺术学院	2019. 06. 19-20
11	中国社会学会社会网与社会资本研究专业委员会第十五届年会暨“社会网与美好生活”高层论坛	哲学与社会发展学院	2019. 06. 22-23
12	致敬 70 年：中国企业管理发展论坛	管理学院	2019. 07. 07
13	“党内法规中的法理”高端论坛	威海校区法学院	2019. 07. 15-16
14	古籍整理研究 70 年暨成果评价论坛	儒学高等研究院	2019. 07. 18
15	新中国成立 70 年与思想政治教育创新发展高端论坛	马克思主义学院	2019. 07. 27-28
16	“中华人民共和国政治发展 70 年与当代社会主义民主政治新态势”高端论坛	当代社会主义研究所	2019. 08. 16-18
17	2019 中国小说论坛	文学院	2019. 08. 25-26
18	中国考古学会人类骨骼考古专业委员会第三届年会暨生物考古学高端论坛	历史文化学院	2019. 09. 06-08

续表

序号	会议名称	主办/承办单位	举办时间
19	新中国70年：国际贸易理论演进和服务贸易创新发展高端论坛	威海校区商学院	2019．09．07
20	第十六届全国马克思主义哲学创新论坛	哲学与社会发展学院	2019．09．21-22
21	“古典与现代：七十年中国诗学理论与批评”学术研讨会	人文社会科学青岛研究院	2019．09．21-23
22	新中国70年政治经济学学科建设研讨会	经济学院	2019．10．19
23	中国民俗学会2019年年会	儒学高等研究院	2019．10．25-29
24	新中国成立70周年与中国特色学术体系构建高端论坛	《山东大学学报（哲学社会科学版）》编辑部	2019．10．26
25	“中国共产党执政70年：理论创新·制度优势·治理效能”高端论坛	人文社会科学青岛研究院	2019．11．02
26	新时代物流与供应链管理创新高端学术论坛	管理学院	2019．11．08-09
27	新中国俄罗斯文学研究70年：文学与哲学的对话高层论坛	外国语学院	2019．11．08-10
28	第四届中国法律实证年会暨“新中国成立以来法律实证研究的新发展”高端论坛	法学院	2019．11．11
29	建国70年来英美文学研究发展高端论坛	威海校区翻译学院	2019．11．16-17
30	第十四届公共经济与公共政策研究论坛	经济学院	2019．12．14
31	“参政党建设70年回顾与前瞻”理论研讨会	当代社会主义研究所	2019．12．20
32	“新闻工作者权益保障：新中国70年的制度变迁与未来构建”论坛	威海校区文化传播学院	2019．12．20-21
33	首届红色新闻文化传承与发展论坛	新闻传播学院	2019．12．21

附件 10　　**庆祝新中国成立七十周年学术报告会**

序号	主　题	主讲人	时　间
1	刑事诉讼法：回顾与展望	卞建林	2019. 09. 17
2	中国对外汉语教学 70 年：成就与动向	李　泉	2019. 09. 18
3	毛泽东的建国方略——纪念中华人民共和国 70 周年	程广云	2019. 09. 20
4	市场营销学 70 年发展与理论回顾	王永贵	2019. 10. 09
5	新中国 70 年——我国社会发展的成就和趋势	李培林	2019. 10. 15
6	七十年以来战国秦汉考古的发现与研究	白云翔	2019. 10. 21
7	中国古代文学的原发性问题研究	左东岭	2019. 10. 25
8	新中国 70 年人力资源管理：沿革、研究、挑战与展望	赵曙明	2019. 10. 28
9	建国 70 年来的禅宗史研究	冯国栋	2019. 10. 28
10	中华民族复兴伟业中的生活方式培育	王亚林	2019. 12. 09

附件 11　　**青年学者学术沙龙**

序号	会议名称	主办/承办单位	举办时间
1	面向新时代的新闻传播：理论前沿与实践探索	新闻传播学院	2019. 06-12
2	中国居家医疗论坛	医药卫生管理学院	2019. 09. 06
3	转型中的国家理论：法学与政治学的对话	法学院 政治学与公共管理学院	2019. 10
4	山东大学计量与统计 workshop	经济学院	2019. 10
5	生态思维的在地化传播——当代中国影视文化的前沿思考	新闻传播学院	2019. 10
6	新中国历史学七十年	儒学高等研究院	2019. 10
7	增值税转型与宏观经济	经济学院	2019. 10. 18
8	融媒时代的新闻传播	威海校区文化传播学院	2019. 10. 19

续表

序号	会议名称	主办/承办单位	举办时间
9	离散选择实验方法与应用研讨会	医药卫生管理学院	2019. 11
10	新时代我国弱势群体福祉的交叉研究学术研讨会	哲学与社会发展学院	2019. 11
11	小样本数据在经济管理领域实证研究中的适用性	威海校区商学院	2019. 11. 01
12	语言政策与语言规划学术沙龙	外国语学院	2019. 11. 09
13	蓝岸青年学者诗学沙龙：译介与传播	人文社会科学青岛研究院	2019. 11. 09
14	流动与现代性：清末民初的跨国主义研究	外国语学院	2019. 11. 09-10
15	中国旅游文化形象与竞争力研究	威海校区商学院	2019. 11. 15
16	孔子学院与中国公共外交	国际教育学院	2019. 11. 16
17	发展经济学前沿沙龙暨香樟济南论坛第三期	山东发展研究院	2019. 11. 23
18	振叶寻根：现代人文主义阅读传统的生成	威海校区文化传播学院	2019. 11. 23-24
19	“政治鲁迅与文学中国”跨学科学术沙龙	文学院	2019. 11. 28
20	“日本的神道”山大·人文东亚青年学者工作坊第8期	哲学与社会发展学院	2019. 12. 06-07

科学技术研究

一、科研项目与经费

2019 年度，山东大学自然科学实到竞争性科研经费 16.24 亿元，其中，各类科学基金实到经费 47997.51 万元，国家各级政府高新技术实到经费 49294.37 万元，科技开发实到经费 34999.09 万元，军民融合实到经费 13729.98 万元，成果转化实到经费 11147.91 万元，其他实到经费 5232.40 万元。

二、科技成果（含重点成果选介）

（一）科技奖励

2019 年，山东大学作为第一完成单位获国家科技进步奖 1 项。省部级科技奖励共计 36 项，其中，教育部高等学校科学研究优秀成果奖 4 项（一等奖 2 项、二等奖 2 项），山东省科学技术奖 12 项（一等奖 4 项、二等奖 8 项）。

山东大学 2019 年度以第一完成单位获国家科学技术奖励一览表

序号	奖励名称	获奖成果名称	完成单位	完成人	奖励类别	获奖等级
1	国家科学技术奖	黄河中下游地区粉土路基建造支撑技术及工程应用	山东大学、山东交通学院、长沙理工大学、山东省交通规划设计院、中交一公局集团有限公司、中交第二公路勘察设计研究院有限公司、安徽省交通控股集团有限公司	崔新壮、李晋、张军辉、张炯、吴万平、孙亚刚、黄志福、张珂、王广月、王园	科技进步	二等

崔新壮教授带领项目团队经过 10 余年的联合攻关，创建了集理论、方法、技术于一体的粉土路基建造支撑技术体系，攻克了粉土路基长期服役性能差这一国际公认的技术难题。该技术体系创建了粉土地基与路基长期性能演变理论及预测方法，发明了“控

沉降、抗液化、抑劣化”的饱和粉土地基处理技术；创新了粉土路基结构设计与施工技术，研发了路基变形内外联动智能监测与灾变预警系统。成果成功应用于黄河中下游地区 1600 多公里高速公路建设中，并在海外多个国家推广应用。该成果为黄河中下游地区粉土路基建造和长期性能维护提供了理论支撑和技术保障，显著提高了该地区公路基础设施建设质量和水平，助推了我国交通强国战略的实施，并实现了标准和工法的海外输出，对于服务“一带一路”基础设施建设具有重要意义。

（二）科技论文

2019 年度，山东大学黄柏标、戴瑛、刘宏、熊胜林、冯奎双等 5 位教授入选 2019 年全球高被引科学家名单。山东大学黄柏标、陈代荣、吕孟凯、熊胜林、高宝玉等共 22 位教授入选 2018 年中国高被引学者榜单。一批优秀学术成果在 *Nature*、*Cell*、*The New England Journal of Medicine* 等顶尖期刊发表。中国科学技术信息研究所公布，山东大学科学引文索引扩展版（SCIE）收录文献（2018 年发表）4486 篇，其中论文 4311 篇，收录数量在全国高等院校排名中列第 13 位。在 SCIE 收录论文中，中国卓越科技论文（原表现不俗论文，即被引次数超过所在学科论文被引次数世界均值的论文）2452 篇，在全国高等院校排名中列第 19 位。学科影响因子前 1/10 的期刊收录论文 811 篇，在全国高等院校排名中列第 16 位；作为第一作者国际合著论文收录 831 篇，在全国高校排名列第 13 位。科学引文索引扩展版（SCIE）2009～2018 年收录的 25815 篇论文被引用 375522 次，在全国高校中排名第 13 位。工程索引核心部分（EI）收录期刊论文 2358 篇，在全国高等院校排名中列第 25 位。科技会议录引文索引（CPCI-S）收录论文 538 篇，列全国高校第 23 位。国内收录期刊论文 1543 篇，在全国高等院校排名中列第 36 位。国内论文被引用 6210 篇 10578 次，在全国高等院校排名中列第 28 位。

加强学校知识产权保护和管理，提升学术论文成果的规范性、准确性、有效性，参照学术惯例，结合学校实际，制定出台了《山东大学关于规范学术论文（理工医）完成单位署名的暂行办法》，分类强化论文署名规范引导，助力学术核心竞争力内涵式提升。

山东大学 2019 年度代表性论文一览表

序号	论文题目	刊物	第一作者	通讯作者	院系单位
1	Key role for CTCF in establishing chromatin structure in human embryos	*Nature*	吴克良、赵涵	陈子江	生殖医学研究中心
2	Enamel proteome shows that Gigantopithecus was an early diverging pongine	*Nature*	Frido Welker	王　伟	文化遗产研究院

续表

序号	论文题目	刊物	第一作者	通讯作者	院系单位
3	Per-nucleus crossover covariation and implications for evolution	*Cell*	王顺心	王顺心	生殖医学研究中心
4	BRCA2 in Ovarian Development and Function	*The New England Journal of Medicine*	秦莹莹	陈子江	生殖医学研究中心

生殖医学陈子江教授团队与中科院北京基因组研究所刘江教授团队再次合作，在*Nature*杂志以长文形式（Article）发表了题为“Key role for CTCF in establishing chromatin structure in human embryos”的突破性成果。该研究首次解析了人类精子和早期胚胎的高级结构，发现在人类早期胚胎发育过程中，出现了全基因组层次的染色质高级结构重编程，并发现 CTCF 蛋白在此过程中起到了至关重要的作用；除此以外，还发现人类精子缺少 TAD 结构，与其他物种精子（包括小鼠、猕猴等）完全不同。该研究首次绘制了人类早期胚胎的染色质三维构象图谱，对深入理解人类早期胚胎发育具有重要的理论和临床意义，是生殖发育领域的重大突破。

牙釉质蛋白质组揭示了巨猿是猩猩家族的早期成员（Enamel proteome shows that Gigantopithecus was an early diverging pongine）。

文化遗产研究院王伟教授与哥本哈根大学（Enrico Cappellini）教授带领的科研团队，在英国 *Nature* 杂志上发表其研究成果“牙釉质蛋白质组揭示巨猿是猩猩家族的早期成员”（Enamel proteome shows that Gigantopithecus was an early diverging pongine）。该团队首次在距今 193 万年的巨猿化石中成功提取遗传信息，并确认了这个早已绝灭的物种与亚洲猩猩存在密切的演化关系。王伟教授认为这一发现具有里程碑式的意义。

山东大学生殖医学研究中心王顺心教授团队在国际权威学术杂志 *Cell* 发表了“Per-nucleus crossover covariation and implications for evolution”的突破性成果。该研究发现并解析了交叉重组频率在同一减数分裂细胞的不同染色体之间协同变化这一重组调控新机制，揭示其在生物进化适应中的重要作用，并且为深入研究染色体结构与重组之间的关系及重组对生物进化适应的影响，提供了新思路。

由山东大学生殖医学陈子江教授团队秦莹莹课题组与复旦大学附属妇产科医院张锋教授合作在权威科学期刊 *The New England Journal of Medicine* 发表了一篇题为“BRCA2 双等位基因突变导致早发性卵巢功能不全（BRCA2 in Ovarian Development and Function）”的通讯文章。这一发现为肿瘤易感基因 BRCA2 突变导致卵巢早衰提供了新证据。该研究揭示了肿瘤易感基因的多系统致病性，为评估卵巢早衰患者的激素治疗安全性以及远期健康管理提供了重要依据，再次显示了山大生殖团队 POI 遗传学研究已走在世界前列。

（三）专利申请与授权

2019年度，山东大学专利申请1764件，其中PCT申请54件，国内发明专利申请1585件，实用新型专利申请125件；山东大学专利授权1409件，其中国外发明专利授权19件，比去年翻两番，发明专利1158件，实用新型232件。专利授权数量同比增长23%。李术才申请的“一种盾构搭载的非接触式频域电法实时超前探测系统与方法”等19项专利获得国外授权。

山东大学张承慧教授发明专利“一种三相模块化多电平变换器并联系统及其控制方法”获得中国专利奖优秀奖。

山东大学赵显团队“高温压电晶体与传感器关键技术专利群”获批山东省关键核心技术知识产权（专利群）资助，金额100万元。

山东大学获批的济南市知识产权维权工作站正式挂牌成立，2019年获省市专利资助共计246万元。

三、基础研究

2019年度，山东大学自然科学领域各类基金项目实到经费47997.51万元，同比增长36.00%，新上项目851项，立项经费42394.9万元（其中国家基金为立项直接经费，不包含2019年度立项间接经费约4164.18万元），同比增长34.28%。

山东大学2019年度自然科学基金项目实到经费及项目立项一览表

项目类别	实到总经费（万元）	立项项目数（个）
国家自然科学基金	36838.22	539
山东省自然科学基金（含山东省杰出青年基金）	11159.29	312
合计	47997.51	851

1. 国家自然科学基金

2019年度，山东大学国家自然科学基金项目实到经费36838.22万元，同比增长27.19%。2019年度山东大学共申报国家自然科学基金项目2779项，新获批立项项目539项，年度立项数位列全国第8位，立项经费31801.90万元（另有间接经费约4164.1785万元）。其中，集中申报期申报2639项，获批立项505项（2018年同期立项393项，同比增长112项，增幅28.5%），面上项目立项256项，列全国第9位，青年基金立项数列227项，列全国第6位，均创历史最好成绩。

2019年度，山东大学获批国家自然科学基金杰出青年科学基金项目2项，优秀青年科学基金项目6项，两类人才项目立项数较2018年均增长一倍。国家自然科学基金重大项目获批3项，重点类项目获批26项，均创历史新高，取得较大突破。

2. 山东省自然基金

2019年度，山东大学组织申报山东省自然科学基金1612项，获批立项312项，立项经费 10593 万元，实到经费 11159.29 万元，同比增长 81.13%。其中，山东省自然科学一般项目获得立项 267 项，获资助经费 3777 万元，立项经费增长 142%；杰出青年基金项目获得立项 13 项，获资助经费 1300 万元，立项经费增长 91.18%；重大基础研究项目获得立项 20 项，获资助经费 5022 万元；联合基金项目获得立项 12 项，获资助经费 494 万元。

四、应用研究与高技术研究

2019 年度，国家各级政府高新技术项目新立项 515 项，立项经费 40640.93 万元；高新技术类项目实到经费 49294.37 万元，同比增长 45.91%，其中，获得国家级项目实到经费 30808.23 万元，国际合作（境外）项目科研经费 60.99 万元，省级科技计划项目实到经费 11803.33 万元，其他地方政府项目实到经费 3954.06 万元。

山东大学 2019 年度省部级以上项目实到经费及项目立项一览表

项目类别	实到经费（万元）	主持及参与立项项目数
国家重点研发计划	23394.33	141
国家重大科技专项	2199.18	17
其他国家科技计划	350.86	3
国家部委科技项目	956.76	18
省级项目	11803.33	183
合计	38704.46	362

1. 国家科技计划

2019 年度，山东大学获批国家科技计划项目及课题 277 项，较去年增长 47.34%，立项经费 32653.28 万元，实到经费 34309.80 万元，较去年增长 78.46%。

2. 国家重点研发计划

2019 年度，山东大学牵头获批立项国家重点研发计划项目 12 项，获批国拨经费约 14000 万元，立项数和立项经费再创新高；主持承担国家重点研发计划课题（山东大学科研人员参加外单位牵头的项目）27 项，获批国拨经费 9219 万元。

3. 国际科技创新合作项目

2019 年度，山东大学获批政府间国际科技合作专项 3 项，主持承担战略国际科技合作课题 1 项，获批国拨经费 1071 万元。

4. 其他国家级重点项目

2019 年度 2 项国家科技重大专项课题，1 项科技创新 2030 重大项目课题获批立项，参与国家重大战略任务的范围与广度不断拓展。山东大学药学院娄红祥教授和刘新泳教授分别作为课题负责人参与重大新药创制科技重大专项，计算机科学与技术学院聂礼强教授作为课题负责人参与科技创新 2030 重大项目“新一代人工智能”专项，立项经费共计 1262.63 万元。

5. 山东省重点研发项目

2019 年，山东大学聚焦山东省八大发展战略和十强产业需求，紧抓山东省科技计划体系改革机遇，坚持重点突破，获地方政府科技计划资助立项 400 项，实到经费 13174.93 万元。山东大学主持承担山东省重大科技创新工程项目（第一批、第二批）共 27 项，获批立项经费共 11860 万元，参与承担山东省重大科技创新工程项目（含厅市联合项目）共 110 项，获批立项经费共 15000 余万元；主持承担山东省重点研发计划（公益类）项目 224 项，获批立项经费 3541 万元。获批山东省资助的国际科技合作项目 4 项，立项经费 985 万元。

五、科技成果转化

2019 年度，山东大学科技成果转让合同签订 33 项，合同金额 9665.3 万元，年度实际到账经费 11147.91 万元（含团队股权）。实施转让与许可的专利数达到 76 件，注重打造专利群的氛围初步形成。

氧化铝特种陶瓷材料及相关应用该成果系由陈代荣教授团队研发，转化合同额 6000 万元，主要涉及的技术是氧化铝微晶陶瓷磨料（S-G 磨料）和氧化铝基陶瓷纤维的“溶胶一凝胶”法制备及其相关应用等，其中 S-G 磨料为优质磨料，其磨粒由纳米结构微粒组成，不仅可提高金属的去除率，磨削效率高、精度高，而且还解决了镍铬钛合金的技术难题。氧化铝基陶瓷纤维是以氧化铝为主要成分的多晶无机纤维，主晶形为 γ-、δ-，θ-或 α-氧化铝，其直径小于 10μm，可编织成各种织物，耐热稳定性好，用作航空航天隔热材料、轻合金增强材料以及热处理炉、陶瓷烧成窑、石油化工裂解炉、燃烧炉等的隔热炉衬等。氧化铝特种陶瓷材料及相关应用市场需求大，技术转化条件成熟，具有良好的转化前景。微晶陶瓷磨料（S-G 磨料）和氧化铝纤维在国际上已经得到普遍的应用和推广，尤其是在军事材料、航空航天材料。陈代荣教授团队研究的氧化铝特种陶瓷材料填补国内空白，打破了美、日等国对我国的技术封锁。

甲基苯基硅橡胶生产技术该成果系由周传健教授团队研发，转化合同额 1000 万元。该技术包括四个部分：一是高纯度甲基苯基环硅氧烷（环体）的制备技术。高纯度的环体是生产甲基苯基硅橡胶生胶的关键原料。本技术以甲基苯基二甲氧基硅烷为原料，通过对水解工艺和设备、裂解工艺和设备、以及环体纯化等关键技术和设备的优化研究，提高了环体纯度和质量稳定性，环体纯度达到 99.50%以上，处于国内领先水平，并形成了单釜 230 公斤，年产 60 吨环体的工程化技术。二是系列化甲基苯基硅橡胶生胶（高温胶）的生产技术，包括特种碱胶引发剂的制备技术、甲基与苯基环体共聚合技术和生胶后处理技术等。生胶的稳定性和质量得到了航天、航空、武器、核电等应用单位的认可，并形成了供货。该技术在产品系列化和质量方面处于国内领先水平，形成了单套装置年产 100 吨生胶的工程化技术。三是高抗撕混炼胶的生产技术。该技术在生胶结构调整的基础上，通过配方设计和混炼工艺的优化，实现力学性能的提升，拉伸强度大于 10Mpa，撕裂强度大于 50KN/m。高抗撕硅橡胶主要用于太阳能电池背板，体育用品、安防用品、挤出管材、板材、线缆护套等对力学性能要求高的场合。同时，以高抗撕混炼胶为技术平台可以开发高性能硅橡胶绝缘子、防火硅橡胶等系列产品。四是多乙烯基甲基生胶生产技术。相对于普通硅橡胶，多乙烯基甲基生胶具有高乙烯基含量和高分子量，主要用于制备高强度混炼胶、进行其他聚合物改性等方面，应用广泛，在国内只有少量厂家具有生产技术。苯基硅橡胶技术市场需求大，技术转化条件成熟，具有良好的转化前景。该技术在耐高温、阻尼、耐辐照，耐烧蚀硅橡胶材料方面具有不可替代优势，在航空航天、武器、核电、电力、汽车、高铁、体育器材等领域具有广泛应用。

大尺寸碳化硅单晶材料制备关键技术该成果系由徐现刚、胡小波教授团队研发，转化合同额 1000 万元，涉及单晶设备、单晶生长坩埚、缺陷控制、粉料合成和衬底加工，解决了大尺寸碳化硅单晶制备中的技术难题，对现阶段的产品品质具有极大的提升和成本的降低。

单晶装置可实现温度场的实时调整，并有效控制生长界面的形状；坩埚结构简单，大大减少 SiC 单晶中的碳包裹体，提高了碳化硅单晶质量；利用机械方法工艺简单，思路新颖，明显降低物理气相传输法生长 SiC 单晶中的位错密度；粉料合成促进自蔓延，节约了大量的电量，降低粉料合成时间。抛光技术克服了传统的单晶片表面碱性抛光液的缺点，获得了无表面损伤层、高平整度、超光滑的表面。达到工程实用水平，与科研院所、高校与企业科学研究，广泛应用于电力电子、微波通讯、半导体照明等领域。

大尺寸碳化硅单晶材料制备关键技术市场需求大，技术转化条件成熟，具有良好的转化前景。基于宽禁带半导体材料的半导体照明已经确立了在照明领域的主导地位，智能照明与移动互联网、物联网、大数据、云计算和等新一代信息技术的深度融合，将成为智能家居、智慧城市、智能社会不可或缺的组成部分；SiC 宽禁带半导体功率电子器件的民用市场近期起步，在新能源汽车等领域的应用将进入高速发展期；射频电子器件在军用雷达领域已经实现规模化应用，在民用移动通信领域的应用正在快速兴起。

根据市场研究机构 Yole Développement 的数据，全球 SiC 功率半导体市场将从 2017 年的 3.02 亿美元，快速成长至 2023 年的 13.99 亿美元，2017～2023 年的市场规模年复合成长率（CAGR）为 29.00%，推动力来自混合动力及电动汽车、电力和光伏（PV）逆变器等方面的需求。

六、科技创新平台建设

2019 年度，山东大学科研平台与科研机构建设成效显著，学校高度重视科研平台建设，定性为学校“平台年”，加大资源投入力度，拨付运行经费，给予倾向性支持政策。学校坚持“早谋划，早统筹，早预防，早诊断”原则推进科研平台提质增效，依托科研平台为载体，各类科技创新成果不断涌现。

2019 年度，全校共计新增省部级以上政府主导类科研平台 12 个。其中，国家级平台 3 个、教育部等部委平台 3 个、省级平台 6 个。各类平台荣获竞争性资助运行经费共计 2400 万元，12 个科研平台入选济南市对国家级和省级创新基地资助与支持序列。

截至 2019 年底，山东大学主要政府主导类科研平台（自然科学类）共计 153 个，其中国家级科研平台 10 个，部委级科研平台 33 个，省级科研平台 110 个。

1. 新型科研平台（机构）培育建设

以材料学科为主体的新一代半导体材料集成攻关大平台作为首批集成攻关大平台获批立项。集成攻关大平台是教育部面向国家急需布局建设的创新大平台，旨在整合相关学科研究力量改革科学研究“小散虚”的科研组织模式，集成优势力量聚力解决国家面临的“卡脖子”技术问题。

山东应用数学中心作为省部共建应用数学中心进入科技部首批支持立项的五个应用数学中心序列。山东应用数学中心充分发挥山东大学数学学科传统引领优势，以面向不确定性现象的非线性概率统计这一前沿科学研究问题为导向，以相关领域企业和行业的迫切需求为起点，打破校内学科、学院的界限，突破学校和企业、行业的隔阂，开展广泛交叉科学研究，服务行业与经济社会发展需求。

山东大学首个国家工程研究中心新能源与高效节能国家地方联合工程研究中心获批立项。研究中心将围绕我国能源产业和经济发展中的“高投入”“高耗费”“高污染”及“低效益”等问题，开展全方位基础与应用基础研究，以满足提升产业创新能力、促进区域经济发展等方面需求。

以山东大学数学、控制等学科为主体建设的非线性期望前沿科学中心列入教育部前沿科学中心培育序列。前沿科学中心是教育部在基础研究领域布局的创新大平台，目标是以前沿科学问题为牵引，开展前瞻性、战略性、前沿性基础研究。

2. 省部级科研平台建设

2019 年度新增省部级科研平台 9 个，其中教育部野外科学观测研究站、国家药品监管科学研究基地为新增类型平台，科研平台建设体系不断拓展。3 个国家工程技术研究中心、10 个山东省示范工程技术研究中心、7 个 2019 年新申报的省技术创新中心被列入山东省技术创新中心培育库。积极参与山东省实验室筹建工作，牵头组建的济南全生命周期空间组学山东省实验室，参与建设的青岛能源山东省实验室、网络信息与空间安全山东省实验室各项工作加速有序推进。

七、大学科技园建设

2019 年，山东大学国家大学科技园泰山分园（东平）被认定为省级创新创业平台。山东大学国家大学科技园筹集社会资金，投资 5 亿元与青岛莱西市合作共建山东大学国家大学科技园青岛双创中心（莱西），在 3～5 年中将孵化 300 个高新企业，产值将达 100 亿元，税收 10 亿元，成为服务当地经济社会发展的新旧动能转换示范基地。山东大学国家大学科技园与中科院中物九鼎签署合作协议，在历城院士谷共建科技创新创业孵化器，助推山东大学与济南市全面合作“山大系”工程实施。

八、科技人才队伍建设

2019 年度新增院士一览表

序号	姓名	类别	院系单位
1	陈子江	中国科学院院士	生殖医学研究中心
2	李术才	中国工程院院士	岩土与结构工程研究中心
3	张友明	欧洲科学院院士	微生物技术研究院

2019 年度国家自然科学基金杰出青年一览表

序号	类别	姓名	院系单位
1	国家自然科学基金杰出青年基金	张　建	环境科学与工程学院
2		王光臣	控制科学与工程学院

2019 年度国家自然科学基金优秀青年一览表

序号	类别	姓名	院系单位
1	国家自然科学基金优秀青年基金	赵立璐	数学学院
2		王一峰	化学与化工学院
3		薛丽坤	环境研究院
4		宋清华	机械工程学院
5		刘　斌	岩土与结构工程研究中心
6		徐娟娟	控制科学与工程学院

2019 年山东大学获批立项山东省高等学校优秀青年创新团队一览表

序号	团队名称	负责人	院系单位
1	能源与环境功能材料创新团队	王　朋	晶体材料研究所
2	工业物联网与智能制造创新团队	张海霞	控制科学与工程学院
3	新能源与电能变换创新团队	高　峰	电气工程学院
4	表界面化学及其应用创新团队	张进涛	化学与化工学院
5	催化合成化学创新团队	孙　頔	化学与化工学院
6	大气 VOCs 污染原理与控制技术创新团队	杜　林	环境研究院
7	代谢相关组织与器官再造创新团队	于　晓	基础医学院
8	豆科牧草种质创新团队	周传恩	生命科学学院
9	地下工程重大灾害预警控制创新团队	李利平	齐鲁交通学院
10	高能物理创新团队	周　剑	前沿交叉科学青岛研究院

为进一步推进山东大学前沿交叉科学研究发展，培育一批引领性的新兴交叉科学研究方向，不断加强对年轻人才的支持力度，支持青年人才快速成长成才，确定20个首批资助建设的青年交叉科学创新群体。

九、科技合作与交流

1. 科技开发与技术咨询

2019年度，山东大学科技开发实到经费34999.09万元，同比增长26.07%，横向科研项目新立项791项，合同额45134.454万元。百万元以上项目80项（其中，立项金额1000万元9项，500万元以上12项）。

2. 校地、校企合作情况

积极落实学校服务山东战略，推进山东工研院建设。面向各功能园区、重点企业、高校院所征集确定了支持27家协同创新中心建设。其中山东大学牵头建设14家，参与建设10家，拨付协同创新中心建设经费1710万元。工研院建设的集总部办公、育成孵化、创新体验为一体的1万平方米育成孵化基地并投入使用，筛选并签约高科技项目30余项。聘请侯保荣等9位院士为工研院特聘专家，与14家新型研发机构签订战略合作协议。2019年，与工研院合作共建的3家协同创新中心获得济南市科技局产业创新载体补助支持资金180万元。

充分吸纳校企、校地创新资源，推动产学研金服用深度融合。强化与支持以学院为主体建立校地、校企合作高水平研发平台，完善具有山大特色的技术转移体系。通过召开专题研讨会、经验分享会等多种形式，探讨总结新型研发机构管理体制和运行机制，促进共建研发平台持续发展。2019年推动“山东大学淄博先进制造与人工智能研究院”“山东大学一泰安市固废综合利用研究院”“共建碳化硅产业技术研究院”“山东大学诺亚创生生物研究院”等40余个校地、校企共建平台签约，其中合同额达到千万元以上合作协议的11个。

拓展科技成果宣介途径，探索科技成果转移转化的新机制、新模式。2019年，学校实施“山东大学科技成果直通车行动”，主动到区县、工业园区推介学校科技成果，获科技部重点连续报道，有效地提升了学校的社会影响力。首次举办山东大学科技成果发布会暨重大项目签约活动，发布7项最新科技成果，9个重大科技合作与成果转化项目签约，合同额2.1亿余元。

积极推进科技挂职与借调工作，畅通科技交流渠道。充分发挥借调与挂职干部的桥梁纽带作用，及时掌握最新科技政策信息，构建多层次的技术转移人才队伍，提升学校服务国家重大战略需求与科技成果转化的能力，服务经济社会发展需求。2019年度学校积极推进科技挂职工作，共有山东省第五批科技副职21人、济南市市中区科技副职7人、山东省第一批科技特派员3人，江苏科技镇长团以及企业兼职科技人员等90余名挂职人员。

（任敏利）

人事人才工作

2019 年，以党的十九大精神为指导，不忘人事人才工作初心，牢记人事人才工作使命，积极贯彻学校十四次党代会人才强校战略，深化落实已出台的改革方案，谋划出台新的配套举措，人事人才体制机制改革进一步向纵深推进，常规管理服务工作持续规范和完善，队伍建设取得显著成效。

一、工作成效及亮点

（一）顶尖和领军人才培育取得突破

学校共引育各类高层次人才 521 位，包含全职类人才 412 位，兼职类人才 109 位，其中国家和省部级人才 148 位，较 2018 年 77 位基本实现翻番。在学校上下的共同努力下，入选两院院士 2 位，实现山东大学本土人才入选院士多年来零的突破；引育长江学者特聘教授和国家杰青 10 人，达到项目设立以来历史新高。

（二）青年人才成为学科发展的生力军

培育国家级青年人才 11 人，均由校内杰出人才体系青年项目人选；入选泰山学者青年项目 63 人，较 2018 年实现翻番。国家自然科学基金青年科学基金项目立项中，博士后获 71 项，占项目总数的 31.1%，科研生力军作用凸显。

（三）体制机制改革向纵深推进

按照《山东大学关于深化人事人才工作体制机制改革的意见》精神，新出台 13 个配套方案，实现编制岗位管理自主权的全面下放，“放管服”改革更加彻底，构建了从杰出人才—教学科研人员—管理支撑队伍的全方位岗位体系，突破性地打通了非事业编制人员晋升发展通道。到目前为止，已经出台了 24 项具体改革方案，大大提升了人事人才治理体系现代化水平。

（四）构建教职工能力提升“1+5”体系

以学校建设目标和内涵式发展需求为导向，制订并实施《山东大学教职工能力提升计划（2019～2021 年）》及 5 个配套专项方案，科学构建教职工能力提升体系，精准提升各支队伍综合素养和岗位技能，开发人力资源增值效应。本年度教职工海外研修达 200 人次，国内研修培训达 600 人次。

二、主要工作举措

（一）聚焦党管人才

1. 坚持党的领导

学校党委在人才工作中把方向、管大局、作决策、保落实，将引才育才成效纳入中层领导班子考核评价体系，表彰奖励9个人才工作先进单位和25个人才工作贡献奖单位。启动学校领导干部与专家学者联系服务“直通车”实施方案，将思想引领融入服务引导之中。将政治表现和师德师风作为人才评价的首要标准。

2. 坚持党建工作引领发展

支部党建工作与人事人才业务工作一同谋划、部署、落实，将“三会一课”及“不忘初心，牢记使命”主题教育活动贯穿人事人才工作的全过程，有效地做到了教育、管理、监督党员有力，组织、宣传、凝聚、服务师生有力，充分发挥了党支部的战斗堡垒作用和全体党员的先锋模范作用。

（二）聚焦高层次人才队伍建设

1. 多措并举引育人才

进一步修订和完善杰出人才体系，破除“五唯”，根据学术水平、发展潜力和学术影响力评价人才，将讲席教授等岗位分两个层次支持，增设兼职杰出中青年学者及兼职齐鲁青年学者岗位，将优秀教学人才纳入杰出人才体系进行支持。2019年，遴选120位校内人才进入杰出人才体系。举办海外系列引才活动，增设4个海外人才工作站，成功举办第四届齐鲁青年论坛，多渠道拓展海外人才资源。推进学院成立战略咨询委员会，充分发挥顶尖人才在学科发展、人才引育方面的重要作用。

2. 构建全方位人才服务保障

建立多部门协同配合的人才引进论证机制，完成12位顶尖和领军人才“一事一议”论证工作，保障人才落地后顺利开展工作。开通人才绿色就医通道，在附属医院设立服务专员为人才提供保健门诊及住院服务。落实“惠才卡”政策，打通聘任制人才办理省医保的通道。积极与附属幼教学校沟通协调，确保人才子女顺利入学，为人才解决后顾之忧。

（三）聚焦综合治理体系建设

1. 下放编制、岗位管理自主权

出台《山东大学编制管理实施方案》《2019～2022年专任教师高级职务岗位设置方案》，核定下达各校区、各教学科研单位未来四年教师编制及新进教师数，核定下达四年新增教学科研型、科研型教师高级职务岗位数，突出对大平台、一流学科、新兴交叉学科的支持，夯实“强院兴校”人力资源基础。

2. 推进建立科学选聘机制

出台《山东大学新聘教学科研人员管理办法（修订）》，深化博士后制度改革，建立由长聘制教师、预聘制教师、合同聘用制教师、博士后、专聘科研人员、专聘教学人员、外籍及港澳台地区教师等多元构成的教学科研人员岗位体系，进一步规范聘用管理制度，激发新聘教学科研人员潜能，促进成长发展。

3. 进一步推进多元考核评价改革

修订完成专业技术职务及岗位聘用条件，统筹开展 2019 年度专业技术职务聘任、岗位调整以及杰出人才特别评审工作，教师岗位深化分类评价，突出代表性成果评价，教师外各岗位突出品德、能力、业绩导向；修订完善年度考核工作原则及考核办法；规范预聘期人员聘期考核管理，激发队伍活力，让努力进取、追求卓越的教职医务员工脱颖而出。

4. 推进非事业编制队伍建设改革

根据非事业编制队伍现状及学校发展需要，出台《非事业编制管理支撑队伍建设实施办法》，精准配置非事业编制管理支撑岗位资源，提高岗位设置的针对性与有效性，强化岗位管理与考核，科学构建岗位晋升体系，启动非事业编制职称资格代评工作，畅通非事业编制人员成长发展通道，激发非事业编制人员干事创业活力。

（四）聚焦激励保障机制建设

1. 构建学校荣誉体系

制订《山东大学教职医务员工荣誉体系建设方案》，构建全面立体、层次清晰的校内荣誉体系。强化示范引领作用，评选学校优秀教师、先进教育工作者、优秀临床教师 35 人，推荐数学学院入选“山东省先进集体”、1 人入选“全国优秀教师”，3 人入选“宝钢优秀教师奖”。成功举办第 35 届教师节庆祝大会暨优秀教师颁奖典礼，弘扬尊师重教主旋律，引导教师坚守教书育人初心。

2. 搭建教职工培养平台

拓展培训渠道，组织开展教师弗吉尼亚理工大学、英属哥伦比亚大学，管理人员南洋理工大学等 74 人海外成班化研修，组织 310 名管理人员进行公文核心技能、创新发展等专题培训。加强新聘教工培训，创新培训内容和形式，组织一校三地 432 位新聘教职工参加入职培训。

3. 稳步提升教职医务员工收入保障水平

推进绩效工资分配改革，充分发挥绩效工资的竞争激励导向作用，实现人均增拨岗位绩效工资标准 38％的业绩绩效工资；推进职工养老保险入轨工作，完成基本养老保险信息采集工作；及时稳妥调整了退休（退职）人员养老保险待遇；提高外籍及港澳台地区师资薪酬标准，积极为符合条件的外籍及港澳台地区教师缴纳社会保险。

（五）聚焦改进机关工作作风

1. 实施精细化管理

进一步规范常规业务流程，堵塞安全漏洞，防范用人风险。修订出台教职工因公长期出国（境）、借调及对口支援人员等管理办法等多个制度规范，高质量完成人员招聘、聘用与考核、职称与岗位聘任、培养培训、待遇发放、干部人事档案管理等各项工作。

2. 实现线上线下立体化服务

按照“两不出”的要求，完成人力资源系统一期建设，推进并完成人员招聘、入职离校、年度考核、职称评审、绩效发放、考勤管理等业务全流程网上办理，提升为教职医务员工服务效能。做实人事人才工作联络员制度，发挥微信公众号作用，搭建线上线下沟通平台。

3. 开展政策宣传活动

针对在教学科研一线调研中收集的意见建议，举办一校三地人事人才政策培训、暑期研讨会和系列政策宣讲活动，召开人才项目申报、人员招聘、职称评聘、博士后基金申报等部署培训会，增强教职医务员工对政策的认识和把握，统一思想，形成共识。

4. 启动干部人事档案数字化工作

干部人事档案管理以档案数字化、查阅电子化为目标，制订了“一张网，三区域”的建设方案，完成了干部人事档案数字化软硬件设备及系统的安装使用和数字加工场地改造，初步完成600余卷中层领导干部档案的数字化工作，干部人事档案数字化取得实质性进展。

（秦丽媛）

离退休工作

一、总体情况

2019 年，离退休工作处（离退休党委）以习近平新时代中国特色社会主义思想为指导，认真贯彻落实全国和山东省老干部工作局长会议精神，在学校党委、行政领导下，围绕学校“双一流”建设，坚持以“健康服务保基本，精神服务提品质，政治服务强本色”的工作思路，以引领广大离退休职工“过好新生活，释放正能量，作出新贡献”的工作目标，不断强化班子和团队建设，重点加强离退休基层党组织建设，把全校离退休党员队伍有效地凝聚在党组织周围，在全校各单位的支持协作下，工作团队在政策范围内深化了对老同志的礼遇尊重，加大亲情服务工作力度，圆满完成了各项工作任务，广大老同志对学校的认同感和对生活的满足感进一步提升，为学校改革发展稳定和“双一流”建设作出了不懈努力。2019 年度，山东大学离退休党委被山东省委组织部、山东省委老干部局及山东省委离退休工作委员会授予“离退休干部先进集体”称号。

截至 12 月底，校本部接收新离退休人员 152 人，去世 117 人，现有离退休职工 4760 人，其中离休干部 176 人，中共党员 2181 人。离退休党委下设 3 个党总支、94 个离退休党支部、95 个行政小组和 1 个直属党支部。

二、主要做法

（一）扎实开展“不忘初心，牢记使命”主题教育

离退休党委紧密结合离退休工作实际，分类指导，制订主题教育工作方案，严格履行主体责任，把主题教育与离退休服务管理工作有机结合，引领党员干部珍惜光荣历史，不忘革命初心，永葆政治本色，保证主题教育整体效果和质量。以“不忘初心，牢记使命”为主题，举办了为期四天的离退休党组织书记及党员骨干培训班，提高了党支部的工作水平，为主题教育打好基础。

（二）加强离退休党组织建设，发挥政治核心和战斗堡垒作用

离退休党支部建设得到了进一步加强，党支部战斗堡垒作用、党员先锋模范作用得到有效发挥，积极引领广大老同志认同党和国家方针政策、理解支持学校的各项决策部署，促进了离退休服务管理工作的全面落实，为学校改革发展稳定和“双一流”建设积聚正能量。

1. 发挥离退休党委政治引领作用，强化支撑保障。党委班子能够着眼“五个到位”，牢固树立“四个意识”，保持政治定力，提高政治站位，积极引领和维护广大离退休职工队伍思想稳定。注重发挥党委工作主导、思想和意识形态引领作用，把落实主体责任贯穿到日常工作全过程。全年召开党委会6次，落实党建重点任务，破解难点问题。顺利完成离退休党支部书记述职评议考核工作。

2. 加强离退休党支部建设，发挥桥梁纽带和战斗堡垒作用。积极稳妥、动态调整支委班子，选优配强支部书记，全年调整17个党支部，调整24人；全面落实每月一次党支部书记政治学习例会制度，分类指导开展主题教育、组织生活、三会一课、主题党日等。对党委所属2181名党员的党组织关系实现了全员动态管理，实现党建工作全覆盖。通过党员会议、微信群、送学上门等方式强化党员学习；利用红色资源、党性基地参观学习，强化党员干部教育；积极引领思想和舆论导向，引领广大离退休党员离岗不离党，退休不褪色。

3. 加强思想政治工作，提升政治引领。积极凝聚并依靠包括党支部书记等300余名老干部骨干，及时了解党员心声、把握舆情动态。遇难点问题及时与老同志沟通、上门看望、解惑释疑，重大问题及时与相关部门沟通，向学校报告，防止形成舆情。层层压实工作责任，加强老年学习活动场所、老年社团及微信群等监管，及时引导处理，防止“谣言”等负能量信息传播。重视来电来信来访工作，做到“事事有回音，件件有落实”。配合主管部门做好老同志“热点问题”思想工作，特别是“三代子女入学”和“宿舍区增设电梯”等方面，积极配合相关部门，投入大量时间精力做好相关老同志的思想工作，取得了一定的实效。

（三）落实好政治、生活待遇，增强离退休干部归属感、获得感、幸福感

1. 完善制度，落实离退休干部的政治待遇。坚持并完善老干部“阅读文件，走访慰问，通报情况，征求意见，参加有关重要会议和重要活动”制度，为全体离休干部和副处级、副高级职称以上的退休干部，每人赠阅《山东大学报》，让离退休老同志及时了解学校各方面工作情况。编印适合老干部特点的报纸《山东大学山海情》2期，6000余份，宣传相关政策，发布老同志喜闻乐见的信息，受到老同志们的广泛好评。

2. 落实生活待遇，做好亲情化服务。全年共为41名离休干部家中祝寿，130余名老寿星举办了集体祝寿；上门走访老同志120余次；看望住院老同志150余人次；坚持离休干部巡诊制度，组织离休干部查体100余人次，与口腔医院共建为老同志开展义诊活动，与校医院共建为离休干部上门保健服务；重阳节期间为每名老同志发放30元节日慰问金，制作寿星榜并给年满90岁及以上的158名离退休老人每人发放1000元长寿慰问金；重阳节、春节期间为180名离休干部上门送节日慰问品，为2181名老党员通过党支部发放节日慰问品；为154名家庭困难的离退休职工及离休干部遗属发放了困难补助和慰问金；协助各单位为117名去世老同志办理后事，并到家中慰问亲属，送上1000元慰问金；协助各单位做好年度老同志蛋糕券发放及中秋节、春节期间的普遍走访慰问工作等。

（四）组织开展丰富多彩的活动，突出文化养老

1. 参观学习游览活动。本着安全、适度的原则，先后7次组织离退休支部书记、

行政组长等老同志近380余人次，到章丘三涧溪、东营刘集、沂源红色基地、台儿庄战役纪念馆、焦裕禄纪念馆、平津战役纪念馆、周恩来邓颖超纪念馆等地参观学习，接受红色教育；先后8次组织老同志近920余人到华山湿地公园、济南植物园、夏津黄河故道、东阿阿胶集团等地游园、参观，促进老同志身心融于自然、愉悦身心、延年益寿。

2. 体育健身活动。按校区共组织6次老同志“健步走”健身活动，参加人数累计达6400人次；举办了2次老年乒乓球比赛，参赛老同志达80多人，还组织开展了棋类、牌类、球类、踢毽等体育活动；认真组织老同志参加省委老干部局举办的第一届省直老干部运动会，荣获精神文明代表队，受到老干部局的赞扬；选拔、组织部分老同志参加省直老体协举办的桥牌、门球、围棋、乒乓球、象棋、柔力球等比赛活动。老年柔力球队参加第十一届“久久星杯”全国柔力球大赛，获得优胜奖、全能第3名。2019年山东大学老年体协被评为“体彩杯”山东省省直机关第六届夕阳红健身运动会优秀组织单位。

3. 文化娱乐活动。围绕“新中国成立70周年”，积极支持老年文艺团体开展健康有益的文艺演出活动，举办了3场大型文艺汇演，近1500名老同志参加观看。组织举办了4次老同志书画、摄影展，200余幅作品参加展览，推选出部分优秀作品参加省艺术节评奖；精心设计策划敬老月系列活动，营造喜庆祥和、尊老敬老的节日气氛；举办了10余次的联欢会、茶话会，受到普遍欢迎。积极组织“夕阳红”艺术团参加山东省第八届老干部艺术节、省直单位举办的各项比赛活动及山东省老教授协会举办的文艺汇演，均取得好成绩，在省直单位中创响了山东大学艺术品牌，被誉为“省直老干部活动的标杆”。

（五）发挥离退休干部独特作用，引领增添正能量

充分发挥老干部独特作用，引导他们最大限度地为学校改革发展稳定和“双一流”建设增添正能量。

2019年，学校首次聘任了54名“五老”学生德育辅导员，有力地推动了“三全”育人工作。在学工部的大力支持下，在“读懂中国”活动中，有22个学院积极参与，受访“五老”人数达37人，为学生作专题报告37场，参与学生人数多达800人，筛选出来自22个学院的较好作品108件，其中征文作品93件，微视频作品15件。积极组织支持离退休党支部与学生党支部“老少互动，和谐共建”工作，共有35个离退休党支部与学生党支部结对子，起到了老少优势互补、取长补短、共同提高的作用。以创刊的老年报《山东大学山海情》为平台，征文、征稿300余件。开展“我看新中国成立70周年新成就”专题座谈会，组织老同志谈感想、话体会，谈出了感党恩、听党话、跟党走的决心，谈出了追求新幸福、讴歌新时代的正能量。

（六）班子和团队建设得到进一步加强

1. 打造优秀工作团队，落实目标责任。班子成员能够认真履行“一岗双责”，以身作则，立足岗位主动担当，带领工作人员熟悉政策，爱岗敬业，强化岗位责任和首接负责意识，全面提升工作水平和工作积极性。

2. 进一步加强党风廉政建设。认真落实民主集中制，强化班子全面从严治党主体责任。坚持班子成员不经手现金、不亲自报账，涉及离退休公用经费、党费等，均在老

同志中公开公示，自觉接受老干部的监督，确保经费使用管理在阳光下运行，确保离退休各项经费支出发挥最大效益。

3. 加强离退休工作制度化规范化建设。制定相关的规章制度，修订和完善物品采购、财务报销、用车管理、社团管理、参观考察等业务工作流程，不断提高规范化工作水平。

（任　杰）

学科建设与发展

2019年学科建设与发展规划部深入学习贯彻习近平新时代中国特色社会主义思想和党的十九大精神，紧紧围绕学校中心工作，扎实推进部门各项工作，加快推进一流大学建设，助推实现“由大到强”历史性转变。

一、追求卓越、只争朝夕，推进一流学科建设

（一）深入实施“三大计划”，推动学科“瘦身，长高，变强”

深入实施“学科高峰计划”，建设一流学科高峰。全力推进“数学与数据科学”“化学与物质科学”等5个一流学科领域建设，推动学科“变强”；稳定支持“考古”“经济学”“控制科学与工程”等15个特色学科，“全球能源互联网”等9个新兴交叉学科，推动学科“长高”。发挥一流学科龙头引领作用，在建设经费、队伍建设与人才引育、研究生指标、物理空间等方面加大重点投入，凝聚围绕一流学科统筹资源配置共识，持续强化一流学科建设。

ESI 前 1‰ 5 个学科进入

化学、工程学、临床医学、药理学与毒理学、材料科学

ESI 前 1% 18 个学科进入

51 个学科入选

软科 2019 年最好学科榜单

全国前 3 名 数学、考古学、护理学

全国前10名 中国语言文学、控制科学与工程、哲学

谋划学科专业系统性调整，优化学科结构和空间布局。协同本科生院、研究生院组成学科专业动态调整工作小组。广泛深度调研，摸底教师、学生思想动态，全面掌握各学科学术方向凝练、专业优化调整、人才引育、学生招生与培养、学科平台、大项目、大奖励以及国际交流合作等各类建设情况和发展潜力。认真学习研究教育部“双一流”动态监测指标体系，“突出质量，突出特色”，制定我校学科动态调整指标体系。借助第三方评价机构数据（青塔），综合考虑我校各学科在全国的布局情况、学科相较其他高校发展情况，以及各学科在一校三地布局情况，拟定重点考察名单和学科专业系统性调整方案。

招生专业总数减少到 92 个

压缩改造老化专业19 个

新增战略新兴本科专业10个

网络空间安全，人工智能，数据科学与大数据技术，智能制造工程，生物医学科学，材料科学与工程，供应链管理，新能源科学与工程，智能医学工程，土木、水利与海洋工程

一流专业占比超过 54%

30 个国家级一流本科专业

20 个省级一流本科专业

落实新兴交叉学科培育建设机制，推动学科实质性交叉融合。持续实施“学科激励计划”，布局建设“人工智能”“智能医学工程”等新兴交叉学科增长点。2019 年 7 月 5 日，山东大学一南洋理工大学人工智能国际联合研究院成立，通过“2＋X”的运作模式，山东大学、南洋理工大学、章丘区和山大地纬四方共建；深入推进与新加坡国立大学共建“生物医学工程”研究院；编制《健康医疗大数据研究院建设方案》，深入推进健康医疗大数据研究院建设；论证制定《信息学科发展规划纲要（2020～2035）》，以信息学科为黏合剂，推动相关领域学科交叉融合发展。

（二）强化经费管理，完成学校 2019 年“双一流”建设经费筹集、分配、使用和整改工作

加强经费筹集和统筹力度。推动省部共建、校地共建，多渠道筹措资金，2019 年筹集学科建设经费 17 亿元。突出重点，优化预算分配体系。延续聚焦第十四次党代会提出的“六大战略”“十大任务”，重点对焦学校 2019 年度建设重点，集中围绕 5 大一流学科领域，着重突出人才和创新平台战略引领作用，制订《2019 年度“双一流”建设经费切块方案》。强化预算监督，开展绩效考核。联合财务部，实时监测各专项执行情况。依据教育部“双一流”引导专项经费绩效自评要求，组织相关建设专项开展自评。完成教育部“双一流”建设经费整改工作。系统梳理学校 2016～2019 年“双一流”建设经费的分配原则、体系与使用情况，总结建设成效，检视存在问题，改革预算体系，优化管理机制，提出改进措施。

（三）落实任期目标责任制，完善学科项目管理机制

构建“学校学科建设规划—中层单位中长期整体规划—任期目标—年度计划—经费预算—绩效考核”的全链条目标责任落实体系。紧密结合《山东大学中层领导班子和领导人员考核工作暂行办法》，在充分释放经费使用自主权的同时，加强绩效考核，确保各学科“有能力”“有动力”落实学科建设规划各项任务。全覆盖落实目标责任制。组织体育学院、微电子学院等 8 个单位修改完善《发展规划》，国际创新转化学院、网络空间安全学院等新设学院编制《发展规划》，第二批签订任期目标责任书，实现目标责任制一校三地全覆盖。严格预算管理。以各学科项目《建设计划与任务书》为基础，依据学科《中长期发展规划》测算三年预算控制数，分年度下达。2019 年预算在三年预算基础上，重点参考 2018 年建设绩效和经费执行情况，调整分配。实施动态监测。实时观测各学科项目建设进展和建设经费执行情况，每个季度通报一次建设经费执行情

况，最后一季度每月通报一次经费执行情况。强化绩效考核。结合学校中层单位领导班子和领导人员年度考核，对各学科建设目标和建设任务完成情况进行绩效考核，依据考核结果调整下一年度支持力度和项目建设层次。

（四）以评促建、以评促改，圆满完成学校世界一流大学建设中期自评工作

聚焦一流发展、特色发展、一体发展，对学校和各学科启动世界一流大学建设以来取得的建设成效和存在的突出问题进行全面自评。制订《山东大学世界一流大学建设中期自评方案》，明确自评指导思想、总体要求、组织形式和工作时间安排。召开全校工作会议，明确责任分工，部署实施自评具体工作。组织一校三地各学科、各相关职能部门，对标一流，全面梳理2016～2019年建设成效，深刻剖析存在问题，提出下一步工作重点，编制《各学科建设中期自评报告》，提供《山东大学世界一流大学建设中期自评报告》编写素材。编写工作小组多轮集中、反复研讨，汇总形成《自评报告（讨论稿）》。学校战略咨询委员会、世界一流大学建设领导小组、学科建设委员会审议、论证、完善《自评报告》。

（五）推进落实学校发展战略咨询委员会第二次会议委员意见建议

9月25日，学校发展战略咨询委员会第二次会议在青岛校区召开。围绕“学科更新换代，推进山大‘由大到强’历史性转变”议题，全程参与会议，提交议题材料，认真梳理各位委员提出的意见建议，整理会议纪要。严格落实各位委员意见建议，牵头整理汇总学校各部门落实措施，编写整体落实方案，提交学校党委常委会审议，高标准、严要求推进学科更新换代，推进学校“由大到强”历史性转变。

二、系统谋划、协同推进，着力完善改革发展规划体系

（一）组织制定实施“强刊兴学”计划，推动科技期刊建设取得突破性进展

参与制定并印发实施《山东大学世界一流科技期刊培育计划（2019～2035）》，即“强刊兴学”计划。该《计划》将科技期刊建设作为学术振兴的重要组成部分，纳入学校全面深化改革和学校事业发展规划，围绕学科强、学院强，突出质量发展、特色发展，在“一二一”发展思路指引下，提出“一二三四”工作思路，加快改革开放步伐，建设“四大体系”，实施“三大工程”，增强“两大主体”，打造世界一流科技期刊“山大方阵”，助力世界一流大学建设。自该《计划》实施以来，建设成效显著，学校3种期刊入选高起点新刊项目，每刊将获50万元资助。

（二）参与编制世界一流出版战略规划，推动出版工作持续繁荣健康发展

参与编制《山东大学世界一流出版战略规划（2019～2035年）》，立足山大、厚植齐鲁、面向全国、放眼世界，将一流出版作为学术兴校战略和文化引领战略的重要组成部分，把社会效益放在首位，坚持社会效益和经济效益相统一，兼顾办学效益，提出“质量立社战略，人才强社战略，品牌兴社战略，融合发展战略，多元发展战略，开放发展战略”六大战略，明确了“规模化跨越期，多元化扩张期，国际化成熟期”三个阶段发展目标，形成大力实施“221工程”等十个方面的举措，用一流出版助推世界一流大学建设。

（三）参与综合改革工作，助推深化一校三地体制机制改革和实施“强院兴校”行动

经过多轮调研、研讨，研究制定《关于深化一校三地管理体制机制改革的意见》《关于实施强院兴校行动的意见》，遵循高等教育发展规律，坚持扎根中国大地办大学，深入落实一体发展战略，在推进一校三地办学进程中探索构建山大特色的办学模式，推动学校内涵发展，推动学校治理体系和治理能力现代化，加快实现“由大到强”转变，加快实现世界一流大学建设目标。

三、加强调查研究，提升学科建设与规划改革工作科学化水平

（一）问题导向与目标导向兼顾，深入开展调研

围绕学科建设、学校各类规划等方面深入上海交通大学、浙江大学等高校交流经验，深入一校三地、五大一流学科群中广泛调研。

（二）聚焦重点领域，强化分析研究

依托论文数据，开展学科追踪科技前沿，推动交叉研究的能力分析，编制数学、物理、化学、生物《学科分析报告》，深入学科宣讲研究分析成果。开展学科国际排名研究和学科发展水平分析，编制第 10 期、第 11 期《学科建设通讯》。围绕发展规划和全面深化改革重点工作，编写《国家医学发展改革政策汇编》《中外大学与附属医院发展改革情况资料汇编》《国家新闻出版政策文件汇编》《国家新闻出版发展规划汇编》等系列学习材料。

（王　超）

国际合作

2019 年，国际事务部（港澳台事务办公室）按照学校第十四次党代会的部署，聚焦学校中心工作和重点任务，以推进国际化战略落实落地为工作主线，开展了一系列扎实有效的工作。

一、加强支部建设，深入开展主题教育

强化政治理论学习，开展多样化党建活动，发挥支部战斗堡垒和党员先锋模范作用，新发展党员 1 人，派出 3 名年轻同志参加学校组织的“机关青年理论学习小组”和“机关作风建设研修班”。紧密结合“不忘初心，牢记使命”主题教育学习，从实际工作出发，全面开展学习讨论、剖析检视、谈心谈话、批评与自我批评，坚持读原著、学原文、悟原理的学习方法，在学懂、弄通、做实上下大功夫。深入开展调研，坚持问题导向，实行矩阵式分工，按照国际化战略规划重点任务内容，分别以“加强国际化人才培养”重点任务推进情况、“国际学分计划”落实情况、国际学生教育管理趋同化推进情况、海外引智工作推进情况、港澳台学生服务管理改善工作为主题进行了组合式调研，形成系列专题调研报告，为相关工作的改进和提高打下坚实基础。

二、完善顶层设计，全面落实国际化战略

全年相继召开“国际交流与合作工作推进会”“暑期国际合作与交流工作研讨会”“2019 国际合作与交流工作会议”等多次专门会议，面向全校全面阐释和解读“国际化战略”，凝聚国际化发展共识，明确国际化发展的方向思路和工作举措。围绕“十大重点计划”，先后出台《山东大学服务“一带一路”倡议行动计划（2019～2025）》《山东大学学生海外经历专项经费资助管理办法（试行）》《山东大学国际合作联络教授暂行管理办法》《山东大学新时期推进国际学生教育规范管理提高质量的意见》等多个文件，以规范化的措施、制度化的手段，推动学院为主体、学者为中心、上下联动、全员参与的多层次、全方位对外合作新格局的快速形成。根据西南交通大学发布的大学国际化水平排名，我校连续三年排名上升，自 2017 年的 23 位上升到 2019 年的第 15 位。

三、聚焦关键领域，加快推进国际化进程

1. 国际化人才培养方面。一是大力实施“国际学分计划”。2019 年，投入专项资金

1200万元，重点支持学生出国、学院国际项目和课程建设及海外师资聘请。2019年，全校派出学生1994人（威海校区713人，济南青岛校区1281人），比2018年同期增长9%。通过设立“国际暑期学校海外师资课程项目”，共邀请28个国家和地区的154位专家来校开设150门国际学分课程，让全校2500余名学生足不出户体验国际化培养的魅力。二是着力提升中外合作办学和联合培养水平。与澳大利亚国立大学共建山东大学澳国立联合理学院成功获批，首批招收291名本科生入校学习，生源质量远超预期；中日韩领导人项目“亚洲校园——基础设施建设领域顶级工程师项目”顺利通过三国教育部联合评估；新批4项国家创新型人才国际合作培养项目，1项国际组织后备人才培养项目和11项优秀本科生国际交流项目。三是深入推进国际学生教育管理趋同化改革。出台《山东大学新时期推进国际学生教育规范管理提高质量的意见》，旨在落实归口管理的职责，建立分工负责的体系，加强一校三地间协同。该《意见》实施以来，各项工作进展迅速。归口管理的职能交接已全部落实，学院的国际学生培养工作主体责任已基本确立，校院两级的管理体系开始发挥作用，国际学生教育管理新体系已初步形成。

2. 国际化队伍建设方面。一是构建立体化人才集聚网络。在英国、德国、美国、加拿大、澳大利亚、新加坡、俄罗斯等国设立12个海外人才工作站，通过“山东大学齐鲁青年论坛”等引才品牌工程，引进大量海外人才。二是打造长短结合突出质量的外专引智体系。2019年，共获批科技部外国文教专家聘请计划29项，创历年新高；电气学院客座教授弗拉基米尔·特兹亚（Vladimir Terzija）获2019年度“国家友谊奖”；授予德国科学院与工程院院士Rolf Müller教授名誉博士学位；我校引进海外学者中2人入选山东省“外专双百计划”。三是系统提升办学队伍国际化能力。出台《山东大学教职工能力提升计划》，与牛津大学、英属哥伦比亚大学、新加坡南洋理工大学、阿德莱德大学、成均馆大学等国际高水平大学合作开展国际化专业、课程及教学法培训，海外研修及职员交换，稳步、精准、及时提升教职工国际化综合能力。

3. 国际科研合作方面。一是深度参与ATLAS、AMS、STAR等国际重大科学工程。成立以丁肇中教授任名誉院长的山东大学高等技术研究院，密切对接与麻省理工学院、欧洲核子中心等合作，带动相关学科跨越式发展。二是积极孵化培育国际科研合作项目，搭建国际科研合作平台。重点围绕高峰学科建设，新设立国际科研合作项目13个，使已有项目和平台累计超过30个，涵盖材料、数学、化学、物理、全球能源互联网、计算机、临床语言学、微生物、脑科学、人工智能等众多学科和领域。三是举办具有全球重大影响的学术文化论坛。除继续推动“山东论坛”“儒学大会”等品牌活动外，2019年共举办或承办第四届众智科学与工程国际会议等国际、双边和两岸学术会议37次。其中5月，作为亚洲文明对话大会主题沙龙活动，我校与山东省委宣传部在北京承办了“文明多样性与亚洲未来”尼山世界文明论坛专题研讨会。

4. 全球合作网络建设方面。一是不断拓展全球合作“朋友圈”。全年新签协议49份（济南校区30份，青岛校区5份，威海校区14份）；达成系列高光成果，包括挂牌成立“山东大学一南洋理工大学人工智能国际联合研究院”和“山东大学一特拉维夫大学犹太与以色列联合研究所”；与剑桥大学合作共建国际创新生态系统进入实质建设阶段；与爱丁堡大学启动共建重大工程仿真与安全控制中心；与新加坡国立大学达成共建生物医学工程联合研究院的合作意向等。二是持续深化已有合作关系。2019 年，新加坡国立大学、利兹大学、莫纳什大学、九州大学、中国台湾铭传大学、东吴大学等境外友好高校高层以及师生代表团 1600 余人次（济南校区 1300 人次，青岛校区 140 人次，威海校区 225 人次）来访，派出 13 个校领导团（济南校区 7 个，青岛校区 2 个，威海校区 4 个）赴国（境）外友好学校拓展巩固校际合作。举办山东大学一山口大学友好交流 40 周年庆祝活动。10 月，成功举行首届“山东大学全球友好学校交流周”活动，邀请 12 个国家和地区 23 所国际知名学校代表来校交流。其间，举行海外经历项目交流展和 18 场海外经历项目宣讲会。

5. 条件支撑和保障方面。全校绝大多数学院制定了各自国际化发展战略，专业外事工作队伍逐步配置，已有 35 个学院和科研单位的英文网站正式上线或进行了改版，学校对外宣传和信息交流渠道日渐畅通。

（闫　啸）

国内合作

2019年，合作发展部以习近平新时代中国特色社会主义思想和党的十九大精神为指导，深入落实学校第十四次党代会精神，加强校友联络与服务，校友组织建设进一步规范，开展“强院行动”赋能学院筹资，筹资工作专业化建设进一步增强，队伍建设不断壮大，融媒体传播影响力进一步凸显。合作发展工作取得新成效，现将有关情况梳理如下。

一、加强校友工作思想引领，推动校友工作规范化发展

校友工作始终秉承“服务校友发展，服务学校发展，服务社会发展”的工作宗旨，不断汇聚校友力量，强化思想引领，明确目标任务和工作重心；强化政治引领，保障校友工作的正确发展方向；强化文化引领，彰显山东大学“为国育贤”的使命担当和“为天下储人材，为国家图富强”的家国情怀；强化组织保障，以规范高效、团结奋进的校友组织凝聚起助推学校实现“由大到强”历史性转变、支撑世界一流大学建设的强大校友力量。

1. 加强组织建设，拓展服务校友举措。组织召开山东大学校友会第三届理事会第四次会议暨2019年校友工作会议；3个校友组织成立，3个海外校友组织成立筹委会，4个校友会进行了换届工作；聘任学院班级理事400余人。在各地挂牌“校友之家”11个；各地校友组织活动内容丰富，10余个校友组织开展年会等活动。推广“天南地北山大人”校友信息服务系统；编辑《天南地北山大人》10期；“山大人”文创纪念品中心于12月进入试运营。

2. 凝练校友文化，加强思想引领。积极搭建平台、扩展渠道，让杰出校友成为学生成长成才的航标灯塔和人生导师。举办两期“育贤”校友讲坛；邀请知名校友参加学校毕业、开学典礼；举办校友企业家创新创业论坛两期，聘任校友导师20余人；策划推出“毕业季”主题教育活动；成功举办首届海外校友子女夏令营。运用“山大人”微信服务号发布推文，陆续推出中秋、国庆、校庆系列祝福传播活动，传播母校声音，彰显办学实力，传播阅读量超过10万；学校《百廿山大强校兴国行动方案（2019～2021）》发布前夕，召开六场校友座谈会，征求校友意见。

3. 积极主动作为，服务学校中心工作。探索建设行业（专业）校友组织，搭建学院、学者、行业校友一体的校友组织模式。突出行业专业特点，为“强院兴校”和“学术兴校”增加活力。积极推动海外人才工作站建设，发挥海外校友组织优势，助力学校海外招才引智工作。发挥桥梁纽带作用，引领校友“聚创齐鲁”，服务山东经济社会发

展。联系组织众多杰出校友参加青年企业家创新发展国际峰会等山东省各类发展创新论坛和双招双引活动，展示了山大校友的力量和风貌。广泛开展调研，扎实推进工作，积极参与国际学生教育管理改革，探索建立国际学生校友工作新模式，推动海外校友组织华人校友与外籍校友的有机融合。

4. 服务国家战略，发动校友助力定点扶贫。组织“校友企业家确山行”活动，十余个地方校友组织的企业家积极参与，成立山东大学校友聚创脱贫攻坚老臧庄扶贫基地。已落实农业种植养殖项目3项，参与教育文化项目2项，公益捐赠项目11项。

二、推进筹资工作专业化建设，提升工作效能

基金会在夯实工作基础、创新工作思路、拓展筹资渠道、实现资金安全增值等方面做了大量的研究和实际工作。2019年度新签定捐赠协议1.23亿元，落实筹资总额5934.18万元，获得国家捐赠配比奖励3882万元。基金会理财收入达1084.69万元，同比增长237.62%。

1. 系统推进社会筹资专业化建设。从学校发展和基金会建设的需求出发，深入研判基金会发展的演进方向和规律，围绕基金会宗旨，系统谋划、推进构建科学完备、系统有效地基金会运行机制。一是根据事业发展需要深入规划岗位设置，不断细化岗位职责，探索建立薪酬体系，持续加大人才选聘力度，本年度以自有资金招聘3名非事业编制人员，近年累计聘用5人。二是不断改善基金会运行机制，构建捐赠管理系统、优化工作流程、建立健全捐方服务体系，逐步创新工作方式，扩大工作半径，提升工作效能。三是从筹资的客观规律出发，着手建立捐赠人档案数据库，分层分类标识利益相关方，运营“捐赠人生命周期”，提升筹资工作的科学性、有效性。

2. 谋划实施“重筹”与“众筹”。一方面，围绕发展战略，凝练核心需求，积极培育、推动落实大额捐赠项目。香港培新集团捐赠1200万元支持学校发展，纪德法校友捐赠1000万元支持控制科学与工程学院发展，唐仲英基金会捐赠1000万元支持文化体验与教育平台建设，脑与类脑科学研究获得500万元捐赠，有效地推动山东大学创新发展。另一方面，积极探索大众筹资新模式。通过毕业季、中秋、校庆等重要时点，倡导高等教育价值，培育捐赠文化，传递山大温度。2019年8月，基金会传播综合指数位列全国各高校榜首，11月位列第三，年度微信粉丝量增长四倍。第一时间为驻港校友提供的暖心支持获历史最高关注与认可。

3. 开展“强院行动”筹资专项服务。围绕“强院兴校”行动，制订服务学院筹资工作标准化清单，深入济南、威海、青岛30个学院开展个性化服务，创新赋能学院，助推高质量发展。基金会从仅能办理基本手续向提供全面服务转变，系统推进学院筹资主题凝练、工作团队搭建、筹资项目设计与实施等，夯实学院主体地位。2019年度，学院捐赠收入总额2060.93万元，较2018年增长98.66%，服务学院初见成效。

4. 积极探索投资工作机制。成立投资专家组研究投资范围、议事规则、审批流程，力争在自我造血方面取得新的突破。通过集中资金竞争性谈判，并首次尝试ABS次级项目及短期集合信托项目。2019年，基金会理财收入1084.69万元，同比增长237.62%。理财收益率高于高校基金会理财收益的平均水平，理财效率有较大提升。

三、加强多渠道联系，扩大学校影响力

2019 年 9 月 25 日，山东大学发展战略咨询委员会召开第二次会议。山东省教育厅厅长邓云锋到会致辞。赵沁平、李守信、温熙森、黄达人、周其凤、周绪红、张大良、赵路 8 位委员参会。

党委书记郭新立向首次出席会议的黄达人、周其凤委员颁发聘书，并汇报了三个方面的内容：一是落实第一次会议建议情况；二是世界一流大学建设成效、存在问题及下一步工作思路；三是发展战略咨询委员会第二次会议议题—学科更新换代，推进山大“由大到强”历史性转变。

委员们充分肯定了山东大学世界一流大学建设成效，就学科交叉创新、学术方向现代化、人才队伍现代化、学科生态现代化、资源统筹等问题展开热烈讨论，为学校发展提出了战略性意见和建议。

四、推进北京研究院建设

2019 年，北京研究院根据学校要求和研究院发展规划，有序开展各类工作，发挥好“桥头堡”“信息源”“好帮手”作用，成效显著。

1. 深入推进“山大＋北京”，开展合作共建。与新闻传播学院文学生活馆联办首都“世界读书日”系列活动，与计算机学院联办新一代信息技术助推企业发展论坛，与物理与微电子学院集成电路产业协同论坛，协办学校“文化传承与儒学创新”学术研讨会，推动软件学院与某部对接预研项目，推动工信部信息中心信息通信研究所与华天软件开展合作，推动航天科技与学校的外协单位合作，推动齐鲁医学院与解放军第三医学中心对接战略合作等，推动国务院发展研究中心世界经济技术研究所与学校共建博士后流动站事宜，促成北京小鱼易联捐赠学校“山东大学视频公共服务平台”，首期测试五十方会议已经安装完毕。发起并举办高校北京研究院院长联席会，推动高校研究院业务交流与资源共享。

2. 打造“山大北京”品牌，提升校友联络与服务水平。针对校友和学院推出免费“空间共享”计划，建设“山大北京校友之家”，推动学院北京校友会建设，经济学院、商学院成立，管理学院启动筹备等，支持山东大学北京校友会建设。与北京校友会联办八百人规模“山大北京新年论坛”。依托“工科产业沙龙”“医科产业沙龙”“青年校友纷享会”等活动，大中型活动平均每周近两次，获得各部门、学院和参与校友的一致好评，提升了学校影响力。

3. 落实学校战略，推进山大校友聚创齐鲁计划。与北京校友会联合举办山东高校北京校友会发展座谈会，与济南市、青岛市、威海市、菏泽市等洽谈聚创齐鲁计划落地事宜。推进山大校友聚创齐鲁工程取得突破，北京校友周建民发起五道口新能源汽车投资基金落地青岛，并成功推动奇瑞新能源汽车落地青岛即墨，北京校友张强与济南市章丘区合作落地基金小镇并正式运行。

（张明明）

财务管理

2019年，是全面落实学校十四次党代会精神，实现由大到强历史性转变的关键之年。学校财务工作紧紧围绕学校工作要点，积极落实各类拨款，拓宽筹资渠道，实现收入72.41亿元。按照有所为、有所不为的原则合理安排学校支出，重点保障教学科研、重点学科建设和民生工程，累计完成支出68.95亿元。

一、加强党建工作，扎实开展“不忘初心，牢记使命”主题教育活动

扎实开展“不忘初心，牢记使命”主题教育活动，通过个人自学、集中研讨、过政治生日、现场党史学习、爱心捐赠等方式，提高党性素养；深入基层搞调研，通过面对面的方式了解制约学院发展的堵点漏点，有的放矢提出改进工作对策；深刻检视问题，形成整改方案，明确完成时限，实行销号式管理，党建工作与中心工作得到深度融合。进一步提高政治站位，明确了一项学校重点整改任务和13项部内整改任务。加强支部建设，完成支委换届选举工作，出台《财务部党支部请示报告制度》，修订《财务部党支部议事规则》，支部战斗堡垒作用得到进一步增强。狠抓党员队伍建设，通过定期培训、挂牌服务等方式，引导党员发扬党员奉献精神，保持党员队伍先进性，践行党员先锋示范作用，体现党员与群众的区别。

二、完善财务制度体系，逐步建设新时代财务制度的“四梁八柱”

紧紧围绕世界一流大学建设目标，坚持目标引领、问题导向，逐步构建“基本制度＋重要制度＋具体制度＋实施规范”的山东大学财务制度体系。精准对接学校事业发展的需求，在财经管理、预算管理、绩效管理、科研经费管理、采购管理等方面，齐头并进，优化完善制度建设，不断增强制度体系的系统性、科学性、严密性。2019年，已发布新制度9项，已完成初稿并组织征求意见的制度为8项。

三、助推强院兴校行动，推进预算管理科学化、精细化

推进学院综合预算改革，在调研兄弟高校改革经验、研读相关综合改革实施方案、测算学校财力分配数据等工作的基础上，形成《山东大学关于学院综合预算改革试点工作的指导意见》，明确工作思路。探索学校预算绩效管理，结合学校预算管理实际，重点关注学校推进预算绩效管理工作的难点问题，起草《山东大学关于预算绩效管理的指

导意见（讨论稿）》。理顺学校发展经费归口管理机制，明确了发展类经费的管理思路，统筹考虑一校三地一体发展的问题。

完善专项资金管理制度体系，编写了《山东大学国库集中支付业务管理规范》，起草了《山东大学改善基本办学条件专项管理实施细则》及《山东大学文物保护专项资金管理办法》，进一步规范中央专项资金与国库资金管理。加强预算执行管理，通过签订责任书，参与项目立项，与资源分配挂钩等方式提高资金预算执行力。

加强财政资金预算执行管理。通过加大预算执行宣传力度、落实预算执行责任制、预算管理关口前移、定期通报等方式加快预算执行进度。在教育部全年预算执行通报中，我校六大专项预算执行率均为100％，列76所直属高校第8位。

四、大力推进内部控制建设，提高学校治理能力

出台《山东大学内部控制推进方案》，从政策和制度层面建立内控长效机制，强化组织领导保障，统筹部署内部控制建设工作。着手青岛校区、威海校区及试点单位内部控制优化建设调研招标工作，逐步构建具有山大特色的规范有序、科学高效、一体发展的内部控制体系。开展管理领域内部控制建设，全面梳理学校管理的11个方面，重要风险问题描述22项，将学校内部控制覆盖范围进一步从经济活动层面拓展到业务活动层面和内部权力运行层面，完善学校内部治理机制，推进实现“管理之强”。

实施后勤保障部及经营性中心内控建设，建立后勤内部控制体系，完善二级单位风险防范和管控机制。完成2018年度内部控制报告，找准问题短板，总结经验成效，形成可借鉴、可复制、可推广的经典案例。积极拓展二级单位内部控制建设范围，选取图书馆及体育学院开展二级单位内控建设试点，大力宣传推广内控理念和内控建设经验，风险防控意识不断增强。

五、落实科研管理自主权，解决科研经费“报销繁”

持续推进“放管服”改革，准确定位制约科研经费报销的难点、堵点，上报《山东大学关于开展科研经费“报销繁”工作总结》，优化科研经费报销流程。下放国家重点研发计划项目预算调剂权限，对直接费用实行分类总额控制，额度内的预算调整权限下放给项目负责人自行安排使用，各类预算项之间的预算调整由学校审批，切实增强了科研人员的获得感。

出台《山东大学关于山东省财政科研项目的财务管理规定》《关于进一步下放重点研发计划项目预算调整权限的通知》，规范我校山东省财政科研项目资金管理，落实国家重点研发计划项目资金管理自主权，充分释放创新创造活力。

2019年科研经费总量预计接近14亿元。

六、加强会计基础工作，顺利实施政府会计制度

全面落实《山东大学关于推进政府会计制度实施工作的意见》，梳理77个财务会计科目和26个预算会计科目，构建起政府会计体系框架，顺利实现高校会计制度向政府会计制度的转换。厘清会计核算基础数据，通过开展资产核查、清理分析往来款项等工

作，为确定资产账面价值提供数据基础，为计提坏账准备、准确核算资产负债和收入费用创造条件。

重构会计核算模式，强化财务会计功能，满足编制权责发生制政府综合财务报告信息的需求，为科学、全面、准确地反映资产负债“家底”打下基础。由于改革推进到位，学校获得教育部政府会计制度落实奖励1000万元。

七、加强会计服务，提升师生满意度

按照全面性、针对性、适用性和可操作性的原则，整合报销制度规范，出台《山东大学报销管理办法》，优化审批程序、简化报销手续、缩减证明材料，解决了报销规范碎片化的问题。加强政策宣讲力度，开展“财务直通车”系列宣讲近20场。开展个性化服务，推行财务联络员、开设绿色通道、提供“上门服务”等措施。邀请济南市税务局现场宣讲，圆满完成个人所得税专项附加扣除信息集中采集工作。

加强财务信息化建设，拓宽缴费渠道、增加支付手段、开通电子票据等方式，实现跨校区劳务费发放线上签字审批，构建“一站式”财务服务平台；推动“业财融合”，以规范标准的财务信息为依托，实现财务系统与信息办统一身份认证系统、资产管理系统、科研管理系统的深度融合。

八、完善采购制度体系，促进采购管理踏上新台阶

开展招标采购制度体系的“废改立”工作，整合各类文件中与科研相关的采购细则，完善评审专家、供应商等采购活动参与者的管理制度，统一各类制度限额发布模式；继承原制度中与学校实际相适合的体制、机制，修改与国家法律法规不一致的、学校实际采购工作中不相符的部分，补充完善缺失的采购范围、采购流程、采购方式等管理制度；最终形成1+6的采购管理制度体系，同时废止7个采购管理制度。创新采购方式，提升采购效率，推出科研仪器设备紧急采购等举措。开发工程快速采购系统，减少人为评审存在主观性的确定，极大提高采购效率。建立“一校三地”的采购管理体制，探索开展一校三地采购信息共同发布、异地开评标工作。2019年，学校校本部累计完成采购项目476个，实际采购金额57944.81万元。

（刘丕平　李 俊）

资产与实验室管理

一、基本情况

2019年，学校资产总值为152.18亿元，负债18.85亿元，净资产133.33亿元。其中，流动资产46.31亿元，固定资产74.18亿元，长期投资17.57亿元，在建工程12.33亿元，无形资产1.45万元。

二、重点工作

1. 强化思想政治建设。持续加强党支部建设，不断提高政治站位，坚持“四定”学习制度，落实党风廉政建设责任制，强化意识形态工作。扎实开展主题教育，以深化理论学习为基础，以抓实调查研究为载体，以深入检视问题为契机，以狠抓整改落实为驱动，找准资产与实验室工作方位推进党建与业务工作相融合。

2. 进一步完善学校国有资产管理体制。定期组织召开国资委会、归口部门联席会，督促各归口管理部门履行管理职能，实现资产分类折旧；完成资产清查核实，明晰资产领用人对名下资产的使用管理责任。

3. 推进空间资源配置改革。制定《山东大学关于进一步深化教学科研用房配置改革的实施意见》。协同完成13栋楼宇修缮及使用交接，总面积8万余平方米。推进齐鲁医学院空间优化，启动校史馆规划建设和中心校区东南角区域综合整治，开展企业用房清理。完成2018年教学科研用房绩效评价。拟订出租出借规划方案，组织完成了17个项目的资产评估和公开招租，收取租金及资源占用费1600余万元。

4. 理顺公有住房管理体制。摸清公寓家底，将周转住房条件的310余套（间）纳入公寓统一管理，统一租住政策。打通公寓共享通用通道，完善公寓管理服务信息系统，实现了专家老师网上远程选房、入住、退房等全过程线上办理，公寓入住率达到95%以上。完成了260余套公寓改造、设备设施更新，组织了3次公寓安全专项整治、1次消防演练，受理诉求并有效解决260人次，入住满意率调查95%以上。

5. 规范大型设备配置论证。出台了《山东大学设备、家具、材料采购及维修合同管理实施细则》《山东大学自研自制仪器设备管理暂行办法》等制度文件。完成了2020年大型仪器设备一校三地规划论证工作，论证设备约304台套、预算金额约6亿元，设备购置成交约53122台套、成交金额约6.32亿元。简化科研急需仪器设备和耗材项目采购流程，50 万元以下科研急需设备自行采购 176 项，317 台件，预算总额约 3748.11 万元。

6. 加强校级公共技术平台建设。制定完善公共技术平台三年规划，投入 1.39 亿元构建高端设备集群。重点引入球差电镜、Pet-CT 等超大型设备分别构建国内一流的电镜和动物影响技术方向。校级平台 2019 年服务课题组数量 1161 个，服务人数超过 5000 人，依托平台引进各类人才 98 人，申请科研项目 1195 项，涉及经费 46444 万元，发表科技论文 892 篇，申请专利 111 项。

7. 推动高水平实验教学中心建设。配合本科教育改革，出台《关于进一步加强实验室建设 提高人才培养能力的实施意见》，通过中央改善基本办学条件经费的投入和 1000 万“双一流”建设经费培育建设高水平实验教学中心。

8. 强化实验室技术安全管理。出台《关于进一步加强实验室技术安全工作的若干意见》等办法。构建“1＋5＋N”安全教育体系，加强实验室安全文化建设。加大安全经费投入，升级改造实验室安全设施。管控类化学品全部实现线上采购。开展危化品和危废达标治理，完成教育部教学实验室现场检查及反馈问题整改。

9. 加强实验室建设与管理研究工作。在全校申报的 160 个实验室建设与管理研究项目中评审出重大项目 6 项，重点项目 11 项，一般项目 30 项。落实《山东大学实验室开放管理办法》，各学院积极出台政策推进实验室开放，暑期学校实验室开放成效显著，期间实验室对外开放受益学生数达 600 余人。

10. 构建实验技术人员培训体系。修订实验技术人员职称岗位评聘条件，出台《山东大学关于进一步加强实验技术队伍建设的实施方案（2019～2021 年）》和《山东大学实验技术人员能力提升专项方案（2019～2021 年）》，先后举办了实验技术人员骨干培训班、新聘实验技术人员培训班、各项单项培训等，启动实验技术人员海外研修项目。

11. 加强信息化建设。持续完善一校三地资产综合管理系统，构建全方位资产监管体系，新增折旧摊销、电子合同 CA 签章、科研急需设备采购等功能，为新会计制度改革及“放管服”工作提供支持。

三、主要成效

1. 高水平实验教学中心建设成效显著。建设完成人体科学馆、电力电子开发设计实训基地、化学与物质科学开放创新实验基地等高水平实验教学中心。4 项目入选 2018 年度国家虚拟仿真实验教学项目，全国排名第 5 位。实验技术队伍培训体系初步建立。

2. 实验室安全治理行动成效明显。开展实验室安全专项整治行动、“百日行动”、现场观摩会等活动，配置危化品专用存储柜 697 个，灭火器 1000 余个等安全设施，清理转运危险废物 230 余吨，建设 4 间危化品临时周转试剂室；完成一校三地 5 个学院实验室安全风险评估；改造完成实验室水电、消防等基础设施。

3. 构建支撑“双一流”建设发展设备集群。以校级平台建设为牵引，突出集约化管理，加强大型设备开放共享，2019 年度在科技部和财政部评价考核中获评优秀。

（郑婷婷　乔名芳）

经营性资产工作

2019年，在学校党委领导下，积极践行学校十四次党代会精神，围绕校属企业改革发展和战略转型，全面贯彻落实党中央、国务院关于高校所属企业体制改革政策，稳妥有序推进校属企业体制改革；积极推进校属企业规范管理、稳健发展；全面贯彻落实上级党组织部署，深入开展“不忘初心，牢记使命”教育活动，取得良好效果。

一、稳妥有序推进校属企业体制改革工作

高校所属企业体制改革是党中央、国务院作出的重大决策部署，是政治任务。学校高度重视，主要领导亲自抓，分管领导具体抓、靠上抓，建立了学校所属企业体制改革目标明确、任务清楚、责任到位、运转有效的工作机制，明确了推进工作的总体思路、实施路径、配套政策措施与具体工作方案，制定了风险防控预案和保持企业与人员稳定方案，依法依规、平稳有序推进各项工作。

（一）学校党委高度重视，充分发挥领导作用

学校党委高度重视学校所属企业体制改革工作，要求坚定不移地贯彻执行党中央、国务院关于高校所属企业体制改革的重大决策。学校书记、校长多次就校属企业体制改革工作作出批示，要求提高政治站位，认真贯彻落实校属企业体制改革政策，确保按期完成改革目标；要求各相关单位要落实责任，强化担当，敢于决策作为，细化目标任务，落实落细措施，保持企业和人员稳定，依法依规、稳妥有序完成改革任务。学校党委常委会对学校所属企业体制改革工作多次召开会议进行决策部署，并召开了两次专题会议专门研究学校所属企业体制改革的重大事项，充分发挥了学校党委的领导作用。

（二）系统谋划，周密制定改革方案

学校分管副校长多次组织召开工作会议，系统谋划了推进工作的总体思路与实施路径。在工作调研、座谈讨论的基础上，结合学校所属企业实际，先后制订了《山东大学所属企业体制改革工作方案》《山东大学所属企业体制改革方案》《山东大学关于加快推进所属企业体制改革工作方案》，明确了在学校党委领导下开展学校所属企业体制改革工作，确定了所属企业体制改革的工作原则和目标任务，理清了工作思路和工作步骤。

（三）建立健全工作体制机制

学校成立由学校党委书记、校长任组长的领导小组，贯彻执行高校所属企业体制改革方针政策和工作部署；组建专班专人的工作组，负责依法、有序、平稳、按时完成改

革任务；成立人事、财务资产、审计评估、后勤企业、机械厂、威海校区企业、剥离保留企业、管理体制理顺共 8 个协调推进工作组，协调推进所属企业体制改革工作。各工作组和工作专班明确工作目标，细化工作任务，落实责任主体和责任人，制订并落实工作方案，加强工作协调，召开工作协调会议 90 余次，有力推进了校属企业体制改革工作。

（四）制订配套政策与措施

学校有关部门牵头制定了改革涉及的人事、财务、资产、审计评估及发挥基层党组织作用等配套政策与措施；落实了改革专项经费，用于税费清缴、人员安置、员工解除劳动合同补偿、中介机构费用、涉诉款项支付等费用支出。

（五）稳妥有效推进各项工作

按照改革方案，学校纳入改革范围的企业共有 93 家（其中一级企业 12 家，二级企业 34 家，三级企业 41 家，四级企业 6 家），分别采取清理关闭、脱钩剥离、保留管理、集中统一监管四种改革方式完成改革任务。

1. 保留企业管理工作。设立资本运营公司，管理 14 家保留管理企业，已全部完成。设立了山东山大教育服务有限公司，负责后勤及后勤企业相关保留、移交业务的经营管理工作。

2. 企业清理关闭工作。清理关闭企业共 32 家，目前已完成 16 家，其余 16 家已全部启动了清算程序。按照“一企一策”的原则，学校多次组织召开清理关闭工作专题会议，完善人事、财务资产等相关配套措施，根据企业情况聘请专业清算、法律服务、审计评估等中介机构，积极维护企业人员权益，妥善处置资产、债权债务等问题，积极推进企业清理关闭工作。

3. 脱钩剥离工作。以产业集团为主体、以无偿划转方式整体脱钩剥离各级企业共 47 家。截至 2019 年底，教育部已批准无偿划转事项。

一是积极探讨脱钩剥离方式。立足于学校服务山东战略，为保持脱钩剥离企业的稳定和发展，2018 年 10 月，学校向山东省委、省政府报告了所属企业体制改革工作。山东省委、省政府及有关领导高度重视，批示山东省国资委积极与学校对接，做好相关工作。在山东省政府以及省财政厅、省国资委的大力支持下，经学校党委常委会研究同意，明确了无偿划转脱钩剥离企业的方式，选定了山东国投公司为无偿划转划入方。

二是依法依规开展脱钩剥离相关工作。一方面，确定纳入审计评估的企业范围。列入改革方案的脱钩剥离企业 47 家，其中减少 1 家：山东达因生物科技有限公司已于 2019 年 5 月注销；新纳入在审计评估基准日未完成清理关闭的 4 家企业。根据上述情况确定纳入本次审计评估范围的企业为 50 家。另一方面，依法依规开展审计评估等工作。为了摸清无偿划转企业的资产、债权债务、发展能力等情况，学校与山东国投公司制定了工作方案，成立了联合工作组，严格按照国有产权划转有关规定，依法依规组织 9 家中介机构开展了审计、评估等相关工作。

三是履行无偿划转报批程序。为尽快完成脱钩剥离任务，经学校研究同意，于 2019 年 12 月 27 日与山东国投公司签订了国有产权无偿划转协议，按照有关规定上报教育部审批，2019 年 12 月 31 日获教育部批准。

（六）持续做好学校出资企业的排查及清理关闭工作

按照高等学校所属企业体制改革政策和教育部要求，对学校各级各类出资企业持续进行了排查，排查出含“山大”“山工大”“山医大”字样的，归口学校及20多个部门（单位）开办的“僵尸企业”共131家，经过摸底了解、查询档案、与各部门单位积极协商，与工商、税务等部门积极协调，131家“僵尸企业”清理工作已全部完成，解决了长期以来存在的历史遗留问题。

（七）做好接受教育部调研督导和改革进展情况汇报工作，开展经验交流

5月份，接受了教育部校属企业体制改革专家组的督导。7月份，接受了教育部高校所属企业体制改革领导小组的调研与督导，汇报了我校所属企业体制改革的总体思路、改革方案和工作进展情况，得到了肯定和指导。先后与来校交流的11家高校进行了座谈和经验交流。

教育部高度重视校属企业体制改革工作进展情况，报送《校企改革试点工作进度表》14次，编发工作简报9期。

二、持续抓好企业内控管理工作

（一）精心组织校属企业内控审计工作

2019年1月起，以2018年12月31日为基准日，聘请中介机构对学校所属47家全资、控股、实际控制企业的内控有效性开展了审计。成立了审计工作组，制定了内控审计工作方案，明确了审计目的、审计对象、审计内容、工作时间安排、工作要求等。

（二）认真布置落实企业内控整改工作

2019年6月，下发了内控审计整改通知，要求各校属企业根据内控审计报告制定审计整改方案及整改任务清单，各企业按要求制订了整改方案，明确了整改期限、整改措施、责任人等。

（三）组织开展“全员谈内控”征文及培训交流活动

为进一步提升学校所属企业治理现代化水平，强化企业全员内控意识，持续推进企业内控工作，学校组织了“全员谈内控”有奖征文活动。各企业高度重视，积极响应，到征文截止日共收到论文66篇。

三、扎实做好校属企业日常管理工作

2019年经资领导小组召开了6次全体会议和4次临时会议，审议50多个议题，充分履行了监管职责，发挥了决策作用。完成了新三板公司IPO、企业产权登记、股权转让报批报备以及2018年度财务决算、年度经营性资产管理报告工作。制定了《资产评估备案管理办法》，完善了校属企业管理制度。

（郑婷婷　乔名芳）

审计工作

2019年，学校审计工作在教育部和学校党委的领导下，深入贯彻党的十九大精神和习近平总书记关于审计工作的重要讲话精神，围绕学校事业发展大局，以“审计落实年”为抓手，以“强管理，防风险，促发展”为目标，加强体制机制建设，扎实开展审计工作，不断提升审计效能，发挥了内部审计在规范财经秩序、完善内部治理、防范经济风险、加强党风廉政建设、提高资金使用效益等方面的积极作用。

全年共完成各类审计项目840项，审计资金456.71亿元。其中：开展经济责任审计47项，财务收支和专项审计12项，内部控制评价1项，审计整改“回头看”检查44项，科研项目结题审签270项；审核学校银行对账单及余额调节表493份。财经类审计及内控评价共发现问题382项，提出审计建议296条，为学校增收节支1141.09万元。工程审计项目465项，审计资金3.66亿元，审减资金2177.98万元，出具工程审计意见书325份，提出审计建议349条。受教育部委托承担教育部直属事业单位经济责任审计1项。

一、落实落细上级要求和决策部署

（一）扎实开展主题教育，以党建促工作开展

按照学校党委工作部署，扎实开展“不忘初心，牢记使命”主题教育，围绕“守初心，担使命，找差距，抓落实”的总要求，开展主题党日活动、集中学习、调研和对照党章党规找差距，按照“三个摆进去”要求，检视工作中存在的问题和短板，抓实问题整改，党建与业务深度融合，互相促进，破解“两张皮”问题。

（二）圆满完成教育部交办工作

受教育部委托，由学校审计处处长作为主审，派出骨干力量，带队组成审计组，对某教育部直属单位主要负责人开展经济责任审计；派出骨干力量作为巡视专员参加教育部党组对某高校的巡视工作，作为经费监管专家参加教育部专项检查工作，工作得到教育部充分肯定和高度评价。

（三）审计信息化建设取得突破性进展

学校深入贯彻落实习近平总书记“坚持科技强审”要求和教育部关于加强内部审计信息化建设的文件精神，按照“总体规划，分步实施，统一标准，逐步集成”的思路，与软件公司共同研发完成具有我校特色的统分结合、一体化运行的数字化审计平台。

2019 年 7 月，由审计管理系统、在线作业系统、数据分析系统、决策支持系统组成的一期建设项目通过专家验收并上线使用。10 月，在教育部直属高校审计第一协作组工作会议上，我校就审计信息化实践作经验介绍，引起高度关注。

二、全面履行审计职责，服务学校改革发展

（一）持续深化经济责任审计

一是把经济责任审计作为推进全面从严治党、加强干部监督管理的一项重要举措，完善了“任前有告知，任中有监督，任期有整改”的经济责任审计工作机制。加强事前服务，实行经济责任告知制度，发挥预警作用，增强领导人员责任意识、风险意识和规范意识，既注重“查病”，更注重“治已病，防未病”。

二是实行凡离必审、党政同责同审，任中审计和离任审计相结合，努力推进审计全覆盖。按照学校党委部署，对我校 2018 年、2019 年换届调整的 47 位党政主要负责人开展审计。审计部门统筹资源配置，统一工作规程，聚焦对权力运行的监督和制约，加强对重点单位、关键岗位、关注度高的领域的审计监督，做到了应审尽审、凡审必严，审计金额共计 366.74 亿元，出具审计报告 47 份，发现问题 167 项，提出建议 143 条，及时下达管理建议书和整改意见书，督促落实整改。

三是充分发挥经济责任审计联席会议作用，及时汇报审计结果和问题整改情况，研究审计发现的突出问题和处理建议，部署下一步经济责任审计工作。联席会议成员单位之间形成了“审前共商，审中协作，审后运用”的协调配合机制，对促进干部依法履职尽责、干事创业，提高单位经济管理水平发挥了重要作用。

（二）对重点领域开展专项审计和内控评价

落实学校党委常委会关于后勤保障部巡察整改的工作要求，牵头组织了对后勤保障部下属的饮食、交通、幼教三个经营性管理服务中心的审计和对后勤保障部的内部控制基础性评价。审计和内控评价工作把握好“为谁办后勤”，对三个中心的职能定位、经营情况、制度建设与执行、财务、资产、采购、合同等管理情况进行了全面审计和评价，审计金额 7.77 亿元，发现管理问题 58 个，提出审计建议 44 条。通过审计和内控评价，摸清家底，掌握情况，梳理问题，提出建议，逐一对照问题落实整改责任，督促问题整改，确保整改任务落实到位。

（三）抓好常规工作落实

1. 对 2018 年度财务决算实施审计。对学校财务决算实施全面审计，按照全覆盖要求，对财务决算的真实性、完整性、合法性进行确认和审查，促进规范学校预决算管理，提高预决算的科学性、准确性和透明度。

2. 立足规范管理，开展财务收支审计。威海校区开展了本校区财务和饮食中心年度财务例行审计、中外合作办学项目专项审计等 6 项财务收支和专项审计，青岛校区开展了校区 2018 年财务预算执行情况审计、国际创新转化学院专项审计，发现问题 28 项，并相应提出整改建议。

3. 工程审计工作稳步推进。工程审计以合理控制工程造价和规范工程管理并重开展工作，在传统造价审计的基础上逐步向管理审计转型发展。对学校全部基本建设项目和重大修缮项目实施跟踪审计，加强了内部控制、招标清单和控制价、施工合同、设计变更、现场签证、隐蔽工程、竣工结算等关键环节的审计监督。对工程结算审计项目全部实施现场复核，抽查工程量，严把质量关，提高建设单位的责任意识和管理水平。合理利用社会审计力量，明确工作重点、质量要求和考核标准，规范工程审计文书，抓实跟踪审计月报，全面提升工程审计实效。全年共完成工程审计465项，审计资金3.66亿元，为学校节约建设资金2177.98万元，发现问题509项，提出审计建议349条，出具工程审计意见书325份。

4. 常规业务扎实开展。一是审核全年银行对账单及余额调节表共计493份，审核资金366.54亿元，提出建议20条。二是完成科研经费结题审签270项，共计4901.47万元。三是积极配合校属企业改革工作，审计处作为领导小组成员、审计评估工作小组成员、工作专班成员，积极参与学校所属企业改革和审计评估等有关工作。四是积极配合学校纪检监察部门处理信访件、核查相关事项，派员参加校内巡察工作。

（四）做实审计“后半篇文章”

1. 开展审计整改“回头看”检查。为促进审计整改落实和审计结果运用，对2018年接受经济责任审计的44个二级单位开展审计整改“回头看”检查。在实施经济责任审计过程中对以往接受审计发现的问题整改情况进行逐一对照检查，督促问题整改，与问题较为突出或整改进度缓慢的单位开展调研座谈，了解整改难点。各单位高度重视审计整改工作，在规定时间内基本完成整改任务，整改完成率93.6%。

2. 推进审计结果运用。加强审计成果总结，认真分析近年来我校审计发现的问题，提炼普遍性、倾向性问题，形成风险提示清单。注重与纪检监察、督查巡察、组织、人事、财务、资产等部门建立工作联动机制，实行信息共享，结果共用，发挥监督合力，在促进全面从严治党、全面从严治校等方面发挥积极作用。

三、加强内部建设，提高审计服务效能

（一）打造“审计落实年”，助力扩面提质增效

为提高审计监督服务成效，将2019年定为“审计落实年”。一是落实落细国家政策和上级文件精神；二是贯彻落实学校决策部署，围绕学校中心任务，把学校工作重点、难点、风险点作为审计工作的着力点；三是紧跟审计问题整改落实，开展审计整改情况检查，确保审计整改见成效；四是狠抓部门本职工作落实，推动审计全覆盖，深挖审计成果，提高审计质量和效率。

（二）抓好作风建设，主动担当作为

聚焦“抓实审计整改，推进治理能力提升”和“提高工程审计监督保障能力”两个主题开展调查研究，召开座谈会，充分听取各方意见，查找审计监督工作的薄弱环节，提出解决问题和推进工作的思路举措。积极宣传国家财经政策法规，指导教职工学习和领会学校和上级部门的新制度。

（三）完善协同工作机制

根据学校党委“一体发展”战略部署，建立《一校三地审计工作联席会议制度》，审计工作一体谋划，一体部署，一体发展，形成“统筹谋划，协同推进，各司其职，紧

密合作”的协同工作机制。召开一校三地审计工作会议，学习习近平总书记关于审计工作的重要讲话精神和上级系列文件精神，总结谋划工作重点，开拓工作思路。

（四）队伍建设常抓不懈

一是政治建设和业务能力并重，自觉践行习近平总书记“以审计精神立身，以创新规范立业，以自身建设立信”的要求，不断提升专业能力和综合素质。二是多种形式提高业务水平，参加上级部门组织的业务培训25人次，与兄弟高校开展工作交流，举办教育部驻鲁高校审计工作研讨会。三是鼓励学研结合，注重实践总结和理论创新，获山东省教育审计学会科研课题立项2项，完成本年度及以前年度科研课题结题7项，其中4项分获一、二等奖。2019年，我校审计处再获“山东省教育审计先进集体”荣誉，3人获“山东省教育审计先进个人”称号。

（刘晓晨　王玉莲）

图书馆工作

2019 年，图书馆始终坚持以习近平新时代中国特色社会主义思想为指引，以学校第十四次党代会提出的“构建资源丰富、技术先进、服务完善的文献信息保障体系”为目标，不断提升服务水平，推动现代化图书馆建设。

一、党务工作

1. 毫不动摇抓全面履责。瞄准“政治生活”关键切口，认真开展“不忘初心，牢记使命”主题教育，领导班子带头开展学习研讨 10 次、一线调研 11 次，11 个支部平均开展“三会一课”36 次、主题党日活动 9 次，党委“四个一”、支部“五个一”主题教育活动成效良好；把好“选人用人”关键环节，坚持好干部标准，10 位政治思想好、业务能力强、群众基础好的同志走上领导岗位或担任业务负责人。

2. 坚持不懈抓作风建设。严格落实党风廉政建设责任制，进一步规范文献资源、设备设施购买及馆舍修缮等流程，把好经济责任关；严格落实意识形态工作责任制，充分发挥馆报、微信公众号、信息素养课、阅读推广活动的育人功能，坚守立德树人阵地、传播先进文化；全面做好统战工作，不断加强对 13 名民主党派、5 名侨眷馆员的教育管理，增强馆员凝聚力。

3. 精准发力抓深度融合。建立“上下贯通，优势互补”的融合机制，实现党建与中心工作的同研究、同部署、同落实；开展抓基层党建突破项目、“双带头”干部培育项目，推动“不忘初心，牢记使命”主题教育向纵深发展，全力破解党建与中心工作“两张皮”问题；完善考核考评体系，实现支部书记党务与业务“双考双评”、党员模范带头与业务标兵“双考双评”，激发党员投身服务保障和资源建设的潜能。

4. 强基固本抓规范管理。制订《党支部标准化规范化建设实施方案》，开展覆盖全支部的指导和督查工作，为支部“七个有力”建设提供精准指导；完善《图书馆发展党员工作办法》，不断加强对“三种人”的选拔培养，提升党员发展质量；全面深化党员学习教育管理，编发《政治理论学习参考资料》27 期、《支部“三会一课”参考指南》9 期，实现党员学习的集中化、专题化。

二、组织管理

1. 强化顶层设计。在广泛调查和反复论证基础上，制定《图书馆发展规划（2019～

2025)》，明确“现代化、研究型”图书馆建设目标与重点任务，保证“强馆兴校”正确航向。

2. 提升馆员能力。制定《图书馆馆员专项能力提升计划（2019～2021)》，夯实队伍建设基础；实施“学术创新支持”计划，营造馆内学术氛围；推行“双青”培养计划，助力青年馆员和青年党员成长；推进海外研修项目，拓宽馆员国际化视野；通过暑期馆员培训研讨会等途径，开展馆员培训交流30余次、120余名馆员参加国内培训项目38项，提升馆员业务能力。

3. 建设交流平台。编印《每周图讯》《读者服务简报》《会议调研简报》，建立读者反馈、馆员交流、外出交流分享的平台；编辑出版《山东大学图书馆馆史》，追本溯源悟初心，打破禁锢求突破。

4. 实现资源共享。仅用三个月时间即完成一校三地文献信息保障体系的融合发展，解决了系统数据割裂问题，全年图书通借通还总量156548册、同比增长7.3%。

三、文献保障

1. 文献建设稳步推进。全年购置中外文图书47802种、数据库267个，新购缩微胶卷两套，接收社会零散赠书927种1644册；助力“双一流”建设，优先保障重点及特色学科建设，补藏大型文献12755册，新增数据库22个；支撑本科教育现代化，采购研学平台，为“新文科”发展订购数据库9个；强化特色资源建设，丰富“稀见方志”、永乐大典海外所藏版本、村志等特色馆藏。

2. 编目工作凸显成效。全年完成新书分配63548种、98183册，配合院系资料室调拨图书482549册，整收院系资料室书刊12.4万余册；因工作成绩突出，荣获“2018～2019年度CALIS联合目录馆藏数据建设先进单位奖”。

3. 古籍管理质量提升。严格落实安全责任制，定期进行书库巡查和设备维护，确保全年无安全隐患；调整特藏文献和书库布局，接收院系资料室移交的民国文献近4000余册，做好编目加工；优化特藏文献使用流程，对特藏阅览室工具书进行分类排序，方便读者快速查阅。

四、读者服务

1. 增强服务效能。推进“两取消一实现”政策，即取消纸质文献借阅册数限制，全年借还图书总量达1156922册，实现无限畅读；取消校内读者查收查引、科技查新和特藏文献收费，为校内1767位学者减免费用258万元；调整开放时间，每周开馆时间达100.5小时，实现全年无休。

2. 优化借阅环境。开辟“幻想空间”“科艺赏析区”等主题文化空间，新增3D打印机、VR体验项目等个性化设备设施，年入馆4048021人次。

3. 打造文化品牌。举办第六届图书馆文化节、迎新季、毕业季等特色品牌活动，搭建阅读推广平台；开展“悦读汇”、微书展等专题阅读活动，深化阅读推广内涵；推出“每月新书”“空间资源”等系列线上服务，依托新媒体助力立体化阅读；发挥《山大图苑》、门户网站等平台的宣传推广作用，发挥图书馆文化引领与文化传承功能。

2019 年，共开展阅读推广活动 73 次、受益人数达 12533 人次，在“2019 中国高校图书馆发展论坛应用案例征集”活动中获优秀案例奖三项。

五、学科服务

1. 提升学科服务层次。设立学科服务中心，组建专业化的学科馆员团队，为院系、科研管理部门和广大师生提供学科学术资源的分布与检索、学科（机构）学术影响力分析、ESI 学科发展趋势分析等个性化服务，开展院系走访调研 6 次，完成专题服务 9 次，发布系列研究报告 11 项。

2. 推动学科分馆建设。马列学科分馆正式投入使用，面向读者提供宽口径、专业化、便捷性服务。

3. 加强信息素养培训。全校通选课课程（春季）选中率再创新高，本科生课程开课 23 个班、482 课时、受众 843 人；研究生课程开课 16 个班、456 课时、受众 1094 人；开展 31 场读者培训讲座，完成济青两地 8000 余名研究生新生入馆教育工作，提高师生信息检索能力。

4. 提高常规业务水平。完善查收查引、科技查新、查重、文献传递与馆际互借、咨询服务等业务规范和流程；推进查收查引业务平台建设，加强业务标准化建设，提升工作效率。全年完成中外文查新 183 项，查收查引检索报告 7539 份（文章 31599 篇，被引 110473 次；JCR 期刊 15454 种，JCR 记录 16431 条）。

六、技术保障

1. 做好网站优化。完成图书馆党委网站、CALIS、山东省图工委网站等网站迁移工作，节省维护成本、提高安全性能；新版门户英文网站、新生入馆考核系统正式上线，全方位、多层次展现图书馆服务新形象。

2. 维护网络安全。完善网络安全相关规章制度，部署实施堡垒机系统、服务器虚拟化、防火墙等设备，与学校信息化办公室建立漏洞扫描长效机制，实现自查自纠常态化。

3. 加强运维管理。日常运维管理云桌面、自助设备近 900 台（件）、应用系统 52 个、各类网站 8 个，全年无信息安全事故。

七、服务社会

1. 提高图书馆社会认可度。首次承接全省范围的社科成果重复率检测和查新业务，完成重复率检测报告 990 项、查新报告 662 项，并作为唯一的科技查新单位与省社科联签署 2019～2023 年合作协议。

2. 发挥资源共享枢纽作用。发挥 CALIS 省中心馆、CASHL 学科中心馆和 CADAL 建设馆等平台作用（新增 CALIS 读者 250 人，CASHL 读者 137 人，馆际互借工作总量计 2484 件），提高资源共享率。

3. 建设珍贵古籍数据档案。完成全国古籍普查登记及数据二次核验工作，向山东省古籍保护中心提供古籍普查登记数据 16240 种，171454 册；新入选《山东省珍贵古籍名录》158 部，获评“2018 年度山东省古籍保护工作先进单位”。

4. 加强传统文化宣传普及。联合山东省图书馆（山东省古籍保护中心）举办“古籍修复技艺进山大”活动，200 余名师生参加。

八、合作交流

与哈佛大学燕京图书馆建立常态化合作协议；邀请哈佛大学燕京图书馆和斯坦福大学东亚图书馆馆长来馆讲学；推行海内外研修项目，选派 4 位馆员赴中国台湾和以色列、加拿大等地访学；与清华大学图书馆、武汉大学图书馆共同举办“知识服务与创新应用研修班”，20 余位图情界专家作主题演讲、700 余位学者参加会议；举办省高校图书馆馆长工作会，教育部图指委主任和省内高校图书馆专家 10 余人作主旨报告；接待西北工业大学等高校图书馆、单位参观调研 50 余次。

（武　骁）

档案校史工作

档案馆、校史办2019年围绕服务学校的中心工作按照学校党委和行政工作要点，认真贯彻落实党的十九大精神和主题教育总要求，努力追求卓越，积极推动各项工作的开展。

一、加强政治理论的学习　提高政治站位

坚定不移抓党建，把党的建设融入档案馆、校史办的各项工作，以党建带动各项工作开展；组织党员开展不同形式的“不忘初心，牢记使命”主题活动10多次；重视党风廉政建设和班子的政治思想建设；坚持民主集中制；2019年已经召开分别召开44次馆长、主任办公会和31次馆务会。

充分发挥党支部的战斗堡垒作用。认真回应师生医务员工需求，加强作风建设，强化服务意识、提高服务能力和水平；不断提高对档案、校史工作的认识，保证了工作的平稳发展。

二、突出为学校中心工作服务，积极推进各项业务工作

档案馆积极围绕学校中心工作，加强档案资源体系、档案安全体系和档案服务体系的建设。

1. 加强业务指导和档案资源建设，推动档案工作的进一步规范化。2019年，起草发布2019年立卷培训及立卷归档通知，起草《山东大学学院（研究机构）档案管理办法》等文件；完成应归档案的收集、整理、编目、移交入库工作；完成院系档案、国际生档案的调研、协调工作；开展对威海校区、青岛校区档案业务指导工作。启动青岛校区基建档案、教学档案的归档工作。

2. 加强订层设计，以数字档案馆建设推动档案工作整体水平提升。完成数字化档案工程二期建设工作。本期共计完成扫描档案1488126页，以及相应的文件级信息著录、全文关键词信息著录，合格率、准确率达到合同要求；截至目前，馆藏原山东大学、合校后山东大学毕业生的学籍档案，部分教学文件档案全部完成数字化及著录，初步实现了一站式调档，极大地提升了学校档案工作的现代化水平和工作效率。

3. 按照一体化发展的要求，重点推动一校三地档案统一管理系统的应用。完成《山东大学档案管理信息系统》部分新增功能的上线工作；2019年归档的部分档案信息

与威海校区、青岛校区实现数据共享；完成OA系统、研究生信息系统等大量档案信息数据导入工作，提高了归档工作的信息化水平和档案利用的查准率和调档速度。

4. 强化安全意识、做好安全工作。定期检查档案库房及办公区域及时发现、消除安全隐患；改善馆内安防设施条件升级了档案系统登录模块的安全级别。

5. 持续提升服务质量。严格按照《山东大学档案借阅制度》《山东大学档案保密制度》《山东大学档案馆库房管理制度》等制度要求，对档案查阅工作流程进行了优化设计。2019年，共接待12450余人次。

6. 加强库房基础建设。2019年度，增加档案库房400余平方米，按标准建设库房300余平方米，缓解库房紧张现状；搬迁趵突泉校区档案库房，实现了学校档案的集中统一管理。

三、加强档案校史工作，推动校园文化建设

围绕学校中心工作，发掘山大历史、讲好山大故事、传承山大文化、服务山大发展。

1. 加快推进青岛校区校史馆的建设。多次和博物馆的同事们沟通、协商青岛校区校史馆的展陈内容和实物复制工作，校史馆即将进入布展工作阶段。

2. 继续组织山东大学一校三地校史知识竞赛，组建山东大学校史馆学生志愿者团队；校史馆成为展示学校历史，弘扬山大文化、凝聚山大精神的重要场所；2019年度，接待校内外各类参观者两万多人次。

3. 推动中心校区新校史馆的建设。根据学校建设一流校史馆的要求，深化校史展陈大纲。召开校史展陈与校史馆建设论证会。此外，还多次和基建部等单位召开新校史馆建设协调会。

4. 整理、出版重要文献资料。编辑出版《山东大学年鉴（2018）》；组织编写《山东大学纪事》约210万字，稿件已交出版社；基本完成《中共山东大学地下党组织革命史》撰写；接收臧克家亲属捐赠档案和黄际遇先生手迹的复制件，接收朱树屏先生书籍和声像资料；参加教育部开展的“档案故事·见证新中国高等教育70年”征文。

四、研究性地推动档案、校史工作

档案、校史工作是专业性、科学性非常强的工作。发表多篇论文，包括一篇权威、一篇C刊，承办第三届教育部第直属高校青年档案工作者论坛，赵爱国作《新时代高校档案工作的创新发展的学术报告》；承办第三届华东地区校史论坛；获得山东省档案科技立项一项；2019年8月30日，山东省高校档案工作科研成果一等奖二项；2019年8月30日，获得2018～2019年度山东省档案学优秀成果二等奖二项；推进档案学专业创新创业基地建设，山东省教育厅重点教改项目顺利结题；赵爱国当选新一届中国高等教育学会档案工作分会副理事长。

（王玉平）

博物馆工作

2019 年，博物馆全体职工认真学习习近平新时代中国特色社会主义思想，紧紧围绕学校第十四次党代会战略部署，紧跟学校加快“双一流”建设步伐，坚持博物馆在文化引领、科教兴国、传承弘扬中国优秀传统文化方面的职能，积极为广大师生和社会公众做好各项服务，在各方面均取得了不俗成绩。

一、不忘初心，加强党的领导，推进一体发展

扎实开展“不忘初心，牢记使命”主题教育。根据博物馆工作性质和分属青岛、济南两地的现状，按照学校党委部署安排，积极配合，实现了与历史文化学院、文化遗产研究院实质性融合，落实一体化发展。通过集体展示交流、内部交流和书面交流等形式，组织集体参观山东博物馆“奋进的山东”70 周年成就展和台儿庄战役纪念馆，开展爱国主义观影等主题教育活动和组织生活，推动教育服务党支部建设。

二、只争朝夕，全面推进青岛校区博物馆展陈工作

本年度青岛校区博物馆核心工作是“展陈施工与布展”。本次规划展览面积 6400 平方米，规划展览 7 个，重点展览为“百年学府——山东大学校史展”“文韵齐鲁——山东大学文物考古成就展”“精致考古——山东大学唐仲英基金捐赠成果展”等。对此，博物馆全体不断深化展览大纲和设计方案，编制工程预算清单和技术实施方案，五次组织专家评审，协调相关单位共同推进展陈工程进度。

截止到 2019 年底，展厅基础装修基本完成；文物展品清单完备，已有两批文物展品运抵青岛校区。目前，安防、展柜、照明、多媒体及艺术场景等专项工作正在实施当中。

三、立德树人，积极开展博物馆宣传教育工作

为充分发挥博物馆育人职能，济南校区博物馆连续举办了《新时代 新年趣——山东杨家埠年画展》《“迎五四”山东大学青年画家绘画作品展》《不栉进士——女性考古学者专题展》《耕耘·奉献——迎国庆 70 周年韩连琪、张维华捐赠书画展》，有效地提升了博物馆育人功能，活跃了校园文化。特别是与历史文化学院师生联合举办的《不栉进士——女性考古学者专题展》，国家文物局副局长关强、山东大学常务副校长王琪珑

等出席开幕式并讲话，在业界产生较大影响。

博物馆努力提升接待服务水平。继续开展学生讲解员培训和考核工作，顺利完成新生入学教育、中学生开放日、校友开放日以及暑期科学营等团体参观任务。

四、传承创新，文物保护修复工作获突破性进展

本年度博物馆修复40幅古代字画，完成了“山东大学馆藏书画保护修复”项目中所列全部137幅书画藏品的保护修复。我馆所承担的山东省文物局“山东大学馆藏陶器保护修复”和国家文物局“大辛庄遗址青铜器保护修复”项目年底顺利验收，并得到专家的高度认可。以此为基础，我馆与文化遗产研究院联合申请并成功获得了山东省文物局颁发的“可移动文物保护修复资质”。这是我校在文化遗产保护、研究、传承工作中迈出的重要一步。

五、防患未然，加强藏品管理登录

我馆重新制定完善了山东大学博物馆文物藏品总登记账、馆藏陈列品总登记账、馆藏参考品总登记账和捐赠证书登记账的各项内容，起草并修改了《山东大学文物、陈列品管理暂行办法实施细则》，正式启用山东大学文物陈列品资产管理信息系统，目前已录入藏品信息7334件。

六、精益求精，扎实开展博物馆基础建设工作

青岛校区博物馆完成了一期库房文物储藏设备采购项目招标、施工；完成了博物馆报告厅、会议室等影音设备改造；编制了2020年度《山东大学青岛校区博物馆馆藏文物预防性保护方案》。

七、增强社会服务能力，主动拓展考古业务

配合我校考古学学科建设，我馆与文化遗产研究院联合组建省外考古工作队，已完成了西安市西咸新区紫薇17号地等多个考古发掘项目。

（沙晓红）

基本建设

2019 年，基建部在学校党委和行政的正确领导下，全体干部职工团结聚力，攻坚克难，积极担当，以习近平新时代中国特色社会主义思想为指导，全面贯彻党的十九大精神，认真落实学校各项部署，高质量完成了全年工作目标。

一、加强基层党支部建设

高标准开展“不忘初心，牢记使命”主题教育活动及“三全”育人工作；严格执行“三会一课”制度，不断加强理论武装，坚定理想信念；赴淄博原山和莱芜吐丝口开展主题党日活动，通过重温入党誓词、过政治生日、佩戴党徽亮身份等方式，丰富组织生活。

二、高度重视机关作风建设，开展专项整改

1. 不断改进作风，提高服务意识，已成为干部职工的思想自觉、行为自觉。与使用单位、管理职能部门的沟通协调不断加强；现场管理全力避免施工造成负面影响。

2. 认真开展专项整改。认真开展了暑期专项整改工作，坚持问题导向，认真梳理基建管理工作，排查漏洞和风险点，深刻分析原因，制定了整改措施，提高了认识和政治站位，推动了工作改进。

3. 有意识地加强与使用单位、管理职能部门的沟通协调，通过邀请参加项目前期和施工过程，优化功能定位和设计以及施工，力争满足使用管理要求。

三、推进信息化建设，实现管理制度化规范化精细化

1. 研究形成基建工作信息化平台建设方案，正在进行申请立项。平台有利于“一校三地”一体化发展，完善一体化工作流程，推动基建管理现代化。

2. 结合内部控制建设，优化管理流程和内部流程，完善规章制度体系，同时根据现有情况，对各类规章制度不断更新，确保与时俱进。

四、建设高素质管理队伍

1. 坚持正确选人用人，注意锻炼年轻干部，重用敢于担当作为者，不断激发干部职工的积极性。

2. 以项目为依托，对出现的新情况，组织10人次外出参观学习，提高业务水平。

五、积极开展项目前期及招标工作

1. 根据对趵突泉校区环境的调研，提出对体育场进行改造，该项目已取得教育部备案批复，正在进行设计招标工作。该项目建成可有效改善趵突泉校区停车难、环境差的情况。

2. 中心校区新一代半导体研发中心项目取得了教育部的备案批复。目前，正在进行施工招标工作。

3. 中心校区文史楼改造完成规划大纲，正进行方案设计。

4. 完成创新大厦一期报告厅装修设计，并准备招标建设。

5. 共完成15次招标，招标额5100余万元。

六、积极推进工程建设

1. 趵突泉校区学生活动中心，面积12162.54平方米，计划投资9006万元，春节前工程竣工。

2. 趵突泉校区动物实验中心，面积12813平方米，计划投资15896万元，春节前主体结构封底。

3. 千佛山校区工学教学科研综合楼二期，面积31353.05平方米，投资1.97亿元，元旦前工程竣工。

4. 千佛山校区10号教学楼加固改造工程，元旦前完成工程量的60%。

5. 千佛山校区3#、4#学生公寓和千佛山校区6号教学楼周边景观工程。6月开工，9月竣工，通过改造道路、建设车位、树木绿化等，极大地改善了校园环境。

七、统筹“一校三地”基建工作

1. 组织召开“一校三地”基建工作培训研讨会，重点研究促进“一校三地”基建工作一体发展，并对原有基本建设规章制度进行了讨论，形成了修改意见。统筹完成青岛校区、威海校区的立项、投资等工作。

2. 完成2019年基建投资计划、调整计划以及2020年基建投资、建议计划的编制、汇总及2020年中央预算内投资申报工作，完成了教育部要求的其他各项信息填报等工作。申请取得直属高校2020年中央高校改善基本办学条件专项资金5000余万元；申请取得直属高校2020年中央高校改善基本办学条件专项资金4034.67万元。

八、顺利完成基建资金使用任务

2019年度完成基本建设投资15466万元，其中中央预算内投资额度7740万元，学校自筹基建经费7726万元；完成修缮改造投资3100余万元。

九、取得的明显成效

1. 工程建设按计划推进，并取得良好效果。工学教学科研综合楼二期获得省优质结构杯，被评为济南市红牌工地。

2. 申请取得国拨资金 9000 余万元。

3. 完成中心校区经管楼、学生公寓二期、趵突泉校区食堂、口腔楼扩建项目的竣工备案，解决了多年的遗留问题。

4. 全年退回各类押金 110 余万元。

5. 中心校区新建学生公寓项目已在教育部下计划。

十、重视各项手续办理和资料归档工作

安排专人依法及时办理施工手续和竣工备案等手续，为资产交付和项目决算奠定基础。严格规范档案管理，向学校档案馆移交改造工程竣工档案归档共计 113 卷盒，向济南市城建档案馆移交竣工档案共 32 卷盒。

（李亚文）

后勤服务

2019年，后勤保障部以习近平新时代中国特色社会主义思想为指导，在学校党政坚强领导下，牢固树立“以师生为中心”理念，全面贯彻落实学校第十四次党代会战略部署，追求卓越，奋发作为，补短板、提品质，后勤服务保障能力水平稳步提升，师生医务员工获得感、幸福感不断增强。

一、夯实党建基础，全面落实“五个到位”

（一）加强党的建设，发挥党委引领作用

坚持党要管党、从严治党方针，全面扛起主体责任，发挥党的领导优势及党委引领作用，全面落实“五个到位”，以一流党建凝聚起后勤人勇担使命、干事创业的强大合力，为深化后勤事业改革发展、提升服务保障品质提供了坚强有力的保证。

（二）深入开展“不忘初心，牢记使命”主题教育

按照守初心、担使命、找差距、抓落实总要求，把学习教育、调查研究、检视问题、整改落实有机融合、贯穿始终，做到了思想认识到位、检视问题到位、整改落实到位、组织领导到位，主题教育取得实效。领导班子检视政治引领、基层党建、安全管理等10方面50项问题，完成整改37项，13项需长期坚持落实推进。

（三）聚焦聚力反馈问题，巡察整改取得显著成效

针对巡察组反馈的3方面10个主要问题，举一反三，制订《后勤保障部巡察整改方案》《后勤保障部巡察整改工作台账》，细化整改措施111项，整改完成88项，23项已初步整改、需持续推进，巡察整改取得阶段性成效。后勤保障部党委、各党（总）支部、党员工作体系在破解党建与业务工作融合上取得积极进展，党支部战斗堡垒作用及党员先锋模范作用日益彰显。

（四）抓实支部建设，推进“三全育人”

制订实施《后勤党支部规范化标准化建设方案》，构建支部标准化建设规范体系、责任体系、考核体系，推动支部标准化建设、规范化运行。结合后勤育人环节要素，探索完善育人途径方法，“三全”育人取得新进展。后勤各党支部与12个学生党支部、社团开展结对帮扶共建，相互促进；推进“添翼工程”项目和“美食美课”通选课建设，饮食管理服务中心与文学生活馆联合开设国内首个学分制慕课，形成品牌叠加效应，实现文化育人与实践育人的有机结合。

（五）强化党风廉政建设，营造风清气正政治生态

加强制度建设，梳理修订配套制度 41 项，强化执行力；加强作风建设，持续整治庸懒散浮拖；加强廉政教育，开展主题党日、革命传统与警示教育等活动，筑牢拒腐防变的思想防线；从严问责督效，提醒谈话 4 人次，书面检查 1 人次。

二、攻坚克难，服务保障提质增效

（一）着力改善基本办学条件

2019 年，修缮工程立项共计 810 项，立项金额为 2.4 亿。重点实施教学科研条件提升、基础设施改善、校园环境整治等改造项目，着力改善基本办学条件。

1. 教学条件提升。制订实施《2019～2021 公共教室建设改造方案》，加大对老旧教学设施更新力度，推动公共教室全面升级；完成中心校区电教北楼、洪家楼校区公教楼、趵突泉校区教学八楼等公共教室改造，改造教室 41 间，面积约 2625 平方米，更换电脑主机 287 台，更新老旧多媒体 150 套。

2. 科研条件提升。按期完成环境楼、生命南楼、高等技术研究院等 7 栋科研楼宇整体改造并投入使用，快速释放教学、科研资源空间；实施完成中心校区胶体实验室改造、趵突泉校区药厂及教学七楼通风改造、人体科学馆建设，改造面积 7670 平方米，教学科研基础条件得到明显提升。

3. 基础设施及校园环境改善。实施完成趵突泉校区综合管沟建设、千佛山校区变电室迁移及增容工程，新建 4 台 500KVA 箱变，增容 2800KVA，基础设施保障能力进一步增强。实施中心校区小树林及公教楼南北、洪家楼校区自由路等环境提升 8190 平方米，试点建设港湾式垃圾桶设置点，使校园面貌焕然一新。

（二）着力提升服务品质

坚持以人为本，对标一流，着力增强服务意识、优化服务手段、提高服务质量、品质，提升师生医务员工幸福感、获得感。

1. 饮食工作亮点更亮。积极应对伙食成本上涨，投入事业基金 600 万元平抑伙食成本，确保食堂饭菜价格质量保持稳定；整体改造舜园餐厅，优化就餐环境，办伙条件显著提升；着力解决校区间供餐服务不平衡问题，优化供餐结构创新研发产品 81 个，师生就餐综合满意率进一步提高；采购确山县农副产品 205 万元，完成年度扶贫采购任务。

2. 交通通信保障有力。全年安全运行 115 万公里，用车保障 3 万余台次，服务师生约 80 万人次；报刊信件收发 250 余万件，机要 8000 余件，快递近 200 万件，行李托运 1 万余件；增加部分时段双向对发交通车，有效缓解跨校区乘车难；青岛校区开通校区至轻轨站微公交，启用乐水居快递服务中心，切实解决服务“最后一公里”问题。

3. 幼教服务追求卓越。坚持以科研带保教，构建幼儿教育五大支柱体系，逐步实现管理服务精细化、教师队伍专业化、园本课程精品化、安全保障体系化，以优质安全保教服务为教职工解除幼儿教育的后顾之忧，努力成为学校“双一流”建设的助推器。

4. 细节管理彰显温情。强化细节管理，公共教室安装挂衣钩、卫生间洁具编号标识、建设交通车候车点等，增进服务体验。开展“亮灯”工程，增设路灯 275 盏，消除

照明死角，提升校园整体照明度，保障师生出行安全。开展“访民问暖”“卫生间温暖工程”“上门办证”等活动，提供暖心服务。启用网上报修、公务订餐、幼儿入园报名系统，巩固提升“两不出”水平质量。

（三）着力解决民生难题

大力实施民生工程，以落实好学校2019年服务师生十件实事为重点，着力解决事关师生切身利益、关乎师生切身诉求的民生难题。

1. 持续改善学生住宿条件。与宿管中心建立学生宿舍修缮协同机制，提前对接制订方案，逐年对学生宿舍进行修缮改造；2019年，实施完成中心校区11#楼、千佛山校区6#、7#楼整体改造以及洪家楼校区15#、16#楼维修改造，改造面积1.6万余平方米；毕业生宿舍内部粉刷37幢，1300余间，面积约18万平方米。

2. 全面推动电梯增设工作。2019年2月，制订《山东大学住宅区增设电梯实施方案》，全面推进教职工住宅区电梯增设工作。对符合安装条件的94幢楼，290个单元，3000余户，反复登门，摸底调查、政策宣讲、动员协调，点对点做思想工作。召开2次全校范围工作推进会，举行1次大型集中签约仪式，电梯增设工作在各职能部门及学院的协同配合下得到有力推进，取得阶段性进展，截至12月底建成及在建电梯32部，程序审批3部。

3. 着力破解房改遗留难题。2019年9月，南山小区20幢楼取得大证，发放个人房产证290余户；2019年12月，五宿舍17～21号楼取得大证。教职工一次性住房资金补偿挂账兑现及2008年已兑现职工补偿利息支付基本完成，教职工一次性住房资金补偿挂账兑现408人，支付2008年已兑现职工补偿利息507人；推进中心校区南院危房整治工作。

4. 实施体育场馆翻新改造。完成千佛山校区游泳池、室外（东）篮球场、排球场及中心校区室外篮球场、排球场、网球场翻新改造，体育场馆设施水平进一步提升，室外场所安全隐患得以消除，得到体育学院和师生的认可。

5. 全力推进户表改造工程。推进实施4000余户二次供水和8500余户供电一户一表改造工程。克服教职医务员工需求多元、意见不一，协调相关政府职能部门流程复杂等实际困难，改造签约率95%以上，电改土建工程已基本完成，剩余项目按计划推进中。改造完成后，供水供电将实现社会专业公司专营，提升供水供电服务保障水平，消除供电设施老化安全隐患。

6. 引入社会资金提升社区环境。争取政府老旧社区改造资金2545万元，对洪家楼校区二、五宿舍、中心校区南院等教工住宅区实施楼道粉刷、路面整修、绿化增补、路灯加设、弱电落地、单元门及监控安装等工程项目，宿舍区环境得到大幅提升。

（四）着力规范内部管理提升效能

以落实巡察整改任务为契机，着力完善内控体系，加强能源管理，推进企业改制等，助推后勤内部管理规范化、科学化、制度化、效能化建设。

1. 建设内控体系。加强对三个中心的财务管控，积极配合财务、审计等部门，研究加强对后勤三个经营性管理服务中心的监管和审计等事项；以巡察整改为契机，结合后勤的业务性质、业务范围、业务流程、管理架构，建立了后勤预算、支出、采购、安全、监管等12项内容的内控体系，防范风险隐患。

2. 加强能源管理。2019年，水费支出同比下降13.5%，电费支出同比下降3%。趵突泉校区依托能源监管平台，将跑冒滴漏列为监察重点，监管节能作用明显；洪家楼校区供热整体委托济南能源集团进行专业化管理，供热保障能力进一步增强；各校区启动计量表计重新普查工作，为下一步能源管理改革奠定基础。

3. 推进企业改制。制订《后勤服务公司及其所属、托管企业体制改革方案》，稳步推进后勤服务公司及托管企业清理关闭。

4. 建立一校三地后勤联席会议机制。2019年，召开两次一校三地后勤保障工作联席会议，在管理服务理念、管理制度以及信息沟通上加强协同，加速推进智慧后勤、服务平台、餐厨垃圾无害化处理等新平台、新技术的落地转化，加快建理念统一、亮点纷呈的一校三地后勤保障体系。

（五）常抓不懈保安全，总体安全管理格局初步形成

树立总体安全观，发挥安全生产组牵头作用，提高安全防范能力；转观念，变被动应对为主动防范，邀请专业机构为校园安全“把脉会诊”，主动消除安全隐患；同公安处建立消防安防协同机制，努力从根本上解决楼宇消防安全“最后一公里”问题；坚持预防为主，落实矩阵式安全防控体系；压实安全责任，签订党风廉政建设责任书和安全责任书；健全舆情监管机制，做好意识形态安全工作。

（黄文强）

安全保卫

2019 年，公安处全体人员在学校党政领导和上级机关的指导下，扎实开展“不忘初心，牢记使命”主题教育活动，保持高度政治责任感，坚决贯彻一校三地一体发展“大安全”理念，筑体系、建机制、强服务，提升安防保卫力量、强化风险管控能力，持续优化校园公共安全环境，荣获公安厅年度单位治安保卫工作集体二等功。

一、体系建设和制度建设工作

1. 推动学校安全稳定工作体系建设。牵头出台《山东大学一校三地安全稳定工作体系建设方案》，构建组织体系、预防体系、应急处置体系、奖惩问责体系、支撑保障体系等五大安全体系，进一步完善一校三地安全稳定工作的管理体制和运行机制。配合党委、校长办公室，承担学校安全工作委员会办公室的大量业务工作。在 70 周年国庆等敏感时期，组织安全工作专班，每日研判安全信息，指导各类安全事件有效处置。

2. 调整科室职能，加强管理制度建设。为适应学校发展和安全工作需要，更好地服务广大师生医务员工，将原消防技防科调整为消防与交通管理科、安全技术防范管理科，将原“户政科”调整为“户籍与信息服务管理科”，撤销网络监控与信息调研科，提升全处安全管理专业技术水平，推动内设机构科学化、合理化、专业化。制定《山东大学消防安全管理规定》，出台《山东大学关于进一步加强外来车辆进入校园规范管理的通知》等文件，规范校园安全秩序；出台《公安处工程施工及设备采购工作程序》，建立《工程合作单位资料库》，进一步推进消防、安防工程建设规范化、标准化。

二、新形势下学校的政治安全工作

1. 落实重点人员、重点人群管控机制。重点人员方面，严格落实“一人一策”工作要求，认真实施管控措施，并协同有关部门积极开展教育转化工作，严防出现线上线下不当言论和活动。重点人群方面，与校内各单位、部门建立联动机制，动态掌握人员思想、生活、学习情况，与公安国保、经文保、反恐等部门建立信息互通机制，及时研判重点人群动向，发现问题及时处置妥善解决。

2. 落实信息收集预警机制。“五四”“六四”“七五”及 70 周年国庆等重要敏感节点，加强信息收集研判，有针对性进行维稳布控。2019 年，查处多起校内非法传教（宗教渗透）活动，处理校内外非法传教 13 人。建强安全信息员队伍，及时发现处置

3起涉校不良信息隐患，避免了重大舆论风波，有效地维护了我校声誉。

3. 落实涉校舆情协同处置机制。在接连发生的多起涉校舆情中，积极协调公安网警开展信息管控、人员信息落查、舆情监测等工作，收集固定不良网络信息证据460余条，为后期案件查处提供扎实依据。积极配合警方开展案件调查工作，先后8次派出40余人次奔赴全国10多个省份，落查取证各类账号189个，对25名涉案人员采取调查、训诫、治安处罚等措施。

三、消防、技防、交通、治安工作

1. 积极推进消安防建设重大改革。一方面，结合老旧建筑装修、改造工程，招标有资质的施工单位同步开展楼宇消安防的设计、施工和验收工作；另一方面，与基建部协同工作，同步参与新建楼宇中消安防项目的验收，确保楼宇达到接收、管理、使用要求。将全校老旧建筑消防设施的改进完善列为年度重点任务，进行统一规划和设计。2019年，在全校12栋楼宇安装了消防简易喷淋系统、自动（无线）报警系统，为全校实验室补充了1100余具灭火器和850条灭火毯。

2. 2019年，投入590余万元完成智能化综合指挥平台一期建设，实现了一校三地监控系统的整合，预警监控管理效能进一步显现。中心校区、洪家楼校区、兴隆山校区以及威海校区、青岛校区安装基于人脸识别的人员和非机动车辆速通门系统，实现对校内人员和来访人员的有效管控，校内人员财物被盗、骚扰、非法传教等治安案件大幅下降。

3. 通过增加校园内限行标志、减速带、隔离墩数量，划定校园机动车行车和步行区域，最大限度地实行人车分流。试点建设洪家楼法学楼地下智慧停车场，引进哈啰单车运营管理团队规范校内共享单车停放秩序，定期通报校内超速车辆信息，督促校内外人员文明驾驶，规范校内交通秩序。

4. 深化校警协同合作，配合山东省公安厅建设校园警务室，并常驻1名民警、2名辅警，实行实体化运行。警务室内配备身份证自助受理机、取证机、机动车违法处理自助服务平台、自助签注一体机等公安专业设备，为在校师生提供智能化服务。在12月19日召开的驻济院校反恐防恐工作现场会上，中心校区警务室作为样板接受省、市及各兄弟高校领导检查、参观，受到了广泛好评。

四、校园安全基础性工作

1. 开展经常性走访调研工作。公安处严格落实“不忘初心，牢记使命”主题教育部署要求，深入开展调查研究工作，各领导班子成员带头实地走访各单位80余次，广泛收集师生医务员工意见建议，并协助其及时处理各类安全隐患。

2. 坚持24小时值班备勤。各校区校园“110”坚持24小时值班备勤，及时处理各类安全事件。2019年，侦破各类治安案件27起，处置各类服务性事务914件，劝阻、处置乱停乱放车辆708次，处理校内应急（上访）40次，各类户籍服务7000余人次。

3. 扎实开展安全教育演练。入校新生（含研究生）入学前通过登录“平安山大”微信公众号，及时完成安全常识学习考核，2019年考试率98.61%，通过率99.94%，新生入校报警率明显下降。扎实开展“安全生产月”“消防安全月”“防范电信网络诈骗专题安全教育”等活动，全年开展安全知识培训和演练50余次，购置了消防模拟体验器材并到校区巡回搭建消防体验馆，组织师生进行模拟逃生、模拟灭火、穿着消防救援服等消防体验活动，近13000余名师生参加培训。

4. 严格落实安全检查工作。组织全校全面排查6次，各校区公共安全管理科开展日常不间断安全检查60余次。针对安全检查中发现的重点安全隐患，逐项建立工作台账，明确整改责任单位和期限，下发整改通知书。2019年，对发生的3起安全事件进行全校通报并追究相关人员责任。

5. 狠抓队伍建设。高度重视保卫队伍整体素质、专业素养提高，积极组织干部业务培训及考察调研活动，举办消防、技防、宣传、网络安全专题培训班共计6次，与威海校区、青岛校区保卫处共同参加“校园智慧安防”专题培训1次。针对外聘安保人员，通过集中培训、实训演练、服务考评、绩效奖罚等方式，要求其认真履行岗位职责，严肃执勤纪律，依法办案办事，热情服务师生，展现校园卫士良好形象。

（张继国）

齐鲁医学院

2019 年，齐鲁医学院以习近平新时代中国特色社会主义思想为指导，深入贯彻党的十九大和十九届二中、三中、四中全会精神，以及学校第十四次党代会精神，“不忘初心，牢记使命”，统筹谋划高质量发展，以追求卓越、只争朝夕的奋进姿态，全面加强党的建设，落细落实《山东大学医学教育改革发展规划纲要（2018～2025 年）》，加快推进“双一流”建设进程，为建设世界一流医学院夯实基础，为学校实现“由大到强”的历史性转变作出积极贡献。

一、全面加强党的建设，为医学教育改革发展提供有力保障

（一）扎实开展“不忘初心，牢记使命”主题教育

坚持用习近平新时代中国特色社会主义思想作为“金钥匙”武装头脑、指导实践、推动工作。机关党总支及各支部组织专题读书班、集中学习研讨、党课和参观学习等活动累计近 100 次，做到全员覆盖、学思结合。聚焦“服务健康中国战略，擦亮齐鲁医学品牌”及师生医务员工反映强烈的难点堵点痛点问题，开展组合式调研、团队式攻关，形成高质量调研报告 19 份。多措并举推动整改落实见质、见效，建立长效机制抓整改，修订制度 22 项，新建制度 17 项。

（二）持续提升党建工作质量

确定“党建质量提升年”主题，出台并落实《山东大学齐鲁医学院党工委关于提升党建工作质量的实施意见》。完成机关党总支换届，优化机关和学院的党支部设置，选优配强党支部书记，加强教师“双带头人”工程建设，创新学院学系联席会议制度，推进党建和业务深度融合。以新时代组织路线为指引，加强干部队伍建设。组织领导干部暑期赴延安开展党性教育，实施机关人员能力提升计划，提升领导干部履职尽责能力。以社会主义核心价值观为引领，加强宣传思想和文化建设工作，打造具有医学特色的校园文化品牌。

（三）严格落实全面从严治党各项要求

健全纪工委工作机制和议事规则。开展党风廉政教育，组织党员干部到山东省廉政教育基地实践学习。严格落实中央八项规定精神和学校党委十项工作要求，严格政治规矩政治纪律，努力克服形式主义和官僚主义。运用监督执纪“四种形态”，重点关注科研经费管理、学术风气建设等领域，强化日常监督。实施机关作风和机关文化建设计

划，为机关人员配备工牌，设置党员先锋岗，优化工作流程，进一步提升“两不出”质量。

（四）着力加强平安校园建设

认真贯彻《山东大学一校三地安全稳定工作体系建设方案》，扎实做好意识形态领域经常性排查。实施齐鲁医学院安全稳定工作方案，重点维护好新中国成立70周年等重大系列活动安全。落实安全工作分析研判、隐患排查、治理整改、监督检查、反馈报告、情况通报等六项机制，切实维护趵突泉校区安全稳定。

二、狠抓重点环节，人才培养质量得到切实保障

积极推动“三全育人”，开展结对帮扶共建、“三位一体”精准助学工程，2019届毕业生不及格率由18%下降到0.5%。建立职能部门与学生常态化交流机制和信息反馈体系，不断提升学生生活服务保障水平。加快推进课程建设和教学改革，5个医学专业全部获批建设国家一流专业。58门慕课上线，同类课程数量稳居国内高校第一。获全国医学院校青年教师教学基本功大赛二等奖1项、山东省高校青教赛一等奖1项。74项教改研究课题获学校立项，新模式新技术不断引入教学，促进教学体系现代化。3项虚拟仿真实验教学项目通过省级评审并申报国家级项目。建立严格完善的质量保障体系，充分落实附属医院研究生招生主体责任，研究生生源质量大幅提升，2020级招收推免生总数比2019级增加38.8%。在全校率先启动并完成23门研究生在线开放课程建设，推进课程现代化。改革临床医学博士招考模式，启动学科交叉导师团队培养博士研究生项目，服务交叉学科人才培养。

三、注重引育激励，人才队伍建设成效显著

深入实施“杰出人才汇聚工程”，完善了教师系列、卫生技术系列分类评价标准，探索建立交叉学科研究成果评价机制。落实学院选人用人自主权。将附属医院医务员工纳入学校人事系统，共享医教研资源。高层次人才引育实现新突破，陈子江教授当选中国科学院院士，为合校以来首位医学领域科学院院士。引进诺贝尔奖获得者1人，双聘院士1人，新增国家级人才项目入选者4人次，省级人才项目入选者31人次。省级人才尤其是青年人才增量显著。

四、统筹校院资源，为一流学科建设增加强劲动力

统筹组织“临床医学与重大疾病”中期评估工作，检视存在问题，明确努力方向。学科经费执行率大幅提高，高峰学科总经费执行率达114.12%，比2018年提高29个百分点；激励学科总经费执行率达163.87%，比2018年翻两番。提高医院管理工作规范化与协同性，召开两次临床医学学科工作会议暨附属医院院长论坛，出台“1计划”，即《山东大学临床医学学科提升计划》，建设“四平台”，即临床医学研究中心、生命组学共享平台、医学数据学云平台、转化医学共享平台，学术共同体、价值共同体、命运共同体逐步形成。ESI全球学科排名稳步攀升，临床医学、药理学与毒理学进入前1‰。护理学在软科中国最好学科排名位列第二。

五、强化科研组织，科技创新成果实现重大突破

加快推进实施 Med-X 创新工程，成立山东大学智能康复设备技术研发中心，成立山东大学药品监管科学研究院并获批国家药监局药品监管科学研究基地。加强科研项目组织培育，科研项目总数 1858 项，其中国家自然科学基金项目 210 项，国家重点研发计划 5 项，科研经费总数达 3.04 亿元。组织申报 2 项创新研究群体项目。获得 2019 年度高校科研成果奖（科学技术）一等奖 1 项。陈子江院士、张亮然教授、焉传祝教授团队分别在 *Nature*、*NEJM*、*Lancet*、*Cell* 等世界顶尖期刊发表 5 篇高水平论文，是我校首次以第一通讯单位在 *Lancet* 发表研究型论文，并实现医学在 *Nature* 发表文章零的突破。

六、推进双向交流，国际合作得到深化与拓展

举办 2019 中美肿瘤免疫治疗研讨会等 5 期双边学术研讨会。SDU-KI 联合实验室通过卡罗林斯卡医学院组织的第三方评审，并首次设立 SDU-KI 科研合作项目。获批 2 项国家留学基金委创新型人才国际合作培养项目。23 位短期专家和流动岗教授来校授课。派出 51 名师生参加海外高校教学培训、科研训练和临床实习等，首次选拔本科生赴悉尼大学、曼彻斯特大学交流学习。首次举办卑尔根大学一山东大学国际暑期学校。完成留学生教育工作改革，初步实现了以医学各学院为主体、业务归口管理的趋同化改革目标。

七、功能多向辐射，助推“健康中国”“健康山东”建设

山大一哈佛国际医学教育项目的组织管理水平和影响力持续提升。齐鲁医院获批牵头建设委省共建国家区域医疗中心。附属生殖医院正式成为全国首家三甲生殖专科医院。与鲁商集团共建山东大学药学科学院。发挥医养健康产业智库作用，设立种子基金项目，承办中国国际医养健康产业博览会（山东）暨高层峰会论坛。积极服务地方经济社会发展，山东大学淄博生物医药研究院加盟山东产业技术研究院。医学各学院及科研机构研发成果或技术转化项目合同经费达 7800 余万元。

（郭亚评）

兴隆山校区

一、党建工作

（一）以党的建设统领办公室工作全局

以习近平新时代中国特色社会主义思想为指引，充分认识和理解党的建设伟大工程极其重大的现实与深远意义，始终坚持把党的建设摆在一切工作的首要位置，始终坚持以党的建设统领办公室工作全局，始终坚持用党的建设伟大工程的重要意义教育和引领党员干部新思想。坚决贯彻学校第十四次党代会精神。树牢“四个意识”，坚定“四个自信”，做到“两个维护”。把党的建设伟大工程的内在要求与学校事业发展“六大战略”“十大任务”紧密结合起来，为学校实现“由大到强”历史性转变而努力奋斗！

（二）创新支部学习形式，注重加强理论与实际相结合

坚持思想武装不放松，注重解决政治站位不够高、大局意识不够强等重大问题。集中学习采取党员轮流领学、谁领学谁谈体会的方式，增强参与意识，提高学习效果。

开展多种形式的主题党日活动，注重理论与实践相结合。着重加强在读原文、学原著、悟原理上下功夫，组织开展了与学生面对面、多媒体技术培训等多种形式的主题党日活动，使广大党员干部在学习中提高了业务技能。

（三）扎实推进主题教育，有效推动工作开展

按照中央和学校党委关于“不忘初心，牢记使命”主题教育工作的部署和具体要求，扎实推进、高效完成各阶段的教育学习整改任务。开展了 20 余场主题教育学习、意见征询、整改及论证会。规章制度由 33 项缩减为 21 项，其中修订 12 项，废止 16 项，新增 4 项。形成了 2 项问题调研报告。认真对照党章党规和“四个对照”“四个找一找”检视思想及工作中存在的问题，形成了班子检视分析材料 1 份和 4 类 8 条整改台账，形成了班子成员个人检视分析材料 2 份和 10 条整改台账。办公室始终用“为民服务解难题”的具体成果来检验主题教育的实际效果，主题教育集中开展以来解决了 4 项民生难题，不断提高广大师生医务员工的获得感、幸福感和安全感。

二、行政工作

（一）完善基础设施，改善教学环境

投入约 1384 万元用于校区校舍及基础设施更新改造，有效提升了校区支撑服务保

障能力。

1. 投入约 105 万元，更新多媒体设备 189 台（件），基本淘汰完成 2015 年之前的多媒体主要设备（电脑主机等）。

2. 投入约 957 万元对教学楼群（含讲学堂）暖气、厕所等设施进行了全面更新改造。更新暖气管线 13200 米、暖气片 1135 组；改造卫生间 70 间；楼内公共部位粉刷 24000 平方米，防火门油漆粉刷 795 平方米。

3. 投入约 136 万元解决了部分学生宿舍屋顶漏雨、外墙空鼓渗水和室内粉刷等问题。

4. 投入约 294 万元，实施了 47 个项目，对校区（含职工宿舍）内其他基础设施进行了维护改造和应急处置等。

（二）落实“三全育人”，推进为民服务

努力营造育人氛围，有效弥补基础服务设施不足和德体美劳氛围薄弱的短板，优化校区育人环境。

1. 利用学院到办公室办理业务的时机，宣讲有关管理规定，逐步形成遵章守纪的氛围，共同建设和维护校区秩序。

2. 努力营造教学实验楼内学术育人氛围，要求学院的改造项目特别是实验室项目，都应提供适当数量的资金配比用于公共区域的育人氛围营造。

3. 购置 28 套藤制躺椅安放于教师休息室，提供给中午留驻校区的教师午休使用，有效地解决了这部分教师中午无处安身的尴尬局面。

4. 组织了 3 批 80 余人次学生参加树木刷大白冬季防病虫害劳动。开辟了学生种植教育基地，分配至驻区 8 个学院，由学院组织学生参加种植劳动体验，完善校区劳动育人功能。

5. 打造综合型校区 110 报警服务网点，11 月中旬已实现由报警求助单一功能向报警求助、失物招领、非涉密监控查询、户籍登记、信息传输、困难帮助、交通协助等 7 类综合功能的转变。实现了学生一般性安保事务一站办理的目标要求，下一步，将重点研究推进校区不同业务之间的有效整合，向校区综合事务一站办结的目标迈进。

（三）深化改革合作，提升保障能力

进一步深化校区后勤事务市政化、专业化改革之路，依托社会力量做好服务保障工作。

1. 签订补充协议 3 份。进一步厘清边界、明确职责、堵塞漏洞、夯实责任，努力做到管者有其法，为者有其规，进一步理顺内部运行机制。

2. 建立工作约谈机制。通过制度和会议，明确工作思路和要求，发现问题随时约谈，今年约谈物业公司 2 次、配电室运维公司 1 次，有关问题均得到了及时有效解决。

3. 稳固合作基础，深化合作范围。目前，校区合作供应商相对稳定，服务效果较好，具备深入合作基础。与配电室运维公司探讨电力节能合作的可能性；与能源公司探讨夏季空闲设备再利用的可能性；与联通公司探讨建设 5G 网络体验教室的可能性等。

（四）化解安全风险，建设平安校园

兴隆山校区地处山区，受地理环境影响较大，校区周边情况较复杂，安全风险较高。

1. 为了加强安全秩序管理，规范中小学生游（研）学活动，5月14日出台了《关于加强兴隆山校区游（研）学活动管理》的通知，明确提出了“两控制、一报告、一承诺”的要求，有效降低了安全风险，保障了正常教学秩序。

2. 为了限制外来人员搭乘K48或K52路公交车逃避门卫安检直接进入校园，自7月12日起，两路公交车终点站全部改为校区正门西站点，校内发车点不变。

3. 为了增加使用空间，部分教学实验楼的公共空间进行了后续分割封堵，对消防安全产生了不利影响。经与有关单位沟通，采取有关区域禁止锁门措施，基本解决消防通道不畅和消防设施被封堵的安全隐患。

4. 8月10日完成了校区建筑物外墙门窗、空调主机等设施检修稳固工作，消除了高空坠物风险。

5. 兴隆山校区地理位置处于济南市红色防雷区域，9月30日完成了校区防雷检测和设施修复工作。

6. 及时发现和制止校内外人员在校园内从事黄赌毒、传销、诈骗、非法宗教宣传等活动6起。开展了10余场新生安全教育宣讲，受众学生超过2000人次。

7. 在教学区和工训中心西南角新增两座微型室外消防站，加之实验楼大厅已建成的微型消防站，校区形成较合理的三点布局。

8. 针对快递员校区内骑行速度过快的安全隐患，12月9日起，所有进入校区的快递员一律身着印有醒目号码的橘红色背心，广泛宣传，接受师生监督，对两次违反规定的快递员采取禁止入校处罚。

（五）加强工作协同，优化治理环境

校区办公室职能具体较浓厚的派出机构特色，工作的开展离不开兄弟部门和地方政府的支持，协同工作尤为重要。

1. 加强与校办的工作协同。积极与地方政府的联系，及时传递信息，扮好排头兵角色，对有关事项进行前期沟通协调。

2. 加强与本科生院及信息办的协同。及时掌握教学信息和需求，提高网络保障能力，减少教学事故。参加教学改革和教师学生座谈会6次，及时了解师生需求。

3. 加强与学工部和驻区学院的协同。召开工作交流协调会8次。及时处置了5起案件，有效地控制了信息的非正常传播和舆情的发生。

4. 加强与资产与实验室管理部（公房管理中心）的协同。召开工作交流会3次，联合举行实验室安全检查2次，对存在的安全隐患实施了整改。清理处置了历史遗留固定资产16批563件。厘清青专公寓的管理边界，及时协助处理教师需求。

5. 加强与公安处的协同。建立安全联席会议制度，及时沟通安保事务，协调处置有关案件。实现重要安保任务，双方安保力量协同工作的良好局面。

6. 加强与财务、后勤等部门的协同。召开工作交流协调会4次，争取兄弟单位在资金、政策及业务等方面的大力支持，共同建设好、维护好兴隆山校区。

7. 加强与地方政府、公安机关的协同。建立与地方政府、公安机关不定期会晤制度，今年共召开正式工作协调会议6次。八角山（院士楼北侧）村民建筑已于10月中旬拆除完毕。预计投资超过 300 万元的八角山山体公园建设项目正在规划设计之中。小岭路（校区南侧）建设已经启动，村民建筑一期（围墙以南约 50 米范围）拆除工作正在进行，小岭路建成后将进行剩余建筑物的二期拆除。小岭路以南区域将规划建设商业休闲综合体，建成后将有效改善校区周边基础服务设施不足的现状。协助驻地派出所处置了 5 起案件，均得到较顺利解决，未引起舆情事件。深化社区警务室建设。共同举行了反恐防爆演练 1 次，消防逃生演练 2 次。

（六）关注民生福祉，打造和谐社区

积极推进社区水电户表改造、电梯加装等民生工程。

1. 投入约 650 万元的电力户表改造工程已进入尾声，项目完成后不仅能有效提高南山小区的供电可靠性，而且能有效解决通过原电力管道向地下室灌水难题。自来水户表改造工程泵房建设已基本完成，下一步将进入社区进行管道施工。

2. 电梯加装惠民工程目前已有 2 个单元（1 号楼 2 单元、14 号楼 4 单元）基本具备实施条件（已启动政府申请手续），还有 6 个单元希望比较大。下一步将根据工作进展再次逐步向所有单元推开。

（冯光东）

青岛校区

2019年，青岛校区以习近平新时代中国特色社会主义思想为指导，深入贯彻党的十九大和十九届二中、三中、四中全会精神以及全国教育大会精神，落实学校第十四次党代会精神，牢牢把握高质量发展根本要求，紧紧围绕“双一流”建设，聚焦“六大战略”和“十大任务”，全面落实《山东大学（青岛）发展改革规划纲要（2018～2025年）》，以追求卓越、只争朝夕的奋进姿态，切实发挥新时代学校“双一流”发展“新引擎”作用，为加快推动学校实现“由大到强”的历史性转变、奋力开创中国特色世界一流大学建设新局面奠定了坚实基础。

一、贯彻落实习近平新时代中国特色社会主义思想，党的建设不断加强

（一）扎实推进主题教育，政治意识牢固树立，工作作风持续改善

根据学校党委统一部署，紧密结合校区实际，做好校区及各基层单位领导班子主题教育，切实激发出干部职工工作热情和奋斗精神，以实际行动投身于校区作为学校“双一流”发展新引擎的各项工作。

1. 理论学习与工作研讨务实有效。组织好党工委理论学习中心组学习和干部职工理论学习，指导基层党组织建设，全力破解党建工作和业务工作“两张皮”问题，将党的初心和使命贯穿办学治校全过程，通过掌握习近平新时代中国特色社会主义思想这把金钥匙，引领开展校区各项工作。

2. 机关工作作风显著改善。组织基层单位调研，推进6大方面包含15个问题的整改落实，实现重点项目上门服务，推行财务联络员机制，优先保障重点学科资源配置，简化办事流程，缩短办事周期，为校区师生医务员工提供精准服务，基本实现“两不出”，机关作风不断改善。

3. 校区改革发展难点热点问题不断攻克。把校内巡察整改和舆情专项整改与主题教育整改结合起来，起草《青岛校区管理体制机制改革方案（征求意见稿）》，着力构建问题解决长效机制，推进解决校区改革发展存在的问题，激发校区内生发展动力，营造积极开拓、干事创业氛围。

（二）周密做好校内巡察和专项整改工作，从严治党全面深入

按照学校党委部署，做好巡察各项工作，认领反馈意见，查摆自身存在问题，通过梳理，列出33项整改问题清单，研究制定了95项针对性的具体整改措施，全部完成整

改问题27项、持续推进6项。从严从实从快做好专项整改工作，梳理出35个风险点及存在问题，提出68项整改措施。截至目前，30项专项问题已全部完成整改，5项持续进行中。

（三）加强廉政建设，筑牢拒腐防变防线，廉洁奉公氛围浓厚

通过加强制度建设、强化重点领域和关键环节的风险防控、开展集中纪律教育和警示教育、组织谈心谈话等多种形式，同时强化审计监督作用、基本实现审计全覆盖，不断筑牢党员干部拒腐防变的制度和思想防线。

二、促进内涵发展，“双一流”建设新引擎端倪初显

（一）人才引育工作成效继续凸显

全年引进各类高层次人才80人，其中院士3人（占学校比例为50%），长江学者4人（占学校比例为80%），杰青8人（占学校比例为89%），千人计划、新世纪百千万、万人领军、中科院百人等皆占学校引进比例100%，新增1个博士后科研流动站，115名新进博士后入校，王小云院士获未来科学家大奖，张友明教授被评为欧洲科学院院士，王文兴院士当选青岛市2019最美科技工作者，谭保才、张友明教授获“山东省人民友好使者”称号，“高端人才集聚基地”作用持续凸显。

（二）一流交叉学科平台全面构筑

1. 交叉共建平台加快建设。联合司法部成立生态环境损害司法鉴定理论研究与实践基地，与国务院参事室联合成立国家治理研究院，与最高检联合成立检察基础理论研究基地，与北航联合成立虚拟现实技术与系统联合实验室。

2. 一流学科平台体系建设成效显著。网络空间安全学院成为全国11所一流网络空间安全建设示范学院之一，环境学院成功申报教育部首批野外科学观测研究站，完成实验室建设与生命环境共性研究平台投资约3200万元，计算机、环境等学科ESI前1%排名较上年皆有较大提升。

（三）学术科研实力稳步提升

1. 整体学术科研实力大幅攀升。校区年度实到科研经费3.02亿元，同比增长26%，授权发明专利191件，同比增长18%，获得国家自然科学基金80项（杰青1项、面上47项、青年27项，其他5项）、国际合作研究重大项目1项、国家重点研发计划3项，教育部重大课题攻关项目1项，教育部人文社会科学重点研究基地重大项目1项。

2. 代表性项目成果不断凸显。计算机科学与技术学院成秀珍教授获批1692万元重点专项资助，文化遗产研究院王伟教授作为共同通讯作者在《自然》发表论文，县域发展研究院两项成果获2019智库最佳实践案例和智库报告年度精品成果奖，亚太研究所荣获中联部“一带一路”智库合作联盟优秀理事单位称号。

（四）立德树人根本任务全力落实

1. 学生思想稳定、“五育”工作顺利推进。深入实施思想政治教育，加强思想引领和行为管理；优化留学生日常管理机制、实现“趋同化”管理；制订书院制改革方案，深化本科生书院导师制，试点机关干部联系学生制度，推进育人机制优化；增聘校外专

家、成立专业机构、稳妥实施危机干预，强化心理健康教育工作；组织专场宣讲及招聘会200余场，成功举办首次毕业生双选会，学生一次就业率继续保持稳定；组织近7000人次参与志愿服务，举办沙滩音乐节、校园马拉松、校园戏剧节等各类文体活动近300场，完成校区重点文化景观和标识系统建设，开设“鳌山论坛”，校园文化氛围日渐浓厚；组织思创论坛、海鸥行动创意路演、创新创业教育活动周等活动，学生创新创业素质不断提升。

2. 教学改革深入推进，培养质量加快提升。实现人工智能、网络空间安全两个本科专业实现首次招生，专业建设持续优化；获批学校教改重点项目1项、重点培育项目1项，组织开展“金课建设”等教学学术周，教学改革不断深入；本科生在全国大学生数学建模竞赛、电子设计竞赛、程序设计竞赛等重要学科竞赛及创新创业赛事中获国家一等奖8项、二等奖15项，研究生招生规模进一步扩大，推免生录取数量增加16%，积极探索与青岛蓝谷管理局、海信集团等政府和企事业单位开展联合培养，学生培养质量继续提升。

（五）国际化战略加快实施

1. 合作办学资源继续拓展。与德国帕德博恩大学、意大利博洛尼亚大学、法国马赛大学、俄罗斯莫斯科工业大学等签署合作协议，筹备与英国布里斯托大学等的合作协议签署工作，在创新转化领域与英国剑桥大学巩固发展合作关系，与韩国高丽大学、日本中央大学共建“中日韩高端法律人才培训基地”。

2. 科研学术合作硕果累累。继续深化山大一达尔豪斯大学海洋联合实验室和山大一耶鲁环境与社会考古国际联合实验室建设，组织成立中加能源环境与可持续发展联合研究中心、中意绿色发展研究中心等新型科研机构，主办第十三届世界港口城市大学联盟会议等数十场国际会议，微生物技术国家重点实验室联合美国科学院乔治·加兰院士获科技部国家重点研发计划285万元资助、联合阿斯隆理工学院获国家自然科学基金组织间国际合作项目1500万元资助等。

三、强化合作发展，完善办学条件，师生获得感、幸福感和安全感持续提升

（一）深化校地合作，共建共享工作实现突破性进展

1. 校地共建合作深入融合发展。完成与青岛市政府校区二期共建补充协议的签署工作，校园二期基本建设工作进入快车道；编制发布《打造“山大系”品牌　服务青岛高质量发展行动方案》，联合青岛蓝谷管理局完成沿海大气环境青岛超级观测站建设并投入使用并共建山大空间天文物理融合研究中心，全力助推“中国蓝谷，世界蓝谷”建设。

2. 产学研合作新增长点涌现。推动与国家海洋科学技术试点实验室、国家深海基地、海洋地质研究所、黄海水产研究所、中国海检集团及华为、海信、青啤等单位的合作，推动微生物技术国家重点实验室与4家企业国家重点实验室联合成立蓝色经济区生物技术国家重点实验室联合体，环境科学与工程学院获山东泰和水处理科技公司1000万元科研合作经费。

（二）条件建设与民生保障水平显著提升

1. 基本建设有序推进。完成工程技术研究院 M 等项目前期工作，开工建设学生公寓 S11. S13、博物馆展陈工程及体育馆项目，启用专家公寓 T1－T3、风雨操场等，完成校园二期项目教育部备案工作。

2. 后勤保障明显改善。加快信息化建设，积极推进内控制度建设，完成资金节约率 12.87％，提升经费效益与保障能力，加强人防技防与智慧安防、实施实验室安全专项整治，校园整体环境安全有序，师生安全感有力提升。

3. 民生保障全面加强。完成校区医院医疗机构许可证办理、妥善解决供暖补贴资金难题并保障正常供暖、全面解决教职工学龄子女初高中入学及幼儿办理医保的困难、开工建设齐鲁蓝谷医院、完成二期住宅及实验中学等项目开工前准备工作、提前完成学校十大“民生工程”之一的校区 3856 台学生公寓空调的安装工作。

4. 人才保障支撑有力。协调完成延期预留人才房补充协议签订、组织完成 2000 余户教职工住房办证工作、实现首批教职工入住校内专家公寓、协调做好蓝谷人才房购置工作、畅通了教职工在青缴纳社保通道、年内争取青岛各类人才补贴 1269 万元、安排重点学科领域及杰出人才用房 6000 平方米，为校区“引凤筑巢”提供了重要的条件与资源保障。

（褚　雷）

校办产业

2019年，在学校党委、行政的正确领导下，产业党委深入学习贯彻落实习近平新时代中国特色社会主义思想和党的十九大精神，坚持党对国有企业领导不动摇，发挥产业党委引领和支撑作用，大力推进校属企业体制改革。以“不忘初心，牢记使命”主题教育为契机，着力推动企业党建工作与经营管理深度融合，推动全面从严治党向纵深发展。贯彻落实新发展理念，加大资本运营力度，实施创新驱动发展战略，促进企业高质量发展，推动校属企业服务学校和服务山东，助力学校“由大到强”历史性转变。

一、党的建设及思想政治工作

（一）坚持党对国有企业领导不动摇

一是完善“双向进入，交叉任职”领导体制。以所属党组织换届选举为契机，选优配强支部书记，全面推行企业党组织书记、董事长由一人担任。截至2019年，全部完成所属党组织换届选举工作。二是坚持服务生产经营不偏离，把提高企业经济效益、增强企业竞争实力、实现国有资产保值增值作为党建工作出发点和落脚点。与所属党组织签订党建工作责任书，将企业党建工作纳入企业负责人经营业绩考核。三是持续推进所属企业将党建工作总体要求纳入公司章程，明确党组织在公司法人治理结构中的法定地位。坚持党管干部原则，对所属企业派出董、监事等高管人员，由党委进行考察，严把政治关。

（二）认真落实全面从严治党

一是强化企业意识形态工作。召开意识形态工作专题会7次，制订舆情应对工作方案，出台加强所属企业意识形态工作意见，加强对企业网站、新媒体等监督检查。二是强化提升基层组织力建设，出台推进党支部标准化规范化建设实施意见。强化基层党建工作创新，开展为期一个月支部书记网上培训，编写印发支部标准化规范化建设手册。三是与所属企业党组织签订党风廉政建设责任书，严明政治纪律政治规矩，采取多种方式加强企业负责人警示教育，加强对所属企业落实中央“八项规定”精神监督检查，努力营造企业良好政治生态与经营生态。四是扎实推进“不忘初心，牢记使命”主题教育。开展7次集中研讨交流，明确了校属企业初心使命，形成产业发展六大战略，着力破解产业发展顶层设计、推动企业高质量发展等难题。班子成员深入企业开展调研20余次，讲党课7次。切实抓好整改落实，产业党委班子查找问题共计42个，目前已整改41项，未整改完成1项。开展主题教育专项督导，各基层党组织均较好地完成主题教育各项工作。

二、校属企业体制改革工作

扎实推进校属企业体制改革。一是坚持发挥产业党委“把方向，管大局，保落实”的作用，确保党中央、国务院关于校属企业体制改革重大部署在所属企业贯彻执行。截至2019年底，我校所属企业体制改革任务基本完成。完成47家脱钩剥离企业无偿划转审批手续，与山东省国资委所属国有全资企业山东省国有资产投资控股有限公司（简称山东国投公司）签订了无偿划转协议，将所持有的山东山大产业集团有限公司（以下简称山大产业集团）100%股权无偿划转至山东国投公司。二是发挥产业党委政治引领和支撑保障作用，按照《山东大学所属企业体制改革方案》总体部署，将14家保留管理企业无划转至新设立的资本运营公司，设立教育服务公司承接后勤经营业务。制订《关于在校属企业体制改革中进一步发挥基层党组织作用工作方案》，发挥党组织政治优势，做好剥离企业、关停并转企业人员稳定工作，妥善做好后勤企业划转项目和集体企业人员安置工作，全年接待并妥善解决各类职工上访40余次，确保企业安全稳定。三是加大“僵尸企业”出清力度。通过清算注销、破产清算、股权转让等方式，清理关闭12家企业及14家历史遗留企业，累计完成清理规范企业56家。四是着力推进中央巡视整改任务。重点推进山大生殖产权不清晰问题整改，整改方案已经学校党委常委会通过，正在推进实施。五是坚持民主集中制，对于企业资本运营、重组上市、关停并转、安全稳定等重大事项集体研究决定，全年召开党委会15次，专题会4次，班子联席会27次，理论中心组学习10次。

三、企业经营管理和发展工作

2019年，产业经营业绩持续保持两位数增长。在经济发展环境趋于严峻和复杂化的形势下，2019年经营业绩保持持续增长。产业集团实现经营收入约38亿元，同比增长14.18%；利润总额约7.29亿元，同比增长28.79%；净利润6.43亿元，同比增长25.59%；归属于产业集团净利润约1.84亿元，同比增长17.95%。上缴学校利润6599.38万元，上缴国有资本收益1241.93万元，返还学校事业编制人员工资1409余万元。积极引导所属企业承担社会责任，所属15家企业向确山县捐助扶贫资金共计360万元。

（一）推动所属企业高质量发展

一是贯彻创新驱动战略。以考核为导向，引导企业加大研发投入。2019年所属企业科研经费投入近3亿元，科研项目立项55项，经费超过5000万元，其中国家级项目5项、省级项目15项、市级30项；申请专利、著作权等132项，发表学术论文76篇。二是推动人才强企战略。所属企业获“泰山产业领军人才”2人、泰山学者特聘专家1人、泰山青年专家5人、齐鲁青年学者1人、1个泉城产业领军人才团队。三是提升企业核心竞争力。1家获山东省准独角兽企业，2家瞪羚企业，1家山东省领军企业；4家入选首批山东省软件产业高质量发展重点项目。四是规划建设山东大学科技产业园（国家大学科技园)。以齐鲁科创大走廊为主线，以山东大学创新港为核心，建设山东大学科技产业园(国家大学科技园)。与中关村科技园达成合作意向，打造高科技企业孵化器、加速器，促进校属企业集聚发展和高技术产业培育。其中，450 亩信息产业园已规划建设，200 亩山大地纬产业园主体建设已竣工，160 亩山大鸥玛产业园正在办理征地手续。

(二) 加强资本运营和企业监管

一是推进国有资本证券化。积极推进山大地纬 IPO 科创板上市，已基本完成上交所审核，预计上市后市值达 80 亿～100 亿元；完成山大鸥玛 IPO 辅导和申报创业板准备工作；启动山大电力申报 IPO 辅导及相关工作；上市公司山大华特经营业绩大幅提升，市值同比增长近 20 亿元。二是促进国有资本流动，加大股权退出力度。完成有色金属、吕美公司等股权转让，正在推动山东奥太、胶体材料股权转让。三是推进构建以管资本为主的国有资产监管体制。以产权为基础、以资本为纽带，加强企业监管。修订经营业绩考核办法，完成企业负责人任期、年度经济责任考核及目标责任书签订。持续推进企业内控建设，制定修订全面预算管理、资产负债约束、董监事考核、工资总额管理等。开展 9 次企业安全生产、网络及新媒体安全检查工作，建立企业安全周报制度，做好安全生产和重大风险防控。

(三) 推进企业主动融入山东新旧动能转换

召开“创新驱动、服务山东、产城融合暨山东大学产业服务山东表彰大会”，积极引导校属企业服务学校服务山东。山大地纬服务山东人工智能和信息化建设，以人工智能为主线，融合云计算、大数据、区块链等新一代信息技术，为山东新旧动能转换持续提供高水平的“智能”动力。山大鸥玛服务全国几十个国家级考试，为山东人事、财政等提供考试评价信息化服务。山大鲁能水务和教育信息化项目，服务山东水利资源监控和数字化校园建设。山大生殖医院服务山东医疗健康，门诊总量达到 41 万余人次，无偿为槐荫区女性两癌筛查 8019 人。达因药业荣获“新中国成立 70 周年医药产业标杆企业”。山大华天产品服务济南地铁项目，电能质量产品在多家医院得到应用。山大电力高端装备服务国家智能电网建设，电动汽车充电设备及运营平台助力山东新旧动能转换。山东奥太产品被评为“改革开放 40 周年机械工业杰出产品”。山大天维承担省发改委碳纤维示范产业园建设项目，建立了多个实验室及“军民融合”研发基地。2019 年，校属企业新增就业 1300 余人，上缴地方税收 3.6 亿余元。

山大地纬积极推动并参与山东大学与新加坡南洋理工大学人工智能联合研究院建设，联合成立了人工智能研究院。所属企业与学校联合培养硕士、博士生 220 余名，接收实习学生 2100 余人次，11 家企业与学校共建工程中心、实验室，支持学校科研经费 800 余万元。

(王华雄)

出版工作

2019 年，出版社以党的十九大精神和习近平新时代中国特色社会主义思想为基本遵循，不断优化选题结构，提高出版质量，努力实现社会效益与经济效益协调发展。全年出版图书 400 余种，发行 490 余万册，实现销售收入近 4000 万元，注册资本增加为 5000 万元，资产总额达到 1.8 个亿。

1. 着力加强党的建设。不断夯实党建基础，充分发挥党总支政治核心作用，积极推进党建与业务工作深度融合发展。将“不忘初心，牢记使命”主题教育作为首要政治任务，高标准部署、高质量推进，切实将主题教育的开展与推动出版社事业发展密切结合，取得显著成效。

2. 擘画企业发展蓝图。10 月，出台《山东大学世界一流出版战略规划（2020～2035)》。这是出版社自成立以来对自己发展的第一次系统性思考。该《规划》客观分析了出版社面临的发展机遇及问题挑战，确立了指导思想，明确了发展目标、发展战略和发展举措，为未来发展指明了方向、树立了坐标。

3. 推进治理体系现代化。优化部门设置，设立人文社科、理工、职教等六大分社，质检、设计、融媒体等四大中心和若干职能部门，提高了出版专业化、精细化水平。强化企业内控，明确了党总支会、董事会、监事会、社长办公会的决策权限和议事规则，上线了 OA 系统和 ERP 系统。做好制度设计，出台了《图书质量管理办法》《图书选题评价办法》等 10 余项制度。加强队伍建设，校外引进 1 位总编辑，社内公开竞聘选拔 1 名副社长，实行全社中层干部重新竞聘上岗，组织编辑到知名出版集团学习交流。

4. 致力服务教学科研。深入科研院系，走近专家学者，加强与校部机关、各学院的沟通交流，提供优质出版服务。对接学科建设需求，成立“四新”（“新文科、新工科、新医科、新农科”）教材特别工作小组，做好“四新”教材出版工作。策划“齐鲁医学经典病例系列丛书”“百廿山大系列丛书”，提前为献礼校庆作好准备。响应学校打造中国传统文化最具代表性大学号召，着力推动传统文化创造性转化和创新性发展，精心打造一批继承、弘扬传统文化的优秀出版物。出版的山东省地方课程教材《中华优秀传统文化》年发行量超过 120 万册；与学校中华优秀传统文化研究与体验基地联袂推出的《中国文化读本》系列丛书，广受读者欢迎。

5. 严控图书内容质量。严格“三审三校”流程，成立质检中心，牢把编校质量关口，用心践行工匠精神。将意识形态研判同出版选题论证工作相结合，每季度专题研究意识形态工作1次，坚守出版导向和内容底线。2019年，申报“重大选题备案”图书9种；接受上级部门各类出版检查3次，均未出现政治问题和编校质量问题。

6. 不断优化选题结构。2019年，共上报选题近700种，高层次选题占比明显提高。《中国辞赋编年史》《当代中国戒毒创新研究》《核塌缩型超新星的演化》等3种图书获国家出版基金资助，《大匠良造：中国传统匠作文化》《格物致知：中国传统科技》《精耕细作：中国传统农耕文化》《人文荟萃：中国传统文学》《衣冠楚楚：中国传统服饰文化》等5种图书入选2019年“农家书屋”重点出版物推荐目录。在山东省社会效益考核中，获得91分的优秀成绩。

7. 打造一流专家智库。围绕聚才、聚智、聚力，邀请中国石油大学出版社总编辑路庆良、国家移动互联网创新服务平台副主任张棣等专家进社开办讲座，传授先进的选题策划和生产经营理念。聘请校内外顶级专家担任出版社事业发展咨询顾问，构建长期合作关系，打造助力出版社事业发展的智库“朋友圈”。

（王立强）

信息化工作

一、工作举措和主要成效

（一）落实服务师生实事

1. 上线学院信息系统，实现学校服务与学院服务的有效衔接，深入推进“两不出”。

（1）建设学院考核“一张表”，作为学院信息系统重要内容，实现学院服务与学校服务的有效衔接。为此完善学院层面人员、科研、教学、学生工作、学院管理、社会服务等数据信息，为精准考核提供数据依据，逐步构建学院管理与服务的统一平台。

（2）持续推进“两不出”，扩展自助打印和网上服务大厅服务事项。2019 年，为实体院（所）新增部署 100 台自助打印设备，使师生足不出户享受便捷服务。深挖需求，新增 65 项自助打印事项，自助打印服务项目扩展至 88 项；新增网上服务 100 余项，网上服务大厅办理事项达到 329 项。

2. 整合优化升级学校云平台，提升信息系统和信息服务的支撑保障能力，面向管理、教学、“双创”、科研孵化提供云服务。

（1）完成校级云平台一期的规划、招标和实施，实现信息系统基础设施的云资源化、服务化提供。规划中的 56 个服务节点、1344 个物理计算核心、864T 存储容量信息系统基础资源的新增部署和云化管理工作已经完成。

（2）优化信息系统基础设施运维体系，面向业务系统提供虚拟服务器 44 台，优化升级服务器 35 台次，完成管理制度、辅助系统等问题的整改到位。

（二）基本健全网络安全管理体系

制度完整、权责明确、机制有效、横向到边、纵向到底的网络安全工作体系和管理体系基本健全。完善制度，修订多项网络安全管理制度和流程；开展网络安全专项检查与整改，降低网络安全风险；积极推进等级保护和网站群迁移工作，对外服务采取白名单访问机制，杜绝了私建服务暴露问题；开通网络安全专题网站，组织三地网络安全培训；构建网络安全技术防范体系，提升网络安全技术防护与保障能力。

（三）信息化基础设施继续完善

校本部校区间互联链路带宽扩容到 40G；各校区淘汰升级各类老旧型号网络设备共计 260 余台，协同配合职能部门对新建（修缮）楼宇部署网络设备共计 140 余台；校园网内90%楼宇汇聚网络设备均已升级为全新的万兆网络互联设备，并实现了楼宇间汇聚设备的千兆上联；校本部无线在网AP设备已扩容至25511个，楼内无线网的覆盖率达到了96%以上，室外主要区域均实现了无线覆盖，极大地提升了校园网用户的移动上网体验。

（四）持续提升信息服务和校园生活服务体验感

网站迁移至网站群工作进展顺利，新建、改版、迁移网站190余个；按照等级保护要求完成邮件归档工作；持续优化DNS、VPN配置，提高系统安全性健壮性；做好一校三地协同的技术支持，保障各类视频会议458场，网络直播64场，人脸识别签到30场。

初步打造以校园卡系统为核心的校园生活服务平台，完善服务体系，提升服务体验。新增自助领卡、前置迎新、扫码乘车、预约点餐、无卡洗浴等高体验服务；实现校园卡数据全线上流转，支持虚拟卡设备覆盖率提升至75%，全年完成校园卡充值1.28亿元，制卡转卡2.4万张，业务办理18万人次，完成高考阅卷等重大活动的用卡服务保障5次。

二、突出亮点

1.“网上办、掌上办、机具办，不见面”的理念和“一网通办，一站式线下自助办理”的服务模式落地，提出了电子证照线上申请与自助打印线下办理相结合的模式，解决师生服务办事的“最后一公里”问题。

2.“一张表”工程的推进，初步解决了师生重复填表的顽疾。针对师生比较关注的数据难以共享、各种报表重复填报等问题，提出了面向学校、部门学院和团队个人三个层面服务的“一张表”实施架构，高基报表、本科审核评估数据自动生成，初步实现校情数据分析呈现和学院考核信息化。

3.学院信息系统的部署，让学院发挥数据管理和服务能力，助力学院管理和服务能力提升。

4.基于校园卡系统打造全体系、全覆盖、便利性、体验好的校园生活服务平台，获得国内高校的广泛认同和借鉴。

5.校级云平台实现了信息系统基础设施资源的服务方式变革，云资源服务提升了信息基础设施服务效率和效能。

（刘　琪）

辅导员工作研究会与思政培训中心

2019年，辅导员工作研究会与思政培训中心办公室以深入学习贯彻习近平新时代中国特色社会主义思想，全面贯彻落实全国高校思想政治工作会议、全国教育大会和学校思想政治理论课教师座谈会精神为工作核心，引导高校辅导员落实立德树人根本任务，开展各项辅导员素质能力提升活动，多角度、立体化地强化辅导员培养培训，完善辅导员队伍建设发展智库，持续推进高校辅导员队伍专业素质和职业能力建设。

一、通过开展全国性引领活动搭建辅导员队伍成长发展平台

在教育部思政司指导下，开展了第十一届高校辅导员年度人物推选展示活动，选树新时代辅导员先进榜样。6月，中宣部、教育部首次从历届在岗的“高校辅导员年度人物”中，评选出10名“最美高校辅导员”，这是首次将辅导员荣誉纳入“最美人物”系列这一国家级荣誉中。中国高等教育学会辅导员工作研究分会全程参与2019年“最美高校辅导员”评选相关具体组织工作。组织开展第十九期和第二十期辅导员国内高校交流活动，为辅导员提供跨校多岗位锻炼机会，举办辅导员国内高校交流活动研讨会。举办第256期全国高校思想政治工作骨干示范培训班。

二、通过服务辅导员队伍发展提升山东高校思想政治工作质量

指导山东高校辅导员名师工作室建设，开展第二批名师工作室中期及年度考评，启动第三批名师工作室申报评选，组织山东高校辅导员名师和工作室主持人参加南方辅导员论坛。举办山东高校辅导员年度人物评选、高级研修、工作论坛、工作沙龙，首次针对全省思政人员开展网络舆情引导专题培训。

三、通过开展学术研究提升辅导员理论素养与科研能力

主办2019年度全国高校思想政治工作优秀论文征集活动，调动思政队伍积极性。与中国高等教育学会联合设立高阶位辅导员专项课题，在全国范围内受理申报，组织近两年课题的开题、中期检查和结题。举办全国高校辅导员学习宣传贯彻全国教育大会精神研讨会暨第十届全国高校辅导员工作创新论坛。举办编辑部专题培训会和建设工作研讨会，加强业务研讨，提升人员素质。启动期刊十周年系列庆祝活动，发挥期刊在思政工作中的平台作用。办好学术期刊《高校辅导员》，2019年全年刊发6期，刊文近百余

篇，期刊订阅量达1.7万册，9篇文章被人大复印报刊资料转载，在人大复印报刊资料转载指数排名之思想政治教育学科期刊排名中，《高校辅导员》期刊位列全文转载量排名第10位、全文转载率排名第6位、综合指数排名第8位。完成期刊年检，落实三审三校，做好相关检查工作。受中国政研会委托，开展全国高校辅导员群体思想状况调研；受中国高等教育学会委托，开展加强全国高校辅导员队伍建设调研。为宁波高校、浙江大学、安庆医药高等专科学校培训思想政治工作骨干。实施思想政治工作骨干攻读博士专项和访问学者计划，招收培养9名辅导员博士。

四、通过完善智库及信息化建设服务教育主管部门和各地各高校辅导员队伍发展

持续推进全国高校辅导员信息管理系统建设，组织全国2700多所高校的年度信息录入和更新工作。建设完善“高校辅导员”以及教育部高校思想政治工作队伍培训研修中心（山东大学）网站，“高校辅导员”微信公众号影响力持续扩大，关注总数超过5.3万人。

五、通过精准施策全面提升山东大学辅导员能力水平

建设山东大学辅导员工作室，培养辅导员骨干名师，其中“最美高校辅导员工作室”1个、处级辅导员工作室13个、分类指导工作室4个。召开工作室建设推进会、促进会和交流研讨会，开展年度考评，持续开展工作室建设指导，推动工作室建设规范化、科学化。牵头制订并实施《山东大学辅导员育人能力提升专项方案（2019～2021年）》，以育人能力提升为导向，探索辅导员培养锻炼有效路径，紧密围绕立德树人根本任务，着眼学校“双一流”建设需要，依托利用高校思想政治工作队伍培训研修中心（山东大学）和辅导员研究会的优势资源，开展系列培养培训活动，有针对性地提升辅导员群体通用能力和专用能力。举办山东大学辅导员沙龙；开展大学生思想政治教育项目和教育教学改革研究立项研究，进行课题研究中期检查，启动新年度课题立项申报；开展辅导员职业培训和等级认定；举办辅导员岗前培训班和两期骨干培训班；举办读书会集中学习交流活动；成立学生思想政治教育导师委员会。

六、通过加强自身建设推进事业发展

按照学校和机关党委要求，深入开展“不忘初心，牢记使命”主题教育活动；落实学校党委要求，深入开展整改工作；加强作风建设，落实领导干部“一岗双责”制度，加强党风廉政建设；加强理论和业务学习，严抓工作落实和执行力提升。

（扈全周）

《文史哲》

2019 年，在保证期刊中英文版日常编辑工作正常运转的前提下，围绕提升期刊内在质量和外在影响力的工作目标，《文史哲》编辑部主要做了如下工作：

一、主要举措

1. 主办以“儒学价值及其现代命运：五四运动百年纪念”为主题的第八次人文高端论坛，担当“五四”思想探讨主阵地。

值五四运动 100 周年之际，由《文史哲》编辑部主办、以“儒学价值及其现代命运：五四运动百年纪念”为主题的第八次人文高端论坛，于 2019 年 5 月 4 日在山东大学召开。论坛主要围绕“五四”时期“伦理的觉悟”与中国文化的现代转型、“五四”时期儒学的价值重估与转进契机、“文学革命”与现代以来中国文学的历程及范式、“五四”诠释史的回顾与展望等话题展开系统研讨。与会学者认为，站在“五四”百年纪念的时间节点，学界需要在新的时代条件下，重新思考“五四”与“新文化运动”所提出来的“古今中西”关系问题，这对于当代中国人更加准确地认识现实、看清来路、筹划未来，无疑具有极其重要的理论意义。

2. 组织评选 2018 年度“中国人文学术十大热点”，引领人文学术思潮。

近年来，国内人文学术研究日益繁荣，并正在发生深刻变迁。为及时总结人文学术领域的新进展、新现象、新问题，推动人文学术研究的繁荣与进步，提升公众对人文学术的认知度和关注度，自 2015 年起，《文史哲》杂志与《中华读书报》联手开展“中国人文学术十大热点”评选活动。2018 年度“中国人文学术十大热点”评选，经过本刊读作者以及广大人文爱好者的推荐与专家审定，最终评出“人文社会科学界隆重纪念改革开放四十周年，以中国主体意识为中心的学术转型成为学界自觉诉求”等中国人文学术十大热点。

3. 开设“如何构建中国特色哲学社会科学体系”专题栏目。

本着瞄准前沿性重大问题、发掘学术资源、加快构建中国特色社会主义学科体系的精神，《文史哲》开设此一专栏，连续组织刊发了郑永年、姚洋、谢地坤、苏力、徐勇、麻国庆、苏力、江林昌等专家的佳篇力作，多学科、多视角共同观照本土话语体系建构的路径与方法，引发人文社科学界的广泛关注。

4. 组织主办以“重绘中古史的可能性”为主题的首届《文史哲》青年学者工作坊，

促进“编”“作”交流，孕育学术更新。

为发现与提携具有学术潜质的青年才俊，自2019年起，《文史哲》编辑部拟每年举办一期“青年学者工作坊”。首届工作坊已经于2019年8月23日至25日在山东济南成功举办。该工作坊由山东大学《文史哲》编辑部主办，山东大学历史文化学院、北京大学中国古代史研究中心协办。来自中国大陆、中国台湾和日本、美国等20余所高校和科研机构的38位青年学者，参与了本次会议的发表和评议，并共同就中国中古史研究的成就、趋势和困境等话题展开讨论。

5. 加强数字化工作，中英文版网站升级改造。

为进一步适应媒体融合发展的大趋势，构建立体化传播体系，本刊于本年度对两个版别的网站进行改版，进一步优化网站结构，通过增加与完善学术成果“点击量”与“下载量”等相关信息功能，丰富网站展示内容，增强编、作、读互动，及时发现与掌握学术新动向。

二、办刊成效

1. 入选中国人文社会科学期刊（A刊）评价体系“权威期刊”。

2018年11月16日，由中国社会科学院中国社会科学评价研究院主办的第五届全国人文社会科学评价高峰论坛暨期刊评价峰会在北京举行。会上发布了《中国人文社会科学期刊AMI综合评价报告（2018年）》。本刊入选中国人文社会科学期刊（A刊）评价体系“权威期刊”。

2. 入选2019年北京国际图书博览会（BIBF）“庆祝中华人民共和国成立70周年精品期刊展”，及中国历史研究院“庆祝中华人民共和国70周年史学成就展”。

3. 《文史哲》英文版 *Journal of Chinese Humanities* 继2018年被 Elsevier（爱思唯尔）旗下的 Scopus（斯高帕斯）数据库收录之后，2019年7月又被欧洲 ERIH PLUS 索引（欧洲人文社会科学研究索引）收录，这必将大幅提高《文史哲》国际版在欧洲学界的知名度。

4. 《文史哲》获评“全国高校社科名刊”。

2019年，在全国高等学校文科学报研究会开展的第六届评优活动中，《文史哲》杂志被评为“全国高校社科名刊”。

5. 《文史哲》中文版获评全国哲学社会科学工作办公室所颁“国家社科基金优秀期刊”。

在国家哲学社会科学工作办公室的指导下，《文史哲》编辑部坚持以马克思主义为导向的办刊方针，依据人文学科复兴发展的本土化趋势和期刊自身风格，走特色办刊之路，所编辑中英文版，进一步加强对于优秀传统文化成果的刊发与传播力度，以之凝练人文学科重大话题，凸显期刊的国学特色。

（刘京希）

《山东大学学报》（哲学社会科学版）

2019年，《山东大学学报》（哲学社会科学版）编辑部坚持以习近平新时代中国特色社会主义思想和党的十九大精神为指引，全面贯彻“不忘初心，牢记使命”主题教育总要求，精选“一流期刊建设思路与规划问题”“如何在期刊编辑工作中增强担当意识和责任心问题”两个专题开展调研，努力把调研成果转化为破解期刊发展难题的实招硬招，期刊学术水平不断提高，影响因子持续上升，于2019年底获评“全国高校社科名刊”荣誉称号，顺利通过国家社科基金资助期刊2019年度评估。

一、主要工作举措

1. 认真贯彻习近平总书记关于哲学社会科学发展的一系列重要讲话精神，扎实推进学校第十四次党代会确定的各项任务，守住意识形态底线，确保学报正确的政治方向。

2. 深入调研了各校区文科院系，通过座谈交流，全面对比分析期刊评价指标体系，凝练出了“学术立刊、开放办刊、特色办刊、精细办刊”的办刊方针，设置重大栏目、特色栏目、重点栏目，着力打造特色学术品牌，努力提升学报学术水平和影响力。

3. 将“如何在期刊编辑工作中增强担当意识和责任心问题”的调研成果应用到提高期刊编校质量工作中，强化责任意识，一手抓学术质量，一手抓编校质量，使期刊学术水准和编辑质量均得到明显提升。

4. 出实招落实八项规定，本着厉行节约的原则，对排版、印刷环节进行改革，在保证印刷质量的前提下，节约排版印刷费用35%以上，切实降低了期刊出版成本。

5. 鼓励编辑积极参加本学科的学术会议和业务培训会议，全年度编辑参会近40人次。

6. 将“文化与经济”“法律与政策实证研究”栏目的优秀文章结集为《文化与经济前沿研究》和《法律与政策实证研究前沿》出版发行，进一步扩大了学术影响力。

二、主要工作成效及亮点

（一）主要工作成效

学报定位和特色得到进一步凝练和凸显，跻身“全国高校社科名刊”行列。

国内外影响因子和影响力指数显著跃升。据2019年10月28日发布的《中国学术期刊影响因子年报》（人文社会科学），《山东大学学报》（哲学社会版）影响力指数 CI 值为 161.456，在 191 种社会科学综合期刊中排名第 19 位，位于 Q1 区。同期公布的《世界学术期刊学术影响力指数（WAJCI）年报（2019）》显示，我刊 2019 世界学术期刊学术影响力指数（WAJCI）为 1.287，在综合性人文、社会科学的世界排名第 64 位，国内排名第 16 位。2018 年，学报该指数的学科世界排名、国内期刊排名和 Q2 区排名分别为第 113 位、第 39 位和第 34 位，国际影响力显著提升。

（二）主要亮点

1. 以经济社会重大问题为导向，全面实施选题制

发挥学报综合刊的优势，瞄准经济社会重大理论和现实问题进行选题策划，促使学报从学科导向彻底转变为问题导向。一是围绕选题组织和筛选稿件，提高针对性和计划性；二是明确要求不在选题范围内的文章不列入刊发计划。

2. 突出主线，精心策划年度重点栏目

第一，开设“习近平新时代中国特色社会主义思想研究”专栏，促进党的理论创新成果的学理阐释和学术建构。第二，组织“新中国成立七十周年”专栏，总结新中国成立 70 年我国经济社会发展成就，并进行深入反思。第三，根据习近平“5·17”重要讲话精神，结合山东大学学术优势，设立“优秀传统文化与中国特色学术体系构建研究”专栏，并获得国家社科基金专项资助。

3. 联合办会，构建学术共同体

联合《福建论坛》（社科版）、《深圳大学学报》（社科版）主办了“第一届新时代文化创新论坛”，推动构建“文化与经济”领域的学术共同体。联合山东大学法学院、四川大学法学院合办“第四届中国法律实证研究年会”。持续推动在上述领域的学术影响力。

（岳　敏）

科技期刊社

深入学习党的路线方针政策，特别是学习习近平总书记系列讲话精神和山东大学第十四次党代会精神。在开展的“不忘初心，牢记使命”主题教育实践活动中，科技期刊社紧紧围绕创办世界一流科技期刊，团结带领全体职工，以“追求卓越，只争朝夕”的干事创业劲头，实现了创办新刊的历史性突破，营造了蓬勃发展的良好局面。

一、谋篇布局，规划发展未来

为深入贯彻落实中央建设世界一流科技期刊的重要指示精神，落实《关于深化改革培育世界一流科技期刊的意见》，助力山东大学“双一流”建设，期刊社总结回顾了办刊的历史，进行了深刻分析研判。面对新的形势，抓住机遇，规划了《山东大学世界一流科技期刊培育计划》（《强刊兴学》计划）宏伟蓝图。

（一）服务学科发展理念得到提升

积极对接国家战略急需，瞄准科技前沿，服务经济社会发展，在世界一流大学建设进程中，聚焦提升学术核心竞争力，围绕强刊兴学，打造世界一流科技期刊“山大方阵”，助力世界一流大学建设。

（二）高水平建设基本原则得到确立

对标一流，质量发展，借鉴其建设经验，加强顶层设计推动英文刊走向世界；学科引领，需求牵引，优先创办一流学科领域科技期刊。问题导向，改革创新，推动管理方式、运营模式和治理体系改革，加快提升资源整合能力、融合发展能力、集群发展能力，实现跨越式发展；全面提升学校科技期刊整体发展实力。

（三）宏伟蓝图发展目标得到了规划

着力培育一批在全球范围内具有广泛影响力的世界一流科技期刊，努力打造科技创新新平台，成为学术振兴的重要组成部分，助力学科出高峰。

二、改革发力，构建体制机制

科技期刊社突破固有思维，创新发展理念，激发办刊活力，推动内涵发展，不断丰富和完善期刊社主导下的办刊模式，实现由办刊向期刊管理的职能转变。

（一）各刊影响力大幅提高

2019 年，完成 43 期正刊出版任务，载文量和基金论文占比大幅提升，主要引证指标相对稳定，影响因子比去年大幅提高。

（二）专业期刊建设取得新成果

钱七虎院士任顾问委员会主任、杜彦良院士任主编的《隧道与地下工程灾害防治》正式出刊。出版两期即被中国知网收录，并建立高层次编委会，专家总人数约 90 人，其中院士 8 人，涉及不同高校及研究院所、不同地域、交叉学科等方面专家。

（三）国际合作出版取得新进展

英文期刊在海外出版（发行）与传播方面持续与 Springer Nature 等国际知名出版机构合作，出版形式包括 Springer Open 平台上的完全 OA 和编辑部承担的纸质印刷两种方式，采用世界先进的出版流程。

（四）科技期刊社主导下的专家办刊模式不断丰富和完善，表现在把编辑部设到团队，辅导成立编委会、理事会；全方位指导创办、出刊等编辑出版工作。通过政策导向，强化编委团队要站在学科前沿阵地，不断掌握学术发展动向，实现高层次人才占比，国际编委数量大幅增加，学科分布更加合理，期刊的学术影响力不断提高的良好局面。由此而形成了期刊社主导下专家办刊的新体系。

三、强力推进，实现重大突破

科技期刊社贯彻落实学校第十四次党代会精神，追求卓越，只争朝夕，突出党支部战斗堡垒作用，上下联动，奋发有为，在组织申报国家级期刊项目中取得佳绩。

（一）谋划早，干劲足

科技期刊的创办遇到了前所未有的困难。期刊社在组织召开的座谈会上，提出了《科技期刊培育种子计划》，目的是建立新刊创办机制，使创刊与学校科研工作紧密结合，是解决问题的根本措施。于是抽调部分骨干，组织人力先后走访了学校 20 余个团队，参加有关大会、学术会议宣传倡导达百余人次，并在全校上下积极推动。邀请国内专家，召开了世界一流科技期刊培育计划专家论证会。最终以学校文件的形式出台了“强刊兴学”计划。

（二）扣得紧，布局准

“强刊兴学”计划与国家颁布实施的《卓越行动计划》实现了无缝对接。期刊社深入挖掘，把符合国内外研究热点、学术期刊方面的唯一性或独特性、填补科技期刊空白地；并且能够得到学术组织的支持；主编和编委团队又具有极高的团队作为拟办科技期刊的候选。

（三）行动快，成大事

学校文件下达后，成立了“强刊兴学”计划办公室，迅速投入到申报国家级期刊项目中。在前期作了充分准备的情况下，组织了 5 家高起点期刊申报参评单位，分别是《化学物理材料》《仿生智能与机器人》《急危重症医学》《微生物科学与技术》《当代泌尿外科》，经过艰苦卓绝的努力，在全国共资助高起点新刊 30 种，教育部作为主管单位的期刊有 7 种，而山东大学就有 3 种入选，位列第一。

（姜百建）

附属中学

附属中学领导班子按照“不忘初心，牢记使命”主题教育的要求，秉承“共享生命成长”的办学理念和“教师发展的沃土，学生成长的乐园”的教育追求，践行“养心育德，养根育能”的教育策略，认真落实大学党委的要求，努力为山东大学的“双一流”建设和“服务山东战略”扎实做好基础教育工作。

一、抓督促、强检查，狠抓廉政建设

（一）加强党规党纪教育，重视党风廉政建设

加强管理教职工队伍和党员队伍建设，加强和改进思想政治工作，积极探索学习型、学术型、服务型、创新型团队建设。在全体教职员工中开设党规党纪、师德教风、反腐倡廉等的专题教育，加强对党员的党性教育，对全体教师的师德教育培训。

（二）规范权力运行，健全制约监督机制

加强领导班子思想政治建设，积极推动学校完善内部治理结构，完善重大决策征求意见制度和科学民主决策机制，坚持民主科学决策。

二、集智慧、齐聚力，教育成绩斐然

（一）教育教学成绩显著

在各种比赛评优中教师获国家级奖励 12 人次，省级奖励 25 人次，市级奖励 32 人次，区级奖励 89 人次。

学校获得 2019 年度济南市教书育人先进集体、历下区教师职业道德先进单位、未成年人思想道德建设先进单位等荣誉称号。

（二）合作办学成绩显著

学校坚持“统筹布局，一体发展”的方针，不断深化综合改革，探索完善异地多校区办学模式，带动全部合作学校协同发展、均衡发展、创新发展，极大地改变了地方教育生态，促进了教育的公平，形成了“四地九校十三个校区”的办学格局，实现了教育质量、办学规模、社会影响力的同步提升，办学活力进一步迸发。

基础教育集团积极配合山东大学“服务山东战略”的实施，积极打造“山大系”，与聊城东阿、东营利津、历城第三中学签署合作协议，培训提高当地教育管理者与师资的水平。威海校区中小学的建设正在酝酿和规划之中。

集团深化对确山县的教育扶贫工作，扶贫对象由原有的定点扶持学校扩大到对全县学校进行扶贫，进一步扩大了工作力度，效果明显。

（三）教育科学研究向从深发展

学校在十二年一贯制课程体系、大学与中学贯通的创新人才培养体系、项目式教学范式体系、教育培训体系、标准化建设体系和评价体系等方面进行了深入探索，取得了明显成效，首批课程研究成果正在起始年级推行。

（四）扎实开展国内外研学，开阔学生视野

学校与美国、加拿大、德国、澳大利亚、新加坡、泰国、日本、印度、以色列等九个国家的十余所学校建立了友好学校关系。通过国际交流活动开阔学生视野、塑造完美人格，培养适应未来发展需要的国际化人才。

今年春季，学校组织全体初一年级学生分为国内五条线路开展全员研学活动，取得了圆满成功。小学段游学活动也扎实有效地开展。

（五）恢复高中办学

2019 年，学校恢复了高中招生，向着统筹规划建设十二年一贯制的学校，实现大学中学贯通，构建完整的教育体系和人才培养体系的目标迈出了重要一步。

三、构建现代管控系统和教育诊断系统

附属中学和教育集团正与德勤公司、山东大学管理学院、北京师范大学、以色列希伯来大学等机构进行合作，试图建立起完善的管控系统和科学的教育诊断系统，为集团构建科学的治理体系和现代管理制度。集团在集团组织架构设计、内控制度建立与内控体系梳理、人才发展体系、集团培训体系、规划设计薪酬体系、绩效考核系统、教育教学诊断系统等方面取得了初步成效。

四、管理人员“去行政化”迈出坚实步伐

根据国家关于学校去行政化的相关政策，结合学校领导以及组织、人事部门的意见，附属中学和教育集团尝试进行了在管理人员中“去行政化”的改革探索，即取消管理人员的行政级别，实行按需设岗，岗位与职责相符。此举探索出一条新的管理路径，初步实现了“行政去官化，运行规范化，做事项目化”，人人都是学校和集团的主人，个个能上能下。通过去行政化，代之以实行岗位聘任和目标管理，大部分工作实行了项目化管理。

五、2019 年度大事记

1.2019 年 9 月，被济南市教育局授予“济南市优秀教育系统先进集体”称号，以表彰山大附中在教书育人方面取得的巨大成就。

2.2019 年 6 月，山东山大基础教育集团与聊城市东阿县人民政府签署了《提升东阿县县域教育合作协议》，为山东大学与聊城市合作共建战略协议的一部分，此为落实山东大学“服务山东战略”的重要举措。

3.2019 年 9 月 17 日，山东山大基础教育集团与东营市利津县人民政府签署了《提

升利津县县域教育合作协议》，为山东大学与东营市合作共建战略协议的一部分，此为落实山东大学“服务山东战略”的重要举措。

4.2019年9月19日，在山东大学为庆祝中华人民共和国成立七十周年而举办的“放歌新时代”教职医务员工合唱比赛中，山大附中合唱团获得了一等奖第一名。附中教职工用行动展现了山大附中人砥砺前行的精神风貌，用美妙的歌声为祖国七十华诞谱写了华美的乐章。

5.2019年12月3日，山东山大基础教育集团与济南市历城三中签署《山东山大基础教育集团协助济南市历城第三中学整体提升培训协议》，为山东大学与济南市合作共建战略协议的一部分，此为落实山东大学“服务山东战略”的重要举措。

（朱子炎）

服务山东工作

2019年，在学校党委坚强领导下，服务山东工作以提升能力和水平为重点，深入推进服务山东战略实施，取得阶段性成果。

一、坚守初心，勇担使命，服务山东工作统筹持续强化

深入贯彻落实习近平总书记“遵循教育规律，扎根中国大地办大学”指示精神，围绕山东八大战略布局要求，扎实推进《服务山东行动方案》《服务山东工作实施意见》等落细落实。协调召开服务山东能力提升研讨会、人大代表政协委员座谈会、新型研发机构研讨会、驻外研究院转型发展专题会、十六地市人才引进专场招聘会、服务山东高质量发展恳谈会等，及时编发简报、推送新闻，推介服务山东工作进展及经验。以委托课题形式，启动山东大学服务山东典型案例研究和《乡村振兴齐鲁样板山大服务方案》等制定工作，进一步凝聚共识、完善路径、把握节奏，切实强化服务山东顶层设计。

二、聚焦重点，深耕细作，“山大系”服务品牌成功打造

深入思考城市与大学二者的互动关系，主动应对城市变革与产业转型，从资源整合的角度，凝聚“山大师生系”“山大校友系”“山大校企系”“齐鲁医学系”“山大基教系”力量，全力打造服务山东“山大系”品牌。制订《打造“山大系”品牌 服务济南高质量发展工作方案》，规划服务济南高质量发展“1＋5”空间布局和“10＋8”服务体系，得到时任山东省委常委、济南市委书记王忠林同志高度赞赏。学校与济南市的合作正按照该合作框架稳步推进：山东省工研院产学研合作龙头作用持续发挥，山大济南宽禁带半导体产业研究院揭牌成立，与济南高新区续签共建软件园协议，围绕军民融合、大健康等四个方面与历下区稳步构建“4＋3”合作体系，与槐荫区加快推动国际医学中心建设，化学院陈代荣教授6000万元项目在天桥区转化落地，与市中区合作建设国家大学科技园等。发布《打造“山大系”品牌 服务青岛高质量发展工作方案》，打造“1＋6”服务空间布局，实施“十大服务计划”，助力青岛高质量发展。年度内，学校与青岛市共建青岛校区二期协议顺利签署，山大微纳光电子中心建设稳步推进，山大一北航虚拟现实国重联合实验室揭牌成立，生态健康研究院青岛研究基地落户西海岸，国际海洋创新创业大赛成功举办，国家治理研究院和生态环境损害司法鉴定理论研究与实践基地稳步推进，山大实验学校（青岛）建设进展顺利，校地合作“多点开花”。与威海

市政府签署《市校聚力精致城市与一流大学建设深化校地合作协议》以及四个重点项目协议，发挥山大系优势，依托威海工研院等重点平台，为威海打造“精致城市·幸福威海”作出努力。2019年12月24日，校地召开深化校地合作联席会议，组建六个专班，次日6800万首批合作资金到账，全方位互利合作局面正渐次打开。在加快推进服务济青烟威三核的同时，学校也相继与东营、淄博、日照签署战略合作协议，18个产学研项目陆续落地。与潍坊、泰安、山东重工、京博、玲珑、浪潮、海信、海尔等的合作持续深化，山东省医养健康产业智库、精品旅游产业智库、新材料行业协会积极作用持续发挥，受到一致好评。2019年，服务山东办牵头签署协议20余个，总协议额近4亿元，实到经费近1亿元。

三、提质增效，转型升级，服务区域协调发展全面开启

深度对接国家中西部发展战略，与重庆市、重庆三峡学院、重庆师范大学签署合作协议，助推鲁渝友好协作。研究制定《关于进一步加强驻外研究院转型发展的意见》，积极推动深圳研究院、苏州研究院发挥区位优势，聚集人才和科技资源，全力助推学校“双一流”建设。深圳研究院深入对接深圳先行示范区和粤港澳大湾区建设，年收入达3160万元，同比增长25.5%。共建深圳京鲁计算科学应用研究院，获批国家自然基金项目1项、省部级基金、重点科技计划项目百余项，科研经费达2756万元；牵头与富士康开展合作；助推双“圆梦计划”；创办“新校友心关爱”品牌，扶持的越疆科技、点猫科技等校友企业发展迅猛；成功协助山大在港交流生、校友在香港高校因暴乱停课安全转移到深圳。荣获深圳市“优秀研究院”称号，学校影响力和美誉度不断提升，全日制本科在粤招生分数线连年突破新高。苏州研究院深入对接长三角一体化发展，全年实现总收入3800万元。运营的“山大e禾”科创载体，全力服务科技企业、孵化科技项目，收效显著。为山东16地市举办50余期新旧动能转换专题培训班；与山东瑞星、喜地等20余家山东地区龙头企业开展合作，创造产值逾5亿元；开展创新创业认知实习、实践学习、暑期学校等，500余名山大学子受益。荣获国家级众创空间、江苏新型研发机构、江苏特色众创空间十强、江苏人工智能创新服务平台、江苏科技服务业“百强机构”“百优人才”等称号，受到好评。

（周继强）

学院建设

哲学与社会发展学院

2019 年，哲学与社会发展学院在学校党委的正确领导下，紧紧围绕学校中心工作和学院年度目标任务，注重加强党建和思想政治工作，着力强化学科建设，不断提高教育教学质量，努力提升学生教育管理水平，各项工作均取得较大成绩。

一、学院概况

山东大学哲学与社会发展学院位于山东大学中心校区，学院下设哲学系、宗教学系、人类学系、社会学系和社会工作系等 5 个系，拥有哲学、社会学一级学科博士学位授予权和哲学一级学科博士后科研流动站，拥有两个教育部人文社科重点研究基地——"易学与中国古代哲学研究基地"和"犹太教与跨宗教研究基地"。2019 年，学院现有教职工 90 人，含专职教师 72 人（包含 9 名外籍及港台教师），博士后 2 人，行政人员 15 人，非事业编 1 人。其中，教授 30 人，副教授 29 人，讲师 13 人；博士生导师 30 人，硕士生导师 32 人；国家万人计划领军人才 1 人，长江学者特聘教授 2 人，泰山学者特聘教授 2 人，泰山学者青年专家 2 人，享受国务院政府特殊津贴 3 人。

学院设党委设书记 1 人，副书记 2 人，郑倩同志任党委书记；院长 1 人，副院长 4 人，刘森林教授任院长。

二、党建工作

坚持把政治建设摆在首位，坚持用新思想新理念新要求武装头脑，坚持党建工作统领地位，学院党建又有新进步。

1. 加强理论学习，坚定政治信念。落实党委中心组学习研讨、听党课、集体理论学习等规章制度，深入学习贯彻党的十九大精神和习近平新时代中国特色社会主义思想，认真学习学校最新文件精神，学院党员理论基础更加牢固，学院党建工作统领作用更加凸显。

2. 扎实开展"不忘初心，牢记使命"主题教育，在全院党员中深入推动思想洗礼，学院党委、各支部层层落实规定动作，严肃政治生活，扎实召开民主生活会，主题教育活动取得积极成效，受到学校督导组充分肯定。

3. 打造坚强有力的班子集体。完善党委统一领导、党政分工合作、协调运行的工作机制，党委的领导核心作用逐步凸显；认真贯彻民主集中制，严格落实“三重一大”决策制度；班子成员分工协作，团结务实，推进工作落实的能力进一步提升。

4. 深入推进党风廉政和作风建设。对党员领导干部、重要岗位重点部位工作人员、教师和部分学生有针对性地开展了反腐倡廉教育。加强日常工作考勤、会议考勤、请销假等制度落实。与班子成员签订了《党风廉政建设责任书》。

5. 用足用好党建专项经费，组织部分教职工党员到等教育基地进行党建教育活动。

6. 严格党员发展各个环节工作，2019 年共发展党员 50 人，培养入党积极分子 90 余人。

7. 加强学院宣传工作，2019 年在山大主页、山大视频、学院网站、微信公众号等发文 330 余篇。

三、师资队伍建设

2019 年，学院积极响应学校政策，注重人才引育，学院教学科研力量进一步壮大，师资队伍建设卓有成效。

1. 引进讲席教授 1 名（文玉杓）、特聘教授 1 名（郭武）、兼职讲席教授 6 名（杨耕、吴晓明、赵敦华、卓新平、杨国荣、景天魁）、齐鲁青年学者 3 名（李忠路、孟振华、袁立国），2 名学者（梁飞、李淼）入选“山大青年学者未来计划”。

2. 招聘优秀科研教师 6 名，其中科研教师副研究员 3 名（苏冰涛 1 月入职、李勇 10 月入职、梁乐睿 11 月入职）；助理研究员 3 名（杨小平 10 月入职、彭馨妍和陈艳艳 10 月入职）。副研究员姜振帅 11 月从威海校区调入。另招聘外籍教师 2 名。

3. 4 月，阚铮同志任学院党委副书记，增补为学院党委委员。7 月，学生辅导员封莹、保资辅导员马慧君入职。11 月，军队转业干部李广力入职。

4. 1 月，党委副书记毛永强调任学校党办、校办副主任，4 月卞绍斌教授调离至东南大学，7 月邓联合教授调离至中山大学、王华平教授校内调至青岛校区人文社科研究院，11 月牛建科教授正常退休。

四、学科建设

按照学校《“双一流”建设工作推进会》精神，学院全面落实《中层单位发展规划》，加快推进学院的学科建设。

1. 集中科学哲学、逻辑学和伦理学的研究力量，瞄准最新国际前沿问题，主动凝练出人工智能的科学一哲学研究这一新方向。

2. 犹太教与跨宗教研究继续“长高”，2019 年引进高层次人才 2 人，招聘青年科研教师人 3 人。成立了山东大学一特拉维夫大学犹太与以色列联合研究所。易学与中国古代研究“变强”，以易学研究为龙头、儒道墨释齐头并进，成为易学研究的重镇。

3. 2019 年 12 月，哲学专业进入国家级一流本科专业建设试点名单。

4. 2019 年，QS 世界大学学科排行榜哲学学科位列世界大学第 150～200 区间。软科学哲学学科排名位列全国第九，是学校全国排名前十的六个学科之一。武书连哲学学科排名全国第五。广州日报一流学科排名哲学位列全国第六。

五、人才培养

学院强化人才培养的中心地位，以培养质量为核心，以学生发展为导向，充分调动了广大师生在教育教学中的积极性、主动性和创造性。

1. 2019 年，学院招收本科生 195 人，毕业 119 人。招收硕士研究生 95 人，毕业 75 人。招收博士研究生 24 人，毕业 7 人。截至 12 月底，学院现有学生总人数 993 人，其中，本科生 525 人，硕士生 319 人，博士生 145 人。

2. 2019 年 10 月，举办了首届“两岸七校哲学博士生论坛”，受到好评。

3. 傅有德教授指导的博士生王强伟的博士论文被评为山东大学优秀博士论文。

4. 傅永军、宋全成 2 位教授被评为校级本科优秀论文指导教师，6 名教师在学校教学改革研究项目中获奖，2 名教师在学校青年教师讲课比赛中获奖，2 人在“课程思政”教学设计案例获奖。

5. 王新春教授荣获 2019 年“我心目中的好导师”称号和山东省优秀研究生指导教师。

六、科学研究

1. 修订学院《绩效工资分配办法》，增加科研工作赋分比重，激发了教师科研内在动力。

2. 2019 年获度国家社科重大项目 3 项，占全校 38%；重点项目 3 项，占全校 60%；一般项目与青年项目 6 项，三类均排名全校第一。

3. 获 2019 年山东省社科一般项目 4 项；获 2019 年度山东大学人文社科研究重大项目 1 项；获 2019 年度山东省社科成果奖二等奖 6 项，三等奖 1 项。

4. 在《哲学研究》发表高水平论文 5 篇，在 *SSCI* 学术期刊发表论文 5 篇，其中 *SSCI* 高水平论文 3 篇，在 *AHCI* 学术期刊发表论文 4 篇；在 *CSSCI* 学术期刊发表论文 46 篇；在《光明日报》发表文章 1 篇；出版专著 5 部；出版编著 1 部；完成研究报告 4 篇。

5. 举办各类学术报告会和研讨会 73 次。

七、国际交流

1. 成功举办各类学术会议 5 次，邀请国际知名学者讲学、申请短期专家、流动岗教授来访共计 33 人。

2. 与日本京都大学哲学系、荷兰阿姆斯特丹自由大学经管院达成了初步的交流合作意向。

3. 以学校国际化推进会召开为契机，完成了英文网站建设，加大外宣路径。

4. 积极配合学校学生“国际学分”计划，推动学生海外经历资助，制定了《哲学与社会发展学院关于推进学生海外经历工作管理办法》，全年国际交流学生达20人。

5. 推进国际学生“趋同化”管理，制订了《哲学与社会发展学院国际学生管理工作实施方案（试行）》，明确了相关工作人员分工和职责，并对学院国际学生的招生、录取、报到注册及日常管理进行了规范。

八、学生工作

1. 坚持“专业学习，社会实践，职场实习，人文实践”的育人模式，继续推进“春风工程，阳光工程，温暖工程，星光工程，平安工程”，加强学生思政教育和心理健康教育，助力贫困学生助学工作。

2. 围绕“培育政治素养，提升学术素养，规范行为素养，加强人文素养”开展工作，构建研究生综合素养培育体系，规范考核制度和激励机制，促进研究生健康成长、全面发展。

3. 2019年获“山东大学共青团学生社会实践工作先进集体”等荣誉称号，获评山东省社会实践优秀指导教师1人，山东省优秀社会实践个人1人，1支社会实践团队被评为省级优秀团队，9支社会实践团队被评为校级优秀团队。

4. 完成1项“一院一品”校园文化建设项目立项，1项心理健康教育精品活动结项。

5. 出版《思想者》学术杂志2期；举办各类文体活动共30余次，在各类文体比赛中均有获奖。

九、服务社会

密切跟踪社会发展和需求变化，主动“走出去”为社会发展和社会治理提供服务。

1. 学院教师利用学科优势、发挥专业特色，承担了中国残联、司法部的重点和重大委托项目，在社会治理、残障人群社会服务、大数据与司法社会工作等方面做了大量的实务研究，深入到全省多个基层社区、残联、基层法院和司法局等单位提供个性化、精准化、订单化的专业服务。

2. 社会工作专业师生团队赴山东大学定点扶贫点——河南省确山县，开展一系列扶贫服务和专业培训，为落实山东大学定点扶贫确山县教育扶贫“精准扶智”项目贡献了力量。

3. 经山东省民政厅遴选，2019年山东大学获批山东省社会工作专业人才培训基地。

4. 学院全年举办各类党政干部、社工专业人才培训班7期，受训人数达300余人。

十、条件保障

2019年，学院为教职工配齐了电脑打印机等办公设备，更换了一批空调，整修了研究生教室，建设了多媒体自习室，在公共区域配置饮水机，优化了教工之家活动场所，建立了党员活动室，新增现代化的远程多媒体报告厅，共计投入100余万元。

（何立光）

经济学院

一、学院概况

山东大学经济学科历史悠久，1901 年山东大学堂成立之初，即设有理财科目。百余年间，踔厉奋发，薪火相传，从这里不仅走出了莘莘学子，还有薛暮桥、孙冶方、马家驹等一大批知名经济学家在此执掌教鞭或蒙沐教泽。在 2017 年教育部第四轮学科评估中，应用经济学科排名全国并列第八位。

山东大学经济学院是在原山东大学经济学系的基础上，于 1988 年组建而成。学院下设经济学系、国际经济与贸易学系、金融学系、风险管理与保险学系、财政学系等五个系，以及消费与发展研究所、泰岳经济研究中心、国际经济与产业组织研究所等研究机构，拥有理论经济学、应用经济学两个一级学科博士学位授予权和应用经济学博士后流动站，目前设有 10 个博士专业、18 个硕士专业（含 6 个专业硕士专业）和 4 个本科专业，财政学与金融学为国家一流专业，经济学与国际经济与贸易学为省级一流专业。金融工程和财政学本科专业为国家级特色专业。产业经济学为国家重点学科，政治经济学、财政学、金融学、产业经济学为山东省重点学科。学院设有公共经济与公共政策研究基地、反垄断与规制经济学重点研究基地、应用金融理论与政策研究基地三个山东省社会科学规划重点研究基地，以及山东省金融风险控制工程技术研究中心、山东省金融风险控制方法与政策软科学研究基地、山东省区域金融改革与发展研究中心（山东省重点新型智库）和山东省科学管理理论与方法及案例软科学研究基地（与管理学院共建）。

学院拥有一支学术造诣深、梯队合理的教学科研队伍。学院现有教职工 128 人，专职教师 107 人，教师中教授 47 人，副教授 33 人；博士生导师 32 人，硕士生导师 71 人；国家级教学名师 1 人，国家“万人计划”领军人才 1 人，国家社科基金学科规划评审组专家 1 人，“泰山学者”特聘教授 2 人，“泰山学者”青年专家 2 人，马克思主义理论研究和建设工程重点教材首席专家 1 人，教育部“新世纪优秀人才支持计划”专家 4 人，山东省有突出贡献的中青年专家 4 人，享受国务院特殊津贴专家 5 人。

二、党政工作

1. 2019 年，学院党委、各党支部及全体教职工深入学习学习贯彻习近平新时代中国特色社会主义思想和党的十九届四中全会精神，聚焦学校“由大到强”历史性转变目标要求和“双一流”建设核心任务，全面推进学校第十四次党代会和全校党建工作各项部署安排落地见效。学院党委不折不扣完成好“不忘初心，牢记使命”主题教育各项任务要求，坚持规定动作做到位，自选动作做出彩。

2. 学院着重建立健全集体领导、党政分工合作、协调运行的工作机制。2019 年，共召开党委会 18 次，党政联席会 15 次。学院班子成员认真履行一岗双责，党政同责。全面落实党委主体责任、监督责任，严格遵守《中国共产党纪律处分条例》《中国共产党重大事项请示报告条例》，落实学校关于加强干部监督管理、全面从严治党的各项规定；对审计发现的问题和科室廉政风险点常抓不懈，保持高压不放松。严格落实意识形态工作责任制，在教学科研管理等重大事项中，坚持正确的政治立场、政治方向、政治原则、政治道路。学院同时开展多种形式党建活动，采取班子成员领学、聘请专家讲学、专题讨论集体学、校内外党支部共建交流学等多种方式，扎实开展党员集中学习与个人自学，举办了 7 次集中学习研讨，围绕经济学院改革发展、破解党建工作与中心工作“两张皮”等专题进行重点学习。

3. 学院不断加强党委在招聘教师、选用教材、学术报告等审核把关作用。学院党委研究通过了《经济学院党委关于开展新闻宣传、学术活动管理等意识形态工作实施办法》《经济学院课程建设及教材选用政治审核工作办法》《经济学院新聘工作人员社会背景及思想政治状况考察工作办法》。2019 年度，学院共举办高级经济学讲座 35 次，学术交流活动 40 余次。严格教师考核评价，将师德考核摆在教师职务评审、岗位调整等考核的首要位置，坚持师德师风一票否决。对有宗教信仰的师生加强教育管理，谈心谈话，建立台账，抓好意识形态建设。

4. 学院以抓好支部党建促进中心工作。2019 年以来，学院教工党支部全部与校外行业党支部等开展党建共建工作。引导党员教师进一步深入了解世情、党情、国情、社情、民情，强化教育强国、教育为民的责任担当。学院贯彻落实领导班子党员成员联系师生党支部制度，每人分别联系一个教师党支部、一个学生党支部，党委委员通过参加支部书记述职考核、支部换届等现场指导，加强支部思想政治、组织建设。

三、师资与人才队伍建设

1. 2019 年，学院共引进 5 位教师，其中山东大学特聘教授 1 人，泰山学者青年专家 1 人。1 人入选“山东大学荣聘教授”，2 人入选“山大杰青”，1 人入选“齐鲁青年学者”，3 人入选“青年学者未来计划”。另外，学院从瑞士洛桑大学、南开大学、中国社科院等国内外研究机构引进兼职高端人才。

2. 2019 年度，曹廷求在泰山学者特聘教授第一聘期考核中顺利通过，并开始第二聘期；解垩获评山东省有突出贡献的中青年专家，牛晓飞获评“泰山学者”青年专家；学校杰出人才体系方面，李齐云获评荣聘教授，郑洪亮、郭瑞珍、林平获评山东大学兼职讲席教授；张德涛、张群姿获评齐鲁青年学者；綦建红、解垩获评山大杰青，随洪光、张博、裴有权入选未来学者计划。

四、教学工作

（一）本科教育

1. 顺利完成北京和济南的大型集中高考咨询拓展，获评学校优秀拓展个人奖和集体奖。

2. 教改项目立项 9 项，涵盖本科教育各个维度。

3. 暑期新增海外师资项目，获评校级暑期学校优秀组织奖。

4. 本科专业由 6 个调整为 4 个。财政学与金融学通过国家一流专业申报资格，经济学与国际经济与贸易通过省级一流专业资格。

5. 跨人文与社科的人才交叉培养项目 PPE 顺利通过论证并于 9 月份正式招生。

6. 启动混合式教学模式，本年度 9 门课程参与慕课制作，已经有 5 门完成录制，其中 3 门开始上线运行。

（二）研究生培养

1. 举办 2019 年全国优秀大学生暑期夏令营，研究生生源质量有较大提高。

2. 加强研究生培养过程管理，严格执行硕士研究生培养的预答辩制度，严格执行博士研究生中期考核制度。

3. 加强专业学位研究生的应用性培养，正在加快案例库建设，完善双导师培养制度。

4. 整合部分相关性较强的硕士学位点，适时推进了研究生学位点的现代化工程。

5. 与深圳研究院合作举办了第二期金融学专业同等学力申请硕士学位班。

五、科研与学科建设

1. 主办了第一届反垄断经济理论与实践国际研讨会、2019 绿色金融和低碳经济国际研讨会等国际学术交流会议和数十场国内学术会议。

2. 实施经济学院国家重大项目培育项目管理暂行办法，本年获得培育资助 4 项，培育经费 20 万元。

3. 成立了山东大学类脑经济学研究院等科研机构，将经济学与脑科学相结合，将金融学与环境经济学相结合，与人工智能、大数据科学相结合，推进类脑经济学、绿色金融与金融科技新兴交叉学科的新发展。

4. 立项国家社科重大项目 2 项；国家社科一般项目 3 项；国家自科项目 12 项；教育部项目 3 项。纵向项目到账经费 204.81 万元，横向项目到账经费 283.81 万元，合计 488.62 万元。

六、国内外合作

1. 与美国威斯康星大学等校签署研究生联培协议；学生出国 112 人次，出国深造 53 人。获山东大学“国际学分”项目资助 17 人，获学院海外交流奖学金资助 6 人。举办首届国际暑期海外师资课程，开设 9 门课程。

2. 聘请海外专家 55 人次。重新修订学院国际交流与合作制度，资助 2 位教师海外访学，出国教师46人次。

3. 制作英文招生宣传片与手册、制定《国际学生入学手册》，配备专职辅导员。建立国际学生学业预警制度、研究生论文质量提升与查重制度。

4. 与西悉尼大学合作硕士预科培训课程项目进行最终商讨阶段。

七、学生工作

1. 全面推进“三全育人”工作，制定了《经济学院全员育人对接方案》《山东大学经济学院学生班主任工作办法》，营造全员育人氛围、增强育人合力，校、院各级领导联系班级15人，师生结对党支部4个，聘请兼职辅导员6人、班主任34人。

2. 2019年度学生工作主要奖项包括：建立校级辅导员工作室1个，获得校“一院一品”培育项目、思政工作精品（培育）项目、思想政治研究项目、研究生体育美育立项各1项。1个班级获评山东省先进班集体，1个支部获评山东大学十佳团支部；本硕博共3人获得校长奖学金，1人获省优秀学生称号，1人获得省优秀学生干部称号。学院团委获评山东大学“五四红旗团委”；2个支社会实践团队获评省级优秀团队，1名教师获评省级社会实践优秀指导教师。

3. 学院就业率本科生90.33％，硕士生96.44％，博士生100％。

八、服务地方及校友工作

1. 共举办37个班次培训班，首届5G金融科技高级研修班顺利开班。

2. 继续做好美英澳国际教育项目的规范管理与质量提升工作，项目的社会声誉不断提高，招生规模首次突破200人。

3. 组织成立山东大学北京校友会经济学院分会，启动山东大学上海校友会经济学院分会筹备工作。

4. 社会筹资工作稳步推进，聚贤基金规模持续增长，聚贤基金接受社会捐赠累计已达900万元。

5. 依托“校友助力学生培养”处级辅导员工作室开展校友讲坛、校友沙龙、校友走访等活动。

（李莹莹）

管理学院

2019年，管理学院在学校党委和行政的正确领导下，以习近平新时代中国特色社会主义思想为指导，坚持全面从严治党，围绕立德树人根本任务和“双一流”建设，着力提升治理能力和治理水平，把“不忘初心，牢记使命”主题教育成果转化为贯彻落实第十四次党代会精神的实际行动，努力实现高质量发展和内涵式发展，圆满完成了年度目标任务，各项事业发展取得了新成效、新突破。

管理学院拥有工商管理和管理科学与工程两个一级学科，设有工商管理、人力资源管理、市场营销学、会计学、公司金融学（筹）、文化和旅游学、管理科学与工程、管理信息系统与供应链管理8个学系。武常岐任管理学院院长，吉小青任管理学院党委书记。学院拥有一支以高水平学者为核心、中青年教师为骨干、国内外学者紧密合作的学术梯队。截至2019年年底，管理学院共有教师143人，其中教授36人、副教授84人；港澳台教师2人，海外兼职讲席教授1人；国家级教学名师1人、国家“万人计划”领军人才1人，中美富布莱特学者1人，教育部教学指导委员会委员6人，山东大学讲席教授1人，山东大学特聘教授3人，山东大学杰出中青年学者1人，齐鲁青年学者2人。

一、对标“五个到位”，全面加强学院党的建设

深入学习贯彻党的十九大和十九届二中、三中、四中全会精神以及全国教育大会精神，围绕主题主线开展“不忘初心，牢记使命”主题教育，将开展主题教育与推进学院发展紧密结合，促进发展转型、节奏转换、作风转变；强化政治功能，破解“两张皮”问题，在专业“瘦身强体”中发挥党委引领和支撑保障作用，在新文科背景下探索“新管理”，本科专业从10个优化为4个；加速推进学院教师党支部书记“双带头人”培育工程，构建支撑“双一流”建设的教师党建工作体系，实现“双带头人”党支部书记全覆盖；开启校企地党建共建新格局，依托“百花向党·管理共强”共建品牌和“党支部书记工作室支部共建示范点”，助力党组织和党员“双报到”，引领师生投身学校学院改革发展、服务山东行动；全面推行党支部建设标准化，严格党内政治生活，有效提升政治功能，培训支部书记和学生党务骨干100余人次，以提升组织力为重点推动支部全面过硬。

二、秉持“立德树人”，全面提升人才培养质量

推进本科专业现代化，加快专业结构调整和一流专业建设，申请增设供应链管理专业，形成“2×2＋2”专业转型升级方案，依托工商管理学科形成工商管理（优势）专业和会计学（特色）专业，依托管理科学与工程学科形成供应链管理（优势）专业和工程管理（特色）专业，建设2个创新实验班助力拔尖人才培养；工商管理专业进入国家一流专业评审，会计学获评山东省一流专业；青年教师讲课比赛取得佳绩，一等奖、二等奖各2名，三等奖1名，4名教师获评山东大学青年教学能手；举行教学学术周系列活动，获评教学学术周优秀组织单位；暑期学校开设10门海外师资课程，获评暑期学校优秀组织单位；近10门慕课上线，累计选课上万人次；建设并完善了供应链管理与优化实验平台、人才测评实验室、项目风险智能决策实验室、管理科学与工程基础实验室等实验教学平台，建设融教学、科研、创新创业于一体的实验平台，推动虚拟仿真实验教学项目建设，获教育部产学合作协同育人项目立项；深入推进研究生招生拓展工作，探索生源质量提升长效机制，举办招生夏令营，扩大推免招生比例至82.4％。

推进“三全育人”体系建设工作，学院本科生导师制全面落地，打造商业精英培养计划，探索“之企调研一大成风骨学术沙龙一管理启航杂志”全贯通研究生培养新模式；积极打造凝练品牌教育活动，开展“学术星空”主题活动，坚持以“学术导向，学风领航，学涯维度，学科特色，学生主体”为理念，以拓展培养计划为平台，全面提升学生综合素质；承办山东省大学生科技节企业管理信息化竞赛、“尖峰时刻”商业模拟大赛、山东大学“寻找合伙人”学术交流双选会等校级比赛，组织举办体育文化节、志愿者服务创意大赛、学院文艺知识赛事等校园文化品牌活动。2019届学生就业率本科为86.98％、硕士为98.31％、博士为100％。2019年，学院获评山东大学学生就业创业工作创新先进单位、山东大学红旗团委、学生社会实践工作先进集体、心理健康教育精品活动项目、群众体育运动一等奖第一名、山东大学第七届大学生合唱文化艺术节一等奖。

三、推动“学术兴院”，助力新文科背景下学科振兴

统筹协调一校三地完成一级学科“双一流建设”中期自评；启动第二轮一流学科团队和青年重点培育学科团队建设；承办“致敬70年：中国企业管理发展论坛”“第十一届全国MBA商业伦理与社会责任教学研讨会”“2019年第九届中国商业文化与管理学术会议”“基于网络的社会经济系统复杂决策学术会议”“齐鲁青年论坛之新兴交叉学科（管理）论坛”等学术会议；原创案例连续3年入选全国百篇优秀管理案例（6篇）、加拿大毅伟（Ivey）商学院案例库；通过“学术下午茶”“顶刊计划”优化学术生态，组织各类学术报告累计45次，资助教师走出去参与学术活动100余场。

学院全年共获得国家自然科学基金资助立项8项（其中青年科学基金5项、面上项目2项），国家社会科学基金项目3项（其中重点项目1项、专项项目1项、青年基金1项），教育部基金项目5项（规划基金项目3项、青年基金项目2项），其他省部级和厅级课题110项，在《管理科学》《南开管理评论》和 *Transportation Research Part E*：

Logistics and Transportation Review 等国内外学术期刊上发表学术论文 60 余篇。2019 年，以会计学系潘爱玲教授为首席专家的“企业绿色并购的驱动因素、决策选择与长效机制研究”获得国家社会科学基金重点项目立项；学院徐向艺教授荣获第十三届山东省社会科学突出贡献奖；学院 2 项科研成果分别获得山东省第三十三届社会科学优秀成果奖二等奖和三等奖，1 项成果获得山东省教育厅 2019 年山东省高等学校优秀科研成果奖。

四、立足“人才强院”，加快建设高素质师资队伍

推进高层次人才引育工作，赴新加坡、中国香港高校举办海外招聘；承办第四届齐鲁青年论坛新兴交叉学科分论坛，拓展人才引进渠道；启动学院“师德师风月”专项活动，建设教职工荣誉墙，召开从教 30 年以上教职工表彰大会、先进典型经验介绍会等，强化师德师风激励引导，树立师德标兵和育人典型。学院 2019 年引进 8 名高水平优秀学者充实学院教师队伍（有海外学历 3 人），其中 1 人被聘为讲席教授，1 人被聘为研究员，6 人被聘为副研究员。

五、践行“服务山东”，战略服务社会成效显著

学院服务重大需求，开启与海信集团全面战略合作；依托山东省精品旅游产业智库精准对接山东新旧动能转换、乡村振兴等战略；为山钢股份、浪潮集团、海信集团、中国重汽、中石化、中石油、中建集团、银丰集团、青岛海尔等行业龙头企业开展管理咨询服务，为山东社会经济发展承担咨询项目 30 余项，企业短训定制项目 10 余家企业 30 余批次。

六、优化国际化战略布局，提升国际合作交流能力

与英国 QUEENMARY 大学、新加坡管理大学等探索合作项目；邀请 26 位境外知名学者来院交流；接收校际交换生 8 人，36 名学生赴海外交流；国际项目管理荣获“中国项目管理发展二十年（1999～2019）杰出教育贡献奖”。

七、系统谋划和协同推进 MBA 工作

制订《山东大学工商管理硕士（MBA）一校三地办学实施方案》，在 MBA 教育中心统一管理下，依托济南校区管理学院、青岛校区国际创新转化学院、威海校区商学院和济南校区经济学院为教学点的一校三地四教学点一体化办学的崭新模式；充分整合一校三地师资力量，遴选优秀 MBA 指导老师 89 人，有效提升 MBA 师生配比率，提高 MBA 培养质量；全力打造“齐道儒商大讲堂”精品课程，立足山东，面向全国，为 MBA 学生提供文化、政治、经济、管理、科技等各领域全方位的前沿系列讲座；举办 MBA 20 周年庆典工作，成立山东大学 MBA 校友会，加强海内外校友联系，实现校友事业发展与学校学院发展同频共振。

八、深化综合改革，夯实学院基础保障支撑

召开2020年发展战略研讨会，重点围绕“强院兴校与人才激励”主题开展研讨，立足强系兴院，打牢学术基础，做强教育产品，改善社会服务，坚持“人才强院”和“学术强院”，明确了学院未来的重点任务和努力方向；进一步优化学院内部治理结构，提升学院治理的制度化、规范化、科学化水平；组织学院第七届教工登山、趣味运动会、教工书法绘画摄影展等加大服务教职工力度；狠抓机关作风建设，以一流管理为目标提升管理服务的专业化水平。

（郭　超）

政治学与公共管理学院

2019年是学院平稳而又快速发展的一年，在学校党委和校区党工委领导下，学院全体教职工落实学校强院兴校等战略部署，锐意进取，各项工作都取得可喜的成绩。

2019年，学院在职人员95人，其中教学人员75人（含外籍教师5人），教授30人（含外籍教授1人）。学院毕业本科生101人，毕业硕士生199人（其中学术型硕士84人，留学生22人，公共管理硕士93人），博士生18人（其中留学生5人）。招收本科生121人（其中留学生2人），学术型硕士生122人（其中留学生16人），博士生36人（其中留学生6人），公共管理硕士415人。

一、扎实开展主题教育，落实全面从严治党责任

2019年，学院扎实开展“不忘初心，牢记使命”主题教育活动组织学习十九届四中全会精神和上级各项部署精神。高度重视、精心组织开展“不忘初心，牢记使命”主题教育，围绕“守初心、担使命，找差距、抓落实”的总要求，进行学习、调研、查找问题和整改，落实各项任务，发现问题及时整改。特别是结合学校巡察和暑期舆情事件中查找的问题结合主题教育的要求，一起抓好整改落实任务。严格落实管党治党主体责任，按照班子成员分工，明确一岗双责要求，落实党风廉政建设责任制。按照程序，选任了两位系主任和两位科级管理干部。组织了年终支部书记述职评议会和民主评议会，落实健全党员党性定期分析制度。加强政治建设。通过组织党委中心组学习和教职工的政治理论学习，把思想政治建设放在首位，坚决做到“两个维护”，牢固树立“四个意识”，自觉贯彻落实中央和学校党委的各项工作部署。

学院重视意识形态工作，落实责任，在关键时间节点做好做细安全稳定工作。

二、重视人才队伍建设

学院积极贯彻落实人才兴院战略，努力营造尊重人才、依靠人才、千方百计引育人才，使人人成为人才的学院氛围。首先是多举措招揽人才。加大宣传力度，并发动广大教师以才引才、通过参加学术活动引才等积极揽才，学院组织编纂、摄制并在多个公号发布微信版的学院人才招聘启事，并在有影响力的Chronicle平台刊发英文版的学院引才启事。其次是根据学科发展需要精心选拔人才，充分发挥学术委员会、教学委员会和各系所的作用，识别学科建设需要的人才。2019年度，先后引进全职教师4人，其中特聘教

授 1 人，特别资助类博士后 2 名。国务院发展研究中心信息中心原主任赵树凯（与公共治理研究院）作为特聘教授全职引进，另与多名专兼职人才处于协商推进程序中。

三、学术研究有新突破

适应国家治理需要，学校与国务院参事室成立山东大学国家治理研究院。作为挂靠学院，按照学校要求做好相关工作，依托研究院开拓研究。支持当代社会主义重点研究基地组织力量，取精品成果，为迎评作好准备。支持公共治理研究院引进师资，公共治理研究院完成 SCGS 调查和城乡治理调查，扩展研究。这些重要平台的建设，为学院相关学科提供有力支撑。

组织申报各类项目 24 种 101 人次，申报各类奖项 4 种 23 人次，在项目奖项的种类和申报人数上都超过了往年。其中获准立项：教育部重大课题攻关项目 1 项，教育部基地重大项目 1 项，教育部规划项目 1 项，教育部青年项目 1 项；国社科一般项目 1 项；国社科后期资助项目 3 项；国自科青年项目 1 项；省社科规划项目 3 项；省自科项目 1 项；青岛市社科规划项目 4 项；山东大学人文社科重大项目 1 项；深圳市哲学社会科学规划项目 1 项。

获奖方面，省社科成果奖一等奖 1 项、二等奖 1 项、三等奖 1 项。贝院长获得中华图书特殊贡献奖。横向课题立项 15 项。学院入账科研经费 629 万元。

成果发表方面，出版著作 16 部；SSCI 论文 13 篇，其中一区五篇，C 刊论文 63 篇，智库报告 11 项，国际期刊和顶级期刊发表有新突破。

2019 年度科研工作有以下几大亮点：第一次立项教育部重大攻关课题（臧秀玲）；第一次立项省自科项目（刘浩）；第一次顶级期刊《哲学研究》发表文章（贾沛韬）；第一次荣获省社科一等奖（王佃利）；第一次立项国自科项目（刘浩）；第一次申报国家社会科学中华学术外译项目（杨丽华）；第一次山东省自然科学基金项目申报人数超过山东省社会科学规划项目申报人数（6∶5）。

学术交流活动精彩纷呈，举办各类学术会议和讲座，院内学术论坛、沙龙不断，学术氛围不断提升。智库建设取得新成就，多项成果获得领导批示，其中杨鲁慧教授成果获得国家领导人批示，孔院长的咨询成果也被中央采纳。国家与区域研究备案基地建设有新突破，亚太所入选一带一路联盟优秀理事单位。

四、着力提高人才教育的培养质量

（一）本科教学工作

在 2019 年度的本科教学工作中，学院完成了指导委员会换届工作，制定学院本科教指委工作办法，研讨拟订学院本科教学激励办法。其次，动员组织学院教师参加学校 2019 年度、2020 年度教改项目申报，2019 年上报 6 项，成功立项 4 项；2020 年已上报 10 项，均创造历史新高。积极动员组织学院有关专业申报学校（同时也是国家级推荐）一流专业及省级一流本科专业申报，学校一流（国家级推荐），政治学与行政学及行政管理学两个专业入选山东大学向省级一流本科专业申报的推荐名单。7 月，举办本科教学学术周，就混合式教学与慕课建设组织系列培训，并重点开展建设扶持工作；此外，贝淡宁教授的《当代政治哲学》MOOC基本录制完毕，即将完成成品上线。本年度还推动建成包括大明湖街道在内的本科教学实习实践基地3个。落实学校瘦身强体有关要求，以培养最优秀本科生的科学性为根本导向，以“新文科”建设和院际交叉型专业方向为重要参照，以最大限度凝聚共识为切实保障，协助主要领导、动员各教学系、联动兄弟学院，明晰了学院本科专业结构深刻调整的方向与基本格局。最后，在组织赴复旦、浙大、上交大、南大、中大、云大等高校先进院系调研的基础上，多次召开专项会议和集中攻关会，基本完成新一轮（2020版）本科培养方案修订工作。

（二）研究生培养工作

2019年，研究生培养工作除完成年度研究生招生、培养、毕业答辩等相关例行性工作外，还有如下工作：首先，根据教育文件要求及时间进度，进一步完善我院学位授权点的建设工作，于4月参加教育部研究生培养工作会议，并就我院研究生培养及学位点建设情况进行发言。其次，根据学校要求及学院工作安排，对学院研究生招生、培养、毕业答辩等各环节规章制度进行了进一步完善，学院研究生培养管理进一步规范化和制度化。继续举办暑期优秀大学生夏令营活动，通过举办讲座、面试等环节，选拔优秀研究生生源。此外，制定学院优秀研究生创新能力提升计划，设立院级研究生科研基金项目并组织研究生申报和评审，推动、支持和鼓励研究生从事创新性科研工作。最后，设立研究生高端学术论坛，邀请了国内外知名学者15余人举办学术讲座，内容涉及学术前沿问题、研究方法、论文发表等方面。

（三）MPA教育与继续教育

自2019年1月以来，在全国MPA教指委、校研究生院的领导和学院教职工支持下，通过MPA中心全体成员的共同努力，MPA各项工作顺利推进，取得了阶段性进展。目前，共有在校生1115名。自开办以来，累计录取2825名MPA学生，其中2019年录取421名；已有1587人获得公共管理硕士学位。本年度，MPA中心认真贯彻学校2019年工作会议精神，深入推进改革创新，努力提高培养质量，主要从战略发展、招生授位、学生培养、论文案例、服务能力等方面开展了各项工作。战略发展方面，我校成功举办第二届山东大学公共管理（MPA）论坛，积极推动MPA国际合作办学模式。招生授位方面，顺利完成2019年MPA招生录取工作、2020年MPA招生“提前面试”工作以及2019年度MPA授位工作。学生培养方面，顺利完成培养方案修订工作和培养管理工作并积极组织增强MPA学生凝聚力的团体活动，增强了凝聚力。论文案例方面，圆满完成第八届全国公共管理硕士优秀学位论文参评工作，并获得优秀学位论文奖一项。在第三届“中国研究生公共管理案例大赛”中，获得三等奖两项。服务能力方面，积极建设信息化平台，完成了“MPA提前面试招生系统”以及MPA沟通系统的建设。

继续教育工作有较大发展，完成27个班次的培训，总收入460万元，培训人数超过2000人，受到培训单位和学员好评。

五、学生工作亮点纷呈

2019年，学院围绕“三全育人”开展工作，学生工作成果显著，在本科生学生工作中，学院结合学生专业特点，围绕学生需求，创立了学生党支部＋班级团支部的主题教育学习“1+1”模式，充分将党支部的先锋模范作用与团支部的广泛参与度相结合。2019年，学院2016级公共事业管理班团支部、2017级政治学与行政学班团支部获评“山东大学先进团支部”，学院获评“山东大学共青团组织建设先进工作集体”。2019年度评选推荐产生省级优秀毕业生8人，省级优秀学生1人，省级优秀学生干部1人，积极选取了孙君、王浩瑜、程奕嘉、陈韵竹等一批优秀典型。其中陈韵竹同学获评山东大学校长奖（综合），耿易、程奕嘉获评校区年度“榜样的力量”年度人物（社会服务类），王帅获评校区“自强之星”荣誉称号。2019年，学院本科生学生工作以“立德树人”为工作目标，全心全意服务学生全面发展，凝练工作品牌、整合优质资源，工作扎实、富有成效，但仍存在不足。在新的一年中，学院将进一步开拓进取，不断提升工作质量，加强学生体育美育教育，提升学生培养的国际化水平，全力打造思想性、创新性和特色性的一流学生工作。

研究生学生工作主要体现为：一是就业层次和质量比较高。以2019年研究生就业来说，中央选调及国家公务员入围创新高，包括中央统战部、中央机关事务管理局、外交部、农业部、国安系统等。二是在教学相长方面，最近三年有4项国家或教育部重大招标课题立项。三是学生综合能力素质显著提升：在2018年2019年研究生校长奖学金的评选以及省级校级高额科研项目奖励中政管研究生均有丰硕收获；多名学生在“榜样的力量”“研究生道德风尚奖”评选中上榜；在第三届中国研究生公共管理案例大赛中有两支团队获得三等奖；在青高校“国学知识竞赛”荣获第一名；获得北师大主办的“青年时代说”一等奖和三等奖。

六、国际交流与合作进一步深化

首先，积极丰富学生海外经历，制定了《学院资助学生海外访学办法》和《政管学院学生英语雅思/托福考试报名费资助办法》。同时，充分利用学校的海外交流资助，大力支持学生海外交流。与海外高校合作举办暑期学校等交流项目，继续执行并资助挪威“东西方对话”项目、香港教育大学公共政策训练营暑期项目、与韩国高校共办研究生国际会议项目。其次，加强国际学生招生与管理工作。新设立公共管理英文硕士项目，确定了中国学英文硕士项目调整方向，并继续举办第四届中国学国际暑期学校。此外，根据学校国际学生“趋同化”管理各项要求，落实学院国际学生教育管理主体责任，加强留学生的学生事务管理、招生管理和培养管理，采取有效措施优化留学生生源，严格控制培养与毕业环节，推动留学生招生从量的扩张向质的发展转变。

积极发展与海外高校、科研机构学术交流，推进师资国际化。修改并继续执行学院资助教师赴海外短期访学和参加学术会议资助计划，今年学院共有3位老师收到资助。圆满承办了山东大学与山口大学联合举办的东亚命运共同体国际学术会议。重点加大邀请国外教授来学院讲学力度，今年共有6位流动岗特聘教授来学院短期授课，15位短期专家来学院举办讲座或座谈。另外，积极响应学校设立国际暑期学校的号召，在暑期设立了4门“国际学分”课程，邀请到5位国外著名学者前来授课。最后，加强国际化外宣工作，建立了英文网站，使之成为国际化外宣的重要窗口。

（盖玉强　曹现强　李汉烨　杨力立）

法学院

2019年，法学院领导班子认真贯彻落实学校党委和行政工作部署，紧紧围绕立德树人根本任务和“双一流”建设目标，充分发挥党的全面领导优势，团结全院师生员工，开拓进取，各项工作稳步推进并取得良好成效。

一、基本情况

截至2019年12月底，学院共有教职工93人，其中专任教师72人，教授31人，海外教师4人。有全国十大杰出青年法学家1人，教育部新世纪优秀人才3人，享受国务院特殊津贴专家4人，泰山学者特聘教授1人，山东省有突出贡献的中青年专家2人，山东大学杰出中青年学者3人，齐鲁青年学者2人，未来计划学者8人。

截至2019年12月底，共有全日制在校生1422人，其中本科生570人，硕士研究生758人，博士研究生94人；非全日制法律硕士和在职法律硕士437人。

2019年，徐显明教授受聘担任法学院名誉院长。

二、党建工作

1. 深入学习贯彻习近平新时代中国特色社会主义思想。学院党委高度重视用党的创新理论武装头脑，2019年，制定并实施了《法学院党委理论学习中心组学习规则》，编辑党委理论学习资料汇编12期，组织党委理论学习中心组学习20次。

扎实开展“不忘初心，牢记使命”主题教育。认真贯彻落实“守初心，担使命，找差距，抓落实”的总要求，努力实现主题教育目标任务。班子成员以学习贯彻习近平新时代中国特色社会主义思想为主要内容，围绕学院中心工作，开展了六个专题的集中学习研讨，切实把习近平新时代中国特色社会主义思想作为解决实际问题、破解发展难题的“金钥匙”。

2. 认真抓好意识形态工作。严格落实意识形态工作责任制，成立学院意识形态工作领导小组，制定实施《中共山东大学法学院委员会关于在有关重大问题上把好政治关的实施办法》《山东大学法学院网站信息和网络安全管理办法》《山东大学法学院安全稳定工作责任体系》，确保安全稳定无死角。

3. 抓实抓好师生思想政治工作。认真落实新时代教师职业行为准则和要求，做好榜样示范引领，选树师德师风典型。认真落实以学生为中心理念，推进教学科研、管理服务与思政教育相融合，提升学生思想政治工作质量。2019 年，李道军教授荣获“山东大学教书育人楷模”提名奖，江小荃同志荣获“山东大学先进教育工作者”荣誉称号，刘俊霞副教授荣获山东大学优秀课程思政二等奖。

4. 加强基层党组织建设。2019 年，完成学院党委和教师党支部换届选举工作以及学生党支部调整工作，选优配强党支部书记。加强对党支部工作的指导，制定落实党委班子成员联系师生党支部制度，组织党支部书记参加支部书记培训班。制定实施《法学院基层党支部工作条例》，强化基层党支部考核评比，推动支部做到“七个有力”。严格落实“三会一课”、主题党日等组织生活制度，坚持“两学一做”学习教育常态化，2019 年组织党员赴沂蒙红嫂纪念馆和孟良崮战役纪念馆参观学习，取得良好教育效果。认真做好发展党员工作，2019 年共培训入党积极分子 88 人，新发展党员 33 人。

5. 深入推进全面从严治党。认真落实学校全面从严治党工作会议精神，压紧压实管党治党责任。加强党风廉政建设，严格执行“三重一大”决策制度，坚持“三公”经费向全院教工公示制度，认真落实中央八项规定。制定实施《山东大学法学院关于重要事项请假请示报告的规定》，强化党员干部教师纪律意识。抓好中央巡视整改和校内巡视整改、专项整改，深化巩固整改成效，2019 年共出台各项规章制度 14 项。

三、人才培养

（一）本科教学

1. 专业建设成效显著，法学专业入选山东大学 2019 年优秀专业和国家级一流本科专业建设点。

2. 大力推动慕课建设。2019 年，黄世席教授主持的“国际经济法”、王德志教授主持的“宪法学”、宿营老师主持的“商法总论”和周长军教授主持的“刑事诉讼法”四门慕课课程获法学院慕课课程建设立项。

3. 积极推进教育教学改革。周长军教授主持的“卓越法律人才培养实践教学课程体系与教学平台改革研究”项目获批山东大学 2019 年度教育教学改革重点项目，王德志教授主持的“宪法学”、柳忠卫教授主持的“刑法案例教程”、李洁老师主持的“双一流大学复合型人才培养与法律英语多模态教学探究”和范毅强老师主持的“一校三地法学教学资源共建、共享及教学运行管理模式的研究与实践”四个项目获批一般项目。

4. 积极参与学校各类教学活动荣获多项荣誉。李道军教授荣获 2019 年“山东大学教书育人楷模”提名奖、贺晓霞老师荣获山东大学招生拓展十五年贡献奖、刘俊霞老师荣获山东大学优秀课程思政二等奖、向力老师荣获山东大学教学科研论文二等奖。

5. 设立“山东大学法学院本科生研究创新项目”助推本科生创新能力提升，共有 12 项研究创新项目获准立项，呈现跨学科、跨年级组队的特点，参与项目的本科生有 81 人。

6. 提升本科生培养质量。2019 年，法学院李术平、吴礼宝、张雪霆 3 名本科生荣获“山东大学优秀本科毕业论文（设计）奖”，郑智航、秦伟、于永宁 3 名指导教师荣获“山东大学优秀本科毕业论文（设计）指导奖”。

7. 入选“中国政法实务大讲堂”首批举办院校。

（二）研究生教育

1. 多途径改善研究生生源质量。2019 年，组织教师到国内 10 余所知名法学院进行生源拓展，举办优秀大学生暑期夏令营，完成 2020 年接收推荐免试硕士研究生工作，优化“申请一考核”制博士生招生选拔方式。2019 年，共录取硕士研究生 294 人，其中全日制学硕 68 人、全日制专硕 167 人、非全日制专硕 59 人；录取全日制博士研究生 13 人，录取同等学力申请博士学位人员 1 人。

2. 提高研究生的科研创新能力。出台《山东大学法学院研究生年度科研创新项目支持办法》。2019 年，3 位博士生获得山东大学优秀学术成果奖，1 位博士生获评山东大学研究生学术之星，13 位研究生获批学院研究生科研创新项目。

3. 提升研究生的国际化水平。2019 年，2 位博士生获批国家公派留学生联合培养博士项目。

4. 强化研究生过程性培养和动态化管理。完成各类研究生共 407 人的开题工作；修订《山东大学法学院攻读博士学位研究生中期考核实施办法（试行）》，完成 12 位博士生的中期考核工作。

5. 强化研究生导师对于研究生学业指导的实效性，提升研究生论文写作质量和如期毕业率。完成了 2020 年博士生导师和硕士生导师招生资格遴选，16 人获得博士生招生资格，25 人获得硕士生招生资格；全年组织了四个批次授位工作，共有 12 名博士、279 名硕士取得学位。

6. 鼓励教师积极探索研究生教学新思路。王德志教授申报的《习近平新时代中国特色社会主义法治思想与宪法学教学改革》自由探索项目获批立项。

（三）学生工作

1. 以习近平新时代中国特色社会主义思想为指导，全面提升学生思想政治教育水平。认真开展党员、团员理论学习，引导学生以主题班会、团会等形式开展相关教育活动，提高学生参与的积极性、主动性、有效性。

2. 落实全体教师育人职责，构建由党政管理干部与专业教师构成的双核育人机制，推进教学科研、管理服务与思政教育相融合。制定实施《法学院教师指导学生第二课堂管理办法》，鼓励教师积极参与学生第二课堂培养，创新实践育人方法途径，全方位构建“三全”育人格局。

3. 以模拟法庭竞赛为重要手段，促进法律问题思辨及法庭辩论活动的研究与精进，提高学生处理法律实务的能力。制定实施《法学院模拟法庭比赛经费支持实施办法》。2019 年，学院获首届“贸仲杯国际投资仲裁赛”特等奖、冠军，获第十一届“联合信实杯”模拟法庭辩论赛亚军，获山东省高等学校大学生模拟法庭比赛特等奖、冠军、最佳书状奖。成功举办第二届“文康杯”法律文书竞赛。

4. 全方位、多渠道促进学生理想信念教育、安全教育、心理健康教育、职业生涯教育等工作。社团活动和社会实践以法学专业为基础，以社会责任感为导向，开展致敬国家宪法日、法律援助、普法宣传等品牌活动。开展感恩意识教育，举办“我最喜爱的老师”“老师，我想对您说”等活动，增进学生对学校、学院的归属感、认同感。

5. 发挥学生的主体地位，加强制度化建设。在奖助勤贷等事务性工作中形成了一整套符合学院实际的工作机制，将学生工作的开展与法科学生规则意识的培养有机结合。

四、学科科研

（一）科研平台建设

1. 积极推进交叉学科研究。紧紧围绕国家重大需求，加大文理交叉的进展，积极与信息学院围绕“社会信息学”的建设展开论证，在“生态环境损害鉴定研究”方面，配合学校“生态环境损害鉴定研究院”的发展，积极促进法学与环境学等学科的交叉融合。

2. 大力加强科研平台建设。2019 年最高人民检察院与山东大学共建的“检察理论研究基地”获批“最高人民检察院检察基础理论研究基地”，成为国家级基地。“国家人权教育与培训基地”在引进人才、申请项目、科研建设等方面进一步继续发展。中、日、韩法律研究基地、地方立法服务基地等有序发展。

3. 继续发挥现有平台作用。法学院所属的山东省重点研究基地以及四个山东省重点学科在原有基础上进一步稳固发展，在人才招聘、研究生培养、科研建设、国际交流与合作等各方面都有突破性的进展。

（二）科研成果

2019 年，在三大刊发表文章 4 篇，在 CLSCI 期刊发表 25 篇，在 CSSCI 期刊发表 80 篇，在 SSCI/SCI 来源期刊发表 2 篇；申请到国家社科基金项目 3 项，本年度共计获得纵向科研经费 166 万元。

（三）科研会议、论坛、学术报告

加强与学界交流与对话。2019 年，举办第十届法理行动计划例会——“法理的概念”、《法学研究》年度论坛、“两岸公法圆桌论坛”研讨会、首届“刑事合规理论与实务”高端论坛、首届“山大人权高端论坛”研讨会、第四届法律实证研究研讨会等学术会议。大力打造高端学术报告品牌，“山大法学高端论坛”和“山大法学青年论坛”，已在学界形成了很强的影响力，举办“山大法学高端论坛” “山大法学青年论坛”近 30 场。

五、师资队伍建设

1. 着力杰出人才引育。成立学院人才工作小组，延揽高层次人才。2019 年，引进兼职讲席教授 1 人（陈卫东），兼职特聘教授 1 人（齐延平），杰出中青年学者 1 人（张平华）；培育山东大学杰出中青年学者 2 人（周长军、李忠夏），齐鲁青年学者 1 人（张海燕），未来计划入选者 4 人（周啸天、潘林、冯俊伟、李本灿）。

注重青年教师培养，制定 2019～2022 年教师高级岗位聘用计划。2019 年，3 人晋升教授（冯俊伟、满洪杰、黄士元），2 人晋升副教授（向力、刘俊霞）；出台《山东大学法学院崂山学者聘任办法》，进一步发挥学院现有师资的积极性和稳定性。

2. 聘任实务教师，建立专兼结合的师资队伍。2019 年，学院聘任实务部门研究生合作导师 1 人、实务教师 8 人。

3. 加强人事制度建设，完善学院管理体系。出台并实施了《法学院实务教师聘任细则》《法学院研究生实务合作导师聘任细则》；重新修订法学院职务及岗位聘用申报条件；成立了学院战略咨询委员会。

4. 做好各类人员聘任与管理服务工作，为学院发展提供人力资源保障。学院新聘科研教师 3 人，预聘制副研究员 1 人，新增重点资助类博士后 1 人，项目资助类博士后 1 人，校内调整事业编制管理人员 1 人，新聘非事业编制管理文员 3 人，新聘实验技术岗位 1 人。

六、国际交流

1. 促进学生国际交流。2019 年，获批留基委优本交流资助项目 3 项，全年共有本科生 59 人、研究生 40 人通过学校及学院合作项目赴国（境）外交流、学习、攻读学位；接受来自英国谢菲尔德大学的学年交换学生 2 名。

2. 落实“外专引智”项目和国际暑期学校“海外师资”课程。2019 年，短期境外专家项目 5 项、教学流动岗项目 11 项获得学校批准资助，来自英国牛津大学、荷兰莱顿大学、德国科隆大学、挪威卑尔根大学、英国邓迪大学、美国凯斯西储大学、韩国高丽大学等海外知名高校的教授来校授课或系列讲座。2019 年，开设 3 门“海外师资专家”课程，并成功申报 2020“海外师资专家”课程 7 项。

3. 推进国际（港澳台）合作伙伴关系。与英国邓迪大学、挪威卑尔根大学、高丽大学大学、荷兰莱顿大学等原合作高校续签或修订合作协议 3 项；与德国法兰克福歌德大学、奥地利维也纳大学、英国布里斯托大学、加州尔湾分校、中国台湾东吴大学、中国台湾清华大学新签署学期交流、暑期项目、联合培养学位项目等 6 项。其中，与韩国高丽大学法学院签署了交流与合作实施协议，确立了高丽大学法学院为中国法学会“中日韩法律研究中心”和“中日韩高端法律人才培训基地”在韩主要合作伙伴，并在高丽大学设立“中韩高端法律人才培训基地（首尔）”。

4. 拓展中外联合培养项目。与英国邓迪大学续签项目合作协议，在原有“1＋1＋1”双硕士学位项目合作基础上，签署了“3＋1”本硕合作项目的合作协议，实现了在本硕两个层次的合作办学。与英国布里斯托大学达成“3＋1”“1＋1＋1”等模式的联合培养意向。

5. 建立健全师生国际化能力提升制度。学校层面，学院共有 19 个项目获得山东大学“国际学分”海外经历项目立项资助，资助学生数 56 人；学院层面，制定实施《山东大学法学院学生国际化能力提升项目管理规定》《山东大学法学院教师国际化能力提升项目管理规定》，资助学生外语能力提升和出国（境）交流项目共 42 人次。

6. 开展区域内国际学术交流。2019 年，召开第三届中韩法律国际学术研讨会，来自韩国高丽大学、山东大学、中国海洋大学以及法律实务界数十位专家学者参加了本届国际学术研讨会。

七、服务地方及校友工作

1. 积极开展与地方司法部门的合作。2019 年，与淄博市中级人民法院、青岛市即墨区人民法院签订合作协议，建立实习教学基地。

2019 年，张海燕教授和满洪杰教授分别被诸城市检察院、坊子区检察院、潍城区检察院聘为咨询论证委员会的专家。

2. 加强与律师事务所的交流。2019 年，与山东康桥律师事务所签订合作协议，山东康桥律师事务所向山大乔伟法学教育基金捐款 100 万元。北京中伦（青岛）律师事务所等多家律所访问我院，探讨合作和人才培养。

3. 发挥学科优势，服务社会需求。2019 年举办干部培训班共 23 期，为各地司法机关和海关培训干部近 1400 人。

4. 加强校友联络，做好校友服务工作。以山东大学法学学科复办 40 周年为契机，广泛联系走访校友，推出校友风采 7 期。

（江小荃　郑智航　张海燕　邹永厚　李忠夏　满洪杰）

文学院

至2019年12月31日，文学院教职工总数92人，其中专任教师73人，在岗教授34人，副教授28人，讲师11人。在校学生917人，其中博士生188人，硕士生247人，本科生482人。

文学院现任领导班子成员：党委书记张帅，院长杜泽逊，副院长李剑锋、黄发有、程相占、马兵，党委副书记王萌，组织员沈文。

一、师资队伍建设

本年度，我院继续加大人才引进力度，不断优化师资结构，构建出从“顶尖人才一领军人才一青年骨干一年轻后辈”四个层次、梯次衔接有序的人才体系。师资队伍竞争力显著提升，文学院蝉联“人才工作先进单位”。

（一）坚持引进与培养并重，构建老中青科研学术梯队

本年度，我院陆续引进了讲席教授龚鹏程教授和叶国良教授，兼职讲席教授温儒敏教授，特聘教授赵生群教授，兼职特聘教授徐在国教授、施战军教授，齐鲁青年学者侯乃峰、韩清玉教授、周根红教授，其他青年人才刘文副研究员和寇鑫副研究员，青年教师刘占召副教授、徐昌盛副教授、张鹏副研究员。

我院黄发有教授入选中宣部2019年文化名家暨“四个一批”人才，并有6位教师入选山东大学高层次人才，分别是黄发有（特聘教授）、李开军（杰出中青年学者）、张树铮（荣聘教授）、孙之梅教授（荣聘教授）、杨建刚（齐鲁青年学者）、王辉（未来计划青年学者）。截至2019年，本专业拥有6位杰出人才，其中包括2位马工程首席专家、2位长江学者；还拥有1位泰山学者、2位山大杰出中青年学者、2位齐鲁青年学者；17人入选山东社科名家。

（二）继续完善科研评价和激励政策

从在岗教师到退休教师，到老一辈学术名家，我院都制定了相应的培养、扶持、激励措施，实现了全覆盖，为积极开展人才引育工作提供制度保障。注重中青年人才培养，本年度资助青年教师举办了“中国古代文学理论青年学者论坛”“政治鲁迅与文学中国学术研究工作坊”“第三次明代文学研究青年学者论坛”三次大型会议；设立文学院教师科研成果奖，每年评选各类奖项8项；充分发挥退休教师的学术优势，制定《关于设立“山东大学文学院特约研究员”的办法》，已经聘任12名75岁以下的退休教师

为“特约研究员”，退休教师的学术著作纳入《山东大学中文专刊》系列丛书，予以资助出版。

二、学科建设

本年度，为全面提升核心竞争力、追求卓越争创A+，我院通过积极谋划、多措并举，学科建设水平进一步提升，在2019年软科“中国最好学科排名”中，中文学科取得新突破，绝对排名在2018年基础上再提升4名，升至第7名，排名进入全国前4%。

（一）强势推进“文学院院立科研项目”和“名家全集编纂出版项目”

对2018年设立的首批45项科研项目进行了严格的年度检查，项目整体进展态势良好，展示了蓬勃的学术活力。绝大部分项目获得追加经费，同时新增立项9项，总项目达到54项。为全面总结山大中文学科“第二次辉煌”成就，我院于2018年规划的“山东大学中文名家文集”编辑出版工作目前进展顺利，规划16家，已经交稿的有13家。同时设立的“山东大学中文专刊”丛书也不断扩大成果。

（二）提升人才培养质量，注重打造核心专业能力

加强对学生的基础培养和对教师的基础训练，为未来科研创新点的产生打下重要根基，积极申报一流专业、拔尖人才2.0培养计划、国家精品在线课程等项目。不断提升本科教学水平，为50岁以上长期从事本科教学，教学效果良好的讲师，评聘“高级讲师”职称；积极组织申报教改立项，组织青年教师参加学校教学比赛，丁晋、国家玮获得山东大学青年教师讲课比赛一等奖，获评“青年教学能手”称号。在新一轮的教改中，我院共申报了10项个人项目和一项重大项目。

（三）加强学术平台建设

对教育部人文社会科学重点研究基地山东大学文艺美学研究中心、中国作协网络文学研究山东大学基地加大建设力度，充分发挥在“双一流”建设过程中的引领作用；语音实验室建设取得实质性进展；与中华书局共建“山东大学《史记》文献研究中心”，设立“中国文学研究中心”校级学术平台，成立山东大学莫言与国际文学艺术研究中心，我院丛新强教授担任中心主任。

三、人才培养

（一）克服同质化弊病，实施本科提升计划

10月，我院召开原典课建设调研和推进会议，总结前期课程设计的优缺点，并确定原典慕课和教材的规划，年内启动两门在线新课的制作，推动了学院课程体系的深度改革。在原典课之外，本年度两个学期积极组织开设“山大中文读书会”系列课外学习活动，覆盖各二级学科方向，以拓展学生学术视野，增进知识交流。

培养本科生论文写作及科研能力。推行本科生论文报告会制度，11月9日，我院同时举行了2017级、2018级闻一多班2019年度论文答辩会。设立本科生科研项目，出台《山东大学文学院学生科研项目暂行办法》，给予项目经费支持。

完善学生管理制度，为本科班级配备班主任。10月16日，我院为新聘任的2019级本科生班主任刘文、刘洪超、张鹏举行聘任仪式。推行闻一多班和尼山学堂的“一对

一导师制”，突出专家引领。

（二）加快推进研究生培养新体系构建

强化科研能力培养。经过反复讨论、精心筹备，召开了“双一流”背景下的中文学科研究生培养体系建构研讨会。全面推行论文报告会制度。4 月，首届学年论文报告会历时四个多月的筹备成功举行，获奖学生和导师给予一定的科研经费奖励。建立健全游学机制，带领学生走进曲阜、邹城等地，在实践中开阔学术视野，提高学术热情。

人才培养质量稳步提高。2 名研究生发表顶级期刊论文，6 人获研究生学术成果奖，1 人获评山东大学“学术之星”。本年度，共举办“新杏坛”前沿学术讲座 36 期，锐讲座 6 场，“海右”博士生学术论坛 1 场。第二届“山东大学文学院一多全国优秀大学生夏令营”共有来自全国各大高校的 49 名优秀本科生参加，助推学院研究生生源优化。

（三）三全“育人”初显突出，助力学生综合发展

本年度，文学院精品社团玩家剧社贡献了两次精彩的公演——5 月，献礼五四运动一百周年大型公演《天下第一楼》；11 月，山东大学青马工程第三十期团校主题教育暨玩家剧社“献礼新中国成立七十周年”专场演出《狂飙》，在全校范围内产生积极反响。

注重培养学生实践能力。我院 2019 年暑期社会实践立项队伍共 25 支，参与人数近 500 人，8 支获评校级优秀团队，12 支获评院级优秀团队，一名教师获得“山东省社会实践优秀指导教师”称号，一名教师获得“山东大学社会实践优秀指导教师”称号，学院团委被评为 2019 年度“山东大学五四红旗团委”，1 名本科生获评“山东大学十佳共青团员”。

四、科学研究

2019 年，我院国家、省部级科研立项和科研奖励又获丰收。新增国家社科重大项目 2 项，分别是程相占“西方自然美学通史”项目与李桂奎“中国古代小说理论术语考释与谱系建构”项目。国家社科基金一般（含青年）项目立项数 3 项，教育部社会科学司项目 3 项，教育部人文社科重点研究基地重大项目 1 项。获得山东省第三十三届社会科学优秀成果奖一等奖 1 项（创新与跨越：美学研究的三种路径，作者：陈炎），二等奖 4 项（作为言语行为的文学话语，作者：王汶成；反复叙事中的灵魂审判——论莫言《蛙》的结构艺术，作者：张学军；生态美学基本问题研究，作者：曾繁仁；“西安事变”与“丢失大陆”：失败者怎样书写历史——兼谈国民党文宣系统的“曲释”操作，作者：刘晓艺），三等奖 1 项（论康德自然概念的三个层次，作者：胡友峰）。

1 月，学院古代文学教研室主任孙之梅教授担任首席专家的国家社科基金重大项目“南社文献集成与研究”推进会在知新楼 A717 举行；3 月，我院胡友峰教授任首席专家的国家社科基金重大项目“生态美学的中国话语形态研究”开题论证会在中心校区顺利召开，经过评议，课题组专家一致同意课题开题；4 月，我院黄发有教授担任首席专家的国家社科基金重大项目“中国当代文学期刊发展史”开题报告会暨学术研讨会在中心校区顺利举行。重大科研项目收获颇丰，正呈蓬勃的发展态势，引领中文学科学术前沿。

五、加强海内外学术交流

本年度，我院制定《文学院国际化专项实施办法》并发布实施，继续深化拓展与海内外一流高校和科研机构的交流。举办了“中国小说论坛2019”“网络时代的文学评论”主题论坛、“对话与理解：生态美学国际研讨会”、山东大学莫言与国际文学艺术研究中心揭牌仪式暨“经典阐释与莫言研究”学术论坛等高层学术会议，加强海内外学术交流，学术影响力得到有效提升。加强“新杏坛”“锐讲座”等品牌学术讲坛建设，本年度我院邀请海内外学术名家来山大举办前沿学术讲座共47场。

11月，来自英国布里斯托大学人文学院、美国哈佛大学文理学院、英国伦敦大学金史密斯学院的多位专家到访我院，院长杜泽逊教授和副院长程相占教授与到访专家围绕学术研究、国际化战略等话题展开探讨。到访的教授均受邀在我院举办了系列学术讲座，与广大师生进行了深入交流。

我院通过短期访学、国际暑期课程等形式，提升学生国际文化理解和交流的能力，把更多国际前沿课程引进过来，拓宽学生国际视野。2019年暑假的国际师资课程邀请了著名的科幻文学研究专家、卫斯理学院的宋明炜教授来学校讲述中国科幻及海外传播，课程深受欢迎。

六、党建和文化建设

（一）发挥党建引领作用，筑牢学院发展思想根基

2019年，我院积极健全党委领导下的学院运行管理机制，进一步完善党委会制度和党政联席会制度。全年召开了党委会19次、党政联席会议20次；加强和改进思想政治工作，开展党委理论学习中心组集体学习12次、全体教职工政治理论学习8次，班子成员为师生党支部上专题党课10次，组织先进事迹报告会4场，累计开展党支部集体学习、主题党日等百余场，为师生订购学习教材6种共300余册；继续推进党支部标准化规范化建设，落实支部书记年度述职制度，定期开展支部书记轮训。

把推进整改落实与推进学院中层规划和实施强院兴校行动计划有机结合起来，出台各类章程达到40余项；坚持“院长书记见面会”制度，深入一线调查研究，听取学生意见建议；专题研究改进“课程思政”，制定了《文学院“明德双师”课程创新管理办法》，开展《共产党宣言》及相关经典著作研读，增强课程的道德实践度。

本年度，一共召开4次机关工作会，针对提升师生服务满意度、提高服务质量进行工作研讨，努力改善办学条件和办公环境。

（二）积极开展“不忘初心，牢记使命”主题教育活动

本年度，我院在“不忘初心，牢记使命”主题教育活动中，坚持实事求是的原则，紧密结合学院发展实际，大胆展开自我剖析并提出整改方案，落实整改责任，在理论学习、思想政治、担当作为、服务师生、清正廉洁五个方面均取得了进展。学院领导班子先后进行了8次集中学习研讨，形成了发展共识；领导班子开展组合式调研、团队式攻关，组织座谈30余次，形成了调研报告8份。

9月26日，我院召开“不忘初心，牢记使命”主题教育动员部署大会；10月29

日，我院领导班子举行“不忘初心，牢记使命”主题教育调研成果汇报交流会；11 月 5 日，按照“不忘初心，牢记使命”主题教育的部署安排，我院领导班子召开对照党章党规找差距专题会；12 月 12 日，按照学校“不忘初心，牢记使命”主题教育工作部署要求，我院党委领导班子召开主题教育专题民主生活会。为扎实推进主题教育的常态化，11 月，我院党委组织教工和学生党员赴安徽凤阳小岗村开展“不忘初心，牢记使命”主题教育活动。

七、凝心聚力、创一流，努力打造高效务实的行政服务团队

学院机关在学院班子领导下，在以“学术为主导，以师生为中心”的办学理念下，狠抓学院机关作风建设，强化机关服务意识。为适应学校“只争朝夕，追求卓越”的工作节奏，学院在管理服务队伍上更是加快工作节奏，提高工作效率。在精细化管理上下功夫，在工作量成倍增长的环境下，学院机关工作呈现出你追我赶，蒸蒸日上的良好风貌。圆满完成夏季高考语文阅卷和冬季模拟阅卷任务，两次阅卷工作参与人员多达 1320 人，阅卷 200 多万份，为服务山东作出贡献。

八、打造温馨和谐的教工之家

1. 牢牢把握政治性这个工会组织的灵魂，在学校工会和院党委的领导下，最广泛最紧密地把职工群众团结在党的周围，群策群力为学校双一流建设建言献策，充分发挥学院工会参政议政的作用。在做大做强学科建设上起到了凝心聚力的作用。弘扬正能量，认真抓好师德师风建设，开展争做四有好老师活动。

2. 用贴心的服务感染大家，用精准的帮扶温暖职工。学院工会努力营造尊学术、尚风骨、重情义的学院文化氛围，建立温馨和谐的学院环境。对困难教职工及时帮扶，坚持送温暖活动常态化。

3. 牢牢把握群众性这个根本特点，工会活动充满活力。在迎接建国 70 周年合唱比赛中获得全校二等奖、积极组织教职工参加气排球比赛、组织女交工开展健步登山活动和全院师生趣味运动会，为活跃学院气氛、增进师生感情、增强职工体质作出贡献。

（沈 文　杨俊娇）

艺术学院

为助力山东大学的改革与发展，艺术学院在2019年工作中以习近平新时代中国特色社会主义思想为总指导，紧紧围绕学校中心工作，在校院两级党委、行政的领导下，按照2019年度工作目标和任务，结合艺术学科专业特色，在党的建设、思政教育、文化引领、美育育人、人才培养、人才强校、学科建设、国际交流、条件保障等方面取得一定的成效。

一、党建及思想政治教育

1. 自2019年9～12月中旬，艺术学院全体党员（75人）积极响应学院党委号召，认真开展“不忘初心，牢记使命”主题教育活动，通过学习、调研、座谈等方式，扎实推动主题教育深入有效开展。教工党支部、学生党支部分别进行5次集中学习研讨，3次现场学习，组织专题党课8场，学术座谈会15场，征求师生意见和建议500余件。在教师教学水平提高、艺术实践、学生管理工作等方面进行了专项整改，推动了工作扎实开展。

2. 加强党建工作，认真学习党的新时期系列主题思想，扎实推进“不忘初心，牢记使命”主题教育活动开展，做好学院整改落实工作，积极调研，踏实进取，取得可喜成绩。年内召开党委会议28次、党政联席会议32次，组织党委理论学习中心组会议18次。

3. 为充分发挥学生干部的战斗堡垒和先锋模范作用、推动学院学生工作进一步发展，举办了2019年度学生工作总结暨表彰大会。评选出艺术学院“榜样的力量”学生年度人物、“不忘初心，牢记使命”主题教育榜样人物、学生工作先进个人、优秀学生干部、研究生会优秀干部优秀干事、学生会优秀干部优秀干事等80名优秀学生。

4. 进行思想引领。加强思政课建设，推进课程思政，扎实开展日常思想政治教育活动，突出学风建设中心地位，以“诚信状”为主题，开展班风、学风教育。落实辅导员“四进”（进课堂、进宿舍、进操场、进网络）制度。针对学习困难学生开展学业帮扶，学院11号楼2016级民乐专业的226宿舍在宿舍文化节中获评“学霸宿舍”。加强考前教育，学院本科生共512人签订《考试承诺书》。发挥奖惩制度规范引导和示范引领作用，促进学生成长成才。

5. 加强学生党团内部管理，巩固学生组织自身建设。2019年，学院团委深入贯彻推优入党工作，指导团支部严格按流程发展党团员，本年度共发展预备党员7名，并严格的执行党团费收缴和使用制度，及时上交党校团委。学院研究生会、学生会由主席团成员6名，各部长副部长12名组成，在学院团委领导下充分发挥学生组织的自主性，以学生自治为方式开展工作，在日常文体活动、宿舍管理、音乐会演出、美术展览等活动中做了大量工作。学院团委同时获得年度校园文化活动先进集体、学生社团工作先进集体荣誉等称号。

6. 建立健全“三全育人”机制。艺术学院根据学校下发的文件精神，结合学院实际，制定了《艺术学院本科班级班主任实施制度》暂定稿，为本科生每个班级配备一名业务课教师担任班级班主任。学院自2019年起在本科生中施行双导师制。“五老”学生德育辅导员聘任工作是山东大学推进全员全过程全方位育人的重要举措，学院聘请退休学院党委书记孙东升担任学生德育辅导员。

7. 为做好思想政治教育，积极开展新闻宣传工作。2019年，山东大学新闻网共发布艺术学院相关新闻72篇；山东大学学生在线、山东大学研究生之家等新闻媒体平台艺术学院相关稿件46例。山东大学艺术学院官网本年度共发布新闻310篇；山东大学艺术学院微信公众号“山大艺小约”本年度共发布推送298篇。

8. 经2019年5月13日第十四届中共山东大学委员会第23次常委会研究决定：李晓峰同志任艺术学院党委书记；安宁同志任艺术学院院长；姜楠同志任艺术学院党委副书记；姚榕华同志任艺术学院副院长；王文灏同志任艺术学院副院长；孙亚娣同志任艺术学院副处级组织员。

二、文化引领及美育育人

1. 推进艺术学科一体化发展。积极推进济南、威海、青岛三个校区一体化发展优势互补，提高创新水平，减少资源浪费，实现资源共享。面向国家重大需求，凝练优化学科方向，不断完善教学体系和管理体系，加强人才队伍建设，发挥艺术学科特色，在推进艺术学科一体化发展的进程中，尽快实现“由大到强”的历史性转变。两地艺术学院共同承办了2019年迎新交响音乐会、2019山东大学艺术节和2020新年音乐会。

2. 构建课堂教学、课外活动、校园文化、艺术展演四位一体的美育实施体系。进一步完善山东大学交响乐团、山东大学民乐团巡演制度，定期在各校区开展演出活动，营造艺术氛围。在开展美育教育时，艺术学院有独特的专业优势，交响乐团、民乐团、合唱团举办了11场（5＋3＋3）实践演出活动，其中有10场面向社会举办，既提升了专业教学水平，也促进了学校的美育教育。

3. 美术系、设计系师生在省内外、国内外举办多种形式的美术个展、师生联展以及与国内外著名艺术家联展50余次。音乐系师生在一校三地举办实践音乐会110场。

2019年8月，艺术学院承办山东省第九届“学院创意杯”、2019年度“泰山杯”广告作品大赛暨教育公益广告作品评选活动。山东省政协常委、山东省广告协会会长王百忠，山东大学党委副书记仝兴华、山东工艺美术学院党委副书记苗登宇、山东省市场监督管理局一级巡视员蔡福安以及相关领域的50余位专家和领导出席开幕式。报送作品总数为3673组，为历年之最。其中，平面作品3035组，影视作品471组，广播作品

138 组，摄影作品 73 组。

4. 重点打造校园高端文化品牌项目“山东大学艺术节”。本次艺术节呈现了持续时间长、活动数量多、覆盖范围广、国际化突出等特点，为期 4 周，在济南、青岛、威海校区举办了各类活动 40 项，邀请到了诸多国际著名艺术家、学者来校开展学术活动。

5. 持续培育“小树林”校园文化品牌。“小树林”校园艺术巡演活动由艺术学院学生会组织运营，团队成员由艺术学院各年级学生组成，按照演出计划每周四下午在山东大学济南各校区巡演，形成校园文化艺术品牌。2019 年 5 月 12 日，由艺术学院承办的首届山东大学“美育文化节”拉开帷幕，此次文化节共在四个校区举办讲座 2 场、音乐会 2 场、书画作品展 3 场，提高了学生的审美和人文素养，全面加强和提升了学校美育工作。

6. 开展艺术比赛活动。努力将传统文化、红色主题教育和美育结合起来，以达到强化美育、立德树人的工作目标。将思政教育与美育相结合，提升美育教育的思想高度、创新美育教育形式。在一年一度的“山东大学研究生合唱比赛”中均以表演赛身份参赛并获特别奖；“山东大学研究生啦啦操大赛”二等奖；组织同学们积极参与“山东大学研究生篮球赛”等活动。

7. 促进学生身心健康、培养学生健全人格。2019 年，学院策划组织首届“燃·艺”新生篮球赛、物理学院、艺术学院运动会，组织同学们参加 2019 山东大学田径运动会等体育赛事和一些户外拓展活动，如 2019 年 4 月，学院 22 名运动员在山东大学田径运动会中参加了 6 个项目的比赛，并取得较好成绩；2019 年 4 月，学院男篮进入山大杯篮球赛八强；2019 年 5 月，学院 10 名运动员在山东大学羽毛球“山大杯”中参与了 5 个项目，取得较好成绩。这些活动为我校体育事业的“双一流”建设提供了有力支撑。

8. 2019 年，文化部全国基层文化队伍培训基地（山东大学）、全国文化信息资源共享工程培训基地（山东大学）深入贯彻落实各级各类培训文件精神，在文化和旅游部、山东省文旅厅及全国其他省市（区）各级文化部门的指导和关怀下，特别是在文旅部公共文化司、人事司、文旅部全国公共文化发展中心、中央文化管理干部学院的直接领导下共完成培训项目 8 期，累计培训共 475 人，覆盖全国 31 个省（自治区、直辖市）学员满意度测评优秀率达 99.4%以上。

三、人才强校及人才培养

1. 本年度，学院实践类成果十分突出。学院师生获省级以上奖接近 200 项，其中王文灏老师的两件设计作品和研究生宋明昊的综合材料作品分别入选了第十三届全国美展，另有多位师生在全国美展山东省优秀作品展中入选和获奖。

2. 发表 CSSCI 来源期刊论文 3 篇，被采纳咨询报告 1 部，出版专著 5 部，获准立项科研课题 11 项，合计经费 79.8 万，其中横向 47.8 万元，纵向 32 万元。

3. 突出学术导向，实施拓展培养计划。贯通第一、第二课堂，引导广大学生学习、思考与修养并重，传承、创新与实践结合，基础、专业与特长协调，知识、能力与素质统一，实现全面发展基础上的特色发展。2019 年，拓培计划共有 9 大板块 20 个大项全面开展，团支部依托山东大学学生拓展培养计划综合管理系统开展“四点半课堂”系列活动，在美育素养、体育素养、志愿服务、青年大学习等领域开展活动50余项，学生累积参与活动750人次，覆盖全院所有本科生。

4. 承担学校“添翼工程”艺术素质拓展培养任务。自2013年起每学年至少开设“添翼工程”艺术素质拓展训练科目4门。开课6年来，共计约1000学时，参加培训的在校本科生达到1600人，总体满意度高达98%。为培养全面发展综合型人才素质提升工程助力。充分发挥艺术学院学科优势，挑选出政治过硬、业务水平高，责任心强、热心奉献，希望从中得到锻炼的学生助教参与实践教学中。通过“艺术实践”这一形式加强了对学生“劳”的教育。

5. 丰富多彩的学术文化活动，开阔学生视野。在2019山东大学艺术节期间，学院先后邀请到20余位国内外著名学者来学院举办大师班、学术讲座等，开展学术交流。

6. 营造学院健康心理氛围。关注全院学生日常心理动态，形成心理月报定期报送心理中心。本年度顺利完成2019级新生心理普测，11月份集中完成一类心理问题的22名学生谈心谈话工作，其中研究生2人、本科生20人。举办6场“走进心灵”系列讲座主动缓解因就业压力、考前焦虑、情绪不稳定、人际交往困难、寝室矛盾等引起的心理健康问题。2019年5月，学院在山东大学“向幸福出发”心理运动会中获得团体一等奖的成绩。

7. 开展三涯规划教育。本年度就业工作通过名家讲座、专业教育、职业指导、开展职业生涯大赛等活动为学生做发展指导工作，提升学生就业竞争力。2020年毕业季，就业指导部负责人每天将招聘信息汇总发送到毕业班级群。截止到2019年12月，艺术学院2019届本科毕业生人数116人，就业人数110人，就业率94.83%；2019届硕士生毕业生人数25人，就业人数23人，就业92%。

8. 认真抓好学生稳定安全教育和各项管理工作。坚持请销假、外出申请制度。本学年修订完善请销假制度，更换请假存根条及请假通知单。认真做好敏感时期、敏感事件的维稳工作，制订并执行学院应急预案。妥善处理学生意外伤害事故，节假日及重大事件前召开安全稳定主题班会。本年度认真做好舆情事件的总结工作，对学院官方微博、公众号等宣传平台的使用情况向宣传部进行报备。学院努力做好各项服务工作，教育教学工作秩序得到了有力保障。

9. 积极开展新形势、新机制下的奖助贷勤工作。制定和修订《艺术学院艺术赛事加分实施细则》《山东大学艺术学院本科生德育评价实施细则（试行）》《山东大学艺术学院本科生特长奖学金管理办法（试行）》等规章制度。2019年，学院本科生各类奖学金覆盖率达40%；研究生奖学金覆盖率达77.5%。

四、学科建设及国际交流

1. 受国家学科调整之影响，将四个硕士一级学科合并为一个一级学科“艺术学理论”。此举不仅明确了学院未来的学科发展与建设方向，同时也为学校无博士点的一级学科硕士点的“瘦身”工作作出了巨大贡献。本年度，我院又有三位教师晋升博士生导师，使专职博导数量增加至4人。

2. 首批国家精品在线开放课程1门，2019年高教出版社同步出版该课程教材1部；国家精品视频公开课2门；省级高等学校精品课程1门。

3. 获批省级“中华优秀传统文化传承基地”——“金石书画的鉴赏与修复”。

4. 汇集一校两地艺术学院15位青年骨干教师力量而建设的艺术通识教育系列品牌课程“艺术汇”，首批10门课程已在爱课程网站中国大学慕课平台登录。

5. 进一步完善了《山东大学艺术学院科学研究及艺术实践激励办法（试行）》《山东大学艺术学院院级研究项目实施办法（试行）》《山东大学艺术学院学术资历、科研成果及教学工作量计量办法》等制度性文件。

6. 加强国际学术交流。2019年，学院在充分利用学校引进国外优秀师资政策，引进海外博士1名，弥补本院急需专业师资不足，或借助外部力量提升本院相关专业教学和科研能力方面，有了较大突破。2019年10月26日至11月1日，德国奥格斯堡大学美术教育学院院长 Constanze Kirchner 教授与绘画系主任 Urs Freund 先生对艺术学院进行了为期一周的访问，并在艺术学院举办了一系列学术交流活动。10月30日，山东大学艺术学院与奥格斯堡大学美术教育学院签订了两院学生交换工作备忘录。

7. 鼓励师生参与国内外竞赛和比赛，并取得较好成绩。美术系、设计系、音乐系师生积极参加各种形式的艺术创作、音乐会及学术讲座活动，分别在省内外、国内外举办多种形式的美术展览、师生联展、教学音乐会以及个人音乐会40余次，获省级以上奖励20余人次。学生参加省内外各项社会艺术展览、竞赛计百余次，屡获佳绩，共获省级以上各奖项218项。其中金奖69项，银奖56项，铜奖33项，优秀奖60项。

五、条件保彰及基础设施建设

1. 2019年，获批省级虚拟仿真实验平台“艺术展览设计虚拟仿真实验系统”；研究开发“艺术展览设计虚拟仿真实验系统”，并获得该系统的软件著作权。依托该系统的研发，学院申请了2019年度国家级虚拟仿真实验平台项目，该项目目前已通过省级评审，正在国家级评审中。完善监控、门禁、教学实践等基础设施的安装调试，并投入使用，为学院教学实践活动的开展提供了保障。

2. 逐步规范了实验室建设，把实验室工作推向了一个新水平。完善日常的实验室安全管理工作及设备的管理维护工作，执行2019年艺术学院实验教学中心建设项目，依托该项目，购置乐器补充乐团必要的打击乐器设备。

六、教育部“中华优秀传统文化传承基地——雅乐艺术基地”建设

2018年12月教育部在我校设立“中华优秀传统文化传承基地——雅乐艺术传承基地”。2019年济南、威海两地艺术学院共同努力，开展了相关工作，“基地”建设取得一定成绩。

1. 学校重视，站位高远

学校相关领导和人文社科研究院等相关职能部门对“基地”建设与发展高度重视，多次给以指示和指导。要求我们通过“雅乐艺术传承基地”的建设，使我校成为中华雅乐艺术研究、传承与创新的重镇，丰富我校中国古典学术研究领域的内涵，助力学校

“由大到强”的历史转变，进而为中华文化的全面复兴作出贡献。

2. 多元推进，初见成效

（1）队伍建设：整合山大济南、威海两地相关研究资源，组成了团队，规划开展传统雅乐领域的研究与传承。

（2）课程建设：面向全校学生开设《祭孔乐舞》等通识课程。

（3）条件建设：购置了必要的传统乐器、服装。

（4）交流合作：与保存古代雅乐资料最丰富的日本京都艺术大学签署了战略合作协议并在威海校区联合举办了雅乐艺术系列研讨活动。与韩国成均馆大学、中央大学、日本东邦音乐大学、中国台湾地区的台东大学，境内的中国音乐学院、浙江音乐学学院等在传统文化领域具有较大影响的亚洲知名高校、机构及相关专家建立了合作关系。协作开展对中华传统雅乐的发掘、研究、整理、展示等方面的工作。

（5）创新发展：目前正在规划在研究和传承基础上，围绕雅乐和儒家文化进行富于时代性、创新性的音乐创作，创作出富有时代意义的原创作品，实现创新性发展与创造性转化。

（6）参与评审：参与教育部、山东省教育厅相关工作调研及学术评审、评估活动。基地首席专家李晓峰教授受邀参加了陈宝生部长主持召开的“学习习总书记给中央美院老教授回信精神一周年”座谈研讨会。作为评审专家，参加了教育部“第八届高校优秀科学研究成果评奖（人文社科）”初评、复评工作；参加了教育部第二批“中华优秀传统文化传承基地”的评审工作。作为评估专家，参加了教育部组织的对部分首批“中华优秀传统文化传承基地”的评估工作。作为教育部高校音乐舞蹈类专业教学指导委员会委员，参加了国家首批一流专业建设点评审工作。受聘为山东省教育厅高校音乐舞蹈类专业教学指导委员会副主任委员。

（姜　楠）

外国语学院

截至2019年底，外国语学院下设9个系，1个教学部和14个研究所（中心），学院共有教职工260人，其中专任教师223人。王俊菊教授任院党委书记、院长，薛佩军副教授任常务副书记。另外，学院设副院长4人，副书记2人，正处级辅导员1人，副处级组织员1人。

2019年，在学校党委的领导下，学院班子深入贯彻学习习近平新时代中国特色社会主义思想和党的十九大精神，紧紧围绕“双一流”建设和“由大到强”历史性转变的发展大局，解放思想、创新理念，追求卓越，只争朝夕，团结凝聚全院师生智慧和力量，积极推动“强院兴校”行动落实，学院各项事业发展取得了良好成效。

一、党建工作

学院党委认真开展“不忘初心，牢记使命”主题教育。先后组织党委理论学习中心组学习4次，书记讲专题党课2次，专题研讨座谈会22场，查摆梳理存在的问题19项，并及时整改，圆满完成主题教育任务。

学院党委全面推进支部建在团队上，破解党建与中心工作“两张皮”现象。10月31日，完成教工党支部届满换届选举工作，成立了以教学、科研和行政服务团队为基础的党支部，具体支部为教学团队第一党支部、教学团队第二党支部、语言学及应用语言学团队党支部、外国文学研究团队党支部、翻译学团队党支部、比较文学与跨文化研究团队党支部、国别与区域研究团队党支部、行政服务团队党支部。

积极开展党组织书记抓基层党建突破项目。根据“以党建促外语学科一校三地一体发展的探索与实践”2019年度党组织书记抓基层党建突破项目为平台，组织召开外语学科建设高端论坛暨外语学科一体化发展工作会议，共谋学科一校三地跨校区、跨学院协同发展。认真落实教育部对口支援计划，与青海师范大学外语学院、宁夏医科大学外国语教学部进行交流互访，选派我院3位教授至对口支援院部开展学术讲座和教师培训，接收对口支援院部本科生、研究生、青年教师来我院学习、进修。

学院党委严格落实党风廉政建设责任制。集体观看廉政教育纪录片，邀请学校财务部人员至学院宣讲科研财务政策。严格落实“一会一报”和“一事一报”制度，审核各类报告会、研讨会和论坛124场。组织教工党员赴江西井冈山红色教育实践基地学习、学生党员赴临沂孟良崮开展红色主题党日活动。为党员过政治生日，重温入党誓词，增强党员意识。加强干部队伍建设，新提拔2名科级干部，积极支持9位青年干部参加校内、海外培训。2019年发展党员89人，其中教工1人。

二、人才培养

截至2019年底，学院在校本科生1416人，硕士研究生358人，博士研究生和博士后人员77人，留学生6人。

（一）本科生培养

2019年，外国语学院以全国教育大会、新时代全国高等学校本科教育工作会议和学校第十四次党代会等会议精神为导向，落实立德树人根本任务。遵循高等教育和人才成长发展规律，对标“培养最优秀的本科生”的目标，扎实推进本科教学各项工作并取得良好成效。

2019年，外国语学院继续实行大类招生，本科生共招生328人。2019级328名学生成功分流到8个专业、13个方向、15个班级，并基本满足学生的第一志愿。英语类一志愿率为87.02%，非英语类第一志愿率为85.53%，两类均无零志愿调剂的学生。下半年继续赴各外国语学校开展招生拓展工作，外语保送生报考人数有显著增加，进一步提高和优化生源质量。

积极探索和着力推进各类人才培养改革，加强专业内涵建设和现代化建设。由本科生院和外国语学院举办的2019级外语保送生小学期顺利举行，16名保送生提前来到山大，进行为期一个月的学习和体验。5门课程在“爱课程”平台上线。山东大学首届“国际组织人才核心素养提升训练营”开课，力求线上线下多元化教学方式共同发展。

致力于提升师资力量。山东省教育厅下发《关于成立2019～2022年山东省本科教育教学指导委员会的通知》，我院推荐的5名教授获聘2019～2022年山东省本科教育教学指委会委员。受聘委员分布于通用外国语种类专业教学指导委员会、非通用语种专业教学指导委员会和大学外语教学指导委员会三个委员会。继续加强教学中对学生学业的引导工作，进一步促进学生的全面发展，多名学生在全国大赛中获得优异成绩。

开展多元外语人才的分层分类培养模式创新与实践、新时代外语专业国际组织后备人才培养体系的构建与实践，努力提升教学质量。继续推进新生研讨课等课程，加强新生入学教育。课程思政工作扎实推进。

（二）研究生培养

2019年，共录取硕士研究生113人，博士研究生10人。毕业硕士生84人，毕业博士生3人。

学院多措并举，保障研究生教育招生、培养、毕业各环节工作顺利有序进行。7月，第一届外语菁英夏令营成功举办。12月，召开外国语学院研究生工作会议，颁布外国语学院研究生工作文件汇编。

学院建章立制，制定各类管理规范和实施办法10项，主要包括《外国语学院研究生导师招生资格审核方案》《山东大学外国语学院翻译硕士专业学位（MTI）专业实习学分认定办法》等。重视质量，针对MTI培养质量，邀请专家举办辅导讲座2次，新聘校外合作导师12人，拓展实习教学基地资源3处。

（三）学生工作

2019年，学院学生工作以习近平新时代中国特色社会主义思想为指导，以党的十九大精神为主线，深入贯彻落实学校第十四次党代会精神，加强全员全过程全方位育人，认真做好学生的理想信念教育和思想价值引领，全面开展学生思想政治教育、学生发展指导和学生事务管理等各项工作。

继续秉持具有学院特色的共青团“4D”工作理念，平衡学生的“学生＋团员”双重角色，知青年、懂青年、爱青年。围绕青年学生主体开展思想引领和成长服务，以学生拓展培养计划为依托，充分发挥“第二课堂”的育人作用，引领青年思想，拓展青年能力，助力青春成长。继续践行“知行合一的团建123模式”，贯彻落实“三会两制一课”“八个一”工程、团支部工作日志制度，“推优入党”工作有序开展，2019年全年共推荐65名优秀团员成为入党积极分子，66名团员成为党员发展对象。

积极加强学生工作的对外联合和交流。“七语点通四海，共赏中国故事”外语文化节获得校“一院一品”校园文化建设项目。“学贯中西、语通世界——打造外事教育品牌活动”项目获批山东大学思政工作精品项目。研究生“三全育人”获得校研工部试点项目。学工团队开展的劳动育人研究获批校教育教学改革研究辅导员专项等。通过立项提升学院学生工作理论与实践进一步融合。加强对学生心理问题的关注。学院形成了“学校心理咨询中心—学院心理健康教育指导小组—学院学生会Sunny mood阳光心理导航协会—班级心理健康委员”四级组织体系，依托外院Sunny mood阳光导航心理协会，以培育积极、乐观、阳光、向上的心理状态为导向，联动你我，开展了丰富多彩的心理健康教育活动。

进一步提升学院海外交流项目的管理质量，加强对海外学生的教育与管理。2019年，学院完善了相关管理制度，制定了《山东大学外国语学院学生海外交流联络管理制度》《山东大学外国语学院海外交流学生管理细则》以及《山东大学外国语学院学生海外交流承诺书》，并为2019年秋季参加海外交流学习的学生召开了“2019年海外交流行前培训会”，培训会涵盖了海外交流课程设计、思政安全、联络管理制度、领事保护、海外安全常识及海外交流经验分享等众多主题。

学生工作收获众多荣誉。涌现出山东大学“榜样的力量”学生年度人物1人，山东大学校长奖（综合）1人，国家奖学金获得者26人，山东大学“十佳志愿者”1人，山东大学“十佳班长”1人，山东大学校级先进班集体4个，山东大学优良学风班1个，社会实践省优指导老师1人，省级社会实践先进个人2人，山东大学校友寻访专项省级优秀团队1个。马文啸同学获得联合国青年领袖精英班优秀学员（国际级），刘伟同学荣获国际基因工程机器人大赛金奖（国际级）。第三届全国高校联合国知识竞赛特等奖（国家级）3人。2019学年，学生获得国家级、省级荣誉120余项，获得校红旗团组织、就业先进单位等。培养出省级先进班集体、省优秀学生干部、省青年五四标兵、校十佳团支部、校十佳团员、校十佳班长、校十佳志愿者、校学生年度人物等大批优秀集体和个人，实现学生工作荣誉的“大满贯”。

（四）大学外语教学

2019年，大学外语教学部积极参与本科生院教育教学综合改革项目，获批校级教改项目11项，多次组织召开教育教学综合改革项目研讨会。1人获“外教社杯”教学比赛一等奖。

依托山东省国外语言学学会，组织召开了“山东省国外语言学学会大学外语教育专业委员会”年会。

大力开展第二课堂教学活动，组织参加了“外研社杯”全国英语口语演讲、写作、阅读大赛等一系列活动，获得山东省赛区复赛决赛口语赛事二等奖1人，写作赛事一等奖1人，阅读赛事一等奖1人。

三、师资队伍建设

2019年，学院继续加强师德师风建设，师资队伍整体水平不断提高。学院教职工260人，统招全职博士后2人，专任教师223人，其中，教授26人、副教授95人、副研究员4人、讲师81人、助理研究员15人。具有博士学位109人，90%的专任教师有海外留学访学经历。2019年晋升教授3人，副教授6人。学院人才引进9人，新增行政人员4人，退休调离2人。马文获教育部“长江学者奖励计划”青年长江学者，培育山东大学特聘教授1人，引进山东大学特聘教授1人，引进山东大学杰出中青年学者1人，培育山东大学青年学者未来计划1人，聘任山东大学兼职讲席教授1人、山东大学兼职特聘教授1人。

四、科学研究

2019年，外国语学院全面推动“学术兴院”战略，着力增强学术核心竞争力，探索交叉融合新模式。按照学科方向，打破七个语种的壁垒限制，成立外国语言学及应用语言学团队、外国文学团队、国别与区域研究团队、翻译学团队和比较文学与跨文化团队等学术研究团队，聚焦国家发展战略和社会发展需求，集中优势学术力量，承担重大项目，服务重大需求。

（一）学术成果丰硕

学院成功立项各类科研项目22项，其中国家级科研项目4项、教育部人文社科研究项目1项、省级项目7项、其他项目10项；出版著作及教材29部，其中专著12部、译著8部、编著5部、教科书4部；发表学术论文80余篇，其中SSCI论文3篇、SCI论文1篇、A&HCI论文2篇、CSSCI论文32篇；部级采纳咨询报告2篇，其中1篇被《教育部简报（高校智库专刊）》刊发；获得山东省高等学校人文社科优秀成果奖3项。

（二）学术交流活跃

学院积极邀请国内外专家来院作学术报告近120余场，其中境外知名专家学术报告47场，使学院师生能及时掌握国际前沿学术动态，拓宽国际学术视野。此外，学院积极主办或承办“首届多元文化研究与跨文化教育国际研讨会议”“第五届全国高校俄语专业学科建设高层论坛”“新中国俄罗斯文学研究70年：文学与哲学的对话高层论坛”“全国美国文学研究会成立40周年暨美国文学研究高峰论坛”“博雅中韩人文学论坛（2019）”等国际、国内大型学术会议、高端论坛5场，举办青年学者学术沙龙2场，有效地促进了学术交流与融合，提升了学院国内和国际的学术声誉。

（三）科研平台建设取得成效

学院新成立“山东大学东方文化研究中心”，发挥学院在语言文化学、文艺学、民族文化及文学翻译等领域的优势和特色，推进以中日韩为主的东亚语言、文学与文化现象的分析与研究，系统、全面、深入传播东亚优秀先进文化。

五、国际交流合作

2019 年，外国语学院统筹做好国际化的顶层设计和战略实施。根据本学科优势特色及学院国际化工作基础，制定并全面实施《外国语学院国际化战略规划（2019～2025）》，持续提升学院的国际合作交流能力，进一步充实和丰富国际合作交流的内涵与形式，提升学院的国际影响力和竞争力。

人才培养国际化，海外交流形式进一步拓展深化。学院牵头申报的“2＋3 本硕连读法语区国际组织后备人才培养项目”喜获国家留学基金管理委员会“2019 年国际组织后备人才培养项目”立项资助，我校成为设立国际组织后备人才培养项目后全国首批获得项目资助的院校之一；学生海外交流数量及质量全面提升，通过校级及院级长、短期海外交流项目、国家公派留学项目、自费留学项目等在内的海外交流项目体系，本年度共选派 250 余名学生前往国（境）外 50 多所高校交流学习，其中 124 名学生获得学校“国际学分计划”之海外经历项目立项资助；课程国际化建设初见成效，共邀请 7 位海外知名专家开设 7 门国际暑期学校课程，吸引全校近 300 余名学生参加；积极拓展国际合作伙伴，进一步构建全球合作网络，接待海外高校来访洽谈合作 10 次，与法国里尔政治学院签署合作协议，正式建立合作关系。

师资国际化，积极拓宽外籍教师招聘渠道。本年度成功引进外籍人才 1 人，招聘在职外籍教师 20 人；有计划、有针对地支持青年教师赴海外交流培训，不断提高教师国际科研和教学能力，教师赴海外参加国际学术会议、访问考察交流 24 人次，长期海外访学 7 人次；搭建长短结合、多层次引智体系，邀请短期境外专家 16 人，流动岗专家 3 人来院进行学术交流。

科研国际化，国际学术交流频繁。齐鲁国际讲堂“现代科技视野下的语言与互动”获得山东省外国专家讲座项目立项资助，邀请 8 位海外知名专家举办系列专题讲座；邀请国（境）外知名专家作学术报告 47 场；成功举办“首届山东大学多元文化研究与跨文化教育国际研讨会”，吸引国内外 50 余名专家参会，取得了良好的效果，有效提升了学院的国际学术声誉；推动国际期刊发表，本年度学院教师发表国际学术期刊 SSCI 及 A&HCI 论文 6 篇，其他一般国际期刊学术论文 10 篇。

六、服务地方

2019 年初，山东大学与山东国立经济技术合作有限公司签订合作协议，由外国语学院对赴韩国工作的人员进行全日制初级韩国语培训教育。

中铁十局一山东大学第一期国际化骨干人才英语培训班在外国语学院开班，助力集团海外业务的发展。

学院与临沂市人民医院合作成立“山东大学临床神经语言学研究中心护患沟通研究所”，为国内首家护患沟通研究机构，填补了国内护患研究的空白。

（周圣添）

历史文化学院

截至2019年12月31日，历史文化学院共有教职工139人（含文化遗产研究院26人），其中教授39人、副教授43人、讲师22人；学生963人，其中本科生489人、硕士研究生321人（含文化遗产研究院15人）、博士研究生157人（含文化遗产研究院9人）。

2019年，历史文化学院以习近平新时代中国特色社会主义思想为指导，深入学习贯彻党的十九大和十九届二中、三中、四中全会精神以及全国教育大会精神，紧紧围绕立德树人根本任务，全面落实学校党政工作部署，聚焦服务学校建设发展和服务学生成长成才，着力改革攻坚，狠抓年度重点工作和整改任务落实，不断推动学院内涵式发展，助力学校“由大到强”历史性转变。

一、党建工作

强化理论学习，制定学院党委理论学习中心组学习计划，全年共组织开展10次集体学习。开展“不忘初心，牢记使命”主题教育，采取“一位班子成员领学，认领一个问题，聚焦一个专题，制订一个方案，破解一个难题”的思路，组织6次高质量的集中学习研讨、8场次调研交流，深刻检视了26个问题，迅速整改落实。加强党的建设，召开党委会20次，党政联席会35次，严格落实“三重一大”制度，固定主题党日活动制度，推进学生支部改革。发展学生党员58名，1名青年人才进入发展阶段。开展特色党建活动，邀请郭永怀事迹宣讲团来院宣讲，赴特锐德电气有限公司学习调研，策展“沂蒙红嫂”记忆馆，为党员发送“政治生日卡”。

二、思想政治教育

2019年2月，学院入选全国第二批“三全育人”综合改革试点院（系），通过实施党建统领、成才引领、发展带领“三领”工程，把全员、全程、全方位贯通起来，搭建平台，协同发力，确保立德树人根本任务落地落实。以党员领导干部和党员队伍为主体，实施“党建统领工程”。领导班子成员分工落实育人责任，明确刚性要求，开展“三全育人”专题党课；支部勇挑“思政担”，全面推进课程思政全覆盖。以教师队伍为主体，实施“成才引领工程”。成立课程思政建设工作组，培育课程思政示范课程，11门课程获评山东大学优秀“课程思政”教学设计案例；制定“双优课程建设计划”，打造专业课程和课程思政的“双优”育人“金课”；以本科生导师制为抓手，开展“青苗培育计划”；设立14个社会实践基地，23支暑期社会实践队伍；举办38场学术讲座；成立6个专业型社团，推进“一社一品牌”建设工作。以学生思想政治工作队伍为主体，实施“发展带领工程”。实施学生拓展培养计划，加强辅导员、班主任队伍建设，聘任退休老教师担任学生德育辅导员，校、院领导干部直接联系班级，教工党支部与学生党支部结对、帮扶、共建，与地方街道党组织结对，凝聚学校、家庭、社会一体化育人合力；以“师说”“青年说”“对话·榜样”等品牌活动加强思想引领，以研究生学术论坛拓宽学术视野，以“周六约吧”等课外活动促进体育美育与德育智育融合发展，打造涵盖院刊、讲座、志愿服务、文体活动的“长风”育人品牌；建立“三全育人”专题网站，设置“史学名家”“读书治学”等专门栏目，提升网络育人功能。

三、人才培养（本科生、研究生教育）

以教育教学改革为抓手，不断提升人才培养质量。考古学成功入选“国家一流专业”，历史学成功入选“省级一流专业”。全面梳理、制定、细化本科生、研究生教学等管理规定，形成制度保障体系。全面推行本科生导师制，邀请多名教授担任创新创业指导教师。打造国家级“人类骨骼教学虚拟仿真实验教学项目”。重点建设《考古学导论》等金课。举办“跨文化的历史教学工作坊”等多项教研活动。蔡静野荣获山东省第六届“超星杯”高校教师教学比赛二等奖。制定和完善《本科教学实习实践管理办法》，形成“4＋2”学生实习实践模式。日照两城镇和菏泽青丘教学实习成果获山东省五大考古新发现。突出学术创新，主办5场次全国性研究生论坛，70余场学术报告，推动历史系进行前沿讲座试点改革。加强研究生招生宣传，多年来首次“申请—考核制”博士招生稳妥开展。规范博士生培养，加强过程管控，平稳推动延期毕业博士生清理工作。

四、科研与学科建设

学院学科建设实现新突破，考古学科在软科2019中国最好学科排名中连续位列第2。王伟教授作为共同通讯作者在《自然》发表论文，马新教授在《中国社会科学》刊发学术论文，并获得《新华文摘》全文转载。新立项国家社科基金冷门“绝学”研究专项1项，一般项目5项，青年项目2项，后期资助项目1项；国家自然科学基金数学天元基金专项1项；教育部人文社会科学研究一般项目4项；山东省社科规划项目7项；课题总数62项，其中纵向课题21项、经费累计325.8万，横向课题41项、经费累计3617.3万。

学术科研水平进一步提升，学院获山东省第32次社会科学优秀成果奖7项，其中一等奖2项。发表CSSCI来源期刊论文63篇，其中顶级期刊论文2篇，权威期刊论文11篇；发表A&HCI论文1篇，SCI收录期刊论文6篇，其中一区论文3篇；出版著作7部。主办和承办第六届青年史学家论坛、第九届黄淮七省考古论坛等高层次学术会议。

五、师资队伍建设

以“引智育才”为龙头，持续推进引育并举，全职引进千人计划学者 1 人，特聘教授 3 人。1 名教师获聘青年长江学者，2 名教师获聘青年泰山学者，1 名教师获聘泰山产业领军人才，3 名教授获聘山大杰青，2 名教授获聘齐鲁青年学者，4 名青年教师获聘未来计划。新入职青年教师 4 人，外籍青年教师 2 人，博士后 5 人。

进一步加强师德师风建设，组织召开教职工从教 35 周年庆祝大会，弘扬学院尊师重教、教职工潜心育人的优良传统，打造“有高度，有温度，有厚度，有广度，有力度”的教职工思想政治工作体系。

六、一体化发展

以“强院兴校”行动方案为牵引，按照做强学院、做强学科的原则，进一步推动学科建设和改革发展，历史文化学院、文化遗产研究院、博物馆实行一体化发展。文化遗产研究院完成整体搬迁，考古学科首次实现两地办学，成为全国首家与国家文物局水下文化遗产保护中心签署合作协议高校，联合开设“水下考古学概论”课程，为考古学科一体化发展提供了宝贵经验，内部治理改革的红利得以释放。

七、国内外交流合作

重点打造环境与社会考古国际合作联合实验室，培育中国早期文明与国家比较研究中心，夯实科研基础。投入建设资金 900 余万元，打造与耶鲁大学合作共建的环境与社会考古国际专业实验室。完成实验室基础设施改造及大型设备购置工作，部分实验室已完成建设并投入使用。

扩大国内外交流合作，组织 7 门国际暑期学校课程，与纽约大学等组织“中外合作制骨实验考古工作坊”。由学院与美国芝加哥菲尔德自然历史博物馆等组成联合考古队，在以往调查工作基础上，继续在鲁东南沿海地区开展区域系统考古调查工作，苏家村遗址联合考古入围年度重要考古新发现。举办 1 次国际学术会议（工作坊），多名教师受邀参加国外学术交流，多位国外知名学者到院讲学，其中 3 名学者得到山东大学“流动岗特聘教师”项目支持。招收 3 名国际生。

八、安全稳定和信息化建设

对部分文史楼实验室进行线路改造，加强学生和工作人员的安全教育，定期排查安全隐患，确保实验室安全。全面改版学院网站，以提升学院形象展示、加大宣传力度、提高学科影响力为目标，对网站栏目设置、功能设计等进行了全面优化升级，进一步推进了信息化建设。

（石　巍）

数学学院

2019 年，数学学院以习近平新时代中国特色社会主义思想为指导，全面学习贯彻落实学校第十四次党代会精神，以追求卓越、只争朝夕的奋进姿态，助力学校实现“由大到强”的历史性转变，奋力开创世界一流学科建设新局面。

一、基本情况

学院在职教职工共 133 人，其中专任教师 96 人，教授 46 人，副教授（副研究员）42 人，外籍教师 1 人，博士后 12 人。

学院现有全日制在校本科生 773 人，全日制硕士研究生 300 人，博士研究生 152 人。2019 年招收本科生 158 人，全日制硕士研究生 131 人，博士研究生 40 人；毕业本科生 160 人，全日制硕士研究生 68 人，博士研究生 26 人。

二、党的建设

数学学院党委按照“党政同心谋鸿篇，党建引领布大局，聚焦学术创伟业”的指导思想，充分发挥党的领导优势，围绕实现“一流党建，一流学科，一流人才，一流科研，一流学生培养，一流管理服务”协同发展的工作目标，结合“不忘初心，牢记使命”主题教育的要求，进一步挖掘和梳理党的领导、党的建设和人才培养、学科建设、科研管理等学院中心工作的连接点和切入点，并通过健全的组织体系、完善的制度体系、创新的工作机制等，把这些“点”不断深入和固化下来。2019 年，数学学院被评为山东省教育系统先进单位，应用数学党支部入选全国样板支部。

一是发挥政治核心作用。对中层领导班子任期目标提前进行分解剖析，班子成员按部署领任务，中期评估看指标赛进度，工作落实到人，数据具体到点。2019 年，数学学院完成学校 KPI 指标进度突飞猛进。

二是全面加强政治建设。按照学校党委的统一要求，学院组织中心组专题学习 7 次，开展调研座谈 3 场，汇总问题清单 31 项，整改落实 21 项，正在进行并将长期落实 10 项，学院党委、各党支部按照规定召开了专题民主生活会、组织生活会及民主测评党员活动，营造了“牢记初心，人人担当，争先创优，干事创业”的良好工作氛围。

三是全面提升组织力。按照标准化建设要求全面推进党支部规范化建设。精心设计特色党建学习活动，组织党员参观淄博海关党性体检中心，对自身的党性修养做了一次全面的体检和提升；组织全体党员赴塔元庄现场教学，通过一张张珍贵的照片、录像、现场，感受到塔元庄发生的巨变，感受到党员的先锋模范作用是事业发展的关键力量；组织党委委员、支部书记及学生党员代表，去省廉政教育馆接受廉政教育。

三、学科建设

认真落实履行中层单位发展规划和任期目标责任书。按照规划要求和任期目标KPI，对标北京大学和复旦大学，完成中期自评和考核，确保 A＋学科发展优势。学科新平台建设进一步落实，教育部非线性期望前沿研究中心，科技部山东省联合共建应用数学中心（五个中心之一）进入最终环节，推动创建国家“风险计算与安全技术”重点实验室。理论研究紧跟国际前沿应用研究国内特色领先，谱画“理论公式写在历史传承上，应用公式写在现代产业上”蓝图。力图解决产业道路卡脖子的问题，开发应用领域无人区，将数学的种子埋进现代科技发展的土壤中。

四、队伍建设

制定《数学学院博士后管理办法》，同年底进一步修订。制定《数学学院海外交流管理办法》，进一步完善了《数学学院学科发展助推方案》《数学学院学科建设经费使用管理办法》。落实学科发展、人才队伍国际化、人才引进尤其是大力发展博士后引进政策。

2019 年度，人才队伍进一步扩大：国家级高层次人才赵怀忠（千人特聘全职）已完成入职，蒋晓芸获评万人计划第二层次教学名师 2019；国家级青年人才新增赵立璐（优青）、王光辉（青长）；省级人才新增泰山学者特聘教授 2 人，青年泰山 2 人。

外籍高层次人才和青年人才储备实现了大幅度增长：与诺奖亚利耶·瓦谢尔、外专千人谢尔盖·库克辛、外专双百尼古莱签订合作协议，全职引进第 1 位外籍教授。

青年人才引进方面，引进齐鲁青年学者 4 人，新聘青年教师 4 人，2019 进站博士后 8 人（其中特别资助 5 人，重点资助 2 人，外籍 B 类 1 人）。

五、科学研究

2019 年，学院省部级以上科研项目立项共 22 项，立项总经费 2332.7 万元，其中国家重点研发计划 1 项、国家自然科学基金 16 项、山东省自然科学基金 5 项。李国君教授获得国家自然科学基金重点项目资助，陈增敬教授获得的国家重点研发计划和赵立璐教授获得的国家优秀青年科学基金都实现了学院零的突破。

吴臻教授获得第十七届陈省身数学奖，刘华文教授团队获 2019 年山东省自然科学二等奖。

李国君教授、芮洪兴教授、秦静教授课题组在各领域国际顶级期刊上发表最新研究成果。

六、人才培养

2019 年，数学学院重点支持在线课程建设，现已上线 9 门课程，选课人数超过万人。积极推动课程网站和“翻转课堂”建设，在校内开展了线上、线下混合式教学。获得国家级大学生科技创新项目 1 项，山东大学科技创新基金 10 项。秦静教授获评全国优秀教师，蒋晓芸教授获评山东大学本科教学卓越奖，张天德教授获评山东大学本科教学优秀奖，谭蕾老师获得山东大学优秀思政教学教案设计一等奖，金辉老师获得二等奖，张大伟和席开华老师获得三等奖。获得山东大学教学改革立项资助 9 项，院级学科建设教研培育项目立项资助 5 项，全面加强教学研究和教学改革。

通过平台建设提高研究生、本科学生培养质量，打造了由“党员先锋论坛”“三会一课”“主题党日”“成才大讲堂”构成的学生思政教育平台；由“青春导师工作室”“数院学子沙龙”“珠峰讲坛”“我与数学家面对面”构成的师生交流平台；由十多项素质拓展特色教育活动组成的文化育人平台；由“金融数学学习研究会”“数学爱好者协会”“天文爱好者协会”“华罗庚先生学习研究会”“数学建模协会”构成的学生科研实践平台等多个育人平台。为弘扬学院精神、传承学院文化，促进学生全面发展，培养学生创新思维，提高学生就业质量，丰富学生文化生活，奠定了坚实的基础。

七、学术交流

2019 年，数学学院继续加大国际交流合作的力度，与美国、英国、法国、加拿大、日本、韩国、荷兰、波兰等国家的研究机构和学者开展了实质性的合作研究。与诺贝尔奖获得者亚利耶·瓦谢尔教授签订了合作协议。聘请法国 STOLL THOMAS 等 37 位海外知名专家教授担任短期境外专家以及教学、科研流动岗，开展学术研究和讲学、报告。立项开展国家战略科技发展类项目 2 项，大力发展一带一路国际合作项目。成功举办第四届齐鲁青年论坛数学与金融学分论坛。

有 38 人次中青年学术骨干到国外进修、培训或合作研究。继续推动国际化建设和联合培养项目，与美国威斯康星大学数学学院、加拿大西安大略大学签订了新的学生合作培养协议。学生赴英国曼彻斯特大学 6 人、英国布里斯托大学 4 人、美国威斯康星麦迪逊分校 6 人、英国牛津大学 2 人、美国宾夕法尼亚大学 1 人。推进华罗庚班科教协同育人工程稳步实施，2019 年派出华罗庚班 10 人赴中科院学习。

八、服务保障

2019 年，对知新楼 D 座 736-748 进行改造，增加了短期专家室、博士后工作站、博士生工作室、报告厅、大学生创业园、讨论室等功能，进一步满足学术研究、学术交流的需要，并根据教学科研及人才培养工作的需求，对使用功能进行了精细调整。为满足未来几年学院发展对人才引进工作的需求，对 B 座部分房间进行调整、改造、挖潜，新增科研办公用房 12 间，基本满足未来 3 年学院发展的需求。2019 年，数学学院共吸引捐赠款 1683779 元，主要用于学科建设、教师奖励、学生培养等方面，为学院发展提供了新的助力。

（王苗雨）

物理学院

2019 年，物理学院领导班子深入学习习近平新时代中国特色社会主义思想和党的十九大精神，贯彻落实山东大学第十四次党代会制定的发展战略和方针政策，在校党委和行政的正确领导下，追求卓越，只争朝夕，较好地完成了年度工作目标。

一、学院概况

截至 2019 年底，物理学院现有在职教职工 112 人，离退休教职工 148 人。在职教职工中有新世纪优秀人才 7 人，长江特聘教授 1 人，国家杰出青年基金获得者 3 人，山东省“泰山学者”特聘教授 7 人（青年泰山 4 人），国家高层次青年人才 2 人，入选国家百千万人才 3 人，山东省有突出贡献中青年专家 4 人，齐鲁青年学者 13 人，其中 2019 年招聘 3 人，山东省杰出基金获得者 6 人，山东省专业技术拔尖人才 2 人，山东大学青年未来计划 10 人，享受国务院政府特殊津贴 6 人。

2019 年，学院招收本科生 145 人，毕业 145 人，招收硕士研究生 55 人，毕业 22 人，招收博士研究生 32 人，毕业 24 人，招收外籍博士研究生 2 人。截至 12 月底在校本科生 546 人，硕士研究生 126 人，博士研究生 114 人，外籍博士研究生 4 人。

二、科研、学科与教师队伍建设

完成一校三地物理学科和化学与物质科学一流学科群建设中期自评工作；年度到账科研经费约 2196 万元，立项经费 3638 万元，其中国家重点研发计划项目 3 项，总经费 1307 万元；山东省重点研发计划重大科技创新工程项目 1 项，经费 500 万元；山东省自然科学基金重大基础研究项目 1 项，经费 278 万。国家自然基金立项 12 项，总经费 497 万元。

戴瑛再次入选 2019 年全球高被引科学家名单；陈峰、赵明文入选 2018 年度中国高被引学者榜单；发表 SCI 论文 160 余篇，其中包括 *Phys. Rev. Lett. Adv. Mater. Nat. Commun.* 等权威期刊论文 15 篇。

入选国家百千万人才工程 1 人，山东省“泰山学者”特聘教授 1 人，“泰山学者”青年专家 3 人，引育齐鲁青年学者 3 人，引进博士后 2 人；组织召开 2019 年齐鲁青年论坛物理学科分论坛。

三、本科教育教学工作

物理学被认定为首批国家级一流本科专业建设点；完成物理学拔尖计划 2.0 的申报工作；设立院级教改项目 15 项；建立本科教育工作量奖励机制；组织高水平国际和国内暑期学校；建设核心课程团队 15 个；聘请外籍专家，推进全英语教学。以 OFFICE HOUR、名师讲坛、悟理沙龙和物有所职等活动持续打造育人品牌，推进“三全育人”。

本科生荣获各类国家级、省级表彰 144 人次；国家级大学生创新创业训练计划项目立项 8 项；获第十届中国大学生物理学术竞赛二等奖一项；获评暑期“三下乡”学生社会实践活动省级优秀团队 3 支，1 名教师获评省级优秀指导教师。

四、研究生教育教学工作

制订实施博士生招生名额分配方案；完成研究生招生宣传、命题以及复试录取工作；完成研究生中期考核和培养、毕业、学位工作。举办优秀大学生暑期夏令营，录取 2020 级硕士推免生 23 人，来自双一流高校的优秀生源超过 1/3。

获第十六届“挑战杯”全国大学生课外学术科技作品竞赛全国二等奖一项，1 人获山东省高等学校优秀学生干部，3 人获山东省优秀毕业生称号。多名研究生获包括“王大珩”学生奖在内的多项全国及国际学术荣誉。

五、实验室工作

物理仪器设备公共平台新购仪器设备 500 余万元，安装、调试仪器设备 10 台（套），价值 2700 余万元；示范中心获批实验室建设经费 150 万元，申报国家虚拟仿真实验教学项目 1 项，获评山东大学实验室工作先进集体；主办山东省第二届大学生物理学术竞赛，接待青少年参观访学 1300 人次；完成实验室搬迁调整。

六、国际交流与合作

成功举办国际学术研讨会 2 次和学术报告 112 次；教师出国境合作研究 40 余人次，外方代表（团）来访 7 次，邀请 6 位流动岗教师和 7 位短期专家来校交流讲学；与英国杜伦大学签订了 2＋2、3＋2 联合培养协议，与日本千叶大学签订院级合作协议；“自旋电子物理、材料与器件”创新引智基地建设稳步推进；国家重点研发计划“政府间国际科技创新合作”重点专项立项 1 项，高端外国专家引进计划项目立项 1 项，国家自然科学基金委员会国际交流项目立项 1 项，中日青少年科技交流项目立项 1 项；1 人当选为英国物理学会会士；1 位外籍教师担任本科生和研究生课程，本科生 9 人和研究生 9 人赴境外开展长短期交流，外国留学生 2 人攻读博士学位。

七、党建工作

完善学院党委会、党政联席会和一校三地联席会议制度，召开教职工大会 4 次，党政联席会等 24 次，党委会等 19 次；制定了教职工政治理论学习计划、党委理论学习中心组学习计划和“三会一课”学习安排，中心组学习 12 次；认真完成学校对学院党委开展的巡察和“不忘初心，牢记使命”主题教育，研究制定了具体整改思路和措施；压实党风廉政建设责任制，组织专题会4次，组织纪律教育等活动5次，完善廉政风险点和防控措施；抓好意识形态阵地管理，召开会议7次，加强网络舆情监测和应急处置，开展信息化工作专题培训，加强新闻媒介和宣传报道管理；完成12个师生党支部书记和支委改选，制定党支部工作考核评价办法，健全每月一次主题党日活动机制；发挥教师党支部书记“双带头人”作用，全部担任学院研究所正副所长，所长党员比例60%；规范党员管理，收缴党费46756元，2名青年教师进入积极分子培养阶段，2名教授、博导向党组织递交了入党申请书，发展学生党员17名；定期上报统战工作自查报告、宗教工作自查自纠工作台账、宗教工作月报等，修订《物理学院领导干部与党外代表人士联谊交友工作的意见》，加强联系沟通；开展离任审计“回头看”问题整改和资产认领工作；加强学院机关作风建设，建设“教工先锋号”。完成年度离退休职工的联络和服务工作。

八、工会校友工作

认真做好学校双代会工作和组织召开学院教代会；顺利通过“教工先锋号”创建单位检查评估；组织荣休仪式，开展红色旅游教育活动2次；组织大学生开展校友寻访活动，获评大学生社会实践活动优秀团队；合作举办“山大校友凝聚态物理青年学术论坛”。

九、安全稳定

抓好学院安全稳定工作，落实学校安全大检查，组织开展学院安全工作的自查自纠和问题整改工作；2019年共迎接学校各类安全检查11次，学院自查及邀请专家检查6次。

（侯志涛）

化学与化工学院

2019年，学院坚持以习近平新时代中国特色社会主义思想为指导，深入贯彻落实全面从严治党，以提升政治功能和组织力为重点，着力加强政治建设、思想建设、组织建设、作风建设和纪律建设，把制度建设贯穿其中，为一流学科建设保驾护航。紧紧围绕立德树人的根本任务，加快推进“双一流”建设，在师资队伍建设、学科建设、人才培养、科学研究、党建和文化建设等方面取得了新的进步，学院学科竞争力、综合办学实力和校内外影响力显著提升。学院目前拥有在编人员197人，其中专业教师135人，行政管理、教辅、政治思想教育人员62人；统招博士后24人；非事业编人员17人；离退休人员162人。全日制在校学生1348人，其中本科生683人，研究生665人；继续教育学生975人。

一、多措并举，扎实推进各项工作有序开展

1. 深入开展“不忘初心，牢记使命”主题教育学习，扎实推进学习教育、调查研究、检视剖析、整改落实各阶段工作。对照党章党规，全面检查对照，深入系统贯彻习近平新时代中国特色社会主义思想和十九大精神，认真学习贯彻全国教育大会精神，落实立德树人根本任务。

2. 以尊重师生生命安全为出发点，成立学院安全管理委员会，制定《化学与化工学院实验室安全管理处罚办法》《化学与化工学院实验室安全巡查制度（试行）》等实验室安全管理办法，严格落实学院、研究所、实验室三级巡查，实验室值班员每日汇报等安全管理制度，真正实现及时发现问题、及时整改到位，实验室安全管理水平上台阶。

3. 明确学科优势，坚持学院党委的引领和支撑保障作用，成立“双一流”学科中期自评建设小组，对学科《发展规划（2018～2025年）》和《建设方案》的建设举措、分量目标进行梳理和优化。结合“双一流”建设启动以来取得成效、存在问题，进一步明晰学科发展最新动向，总结归纳形成材料，邀请专家论证指导，以目标完成度为核心要素，主观和客观、定量与定性相结合，从建设过程与《山东大学世界一流大学建设方案》、学校第十四次党代会精神以及各中层单位《发展规划》的符合度，以及总结和诊断引育拔尖创新人才政策、高素质教师队伍建设、科学研究和社会服务、传承创新优秀文化、国际合作与交流、体制与治理能力等的有效性等方面，展开进一步自评。

4. 坚持立德树人，深化本科教育教学改革，申报国家级化学一流本科专业建设点、

山东大学化学学科拔尖学生培养基地，完成国家拔尖创新人才培养基地相关申报流程。首次试点大一学年化学化工一体化培养，强化化学专业基础和数理基础，为第一学年末的专业分流作好充分准备。组织化学奥林匹克国家队集训并带队参加国际化学奥林匹克竞赛，获得三金一银的成绩，包揽理论、实验和总成绩三项最高分。完成了国家级虚拟仿真实验项目（实践类一流课程）申报。

5. 为提升研究生生源和培养质量，举办2019年优秀大学生暑期夏令营、设立院优秀研究生生源奖学金，同时加强导师队伍建设。在学校的支持下，参与承办“化学、环境、能源和健康”全国博士后学术论坛、科技引领未来论坛之第四届齐鲁有机论坛；2019年学院邀请近100名国内外知名专家学者来校学术交流，拓展了研究生的视野，为他们开展创新性的研究工作提供了良好的平台。

6. 加强对学院事业的战略谋划和顶层设计，成立学科战略咨询委员会，并于10月27日召开学院战略咨询委员会第一次会议，10余位化学领域院士、教育部长江学者参会并展开深入探讨，创新发展理念、提升决策水平，推动一流学科建设和学院内涵式发展；积极申报“高等学校学科创新引智计划”（“111引智创新计划”），依托学校攀登计划、山大杰青团队构建科研团队。为帮助青年教师及时、详细了解和掌握相关政策，邀请学校职能部门负责人走进学院，举办“政策化＋”校园对接论坛，进行学科规划、人才引进等方面的政策讲解。

7. 坚持严格管理与精心爱护相结合，加强学生管理和服务。以学术导向的学风建设为主线，以提升专业学习态度和学术创新能力为目标，积极营造良好的学术文化氛围。通过入学教育，加强学生的学术诚信道德教育和专业思想教育；积极筹办稷下风、海右博士论坛、“化时代”学术讲坛系列活动、晨曦杯论文评选等品牌活动，拓宽师生学术交流渠道。

8. 8月19～21日，成功承办全国第十届无机化学学术会议。本届大会以“无机化学——拓展与融合”为主题，全面展示四年来我国在无机化学领域的科研、教学和人才培养等方面的进展，集中研讨新时代无机化学及相关学科方向发展的新动向、新问题和新启示，促进一流无机化学学科的建设和发展。相关领域的10余位院士，150余位教育部长江学者、国家教学名师、国家杰出青年基金获得者，以及来自全国各地的代表共2000余人参加本次大会，会议的组织和服务得到参会代表的高度评价，提升了学校、学科在科研教育领域知名度。

9. 在学院党委领导下，克服时间紧、任务重的困难，积极配合学校完成生命北楼整体改造，发动全院教职员工，充分利用暑假时间，按时完成实验室按学科物理布局调整，改善了教学和科研实验条件。

二、精准谋划，学院建设取得优良成绩

1. 学院成立领导小组，组成国家级化学一流本科专业建设点和山东大学化学学科拔尖学生培养基地申报材料团队，通过学校答辩并参加国家申报。国家级化学一流本科专业建设点全票通过国家评审，山东大学化学学科拔尖学生培养基地评审进展顺利。

2. 人才引进与培养：新增国家优青1人、泰山青年学者4人，泰山特聘教授1人，

新增齐鲁青年学者 3 人，特殊高层次人才 2 人，外籍教师 1 人。招收统招博士后 19 人，其中获学校特别资助 6 人、获学校重点 B 类资助 5 人。

3. 科学研究：2019 年我院获各类国家基金项目共计 25 项，资助金额 1328 万元，连续四年获得优青项目的资助，国家基金资助项目数量实现新突破。截至目前已获得省重大创新项目 1 项，和其他企业合作获得 5 项，获得省重大基础研究项目 2 项，按照合同我院可获得 2050 余万元。连续多年获得省杰出青年基金资助。在 *Nature Commun.*、*J. Am. Chem. Soc*、*Angew. Chem. Int. Ed.*、*Adv. Mater.* 等本学科顶级刊物发表高水平文章 10 余篇，2019 年 11 月份，ESI 世界排名为 0.062%；顺利通过胶体与界面化学教育部重点实验室评估（2014.01.01-2018.12.31），取得了良好的成绩。

4. 学院基层教学组织改革的框架初步建立，探索了以教研室主任和课程负责人、主讲教师为主干的教学模式，相关具体工作正在推进。基层教学组织的健全，将全面规范本科主干课程教学的各项工作，为“以本为本，四个回归”的践行打下坚实基础。

5. 结构成分与物性测量平台建设获得新进展，完成生命北楼布局规划及搬迁，招标采购 31 台套（9421.5 万元）大型仪器设备，新安装 28 台仪器设备，引进高端仪器专业技术人才 2 人。平台运用信息化手段，将具备条件的仪器纳入“实时管理系统”，有条件地实行全天候共享使用，有效提升了大型仪器设备的综合效益，持续提升实验装备服务学校和地方战略的支撑保障能力，助力学校“双一流”建设和“由大到强”历史性转变。2019 年，平台共支撑校内相关学科发表学术论文 130 余篇，申报国家基金等科研项目 26 项。学校在 2019 年度大型科研仪器开放共享评价考核工作中取得优秀成绩，结构成分与物性测量平台发挥关键性支撑作用。

（张　鹏）

信息科学与工程学院

信息科学与工程学院深入学习贯彻落实党的十九大精神，以习近平新时代中国特色社会主义思想为指导，全面深化综合改革，扎实开展“不忘初心，牢记使命”主题教育。2019 年，在全体教职工的辛勤奉献和不懈努力下，通过抓实工作作风，坚持创新发展、优化教育环境、强化队伍建设、提升学术水平、把握新机遇、走内涵式发展道路，学院各项工作都取得新的成绩。

一、党的建设工作扎实推进

1. 学院党委立足学院实际，推动“强院兴校”行动落实落地。伴随学校第十四次党代会制定的发展战略的落实和“强院兴校”行动计划的推行，外聘院长的改革思路经过集体研究后予以实施。院党委在 4 月初和 12 月初分别向全体共产党员和教职工发放了书面材料，发出了改革的动员号召和具体的分析报告，有力地保障了学院“强院兴校”的改革工作顺利进行。

2. 党建工作推动全院各项工作。2019 年 9 月，以教工党支部换届为契机，将党支部设置与科研团队相结合，按照“双带头人”的标准，选配了具有副高级以上专业技术职称或博士研究生学历，思想政治觉悟高，科研能力强，优秀教师担任支部书记。以“党建＋专业”育人新模式对学生党支部进行了调整，实现了党建思政工作与专业教学工作互动双赢。

3. 夯实党组织基础工作，发挥支部战斗堡垒作用。安排高岗位教授在学科建设、本科专业建设和“三全育人”体系中，担任关键岗位，压实担子。在通信研究所，试点破解“两张皮”的工作方式，支部邀请国网山东通信公司工程中心党支部到校，一起探讨党建工作、交流主题教育的心得体会、探讨技术合作的内容和渠道，收到了良好的效果。

4. 高质量开展“不忘初心，牢记使命”主题教育。学院党委 9 月中旬召开“不忘初心，牢记使命”主题教育动员大会，成立学院主题教育领导小组，负责主题教育的整体推进和协调保障。

主题教育开展以来，学院领导班子开展了 6 个专题的集中学习研讨，扎实推动主题教育见实效。一是轮流领学和解读。二是先学一步和下沉到支部导学。三是组织全体党员聚焦主题开展研读自学。四是前后组织了 19 人次的党课讲学。五是调研整改，通过召开座谈会，支部书记会，设立征求师生意见建议的专用邮箱及意见箱等形式，进行了全覆盖调研，党委委员带着问题使用了矩阵式调研方式深入各个支部进行了集中调研。学院党委对调研及征求到的意见和建议，认真梳理汇总，形成责任到人的整改清单。学院党委的专项整改取得一定成绩：一是按照科研团队需要重组了学院的中层机构，为下一步聚焦科研方向、破解“两张皮”，把教职工政治理论学习和科研交流统一在一起并制订督导考核办法，打下了基础。二是在书院导师制的基础上并行增加了专业导师制，增加“三全育人”绩效津贴投入，颁布了专业导师本科硕士贯通培养的研究生招生名额奖励办法，推动“三全育人”做出实效。

另外，学院党委组织开展形式多样主题党日活动。学院 21 个党支部累计开展党日活动 147 场，2000 余人次参加各项主题党日。组织了集中收看国庆庆典直播、“礼赞七十年·奋斗新时代”合唱比赛、帮扶留守儿童大型公益活动、“红色书籍读书角”等形式各样的主题党日活动。

5. 加强党的基层组织建设和党员队伍建设。2019 年，发展党员 73 人，预备党员转正 45 人；办理了 132 名毕业生党员组织关系转接手续。举办入党积极分子培训班，进行 321 人次的培训。

二、教育教学改革深入推进

1. 本科教学方面，一是加大力度推进崇新学堂、微纳光电子新工科实验班等专业建设。二是在校教改立项中，学院申报数和获批立项数均名列前茅；在校首届学术周活动中，学院被评为优秀组织单位，一名教师获得教学学术论文一等奖。三是学院获得山东大学暑期学校优秀组织单位和招生拓展工作优秀拓展奖。四是我院学生德智体美劳全面发展，在大学生创新创业立项、电子设计大赛、社会实践、志愿服务、体育比赛等科技及各类创优争先活动中分别有 40、101 和 387 人次获得国家级、省级和校级/市级荣誉，一人获得校长（综合）奖学金。

2. 研究生教学方面，一是采取绩效与分配挂钩的管理形式，依据学校研究生指标分配方法，借鉴国际一流大学的教学资源分配模式，充分考虑“教”与“学”的适配性，深化研究生教育改革。二是借助研究生研究生高端论坛邀请国际知名学者推动研究生培养国际化，让学院研究生及时了解信息科学工程领域的最新发展动态，活跃学术氛围和提高研究生学习兴趣，充分理解交流促进发展的辩证关系，争取国际教学资源，为我院所用，拓宽视野，向国际化专业路线引领。三是加强招生考试的严谨度构建研究生学术道德制度，把切实维护广大学生的合法权益作为招生工作的出发点和落脚点，同时在学院给研究生构建一个微观环境来时他们加强学术道德意识。四是兄弟单位联动建立博后入站和培养特色方案联合高等光学研究中心、海洋研究院、前沿交叉学院，制定多学科交叉融合的博士后政策，助力校区学术生态健康发展。

三、科学研究项目与学科建设有新突破

1. 积极组织省重点实验室申报，分别是“山东省社会信息科学与应用技术重点实验室”和“山东省激光能量传输与应用重点实验室”。9 月，我院与江西赣码实业有限

公司成立“司法物联网”联合共建实验室，并将在此基础上继续申报国家级重点实验室。另外，与光学高等研究中心一起，组织了“深远海智能感知国家级国防重点实验室”启动建设项目论证。

2. 国防军工项目取得突破性进展。2019 年新增立项 15 项，300 万元以上的军工横向 1 项。立项总经费 2941 万元，已到账经费 1470.8 万元，创院史新高。

山东省自然科学重大基础研究项目立项 2 项、山东省重点研发计划重大创新工程课题 2 项、联合基金重点支持项目立项 1 项，山东省自然科学基金项目 6 项（5 项面上、2 项青年，立项经费 125 万元）。立项经费逾 1200 万元，创院史新高。山东省 2020 年度的山东省自然科学基金项目申报数量达到 26 项（省杰青 2 项、省优青 1 项、面上项目 15 项、青年基金 8 项），创建院历史新高。截至 12 月 15 日，基金类 508.6 万元、其他纵向 1595.19 万元、横向 151.04 万元、GF1470.8 万元，共计 3725.63 万元。获授权发明专利 76 项、实用新型专利 3 项。发表 SCI 论文 125 篇。

3. 编制完善了信息科学与工程学院《中层单位发展规划（2018～2025 年）》并签署了目标责任书，参加了学科规划部组织的《山东大学信息学科发展规划》编制，组织了学院三个“双一流”学科中期自评和论证，组织了山东大学学科高峰计划《光电子与信息工程》新兴交叉学科论证，组织了《学科项目建设计划及经费预算（2020 年度）》预算和《山东大学一悉尼大学国际联合技术中心》《社会信息学》两个专项预算。

4. 召开学科建设和自评研讨会，请国内外著名专家论证，积极开展交叉学科建设。通过对前期学科建设进行自评，对下一轮学科评估进行了详细摸底和模拟，对学科存在的问题和建设进展进行了详细调研和分析对比，凝练形成了《光电子与信息工程》新型交叉学科建设方案，并于 2019 年 7 月暑假期间在青岛校区组织了校外专家进行论证，针对论证意见进行修改。

四、师资队伍建设步伐加快，对外交流合作不断拓展

1. 重视人才引进工作。通过科研项目合作或学术交流，宣传学院并与优秀科技人才交流，协助学院进行人才引进方面的工作。协助引进了青年泰山学者人才两位，目前正积极联系一位国家重点研发计划项目首席科学家、一位青年千人计划申报人选，以及一位英国皇家科学院院士、一位千人计划专家，后两位是兼职教授人选。

2. 在国际交流方面，积极落实学校整改会议精神和整改要求，认真落实整改国际留学生的招生管理，组织执行流动岗特聘教师和境外专家短访，开展暑期学校项目。针对暑期发生的舆情事件，检查留学生管理和国际学者来访的管理程序，检查影响安全稳定的因素，保障学院产学研和国际合作以及留学生培养健康有序地发展，为学科建设服务。

五、把服务地方落实到行动

支持和鼓励老师去相关企业进行调研，了解企业的技术需求，为地方企业探讨实际问题和解决方案。尝试引入孵化基金，推动科研成果转化。通过推进创新驱动战略，提升技术合作水平；通过促进学科交叉跨界融合，打造产学研用一体的特色社会服务体系；配合军民融合战略，夯实军民融合特色，积极参与地方军民融合示范工作。积极参加服务山东和服务青岛行动计划，参加“打造山大系品牌，服务青岛高质量发展行动计划”调研和方案编制，参加山东大学威海工业技术研究院方案信息学院部分的编制；参加山东工业研究院协同创新中心项目建设；积极拓展与海信等企业和地方合作交流，通过国家重点研发计划项目开展与赣州监狱、鲁中监狱等战略合作。获批了司法部智慧监狱联合实验室、山东大学特殊群体大数据研究中心、山东大学工业数据智能研究中心、筹划建设山东大学一悉尼大学工业物联网与智能制造技术中心等。

六、学生工作力度持续加强

紧紧围绕“立德树人”根本任务，及时了解学生的思想动态，采取多种形式和研究生沟通交流，指导、帮助、及时反应和解决学生的学习和生活中的有关问题，切实做好他们的日常思想教育和疏导工作用。与学生导师沟通密切，建立“实验室一导师/导员”联络制度，加强实验室安全教育，以实验室为单位，做好“三全育人”工作。2019 年研究生篮球比赛中，我院学生积极参与、奋力拼搏，荣获季军佳绩；在研究生合唱比赛中，获得三等奖的好成绩；组织举行 2019 年元旦晚会，通过丰富多彩的文化活动，陶冶学生情操，活跃研究生学习、生活气氛。

七、学院其他工作

学院工会组织丰富多彩的文体活动。精心组织教工参加庆祝新中国成立 70 周年职工合唱比赛，取得了校区第二名的好成绩。2019 年春季运动会，学院精心组织教工报名，积极参赛，运动员勇于拼搏，赛出了信息学院的风采，获得团体第一名的好成绩。另外，学院参加的乒乓球比赛和羽毛球比赛也都取得了第一名的好成绩。

（赵　萍）

微电子学院

2019年是我校实现“由大到强”历史性转变的关键之年，微电子学院始终以山东大学“双一流”建设为总体目标，积极谋划推动学院各项工作，取得了良好成效。

一、党的建设

1. 院领导班子加强新理论学习，突出思想引领。认真抓好学习贯彻习近平新时代中国特色社会主义思想，组织开展好“不忘初心，牢记使命”主题教育。及时制定实施方案，准时召开动员大会，按时完成主题教育“读原著，学原文，悟原理”内容。突出党建政治功能，全面提升了党政班子成员的理论水平和思想引领作用。2019年，领导班子成员带头开展主题教育集体学习研讨7次，专题学习会1次、主题教育推进会1次，带头讲党课3次，推动查摆问题专项整改内容22项，党委中心组学习会12次，参加基层党组织书记在线学习2期。

2. 领导班子认真履行主体责任。院领导班子认真贯彻执行民主集中制和“党政联席会议制度”“党委会会议制度”“三重一大”等决策办法，认真谋划学院发展，确保决策科学民主；制定班子成员联系学生班级制度；建立党政班子成员开展接待日制度，化解矛盾。2019年，召开党政联席会议19次、党委会及党委扩大会7次，建立5项规章制度；建立完善主体责任分解和传导机制，院领导班子建立分工机制，做到分工明确、权责分明；按照“谁主管，谁负责”的原则，明确了主体责任及履责的相关要求。

3. 领导班子树牢“四个意识”，提高政治站位。全面深入学习贯彻习近平新时代中国特色社会主义思想，牢固树立“四个意识”，始终坚定“四个自信”；坚持把党的政治建设摆在首位，加强师德师风、学风和“课堂思政”建设，提升政治站位。2019年，安排全体教职工学习教育会议7次，“课程思政”获得山东大学一等奖1项、二等奖2项。

4. 领导班子不断加强党风廉政建设。加强党风廉政建设监督，班子成员分工负责，压实责任，层层抓好落实，抓实党风廉政建设责任制。严格执行民主集中制和“三重一大”决策制度，凡是涉及“三重一大”事项，必须经党政联席会讨论决定，形成制度。认真贯彻执行中央八项规定精神，不大吃大喝、不超标接待，加强廉政风险防控，执行党务、政务所有信息公开，形成公开透明的廉政风险防控机制。加强廉政风险防控，落实廉政风险防控措施，党务政务所有信息公开，排查廉政风险点，形成了公开、透明的廉政风险防控机制。

二、规划学科方向布局，全面提升学科建设水平

1. 认真实施“学科激励计划”，顺利完成2019年度预算执行任务。

2. 解决科研碎片化，凝练设立了四个学科方向，成立相应的四个研究室和党支部。重新设计并建设了学院新网站。

3. 校企合作共建取得新进展，与中科院微系统所签订协议共建“微系统英才班”，与概论电子公司签订协议，共同开展EDA方向研究生培养，概论电子公司5年出资500万元用于双方的合作。

4. 积极完成了“新一代半导体材料集成攻关大平台”器件工艺实验平台设备购置规划方案和超净实验室建设的规划设计工作；完成了该平台参加教育部答辩“高性能半导体器件和功能芯片”方向的材料编写工作。

5. 参与了山东大学电子信息学科的发展规划编制工作。

三、人才队伍引育共建、稳步推进

2019年，引进各类人才合计9人，其中泰山青年学者（全职）1人、齐鲁青年学者（海外）2人、研究员2人、副研究员3人、特别资助类博士后1人。培育“青年学者未来计划”2人。

四、科研工作与实验室安全

1. 2019年申报国家级、省部级科研项目49项，其中国家自然科学基金申请数22项，立项数4项；积极组织申报教育部工程中心。

2. 2019年获批各类项目20项，总经费453万元，其中纵向经费228万元，横向经费225万元。

3. SCI、EI论文收录28篇，申请发明专利18项，实用新型2项，成果转化2项。

4. 获得中国卫星定位科技进步一等奖一项。

5. GPS/北斗基带解码芯片的低功耗研究与实现获得测绘科技进步奖二等奖。

6. 成功举办全国薄膜电子专题研讨会，130多人参会，提升山大微电子学院的学术影响。

7. 确保实验室安全，实验室零事故，为学校安全作出了贡献。

8. 积极邀请各类专家开展科研学术活动。

五、本科教学秩序良好、学生反馈基本满意

1. 集成电路设计与集成系统入选国家级一流本科专业建设点，微电子科学与工程入选山东省一流本科专业建设点。

2. 举办了微电子学院学术活动周，举办了四场教学专题报告，从教学内容、教学方法、青年教师的发展等方面组织教师参与教学培训。

3. 组织了微电子学院教学改革立项，学院共投资50万元，支持共12个院级教改

项目，项目正在有序开展。

4. 组织申报了山东大学海外师资暑假课程，邀请 Claus Hofmann 教授为微电子学院师生开设“模拟集成电路设计”暑期课程。

5. 积极组织参与学校的本科生“课程思政”建设。

6. 积极开展招生拓展，学院成立招生拓展组，统一制作《山东大学微电子学院招生宣传片》和宣传手册，建立微信公众号，并指定专人推送维护；走访广州六中、中山大学附中、深圳中学、佛山一中等十几所中学，与学生、家长以及中学老师深入交流座谈；参加第十五届全国重点中学校长论坛，与潍坊一中、青州一中、青州实验中学、临朐一中等 20 余所重点中学校长进行沟通交流。

7. 集成电路设计与集成系统专业获批国家级一流建设专业，微电子科学与工程专业获批省级一流建设专业。

8. 微电子学院教师参加山东大学教学工作坊十余人次，发表教研论文近 10 篇，获得山东大学青年教师讲课比赛三等奖两项。

9. 开展《模拟集成电路》暑期课程，外国专家讲授，20 余人选课受益，体验到了国外教授原汁原味的教学。

10. 获得山东大学课程思政一等奖一项，二等奖二项。

六、研究生培养

1. 广泛开展了研究生招生拓展工作。2020 年，招收推免研究生人数达 11 人，较 2019 年增长近 3 倍。

2. 研究生孙嘉敏获山东大学学术之星奖；研究生刘晓辉获山东大学优秀硕士论文奖，并获提名参评山东省优秀硕士论文奖；微电子学院冯先进和宋爱民两位教师获山东大学优秀硕士论文指导教师奖。

3. 参与完成山东大学新增“电子信息”专业学位博士授权论证报告。

4. 邀请国内外 10 余名专家学者来学院做学术报告和学术交流，提升了研究生培养质量。

5. 完成暑期夏令营活动，提高了研究生生源质量。

七、学生工作

全面落实“三全育人”工作，开展系列“美育”“体育”活动，丰富学生课余生活。继续推进全员本科生导师制和课程思政建设，获校课程思政优秀案例一等奖 1 项。加强本科生班主任队伍建设，从学院青年教师中选拔 12 名德才兼备的骨干担任班主任。学生积极参与科创和社会实践活动，获省级科创类一等奖一项、二等奖 2 项，校级社会实践优秀团队 2 项。研究生 10 人获得校长、国家、校优干等奖学金，2019 年度本科生、研究生就业率为 100%。

八、积极服务地方发展和国家战略

1. 举办新旧动能转换企业家班、枣庄农业农村局举办乡村振兴战略专题培训班、智慧会展高级研修班、中航油培训班等 5 个培训班，培训约 300 人，经济收入共计 37.65 万元。

2. 积极推动成立山东省集成电路人才培养联盟，发挥联盟理事长单位作用，目前成员单位 50 余家，涵盖集成电路企业、高校和科研院所等。

3. 举办 iCAN 国际创新创业大赛山东赛区选拔赛、山东省物联网创造力大赛、山东省单片机应用设计大赛等比赛，引导启迪高校大学生和青少年勇于实践创新；开展了山东大学未来科学营活动。

4. 与浪潮集团等企事业单位开展交流合作。

（王卿璞　崔剑）

计算机科学与技术学院

2019年，计算机科学与技术学院在校党委、校行政的正确领导下，深入学习贯彻习近平新时代中国特色社会主义思想和全国教育大会精神，切实发挥党建工作在推进"双一流"建设中的政治引领作用，全面落实学校第十四次党代会战略部署，聚焦学校"六大战略"和"十大任务"，抢抓机遇、攻坚克难、开拓创新，大力推动学院内涵式发展，各项事业持续呈现蓬勃发展的良好态势。

一、党建工作

1. 加强政治建设，规范党内政治生活，发挥政治引领作用。全面贯彻落实民主集中制原则，健全完善计算机学院党委会议和党政联席会议议事规则。2019年，共组织召开党委会27次，党政联席会17次。为畅通学院师生建言献策和学院领导班子接收监督的渠道，每周四下午召开全院教职工大会，有政策报告、交流座谈、安全教育、健康讲座等多种形式，不断创新党内监督的方式，保持学院党委的先进性、纯洁性和实干性。

2. 认真组织"不忘初心，牢记使命"主题教育活动，坚定"四个自信"、做到"两个维护"。组织并带领院班子成员进行了六次集中学习研讨，认真学习习近平新时代中国特色社会主义思想的核心要义，支部书记带头上党课。在调查研究方面，通过召开学院各类专题研讨会，共排查出13个调研方向，及时针对调研方向梳理各项工作、查找问题，并快速安排整改落实，建立整改台账，把解决问题和建章立制统一起来，把协调学院关系师生利益、谋划学科发展作为守初心、担使命的重要方向，确保主题教育取得实实在在的成效。

3. 落实校党委巡视工作反馈意见，构建长效机制。高度重视巡查组反馈的整改意见，切实担负起巡察整改的主体责任，把巡查问题整改工作作为学院一项重要任务。2019年完善了《学术委员会章程》等7项制度，新制订出台《研究生名额分配方案》等7项方案，抓严抓实抓牢各项工作，确保整改成效。

4. 求真务实，推动学院基层党建工作稳步发展。鼓励各党支部开展丰富多彩的党建活动，建设完善学院党建活动室宣传栏版块，张贴刊登各支部主题教育期间的活动照片和《计算机学院发展党员操作规程及材料要求》等文件政策，落实基层党建工作细节。支部建在连队上，完成软件教研室和应用教研室教职工党支部书记改选工作，做好基层党建“双带头人”。注重对基层党支部书记的培训工作，组织教工党支部书记全员参加学校组织的 2019 年度教职工党支部书记培训，提升党支部书记的理论水平和履职能力。

二、学科建设与科学研究

2019 年，学院学科建设的重点是：（1）发展特色学科方向，包含进一步加强传统优势学科和建立新型交叉学科。（2）加强学科队伍建设，一方面制定高水平人才引进政策和机制，另一方面加强对学院教师分类管理，加强对青年教师的培养；营造良好学术氛围，一方面加强学术交流与宣传，提升学术影响力；另一方面加强学院科技活动，提升学院师生的研究热情。围绕“大平台，大项目，大成果”建设，通过学院制定的《团队培育计划》，鼓励青年教师作为负责人组织科研团队。支持重大项目组织、预演等，鼓励学院教师密切关注国家和地方重大需求，面向国际前沿问题和国家重大需求开展科学研究。

科学研究方面，一方面积极组织学院面向国家重大需求开展科研项活动；另一方面，努力营造学院浓厚学术氛围。2019 年，学院获批重点专项项目“高置信城市信一物融合系统关键技术研发与应用”，此项目于 11 月份立项，经费达 1692 万元。学院还成功申请国家重点研发计划课题 1 个。学院 2019 年成功申请国家自然基金 11 项，获批联合基金重点项目 1 项，面上和青年项目 6 项，获批率为 64%，列全校第一。在论文发表方面学院取得良好成绩，2019 年计算机学科最新排名位居 ESI 前 1%（198/40100），较上一年提升 57 位。

三、人才队伍建设

2019 年，学院不断完善高水平人才引进政策和机制，丰富人才引进形式，同时加强对学院青年教师的培育力度，完善预聘制教师的薪酬体系，在师资队伍建设和骨干教师培育方面齐发力。

制定团队培育计划，旨在形成符合学院学科规划方向的大团队，在科研成果、团队发展、平台建设和高水平人才引进方面实现突破，提升学院学科地位，目前学院有 6 个团队申请通过。进一步完善独具特色的预聘制教师招聘体系，并完善科研编、博士后的人员聘用制度和晋升通道。进一步拓宽招聘宣传渠道，创新宣传形式、丰富宣传内容，利用微信公众号、网站、纸质资料等，在国内外各大型学术会议以及交流访问活动上宣传。制定海外招聘宣传政策，人才引进奖励政策实施细则。2019 年，出台了《人才引进奖励政策》《学院破格教授支持办法》等，调动学院教师和团队引进高水平人才的积极性和主动性。设立学院海外联络员，向海外高校的青年学者宣讲学院招聘政策，组织召开齐鲁青年论坛计算机科学与人工智能分论坛，延揽优秀人才。2019 年，接受预聘制教师申请 19 人次，成功引进山大杰青 1 位，齐鲁青年学者 1 位，副研究员 2 位，预聘制助理教授 3 位（其中包含 1 名外籍教师），申请成功兼职讲席教授 3 名，兼职特聘教师 2 名。

四、研究生教育教学工作

学院响应学校建设“双一流”大学的号召，2019 年在研究生培养方面做了大量的工作并取得了突出成绩。新常态下研究生思想教育与研究生素质通识教育相结合的思想教育新方法作用凸显。学院充分利用新生入学教育、开学典礼、毕业生教育、毕业典礼、日常研究生主题班会、党团主题活动以及校园文化专题讲座等将研究生思想教育与研究生素质通识教育相结合，强化研究生的思想政治教育，激发研究生努力钻研专业知识的学习动力，研究生崭新的精神面貌进一步焕发。

在研究生招生方面，2019 年为吸引东北高校优质生源，学院前往吉林大学、东北大学等“985”高校组织了多场研究生推荐免试招生政策宣讲会。继续举办了在全国具有较大影响力的暑期学校，组织了第二届优秀大学暑期夏令营活动。通过各种措施，2019 年学术型推免生源中“双一流”高校占比 85%，其中本校生源占比 70%，与去年相比有一定提高。2019 年博士招生中，学院继续推行申请一考核制，通过制定规范的招生考核流程，大大提升了招生效率和质量，最终我院所录取学术型博士全部为 985 高校生源。

在研究生培养方面，认真执行研究生院各项政策规定，进一步严格规范研究生开题、中期考核、预答辩和答辩环节，严格执行研究生培养方案，使研究生培养管理工作更加细致、严格。我院 2014 级博士赵海森获“2019 年 CCF 优秀博士学位论文奖”，该奖项每年评选 10 人左右，奖励在计算机科学与技术基础理论或应用基础研究方面有重要突破的博士学位论文的作者。2013 级直博生任鹏杰获“2019 年山东省优秀博士学位论文奖”。

在研究生学术交流方面，全员育人的研究生学术文化氛围已经形成，院领导及导师积极参与院校学术文化交流活动。学院相继组织了学术海报展、“海右博士论坛”和“齐鲁青年学者讲坛”，以及多场海内外高水平大学计算机领域知名专家专业讲座，与此同时学院还组织专业学位研究生去海信、海尔、浪潮等山东省知名企业进行参观学习，进一步提高了学生对企业的认知水平，以便更好地完成自己的学涯规划和职涯规划。

五、本科教育教学工作

2019 年，学院积极推进本科一流专业和一流课程建设，提升教育教学质量，促进教学内容和方法改革，加强教学学术交流，积极拓展优质生源，加强学生科技创新能力培养。

专业建设方面，计算机科学与技术专业获评山东大学优秀专业，入选首批国家级一流本科专业建设点；人工智能专业获批为教育部首批设置的 35 个人工智能专业之一，招生首年超出学校提档线 12 分，成为热门专业；计算机科学拔尖人才培养基地通过学校选拔，完成教育部拔尖基地申报工作；召开一流专业建设论证会、拔尖学生培养论证会、工程教育认证报告会，邀请陈道蓄、蒋宗礼等知名计算机教育专家来访学院指导专业建设。

教学研究方面，围绕一流课程建设，获批教育部产学合作协同育人项目 3 项，学校教研立项 8 项，其中重点教改项目 2 项；《计算机图形学》入选山东省首批一流课程；发表教研论文 1 篇，出版《数字系统逻辑设计》《网络工程》专业教材，参与教育部 AI 资源共享平台建设；荣获校级教学成果二等奖 1 项。

教学学术方面，积极参与教育部教指委和专业学会的学术活动，圆满承办 CCF 未来计算机教育峰会，成秀珍教授作大会报告；召开人工智能学科建设与人才培养研讨会，邀请清华、北大、北航等单位的同行专家共同研讨，屠长河教授作特邀报告；彭朝晖副教授应邀在第八届高等学校计算机类专业人才培养高峰论坛作大会报告。

学生创新方面，成立实践与创新中心，学子在计算机软件能力认证（CCF CSP）连续 4 次位列全国第 2 名；在计算机系统与程序设计竞赛（CCF CCSP）获得 4 枚金牌、总分获全国第 3 名；在全国大学生程序设计竞赛（秦皇岛站）获大赛季军；在 ACM 国际大学生程序设计竞赛亚洲区域赛（银川站）获第 2 名，取得世界总决赛入场券；在全国数学建模竞赛获奖 111 人次，其中国家级奖 14 人次。

教师发展方面，屠长河教授入选教育部动画与数字媒体专业教学指导委员会委员、山东省动画与数字媒体专业教学指导委员会主任；刘保东教授获评 2019 年度山东大学本科教学优秀奖；栾峻峰副教授获评全国大学生数学建模竞赛山东赛区优秀指导教师；姜海涛副教授获校青年教师教学比赛二等奖、青年教学能手。

六、实验室建设与管理工作

2019 年，学院在教学实验室规划和建设方面做了大量的工作。顺利完成了中央财政专项支持的 2019 年度教学实验室建设项目，包括计算机网络协议仿真教学系统、自然语言处理专业教学实验平台、大数据分析实验室建设等子项目，并完成 2020 年度中央财政专项支持的教学实验室建设项目的申报工作。规划了面向新工科专业的综合实践教学实验室，通过多方努力，落实增加了实验室场地并投入建设。加强虚拟仿真实验教学项目开发，积极谋划申报国家级虚拟仿真实验教学项目，推进规划建设学院云计算平台。

在圆满完成实验中心日常值班、管理和维护任务、实验教学工作外，完成学院门禁系统的管理和维护、网络和信息安全管理、资产管理以及实验室日常安全检查工作，协助做好青岛校区公共（创新）实验教学中心的计算机机房的管理维护。承担并顺利完成 CCF CSP 考试、PAT 考试、ACM 大赛、研究生入学复试机试、本科生转专业机试，以及 NCRE 考试等工作任务。

2019 年 5 月，学院实验与信息中心荣获 2018 年度山东大学实验室工作先进集体，实验室教师荣获 2018 年度山东大学实验室工作先进个人，学院教师获得山东大学实验室建设与管理研究重点项目立项。

七、学生思想教育与管理工作

1. 不断健全“三全育人”机制，提升大学生思想政治教育实效。抓住新生入学、毕业生离校、建国 70 周年等重要节点，连续开展入学教育、主题团日、毕业生教育等多项专题教育活动，努力推进从学生入学到毕业的全过程育人。进一步完善学生全员导师制工作，邀请优秀校友开展“学长茶座”，邀请企业参加“主题开放日”，充分发挥教师、校友、企业等多方育人合力。基于新工科背景特点，积极推进思政课和兴趣创新引导课为主体的课堂育人、党团建设和文体活动为主体的文化育人、社会实践和志愿服务为主体的实践育人、实验室建设和竞赛指导为主体的创新育人体系建设，努力实现全方位育人。

2. 构建完善基于新工科背景特点的学生拓展培养体系，提升大学生发展指导水平和管理服务质量。在制度层面，研究制订了《学生拓展培养计划学分认定细则》，在具体操作层面，着重开展以下工作：进一步完善学生 ACM 实验室和兴趣开放实验室建设，不断提升大学生科技创新能力，获得全国大学生计算机系统与程序设计竞赛全国高校第三名、ACM 国际大学生程序设计大赛进入世界总决赛等优异成绩，与百度合作开展的创新实践项目获教育部立项。成立学院篮球队、足球队和乐团，引导同学们增强体质、涵养心灵，获得学校五人制足球赛冠军等优异成绩。组织 24 支队伍赴基层开展社会实践，获全国大学生千校千项优秀团队一支等优异成绩。学院微光志愿服务团队多年来坚持开展“微修电脑”等品牌志愿活动，获校区十佳志愿服务组织。与企业合作设立院长奖学金、智洋奖学金、乾云科技奖学金，评比产生学院优秀班集体，在学校基础上进一步完善学院荣誉体系。

八、国际交流

2019 年，学院在国际化方面取得丰硕的成果，引进了意大利籍、牛津大学博士后 Riccardo Spolaor 博士作为专职教师，使得学院的外籍教师占比达到 7.3%。学院新增国家基金中德合作项目 1 项，山东大学国际科研合作种子基金项目 1 项。学院聘请了荷兰皇家科学院院士 Maarten De Rijke、美国亚利桑那州立大学教授 Junshan Zhang 和美国得克萨斯大学圣安东尼奥分校教授 Qi Tian 三位专家担任兼职教授，发表的国际合作论文占比超过 60%。学院与德国帕德博恩、美国圣路易斯华盛顿大学签订了学生联合培养协议，并推动了与美国华盛顿大学塔科马校区、美国凯斯西储大学、英国南安普顿等高校的合作交流，有 4 位研究生获“国家公派研究生项目”资助出国攻读联合培养博士学位。学院承办了中日韩工科研讨会，举办了第五届计算机图形学与混合现实前沿研讨会（GAMES 2019）和第十六届计算机辅助设计与计算机图形学国际学术会议（CAD/Graphics 2019）。学院师生参加 ACM SIGGRAPH、IEEE VIS、ACM MM、ICCV 等国际顶级会议共 80 余次。学院制定了 2019～2025 国际化战略规划。此外，学院建设了新版的英文网站，版面更美观、内容更全面。新确立“海外联络教授，海外联络员”制度。

九、对外合作和服务山东

2019 年学院积极服务国家，服务山东，与海洋试点国家实验室联合成立的智能超算与大数据联合实验室和与青岛市崂山区联合成立山东大学—青岛虚拟现实研究院稳步运行；与山东智洋电气股份有限公司联合成立了山大智洋人工智能联合实验室；与枣庄市共建了“大数据分析中心”；与乾云科技股份有限公司共建可信云联合实验室，并进一步成立可信云信息技术研究院；与诚泰信息科技有限公司共建 Fintech 联合实验室等。学院正在积极筹建山东大学（青岛）人工智能研究院；与行业内龙头企业，如一汽解放、乾云科技等联合申报山东省重大创新工程和重大基础研究项目，通过政企合作服务地方；举办智能交互技术大会、崂山论道、（tech-fair）技术交流大会、新一代信息技术论坛等，开展高校和企业技术交流等活动。

充分利用青岛当地政府和企业资源，进一步提高科研团队实力；进一步加强国际化合作，通过与国外高水平大学建立国际联合实验室、联合申请多边或双边合作项目，全面提升学院科研的国际化，从而增强科研实力和国际影响力。

（徐　慧）

生命科学学院

一、学院概况

生命科学学院拥有植物发育与环境适应生物学教育部重点实验室、动物细胞与发育生物学山东省重点实验室和山东省植被生态工程技术研究中心，生物学和生态学两个一级学科博士点、生物学和生态学两个一级学科博士后流动站。近年来，学院在承担国家重大课题和科技创新方面成绩卓著。生物学与生物化学、分子生物学与遗传学、动植物科学、农业科学一直保持在国际 ESI 排名前 1%。

生命科学学院注重本科生培养，拥有国家理科基础科学研究和教学人才培育基地、国家生命科学与技术人才培养基地，现有生物科学、生物技术、生态学和生物工程四个本科专业，按本科专业设置生物科学系、生物技术系、生态学系和生物工程系，并设有本科实验教学中心。生命科学学院下设四个研究所：发育生物学研究所、细胞与遗传研究所、生化与分子生物学研究所、生态学与生物多样性研究所。

目前，拥有青岛校区第周苑 B 区和第周苑 F 区两栋现代化科研大楼，在会文北楼还拥有部分本科教学实验室，总面积约 2.4 万平方米。拥有仪器设备总值达 1 亿多元。

二、人事管理及人才队伍建设

至 2019 年 12 月 31 日，学院在职教职工 162 人，专任教师中教授 38 人，副教授及副研究员 30 人，讲师及助理研究员 9 人，全职博士后 40 人，工程类及管理人员合计 29 人，长期外籍教师 1 人，兼职外籍教师 1 人，非事业编制及临时用工 14 人。

引进人员（10 人）：李爱霞、洪烨（山东大学齐鲁青年学者）、徐芳（山东省泰山学者青年专家、国家高层次青年人才）、王莹莹、吴盼、杜海舰、钟雪婧、苏友强（山大特聘教授一层次，2019.10 签订合同，档案未到）、张洪涛、Janusz Jerzy Zwiazek（山东省外专双百兼职教授）。

2019 年，获得了以下荣誉称号：

（1）青年千人计划：徐芳。（2）山大荣聘教授：张举仁；山大特聘教授第二层次：谭保才、赵小凡；山大杰青第二层次：李相芝。（3）青岛市创新人才：丁兆军、周传恩。

三、学科建设工作

2019 年，生命科学学院依据《统筹推进世界一流大学和一流学科建设总体方案》，对照《山东大学世界一流大学建设方案》，聚焦一流发展、特色发展、一体发展，全面梳理、对标定位，深刻剖析了学院自 2016 年以来取得的建设成效和存在的突出问题，地方服务等方面的建设成效和发展水平进行全面自评，并形成了生物学科中期自评报告。学院邀请了国务院学科评估组专家并召开生物学科中期自评会议，针对学科建设和 2020 年教育部第五轮学科评估给出了具体的指导意见。2019 年，学院按照学校总体规划及青岛校区建设目标，根据学院“十三五”学科规划和“双一流”的目标，确定学院在青岛校区的发展目标和定位。在总结过去几年的生物学一级学科建设成效的同时，继续加快“双一流”学科建设。

四、本科教学工作

生物科学专业获评国家级一流专业建设点，同时被评为“山东大学 2019 年优秀专业”。细胞生物学课程获批山东省一流本科课程。获得山东大学“课程思政”教学设计案评比一等奖 1 项，二等奖 3 项，三等奖 1 项；获得“山东大学青年教师讲课比赛”二等奖、三等奖各 1 项；获得全国高校生命科学类微课教学比赛一等奖 1 项，二等奖 2 项，教学设计奖 1 项，2 篇论文被评为《高校生物学教学研究》（电子版）2018～2019 年度优秀论文。

学生参加国际基因工程机器竞赛（iGEM）获得金奖；第十一届全国大学生数学竞赛（非数学类）获得一等奖两项，二等奖一项，三等奖两项；第十届山东省大学生数学竞赛（非数学组）一等奖三项，二等奖两项，三等奖一项；第三届全国大学生生命科学竞赛；三等奖两项，优胜奖一项；获得五项校级教育教学改革项目资助。

2019 年，中央专项实验室建设项目完成了规划、申报、执行、验收等全部流程，争取到财政部建设经费 258.1927 万元，建设完成后共有教学仪器 4138 台（套），总价值约 4569 万。进一步完善了教学实验中心的硬件建设，重点建设新增的“中心平台”“生命科学科创实训室”和虚拟仿真实验项目建设。获批两项山东大学实验室建设管理研究项目，完成了学校的管理研究项目的重点项目《利用模式动物斑马鱼进行创新性教学实验的研究》的验收工作。

五、研究生教育与培养工作

2019 年，硕士研究生招生专业 8 个，全日制硕士生招生 86 人，全日制硕士生在校 236 人，非全日制硕士生在校 16 人，全日制硕士生毕业 61 人，非全日制硕士生毕业 1 人。博士招生专业数 7 个，博士生招生 27 人，博士生在校 112 人，国外博士留学生在校 3 人，博士生毕业 11 人。在校硕士和博士研究生共计 348 人。本年度 2 名博士生获得山东省优秀博士论文，2 名博士生获得山东大学优秀博士论文奖；2 名硕士生获得山东省优秀硕士论文奖，2 名硕士生获得山东大学优秀硕士论文奖。共有 323 人次获得各类奖学金。

六、科学研究工作

2019 年度，学院承担科研项目 173 项，其中新上项目 57 项，在研项目 116 项。新上国家自然科学基金 17 项，其中重点项目 1 项、面上项目 9 项、青年基金 7 项；新上国家自然科学基金一山东省联合基金重点项目 3 项，其中 2 项主持、1 项参与；新上山东省基金重大基础研究计划项目 2 项，其中 1 项项目负责人、1 项团队负责人。2019 年，实到经费 5024 万元，其中纵向经费 4974 万元，横向经费 50 万元。本年度发表一单位 SCI 文章 66 篇。其中，高影响论文 6 篇，包括 *PNAS*，*EMBO J*，*Autophagy*，*Plant Cell*，*Mol Plant* 等，授权专利 13 项。

七、国际交流工作

初步建成学院英文网站并定期更新。成功引进山东省“外专双百计划”专家、加拿大阿尔伯特大学 JanuszZwiazek 教授。聘请海外短期专家 4 人：普度大学 Ma Jianxin 教授，瑞典隆德大学 lars Axel Edvin Hansson 教授，日本名古屋大学 Fukushima Kazuhiko 教授，俄罗斯人民友谊大学 Zheleznaia Ekaterina 副教授。推动实施“课程国际化计划”，通过国际暑期学校项目，打造 3 门英文授课国际化课程。继续与英国曼彻斯特大学开展本科生培养 2＋2 项目。继续深入推进与瑞典乌普萨拉大学的合作，更新合同，升级为双学位项目。积极参与与美国弗吉尼亚理工大学的合作的 3＋2 项目及配套的教师海外培训项目。开展与美国弗吉尼亚理工大学实质性科研合作。教职工 2019 年参加国际会议 4 人次，短期合作交流 6 人次，三个月以上合作交流 3 人次。举办中日韩工科研讨会生命科学分论坛。

八、党建和文化建设

学院党委深入学习贯彻习近平总书记关于“不忘初心，牢记使命”主题教育重要讲话和指示批示精神，认真贯彻落实党的十九大和山东大学第十四次党代会精神，结合学院教学科研工作实际，充分发挥党委政治核心作用。

认真组织党委理论学习中心组学习，提高领导班子的政治站位和责任意识。学院党委重新修订了《党委理论中心组学习制度》，制定了《党委理论学习中心组 2019 年学习计划》，全年共进行了 6 次党委理论学习中心组学习。共召开党政联席会议 7 次，党委会议 13 次，发布党委文件 21 个。制定了《2019 年教职工政治理论学习计划》，全年共进行 33 次教职工政治理论学习。

抓领导班子建设，承担党建主体责任。落实意识形态工作责任制，增强基层党委的政治定力和政治敏锐性。制定了《新聘教师社会背景及思想政治状况考察工作办法》《关于本科教学把好政治关的工作办法》以及《关于进一步加强学生德育推进“三全育人”的实施方案》。

认真配合巡察组开展好巡察工作并扎实落实巡察反馈意见的整改落实工作。针对学校党委提出的反馈意见，学院党委带头促进形成上下联动、组合攻关、矩阵分工的整改工作格局，强化系统谋划和协同推进，根据不同对象分类指导、分层推动，督促领导班子成员对各自分管领域存在的问题主动认账担责、落细落小、整改到位，使全院师生感受得到变化、看得到成效。

深入开展“不忘初心，牢记使命”主题教育。根据中央精神和学校党委主题教育的实施方案，认真组织召开专题会议，党员领导干部和党支部书记积极认真上党课、认真组织开好专题民主生活会和民主评议党员工作，还开展了大量丰富多彩的主题教育实践活动。

深刻反思举一反三做好舆情专项整改工作。多次召开党委会、师生座谈会，研讨加强内部管理和安全稳定的整改措施。明确了舆情网络评论员、信息员、保密小组的人员分工和职责；建立了上网内容发布审核制度；组建了重大问题报送工作小组；制定了《学生心理危机处置预案》和《学生学业帮扶工作方案》；完善了外教、留学生、研究生等师生联系、沟通和反馈机制。

加强基层党组织建设。学院党委增补了3名党委委员：周传恩、赵静、巩晶。学院党委为传承“支部建在连上”光荣传统，纠正党的基层工作的“两张皮”问题，对研究生党支部进行了以课题组为单位的建制改革。推荐动物学党支部申报了第二批新时代高校党建“双创”工作（全国党建工作样板支部）培育项目，经学校推荐进入全国评审。落实基层党支部管理和考核办法，制定了《基层党支部管理和考核办法》，作为2019年度基层党支部书记述职评议考核工作的开展依据。

本年度共确定入党积极分子88人，其中本科生37人，研究生51人；确定发展对象并发展为预备党员66人，其中本科生29人，研究生35人，教职工2人；按期转正正式党员23人，其中本科生10人，研究生12人，教职工1人。本年度重新修订了学院发展党员工作流程，1名齐鲁青年学者和1名973首席专家向学院党组织递交了入党申请书，为“双带头人”培养储备了力量。

（李　娟）

材料科学与工程学院

一、党建引领、思想铸魂，全面加强政治建设

1. 深入开展“不忘初心，牢记使命”主题教育活动

学院领导班子坚持把政治建设摆在首位，强化“四个意识”，坚定“四个自信”，始终在思想上政治上行动上同以习近平同志为核心的党中央保持一致，深入学习贯彻十九大精神，以习近平新时代中国特色社会主义思想武装头脑，着力在学懂弄通做实上下功夫，指导学院工作实践，取得了实实在在的成效。学院党委深入开展主题教育活动，完成集中学习研讨 5 次，开展调研 29 次，查找问题 26 条，召开整改落实推进会 1 次，专题民主生活会 1 次，目前共整改问题 20 条，长期整改 6 条，切实保证了主题教育成果落到实处。

2. 制度建设不断完善，党风廉政建设不断深入

充分发挥学院党委政治引领、思想凝聚、组织保证作用，在人才队伍建设、学科建设、人才培养等方面充分发挥党的引领作用，通过设立“党员示范区”等方式，引导广大党员发挥先锋模范作用；编制《组织体系与职责机制图表》，完善 AB 岗制度和一岗双责制度，建立学院到研究所、学院党委到基层支部、学院班子成员到基层班子成员的岗位职责传导机制；实施“两张表”工程，需限时办结的会议议决事项，会后形成《议决事项督办表》；持续完善教代会制度，学院重大事项、决策、制度均由教代会审议，充分发挥了教职工民主参与、民主管理、民主监督作用。高度重视党风廉政建设工作，落实党风廉政建设工作责任制，完善了集体领导、党政分工负责、协调运行的工作机制；充分发挥学院党风廉政建设领导小组功能，组织班子廉政教育 2 次，警示教育 3 次，督促班子成员履行全面从严治党责任；学院党委专门召开党委会和基层支部书记会，组织学习《深化作风建设、弘扬新风正气的十项要求》等文件精神，保证工作机制运行顺畅、不发生廉政风险。

3. 完善基层党建工作，着力破解“两张皮”难题

党政同心同责、同向同行，积极探索“3+5 工作方法”，抓党建与推改革促发展有机融合、协同推进；全面推进“标杆院系十大品牌塑造项目”，有关经验在教育部党建“双创”工作推进会上成功展示；持续推进党支部“六个规范”“四项创新”，支部标准化规范化建设再上新台阶；打造主题党日活动品牌，年度 8 次活动围绕“担当作为，争

创一流”总主题开展，全面增强了全体党员建设世界一流材料学科的使命感、责任感和紧迫感；建成“六有”党员之家，为学院开展高质量党建活动奠定坚实基础，已接待校内外单位参观10余次；2019年8个教工党支部换届，选优配强教师支部书记和支部班子成员，目前8名教师党支部书记中有5位拥有人才称号，实施教师支部书记及后备人才提升计划，实现了党务业务同向发力、联动提升；规范党员发展程序，确保党员发展质量，本年度发展党员76名，其中发展教工党员1名。在全体师生共同努力下，2019年学院党委被评为山东教育系统先进基层党组织。

二、对标世界一流学科，推动学院事业快速发展

1. 专业建设和人才培养水平稳步提升

推进学院的专业建设工作，对原有7个专业8个方向进行调整，形成材料科学与工程和材料成型及控制工程2大专业布局。材料成型及控制工程、无机非金属材料工程专业获评山东大学优秀专业，材料科学与工程专业获批省一流专业建设点，无机非金属材料专业获批国家一流专业建设点并通过第二轮工程教育认证。在学校教研立项、青年教师教学比赛、教学学术周等方面取得佳绩，1人获得本科教学终身成就奖，1人获得优秀教师称号，5位青年教师获得2019年度山东大学青年教师教学比赛奖。申报校级教育教学改革研究项目27项，立项16项。推进学院课程建设工作，已完成5门在线开放课程的录制，2门已成功上线运行。推进学院教学研究和青年教师教学能力提升，以教研促教改，以教学比赛促能力提升。扎实推进本科生实习教学和实践教学基地建设，新增7家实习教学基地。精心组织暑期学校项目，获评2019年度暑期学校优秀组织单位。出台《材料学院研究生班主任工作条例》，选配8名政治素质高、业务能力强的教师任研究生班主任，实现了研究生横向和纵向管理模式。开展“科研一帮一”等融理论学习与科研学术为一体的特色活动，同学们的思想政治觉悟与科研水平不断提升。创新支部建设模式，研究生支部进行了横向与纵向双向建设，以此为基础申报的《研究生党支部双向建设机制对学术水平提升的理论及实践研究》获研工部立项资助并结题。举办“求材”论坛等学术论坛，营造研究生学术交流平台。2019年本科生就业率95.64%，升学率52.36%，出国率3.64%，1人荣获山东大学校长奖（综合），1人荣获山东大学自强之星，24人次在国家级竞赛中获奖；1个班级荣获省级先进班集体，1人获社会实践省级优秀教师，1个队伍获得省级社会实践优秀团队。研究生就业率99%。1名硕士生和1名博士生获校长奖。是全校唯一一个硕士和博士同时获校长奖的学院；获山东省研究生优秀科技创新成果奖2项。2019年度荣获山东大学暑期学校优秀组织单位、实习教学工作先进单位。

2. 师资队伍结构持续改善

致力于建设结构合理、创新能力强、可持续发展的高水平师资队伍。按照学校“引育并举、内外并轨、目标导向、动态管理”的人才队伍建设方针，积极探索与学科发展相适应的人才队伍建设模式，大力提升人才队伍质量。今年已办理入职科研教师7人，招聘全职博士后4人（2人入选特别资助类博士后），实验师2人，辅导员2人。入选泰山学者2人，其中特聘教授1人，青年学者1人，山东大学青年学者未来计划入选

5人。成功举办了第四届齐鲁青年论坛，邀请海内外9人来参会，其中1人已通过齐鲁青年学者公示并完成办理入职手续。合理制定未来4年人才引进和存量晋升的高级职务使用计划，组织职称评审和岗位聘任工作。组织了材料学院创新团队申报工作，经过个人申报，学院材料审核，外校专家评审，最终资助12个团队，累计资助经费420万元，其中，领军团队6个，强化建设团队6个。教师队伍结构明显改善，队伍规模不断扩大，团队建设水平不断提高，发展趋势良好。

3. 承担科研任务能力不断提升，实验室平台建设效果显著

在院党委的领导和全院教师的共同努力下，各项科研工作稳步推进，在项目立项、科研组织等方面不断加大力度。2019年，学院纵、横向及军工科研项目立项数达141项，立项经费9751.37万元。到位总经费达6442.84万元，其中纵向经费2551.81万元、横向经费1640.64万元，军工项目1585.39万元，成果转化665万元；发表论文323篇，其中305篇为SCI收录，10篇为EI收录；申请专利128项，授权专利101项，出版专著2部、编著8部；获教育部自然科学二等奖1项（2018年度）、山东省科学技术奖一等奖1项（2018年度，第3位）、江苏省科技进步二等奖1项（2018年度，第2位）、高等学校科学研究优秀成果奖（自然科学）二等奖1项（2018年度），1人荣获国际焊接科学与工程计算先锋奖，2人入选2019年“中国高被引学者”。国家基金项目申报总数和立项总数创新高，增长率分别为48%和91%，在全校各单位排名中均列第六位。基础加强计划重点基础研究项目（原军工“973”，立项经费达1700万元）、国家自然科学基金联合基金项目（无机钙钛矿光伏电池微观结构设计与性能调控）、山东省重大创新工程项目等重大科研项目获突破。在山东大学科技成果发布会暨重大项目签约仪式上有2项科研成果现场签约（其中甲基苯基硅橡胶生产技术转让费为1000万元）。加快推进先进材料测试与制造公共平台建设，完成了金属粉末激光烧结快速成型系统等的招标采购。2019年实验室建设项目专家评审，金属、无机的项目通过初审。创新探索大型仪器设备共享使用，完善大型仪器设备各单位统一管理、调配制度。进一步完善实验室安全规章制，强化实验室安全责任意识，健全实验室安全监管责任体系和长效工作机制。定期进行安全检查，进一步加强对实验室危险品的管理使用及其他安全隐患的专项整治，完善了危化品的购买和使用台账。按照学校资产管理系统升级和“公房、设备、人员”三位一体化管理要求，组织开展学院国有资产清查，进一步推进实名制账目整理和认领工作。以理顺管理体制为先导，以实现实验室建设标准化为目标，以加强实验教学队伍为关键，建立健全了实验教学督导工作制度，加强了本科实验教学的督导和管理，取得了良好效果。

4. 国内外合作交流发展势头良好，合作交流不断加强

与日本小松集团签订新一期20年合作协议，是山东大学学院与外企合作时间最长的项目之一，本年度有10名本科生、4名研究生获小松奖学金；初步与韩国汉阳大学达成本科生3+1联合培养意向，与韩国庆北大学签订研究生联合培养协议和学者交流协议，完成“山东大学一大阪大学材料连接国际合作联合实验室”创立意向书签约，进一步提高国际化办学水平；邀请12名海内外知名专家学者来校授课、学术交流与合作研究，有30多名教师到海外进行学术交流与合作研究；本年度出国参加学术会议的研

究生 38 人，留学基金委资助出国攻读博士学位 5 人，联合培养 5 人，山东大学资助联合培养 2 人。

5. 校友、工会、离退休工作稳步前进

充分发挥校友工作在学院事业发展中的积极作用，精心举办校友返校聚会活动，学院将每年 10 月份定为“校友返校月”，借助各班级五年、十年、二十年、三十年聚会等契机，举办各类活动，增强校友的母校情怀。2019 年度，组织评审和发放了第六次材料学院教育发展基金学生奖助学金。六年来，学院教育发展基金保本基金利息达到 42 万余元，发放金额 33 万余元，受益学生人数达 200 余人，本年度接受捐赠 22 万元。

6. 工会组织的职能作用发挥到位

10 月下旬，组织教职工赴林州红旗渠纪念馆参观学习，开展了“不忘初心，牢记使命”红色主题教育活动，全院 50 余名教职工参加。认真组织开展重大节日期间送温暖活动，关心职工生活，切实帮助生病住院、怀孕生子、生活困难职工解决生活中的实际困难，让大家感受到学院集体的温暖。2019 年，为 1 名退休职工申请了困难补助，为 1 名在职职工办理了困难补助。2019 年国庆中秋和春节为 177 名在职职工及 114 名离退休职工发放中秋节慰问品、生日蛋糕券及春节慰问品。2019 年春节期间，单独走访慰问生活困难党员和老干部活动 6 人次。2019 年，发放生老病故慰问金 4 人次。积极响应学校爱心一日捐活动，学院工会会员 181 人，捐款人员 174 人，占 96.13%，总计捐款 26580 元。

7. 荣誉评比连续获得

2019 年，学院荣获“巾帼心向党·建功新时代”庆祝新中国成立 70 周年山东大学女教职医务员工第一届诗词大赛特等奖、“山东大学工会工作先进集体”“一校三地”首届教职医务员工气排球比赛团体第七名，同时获评优秀组织单位，全校“争做‘四有’好老师”青年教师师德征文活动中获评优秀组织单位，全校首批教工先锋号考核评比中，我院模具所教工党支部考核获得优秀。

获评“山东大学学生就业创业工作创新先进单位”“山东大学共青团组织建设工作先进集体”“山东大学共青团宣传调研与网络建设工作先进集体”“山东大学群众体育运动二等奖”“山东大学第七届合唱文化艺术节一等奖”等荣誉称号。

（张力勇）

机械工程学院

一、学院概况

机械工程学院位于山东大学千佛山校区。学院党政办公地点在创新大厦，各系、所、室等主要分布在创新大厦、鲁能研发楼、西配楼等地点。

2019年，学院拥有“机械工程”博士后科研流动站，“机械工程”一级学科博士点，8个二级学科博士点及先进制造工程博士点，8个二级学科硕士点及4个工程硕士点；拥有全国首批国家级一流本科专业、全国首批通过国际工程教育认证专业、全国首批卓越工程师教育培养专业、全国首批国家级特色专业“机械设计制造及其自动化”，首批新工科特色专业“智能制造工程”，交叉前沿专业“产品设计”3个本科专业。

学院拥有高速切削加工与刀具、磨粒水射流加工科技部创新团队、高效洁净机械制造教育部重点实验室、国家级机械基础实验教学示范中心、国家虚拟仿真实验教学中心、快速制造国家工程研究中心、山东大学增材制造研究中心和山大临工国家级工程实践教育中心。学院设有6个系、8个研究所、1个实验中心及1个机关服务管理中心。建设了精密制造技术与装备、CAD两个省级重点实验室；建设了高效切削加工、特种设备安全、生物质能源、CAD、石材、冶金设备数字化、智能制造与控制系统和绿色制造8个省级工程技术中心；建设了山东省工业设计中心、现代高效刀具系统及其智能装备协同创新中心和10余个校级研究中心。

学院设院长1人，副院长4人，黄传真教授任院长。学院党委设书记1人，副书记2人，仇道滨教授任党委书记，2019年12月起刘杰研究员任党委书记。目前，全院在职教职工186人，其中正高65人，较去年新增6人，副高63人，较去年新增5人，博士生导师43人，较去年增加7人，硕士生导师110人，较去年增加7人。中国工程院院士3人（双聘），海外领军人才1人、兼职1人，教育部长江学者特聘教授1人、兼职1人，国家杰出青年科学基金获得者A类2人、B类2人，国家万人计划领军人才1人，国家优秀青年科学基金获得者1人，百千万人才工程国家级人选2人，新世纪优秀人才7人，山东省泰山学者5人、兼职泰山1人，山东省杰出青年基金获得者4人，山东大学齐鲁学者8人、青年未来学者19人。

学院现有在校研究生776人，本科生1227人。2019年招收全日制硕士研究生165人，非全日制工程硕士研究生20人，同等学力硕士研究生129人，学术型博士研究生

30 人，专业型工程博士 12 人。

二、加强党建工作

一是进一步强化了党政领导班子的建设。2019 年重点围绕“不忘初心，牢记使命”主题教育开展 6 次学习研讨；召开 23 次党政联席会、10 次党委会；对系所行政负责人进行了调整，对 4 个教工党支部进行了换届。二是进一步强化了党建主体责任。坚持“书记抓，抓书记”，制定了《机械工程学院党建主体责任和监督责任清单》；深化“一岗双责”，坚持“班子抓，抓班子”，制定党委副书记、副院长“党建工作责任清单”；建立了“每月调度安排，期末督查汇报，年终考核述职”的党支部工作推进机制；开展了党支部书记抓党建述职考核和党支部工作考核。三是进一步强化了政治把关和思想引领。建立了意识形态工作台账，严格意识形态工作责任制；2019 年 7 月被确定为山东省 2018 年度学校院系党委书记抓基层党建突破项目。四是进一步强化了支部工作指导。2019 年，以“党建工作引领和助推学院学术振兴”为主题，开展立项活动，支持建设 10 个党支部立项项目；加强示范带动，立项建设了 3 个党支部书记工作室，开展“一个党员一面旗帜”和“我心目中的好党员”评选活动；加强共建互动，2019 年优化了研究生党支部设置，依托专业设立了 12 个研究生党支部，重点支持了 5 个教工党支部与研究生、本科生共建党支部，聘任 14 位教工党支部书记和优秀党员为学生党建导师，重点支持了近 6 个教工党支部与 10 余个企业共建党支部。五是进一步强化了思想政治工作。组织春游、教工运动会、瑜伽时光等活动，建成启动“教工之家”；做好离退休老同志、民主党派的工作，做好领导班子与统战对象的联谊交友工作。

三、加强学科和师资队伍建设

2019 年，工程学（含机械）进入 ESI 排名前 0.74‰，机械/航空制造学科 QS 排名 201～250 名。2019 年度，实施学术振兴行动计划，加快推进一流学科建设，推动实施《机械工程学院学术振兴行动计划（2019～2021）》1＋N 方案，配套出台 13 项制度。完成机械设计制造及其自动化专业国际工程教育第四次认证，获评 6 年有效期（2019～2024）。2019 年，系统实施学院教职工能力提升计划，举办两届青年学者育才学术论坛，承办第四届齐鲁学者论坛智能制造与共融机器人分论坛，继续实施学院杰青培育计划；加强海外招聘，举办日本、英国、新加坡等多地招聘会。2019 年，学院人才队伍实现新突破，新增国家万人计划 1 人、国家优青 1 人、中国高被引科学家 1 人、省杰青 1 人、山大特聘教授 1 人、山大杰青 1 人，获批山大青未学者 9 人，新增齐鲁学者 6 人、外籍教师 2 人、副研究员 4 人、助理研究员 2 人、实验岗教师 1 人、管理岗 1 人、保资辅导员 2 人。引进外籍博士后 2 人、外籍兼职特聘教授 1 人，派出 7 名教师去美国、新加坡等地进行合作研究。

四、科研工作

2019 年，学院获得新立项各类科研项目 161 项，其中纵向项目 76 项，横向项目 71 项，军工 14 项；2019 年各类科研项目新立项经费总数 8444.28 万元，其中纵向经费

5136.38万元，横向经费2211.50万元，军工经费1096.4万元。2019年度，学院到账经费7111.82万元，转化6项科技成果，技术交易价格总计100余万元。2019年，学院获得国内授权专利150项，其中发明授权85项，实用新型64项，外观设计1项；获得国外授权专利6项；发表论文412篇，其中SCI收录论文229篇，EI收录论文55篇（与SCI收录论文不重复计算），CSSCI论文5篇，其他论文123篇，其中与国外合作发表论文27篇。

五、本科教学工作

新工科专业智能制造工程于2019年正式招生，同时停招过程装备与控制工程、车辆工程、工业设计3个专业。2019年，机械类招生292人，产品设计专业招生41人，毕业300人。学院推进教学改革，2019年获山东省一流本科课程建设立项1项，山东大学2019年校级教学成果奖获一等奖2项，2019年校级教育教学改革研究项目21项，山东大学教学学术周优秀论文一等奖1篇，出版“十三五”国家重点出版物出版规划教材2部。获得校级“实习工作先进单位”、山东大学第一届学术周优秀组织单位、2019年度暑期学校优秀组织奖等荣誉称号。学院注重师资培养，2019年学院教师获得教学优秀奖1名，山东大学2019年度优秀“课程思政”教学设计案例比赛一等奖1名、三等奖2名，2019年青年教师讲课比赛二等奖2名、三等奖3名。

六、研究生培养

2019年，重新按一级学科制定了研究生招生简章，对研究生培养方案进行了修订和完善，制订了一整套基于一级学科机械工程0802的学术研究生培养方案和面向交叉学科研究生的培养方案，首次制定了课程模块化的管理体系，新开5门全英文课程。学院2019年获得2020年博导资格人员43人，获得2020年硕导资格人员101人。2019年，学院评选山东大学优秀学术成果奖，共获得二等奖2项，三等奖5项；获“2019年山东大学优秀博士研究生创新能力提升计划”1人；获“2019年山东大学优秀博士学位论文”2人；获“2019年山东大学优秀硕士学位论文”3人。2019年，研究生共毕业166人，其中博士生共毕业19人，硕士生共毕业147人。

七、国际交流与合作

2019年，机械工程学院邀请7位老师作为短期境外专家到访学院为学生举办讲座、洽谈教学及科研项目合作。学院2019年迎来一位全职外籍师资Vinothkumar，在国际化师资方面取得突破。聘请澳大利亚新南威尔士大学Feng Ningsheng教授为本科生授课一学期，并开展了研究工作。尼泊尔学生代表团参观学院，了解学院在教学及科学研究方面的情况，为后续尼泊尔本科生招生项目的顺利实施打下坚实基础。学院开展墨西哥硕士招生面试工作，向着学院研究生教育国际化迈出坚实一步。制订了一系列管理培养方案，为学院下一步的国际化发展以及留学生的趋同化管理指明了方向，进一步推进学院的研究生国际化建设。

八、实验室建设

2019 年，建成验收智能制造科学馆的一期工程—智能制造实训实验室，建立了山东大学机械实验中心网站、机械工程实验教学示范中心网站、虚拟仿真实验教学中心网站。2019 年，示范中心获批教育部校企协同育人项目 9 项，国家级在线精品课程 1 门，完成校级实验室研究项目 2 项，立项校级实验室研究项目 3 项。针对新工科教学体系改革申报院级教学项目 29 项，增设 VR 技术应用与实践、机械基础综合实验和综合创新实验课程的实验项目 10 余项，开设总实验项目数 128 个，独立开设实验课程 8 门，2019 年完成实验约 34 万人时数。完成 2019 年实验室建设项目 5 项，到位经费 146.034 万元。立项双一流实验室建设项目 1 项，经费 330 万元。

九、学生教育和管理工作

制定了《山东大学机械工程学院本科生请销假管理规定》《山东大学机械工程学院本科国际学生日常管理实施办法》《山东大学机械工程学院本科生住宿管理规定》《山东大学机械工程学院研究生工作室安全卫生管理办法》《山东大学机械工程学院研究生国际学生日常管理实施办法》《山东大学机械工程学院研究生住宿管理规定》等文件，修订和完善了《山东大学机械工程学院学生管理条例及工作文件汇编》《机械工程学院研究生新生学业奖学金评选办法》《机械工程学院研究生奖学金评审办法》《山东大学机械工程学院研究生学术讲座考核办法》《机械工程学院研究生综合素质测评评分细则》《山东大学机械工程学院拓展培养计划实施方案》等文件。2019 年，学院获评“山东大学红旗团委”“山东大学军训工作先进连队＋十佳方队”“山东大学学生就业工作先进单位”“山东大学创新创业工作先进集体”“山东大学十佳团支部”等荣誉。

（杜宜聪）

控制科学与工程学院

一、学院概况

控制科学与工程学院建有“控制理论与控制工程”国家（国防）重点学科（在教育部第四轮学科评估中获评 A-类学科）。学院现有国家自然科学基金委创新群体 1 个，教育部长江学者创新团队 1 个，拥有国家地方联合实验室、教育部工程研究中心各 1 个，山东省重点学科、重点实验室和工程研究中心 7 个。学院现有教职工 156 人，其中教授 58 人，教育部长江学者特聘教授 3 人、长江学者青年项目 2 人，国家杰出青年基金获得者 4 人，国家优秀青年基金获得者 3 人，“新世纪百千万人才工程”国家级人选 2 人，山东省泰山学者攀登计划入选者 2 人，泰山学者特聘教授 5 人。

学院现任院长张承慧，党委书记高瑞。

二、2019 年度主要工作

2019 年，控制学院领导班子以习近平新时代中国特色社会主义思想为指导，扎实高质开展“不忘初心，牢记使命”主题教育，带领全院师生聚焦人才、平台、科研三大战役打歼灭战，学院《中长期发展规划》和学院班子《任期目标责任书》明确的各项指标如期、超前推进，控院元素在学校“双一流”建设进程中举足轻重，熠熠生辉。

（一）党委全面领导、核心统领，谋、干、成大事

1. 抓实主题教育，落实教育效果

扎实开展“不忘初心，牢记使命”主题教育，以“追求卓越，只争朝夕”的精神，聚焦全面提升党建工作质量。学院党委班子带头落实“不忘初心，牢记使命”主题教育各项要求，深入学习贯彻习近平新时代中国特色社会主义思想，贯彻落实“守初心，担使命，找差距，抓落实”的总要求，以“坚守立德树人初心，牢记学科争优使命，推进机制体制优化，深化教风学风改良，全面推动学院发展”为内容深化主题教育成果，进一步明确学院的初心和使命，破解学院“双一流”建设和高速发展中的一系列难题。

2. 担当作为，党政合力，努力破除“两张皮”现象

学院党委统领、党政同心，以高质量推进学科建设，完成《任期目标责任书》和《基层单位学科发展中长期规划》为目标，充分发挥学院党委的全面领导和核心统领作用，召开党委会议 10 次，党委专题会议 5 次，研究部署学院党建统领下中心发展中的

重大事项。大力推行学院管理服务团队协同分工负责制，克服党建工作与学院“双一流”建设工作“两张皮”问题，尤其是引进人才落地的诸多事宜，充分体现了分工合作，KPI中引进高层次人才指标首先从学院管理服务团队成员认领分配任务开始，真正做到全体动员，迅速推进工作。

3. 瞄准中心工作需要，优化二级单位结构，高质量完成系所、支部换届

以“学术高端化，视野国际化，构成合理化，干部年轻化”为原则，认真落实支部书记“双带头人”制度，综合考虑学科建设、单位发展、年龄结构、长远发展需求等因素，指导完成学院二级单位优化和系所、支部换届工作。在优化调整系所结构的同时，构建分层管理新模式，健全了学院中层领导考核评价体系。

（二）学生中心、学者优先，追求卓越，建一流学院

1. 深化交叉融合，凝练优化学科方向

紧紧围绕山东大学第十四次党代会“三个阶段”的战略部署，紧紧抓住“做强学科，做强学院”两项重点任务，以兴学强国为使命，以中国特色世界一流为核心，以立德树人成效为根本标准，以人才强校、学术兴校、服务山东、文化引领、国际化和一体发展六大战略为主线，推动学科的特色建设和高质量建设。

2019年，进一步推动学科交叉、医工融合，积极培育智能医学工程、智能通信与网络等新的学科增长点，进而打造出以中组部海外高层次人才项目方某某引领的“基于3C融合的智能通讯”方向，以中组部海外高层次人才项目戴某某、山东省泰山领军人才李贻斌教授为学术带头人的“人工智能与机器人”方向，以长江学者张承慧为学术带头人的“综合能源系统”方向，以贾磊教授、隋青美教授为学术带头人的“智能感知”方向，以新引进国家杰出青年基金获得者王聪教授和刘常春教授为学术带头人的“智能医学工程”方向。

2. 引育并举，杰出人才队伍建设成果丰硕

以实际行动贯彻“人才强校”战略，学院杰出学者、有海外经历的教师和管服团队群策群力，引育并举，学院杰出人才队伍建设取得丰硕成果。2019年，控制科学与工程学院人才队伍建设取得新突破：新增国家杰青1人（王光臣，占全校的1/2）、引进国家杰青1人（王聪），新增国家百千万人才1人（陈阿莲），新增国家优青1人（徐娟娟，占全校的1/6）、青年长江学者1人（张伟，占全校的1/4）。新增山东省泰山学者特聘教授1人（张宪福）、山东省有突出贡献的中青年专家1人（蒋奇）。从英国约克大学、德国慕尼黑工业大学、沙特阿卜杜拉国王科技大学引进青年泰山学者3人（宋然、马晓鹏、郭帅帅）。

此外，中国工程院院士何友教授受聘山东大学兼职讲席教授；国际著名控制论专家、美国国家工程院、欧洲科学院院士，美国伊利诺伊大学香槟分校工程学院院长Tamer Başar教授受聘山东大学名誉教授。

成功组织齐鲁青年论坛“智能自动化－电力电子－生物医学工程”分论坛，来自华盛顿大学、伊利诺伊大学香槟分校等著名高校以及亚德诺半导体、InterDigital等高科技企业的13名海内外优秀青年人才参加，其中已经有3人签订了意向合同，有意近期申报学院岗位。

3.“全面撒网、重点突破”强力推进科研组织

2019 年控制学院科研工作取得突破性进展，立项经费突破 1.64 亿元，创学院历史新高，实现了从千万到上亿计量单位的升级，国家级科研平台实现“从 0 到 1”重大突破。

（1）经费立项、到位总额双破亿，实现计量单位升级

2019 年度，学院各类项目经费立项 1.64 亿元，到位 1.053 亿元，双双破亿，实现计量单位从“千万”到“亿元”的升级。

获批立项国家基金项目 22 项，经费 2389 万元，其中王光臣国家杰出青年基金 1 项（占全校的 1/2），徐娟娟国家优秀青年基金 1 项（占全校的 1/6），张伟、李贻斌、张承慧国家基金重点类项目（重点/联合基金/重大研究计划）4 项（占全校的 1/5），另有国家基金面上项目 12 项、青年项目 4 项。

继续积极组织科技部重点研发计划项目，共立项 11 项，其中山东大学以第一单位第一负责人主持重大项目 1 项，以课题负责人主持重点项目 10 项。立项经费 2949 万元。

大力推进走向军工战略，军工项目立项 10 项，其中重大项目 1 项，重点项目 9 项。立项经费 2713 万元。

全面启动实施服务山东战略，牵头主持山东省重大科技创新工程 7 项（每项经费一般为 500 万元）、重大基础研究项目 2 项、山东省军民融合项目 1 项，立项经费 3918 万元；参与的山东省重大创新工程项目立项 15 项，按比例分配到学院的合同经费 3191 万元。牵头主持和参与山东省重大科技项目（含创新工程、重大基础研究、军民融合项目）总经费 7109 万元（分配到控制学院经费）。

获得济南市《促进高校和科研院所协同创新和成果产业化若干政策》资助项目 5 项，立项经费合计 950 万元。

获得山东省农业振兴计划重点支持项目 1 项，合同经费 300 万元。

横向课题合同 800 余万元，到位经费 400 多万元。

（2）平台建设质量并举，实现国家级平台“从 0 到 1”突破

学院新增科研平台 5 个：国家级平台 1 个即“新能源与高效节能国家地方联合工程研究中心”。教育部平台 1 个即“智能无人系统教育部工程研究中心”。山东省平台 2 个即“山东省大型工程智能检测技术工程实验室”和“山东省机器人与智能系统协同创新中心”。校级研究平台 1 个即“智能医学工程研究中心”。

（3）服务地方工作扎实推进

与日照安泰集团联合建立科研与研究生实践基地项目。

与中国华戎联合成立“智能无人系统”研究院项目。

以厅市会商的方式申报山东省重大科技创新工程项目 1 项，项目总经费 6000 万元，其中省拨经费 2000 万元，我校科研经费 300 万元。

2019 年，学院推荐 4 位老师在平度、章丘、聊城等地进行科技挂职工作，他们作为控制学院开展服务地方工作的排头兵，发挥了重要的作用。

4. 本科专业建设和教育教学体系改良取得成果

（1）本科专业建设和教改工作成效显著

教育教学改革项目获批和申报数量创新高。2019 年，获得立项项目 11 项，其中重点项目 1 项（智能时代自动化类新工科创新人才培养模式探索与实践），重点培育项目 1 项（深度学科融合的微专业人才培养模式研究与实践），重点类项目数并列全校首位。

专业布局优化与新工科建设稳步推进，成效显著。自动化专业依次获批"山东大学优秀专业""国家一流专业"，生物医学工程专业获批"山东省一流专业"。

"自动化科学"理工融合新工科创新实验班、"人工智能与机器人"新工科创新实验班，双双顺利通过中期检查，均获得 2019 年度"A 类"资助。

智能医学工程新工科专业通过校教学指导委员会答辩评审，并已报送教育部审批，有望于 2020 年招生。

贯彻"德业融育"理念，"课程思政"建设再创佳绩。组织申报 7 门课程参加山东大学第二批"课程思政"优秀教学案例设计评比，最终获得校级一等奖 4 项，二等奖 1 项，三等奖 2 项的佳绩，一等奖数量继 2018 年首批评比占据全校所有教学单位头名之后，再次拔得头筹。

学院课程建设平稳前行，在线精品和一流课程皆有成效。在线精品课程上线课程 5 门。另外，推荐 4 门课程申报 2020 年度国家和省级一流课程，是学院近年来申报最多的一次。

推荐 4 门课程申报省和国家一流课程，《自动控制原理》《数字电子技术》和《系统生理学》获得山东省一流课程申报资格。

2019 年，组织申报 9 个暑期学校项目，全部获得立项，学院推荐陈桂友、姚福安和李岩负责的 3 个暑期项目获得"优秀暑期项目"称号。

重视优质生源入口关，招拓工作取得瞩目成绩。学院获得 2019 年招生拓展优秀工作单位，另有魏守水等 2 人获得校级招生拓展先进个人称号。

招生宣传材料"智控天下，慧通未来"首度在山东大学本科招生"微信公众号"上发布，点击量、转发数居全校首位。

青年教师发扬优良传统，教学比赛再创佳绩。王新沛在山东省高校青年教师教学比赛中获二等奖，谯旭和张善辉获得省级优秀奖。在 2019 年的校级教学比赛中，周晓天获得一等奖，王正方和刘国良获得二等奖，周晓天获得参加山东省比赛的资格。

刘树堂当选山东大学优秀教师，张承慧当选山东大学优秀教育工作者。李现明和姚福安进入校本科教学荣誉体系，获得"山东大学本科教学优秀教师"称号。孙同景教授获得创新创业教育突出贡献奖，陈桂友、姚福安、吴皓、周风余和荣海林等获得创新创业教育优秀指导教师称号，朱文兴获得创新创业教育先进工作者称号。

（2）实验教学及实验室改革建设有序推进

"人工智能与机器人"双一流专业实验室获山东大学首批建设经费 200 万元，第二批建设项目业已入库，经费 350 万元。

获批实验室建设与管理研究项目 4 项，其中重大项目 1 项（新工科背景下自动化类自制教学仪器集群建设的探索与实践），重点项目 1 项（加强创客文化建设，提升实验室“安全”开放共享质量）。

（3）贯彻“德业融育”理念，人才培养质量稳步提升

学院团委荣获五四红旗团委，在社会实践工作中做典型性发言。

大学生电子设计获得国家一等奖2项，二等奖8项；智能车竞赛获得国家级一等奖4项，二等奖7项。成功举办控制学院“学以致用”专业知识应用大赛。

学生社团建设成绩突出：电子设计协会获2019年山东省优秀大学生科技社团、济南市百佳社团；连心支教调研团获2019年“知行计划”榜样100全国最佳大学生社团。

5. 召开研究生教育工作会议，研究生培养质量继续提升

（1）成功召开研究生教育工作会议

以加强学风学纪、师德师风建设，全面提升研究生质量，培养最富有创造力的研究生为主题，成功召开2019年研究生教育工作会议。

（2）其他主要业绩

获评研究生招生先进工作单位。控制学院获评山东大学2019年度研究生招生先进工作单位（全校共10个），追加8个硕士招生指标，列全校第一。成功举办了优秀大学生暑期夏令营，总共招录硕士研究生195人，其中推免生102人，来自985院校平台生源81人，占录取总人数的41.33％。

学科交叉导师创新团队博士招生专项计划项目成功立项。控制学院积极组织学科交叉导师创新团队博士招生专项计划项目申报，全校共立项10个，控制学院牵头2个，参与3个，交叉团队招收博士生9人，列全校第一位。

持续推进研究生教育教学质量。控制学院刘允刚老师当选山东大学优秀研究生指导教师，获评研究生教育教学优秀成果培育计划项目重点项目1项，全校共5项。

国际化建设水平不断提升，首批16个外国留学生顺利入学进入培养体系。

6. 围绕中心开展工作，统战、宣传、工会工作成效显著

在学校庆祝中华人民共和国成立70周年教职医务员工合唱比赛中获得一等奖。

2019年，捐赠4笔资金到账1044.16万元，位列全校首位。纪德法校友捐赠1000万元；张元亭教授捐赠11.16万元，设立“山东大学青年学生健康工程创新奖”；新风光电子科技股份有限公司捐赠90万元（分三年）设新风光奖学金；烟台化学捐赠3万元支持研究生校园文化活动。

加强媒体建设，所有网站迁入学校网站群，改版学院网站、院办公信息网，新建院英文网站、院企业公众号，编辑学院宣传册电子版。

在2019年校运会上，控院健儿一鼓作气，一举拿下校运会团体第三名、女子团体第三名和男子团体第七名的优异成绩。

（汤庆新）

能源与动力工程学院

一、党建工作

1. 设立“教师之家”，为教师提供活动和交流的平台；完善“党员之家”建设，规范党支部档案建设；举办“院长下午茶”“师生学术沙龙”等加强师生交流，师生获得感、幸福感增强。

2. 培植师生爱国主义情怀。以新中国成立70周年为契机，采取“快闪”形式师生手拉手歌唱《我和我的祖国》，加深师生爱国爱党之情，增添学院团结奋进正能量。

3. 落实“不忘初心，牢记使命”主题教育方案。把学习教育、调查研究、检视问题、整改落实有机融合、贯穿始终，同步谋划、同步推进，确保广大师生党员干部思想认识到位、检视问题到位、整改落实到位、组织领导到位。党建和中心工作“两张皮”现象得到较好解决。

二、本科教学

1. 本科专业调整优化，获批新能源科学与工程专业，能源与动力工程专业6个模块缩减为3个。成功申报一流专业，能源与动力工程专业参评全国一流专业，能源与环境系统工程专业参评省一流专业。成立专业教学系。

2. 推进“三全育人”，制定实施细则，完善本科生导师制。自主增加期中考试，加强过程考核。

3. 获评实习教学工作先进单位；获暑期学校优秀项目2项；组织参加全国大学生节能减排竞赛获国奖9项。

4. 加强本科招生拓展工作获年度本科招生拓展先进集体及先进个人1人。

三、研究生培养

1. 优秀生源拓展成效显著，推免录取人数60人，同比增长122%。本硕连读创新激励计划项目实现本校推免比去年同期翻倍。共招收硕士生109人和博士21人。

2. 举办研究生学术沙龙暨优秀学术成果展；暑期聘请校内校外知名教授为研究生授课；连续6年申报学校博士研究生高端学术论坛项目并获资助。

3. 修订了博士生中期考核办法；开展2018～2019博士学位论文质量自查工作。累计授予学位 120 人。

4. 优化导师招生资格审核方案。新增博导 6 人、硕导 15 人。组织导师专题培训。启动实施副导师制。

5. 获研究生教育教学优秀成果培育计划项目和教育教学改革研究项目各 1 项；获优质课程建设立项且被推荐省级项目 1 项；3 篇博硕士论文获评校级优秀学位论文且参加省优评选；3 项成果获推荐参评省优秀成果奖。

四、队伍建设

1. 聘请中国工程院院士李椿萱、英国皇家学会院士 Colin Snape 和日本工程院院士芹泽昭示教授为山东大学兼职讲席教授。新聘一名国家杰出青年基金获得者为山东大学兼职特聘教授。

2. 引进 2 位海外优秀博士后任齐鲁青年学者，2 位海外优秀博士任副研究员。新入站 3 名全职博士后。6 位青年教师赴海外研修。

3. 组织第四届齐鲁青年论坛分论坛，邀请来自美国康奈尔大学、英国帝国理工学院等知名高校 16 位青年学者参加，其中 3 位学者正申请齐鲁青年学者。

4. 修订“优秀青年教师提升计划实施方案”，筹备青年教师工作委员会，加强优秀青年人才培育和激励。

五、学科建设与科研工作

1. 完成“双一流”建设中期自评报告。筹划组建学科发展咨询委员会。

2. 实施学院基层科研单位科研经费目标责任制，与基层单位签订“科研经费目标落实责任书”。修订职称、岗位评聘相关科研业绩条件。

3. 到位经费 3100 余万元，其中横向 1800 余万元、国防类 345 万元。获国家自然基金 8 项，省重点研发公益项目 8 项、省自然科学基金 9 项。

4. 发表 SCI 期刊论文 120 余篇，且 JCR 一区论文占 60%以上，论文数量质量均稳步提升。2 篇获 ESI 高被引论文。发明专利申请 80 余项，预计授权 60 余项。

5. 完成教育部工程技术研究中心评估验收。新增山东省固废绿色材料工程实验室。积极推进服务山东，拓展校地校企合作建立研究院、研究中心等 10 个。

6. 作为合作单位获省科技进步一等奖 1 项、中国机械工业科学技术奖科技进步奖二等奖 2 项、黑龙江省科技进步二等奖 1 项。

7. 完成学术诚信自查自纠工作，将科研诚信、学风建设、防范学术不端行为纳入持续监督管理。

六、学生工作

1. 开展主题教育，强化党团建设。完善学生党支部“三会一课”制度；严肃推优入党程序，创新开展学生党员朋辈辅导员工作；实行“成长计划”，建立“党员志愿服务队”在实践中锻炼学生党性。1 人获校级“自强之星”称号，134 人次获校级优秀共青团员等荣誉，1 人获校级十佳共青团员。

2. 加强学风建设，强化专业教育。严格日常管理，以点线面结合分类实施助学计划，通过“励学破茧”个性指导，精准管理；1人获得“校长奖学金”，13人获国家奖学金，19人获社会奖学金，117人次获各类特长奖学金。

3. 立足学科特色打造节能创新文化育人体系，获学校“一院一品”重点立项并获学校示范持续支持。打造三大平台，六大板块，将节能创新文化融入人才培养全过程。

4. 坚持以人为本，“德育为先”为教育理念，扎实做好研究生思想政治教育工作。组织集中收看“灯塔大讲堂”、国庆阅兵仪式，组织录制“我和我的祖国”快闪活动等。

5. 搭建研究生学术交流和科研创新实践平台，增强了研究生科研创新和实践能力。研究生合唱比赛获校二等奖；篮球赛获第二名。

6. 邀请专家为学生做专题心理健康教育讲座，2019级全体研究生完成心理测评，根据测评结果进行咨询谈话，持续关注学生情况。

7. 完成毕业生生源信息采集、就业信息整理与统计、毕业派遣、毕业档案整理派发等工作。2018届毕业研究生109人，就业率99.08%。

（罗　峰）

电气工程学院

电气工程学院下设电力工程、电机工程、电力经济3个系，设电力系统研究所、继电保护研究所、电机与电器研究所、电力电子研究所、电工理论与新技术研究所、高电压与绝缘技术研究所、电气工程实验中心和可再生能源与智能电网研究所（校级）。拥有“电网智能化调度与控制”教育部重点实验室、“电动汽车接入电网技术”国家地方联合重点实验室、“特高压输变电技术与装备”山东省重点实验室、全球能源互联网山东省协同创新中心、山东大学全球能源互联网战略技术研究院以及四个省级工程中心。

学院现有全职教职工143人，专任教师113人，其中博士研究生导师31人，硕士研究生导师91人（含博导），教授（研究员）43人，副教授（副研究员）51人。现有教师中有“长江学者”特聘教授和讲座教授各1人，海外兼职讲座教授11人；国家特聘专家5人；国家自然科学基金优秀青年基金获得者1人，“泰山学者”特聘教授2人，“泰山学者”海外特聘专家1人，山东省杰青2人，山东大学齐鲁青年学者5人。国务院政府特殊津贴专家5人，国家百千万人才工程第一、二层次1人，省级有突出贡献的中青年专家3人，教育部“新世纪优秀人才”2人。学院党委设书记1人，副书记2人，刘相宜研究员任书记；学院设常务副院长1人，副院长4人，张恒旭教授任常务副院长。

一、主要举措

1. 充分发挥党委核心作用，实现党建工作全覆盖，全面加强党的领导。以学校第十四次代会为统领，以“五个到位”为工作目标，以扎实开展“不忘初心，牢记使命”主题教育为抓手，强力推进科研组织、实验室建设、人才培养以及青年教师能力提升等重要改革及配套措施落实落地。持续修订规章制度，进一步落实党政领导联系教师党支部、联系学生班级、党政领导担任思政导师，党政领导联系优秀人才制度，落实双带头人工作室建设。

2. 启动实施学科发展生态体系建设。将学校六大发展战略融入学院发展，以推动学院内涵发展、建立长效发展生态体系为目标，建设“两体系一工程”，即：以党建为统领的学院文化生态体系，人才培养质量提升为目标的教育教学现代化工程，学术影响力提升为目标的科研生态体系。

二、工作成效和亮点

1. 扎实开展“不忘初心，牢记使命”主题教育，全面提升党建与思想政治工作水平。召开了“双一流”学科建设研讨会、青年教师座谈会、人才培育工作座谈会等专项工作会议11次，学院领导班子围绕改革发展工作开展专题学习研讨会10次，班子成员面向教师学生讲党课11次。建立健全制度体系，修订或新制定16项规章制度。进一步落实党政领导联系教师党支部、联系学生班级、党政领导担任思政导师，党政领导联系优秀人才制度，落实双带头人工作室建设。进一步拓展5个校企党建共建基地，在人才培养、学科建设、科学研究、服务社会等方面实现全方位的战略合作。完成14个基层党支部调整和支委换届选举工作。认真开展学习贯彻十九大精神主题实践活动，组织召开“迎七一，不忘初心，牢记使命”主题党日活动、“回忆入党那一天”共过政治生日活动、庆祝建国70周年主题教育、庆祝2019年教师节暨先进表彰大会等教育活动7次;本年度发展党员81人。

2. 人才培养质量切实提升。组织申请“电气工程及其自动化”国家一流本科专业建设点（首批）；申报“东北亚能源互联网”虚拟仿真实验教学国家级虚拟仿真实验教学项目，进入国家级评审；与固纬电子共建“先进电力电子”实验室，规划建设“探秘电世界”山东大学电科学实践教学基地和PowerX Lab创新创业实验室；组织承办“承办山东省高等学校电工学研究会第十七届学术年会”“全球能源互联网科技创新与人才培养研讨会”以及“第四届海峡两岸电力电子技术实训交流会”。加大研究生招生宣传力度，推进研究生招生和培养体系改革，着力提升研究生培养质量。加强外籍留学生管理，配备专门管理人员负责教育管理，确保留学生群体安全稳定。

3. 科研与平台建设稳步推进。改革科研组织形式，激发科研活力，打破五个二级学科的壁垒，大力推进跨学科团队制改革，组建11个学术团队；整合现有科研平台，启动院级科研实验室规划与建设，筹资1500万元进行科研实验室条件提升。获批国家重点研发计划课题1项（487万元），国家自然科学基金重点项目1项（300万元），山东省重大创新工程项目1项（350万元），国家面上/青年基金9项；为主参与了三个过千万的项目（1100万元、1430万元、3300万元）；到账科研经费4000多万元，合同额超过6000万元；刊出SCI论文90余篇。

4. 人才引育实现双提升。启动实施青年教师助飞计划，着力帮助刚入职教师过教学关，尽快适应角色转变，取得良好效果。引进兼职讲席教授3人；引进齐鲁青年学者2人，新增校内杰出人才体系人选2人；申报千人计划1人、青年千人计划1人、青年拔尖人才支持计划1人；新增山东大学青年学者未来计划2人；全职引进青年教师2人，博士后4人。

5. 服务地方与校企合作取得突破。把握新能源汽车千亿级产业链，与德州（电动汽车检测中心）、淄博（电动汽车电机）、青岛（海尔智慧能源）、滨州（无线充电）、烟台（电动汽车整车）联合共建实验室，把实验室建在山东大地上。

6. 国际交流成效显著。主办第三届International Symposium on Smart Grid-Methods，Tools and Technologies国际研讨会；IEEE IAS/PES/PELS山东大学学生分会获

得 IEEE 中国杰出学生分会。申请获得第一届 IEEE IAS I&CPS Asia、2020 IEEE Student Ccnference on Electrical Machine Systems 国际会议承办权。

7. 学生教育管理工作成绩突出。2019 年度学院获得山东大学红旗团委、就业工作先进单位等荣誉称号；学生科技创新成绩突出，获得省部级及以上科技创新奖励 80 多项；分层次、分类别开展职业生涯规划辅导，注重引进外部资源，聘请知名校友担任职业规划导师，大力加强就业市场拓展和维护工作。本科生一次就业率达到 90% 以上，升学比例达 52.81%，创历年新高。

（王晓龙）

土建与水利学院

土建与水利学院始建于1947年，现有4个本科教学系、1个省部级重点实验室、1个省部级的工程研究中心，9个研究中心，1个实验中心。拥有土木工程和力学2个博士后流动站、土木工程一级学科博士学位授权点和工程力学二级学科博士学位授权点，4个一级学科硕士学位授权点、9个二级学科硕士学位授权点，4个本科专业。全日制在校本科生671人，研究生408人。

学院现有教工125人，其中教授35人，副教授47人。中国工程院院士1人，教育部长江学者特聘教授2人，国家杰出青年基金获得者1人，国家“973”项目首席科学家1人，新世纪百千万人才工程国家级人选1人，科技创新领军人才3人，国家优秀青年基金获得者1人，教育部“新世纪优秀人才支持计划”入选者4人，二级教授4人，中青年科技创新领军人才1人；泰山学者攀登计划人选1人，泰山学者特聘专家2人，泰山学者青年专家2人，山东省杰出青年基金获得者3人；教育部长江学者创新团队1个，科技部重点领域创新团队1个，山东省泰山学者攀登计划团队1个。学院近五年来承担各类科学研究项目400余项，其中包括国家“973”计划项目、国家“863”项目、国家自然科学基金重大重点项目、国家重点工程项目等。近五年获得国家科技进步二等奖4项，山东省科学技术最高奖1项，省部级一等奖10余项。

2019年，土建与水利学院在学校党委领导下，高举中国特色社会主义伟大旗帜，全面学习贯彻党的十九大精神，以习近平新时代中国特色社会主义思想为指导，全面贯彻落实学校第十四次党代会精神，认真贯彻落实《中共山东大学委员会2019年工作要点》和《山东大学2019年行政工作要点》，不忘初心、牢记使命，加强党的建设，提升党建科学化水平；紧紧围绕立德树人根本任务，坚持“世界一流学院”和“一流学科”的建设目标，不断推进学科建设、教学科研、对外交流、人才培养等方面的工作，取得了较好成绩。

一、党建和文化建设

1. 扎实推进“两学一做”学习教育常态化制度化。落实党委中心组学习、“三会一课”等基本制度。组织党员认真学习学校第十四次党代会精神、全国教育大会精神等。组织教工党员赴大别山、小岗村参观学习，加强党员教育，提升政治站位。

2. 认真完成“不忘初心，牢记使命”主题教育各项活动。学院共召开12次党委会，理论中心组学习4次，主题教育集中学习研讨7次；组织座谈会5场，征集意见建议35条，解决师生实际困难7件；开展主题党日活动5次，组织党员赴“奋斗的山东”成就展、北京“建国70年成就展”、香山革命纪念馆、校史馆博物馆等地参观学习，加深了党员对初心和使命的认识；组织党建工作分享会，发挥黄大年团队和“全国样板党支部”的模范引领作用。

3. 依照“对标争先”“双带头人”工作精神，加强组织力建设，突出“七个有力”，提升党支部的战斗力。全力做好岩土中心党支部“全国样板党支部”培育建设工作，开设专门网页，总结制定了《岩土中心临时党支部一三五七工作法》，重新高标准设计装修100多平方米的党员活动和“全国样板党支部”工作室，配备了大触摸屏和批量图书资料，标准化规范化建设有了质的提高，顺利通过教育部中期验收。

4. 坚持做好在高知群体中发展党员工作。2018年，发展教工党员2人，其中1人为国家青年千人、齐鲁青年学者，1人为人才托举计划获得者。目前，教工党员比例达到70%以上。

5. 加强教工党员和教工党支部书记培训，制定教工政治学习制度，严格周四政治学习考勤。基层支部书记全部完成本年度学校党校线上线下培训学习。

6. 进一步加强学生党建工作，切实发挥党支部战斗堡垒和党员先锋模范作用。根据学生特点成立国防生党支部、班级党支部，开展党员“讲师团”活动，提高党员意识、责任意识、思想意识和服务意识，促进党员发挥模范带头作用。2019年，新发展学生党员50人，党员质量不断提高。

7. 加强师德建设，组织全院教师学习贯彻《新时代高校教师职业行为十项准则》《关于高校教师师德失范行为处理的指导意见》及教育部等七部委联合印发的《关于加强和改进新时代师德师风建设的意见》。从青年教师培养角度入手，开展讲课比赛、岗位培训等多种形式的师德建设活动。加强师德师风建设，积极发挥榜样的力量，发挥典型引领示范和辐射带动作用。严格师德督导，建立多元监督体系，加大对失德失范、学术不端等行为的惩处力度。

8. 继续发挥学院工会作用。建设“职工之家”，关心在职职工。组织大家喜闻乐见的工会活动，增强教工的凝聚力。做好离退休老教师工作，逢年过节登门拜访看望，为年龄逢五逢十的离退休教师过生日。为生病和生活困难的教师送温暖。

二、行政工作

学院党政领导班子带领师生员工，凝心聚力，攻坚克难，抓住机遇，学院工作取得新突破。

（一）学科建设及人才培养

1. 2019年，新当选中国工程院院士1人，引进各类高层次人才9人（包括英国院士1人，日本外籍院士1人）；培育国家级人才4人，包括“万人计划”1人，“青千”1人，“泰山特聘”1人，“青年泰山”1人；齐鲁青年6人。

2. 对各学科进行了专家论证，为学院多学科的交叉发展提出了明确的中长期发展路线。

（二）本科、研究生教学、培养工作

1. 加快建设“土木、水利与海洋工程”新专业；土木工程申请国家一流专业，水利水电工程和工程力学申请山东省一流专业。

2. 实行目标导向性分类培养，构建全程化、系统化“杰出人才培养计划”。获国家级和省部级竞赛奖励20余项，科创项目新立项国家级1项、校级重点1项、校级一般9项。

3. 校院两级出资重点培育教研项目11项，申请山东大学教学成果奖6项，建设慕课（MOOC）和精品课程4门。

4. 建立实践基地38个，获批校级资助创新创业平台，建立本科生交叉创新中心，产一学一研一赛深度结合。

组织“智慧课堂”教学研讨活动，2位教师获得FDW及ISW证书。青年教师教学比赛3人获奖；优秀“课程思政”教学设计案例4人获奖，“宝钢优秀教师奖”1人，“山东大学优秀教师”1人，中国力学学会全国徐芝纶力学优秀教师奖1人。

5. 成功举办全国大学生暑期夏令营，显著提升了研究生生源质量。

6. 完善研究生招生目录编制，制定招生指标分配办法。

7. 制定《研究生课程教学管理办法》，自筹经费设立建设案例课程4项。

8. 海外留学基金资助派出2人；国家建设高水平大学公派研究生5人；国家建设高水平大学公派联合培养博士9人。

9. 获校优秀博士学位论文1篇；获校优秀硕士学位论文2篇；获省专业学位研究生优秀成果奖1项。

10. 获得校博士研究生高端学术讲坛立项，为研究生开展学术活动50多次。

（三）科研工作

1. 制定了科研团队管理办法，组建了11个学术创新团队，学科交叉融合。

2. 组织多次学科论证会，提炼各学科的研究方向，梳理了大项目申报渠道。

3. 注重学术诚信和学术规范教育，主办多次国际国内学术会议。

4. 积极搭建科研平台，服务山东。成立“山东大学一泰安固废综合利用研究院”及“山东省工业技术研究院工业化建筑智能建造协同创新中心”；与山东高速集团项目合同额达1500万元；单项专利技术转化500万元。

5. 授权发明专利120件；获得国家科技进步二等奖1项，省部级二等奖2项，行业科技一等奖1项。

（四）国际化办学情况

1. 科研国际化—筹建国际联合实验室。已和利兹大学、长崎大学、帝国理工学院达成合作意向，有望2020年上半年签订合作协议。筹建“土木工程灾害防控国际联合实验室”，并寻求山东大学一基金委一教育部三级支持方案。进行博士双学位、科研合作、人才引进方面的合作。已和约翰内斯堡大学达成建立“一带一路基础设施建设与维护国际联合实验室”。

2. 外专引智。引进日本工程院外籍院士蒋宇静教授、英国皇家工程院院士Cohn教授为山东大学兼职讲席教授；聘任6名来自帝国理工学院等国际知名高校的学者为山东大学流动岗教授；聘任3名国际知名高校的学者为山东大学短期岗教授；聘任6名来自帝国理工学院等国际知名高校的学者到山东大学开设暑期国际课程，获得2019年暑期学校优秀组织单位。

3. 学生培养。博士双学位合作：通过3+2形式，与日本长崎大学建立博士双学位项目，共同培养博士生；本科生双学位：与日本熊本大学建立本科双学位项目；硕士双学位：深化亚洲校园合作项目，在济南成功举办亚洲校园夏令营；本科短期交流：与成均馆大学（QS排名90）建立本科生半年交流项目；2019年，共派出交流学生36人，接收留学生15人（学位生6人）

4. 建立并启用学院英文网站，提高学院宣传工作的国际化水平。

（五）学生思政及培养

1. 发挥党组织育人作用，强化教师育人责任，重视安全稳定工作，强化管理服务育人，广泛动员育人力量。

2. 获校长奖学金2人、校自强之星1人；校学生“五四青年科学奖”研究团队1支、校十佳团支部1个；获第一届全国大学生结构设计信息技术大赛二等奖1项、获第六届全国大学生水利创新设计大赛一等奖2项，二等奖1项。

3. 举办第六届“银通杯”大学生讲堂、“育英讲坛”报告3期，举办研究生第九届学术报告竞赛，承办“稷下风”学术报告10余期；党员帮扶讲师团扎实开展。

（六）实验室工作

1. 重点建设了基础力学实验室、水利工程试验室和道路交通实验室。新增实验项目6个，新增试验学时24个，总受益学生人数400人次。完成了结构大厅周边环境改造。

2. 充分重视教学、科研实验室安全管理工作，在人员、设备、环境等方面进行了规范化、标准化安全管理。

3. 加强实验教学成果和实验技术人员梯队建设。申请校级实验室建设项目2项，教改项目1项，申报校级教学成果奖1项。新引进博士实验技术人员1名。

4. 建设虚拟仿真实验项目1项，并已应用于教学。

（辛　帅）

环境科学与工程学院

2019年山东大学环境科学与工程学院以习近平新时代中国特色社会主义思想和党的十九大精神为指导，围绕“双一流”建设，以“由大到强”历史性转变为工作重点，在党的建设、人才引育、师资队伍建设、学科建设、科学研究、国际交流、“三全育人”、文化引领等方面取得了系列重大突破。

一、贯彻学校第十四次党代会精神，落实学院中长期发展规划

环境学院领导班子带头增强“四个意识”，坚定“四个自信”，做到“两个维护”，模范遵守党章党规党纪，自觉贯彻执行中央八项规定精神及实施细则，始终在思想上政治上行动上同以习近平同志为核心的党中央保持高度一致。积极开展“不忘初心，牢记使命”主题教育，坚持以理论创新武装头脑、指导实践、推动工作，努力做好“两学一做”常态化制度化，落实意识形态和安全稳定责任制，注重理论学习与实践学习相结合。

学院领导班子成员和党支部书记发挥先锋模范带头作用，带头学习，积极参加政治理论培训。学院党委充分发挥领导核心、政治引领和支撑保障作用，定期召开党委会，集中研讨学院发展改革中亟待解决的问题，及时梳理改革发展中遇到的矛盾，对现有问题制定整改台账，提出解决时限，对无法即时解决的问题做好各个环节的思想工作。加强与师生的思想交流，对重大问题及时向学校党委提交请示和汇报。

学院领导班子贯彻民主集中制，严格按程序决策、按规矩办事。本年度召开党政联席会议17次，扎实推进决策部署落实落细。主题教育期间领导班子调研听取了广大教职员工对学院的发展意见，学习兄弟院校经验，结合学院实际做好学院长远规划谋划，努力提高广大教职员工的获得感，激发干事创业的潜力，为真正实现强院兴校、由大到强而不懈奋斗。

二、强化组织谋划，引领学科发展

根据学校文件精神率先成立由8位院士组成的环境科学与工程战略咨询委员会，并召开战略咨询委员会第一次全体会议，凝聚了国内环境科学与工程学界的力量，厘清了学科发展思路，凝练了学科发展方向。组织承办国家自然科学基金重大研究计划“大气细颗粒物的毒理与健康效应”年度学术交流会，加深了学院与国家自然科学基金委、清

华大学、北京大学等国内知名高校和科研机构的交流。进一步强化“环境化学与生态毒理学”国家重点实验室的合作，推动山东大学参与联合共建国家重点实验室。主办第十八届山东省高校环境学科建设发展研讨会，深入探讨高校环境学科发展的新思路、新理念。主办2019年国际资源与环境研究会议（ICRER），增进国内外高校、科研机构的相互了解，推动了环境学科的国际化发展。积极推进前沿交叉科学研究发展，培育“新兴污染物的环境效应与调控”山东大学青年交叉科学创新群体一项。开展“新境界”系列学术讲座，凝聚力量，提升学科影响力。

在学院全体教职员工的努力下，环境科学与生态学科ESI排名从2019年1月的600位上升到2019年11月的538位，达到了0.51%；环境科学与工程学科在软科发布的2019年中国最好学科排名中，成为山东大学16个进入全国排名前10%的学科之一。

三、聚焦关键，平台建设和人才引育双丰收

学院将“杰出人才引进”和“科研平台建设”结合，实现杰出人才在山大快速扎根、凝聚团队、开花结果。本年度新增国家级杰出人才4人（加拿大工程院院士黄国和教授，国家特聘专家蔡勇教授，国家杰出青年科学基金获得者景传勇教授、张建教授）；引育青年泰山、齐鲁青年等青年科技人才5人（何作利研究员、倪寿清教授、孙波教授、闫震教授、王新波教授）；高宝玉教授连续入选爱思唯尔年度中国高被引学者。学院完善人才引育工作办法，制定了杰出人才引育奖励制度，发放人才引育奖励20万元。

依托人才引育，围绕国家重大战略需求，成功申报南水北调东线河湖生态健康教育部野外观测研究站（全校唯一），并申报国家野外科学观测研究站。强化国际合作与交流，成立山东大学中加能源环境与可持续发展联合研究中心、山东大学中意绿色发展研究中心，并积极推动国家重点实验室的联合共建。崔兆杰教授、刘汝涛教授和曾阳副教授等获聘“国际合作联络教授”，邀请海外知名学者开展学术报告、讲座、授课达23人次，派出接收学生交流达19人次。续签与法国奥尔良大学的联合培养协议，亚洲校园项目顺利推进。国际合作科研论文比例从去年的44%提升至67%。

四、强化团队攻关，重大项目和成果取得连续突破

国家自然科学基金立项经费增长160%。其中，张建教授获国家自然科学基金委杰出青年基金资助，周维芝教授、袁宪正教授申报的国家基金委与山东省联合资助项重点项目皆获批立项。此外，还获得面上项目4项、青年科学基金项目2项。闫兵教授的“典型纳米材料的生物效应及调控方法”获得山东省自然科学一等奖。此外，高宝玉教授、周维芝教授分别获得省部级二等奖1项。

学院立足学科优势，积极参与“服务山东”战略，获得山东省重大科技创新工程项目1项，立项金额500万元。获批山东省重点基础研究项目2项、山东省重点研发计划3项、山东省自然科学基金5项。与山东泰和水处理科技股份有限公司、山东佰世达木业有限公司构筑企业合作新模式，获得产学研经费2200万元。创新技术服务山东新旧动能转换，技术支持泰和公司深交所A股上市，产品全国市场占有率超过了50%，被工信部认定为制造业单项冠军培育企业。

截至2019年12月31日，实到科研经费4264.5252万元（其中纵向经费1904.14万元，横向经费2360.3852万元）。学院申请国家专利40余项，获得授权发明专利26项。

五、扎实推进专业建设，教育教学取得新成绩

定期举行党政联席会议讨论本科教育教学，有序推进专业建设。本年度环境工程专业通过国家一流专业评审，并提交工程教育专业认证申请。完善体制机制，成立环境科学与工程学院教学指导委员会、招生拓展工作小组等。出台本科毕业设计（论文）管理条例等制度，使教学管理有章可循、有据可依。为破解招生难题，举办“山东大学生态环境未来科学营”（省内外33所重点高中的56名优秀高中生参加）、开展高考集中咨询、优秀生源基地建设等，获得“山东大学本科教育拓展奖”。

践行“以学生为中心”的工作理念，组织多场师生交流座谈会。根据发展需求开展2020版培养方案修订工作。深化教育教学改革，组织骨干教师20余人次参加教育教学会议并接待多所兄弟高校访问。本年度获批4项校级教育教学改革项目，2项教学成果奖参加山东大学本科教育教学成果奖评审，增设院级教改项目5项。举办暑期“全国优秀大学生夏令营”，研究生招生数量达到历年最高，招收硕士研究生98人，同比增长16.7%；招收博士研究生28人。获2019年校级优秀硕士学位论文1篇、优秀博士学位论文1篇；获第二届研究生学术之星提名奖1名。

六、坚持“三全育人”，创新创业成绩斐然

1. 抓紧学生党建工作。积极探索并完善“学生骨干联系制度”，组织召开学生党建工作交流会；组织参观“遵义会议伟大转折”主题展览、参观周浩然烈士文化园、“不忘初心，牢记使命”主题教育暨升国旗等活动。继续以“初光”支教团为依托开展“世界地球日”“环保进小学”和“暑期支教与环保宣讲”等活动。

2. 科研育人特色鲜明。建立以本科生导师、班主任以科创为主要考核内容的考核办法。本科生一作发表论文2篇（2015级本科生杜伟彦和2016级本科生陈诚分别在环境及工程技术类顶级期刊上发表研究论文），其他14篇；获第十六届“挑战杯”全国大学生课外学术科技作品竞赛决赛中获全国二等奖1项；获第十届大学生节能减排社会实践与科技竞赛特等奖1项，二等奖7项，三等奖5项，优秀奖3项；在2019年国家级大学生创新创业训练计划暨山东大学校级科技创新基金立项评审中，获国家级立项1项，校级重点项目2项，校级一般项目8项。博士生马逍天、本科生陈诚获评山东大学第十届“五四”青年科学奖。王艳教授获评山东大学第十一届“我心目中的好导师”（全校11人）；赵珊教授获评山东大学青岛校区书院“十佳导师”。

3. 学生德智体美劳全面发展。学生就业质量稳步提升，学院获评“山东大学2019年引导毕业生赴基层就业先进单位”。2019届156名本、硕毕业生中有16名赴国家公共管理部门工作，其中有6人赴西部地区基层工作，展现了环境学子浓厚的家国情怀和敢于吃苦、勇于奉献的无私精神。本科生王伟获山东省优秀学生干部，本科生李会会、博士生宋雯获山东省优秀学生。硕士生董泽正获山东大学研究生道德风尚奖。10名本

科生、8 名研究生获山东大学优秀学生干部。硕士生宋柳莹等 3 人获校长奖学金，孙林潇等 5 名本科生获国家奖学金，另有 6 名硕士生、2 名博士生获国家奖学金。

学院获得山东大学“学生校园文化活动先进集体”。学院篮球队获山东大学第十六届研究生篮球赛青岛赛区冠军，排球队获“山大杯”排球赛总决赛第四名；博士生纪明德获山东大学青岛校区乒乓球赛单打冠军；2019 级本科生组成的军训四连获山东大学军训“优秀连队”“优秀方队”；获新生合唱比赛二等奖。

七、加强宣传引领，服务学院师生

定期组织召开学院宣传与网络工作讨论会，学习中央有关精神和习总书记讲话，表彰优秀学生作者。制定并实施《环境学院媒体信息发布制度》《环境学院报告会、研讨会、讲座、论坛备案制度》。学院网站增设“不忘初心，牢记使命”专栏，发布主题教育相关内容稿件 14 篇。

2019 年，在山大新闻网发表稿件 220 余篇，其中学术类 60 余篇。“初光支教与环保宣传”在山东大学首届“一院一品”校园文化建设项目评审中顺利结项并获学校继续资助。

2020 年，环境科学与工程学院将继续坚持立德树人，贯彻落实党的十九大精神，积极开展“两学一做”、党建工作、理想信念教育等工作。组织好国际级重大平台、高层次人才项目和国家基金申报工作，突出大项目，谋划大平台，凝练大成果，争取更多国家级资助项目。大力引进海外优秀人才，拓宽师生对外交流渠道。继续发挥学科交叉优势，探索环境学科特色发展方向，开创环境学科发展新篇章。

（王　英）

公共卫生学院

学院党政在学校的总体部署下，以习近平新时代中国特色社会主义和党的十九大精神为指导，紧紧围绕立德树人根本任务和“双一流”建设，聚焦“六大战略”和“十大任务”，充分发挥党的全面领导优势，强化责任担当，凝聚工作合力，有序有效推进学院各项工作。

一、党建工作

1. 积极开展“不忘初心，牢记使命”主题教育，党委理论中心组集中研讨 6 次，督导支部理论学习 90 次；党委委员联系支部上党课 8 次；采取“1 个问卷＋2 次座谈＋4 次午餐会”的形式深入师生开展调研，形成调研报告 9 篇。查摆专项整治 8 个方面 19 个问题，学院发展 9 个方面 25 个问题，舆情整改两个方面 4 个问题，明确整改措施，分析症结，对症下药。

2. 党员管理。优化党员教育工作，结合主题教育制定学习计划；认真完成全年 41 名党员发展计划。

3. 支部建设。坚决落实“三会一课”制度，持续推进支部规范化建设，组织申报党建样板支部；认真开展党内政治生活；完成教工 5 个支部的换届工作，实现双带头支部书记全覆盖；每月“主题党日”活动形式多样，博学支部开展“助力山大梦，秉承公卫心”、厚德支部开展“传承五四薪火，奉献青春力量”四点半课堂志愿服务。

4. 意识形态阵地建设。把网络意识形态阵地建设纳入学院党委宣传工作总体部署，制定了年度宣传思想文化工作要点，开展支部意识形态问题排查，完善教工和学生层面信息网络体系。

二、行政工作

1. 稳步推进高峰学科和两大平台建设。推动高峰学科建设，完成战略发展咨询委员会主任聘任；完成山东大学生态健康研究院、山东大学健康医疗大数据研究院平台基础建设；依托生态健康研究院，获得国家级重点项目资助 800 余万元；依托健康医疗大数据研究院，成功申报国家重大专项 1 项，山东省自然科学基金重大基础研究项目 1 项。

2. 有效提升师资队伍整体素质和人才引进力度。新增特聘教授 1 人，齐鲁青年学者3人。聘任3名院士担任兼职讲席教授，加强高层次人才吸引力。有效推进邬荣龄团队引进，其中1人获批泰山学者青年项目和山东大学齐鲁青年学者。

3. 积极推动科研、教学、学生思政管理工作。2019年度，科研立项47项，其中国家重大专项/课题3项，国家自然基金项目8项，山东省自然基金重大基础研究项目1项。到账科研经费总额1562万元，其中纵向经费990万元，横向经费572万元。发表论文208篇，其中SCI收录论文109篇，高被引论文2篇。获齐鲁医学部2019年优秀科技成果奖1项。获国家级授权专利1项。举办了国家卫健委卫生经济与政策研究重点实验室青年学者论坛、医学科学数据大会、山东预防医学会公共卫生教育分会2019年度学术会议、博士研究生高端学术论坛。获得山东大学优秀专业建设，获批国家“一流本科专业”建设点；获山东省和全国大学生公共卫生综合技能大赛团体第二和单项第一2项；获国家级大学生创新项目8项。荣获山东省社会实践优秀团队2个，山东大学优秀班集体1个，山东大学十佳团支部、学生会和研究生会。

4. 继续开展对外合作与交流，国际影响力不断扩大。制定《山东大学公共卫生学院国际化战略规划（2018～2025)》；完成学院英文网站的建设；分别与美国罗格斯大学、加利福尼亚大学洛杉矶分校签署了合作谅解备忘录和学生互访；留学生管理逐步走向规范；气候变化与健康国际合作项目获得国家高端外国专家引进计划资助。

5. 师生获表彰持续增加。获得山东大学优秀教师1人，齐鲁医学优秀教师1人。以“立德树人”理念推动教学管理工作新格局，山东大学讲课比赛二等奖1人，三等奖3人，山东省优秀学士论文1人，山东大学优秀学士论文2人，优秀硕士学位论文1人，优秀博士学位论文1人；山东大学研究生优秀学术成果奖3项。

（王　庆）

基础医学院

2019年，基础医学院坚持以实现建设“有灵魂，有思想，有温度，有作为”的世界一流学院为总目标，以“强院兴校”为总抓手，不断深化学院综合改革，全面提升学院发展质量，推进学院治理体系和治理能力建设，组织师生搞好庆祝建国70周年活动激发奋斗豪情，深入组织开展“不忘初心，牢记使命”主题教育铸魂使命担当，学院不断展现新的面貌，各项工作再上新台阶。

一、党建和思想政治工作

学院党委充分发挥政治核心作用，毫不松懈地抓好管党治党和党的建设工作，紧扣目标任务，破解学院发展难题，隆重举行庆祝建国70周年活动，举行“我与祖国共奋进”主题征文和演讲比赛，获学校教职工合唱比赛三等奖。扎实开展了“不忘初心，牢记使命”主题教育，“四个意识”“四个自信”“两个维护”更加坚定。坚持把方向、谋大局、定政策、促改革，全年共召开党委会10次，党政联席会27次，组织党委理论中心组集体学习9次。不断加强学院治理体系建设，继续深化学系、科研团队、医学基础国家级实验教学中心改革，召开了学院发展务虚会、师资队伍建设与科研团队建设工作会议，制定学术提升计划。加强学院文化建设，高质量建成学院“党员之家”，完成“四大工程助推四有学院建设”“一院一品”文化建设重点项目。修订了学院《进一步加强人才引育工作的意见》和《学院荣誉体系建设方案》。授予医学免疫学系党支部“科研先锋”荣誉称号，发挥榜样示范作用。加强党支部标准化、规范化建设，完成了党支部换届和选举工作，做好学系主任、副主任中期调整工作。组织党员赴西柏坡、正定开展初心使命教育。做好党员发展工作，发展新党员16人，转正预备党员14人，培训入党积极分子53人。

二、师资队伍建设工作

积极做好人才引进工作，修订了学院《进一步加强人才引育工作的意见》，主动在各大网站投放招聘信息，1个多月收到求职简历13份，其中山大杰青层次1人。积极研究设立海外人才工作站，利用海外知名校友引进高水平人才。今年已引进齐鲁青年学者3人，正在评审中3人。加强人才培育，为每位青年人才制定个性化培育方案。鼓励青年人才到国内外开展合作交流，从学院层面制定国内顶尖实验室访学政策。胡慧丽教授被聘为校内齐鲁青年学者，青年拔尖进入函评。另有 2 人入选泰山学者青年专家，2 人入选山东大学青年学者未来计划，引进博后 12 人。

三、人才培养工作

本科生教育方面，生物医学科学专业首批招生 28 人，圆满完成首次招生录取工作。18 门在线开放课程正式上线，占基础医学教育阶段必修课程的 81%。学校首届本科教学荣誉评审中高英茂教授获"终身成就奖"、李振中教授获"优秀教学奖"。孙文杰副教授获山东省高校青年教师教学比赛一等奖。完善实验教学中心管理制度，改革实验教学中心技术人员考核办法，完成实验教学中心人员竞聘上岗；成立实验课程组，规范实验教学大纲，完善实验教学目标，推动人才实践能力培养水平的不断提升。深入开展"铸魂、明礼、求真、担当"四大工程建设，完善"三全育人"工作制度体系，聘任"五老"德育辅导员、实行本科生导师制、推进"一核六维"礼仪规范教育，开展"五位一体"学风建设年活动、强化社会实践和志愿服务质量，培养学生社会责任感。1 人获省级优秀学生、1 人获校长奖，1 人获"十佳班长"，院学生会获山东大学"十佳学生会"、院青志协获山东大学"十佳志愿服务组织"，"奇迹风帆"连续 3 年荣获省级优秀社会实践团队。

研究生教育方面，统筹实施招生宣讲方案及优秀生源选拔举措，推免生数量继去年 2 倍增长后稳中有升。推荐山东省优秀博士生/硕士生论文各 2 篇；获得校长奖 1 项，国家奖 9 项；获得山东省研究生教育优质课程建设项目 2 项。举办首届研究生体育美育文化节和第二届研究生学生文化月，做到将研究生的思想教育、价值引领和科研导向有机结合。

留学生教育方面，积极推进留学生趋同化管理，大力提升培养质量。完成招收国际生 76 人，分别来自印度等 12 个国家，数量和质量均有新提升。全英文 MOOC 建设处于国内领先，国内首个涵盖基础医学 13 门主干课程的全英文 MOOC 课程群正在建设中。举办培训班和讲课比赛，提升学生培养质量和师资队伍建设；杨青副教授获得第二届全国 MBBS 项目青年教师授课展示活动三等奖。承办教育部《MBBS 教育质量控制规定》专家审定稿会议，组织完成教育部专项调研。

四、科研和学科建设工作

科研项目方面，获批国家级重点类项目 3 项，山东省重点类和人才类项目 3 项，国家级重点类项目再创新高。国家自然科学基金项目获批 32 项，项目数为全校第 3 位，立项率达 42.1%。2019 年各类科研项目获批总经费约 4000 余万元，获批经费总额创学院新高。易凡团队、刘奇迹团队等发表的原创性高水平论文不断涌现。"固有免疫调控与疾病"创新团队获山东大学攀登计划创新团队继续资助。"卓越论坛"和"创新论坛"作为学院学术文化交流品牌，全年举办了 87 场高水平学术讲座。

五、学院综合改革工作

大力推进学院治理体系和结构改革。召开学院发展规划务虚会、师资队伍与科研团队建设工作会议，修订了《关于进一步加强人才工作的意见》，调整了基础医学院人才引育工作委员会成员，继续深化学系、科研团队和医学基础实验教学中心综合改革，认真做好实验室安全工作，完成教学五楼和教学二楼装修改造，“医学基础国家级实验教学示范中心”现代化改造全面完成，实验教学环境焕然一新，在示范中心教指委会议上得到专家高度评价。学院内部挖潜，挤出400平方米空间完成“山东大学人体科学馆”建设，在实验教学、学生教育、社会服务等方面显示出巨大作用，并多次接待国内外专家，受到一致好评。

六、党风廉政建设工作

学院党委充分发挥政治核心作用，毫不松懈地抓好从严治党和学院党建工作，紧扣目标任务，破解学院发展难题，扎实开展了“不忘初心，牢记使命”主题教育。领导班子进行5次学习研讨，师生座谈调研6次，检视查摆6大类20条问题，明确了整改责任人和整改时限，认真落实整改措施。

（刘海华）

口腔医学院（口腔医院）

一、基本情况

2019年是医院攻坚克难、坚定前行的一年，领导班子团结拼搏、担当作为，紧盯年度工作任务目标，持续推进党建业务融合，聚焦内涵建设和质量发展，以“不忘初心，牢记使命”主题教育为引领，坚持问题导向，不断在学习中进步、在锻炼中提升、在创新中开拓，扎实推动学院（医院）各项事业稳步发展。

2019年，口腔医学院（口腔医院）共有在职职工466人，正高级专业技术职务人员33人，副高级专业技术职务人员39人，中组部“万人计划”青年拔尖人才1人，泰山学者（含海外、青年学者）7人，齐鲁青年学者3人，青年学者未来计划4人，享受国务院政府特殊津贴者5人，中华口腔医学会主任委员1人、副主任委员1人、常务委员10人，山东省十佳医师2人，山东省十佳女医师1人，山东省优秀医师2人。目前，学院（医院）共有本、硕、博在校生600余人。

二、党建工作

1. 领导班子引领作用有效发挥。依托班子会、中心组学习、民主生活会狠抓政治建设，明确了班子成员“政治引领”和“施工队长”的定位，培养了“攻坚克难”的魄力，形成了“靠前指挥”的习惯，树立了“以上率下”的风气。扎实开展了“不忘初心，牢记使命”主题教育，领导班子和党支部书记全力投入，既增强了服务师生医务员工的党性观念和“坚守初心、担当使命”的责任意识，又切实解决了制约发展和师生医务员工密切关心的痛点及难点问题。

2. 基层党建工作特色突出。以省级样板支部为着力点，深化组织建设，继续推进党支部承办党委活动，塑造了“杏林青年说”文化品牌，获得了学校的重点支持；坚持每月上党课及思政课，推进“党员之家”建设，开展了党员先锋岗、“三式调研”、戴党徽亮身份等活动，努力打造充满活力的党建风貌。

3. 党风廉政建设常抓不懈。开展理论中心组专题学习，做好中层干部警示教育与节假日廉洁提醒，严格落实“三重一大”制度，持续加强行风建设；开展廉政风险排查，梳理风险点65个，提出防控措施133个，配合制度建设形成了廉政风险防控体系的雏形。

三、业务工作

1. 医疗服务水平逐步提升。学院（医院）始终将建设国家口腔区域医疗中心作为事业发展的风向标，以C座新大楼投入启用为契机，聚焦发展空间、技术设备和信息化建设，合理规划诊疗空间，补齐基础设施和配套硬件短板，新增牙椅84台套，改善了医疗条件和诊疗环境；探索多学科诊疗模式，建设了MDT诊室和专病门诊，拓展了医疗服务的内涵与外延；完成医院信息三级等保测评工作，加入了云健康平台，推进了口腔远程医疗中心建设，有效满足了多层次多形式的口腔医疗需求。

2. 医疗服务能力实现跨越式发展。经过半年多的集中攻关，在全院上下拼搏付出下，按时、顺利通过了三甲医院复审；继种植科以后，牙周科成为省级临床精品特色专科；启动了儿童全麻口腔治疗项目和以心电监护等风险评估下的高危口腔诊疗多学科诊疗项目，推广了高危小器械感控工作，查找了重点单元的院感薄弱环节，实现了护理目标管理和二级护理目标管理责任制，完成了护理技术SOP建设；召开了省口腔医学质控中心2019年工作会议，引领全省口腔质控水平提升；圆满完成了2000余名考生国家医师资格实践技能考试，培养进修人才120人；顺利通过了全省住培基地现场评估工作，住培考试合格率保持在100%。经过这些举措，医院进入了国家级专科医院区域医疗中心建设的序列。

四、人才工作

人才队伍建设取得新突破。学院（医院）始终坚持人才强院战略，一方面“广撒网”，坚持申报各类国家级、省级人才项目，通过申报明确工作目标、找准现实差距、激发工作斗志；另一方面“重点培养”，选好苗子人才，做好精准化培养，举全院之力推进杰出人才申报，营造了发现人才、尊重人才的良好氛围。经过持续发力，冯强教授入选“万人计划”青年拔尖人才，实现了“国字号”人才零突破，新增了泰山学者1人、泰山学者青年专家2人、齐鲁青年学者1人、山大杰青1人、副研究员1人、博士后8人。

五、学科建设

科研平台建设实现提档升级。学院（医院）把学科建设作为事业发展的主线，在借鉴五大院校发展经验基础上，形成了“依托交叉融合，打造特色亮点，实现‘弯道超车’”的思路。2019年，举办了全国组织工程与再生医学大会，组织了中华口腔医学会青年托举人才巡讲、口腔干细胞论坛、“科技考古与古人口腔医学研究”座谈会、齐鲁医学院第一期Med+X“医学与材料”论坛等10余场学术讲座，学科交叉融合取得了初步成效。新增了省级平台“山东省口腔生物材料与组织再生工程实验室”和校级平台“山东大学口腔副功能研究中心”，荣获2项山东省科学技术进步二等奖和1项省自然科学基金重大基础研究项目。2019年，发表论文70余篇，获得各级各类项目30项、经费1527万元，其中新立项国家自然科学基金面上项目2项，国家社会科学基金1项，1名博士后获得IADMFR Research Award一等奖。

六、人才培养

1. 人才培养质量不断提升。学院（医院）坚持立德树人，聚焦擦亮人才培养实践能力突出的品牌，着力提升承担重点教研项目、精品课程的能力，以此巩固和提升专业在国内的领先地位。教师层面，举行首届本科教育教学会议，组织导师沙龙论坛，邀请国内外知名大学教授来院授课，学习先进教学模式，强化教师教学培训，开阔学术视野，提升教学能力，建设高水平师资队伍。学生层面，组织首届大学生夏令营和读书报告会，开设暑期学校课程，推进师生互访，加强学生国际化交流。2019 年，学院（医院）师生教育教学成果遍地开花，青年教师在学校讲课比赛中接连斩获佳绩，并进入校队代表学校参赛。学生在全国“光华杯”口腔专业技能展示 7 个项目中荣获 4 个“优秀团队”称号，在“丝路杯”口腔医学生临床技能邀请赛中荣获“精湛团队”奖，在“上海国际杯”口腔医学生临床技能大赛中，得到国际专家的肯定与赞扬。

2. 课程建设和教学能力不断增强。新制订了口腔一机械跨学科专业学位博士培养方案，推行了慕课、翻转课堂、虚拟仿真实验改革，组织了与中国香港大学、美国俄亥俄州立大学、日本大学的师生交流活动。通过系列举措，口腔医学专业入选校级优秀专业并成功获批进入国家一流专业，《口腔正畸学》《牙体缺损修复（全瓷冠）》项目分别被推荐申报国家级精品在线开放课程和国家级虚拟仿真实验教学项目，获批各级各类教研项目 23 项；获得校优秀博士论文 1 篇、优秀硕士论文 1 篇，2 人获校长奖学金，获评 1 个省级社会实践团队。

七、管理服务

学院（医院）坚持把制度建设作为规范管理、改进作风的立足点，以三甲复审、大型综合执法监督检查为契机，认真梳理全院制度情况，编制了包含 11 个部分、247 个规定的管理制度汇编，仅修订各项医疗制度就达 84 项，完成应急预案手册和岗位职责汇编工作，为建设现代医院管理制度奠定了坚实基础。在此基础上，运用科学管理工具改进督办流程，提高督办效率；实施了年度对口支援工作方案，新增了 1 家医联体成员单位；完成了学院、医院网站合并改版，建成了英文网站；建立安全信息定期报送和每日检查制度，平安学院（医院）建设不断加强；C 座大楼基建有关工作基本完成，正常投入使用；圆满完成新旧会计制度衔接，引进了财务管理智能化分析系统。

（张春河　柳 松）

护理学院

一、基本情况

学院现有教职工 43 人（含博士后 3 人），专任教师 22 人，其中教授 6 人，副教授 14 人，教职工中具有博士学位 21 人。

2019 年，护理学本科招生 66 人，留学生 3 人，毕业 25 人。

研究生招生博士 6 人，硕士 72 人，同等学力申请硕士学位 103 人。毕业博士 2 人，硕士 45 人，同等学力硕士 16 人。

2019 年，我院在校学生总数 363 人，其中本科生 143 人，研究生 220 人（硕士生 197 人、博士生 23 人）

2019 年，软科最好学科排名第二，进入前 3%。

二、学科与人才队伍建设

引育并举，加强师资队伍建设，聘请 2 位兼职特聘教授，入职 2 名副研究员，入站 2 名博士后，1 名教师获评“未来计划青年学者”，1 位教师赴国外高水平大学交流学习。

成功举办第三期齐鲁护理（国际）青年学者论坛，26 名海内外专家和青年学者分享国际前沿研究成果，为护理学术交流及人才引进搭建了平台，扩大了护理学院的学术影响力。

三、人才培养

坚持“以本为本”的宗旨，全面推进学生成长“五个一”工程建设和“引航逐梦”护理大讲堂系列活动，构建“三全育人”格局。全面实行本科生导师制，完善学生管理与服务，多角度、多思维引导和帮助学生完善智能结构，健全人格发展。各项工作取得突出成绩，获学生志愿服务先进集体、就业工作先进集体等奖励，一支社会实践团队获得省级优秀，大学生创新立项 18 项，其中国家级 3 项，继续保持 100%就业率。

积极参与特类招生工作的实施与拓展，解决了本科生源问题，获招生拓展先进集体荣誉。推进课程思政建设，4 门课程获奖，其中 2 门获校优秀“课程思政”教案设计大赛一等奖。推进一流课程建设，建设在线课程 4 门，其中 1 门获推参评国家级精品在线开放课程；建设虚拟仿真实验项目4项，教育部认定1项。深化教学改革，提高本科教学绩效计算比重，建立院级教学成果奖，激发了教师工作积极性。申报校级和齐鲁医学院教学改革项目各10项，组织青年教师讲课比赛，1人参加山东大学青年教师教学比赛并获一等奖。

多途径拓展研究生优秀生源，2019级推免研究生占比61%。加强培养过程管理，坚持每周举行研究生论坛，组织统一开题和论文答辩；建立专业学位硕士临床案例题库。3项课题获全国医学专业学位教指委立项，2名研究生论文获全国医学专业学位教指委优秀论文一等奖和二等奖，硕士、博士各有一人获校长奖学金。

四、科学研究

加强科研组织管理，聘请多位专家来院指导。获批国家级科研项目2项，省级科研项目2项；院企合作取得突破，与亚华电子公司合作横向课题首笔到账经费100万元。发表SSCI、SCI收录论文27篇，其中JCR 1区论文6篇。在学校颁发的人文社科JCR 1区论文奖励中，12篇论文获奖。完成了国务院学位办和教育部组织的学位授权点合格评估中专业学位基础数据信息的提交工作，完成了护理学科“双一流”建设中期自评工作。

五、国际合作与交流

实施国际化战略，制定学院国际化战略规划（2019～2025），出台《护理学院国际交流奖学金管理办法》，积极推进与国外合作伙伴的合作关系及合作模式。重点推进了与南澳大学护理本硕联培项目；与巴基斯坦阿迦汗大学就其护理师资培养等签署合作备忘录；与美国加州州立大学就本科生暑期交流项目达成协议；与澳大利亚昆士兰科技大学、查尔斯达尔文大学，美国的约翰霍普金斯大学和英国曼彻斯特大学初步达成合作意向。派出本科生11人、研究生2人赴（境）海外交流；接待来自中国台湾地区和美国来访学生27人。邀请5位来自美国、巴基斯坦和中国台湾地区的专家完成5门国际课程项目教学；邀请4名来自美国和澳大利亚的专家举办学术讲座。10余人次参加国际会议。留学生工作稳步推进，招收3名本科留学生，积极探讨留学生趋同化管理模式与方法。

建设了学院英文网站，增加外事对外宣传途径；积极开展国际生招生宣传工作。向东亚、南亚13个国家20余所院校推送了我院国际生招生信息。

六、党建工作

贯彻中央的部署，组织开展了“不忘初心，牢记使命”主题教育，正确把握主题教育的根本任务、总要求、具体目标，把学习教育、调查研究、检视问题、整改落实有机结合、贯彻始终，做到思想认识到位、检视问题到位、整改落实到位、组织领导到位，确保了主题教育取得实效。

认真抓好安全稳定和意识形态工作。学院党委落实安全稳定“四级责任”制，坚决贯彻习近平总书记关于政治意识、规矩意识、担当精神、从严管理等有关重要论述。面对暑期学校出现的舆情，从讲政治的高度，检视学院党政工作，分领域分析、摸排存在的问题与风险隐患，制定措施，积极整改。

基层党建工作扎实推进。以全面提升组织力为核心，优化党支部设置，以教研室、部门、教研团队为基本单位组成党支部，并结合立德树人的要求，博士生党员进入相应导师所在党支部，促进支部建设与学院的教学科研、管理服务等工作在基层一起落实，以推动支部与教研室、科室共融、党建与业务双赢。党支部书记的选配也实现“双带头人”，行政部门、教研室负责人担任党支部书记，既履行抓业务工作的职责，又履行抓党建工作职责，着力克服党建和业务“两张皮”。全面深化基层党建示范创建和质量创优工作，学院党委按照“五个到位”、党支部按照“七个有力”的要求，制订建设方案，推动党建质量不断提升。

（刘　芳）

临床医学院

一、突出“五个强化”，全面加强党的领导

一是强化党委政治功能。充分发挥党委政治核心作用，召开党委会 12 次、党政联席会 37 次，严格执行民主集中制，在各项工作中把好政治关。二是强化思想引领作用。开展党性修养专题党课 7 场，建立覆盖全院近 700 名师生党员的学习强国学习组，在建党 98 周年、建国 70 周年之际，组织师生开展“重走一大路”“纪念红色南京”等爱国主义实践教育，多形式、多主体开展思政工作。三是强化推动改革发展。在“不忘初心，牢记使命”主题教育期间，坚持查实情与破难题结合，列出问题清单 25 项，制定整改措施 62 条，建立台账销号推进，将主题教育成效体现在推动学院发展过程中。四是强化制度体系建设。召开意识形态研判专题会议 2 次，修订《关于加强教职工政治理论学习的实施意见》《领导班子及行政管理人员工作职责、规范和纪律》《新闻宣传工作奖惩办法》《突发公共事件舆情应急处置预案》等制度，并通过组织制度学习、实施效果反馈，打通制度落实的“最后一公里”。五是强化从严治党落实。组织全体教职工分类别签订党风廉政建设责任书，实现了“全员转作风，全院抓廉政”；组织党员骨干工作规范培训 26 次，开展领导班子廉政教育，划好道德底线和纪律红线。

二、贯彻“人才强院”战略，推动高层次人才建设

紧紧围绕“人才强院”战略，推进高层次人才队伍建设，实行“一人一议”制度。全院动员，国内海外兼顾，出台学院人才引育奖励办法，加快人才引育效率。本年度陈子江教授获评中国科学院院士，王欣教授荣获全国五一劳动奖章；聘用加拿大外籍院士刘芳教授担任兼职讲席教授，聘任 3 名长江学者担任兼职特聘教授；引进主任医师 5 人，海外青年学者 3 人；大力推动博士后队伍建设，发挥人才“蓄水池”作用，引进转关系博士后 8 人，在站博士后队伍规模突破 270 人。

三、加强高峰学科建设，创建医院一学院学科共同体

在临床医学学科由齐鲁医学院统一管理模式下，临床医学院配合齐鲁医院、山大二院等多家教学医院加强学科调整和整合，围绕“临床医学与重大疾病”这一山东大学世界一流学科建设领域，重点建设 4 个高峰学科。通过筑高峰、补短板、促融合，聚焦学

科建设，聚力学科创新，发展学科交叉，打造学科特色。加强同医院的学科共建，推进“医教协同”，创建医院一学院学科共同体。临床医学学科排名 ESI 前 1.03‰。

四、推进教育教学改革，提升人才培养质量

着力落实卓越医生教育培养计划 2.0，培养最优秀的医学本科生，全面启动 2020 版培养方案修订工作；大力推进临床教学同质化，以提升临床教育教学质量；大力推动临床医学 MOOCs 建设，22 门临床医学 MOOCs 已在中国大学慕课平台上线开课，课程数量列全国高校同类课程第 1 位，另有 18 门慕课正准备上线；强化学院教育教学改革体系，出资 100 万元资助 73 项院级教改项目，获批 33 项校级教改项目；组织国家执业医师分阶段考试并顺利实施；举办校级临床技能竞赛，参加山东省高等医学院校大学生专业技能竞赛获临床类别一等奖；先后有 29 位老师获省级和校级各种教学荣誉称号。

五、依托“六个一”育人工作格局，全面推进“三全育人”

以推进“三全育人”为总体目标，形成“六个一”育人工作格局：制定一个引领学生德智体美劳全面发展的奖学金评定标准、打造一个专业特色鲜明的荣誉体系、做好一次全方位的新生入院教育、实施一个深入系统的学生骨干培育工程、开展一项立足基层的社会实践、凝练一份全面细致的工作简报。本年度评定奖学金 18 项，2700 余人获奖，发放奖金 1000 万余元；评比表彰各类院级学生榜样 61 人；完成 433 名本科生和 775 名研究生的入院教育；组织 240 余名学生骨干参加“青橘工程”培训；学生社会实践团队足迹遍布西藏日喀则、宁夏中卫等地，行程 5000 公里，开展校内外义诊服务 8 场，惠及基层百姓和校内师生 1200 余人；凝练学生工作简报 6 期共计 3.6 万字，促进教学医院工作交流。

在“六个一”工程推动下，优秀学生和辅导员典型频繁涌现。刘晨成为全国第 9000 例造血干细胞成功捐献者，并获评山东大学研究生道德模范；周晴获 2019 年度全国宝钢优秀学生特等奖（全国 23 人）；本科生团队获得“挑战杯”全国大学生课外科技学术作品竞赛二等奖；学院学生还获评山东高校优秀学生、山东省研究生优秀成果一等奖、山东省学生社会实践优秀团队、山东大学第十届学生“五四”青年科学奖、全校合唱文化艺术节特等奖等一系列重磅荣誉。辅导员薛冰获得全国高校辅导员年度人物入围奖、山东高校辅导员年度人物；孙钰获评山东省社会实践优秀指导教师。

六、鼓励科研创新，改善科研生态

根据学院目前的科研现状，通过政策激励、挖掘潜力，学院学术生态和科研活力明显改善。本年度，申报国家自然科学基金 11 项，山东省自然科学基金 14 项，科研项目申报数量创历史新高；科研经费数量取得突破，立项总经费突破 900 万元，其中横向经费达 835 万元。总经费数较上一年度提升 232%。

七、推进实验室建设，提升人才培养质量

本年度，获批实验室建设经费累计约 230 万元，学院自主投入经费约 150 万元，全

面启动“信息化，智慧化，中心化”现代化实验教学中心建设；成功申请山东大学“双一流”教学实验室建设项目支持，推动信息化医学模拟中心建设；顺利完成手术学实验室升级改造，为提升人才培养质量提供硬件保障。

八、拓展国际合作与交流

全面落实《山东大学国际化战略规划 2018～2025》，加快推进学院国际化进程；鼓励和支持聘请高水平境外专家学者来院开展教学和科研活动；组织 17 位专任教师赴美国培训，2 名学生赴美国临床实习；完成 MBBS 学生临床阶段教学任务；全面接手 77 名临床医学专业国际研究生工作，理顺和规范培养机制；开设国际暑期学校，获评优秀暑期项目 1 项，为学生提供优质的国际化学习和实习机会。

九、深化在职研究生教育改革

为切实保障研究生学位授予质量，培养有创造力的临床医学研究型人才，从导师、学生、管理层面，三维联动夯实研究生教育内涵式发展。学院组织具有当年招生资格的临床博导 450 余名参加岗前培训，920 余名 2019 级在职博士、硕士新生参加入院教育，就学位申请流程，培养临床问题为导向的科研思维及学术道德规范宣讲等方面进行培训。构建在职研究生培养全过程监督机制，成立在职研究生教指委，打造学习型管理队伍，全面提升研究生管理水平。全年授位 353 名博士，87 名硕士。

十、重视工会工作，拓展校友资源

加强工会自身建设，维护教工切身利益；争创先进，积极参与各种文体活动。加强对校友工作的领导，开设线上“职工、校友之家”，常规组织走访、慰问离退休、校友返校等活动。

（黄　涛）

马克思主义学院

2019 年，马克思主义学院在学校党政领导下，以习近平新时代中国特色社会主义思想为指导，深入贯彻党的十九大和十九届四中全会精神，深入贯彻落实习近平总书记在学校思想政治理论课教师座谈会上的讲话精神和《中共中央办公厅 国务院办公厅印发〈关于深化新时代学校思想政治理论课改革创新的若干意见〉的通知》要求，紧紧围绕“立德树人”根本任务和山东大学“双一流”建设目标，扎实推进全国重点马克思主义学院建设工作，取得显著成效。

一、党建和思想政治工作

学院充分发挥党建和思想政治工作在重点马克思主义学院建设中的“生命线”作用，充分发挥学院党委的政治核心作用和党支部的战斗堡垒作用，充分发挥党员的先锋模范作用，将党建工作与教育教学、人才培养、学科建设等工作深度融合，相互促进，党组织建设质量不断提升，党建引领成效显著。2019 年 3 月，学院党委入选“山东党建工作示范高校培育创建单位”，6 月获评“山东教育系统先进基层党组织”，11 月中国化马克思主义教研室党支部作为首批全国高校“党建工作样板支部”入选教育部新时代高校党建“双创”工作成果展示单位。

（一）坚持不懈加强理论武装，抓实师生党性教育

以习近平新时代中国特色社会主义思想为指导，紧密结合学校战略部署和重点马克思主义学院发展需要，研究制定《马克思主义学院党委理论学习中心组学习计划》和《马克思主义学院教职工政治理论学习计划》。坚持理论武装与教育实践相结合，依托莱州市丰富的红色资源，于 2019 年 6 月在程郭镇王门建立“山东大学革命史教育研究基地”，不断丰富师生教育实践形式。

（二）扎实开展“不忘初心，牢记使命”主题教育

学院贯彻落实上级党委部署要求，研究制定学院主题教育实施方案。班子成员将理论学习、调查研究、检视问题、整改落实贯穿在重点马院建设的各个方面，以 6 个专题学习分别融入 6 个学院改革发展中的难题，在不断提高自身政治理论水平的同时，推动主题教育与与重点马院建设、学科建设、思政课建设、人才培养、师资队伍、智库建设相结合，明确自身的初心体现和使命担当，激发学院全体师生奋力开创中国特色世界一流大学建设新局面的政治自觉和行动自觉，取得一定成效。

（三）加强基层党组织建设，不断夯实基层组织力

1.2019 年 1 月，完成学院党委换届工作。1 月 9 日，召开党员大会，大会确定《坚定信念 开拓创新为建设卓越马克思主义学院而奋斗》主题报告。会议选举产生中共山东大学马克思主义学院委员会并报学校党委批复，委员会由马晓琳、王韶兴、齐子萍、张士海、周金龙、周明明、郑敬斌、徐国亮、黄广友等 9 名同志组成（按姓氏笔画排序）。马晓琳同志为党委书记，王韶兴、周明明同志为党委副书记。

2.2019 年 10 月，完成教工党支部换届工作。各教工党支部根据规定和要求，召开党员大会选举产生支部委员会并报学院党委批复，各支部委员会组成如下：

马克思主义基本原理教研室党支部委员会由闵琪、段立国、王效良等 3 名同志组成。闵琪同志为党支部书记，王效良同志为党支部副书记。

中国化马克思主义教研室党支部委员会由张路园、董沐夕、郑敬斌、肖成俊、李磊等 5 名同志组成。郑敬斌同志为党支部书记，张路园、董沐夕同志为党支部副书记。

思想道德修养与法律基础教研室党支部委员会由史婷婷、陈一远、刘佳等 3 名同志组成。史婷婷同志为党支部书记，陈一远同志为党支部副书记。

学院机关党支部委员会由齐子萍、王晓杰、刘雅囡等 3 名同志组成。齐子萍同志为党支部书记，王晓杰同志为党支部副书记。

3. 健全党组织建设工作机制，根据党支部建设要求，2019 年 10 月设立“2019 级硕士研究生党支部”和“2019 级博士研究生党支部”。在学院党委指导下，各支部分别召开党员大会，选举产生支部委员会并经学院党委研究同意，支部委员会组成如下：

2019 级硕士研究生党支部委员会由胡志祥、于晓薇、李丽等 3 名同志组成。胡志祥同志为党支部书记。

2019 级博士研究生党支部委员会由马煜昊、李明芮、张瑜等 3 名同志组成。马煜昊同志为党支部书记。

11 月，设立“习近平新时代中国特色社会主义思想概论课教研室党支部”，明确党支部负责人。

4. 严格落实发展党员制度规定，切实提高发展质量。2019 年 6 月，制定《马克思主义学院关于进一步规范学生入党积极分子确定和培养教育工作的实施细则》，加强对入党积极分子的确定和培养教育。2019 年，发展预备党员 21 名（其中优秀青年教师 2 名），预备党员转为正式党员 19 名，确定入党积极分子 48 名。

（四）加强制度建设，不断健全和完善工作机制

1. 全面加强党员教育管理以及发展对象、入党积极分子以及其他先进分子教育培训工作。2019 年 10 月，成立马克思主义学院党校，制定《马克思主义学院党校工作条例（试行）》，明确党校工作机制和任务。

2. 加强意识形态和安全稳定工作。成立“马克思主义学院安全稳定工作领导小组”“马克思主义学院毕业生就业工作小组”。

3. 不断完善工作制度，结合学校暑期专项整改工作，制定、修订学院各项规章制度 10 余项。

（五）充分发挥工会职能，凝心聚力，建设和谐马院

1. 不断完善教职工代表大会工作机制。修订《马克思主义学院教职工代表大会实施办法》。推动教职工积极参与学院民主管理、民主监督和民主建设，于 2019 年 12 月 30 日筹备召开学院二届一次教职工大会，确定《开拓奋进 全面提升实现马克思主义学院“由大到强”转变》主题报告。

2. 以有效的活动载体，提升教职工的参与感、归属感、荣誉感和凝聚力。9 月，组织教职工参加学校“放歌新时代”庆祝建国七十周年教职医务员工合唱比赛，荣获二等奖。积极引领教师参加“争做‘四有’好老师”为主题的师德征文，学院荣获优秀组织奖。组织女工参加“巾帼心向党·建功新时代”庆祝建国 70 周年山东大学女教职医务员工诗词竞赛等活动。

二、扎实推进全国重点马院建设各项工作

2019 年 10 月，按照中宣部要求，将入选全国重点马院以来，贯彻落实中央精神，推动学院建设以及对资助经费使用情况进行总结核查，形成《山东大学全国重点马克思主义学院建设情况汇报》和《山东大学关于全国重点马克思主义学院建设资助经费使用情况报告》并上报中宣部。一年来，学院不断在加强思政课教学、学科建设、理论研究宣传、队伍建设和人才培养等方面下功夫，全面展开、有效推进全国重点马院建设工作。

（一）深化教育教学改革

全面贯彻落实习近平总书记在学校思想政治理论课教师座谈会上的重要讲话精神，实施思想政治理论课建设“两对照双提升”工程，思政课教育教学改革的成效得到社会的认可，被《人民日报》、学习强国、光明网、中国教育新闻网等网络平台报道和推广。在思政课教学方面取得获得多项荣誉：1 人在“教育部首届全国高校思想政治理论课教学展示活动”中荣获特等奖，1 人获二等奖；1 人获 2018 年山东省第六届青年教师教学比赛二等奖；4 人在 2019 年度学校青年教师教学比赛中取得优异成绩；1 人荣获山东大学首届教学质量一本科教学优秀奖。

1. 加强教学组织建设。2019 年 8 月，设立青岛校区思想政治理论课教研室。11 月，设立“习近平新时代中国特色社会主义思想概论教研室”，明确教研室负责人。

2. 完善课程体系建设。加强以习近平新时代中国特色社会主义思想为核心内容的思政课课程群建设。2019 年下半年开始开设“习近平新时代中国特色社会主义思想概论”课，积极推进党史、国史、改革开放史、社会主义发展史，宪法法律，中华优秀传统文化等选择性必修课程建设。

3. 对照“六要”“八个相统一”要求，推进思政课教学方法改革。以教学团队为平台，深化专题教学，凝练适合不同专业、不同群体学生成长的教学模块，创新“课堂教学—社会实践—网上学习”三位一体的教学模式。2019 年 10 月 20 日，《人民日报》第 5 版以《加强师生互动、直面学生问题、注重学生评价，山东大学——打造人见人爱的思政课堂（深聚焦）》为题对山东大学的思政课教学改革作了长篇报道。

4. 持续推进思政课教学研究。学院主持的教育部“研究生思政课重点难点问题教

学研究”项目于10月完成结项工作，并将研究成果纳入教育部组织编写的《中国特色社会主义理论与实践研究专题教学设计》中。加大教研经费支持，设立思政教研项目5项，每项资助经费3万元。继续打造“科技与人文面对面”研究生思想政治理论课延伸教学平台，2019年举办活动6次。

（二）加强学科建设与科学研究

依托山东大学“双一流”建设的有力支持，学院引导教师聚焦科研方向，加强科研对学科发展的支撑力。

1. 通过项目孵化培育，学院2019年获得各类立项15项；发表CSSCI等期刊论文70余篇，其中权威期刊10余篇，顶级期刊《中国社会科学》1篇，出版重要学术专著2部；在山东省第三十三届社会科学优秀成果奖评选中有3项成果获奖，其中一等奖1名、二等奖2名。学院入选中国人民大学复印报刊资料重要转载来源机构（2018年版）。

2. 发挥“党的建设”学科引领示范作用，2019年12月，与中国社会科学院马克思主义研究院联合成立“世界政党研究中心”，打造学科高峰建设平台。3月，设立“马克思主义学院非公企业党建研究所”，与富士康集团建立研究合作关系。聘任“党的建设”二级学科校外兼职博士生合作导师7人。

3. 加强国内外学术交流。2019年8月，举办“第九届中国政党研究论坛”“首届全国政党理论与党的建设研究生论坛”；9月，举办“新中国七十年与马克思主义中国化”理论研讨会。学院还通过“名刊名编面对面”、青年学术论坛、思政名师大讲堂等多个学术品牌，邀请多位国内外学者到学院作学术交流，旨在为师生搭建面对面交流平台，活跃学术氛围、凝练学术方向、促进学术创新。加强教师校外学术交流，制定《马克思主义学院教师参加学术会议管理办法》。

（三）加强人才培养与管理

学院秉承“为国育贤”初心，深化“以学生成长为中心，以质量提升为核心”的马克思主义理论人才培养目标，探索建立“马克思主义理论＋”人才培养模式，形成了本硕博一体化培养机制。实行马克思主义理论专业本科生学业导师制，继续推进实施研究生培养质量工程，人才培养成效显著。2019年，1人荣获校级优秀硕士论文、1人荣获校级优秀博士论文；1人获得省社会实践先进个人。4月，在首届“五四杯”全国马克思主义理论类本科生学术论文征文活动中，1人荣获二等奖；7月，1名同学受邀参加由教育部召集的五所高校师生参加的全国高校马克思主义理论学科（专业）学生学习贯彻学校思想政治理论课教师座谈会，并作主题发言。学院在全国“大学生讲思政课”公开课比赛中获得全国二等奖；《抓党建，促发展：乡村振兴的组织与经济路径探析》获第十六届“挑战杯”全国大学生课外学术作品科技竞赛全国三等奖；在省第四季寻找青年“政治佳”活动中2人获得“十佳理论文章”；《九百六十万 寸寸爱国情》团队获得“十佳优秀思政课”等。学院全方位提升学生的综合素质，增强学生就业竞争力，获评“山东大学2017～2018学年学生就业创业工作先进单位”。

1. 做好招生宣传，拓展优秀生源。举办首届优秀大学生夏令营，拓宽研究生生源渠道、优化生源结构。2019年招收本科生29名、硕士生75名、博士生42名。截至

2019年12月马克思主义学院在校本科生55人，硕士研究生163人，博士研究生178人。

2. 继续打造“仿吾英才班”“习近平新时代中国特色社会主义思想青年学习会”特色人才培养平台。2019年，“仿吾英才班”招收第三期学员30名，“学习会”面向全校各专业学生定期组织马克思主义经典著作读书会，研读马克思主义经典著作，有力推动了马克思主义在青年大学生群体中的传播，在全校起到了良好的示范效应和引领作用。

3. 加强国际化人才培养。2019年7月，首次开办国际暑期学校，邀请英国学者Richard Griffiths主讲全英文课程。进一步拓宽学生国际视野，着力培养具有国际视野、能够参与国际事务和国际竞争的国际化人才。

4. 提升学生科研素养，营造浓厚学术研究氛围。制定《马克思主义学院学生科研创新项目招标办法》，设立学生科研创新项目24项；开设“导师说”等学术活动。

5. 全方位加强学生管理。制定涉及本科生德育素质评价、请销假管理、特长奖学金评定、研究生奖学金测评和优秀研究生奖学金评审、学生档案管理等6项制度。策划举行2019届研究生毕业典礼、2019级本科新生开学典礼、2019级研究生学业发展动员大会及2019级“筑梦马院，共襄初心”迎新晚会，开展内容丰富、形式多样的入学教育、文体活动。

（四）不断加强师资队伍建设

学院推动人才强院战略，按照习近平总书记提出的思政课教师“六要”要求，全方位加强教师队伍建设。1人荣获山东大学优秀教师；1人荣获第五届山东省优秀研究生指导教师。

1. 多措并举破解教师数量不足难题。制定《管理人员转岗思政课教师实施办法》，从学校范围内动员哲学、政治学、社会学、历史学等相关学科教师转岗为思政课教师，鼓励胜任思政课教学的辅导员、管理干部转岗为专职思政课教师。首期选拔15名管理干部转岗为思政课教师。出台选聘相关专业优秀博士毕业生留校充实教师队伍。2019年，新增教师5名，其中招聘高水平大学优秀博士毕业生3名、本院博士后出站1名，校内调整1名。

2. 加强教师社会实践研修，组织4名教师参加山东省、教育部组织的思政课教师社会实践研修培训。

3. 建立思政课教师激励机制。制定《关于院聘教学型教授、副教授岗位的实施办法（试行）》。2019年设立院聘教学型教授、副教授岗位各2个，并按照实施办法组织申报评审。

截至2019年底学院有专人教师79人，其中教授18人，副教授39人，讲师22人。

（五）重视理论宣传与智库资政工作

1. 发挥专业优势，支持鼓励教师积极宣传阐释习近平新时代中国特色社会主义思想以及党的十九大、十九届四中全会精神、全国“两会”精神，在全国有影响力网站、报纸等发表高水平理论宣传文章20多篇。

2. 加强智库建设，编辑出版《政党政治研究》文集第3卷；编辑印刷2017年《政党政治研究年鉴》；中国农村基层党组织建设数据库已上线运行；在咨政报告、参与中宣部相关文件起草、讨论中发挥积极作用。

3. 推动省、部思政课教师研修基地建设。制定《马克思主义学院思想政治理论课教师研修（培训）工作管理办法》。充分发挥全国重点马院的组织作用和示范功能，积极开展省内外高校思政课教师各类培训 5 个班次近 300 人次。

4. 积极担承重点马院服务社会工作。与宁夏医科大学等 8 所高校开展援建、共建和“手拉手”，派出优秀教师到宁夏医科大学承担思政课教学工作；与西藏大学马克思主义学院开展共建活动，筹划援建工作。

（六）不断拓展国际交流与合作

1. 谋划学院国际交流工作格局，编制《马克思主义学院国际化战略规划（2018～2025）》。塑造学院国际形象，全面展示重点马院的学术成就和建设进展，设计上线学院英文网站。

2. 坚持走出去和引进来的国际交流合作。11 月，特邀参加世界社会主义论坛的 17 位国外学者到学校开展学术访问。邀请越南社会科学院来院访问交流，双方在学术访问、学生访学、合作研究等方面达成合作共识。2019 年，选派 4 名教师赴国外学术研修，参加学术会议。

（赵英豪　齐子萍）

体育学院

在学校党委的坚强领导下，体育学院深入学习贯彻习近平新时代中国特色社会主义思想和党的十九大精神，全面落实学校第十四次党代会精神，严格贯彻执行民主集中制，履行全面从严治党责任和党风廉政建设责任制，在学校“双一流”建设和“由大到强”历史性转变进程中作出体育贡献，学院各项工作也取得新的成绩。

一、师资队伍建设

学院高层次人才引进实现突破，1位拟引进人员入选我校齐鲁青年学者。引进研究员1名、副研究员1名、优秀青年博士2名、优秀技能教师2名。招聘教师外岗位（实验系列1名），群众体育工作办公室秘书1名。初步完成《体育学院教师岗位绩效考核与分配办法》《体育学院教职工荣誉体系管理规定与实施细则（试行）》。1人入选我校第5批“青年学者未来计划”。

二、学科建设

体育学学科排名全国26位，连续4年上升，排名进入全国前25%；启动体育学一级学科博士授权点申报工作，细化工作任务，目标落实到人；举办“第八届环渤海体育法学论坛”“2019医养健康产业发展高层峰会暨体育健康产业分论坛”“十四五”文化产业融合技术创新与投资机会研讨会、“十四五”非遗生态保护与传承研讨会、“建国70周年体育文化建设研讨会”等高层次会议。

三、人才培养

（一）本科生人才培养

1. 学生思想政治教育方面。扎实推动了思想政治教育及学生事务管理服务工作与业务制度及流程体系建设；进一步明确了辅导员的岗位职责与工作要求、主体责任机制与主体责任要求；进一步推进了学院“三全育人”学生思想政治教育与人才培养体系建设，强抓学生的学习、学风、学术；强化学生的规矩意识、纪律要求与安全管理。

2. 本科教育教学方面。多次组织教师教育教学技能提升与培训，进一步提升教师教育教学能力；推进体育学院课程建设，建设了6门在线开放课程，启动建设了1个虚拟仿真试验项目，1门课程获得校级课程思政一等奖。加强了社会体育指导与管理本科专业建设，申报了省级一流专业建设并获得学校推荐；推进了青岛校区公共体育课程改革，形成改革方案，并拟于2020年启动实施。

大力开展暑期学校海外师资课程建设，邀请了8名海外专家学者来学校开设暑期学校课程；开展了暑期学校海外精品项目2项，收到了良好的效果；邀请了3名海外专家为我校社会体育指导与管理专业学生授课；启动了中国一中东欧国家高校体育学院联盟建设。

（二）研究生人才培养

召开“体育学院学科建设与研究生教育工作会议”；举办“研究生暑期学校”“优秀本科生夏令营”等活动；举办第二届“体育博士研究生高端论坛”活动，8名国内外知名高校博士研究生来校讲座；研究制定《体育学院研究生荣誉体系》《体育学院研究生科研奖励办法（试行）》等制度文件；博士研究生招生首次实行“统考＋申请审核”混合式招生形式，硕士研究生招生实现新突破，招生人数首次突破25人。海外学生招生工作取得突破，本年度共有2名国际硕士研究生入学。

（三）学生工作成绩

学院学生工作初步建立了与本科教学、研究生教育培养、高水平运动员管理等工作的协调机制。继续深入实施本科生学风提升计划，首次组织开展本科生科研创新计划立项，8个重点、11个一般项目、19个团队、85名学生获得立项支持，促进学生研究性、创新性学习氛围的形成，启动实施了研究生学术攀登计划。推动具有体育学院学科优势、专业特色的志愿服务团队建设，组建了“体育学院‘动青春’青年志愿服务队”。组织参加了学校学院各类校园文化活动，包括植树节“贡献力量，奉献绿色”植树活动、五四运动纪念日参观济南战役纪念馆、国庆间进行《我和我的祖国》观影活动、“活力体院，羽你同行”师生羽毛球比赛、女生“美妆小课堂”“最强王牌”体育文化节、演讲比赛、摄影比赛、辩论赛等。

获得山东大学学生文体活动先进集体、学生社团活动先进集体、研究生啦啦操大赛一等奖等集体荣誉8项；2019级学生军训工作荣获“先进连队”和“十佳方阵”双优秀；山东大学马拉松爱好者协会、梅花桩武术协会、自行车协会等3个学生社团被评定为校级5星级社团。

四、党建和文化建设

（一）学院党建工作

1. 深入开展“不忘初心，牢记使命”主题教育。9月至12月期间，按照学校主题教育领导小组部署，在学校第五指导组的指导下，始终牢牢把握“守初心，担使命，找差距，抓落实”的总要求，对标对表制定实施学习教育计划，稳步推进各项工作，取得较好实效。

2. 切实加强领导班子政治建设。从严加强领导班子的理论武装，组织领导班子和党委委员深入学习贯彻习近平新时代中国特色社会主义思想，认真贯彻落实全国高校思想政治工作会议精神、全国教育大会精神和高校党建工作重点任务要求，全面落实学校第十四次党代会和全校党建工作会议部署。

3. 严格落实意识形态工作责任制和统战工作要求。学院党委严格落实意识形态工作主体责任，将研究意识形态作为常态化工作，领导班子成员带领各分管部门定期做好意识形态研判和安全隐患排查。

4. 不断加强学院党委引领与支撑保障作用。2019 年，初体育学院党委完成换届选举，通过了《追求卓越、只争朝夕，为创建一流体育学院和一流体育学科不懈奋斗》工作报告，对学院今后五年的发展指出了发展方向，提出了改革思路。

5. 有效提升党支部活力和标准化建设。在学院基层党支部工作层面，对标做到“七个有力”，做到“三会一课”常态化制度化。领导班子成员积极参加所在支部的组织生活，关心党员的思想政治和学习生活。筹备基层党支部换届工作，在推进“双带头人”工程中取得新的进展。

6. 严格履行党风廉政建设第一责任职责。坚决贯彻执行中央八项规定精神及学校实施细则，持续加强党风廉政建设，推动形成党风正、院风清、学风好、作风实的学院生态。认真学习《中国共产党纪律处分条例》，完善《体育学院领导班子工作作风八项坚持》《体育学院督查工作制度》等制度，切实加强学院领导班子的作风建设。

（二）学院文化建设

为深入推进“不忘初心，牢记使命”主题教育活动，引导教职工及学生党员不断提升党性修养和宗旨意识，体育学院党委组织学院教工党员赴安徽凤阳小岗村开展红色主题党日活动，体育学院工会根据工会年度工作计划，组织全体教职工赴青州开展工会活动。

体育学院研究生党支部、本科生党支部组织学生党员、入党积极分子先后前往山东省淄博市沂源县 618 战备战台、焦裕禄纪念馆、章丘三涧溪村开展以“不忘初心，牢记使命”为主题的红色主题党日活动。

五、学校体育工作

（一）群众体育工作

深入推行群众体育工作“三三六”模式，基本建成山东大学“三二一”群众体育竞赛体系，“同一个山大，同一个梦想”的校园体育文化氛围初步形成。成功举办了一校三地三大球联赛、健康活力大赛等赛事，参加人数过万。开展了首届“体育大课堂”活动，共有 20 个学院 5000 余人次参加了各类体育活动。开展了体育文化节、体育嘉年华、“山大杯”校级竞赛等活动，参赛学生 1.5 万余人次。成功举办了青岛校区第一届田径运动会，参赛学生 500 余人次。40 位体育教师指导各学院开展群众体育活动；举办“奥运冠军进校园”活动，王峰、林伟宁、张梦雪 3 位奥运冠军来校参加活动。

（二）运动队建设

1. 高水平运动队方面。进一步细化了高水平运动队招生考试标准及实施细则，恢复排球项目招生，本年度共招收高水平运动队学生 26 名。

男子足球队获山东省五人制足球赛（高水平组）冠军、中国大学生足球联赛全国第六名；田径队获得全国田径锦标赛第二名 2 项，省田径锦标赛获得 11 个单项冠军，位列奖牌榜第一名；游泳队在全国游泳冠军赛暨世锦赛选拔赛中，获得 1 金 4 银 1 铜。

2. 普通学生运动队方面。组织了田径、足球、篮球、网球、羽毛球、乒乓球、桥牌等普通学生运动队参加国家及省级比赛。

其中，男子篮球队夺得CUBA全国大学生篮球比赛北区四强，连续两年进入全国八强，获全国第六；男子足球队首次获得2020年全国校园足球赛区决赛门票；羽毛球队在山东省大学生羽毛球锦标赛中斩获1金1银2铜，获得混双冠军，男子单打亚军，女双季军，男子团体第三名；田径队在省大学生田径锦标赛获2个冠军、2个亚军、5个季军；首次组队参加中国大学生网球锦标赛的网球队，最终获得第七名，并取得了进入总决赛单项赛事的资格，参加山东省大学生网球锦标赛，最终获得男子甲组团体第二名，男子单打和男子双打第三名；桥牌队获得第四届晋冀鲁豫“山河杯”高校桥牌邀请赛团体冠军。

（三）服务山东工作

1. 承担山东省体育局《山东省全民健身实施效果评估》《山东省体育产业发展报告(2018)》等工作。

2. 承担《淄博市体育产业发展规划》编制工作；与济南市体育局建立长期合作意向，拟承担济南市体育产业规划、体育事业规划等工作；与菏泽市体育局达成合作意向，拟承担菏泽市体育产业规划、“武术足球”推广等工作。

3. 承接并完成中共济南市委员会宣传部《济南市新旧动能转换文化创意产业规划（2019～2022年）项目》，承接山东省文化和旅游厅《山东省数字文化产业高质量发展与创新生态研究》课题等。

4. 连续12年承办山东省全民健身大型宣讲活动和一级社会体育指导员培训活动。

5. 文化产业动能转换与生态系统（山东大学）山东省文化科技重点实验室签约邹平·方霖专家工作站、文创产品研发基地；亮相山东省第八届文博会。

（四）体育场馆工作

以师生医务员工体质健康为中心，以推进内控机制建设工作为契机，全面系统改进和提升了体育场馆管理服务工作，体育场馆全方位服务师生医务员工。一是以推进内控机制建设工作为契机，加强了制度建设，健全了体育场馆管理服务制度流程体系。二是强化了安全管理工作，建立健全了安全隐患排查、安全管理处置机制，保障了体育场馆安全运行。三是规范了出借使用管理，增加了师生体育锻炼的时间空间。四是加强了管理，改进了服务，方便了师生进入体育场馆开展体育活动。五是初步建立了体育场馆服务师生长效交流沟通机制，努力了解并回应师生体育需求。六是实施了体育场馆工作人员业务能力提升工程，全面提高服务质量及水平。七是积极推进了智慧化体育管理服务平台建设。八是按期完成了2019年度学校服务师生十大实事中与体育场馆有关维护、修缮及安全隐患消除工作。九是按期完成了青岛校区风雨操场建设工作，已面向师生医务员工进行开放。十是积极承办举办了部分重大体育赛事，搭建了师生体育赛事参与平台。本年服务学校活动370余项次，服务师生医务员工23万余人次。

（袁淑娟）

软件学院

一、学院概况

山东大学软件学院成立于 2001 年，是当时经教育部和国家发展计划委员会批准建立的首批 35 所国家示范性软件学院之一。建院以来，为我国经济结构战略性调整和软件产业发展急需的人才培养作出了重要贡献。

学院历史可以追溯到原山东大学计算机科学系、山东工业大学计算机科学与技术系、山东医科大学计算机基础教学部。2000 年三校合并后，整合成立计算机科学与技术学院。2001 年，组建软件学院（由济南市高新区与山东大学联合共建），成立计算机与软件学院党委。2018 年，计算机学院迁至青岛校区，软件学院留驻济南独立发展。

截至目前，软件学院教职工人数共 141 人，其中含专任教师 85 人，教授 33 人，博士生导师 29 人，副教授 38 人，教育部新世纪优秀人才、泰山学者、山东省杰青以及享受国务院特殊津贴人员等国家、省部级人才 15 人。

学院拥有软件工程一级学科博士学位授权点和软件工程博士后流动站。目前设立人机交互与虚拟现实、软件与数据工程、可视媒体智能处理、信息安全、人工智能等五大学科群。拥有电子商务交易技术国家工程实验室、教育部数字媒体技术工程研究中心、教育部密码技术与信息安全重点实验室、山东省软件工程重点实验室、山东省高性能计算中心、山东省应用软件工程技术研究中心、山东省制造业信息化工程技术研究中心、山东省 CIMS 工程技术研究中心、山东省电子政务信息安全实验室等重要科研平台。近年来学院承担了国家重点研发计划、“973”“863”课题、国家科技支撑计划、国家自然基金重点项目、创新方法专项等重大、重点项目 30 余项，国家和省部级项目 200 余项。获得国家科技进步二等奖 2 次，省部级科技进步一等奖 3 次，省部科技进步二等奖 7 次。获得 300 余项发明专利和软件著作权。在 ACM TOG、AAAI、CHI、WWW、IJCAI、SIGIR、TKDE、VLDB、CRYPTO 等国内外重要刊物和会议上发表学术论文 500 余篇。

二、党的建设

不断加强党的领导，旗帜鲜明落实党的建设。院党委带领全院师生落实十九大、十九届四中全会、学校第十四次党代会精神，对标一流、追求卓越，严守意识形态阵地，维护政治安全，为学院发展营造了良好的思想舆论氛围。深入开展“不忘初心，牢记使命”主题教育活动，结合“强院兴校”推动学院更快更好发展。基层党组织建设明显加强，为学院各项工作的推进提供了坚强的政治保障、思想保障、组织保障。

三、师资队伍建设

2019 年，是学院留驻济南独立发展以来极为关键的一年，这一年学院领导班子得以健全，学院各项工作都有了长足的推进。学院依托高端国际化平台，不断强化人才队伍建设。深化人才引进工作机制改革，紧盯“双一流”人才竞争趋势，着眼学院在学科布局、平台打造、项目建设、教学改革、科技创新服务等方面整体性、系统性改革发展全局，科学规划人才队伍规模和结构，不断提高人才队伍的质量和水平。整合夯实优势学科团队，充分利用山东大学一南洋理工大学人工智能国际联合研究院（C-FAIR）高端平台的吸引力，引进齐鲁青年学者 3 人，预聘制教授 2 人，预聘制副研究员 1 人，助理研究员 2 人，海外人才申报青年千人项目 1 人，获批特别资助类博士后 1 人。队伍结构和质量明显提升。

四、学科建设

学院学科实力不断增强。2019 年“软科中国最好学科排名”中，山东大学软件工程学科排名第 11 位，跻身全国前 7%，相当于教育部学科评估的 A－排名，成为全校增长最快的五个学科之一。排除万难，协同攻关，揭牌成立了山东大学一南洋理工大学人工智能国际联合研究院（C-FAIR），标志着山东大学高端、国际化、创新机制的人工智能国际合作研究正式起航。人工智能软件理论、人机交互与虚拟现实、大数据智能、智能信息处理、人工智能安全与区块链智能、智能服务应用等传统优势学科不断焕发新的活力。

五、人才培养

“三全育人”创品牌，持续提升人才培养质量。软件学院认真落实立德树人根本任务，构建“三全育人”工作体系，建立“一化三性”（特色化、示范性、引领性、创新性）的特色化软件人才培养模式和创新机制。学生工作方面持续深化“MAP”工作体系，在“特色化国家示范性软件学院”全面建设的新征程中，积极探索学院“三全育人”模式，建立覆盖全员、映射个体的软件学院 MAP 工作体系，构建学生全面发展 MAP 蓝图，搭建起了学院特色的“红色情怀－思政＋”“橙色激情－体育＋”“金色丰收－就业＋”“绿色地带－服务＋”“青色年华－实践＋”“蓝色理想－创新＋”“紫色雅致－文艺＋”的“七彩”育人品牌体系，形成了具有学院特色的“三全育人”氛围。

2019 年度，软件学院学生工作目标明确、体系健全、平台完善、成绩显著。软件学院本科生 492 人获校级及以上奖学金，奖金合计 971500 元；189 人获校级及以上助学金，合计 580800 元。软件学院获山东省优秀学生 1 人，获山东省先进班集体 1 个、山东省优秀社会实践团队 1 支。软件学院研究生 230 人获校级及以上奖学金，奖金合计 887850 元。在学术竞赛方面，共获得省级以上国内外竞赛奖项 177 项，其中国际奖项 1

项，国家级奖项85项，省级奖项91项。在论文发表方面，全年度公开发表高水平论文150篇。学生共参加国内外科技竞赛活动36项，236人次获得省级以上奖项。打造“程序员文化节”“数媒画展”；本科生、研究生合唱比赛均获校一等奖；采取“校内校外有机结合，专业与生活巧妙融入”的做法，成立院级以上社会实践团队150支，其中一支团队获得省级优秀团队称号。志愿服务参与1500余人次，服务时长万余小时。“山软智库”作为中国第一个运营和服务主体都为学生的智库，实现线上线下助学模式的交叉融合，实现了学生自主参与学院学风建设。

全面启动“软件工程”专业认证申请工作。组织暑期国际课程，讲授包括大数据、人工智能、区块链等方向的全英文课程，丰富本科生的培养措施。“软件工程”专业获得了2019年山东大学优秀专业，成功入选国家一流专业。数据科学与大数据技术专业获批，2019级首批学生入学。新增人工智能自主设置交叉学科学位点。通过提升研究生生源质量、改革课程内容、严控流程等提升研究生培养质量。学术型硕士一流生源比例为63.6%，博士一流生源比例为62.5%。以“奖优，扶强，助青”为导向，改革制定了新的研究生资源分配方案。

六、科学研究

夯实基础，不断提升学术创新能力。全年立项国家自然科学基金面上项目8项，国家重点研发计划课题1项，子课题4项，山东省重点研发计划1项，山东省自然科学基金联合基金重点项目3项。申报各类省基金10项，拟申报国家基金24项，组织申报2020年度山东省和教育部科技奖励3项，到账经费约2000万元。科技奖励获得丰收，学院以第一单位获得山东省科技进步二等奖2项，以第二完成单位获得山东省科技进步二等奖1项；获得人工智能领域最权威科技奖励——吴文俊人工智能科技进步二等奖1项。在高性能计算、人工智能、人机交互、虚拟现实等领域研究成果不断取得突破，在SC、NSDI、WWW、VR等顶级学术刊物和会议上发表学术论文100余篇，成功承办第36届中国数据库（NDBC）学术会议，联合主办第四届众智科学与工程（ICCSE）国际会议，学院国内外影响力日益扩大。

七、服务山东

发挥学科优势，服务山东新旧动能转换。围绕服务地方、成果转化、校友联络开展工作。承担了山东省科技厅、济南市、章丘区等政策论证、指南规划编制等；数字媒体技术教育部工程研究中心济宁分中心在媒体制作、智慧医疗、工业大数据、智慧城市等领域开展了大量研发工作，取得了显著研究成果。学院与山大深圳研究院、苏州研究院和东营开发区以及山钢集团、山能集团、浪潮集团、京博集团等企业积极接洽，开展项目合作，已经签署了多项项目合作意向和协议。

八、国际合作

高端引领、机制创新，国际合作成为新引擎。与哈佛大学、佐治亚理工学院、CMU、UBC、NTU、中国香港中文大学等人工智能和大数据的顶尖高校开展广泛而深入的跨学科交叉研究；联合清华大学、NTU、加拿大发起的众智科学与工程国际联盟已经成为人工智能为纽带的重要国际合作平台。推动 SDU-NTU 人工智能国际联合研究院揭牌成立，立足国际化、高标准，吸纳美国、加拿大、澳大利亚、法国等高水平学校及其知名学者，规划了基础理论、AI 健康与乐龄、医疗健康大数据、众智理论与智慧政务、区块链智能、跨媒体智能、智能服务应用研究等重点研究方向，组建联合研究团队，开展实质性联合研究。

（曲　毅）

齐鲁交通学院

2019年，齐鲁交通学院在学校第十四次党代会精神指引下加快学院建设，在各方面均取得了实质性进展。

一、工作举措

（一）全面加强党的领导，推动学院高质量发展

一是严肃党内政治生活，不断强化理论武装，修订党委中心组理论学习制度，抓好关键少数，以上率下、以点带面。二是扎实开展“不忘初心，牢记使命”主题教育，将调查研究与整改落实贯穿学习的全过程，着力破解形式主义、官僚主义顽疾，找准学院发展的新路径。三是注重加强组织建设，建立党委委员联系支部制度，选准配强支部书记，着力打造过硬党支部。四是严格正风肃纪，改进工作作风，注重加强师生意识形态引导，维护和谐稳定校园环境。

（二）以育人为核心，构建综合育人体系

紧紧围绕“立德树人”根本任务，构建院系领导、业务教师、导师、班主任、辅导员、学生家长参与的“三全育人”工作体系。做好学生德智体美劳五育工作，在学生中形成“追求卓越，只争朝夕”的良好氛围。

（三）突出学科特色，以科研为引擎带动学科发展

一是补强学科指标，加强交叉融合。以第五轮学科评估标准为指导，对标找差距、补短板，为冲击土木工程A类学科打基础。二是强化组织科研，营造积极主动的科研氛围。紧密围绕国家和山东省的战略需求，充分发挥校企共建和组织科研优势，强化顶层设计，引导科研方向，提升整体科研活力。

（四）推进人才强院，着力打造高水平学术队伍

坚持“人才是第一资源”的理念，引育并举，专兼结合，创建有利于优秀人才脱颖而出的体制机制，制订《齐鲁交通学院杰出人才体系及支持培育方案》。制定《齐鲁交通学院科研扶持基金管理办法》，培育面向工程难题的科研新方向，同时解决青年人才“起步难”和科研新方向“迈步难”问题。

（五）以世界眼光和国际视野为标准，推进学院国际化建设

坚持“瞄准一流，由点到面、全面推进”，一是积极拓展与世界一流大学及科研机构的战略合作。二是引入国际办学资源，与国外高水平大学合作办学。三是创新延揽海

外人才模式，引进海外高层次拔尖人才和优秀青年人才。

二、主要成效与突出亮点

（一）学院人才队伍建设取得突出成绩

学院院长李术才教授当选中国工程院院士。获批国家优青1人，泰山学者1人，青年泰山学者3人。引进山大特聘教授（第二层次）2人、引进山东大学兼职讲席教授3人、山东大学兼职特聘教授2人。

（二）在“大项目”等竞争性科研经费方面取得了长足进步

获批国家基金重大项目1项，这是山东大学首次获批此类项目（合同额2000万元）；在军民融合科研工作中取得突破，首次获批军民融合重大项目1项（合同额1060万元）；在产学研合作、科技成果转化方面成绩显著。另外，获批山东省重大创新工程项目2项（合同额各500万元），山东省工业技术研究院协同创新中心2个（合同额各300万元）等。

（三）科研成果方面

获山东省科技进步一等奖1项，中国岩石力学学会一等奖和山东省科技进步二等奖各2项，湖北省科技进步二等奖1项。

（四）在学生创新能力和素养提升方面

获全国大学生地球物理知识竞赛全国二等奖、全国大学生节能减排大赛全国三等奖各一项；获山东省大学生创业计划大赛、山东省“互联网+”大学生创新创业大赛等省级以上科技竞赛奖励8项，其中一等奖3项；获山东大学挑战杯特等奖1项。

另外，2名教师获得山东大学青年教师讲课比赛一等奖，3门课程获得山东大学课程思政优秀案例。

（五）国际化建设方面

引进全职海外教师1名，与英国爱丁堡大学合作成立了“山东大学重大工程仿真与安全控制研究中心”，并在英国联合举办了第一届“中一英交通岩土工程离散元应用研讨会”。与爱荷华州立大学达成硕士、博士双学位培养意向，即将签约。获批2019年度科技部高端外国专家引进计划和山东大学国际合作助飞计划各1项。获山东大学优秀暑期国际课程1门，暑期特色国际项目1项。

（杨为民）

新闻传播学院

一、扎实开展“不忘初心，牢记使命”主题教育

按照学校党委的要求，自9月底开展“不忘初心，牢记使命”主题教育，有效衔接四个环节，认真学习了习近平新时代中国特色社会主义思想和关于教育工作的一系列重要论述，学习了党章、准则和条例，专题学习了党的十九届四中全会精神；学院党委在主题教育期间编印了2期专题学习资料，开展了5次集中学习研讨活动；深入师生、深入班级、研究所和党支部，组织师生面对面活动；多种形式广泛征求师生意见；召开了整改落实推进会和民主生活会，检视和梳理了学院存在的问题，并且区分不同情况，立行立改，重点对师生反映的突出问题和学院制度方面的建设进行了整改落实。

二、做好师生思想政治工作，努力破解党建工作和中心工作“两张皮”现象

1. 结合主题教育，围绕党建和中心工作“两张皮”现象，形成了专题调研报告，总结梳理了12个方面的问题及对策。

2. 实施了学院党委与支部之间、支部与支部之间、党员与非党员教师之间、教工支部与学生支部之间的“四个联动”，形成基层党建的互动融合和组织合力。创新党支部的主题党日活动，组织了师生党员前往沂蒙革命老区开展红色新闻文化、树立新时代新闻理想学习活动。

3. 规划设计了学院的党员活动室，新闻所党支部荣获“首批山东高校‘双带头人’教师党支部书记工作室培育创建单位”即“山东大学新闻学党支部书记工作室”；丰富和完善了“百微山大”（全年40期）、“文学生活馆”（全年30场）、“中华优秀文化传播和服务山东”等党建活动内容，使支部建设和开展活动载体化、实效化、品牌化。

4. 结合新闻传播学科的属性和特点，把师生的理想信念教育和马克思主义新闻观教育相结合；进一步研究新形势下青年学生的特点，深挖新闻传播专业课程的育人元素、育人内涵和育人功能，实现党建育人、思政育人、课堂育人、实践育人同步发展，构建“三全育人”的格局。

三、结合暑期整改，认真落实意识形态责任制，加强意识形态阵地建设和管理

1. 进一步增强政治敏锐性，结合学科优势，成立了“山东大学舆情研究中心”，引

进了 1 名中青年杰出人才，研讨形成了意识形态等领域的各种风险预警机制和应急处置机制。

2. 结合学校暑期整改，密切关注师生的思想动态，在教材选用、课堂教学、学术报告、学院网站、微信公众号等关键环节严把政治观；对教师和学生个人的自媒体进行了再梳理、再登记。

四、加强学科建设，推进强院兴校

1. 全力抓好学科建设，增强学术竞争力。2019 年，获批国家社科基金项目 1 项，横向课题 40 余项，全年科研经费总到账 640 万元；出版各类学术著作 3 部；发表本专业学术论文 40 余篇，其中国际论文 SCI、SSCI 论文 8 篇（通讯作者论文 4 篇），包括一篇 SSCI 一区顶级期刊和 SCI 一区顶级期刊，实现国际刊一区刊发的突破；CSSCI 论文中，《新闻与传播研究》《国际新闻界》《现代传播》等本学科权威、重要期刊上均有我院的研究成果；学院主办国内学术会议共 3 次；资助 7 人次参加各类学术会议、交流；邀请了近十余位国内外学者来院讲学。

2. 继续引进高端人才扩充师资队伍。引进业界专家北京时间新闻总监戴元初担任学院专职教授，领衔舆论研究等重点学科项目；经学校批准，新建设山东大学舆论研究中心，山东大学影视文化艺术传播研究中心；进一步整合资源，围绕人员交流、跨校互助、协同创新，与上海交通大学媒体与传播学院、深圳大学传播学院签订战略合作协议。

3. 实施实验室现代化建设，支持学科加快发展。学院虚拟实验项目获批国家虚拟仿真实验教学项目（新闻传播学首批 10 个），眼动实验室硬件设备建设顺利通过验收，与上海交通大学、深圳大学联合成立虚拟仿真实验联盟。组织多批实验室软硬件招标工作，包括新闻数据库、舆情分析软件、数据新闻可视化系统等。完成“媒介科学与工程”实验室一期建设。

五、改革创新研究生培养机制，加强课程思政建设

1. 设立学术学位和专业学位奖励机制。活跃研究生学术氛围，鼓励创新，鼓励学生自我服务与自我管理，丰富研究生学术活动，特别是提高博士研究生的培养质量和研究生的科研贡献率。继续加强国际交流与合作，加大本院学生赴海外进行学术交流的比重，探索硕士、博士联合培养新模式。在 2018 版教学计划的基础上进一步理顺学位课程梯队建设。严格按照学校要求将学术硕士、专业硕士、非全日制专业硕士分别开设课程。

2. 不断提升生源质量。举办优秀本科生暑期夏令营，确定 47 位学生为优秀学员，生源结构进一步优化。学院师生获山东省 2018 年度和 2019 年度专业学位案例库建设 2 项，山东省优秀研究导师 1 人次，山东大学研究生教育自由探索项目 1 项，教师指导学生获山东大学优秀博士论文 1 人次。

3. 高度重视课程思政建设。针对新闻传播学院的专业特性，在学校组织的优秀“课程思政”教学设计案例评选活动，学院要求全体教师参加，老师们积极参与、认真准备，最终共有13人次分别获得一、二、三等奖，占学院教师比例的60%，获奖比例数居全校前列。

4. 积极申报新闻学“国家级一流本科专业”。探索“立德树人”教学模式，校级教改项目立项实现了全员覆盖。在2019年度学校组织的教学改革项目获得10项教改项目立项（重点项目2项、一般项目8项）。

5. 积极组织暑期学校和课程。以“文学生活馆”为依托开设了适合三个校区的7门暑期系列课程，开设了“海外师资课程”，受益学生千余人；获得了“2019年暑期学校优秀组织单位”奖，2门课程获得“2019年暑期学校优秀项目奖”。

六、积极推进推进“三全育人”工作，发挥学科育人优势

1. 逐步推进学生工作“三全育人”模式。增强师生之间的互动，积极推进学生素质拓展活动，逐步形成了教育活动的规范化操作模式、体系化活动方式。本年度学生组织活动超过35场（本科生18场，研究生17场，不含社团活动）。

2. 积极推进学院领导班子联系党支部制度。每位领导班子分别联系一个学生党支部。鼓励辅导员以问题导向的活动立项，本年度负责的校级各类立项4项（“同梦同圆”多民族育人计划，获得山东大学学生思政工作精品项目立项，学生资助中心“励学破茧”计划立项等）。就业工作有序推进，截至12月10日本科生就业率91.38%，研究生就业率89.47%。

3. 强化新闻传播学科的思想引领和价值塑造。开展学生红色文化和新闻理想教育，构建思想政治教育、职业道德教育、专业知识教育“三位一体”的新闻传播育人体系。

七、积极开展服务山东战略，提升学科影响力

1. 完成省委宣传部新闻办委托《2019年度新闻发布工作评估方案》及数场《新闻发布分析报告》；完成省委宣传部委融媒体建设、地方主流媒体发展等重点和专题调研活动8项，为全省十几家新闻机构进行业务培训。

2. 继续举办第三批全省新闻从业人员培训工作和政府企事业单位的培训；承担社会各界委托的横向课题，横向科研经费大幅度增加。继续举办高水平、高规格的暑期师资培训班。联合威海校区文化传播学院共享跨校资源，举办第二届“马克思主义新闻观师资培训会”。

（方　方）

科研机构

儒学高等研究院

2019年，儒学高等研究院以习近平新时代中国特色社会主义思想为指导，扎实开展“不忘初心，牢记使命”主题教育，全面落实学校由大到强、强院兴校战略部署，全面推进儒学院各项工作，狠抓年度重点工作落实，全院建设稳步推进，内涵式发展呈现向好局面。

一、概况

2019年，儒学高等研究院跨中文、历史、哲学、社会学4个一级学科和10个二级学科，设有中国古典文献学、中国民间文学2个独立博士点，与其他院部共建8个博士点，9个硕士点、3个一级学科博士后流动站；中国古典文献学为国家重点（培育）学科和山东省重点学科，民俗学研究所是山东省非物质文化遗产研究基地，文旅部中国节日文化研究基地。

儒学院目前有在职教职工85人，其中教授29人，副教授19人，讲师4人，管理人员8人，编辑人员3人，图书资料人员4人，非事业编人员13人；外籍及港澳台教师5人（美国籍教师1人，日本籍教师1人，韩国籍教师1人，香港籍教师1人，台湾籍教师1人）。在站博士后46人。

儒学院中共党员176名，其中教工党员46名，学生党员130名。本年度新发展中共党员32名，转正13名。

二、人才培养工作措施得力

1. 尼山学堂工作。全年在读本科生74人，开设本科生课程40门，其中必修课32门、专业限选课8门。完成第八期招生工作，招收来自济南、青岛、威海3个校区14个专业的26名学生。尼山学堂2015级毕业生24人，20人录取国内外重点高校研究生。全年共有39人次先后获评“山东大学2019年臧克家奖学金”“国家奖学金”“北京银行助学金”等各项奖、助荣誉。尼山学堂2015级班集体获评“省先进班集体”“优良学风班”，2016级班集体获评“先进班集体”“先进团支部”。

2. 研究生培养工作。2019年，共录取各类研究生104人，其中全日制硕士研究生76人，博士研究生25人，同等学力硕士3人。全年在读博士研究生156人，硕士研究生230人。69名硕士研究生和12名博士研究生通过答辩，顺利毕业，博士就业率100%，硕士就业率91.23%。本年度，开展了"儒林"学年论文报告会、举办了2期"历下论学"研究生学术论坛、3期论文写作与发表专题讲座，举办2期读书会、4期草根论坛，举办"尼山国学大讲堂""知行讲堂"等高端学术讲座12期。复审往年博士论文全部合格，优秀率居全校前列，硕博士研究生各1人获山东省优秀学位论文奖。

3. 学生思政工作坚持围绕"立德树人"根本任务，推进"三全育人"方案实施，大力开展思想政治教育、精品学术文化活动、社会实践活动和文体活动，顺利完成本年度学生综合素质测评和奖学金评选工作。硕博各3人获得国家奖学金，硕士生1人获校长奖学金，1人获道德风尚奖学金，2人获臧克家奖学金，1人经全校选拔兼任校团委副书记。

三、人事人才工作持续向好

2019年度，儒学院人才引育力度持续加大，师资队伍建设更加完善。年度内引进知名学者1人、外籍教师1人，招聘教师2人、其他专技岗人员2人，接收博士后5人、国内访问学者5人。新增博士生导师2人、硕士生导师4人。

顺利完成本年度专业技术职务聘任和岗位聘任工作。2人晋升教授、1人晋升副教授、1人获聘教授二级岗、1人获聘教授三级岗、1人获评助理研究员。

人才体系进一步完善。全年获评齐鲁文化名家1人，获评山大特聘教授1人、杰出中青年学者2人，入选"青年学者未来计划"2人。

注重提升教师国际化水平。全年5名教师受邀赴海外进行学术交流共7次，2名教师申报哈佛燕京学社访问学者项目，2名教师赴美知名高校开展为期一年的访学。

四、科研工作成效显著

1月18日，儒学院召开第二届学术委员会换届选举会议。儒学院第二届学术委员会正式成立，王学典担任主任，戚良德担任副主任，选举委员有曾振宇、颜炳罡、王承略、刘心明、赵睿才、宋开玉、王加华、刘培、何朝晖，共11人。

本年度，儒学院在全国乃至世界儒学研究领域的学术号召力和影响力实现大幅度提升。11月19日，王学典教授当选国际儒学联合会第六届副会长，为山东学者首次。11月30日，尼山世界儒学中心的首批两个分中心之一山东大学分中心揭牌成立。

全年科研及专项经费到账2926万元，在研项目150余项，其中国家级重大项目10项。新增立项7项，其中国家重大1项，国社科3项，省社科3项。聂济冬主持的"加拿大不列颠哥伦比亚大学图书馆藏汉籍调查编目、珍本复制与整理研究"项目获国家社科基金重大项目立项，陈峰主持的"中国马克思主义史学范式的构建与兴起研究(1919～1949)"项目获国家社科基金重点项目立项。全年共发表论文170余篇，其中CSSCI论文80余篇，出版《子海精华编》《文史哲专刊（第八辑）》《国际儒学发展报告》《汉籍与汉学》等系列高水平学术著作34部。成果获教育部高等学校优秀成果奖2

项、省社科优秀成果奖 4 项、省文化创新奖 1 项，其中王学典教授主编的《20 世纪中国史学编年》和王承略、刘心明主编的《二十五史艺文经籍志考补萃编》获教育部第八届高等学校科学优秀成果奖（人文社会科学）二等奖。举办高水平学术会议 12 次，论道稷下学术论坛 5 次。《文史哲》杂志被评为国家社科基金优秀期刊和全国高校社科名刊，《文史哲》英文版继 2018 年被 Scopus 数据库收录后又被收入欧洲 ERIH PLUS 索引（欧洲人文社会科学研究索引）。

五、海内外学术交流与合作不断拓展

本年度，儒学院策划举办了多场高水平学术活动，进一步提升了学术话语体系构建传播力和国际学术影响力。5 月 4 日，《文史哲》编辑部举办“儒学价值及其现代命运：五四运动百年纪念”第八次人文高端论坛，担当“五四”思想探讨主阵地；评选发布“2018 年度中国人文学术十大热点”，引领学术思潮；开设“如何构建中国特色哲学社会科学体系”专栏，组织刊发知名专家力作，多学科、多视角观照本土话语体系建构路径和方法；举办首届青年学者工作坊暨第十二届中国中古史青年学者联谊会，致力于发掘与团结新生代学者，追踪研究动态，促进“编”“作”交流，孕育学术更新。5 月 15～22 日，亚洲文明对话大会期间，儒学院组织专家赴京现场聆听习主席在开幕式上的主旨演讲，参与组织了教育部和联合国教科文组织共同举办的“维护亚洲文明多样性”分论坛，并与山东省委宣传部联合组织了“文明多样性与亚洲未来”专题研讨会，在共商亚洲文明发展的国际盛会上为学校赢得精彩亮相。此外，7 月 18 日在烟台举办“百年儒学走向”国际学术研讨会暨牟宗三先生诞辰 110 周年纪念会，邀集海内外知名学者 150 余人，探讨儒学今后走向和时代意义；8 月 1～4 日，在马来西亚举办中国—东盟儒学国际论坛，围绕“亲情与责任：全球视域下的家庭伦理”主题进行交流；10 月 25～29 日，承办了中国民俗学会 2019 年年会。

六、儒家文明协同创新中心工作取得突破

9 月，儒家文明协同创新中心正式获批教育部认定，成为全国首家以儒学研究为主体的省部共建协同创新中心，升级为国家级科研平台。中心组织力量制定了发展规划，草拟了建设机制，于 12 月 31 日在北京以“文化传承与儒学创新”为主题，举办了高规格理事会会议，开辟了重建山大人文学科话语权和号召力的新局面。本年度，协同创新中心进一步加强海外引智力度，先后接受来自芬兰、韩国、美国、中国台湾的 4 位知名学者来校交流访学；举办“儒家文明论坛”22 期；科研项目取得了重大进展，《孝经古注说》等科研成果陆续出版。

七、中华美德教育学院工作有序开展

2019 年 6 月 23 日，山东大学中华美德教育学院举行揭牌仪式暨召开“首届干部政德教育论坛”。中华美德学院成立以来，儒学院对接国家文化发展战略、推动中华优秀传统文化传承创新，制订和完善了中华美德教育学院课程体系。开展了 20 场活动，通过举办讲座、专题研讨、参与高端智库论坛与咨询、进行相关研究并发表成果等多种形

式，为擦亮中华美德教育学院品牌作出了贡献。先后与多家单位进行洽谈，商讨合作开展中华美德教育事宜，积极组织参与各类学术交流活动，并在传统文化研究、中小学传统文化教材编订推广和乡村儒学建设中积极探索与实践。

八、全球汉籍合璧工程稳步推进

本年度，全球汉籍合璧工程召开多次学术研讨会议和工作会议，听取吸纳国内同行专家宝贵意见，从团队建设、组织架构、成果评价办法等方面进一步完善合璧工程的相关规定，积极推动工程进展。2019 年 6 月，在俄罗斯发现的全球孤本汉籍珍稀抄本《铁冶志》复制本被圣彼得堡大学校长作为礼物赠送给前去访问的国家主席习近平。本年度，工程组织人员对 13 家境外藏书机构所藏汉籍进行了初步核目遴选、调查编目工作，搭建了“电子化编目核目工作平台”，设立山东省社科规划项目 19 项、全球汉籍合璧工程子项目 13 项；出版学术期刊《汉籍与汉学》两期，获得第 33 届华东地区优秀哲学社会科学图书二等奖。工程邀请境内外学者 24 人，举办学术讲座 31 场次；与俄罗斯科学院远东研究所联合举办了主题为“中华古籍在俄罗斯的传播与研究”的学术研讨会。组织了计算机技术、古籍工作、数据库评价与辅导使用、文献著录、古典文献学等方面专业人员的业务论证与讨论，形成了较完善的数据库建设方案。

九、党建工作扎实开展

定期召开党委会和党政联席会，编制《山东大学儒学高等研究院简报》3 期，召开意识形态专题会议 2 次、党风廉政建设专题会议 1 次，把思想政治工作贯穿到教育教学全过程。在学校党委 2019 年度中层领导班子考核工作中获评考核优秀单位。

强化理论学习，夯实理想信念思想根基。深入学习贯彻落实习近平新时代中国特色社会主义思想，分层次、多形式整体推进理论学习全覆盖。开展党委理论中心组学习 12 次、教职工政治理论学习 8 次、全体党员政治理论学习 6 次、班子成员讲党课 7 次、支部理论学习百余次，组织教工党员赴西柏坡、孟良崮红色教育基地参观学习。

强化制度建设，提升基层党建工作质量。制定党支部工作考核评价办法，持续推进党支部标准化规范化建设，各党支部严格落实“三会一课”“两学一做”、组织生活会、支部书记轮训和年度述职等制度。本年度培养积极分子 80 人，发展党员 32 人。3 个教工党支部按期完成换届，教师党支部书记“双带头人”全覆盖。党组织书记抓基层党建突破项目立项 1 项、基层党组织活动立项 1 项，《山大草木文化的德育实践》校园文化重点项目获评示范型项目。

9 月至 12 月，开展“不忘初心，牢记使命”主题教育。领导班子学习研讨 7 次、支部学习百余次，形成 6 份调研报告，检视问题 5 方面 22 项，制订整改方案，建章立制 10 余项，解决实际问题 20 余件。

积极落实新时代党的组织路线。先后组织 1 人参加教育部哲学社会科学教学科研骨干研修班，2 人参加山东省社科骨干研修班，派出挂职干部 2 人、接收挂职干部 1 人，组织 8 人参加作风班、履职班和能力提升计划，优化干部成长路径。

加强对群团组织的领导。1 月 10 日，召开了儒学院二届三次教职工代表大会，本年度工会先后开展了教工趣味运动会、踏青，慰问困难职工，“爱心一日捐”等活动。儒学院行政团队荣获年度山东大学“三八红旗”集体荣誉称号。积极开展统一战线工作，保持全院团结和谐蓬勃向上的良好局面。

（温　磊）

文艺美学研究中心

2019 年，文艺美学研究中心建设成效显著，在人才队伍建设、学术研究、学科建设、学术交流、图书资料和基础设施建设等方面都取得了重要进展。

1. 人才队伍建设方面成绩突出。2019 年，根据学校新的基地管理办法，文艺美学研究中心在将原有部分兼职人员调整为专职科研人员的同时，吸收了校内包括文学院的黄发有教授和李桂奎教授，儒学高等研究院的戚良德教授和威海校区文化传播学院的张红军教授作为中心专职科研人员，使中心专职科研人员由 2018 年的 5 名增加到 16 名，人才队伍得到壮大。

2. 本中心非常重视人才引进和培养工作，并取得了突出成绩。引进欧洲科学院院士、美国杜克大学中国研究中心主任刘康教授担任山东大学兼职讲席教授；引进安徽大学韩清玉教授为山东大学齐鲁青年学者，已经办理报到手续，人事关系近期能够调入。黄发有教授入选文化名家暨“四个一批”人才项目；杨建刚教授入选山东大学齐鲁青年学者；引进山东大学特别资助博士后 1 名。截至目前，本中心专职研究人员共有 10 名入选山东大学人才体系，其中包括欧洲科学院院士 1 名，长江学者 1 名，文化名家暨四个一批人才 1 名，万人计划青年学者 1 名，教育部新世纪优秀人才 2 名，山东省文化名家 1 名，泰山学者 1 名。

3. 在学术研究方面，共出版学术著作 6 部，包括曾繁仁的《西方美学范畴讨论文集》、谭好哲的《新时期基本文学理论观念的演进与论争》、戚良德的《百年“龙学”探究》、曹成竹的《歌谣与中国文学的审美革》、韩清玉的《艺术自律性研究》、曾繁仁和辛正根主编的《生态美学与东亚哲学（2019）》（中文版与韩文版同时出版）。发表学术论文 57 篇，其中在学术刊物发表论文 50 篇（含 A&HCI 论文 1 篇，CSSCI 论文 35 篇，海外及港澳台刊物 3 篇，顶级刊物《文学评论》2 篇，《文史哲》《文艺理论研究》《人民日报》《光明日报》等权威报刊 7 篇），《中国社会科学报》《文艺报》等重要报纸发文 7 篇，《新华文摘》和《中国社会科学文摘》转载 7 篇，人大复印资料转载共 13 篇。曾繁仁教授的著作《生态美学基本问题》获得中华学术外译项目支持。另有谭好哲教授提交咨询报告《充分发挥文艺在中华优秀传统文化创新和转化中的作用》被采纳。

4. 在学术奖励方面，在山东省第三十三届社科优秀成果奖评审中共获奖 4 项，其中陈炎的论文《创新与跨越：美学研究的三种路径》获一等奖、曾繁仁的著作《生态美学基本问题》获二等奖、王汶成的论文《作为言语行为的文学话语》获二等奖、胡友峰的论文《康德自然概念的三个层次》获三等奖。

5. 在科研项目方面，中心已有的各类项目顺利开展。新增项目10项，包括国家社科基金重大项目2项（李桂奎教授主持的“中国古代小说理论术语考释与谱系建构”和张红军教授主持的“西方自然美学通史”），一般项目1项，国家社科重大项目和教育部重大攻关项目子课题4项，人文社科基地重大项目1项。2个国家社科基金重大项目的获得，使得本中心在研国家社科基金重大项目数达到7项（含国家社科基金重大委托项目1项）。

6. 学科建设方面，在继续推进文艺美学、审美文化和审美教育研究走向深入的同时，重点发展生态美学研究，取得了显著成效。

7. 在学术交流方面，中心共邀请国内外知名专家包括中国社科院张江、北京大学陈晓明、英国伦敦大学金史密斯学院荣休教授戴维·马格利斯等，举办各类学术讲座、学术座谈会等14人次。中心主任谭好哲教授、王汶成教授、李鲁宁副教授赴美参加第十届中国电影国际论坛，杨建刚教授赴美国杜克大学参加“文化与传媒研究中的中国问题专题研讨会”，程相占教授赴美国加州大学戴维斯分校参加“文学与环境研究会”两年一度的题为“天堂浴火”（Paradise on Fire）年会，进一步加强了中心与国内外学术领域的交流，拓宽了中心师生的学术视野。先后举办“生态美学的话语建构”学术研讨会暨“生态美学的中国话语形态研究”项目开题报告会、“对话与理解：生态美学话语研究”国际研讨会、山东大学中国古代文学理论青年学者论坛、山东省比较文学学会2019年年会暨“比较文学与比较诗学”青年论坛等国内与国际学术会议4次，增强了中心的学术影响力和辐射力。2019年7月，与宁夏大学联合承办教育部社会科学委员会语言文学、新闻传播学和艺术学学部2019年度工作会议，本次会议专题研讨“高校社科研究与美育工作”，以深入学习贯彻落实习近平总书记关于美育工作的系列重要讲话精神。会议形成的理论成果、政策建议等对于做好美育工作，弘扬美育精神，培养德智体美劳全面发展的社会主义建设者和接班人具有重要的指导意义。

本中心与韩国成均馆大学东洋哲学系的合作已经十余年，2019年的合作继续加强，在合作召开“对话与理解：生态美学话语研究”国际研讨会的同时，合作出版刊物《生态美学与东亚哲学（2019）》（中文版与韩文版同时出版），并计划将此刊物长期办下去，每年出版一期。

8. 基地数据库建设有序进行，基地刊物《文艺美学研究》出版2期，《生态美学通讯》出版12期，基地网站及时进行了信息更新，购买中外文图书资料922种1130余册，持续订阅中外文期刊65种。

（杨建刚）

经济研究院（山东发展研究院）

2019 年度，经济研究院与山东发展研究院在主题教育学习活动、科研、人才引进、对外交流、学科建设、研究生培养等各方面取得较大发展。

一、主题教育学习活动

根据中央关于“不忘初心，牢记使命”主题教育统一部署和学校党委《关于中层领导班子开好“不忘初心，牢记使命”专题民主生活会的通知》要求，在学校党委的领导下，班子成员共同研究、共同讨论，利用“不忘初心，牢记使命”主题教育的大好时机，认真开展批评与自我批，联系实际情况，认真查摆在学习、工作等方面存在的问题和不足，并对作风建设和党风廉政建设情况进行了深刻的剖析和反思，以达到改进作风、促进工作、增进团结和推进学院学科发展的目的。

二、科研工作

（一）专著与论文发表

经济研究院教师 2019 年度共出版著作 9 部，完成课题研究报告 6 项；共发表论文 88 篇，在 CSSCI 来源期刊上发表论文 62 篇，SSCI 来源期刊发表论文 12 篇，SCI 来源期刊发表论文 4 篇。

其中，《经济研究》发表论文 4 篇（含 2 篇会议综述），《中国社会科学》（英文版）1 篇，ABS 4 星期刊 *European Journal of Operational Research* 论文 1 篇。

（二）课题立项

2019 年度，我院教师立项课题 13 项。其中，国家级重大科研项目 1 项（国家语委科研规划重大项目）；国家级一般项目 2 项，包括国家社科基金项目 1 项、国家自然科学基金项目 1 项；省部级课题 8 项，包括教育部人文社科规划项目 1 项，山东省自科基金项目 2 项，山东省社会科学规划项目 3 项。

2019 年，立项课题总经费为 220.5 万元。

（三）科研奖励

2019 年度，获奖情况为：山东省社科学科新秀奖 1 项，山东省社科优秀成果奖一等奖 1 项，山东省社科优秀成果奖二等奖 2 项，山东省社科优秀成果三等奖 1 项。

三、人事人才队伍与学科建设

（一）高层次人才

2019 年，增加 3 位国家级高层次人才，分别是：全职引进 1 名国家“千人计划”特聘教授杨立岩；黄凯南入选 2019 年中宣部文化名家暨“四个一批”人才；李爱军入选中宣部宣传思想文化青年英才。另外，黄少安当选新一届中国农业经济学会副会长。

另外，苏剑入选山东大学青年学者未来计划；两人参评校内“齐鲁青年学者”（结果未出）。

（二）人事工作

积极拓展海外人才招聘工作，引进预聘制副研究员 2 人，外籍教师 1 人，特别资助类博士后 1 人，重点资助类博士后 1 人。

（三）学科与研究基地

制度经济学、语言经济学和法经济学作为山大理论经济学的特色，在全国的领先地位得到了加强；计量经济学、金融学、宏观经济学和微观经济学获得了长足发展；行为与实验经济学、能源经济学等新兴交叉学科开始在国内处于领先地位。

山东区域经济发展协同创新中心参评山东省级协同创新中心评比。

（四）名刊建设

办好《制度经济学研究》，打造该领域学术研究的国内权威期刊。由院长黄少安教授主编的《制度经济学研究》（季刊）杂志按期出版发行，学术水平不断提高，受到了同行的一致好评；目前该刊已经出版发行至第 66 辑，已经成为我国研究制度经济学的最为权威的期刊。

四、学术交流与合作

（一）主办学术会议

1. 2019 年新年学术报告会：2019 年 3 月 2 日召开，一些著名学者和知名期刊及经济研究院的全体师生参加了本次大会。经济研究院每年年初都以“新年学术报告会”的方式迎接新年，旨在加强学术交流与合作，进一步提高我院学术研究水平。

2. 新中国土地制度演变与农业发展研讨会：2019 年 4 月 21 日召开，国内著名的农村经济和土地制度研究领域专家共同参与了本次研讨，山东大学党委副书记仝兴华出席会议并致欢迎词。本次研讨会对新中国土地制度演变与农业发展的历史、现状和未来进行了充分的探讨，为我国制度经济学和农业经济学理论和实证领域的进一步研究提供了有力支撑和良好平台。

3. 白黄少安和浙江大学史晋川共同发起、共同作为理事长中国法经济学论坛：2019 年论坛由山西财经大学承办，6 月 29～30 日召开，百余位专家参加了会议。中国法经济学论坛已经连续举办了 17 届，有效地推动了法学和经济学的融合发展，对中国的立法、司法、执法等领域有重要价值，也对中国的经济建设及经济领域的制度建设、改革和完善有重要意义。

4. 2019 年山东大学计量经济学国际研讨会：2019 年 7 月 9 日召开，来自国内外多所高校的知名专家学者参与了研讨会。此次研讨会展现了计量经济学领域的最新研究，促进了山东大学的计量经济学研究与国际前沿对接，推动了学科发展，加强了校区之间的学术交流，增进了校区之间的联系。

5. 由黄少安作为理事长的中国语言经济学论坛：2019 年论坛由广西民族大学承办，2019 年 10 月 26 日召开，40 多位专家学者、博士生和媒体记者参加了本次论坛。本论坛已连续举办十届，立足经济社会发展中的实际问题，探讨了当前学界前沿理论和研究成果，并为有志于从事语言经济学研究的学者提供了沟通和交流的平台。

6. 新中国经济史报告会：2019 年 11 月 18 日召开，多所高校专家和我院相关领域研究生参加了此次报告。本次新中国经济史报告会的成功举办，有利于相关专家学者相互交流研究所得，促进学术研究。

7. 由黄少安作为理事长的"中国制度经济学论坛"：2019 年度论坛于 2019 年 11 月 23～24 日召开，来自海内外知名高校和科研机构的 100 多位专家学者参加了本届论坛。中国制度经济学论坛目的是为中国制度经济学的研究者打造交流的平台，推动中国制度经济学的发展。

8. 山东发展论坛（泰山论坛）：12 月 29 日召开，专题讨论济南作为山东省会城市的发展战略问题，发布了《济南欲为一流城市，在适度"北跨"同时应更多考虑"向南发展"》的研究报告。论坛邀请了中国人民大学、复旦大学、同济大学、山东大学等高校以及山东省社科院、团省委、济南市、泰安市等政府研究部门、规划部门专家学者和《经济日报》《大众日报》等多家媒体代表，就新时期济南城市规划布局问题展开了深入探讨。

9. 产业与金融论坛：11 月 2 日召开，山东大学产业与金融协同发展中心常务副主任、经济研究院副院长孙涛，产业与金融协同发展研究中心执行主任、山东正承投资有限公司董事长黄振宇分别发布了《山东上市公司财务风险评估报告：理论、方法及实践》和《中国房地产市场 1998～2018 年 20 年跨期研究》，两份研究报告运用国际主流方法，结合我国与山东省发展实际，分别对山东省 199 家上市公司财务风险进行科学化评估和对我国房地产市场的结构、空间、金融、风险四维度跨期分析。参会嘉宾从不同角度对新时期山东发展过程中的突出问题和解决思路建言献策。

（二）学术交流

1. 积极参加国内外学术交流。我院教师被特邀参会或讲学 70 余人次，参加国内外重要学术会议 80 余人次，其中大会主题演讲 30 余人次，入选论文 50 余篇。有效地加强了与国内外高等院校及其他相关科研单位的合作与交流。在全国性学术会议论文征集中，我院师生的论文入选数量和质量也在不断增加。

2. 举办 8 期山大经济学讲坛和 13 期博士生高端学术讲坛。经济研究院今年继续邀请一批有实力、有学术水平的国内外知名学者前来讲学，如美国堪萨斯大学经济系经济学教授蔡宗武教授、美国得克萨斯农工大学经济系终身教授、西南财经大学经济与管理研究院院长甘犁教授、清华大学经济学研究所龙登高教授、复旦大学经济学院副院长寇宗来教授、香港科技大学王鹏飞教授等。

五、研究生培养

（一）生源情况

2019年招生情况：硕士108人（其中，推免生39人；学术型硕士47人、全日制专硕61人；男生48人、女生60人；985高校生源36名，占比33.3%，其中非山大985高校25名）；博士18人（其中，硕博连读11人）；留学生10人（博士5人、硕士5人）。

（二）严把培养质量关

在研究生培养的每个环节，包括课程考试、中期考核、论文写作等，都严格要求，不通过就是不通过，不为家长讲情、学生求情所动，每年都有学生推迟毕业。研究生培养质量得到用人单位和社会的一致好评。

（三）研究生培养成绩显著

1. 2019年，2016级博士研究生白彩全荣获第十届山东大学学生“五四”杰出青年科学奖、“榜样的力量”学生年度人物学术科研类、山东大学“学术之星”以及校长奖学金。

2. 其他研究生奖励情况。7人获国家奖学金，8人获优秀研究生干部奖学金；4人获仲利国际奖学金；1人获光华奖学金；2人获鲁信奖学金。同去年相比，今年获得仲利国际奖学金的人数增加了一倍，占全校获奖人数的57%，我院人才培养质量得到了设奖单位的高度认可。另外，博士研究生27人获学业奖学金，25人获一等奖学金，2人获二等奖学金；2017级硕士研究生35人获学业奖学金，25人获一等奖学金，10人获二等奖学金；2018级硕士95人获学业奖学金，59人获一等奖学金，31人获二等奖学金；2019级16名博士，108名硕士获得2019年度研究生新生学业奖学金。

（四）研究生活动

1. 一年一度旨在提高研究生学术科研创新水平的研究生论文比赛。从征文起，得到了全院硕、博士研究生的热烈响应，共有论文60余篇论文交稿。经校内外专家评选，共评出35个奖项，其中一等奖7名，二等奖13名，三等奖15名。

2. 研究生文体等活动。在学院研究生会及各年级班委的共同组织下，学生积极参加学校组织的各项文体活动。积极参加学校举办的第十四届研究生篮球赛，并挺进十六强；师生组队参加了第十届“研究生院”杯师生羽毛球赛，并挺进十六强；学院组织第二届羽毛球赛，广大同学们积极参与，提高了凝聚力和集体荣誉感。另外，学院还组织学习、就业经验交流会、硕士新生与导师见面会、心理讲座等，通过各项互动交流活动，有利于同学们顺利完成从本科阶段到研究生学习阶段的跨越以及正确进行研究生三年学习期间的可行性规划。

3. 研究生“三种经历”。6名博士、硕士研究生通过国家公派或学校公派项目到爱丁堡大学、新加坡国立大学、巴斯大学、佛罗里达大学、成均馆大学等国际学校交流访学。

（五）研究生就业情况

2019年，共毕业研究生149人。其中，博士毕业生14人，硕士毕业生135人（学硕43人，专硕79人，在职工程硕士7人，同等学力硕士6人），就业率100%。

毕业生主要就业去向：国内外著名高校继续深造读博或博士后，或者中、农、工、建四大国有银行以及证券、信托、会计师事务所等金融机构，其中部分考取公务员或其他院校事业单位。

六、服务山东（地方）

（一）课题委托

1. 黄少安教授承接的山东省政府决策咨询重大课题“山东与‘3+4+N’发展对比研究”顺利结题。

2. 承接2项省政府决策咨询研究重点课题（省部级）：魏建，《山东城市品质提升行动推进路径研究》；李少星，《山东省绿色城镇化推进机制研究》。

3. 其他课题：（1）黄少安、孙涛，省政府研究室委托课题《深化国有企业改革引领高质量发展研究》；（2）魏建，山东省发改委委托项目《山东省“十四五”发展规划前期研究重大课题项目》；（3）韦倩，省政府决策咨询研究专项课题《山东推进社会力量增加医疗、养老、家政、教育等服务供给研究》。

这些项目为山东省在城市发展、国企改革、城镇化发展等方面政策的制定及实施提供了有力支持。

（二）智库建设

山东发展研究院继续作为中国智库索引（CTTI）来源智库单位（2019～2022年）。我院自2018年入选中国智库索引CTTI，经申报遴选再次入选2019～2022年CTTI智库来源。CTTI建立了我国智库相关数据的数据结构和数据项体系，开发了面向用户的模糊检索和精确检索的搜索引擎，将为我国新型智库治理和利用提供有力的数据支撑，入选改智库平台有利于我院更大范围发挥高校智库作用。

与山东正承投资有限公司成立“山东大学山东发展研究院产业与金融协同发展研究中心”，本着“整合资源，服务社会”的原则，发挥各自资源优势，重点围绕地方政府金融改革、国内和省内企业产融结合发展，开展产业与金融协同发展的研究，为促进产业与金融结合、协同发展提出意见和建议，为各级政府和社会组织提供决策参考。

（三）研究报告

1. 继续编写出版《黄河三角洲高效生态经济区发展报告（2018）》。本报告自2013年起每年一部，已连续出版7部，从发行以来受到社会各界关注，持续为黄三角洲地区发展提供重要决策依据。

2. 多份基于长期研究和多方调研的研究报告呈报相关单位，其中《谨慎审视中美贸易摩擦对我国经济的影响》被《教育部简报（高校智库专刊）》（2019年底12期）采用，《关于推进山东省县域高质量的发展的建议》获得山东省委副书记杨东奇批示，并被《财经工作专报》（2019年2月）采用。

（四）挂职地方

1. 黄少安继续担任山东省政府决策咨询特聘专家，担任山东省政府发展研究中心学术委员会主任，并当选新一届中国农业经济学会副会长；

2. 黄凯南挂职共青团山东省委副书记；

3. 韦倩担任济南市青联副主席；

4. 陈言挂职济南经济开发区管委会（科技）副主任；

5. 李少星挂职济南市历城区发改局副局长。

（五）社会培训

整合教学科研资源及智库功能优势，积极开展社会培训。2019 年，共举办党政学习、经济、金融、企业管类等各类培训班 38 个，培训人员超 2500 人次，为各级政府、机关事业单位、企业等地方单位培养人才，助力山东发展，也形成了我院的培训办学特色，得到了受训单位的高度认可。

七、软硬件环境建设

（一）学院网站与公众号建设

新版学院网站已开始测试，正在完成最后的迁移和调整工作，预计年初上线。学院微信公众号本年度共发推文 119 篇，是 2018 年度发文量的 2.8 倍；本年度粉丝增长 1200 人，是 2018 年度粉丝增长量的 2.1 倍。

（二）图书资料和软件资源

资料室继续发挥服务教学、服务师生的作用，保障图书资料借阅流通，定期开展数据库培训。及时搜集师生图书期刊、数据库及统计软件等资料的需求信息，做到按需采购、及时采购。与万得信息技术股份有限公司采购了 2 个 Wind 金融终端，使用期限：2020 年 1 月 1 日至 2021 年 12 月 31 日。

（三）教室硬件设备

更新教室微机与投影设备。另外，为加强对学生的管理，学院购入了 4 台刷脸考勤终端，1 台安装在知新楼 C201 教室，1 台安装在邵馆 513 教室，2 台移动使用。使用刷脸考勤终端之后，同学们出勤率显著提升，迟到早退情况也少了很多，化解了师生矛盾。

（田　川）

海洋研究院

一、学习习近平新时代中国特色社会主义思想，系统推进党委巡察、专题整治和“不忘初心，牢记使命”主题教育

一年来，海洋研究院党总支以党的政治建设为统领，将学习贯彻习近平新时代中国特色社会主义思想作为首要政治任务贯穿工作始终。将“不忘初心，牢记使命”主题教育、党委巡察和专项整治等重点工作同经常性的教育工作相结合，系统推进“党委巡察”“专项整改”和“主题教育”三项整改工作的25项具体任务。

精心组织“不忘初心，牢记使命”主题教育，组织党员骨干进京参观新中国成立70周年大型成就展，组织师生参观甲午战争纪念馆，组织师生参加庆祝新中国成立70周年歌咏比赛并分别获得二等奖的好成绩，组织观看《我和我的祖国》电影，开展“携手护海洋，共筑中国梦”志愿服务活动、“与祖国同心，与海洋同行”师生歌手比赛、“与山大共进，与海洋同行”系列活动，深化了对当代中国共产党人为人民谋幸福、为民族谋复兴、为世界谋大同的初心使命的理解，增强了“四个意识”，坚定了“四个自信”，做到了“两个维护”。

二、坚持党的全面领导，深化学校第十四次党代会精神，努力建设山大走向海洋的桥头堡

（一）坚持立德树人，不断推进“三全育人”的人才培养体系

一年来，重视加强团队“党团共进，三学一体”建设，重视学生班级组织建设，重视加强导师队伍建设，积极发挥学生骨干带头作用；举办“优秀大学生夏令营”，招收博士生26人，硕士生61人，生源质量明显提高；重视国际化育人工作，推进核心课程建设；成立“守望海洋志愿者协会”，举办“守护海洋”净滩公益活动。打造山大“海青论坛”，组织学术研讨活动，重视学术育人，科研育人。在研究生合唱比赛等各项文化体育活动中荣获二等奖和优秀组织奖。

（二）坚持学术兴院战略，凝练学科方向，推进海洋学科学术影响力

一年来，海洋研究院坚持学术兴院，围绕海洋科学和海洋工程两个大方向，促进学科方向凝练；不断加大学科的交叉融合力度，我院贾磊教授牵头的“海洋生物、环境及其智能装备研究团队”获得学校“学科交叉导师创新团队”博士生专项计划立项（全校共10个）；韩琳教授牵头申报的青年交叉科学创新群体项目活的立项支持。终审答辩国

家重点研发计划项目 1 项（结果暂未公布），海洋研究院连续三年在重点布局的海洋碳汇、海工装备、海洋传感器方向上均有实质性突破。推动海洋碳汇科学前沿纳入国家 2035 发展规划，并在中科院、基金委、科技部的学科发展战略、重点研发计划中分别立项。聚焦全球变化、对应国家需求，在科技部十三五发展规划末期新立项（2 项）；与兄弟单位合作联合申报获批 2 个山东省协同创新中心；召开“微生物海洋学前沿论坛”，推动《生物海洋学》纳入国务院学位委员会学科组海洋科学研究生课程；加强校地科教融合发展，积极与青岛海洋地质研究院所、海检集团、中国科学院黄海水产研究所等单位合作，与青岛海洋地质研究所签署战略合作协议，在科学研究、创新平台建设、强化协同创新，实现合作共赢。

（三）坚持人才强校战略，努力提升海洋师资队伍水平

一年来，研究院培养校内齐鲁青年学者 1 人；引进兼职特聘教授 1 人、兼职山大杰青 2 人、兼职教授 1 人；海洋研究院国际咨询委员会委员 Louis Legendre 博士当选中科院外籍院士（海洋科学领域）。聘任意大利博洛尼亚大学终身教授 Pinardi 为山东大学客座教授。

2019 年选聘引进科研教师 8 人，其中研究员 1 人、副研究员 5 人、助理研究员 2 人，海外师资比例达到 37%。成功招收交叉学科博士后 11 人，其中特别资助类博士后 1 人、重点资助类博士后 7 人。共获得国家、山东省、青岛市各级各类博士后基金等项目资助 10 余项。

承办第四届齐鲁青年论坛—《海洋科学与工程分论坛》，邀请 8 位优秀海外青年才俊参会，其中 4 人已确定加盟意向。

成立海洋研究院人事人才工作领导小组，设立“山东大学海洋研究院海洋人才”专项建设。及时为引进人才配备必要的科研工作条件，为每位新聘教师设置“入职办公礼包”，用“暖”意服务人才。

（四）坚持海洋强国战略，以大项目引领，推进科研组织

2019 年到位科研经费 2900 余万元，人均科研经费在全校名列前茅；吴锜教授牵头的科技部 2019 年“海洋环境安全保障”重点专项《具备原位自校准功能的全海深温盐深传感器的研发》已终审答辩（结果暂未公布），海洋研究院连续三年在重点布局的海洋碳汇、海工装备、海洋传感器方向上均有实质性突破；获批国家重点研发计划课题 2 项；参加国家重点研发计划 2 项；参与山东省重点研发计划（重大科技创新工程）4 项；2019 年，海洋研究院国家自然科学基金面上和青年项目立项 7 项，立项率居学校第八位；发表科研论文 77 篇，其中中科院一区论文 13 篇；获批山东大学“学科交叉导师创新团队“博士生专项计划 1 个（全校仅 10 项）、山东大学青年交叉科学创新群体 1 个（排名第一）。

（五）加强科教融合，不断提高服务社会能力

加强校地科教融合发展，积极与青岛海洋地质研究院所、海检集团等单位合作，与青岛海洋地质研究所签署战略合作协议，在科学研究、创新平台建设、强化协同创新，实现合作共赢。发挥学校学科综合优势，加强校地结合，不断深化服务山东经略海洋行动方案，获批参与 4 项山东省重点研发计划，共计经费 742 万元，重视横向科研合作，

9位教授获批横向项目17项，经费合计500万元；吴锜、马思乐、贾超、李世振、姜向远、杨旭等专家学者积极参与科技服务或挂职科技副职。

（六）坚持国际化发展战略，不断深化国际合作

一年来，意大利博洛尼亚大学终身教授Pinardi、意大利火山地震研究中心Antonio Navarra主任被聘为山东大学客座教授；申请国际部“短期专家”项目一项；“流动岗”项目2项，邀请11人来自美国、英国知名大学的学者进行科研合作、授课。组织派出2名学生赴英国牛津大学交流。

继续深化山东大学一达尔豪斯大学联合实验室（SDU-DAL LORE）建设，推进Aquatron（加拿大海洋环境模拟实验体系）的合作与应用。主办第三届中韩海洋能研讨会，交流海洋能最新学术研究成果和技术发展成果。

海洋研究院成立5人国际化工作小组，制订《海洋研究院国际化战略规划方案(2018～2025)》，制定《海洋研究院国际化工作管理条例》《国际学者学术讲座管理条例》《教职工因公出国出国管理条例》等相关制度。

与“一带一路”沿线国家，印尼苏门答腊理工学院签署合作备忘录；与“欧洲大学之母”——意大利博洛尼亚大学签署合作备忘录。

三、认真落实党风廉政建设责任制和意识形态工作责任制，不断推进廉洁自律和安全稳定工作

一年来，海洋研究院贯彻落实党风廉政建设责任制，认真学习传达和贯彻落实学校党风廉政建设的部署和要求；坚持按照民主集中制和“三重一大”决策制度推进研究院的发展；贯彻落实中央“八项规定”精神，组织开展师德师风和廉洁科研教育。履行意识形态工作责任制，强化问题节点，做到“一事一报”；重视对网络思想文化阵地管理，保证了安全稳定的工作局面。

四、海洋研究院存在的问题及改进的思路和措施

（一）海洋研究院存在的问题

1. 海洋学科与其他学科的融合还不够深入，应重视发挥海洋学科的辐射引领作用。

2. 高层次海洋人才不足，师资队伍水平有待进一步提高以适应“双一流”建设需求。

3. 海洋科技基础平台推进不够顺畅，学术交流合作的深度还有待加强。

（二）海洋研究院今后改进的思路和措施

1. 改进的思路

巩固深化主题教育成果，探索适应治理体系与治理能力现代化要求的基层运行体系。发挥党的领导最大优势，把管党治党工作与中心工作同部署、同落实，开展“向一流看齐”主题活动。围绕山东新旧动能转换十大产业布局，青岛海洋攻势，立足学校“双一流”建设规划和青岛校区“三区四基地”布局，坚持“一体化、集群化、国际化、联盟化”发展理念，发挥海洋碳汇学术先行优势，山大学科综合优势，青岛海洋资源优势，推进服务海洋山东和“山大系”服务青岛经略海洋行动计划，为学校事业发展搭建

走向海洋的桥头堡。

2. 改进的措施

（1）加强党的全面领导，提高党的建设科学化、现代化水平，推进“强院兴校”和“由大到强”的历史性转变

提高政治站位，健全集体领导，推进治理体系和治理能力现代化，完善党总支委员会议、党政联席会议、学术委员会会议、学位委员会会议，健全工作制度，发挥协同功能，破解党建和中心工作“两张皮”现象，统筹协调各方同心运转、同频共振、同向推进。认真落实“121”战略，聚焦核心竞争力这个关键，明确学科和研究院两个重点，坚持党的领导这一最大优势。坚持“一体化，集群化，国际化，联盟化”工作思路，凝练内核发展，推进一体发展，加强交叉发展，促进联盟发展，不断做强海洋学科核心，做实海洋学科集群，整合打造3～5个海洋学科发展平台，打牢海洋学科发展的根基。

（2）深入推进“不忘初心，牢记使命”主题教育制度建设，夯实全体师生的思想基础。系统部署“不忘初心，牢记使命”主题教育，开展“我和社会主义核心价值观”教育和“爱国奋斗，建功海洋”主题实践活动。完善思想教育管理体系，做好经常性的教育管理工作，关心师生生活，帮助解决实际困难，加强思想教育的实效性。

（3）坚持立德树人，健全“三全育人”工作体系。建立党政联席会定期研究工作机制，完善“全员、全过程、全方位”育人制度体系和运行机制；完善研究生导师队伍，加强海洋科学课程体系建设，形成具有山东大学特色的海洋科学培养体系，探索交叉创新学科育人模式，提高研究生培养质量。

（4）完善Mini-MECS及MECS海洋科技基础平台领导机制和工作体系。2020年，进一步完善研究院MECS建设小组的组织构架，积极联合学校学科规划部、科研院、基建处、资产处、财务处等相关部门，做好Mini-MECS第一套系统的运行及后续配套系统的建设。

（5）落实党风廉政建设责任制，加强安全稳定工作、意识形态阵地建设和师德师风建设，夯实事业发展的底线。建立“一把手负总责—班子成员一岗双责—党风廉政进支部—廉洁自律到个人”的工作机制；抓住安全稳定关键环节，细化风险点，规范工作流程，建立风险排查机制并制定防范措施及管控办法。完善安全保密制度、提升安全保密意识，严格安全保密检查，提高安全保密水平上下功夫。

（6）加强意识形态阵地建设，推进海洋文化建设。坚持中国特色社会主义制度，建设好意识形态阵地。开展“向一流看齐”教育活动，营造风清气正的工作环境和文化氛围。

（李　鸥）

国家糖工程技术研究中心

2019年，国家糖工程技术研究中心（以下简称“糖中心”）瞄准国际前沿热点和国家重大需求，开拓创新，加强人才队伍建设，开展糖科学研究，培养糖科学后备人才。在学校各部门支持下，经过全体教职工共同努力，主要完成了以下工作。

一、科学研究

糖中心科研工作紧紧围绕药物糖、功能糖及能源资源糖三大研究方向展开。2019年度（包含生命学院和药学院部分糖研究相关团队）共承担各类纵向科研项目58项，横向科研项目39项，累计到位经费1194万元；申请国家发明专利4项，授权国际发明专利1项，授权国家发明专利7项；糖中心署名单位SCI论文共发表52篇。本年度申报的山东省糖工程技术创新中心已纳入了山东省技术创新中心培育库，为争取建设国家技术创新中心奠定了基础。

二、师资队伍建设

2019年度，糖中心通过学校统一招聘接收管理岗教师1名，实验技术岗1名。在学校开展的专业技术职务聘任及专业技术岗位聘任工作中，有两位教师通过学术委员会评审，分别获得晋升教授和副教授的资格；有两位教师通过学术委员会评审，分别获得晋升岗位的资格。

糖中心积极引进优秀人才。2019年拟引进“讲席教授”教师1名，目前处于申报阶段；已完成引进山东大学“齐鲁青年学者”教师1名，目前已顺利入职。糖中心鼓励老师积极上进，2019年有一位老师申报校内“齐鲁青年学者”称号，已通过院学术委员会评审，目前处于校内评审阶段。

三、实验平台建设及对外服务

截至2019年12月12日，糖中心2019年已入库仪器设备88台件，总值3862535.54元。2019年，中心还完成了纯水项目及细胞房和动物房建设项目，逐步改进优化实验平台建设。

糖中心核磁、质谱等大型仪器设备对外开放服务，为多家高校、科研单位和企业提供测试服务，收入测试费20.02万元，实现了糖中心在实验设备和实验技术发面服务社会的经济效益和社会效益。

四、研究生招生与培养

糖中心 2019 年招收硕士研究生 30 人，博士研究生 10 人；毕业博士研究生 8 人，硕士研究生 25 人；目前在读研究生 127 人。研究生培养方面，本年度糖中心邀请了 6 位国外知名专家学者为我中心研究生作学术报告，拓展了研究生的科研视野；2 名博士研究生前往美国参加了“第 67 届美国质谱学年会”国际会议，2 名博士研究生前往中国香港参加了“2019 糖戈登研究会议”国际会议；3 名硕士研究生获“国家建设高水平大学公派研究生项目”资助出国攻读博士学位；3 名研究生获得了国家奖学金，其中 1 名博士研究生获得了校长奖学金。

五、科研实验室安全管理工作

糖中心始终坚持“安全第一，预防为主”的方针。本年度着重进行了新生实验室安全培训的工作，举行实验室安全培训准入原则，新生必须通过实验室安全教育考试方可进入实验室，使学生进入实验室之前就具备实验室安全意识和知识。糖中心邀请消防安全人员为我院师生讲解消防器材的使用并现场演练。糖中心注重安全工作制度的建设，执行学校通知规定，积极参加校区实验室安全督察工作，认真开展“119 消防安全活动月”等活动，完善了“山东大学实验室安全基本要求”“糖中心危险化学品安全管理办法”“糖中心危险化学品安全操作规程”等规章制度。认真做好实验室各项安全日常工作，适时组织各个实验室进行安全自查并及时整改，适时对全体学生进行实验室安全教育等活动。

六、2019 年全国糖生物工程会议

2019 年，全国糖生物工程会议于 5 月 9～12 日在山东省青岛市成功召开。本次会议由中国生物工程学会糖生物工程专业委员会、山东大学主办，山东大学国家糖工程技术研究中心、中国海洋大学联合承办，青岛市即墨区人民政府、诸城市浩天药业有限公司、山东省药学科学院、山东莱索科技发展有限公司和山东奥而美生物科技有限公司对本次会议给予了大力支持。本次会议主题是“糖生物工程与新兴糖产业”，来自美国、澳大利亚和全国 100 余家高校、科研单位及企业的 510 余名代表出席了会议。大会共接受论文摘要 180 余篇，墙报 60 余件。会议设置了 1 个主会场、3 个分会场，共组织了 25 个大会特邀报告和大会报告，39 个分会场报告，会议规模创历史新高。会议还举行了第三届张树政糖科学奖颁奖仪式，在糖苷化反应研究领域作出开创性贡献的中国科学院上海有机化学所俞飚研究员荣获杰出成就奖，江南大学尹健教授等三位在糖科学领域取得优异成绩的青年学者荣获优秀青年奖。根据中国生物工程学会部署，会议期间还召开了中国生物工程学会糖生物工程专业委员会会议。

（曲　敏）

晶体材料国家重点实验室

一、研究水平与贡献

2019 年度，本实验室围绕功能晶体相关研究方向，取得系列突破，承担军地国防项目 36 项，合同经费 6928 万元，新增项目 23 项，其中国家级重大或重点类项目 3 项，省部级重大或重点项目 11 项，年度实到科研经费 1.27 亿元。共发表学术论文 495 篇，其中 SCI 论文 483 篇，EI 论文 8 篇。共获得授权国内发明专利 69 项，申请专利共计 85 项。获得省部级科技奖励共 3 项，刘宏教授获得山东省自然科学一等奖 1 项，陈峰教授、张忠华教授分别获得山东省自然科学二等奖各 1 项。本实验室黄柏标、刘宏、戴瑛、熊胜林四位教授入选科睿唯安 2019 年“高被引科学家”榜单。平台建设方面，“新一代半导体集成攻关大平台”通过教育部论证，并证实获批建设，同济南市人民政府签订合作协议共建“山东大学宽禁带半导体产业研究院”，立足解决国家在宽禁带半导体相关领域卡脖子关键技术。

（一）代表性工作进展

在重点实验室自主课题方面，本年度实验室主要围绕晶体材料国家重点实验室四个重点研究方向开展相关研究工作。2019 年，各类在研自主课题共计 43 项，其中团队重点项目 7 项、自由探索类项目 17 项、人才培育类项目 19 项；在研开放课题共计 34 项，其中 2019 年度新立项开放课题 12 项。各自主课题和开放课题按照课题申请书的研究内容，通过各课题成员的努力工作，完成了项目的预期目标。

研究方向 1：功能晶体材料及其制备技术的研究

有机共晶是两种或两种以上的分子通过非共价键结合，在同一物相中有序排列形成的新型复合功能晶体。不同分子间的协同效应和集合效应衍生出的新颖物理化学性质使研究者开始关注将其应用于光、电、磁功能器件，以及药物结晶中。山东大学晶体材料国家重点实验室陶绪堂、刘阳教授基于团队基于前期自主研发的微距升华方法，开发了新型有机共晶生长方法。新方法利用微距条件下分子堆积动力学的优选模式与原料状态之间产生的紧密联系，通过控制两种原料分子的混合状态精确控制功能分子在衬底上采取“站立”或“平躺”的堆积模式，从而在保持晶体结构不变的基础上控制共晶生长为一维或二维形貌。新方法成本低、易操作，适用范围广，适用于多种电荷转移复合物体系以及分子间氢键连接的药物共晶。鉴于药物共晶在制药行业中对于提升药物生物利用度的重要性，这一简单易行、不涉及任何溶剂的微距升华法已受到众多药物研究人员的关注和咨询。工作被 *Nature Communications* 编辑选为亮点论文推荐。

表面配体是决定金属纳米团簇结构和性质的最重要因素之一，因此，对金属纳米团簇表面配体进行工程设计是控制金属核和配体壳的一种简便易行的策略。最广泛使用的有机配体是硫醇、炔基和膦配体，而无机配体仅限于卤素或硫、硒。值得注意的是，所有这些配体都只使用一个或两个原子（P，S，C 原子）与单齿或多齿桥接方式配位在纳米团簇表面，不利于其稳定性。相反，具有多原子骨架的无机含氧阴离子可以作为多位点多齿配体来构建稳定的金属纳米团簇。然而，无机含氧阴离子参与保护的金属团簇却未见报道。利用低温溶剂热的方法初次引入无机含氧阴离子，合成出了叔丁基乙炔和 CrO_4^{2-} 配体共保护的［Ag_{48}（C≡CtBu）$_{20}$（CrO_4）$_7$］团簇，并解析出其单晶结构。研究发现，CrO_4^{2-} 在该团簇中起着三个重要的作用：钝化 Ag23 内核；连接内核和外层；保护外层的 Ag25。利用这种无机氧阴离子，例如 CrO_4^{2-}、MoO_4^{2-} 和 WO_4^{2-}，将为有机配体与无机配体共同构筑新型金属纳米团簇开辟一条新的途径（*J. Am. Chem. Soc.*，2019，141，4460-4467）。文章发表 10 天后，*ChemViews* 以“Ag Nanocluster with Both Inorganic and Organic Ligands”为题进行了新闻报道。文章发表一个月后，*Science* 以“A core-shell silver cluster”为题亮点评述（*Science*，2019，6433，1297-1298）.

研究方向 2：晶体物理性能及相关器件的研究

光场调控电子的自旋态可以通过两种途径：（1）光子作为一种玻色子，具有 S＝1 的自旋角动量，光子可以直接与电子自旋相互作用；（2）光子首先改变电子的轨道角动量，然后通过自旋一轨道耦合来改变电子的自旋。在设计的有机铁磁共晶中，我们研究了偏振光对饱和磁化、磁电耦合等自旋相干态的调控，阐明光调控有机铁磁体内自旋态的规律和物理机理。在手性 P3HT 纳米线和 C60 电荷转移复合物以及手性 P3HT 纳米线和 PTCDI 电荷转移复合物中，将线偏振光切换成具有相同光强的右旋和左旋圆偏振光可以增强手性螺旋电荷转移磁体的磁化性能。这是因为，有机手性材料的螺旋型结构能够在不掺杂重金属的前提下有效地产生轨道角动量，圆偏振光可以调谐这种角动量而产生圆偏振光相关的磁化。对于线偏振光，电场分量不是螺旋形，很难调谐螺旋结构相关的轨道磁矩。因此，无论是左旋还是右旋圆偏振光都可以提高铁磁手性材料的磁化强度。为了进一步了解轨道角动量对磁光耦合的影响。我们研究了具有强轨道角动量的手性螺旋材料中轨道角动量与圆极化发射的关系。手性化合物与 P3HT 之间直接的相互作用可以影响 $\pi-\pi$ 堆积过程，从而产生螺旋方式堆积来诱导轨道角动量。手性引起的轨道角动量将导致不可忽略的自旋轨道耦合，手性 P3HT 的自旋弛豫时间减小到几十皮秒，与电荷复合时间相当，从而导致出现可以观察到圆偏振发射。外部磁场和电场可以进一步调谐能级劈裂，来改变圆偏振发射。此外，通过引入电子受体的方法，来抑制电子以螺旋方式进行电子传输，可以显著地抑制轨道角动量，从而导致圆偏振发射消失。另外我们还通过将手性小分子引入四（4-磺酰基苯基）卟啉（TPPS）溶液中制备了手性螺旋纳米棒，在螺旋棒中观测到类似的结果。结合理论模拟，我们获得了手性产生的轨道角动量可能导致 LUMO 能级分裂，而 HOMO 能级仍然简并。由于轨道角动量引起的能级分裂，观察到圆极化发射，并且手性晶体中的自旋弛豫时间被减小到数十皮秒。此外，在外部磁场的刺激下，最低 LUMO 能级的分裂值将进一步调整，以呈现磁场相关的磁光耦合效应。相关工作发表在 *Adv. Mater.*，2019，31，1904857. 上。

研究方向 3：低维材料的制备及相关器件的研究

力致发光是一种在机械力的驱动下诱导的发光过程。传统理论认为，力致发光机理主要受弹性势能转化和压电场诱导的载流子复合产生。然而，如何增强光致发光是目前该领域的难点，是制约其广泛应用的瓶颈。通过选用平均粒径为 23μm 的 ZnS：Cu，Mn 发光颗粒和 β 相的 PVDF 压电薄膜复合制备得到三明治结构薄膜力致发光器件。测试结果表明，双面增加 PVDF 薄膜的器件相对于单纯 ZnS：Cu，Mn 发光颗粒的器件，在相同压力下，发光强度的增幅达到 85%。为了讨论 ZnS：Cu，Mn 的力致发光性能和在 PVDF 薄膜作用下的发光增强现象，我们通过 PFM 和 FET 对 ZnS 和 PVDF 的压电性质进行研究，同时 PVDF 薄膜的压电场由 COMSOL 模拟。结果表明，PVDF 压电场诱导力致发光增强的原因与电致发光的高能电压碰撞电离的原因完全不同。然而，PVDF 所产生的压电场还不能达到载流子释放的阈值，该阈值大约需要外电场大于 105 V/cm 量级根据内电场诱导发光的力致发光机理，ZnS 基质的压电场释放被捕获的电子进入价带。被释放的载流子于空穴重新结合的过程将以非辐射形式释放能量，这些能量就会传递到 Mn2＋掺杂中心，并且激发掺杂离子。Mn2＋离子在去激发的过程中将发射橙色光，这就是 Mn2＋离子在 ZnS 基质中的特征发射。通过 PVDF 薄膜所构建的力致发光式触觉传感器发光增强效果显著，结合 ZnS 和 PVDF 优良的压电特性，我们提出以下观点。受压情况下 ZnS：Cu，Mn 的弹性形变产生压电电场，作为内电场释放大量在浅层陷阱被捕获的电子，当 PVDF 产生的压电作为外电场作用于 ZnS：Cu，Mn 上将会降低陷阱深度。因此，更大量的电子被释放进入价带，也就会导致更多能量被释放去激发 ZnS 基质中的 Mn2＋离子，最终，被激发的 Mn2＋离子在去激发的过程中将会发射更亮的光。相关工作发表在 *Nano Energy*，2019，63，103861. 上。

双（多）组分电极材料具有比单组分体系更好的储能性能，因此如何获得双组分复合材料是一个关键问题，单源前驱体反应往往能制备新颖结构的复合材料。但是如何将活性材料元素糅合进单源前驱体是一个巨大的挑战，这也严重制约了单源前驱体制备复合材料的发展。锂硫电池（LSBs）是一种极具开发前景的锂电池，然而活性材料硫单质及放电产物硫化锂的导电性差，中间产物长链多硫化锂（LiPSs）的“穿梭效应”等导致电池容量低，循环寿命差。针对上述问题，我们从正极材料的设计出发，制备了亲硫的寡层 $MoSe_2$ 复合石墨烯（$MoSe_2$@rGO，图 3），并首次应用到锂硫电池。$MoSe_2$ 的引入增强 $MoSe_2$@rGO 与 LiPSs 之间的相互作用，显著加快电化学反应动力学，缓解反应的极化；成核实验结果证实与 rGO 相比，$MoSe_2$@rGO 更有利于硫化锂的快速成核和均匀沉积。因此，$MoSe_2$@rGO/S 在低电流密度下显示了较高的可逆容量和极好的倍率性能：0.1C 获得 1608 mAh g^{-1} 的高初始容量，甚至硫面载量达到 4.2 mg cm^{-2}，0.3 C 循环 120 圈仍显示 870 mAh g^{-1} 的容量［Adv. Energy Mater. 2019，9 (36)，1901896］。在 LSBs 中引入亲硫的过渡金属硒化物的思路能够启发在其他能源存储器件中构建新型的电极结构。

研究方向 4：晶体生长过程和晶体基础理论研究

合成氨是催化领域的经典反应，诺贝尔奖数次颁发于该领域科学家说明其从机理认识到工业应用有着重要意义。目前，Haber-Bosch 过程广泛应用于工业合成氨，然而该反应需要在高温高压下进行，过程中的 CO_2 排放占全球总量的 3%，且耗能巨大。电催化固氮模拟了自然界中固氮酶在温和条件下还原大气中氮的过程。当前被证实的可用于电催化固氮的材料多为金属基材料，完全非金属的材料较少，光催化固氮材料的研究更是少有涉及，发展新型合成氨催化材料是该领域的重要课题。我们的研究发现，g-CN 负载的硼单原子可以作为一种新型的非金属固氮光催化材料，其反应过电位仅有 0.15V。这种材料具有较强可见光一红外光吸收，其光激发电子可使氮还原反应自发进行，标志着一种利用太阳光催化合成氨反应的新材料体系。相关成果发表在 *Nano Lett*. 19，6391，2019 上。

中红外非线性晶体是中红外激光产生的重要材料，在军事和民用方面具有广泛的应用。相对于广泛研究的三元和四元硫化物非线性光学晶体，三元磷化物中红外非线性光学晶体具有更高的非线性系数和透过波段，因此具有更加优越的非线性光学性能。例如：$ZnGeP_2$，作为一种常见的三元磷化物非线性光学晶体，其非线性系数高达 75pm/V，透过波段 0.75～12μm。然而，由于其在 9μm 和 10～12μm 波段的强吸收，其在远红外激光中的应用受到极大限制。我们基于 Mn^{2+} 对二阶非线性效应的增强和对中远红外透过波段的拓展，设计并制备了一种新型的三元磷化物非线性光学晶体 $MnSiP_2$，并详细研究了该晶体的单晶生长过程。并结合理论计算模拟，详细研究了 $MnSiP_2$ 晶体中获得强的二阶非线性效应和高的抗光伤阈值的最优条件。该晶体的红外透过截止边高达 18.2μm，太赫兹透过波段为 0.4～2.0THz。该工作为探索和设计新型三元磷化物中红外非线性光学晶体提供了新的路径，相关工作发表在 *Chem. Mater.*，2019，31，2010-2018. 上。

（二）标志性成果

奖种和等级：山东省自然科学一等奖

获奖名称：二氧化钛纳米带表面微观结构调控与界面效应的研究

项目完成人：刘宏、桑元华、周伟家、田健、李海东

刘宏团队 2019 年获得的山东省自然科学一等奖项目“二氧化钛纳米带表面微观结构调控与界面效应的研究”，以半导体光催化机理与催化剂设计为主要研究内容，以二氧化钛纳米带及其复合材料为主要研究对向，在新型半导体光催化剂设计与制备，及其在环境与能源方面的应用方面取得了突破性的研究成果，包括提出并发展了 TiO_2 纳米带生长与批量制备技术；首次提出了 TiO_2 纳米带表面异质结构的概念，将半导体界面能带调控引入光催化剂的设计，设计和制备了光生载流子的高效分离的高性能宽光谱光催化剂；提出半导体缺陷态引起的中间态能级与窄带隙体对红外光的吸收可以实现红外光催化的假设，将光催化反应延伸至红外区，实现高效全太阳光谱光催化剂。

二、队伍建设和人才培养

（一）实验室队伍总体情况

实验室现有人员共 171 人，其中，固定人员 115 人，流动人员 56 人。固定人员中，教授（研究员）89 人，副教授（副研究员）23 人，讲师 1 人，实验师 2 人。本年度在

读研究生460人，博士生208人，硕士生252人，在站博士后26人。

2019年，1人获得山东省“挑战杯”大赛金奖，获得山东省优秀博士学位论文1项，山东省优秀硕士论文1项，山东大学优秀博士论文2项、优秀硕士论文1项。1人获得山东大学校长奖学金，1人获得山东大学学术之星奖学金。

（二）人才培养

本年度，实验室加大人才引进和培养力度，引进中国工程院院士吴以成教授作为双聘院士、讲席教授。实验室研究队伍不断扩大，长江学者、杰青赵国群教授、郝京诚教授，刘相法教授、尹龙卫教授加入国重研究团队，进一步加强与材料、化学等基础学科，加强学科交叉，提升晶体材料基础研究能力。本年度陈峰教授入选国家百千万人才工程，王一峰教授获得“国家自然科学基金优秀青年基金”项目资助，何涛、牛广乐、张俊杰当选山东省泰山学者青年专家。新引进山东大学齐鲁青年学者7名，壮大了实验室青年人才队伍。

重点实验室黄柏标、刘宏、戴瑛、熊胜林4位教授入选科睿唯安2019年“全球高被引科学家”名单；有8位教授入选2019年中国高被引学者榜单。

三、开放与合作交流

（一）学术交流与合作情况

2019年，实验室在国家外专局“111计划2.0”（No. BP2018013）项目的支持下，重点围绕宽禁带半导体、红外非线性晶体、激光晶体及相关应用等重点领域，积极开展国际学术交流与合作工作。邀请了德国晶体技术咨询中心Peter Rudolph教授，围绕晶体生长动力学原理与晶体生长中的缺陷展开了合作交流。邀请了卡尔加里大学化学系主任、晶体生长动力学专家Peter Kusalik教授，围绕氧化镓生长热力学和动力学开展了学术合作研究和研究人员的交流。邀请了德莱布尼兹晶体生长研究所（IKZ）的Christian Kränkel教授，针对YAG晶体声子能量高、单晶光纤的包层制备工艺复杂及氧化镥单晶难以制备等难题进行了探讨并收获了新的思路。邀请了Mercouri G. Kanatzidis、Vladimir N. Kurlov等教授对氧化锆温场、铱金坩埚和模具几何结构等进行探讨。

通过学术交流互访与合作，充分利用国际名校科研平台和学术资源，加强了学科方向的交叉，促成了多方国际合作，提升了晶体材料国家重点实验室在相关领域的国际影响力。

（二）公众开放情况

2019年7月8～10日，晶体材料国家重点实验室举办了“未来晶体之星”暑期夏令营活动。实验室从来自全国30多所高校的近130名申请中，选出了50名优秀大学生参加了此次夏令营活动。夏令营期间，由重点实验室的青年学者向参加此次活动的营员开展了精彩的学术报告，并介绍了实验室的相关研究方向和研究成果。通过此次活动，不仅为相关学科的大学生提供了一次实地参观与学习的机会，并且使他们能够同从事晶体材料研究的专家、学者面对面的交流，进一步加深对晶体材料国家重点实验室的认识，引发同学们对从事晶体材料科学研究的兴趣，吸引更多优秀的大学生报考晶体材料国家重点实验室，并对实验室在全国本科生层面的宣传起到积极作用。

2019年度，通过“中学生校园体验月”等活动，重点实验室共接待来自山东济南、淄博、青岛以及台湾等地中学生近3000人与学生家长200余人来晶体材料国家重点实验室参观学习，体验山东大学的学习氛围、生活环境和重点实验室的科研氛围，近距离地了解山大的重点实验室、博物馆、校史馆等，真切地感受山大文化底蕴。在晶体材料国家重点实验室，青年教师们向参观者介绍了晶体所的历史和主要成就，并对展览的多类晶体材料进行了讲解，引起了很多中学师生及家长们对晶体研究的兴趣。中学生深深地被这个称作“国家的宝贝”的实验室所震撼。此外，还接待了参加校长论坛的参会校长及其他省、市、县领导及相关部门人员，累计接待社会各界人士近4000人。

目前，晶体材料国家重点实验室已经成为山东大学对外宣传的重要窗口，这些活动对宣传山东大学、宣传山大晶体这个品牌都起到了积极的作用。晶体材料国家重点实验室在面向广大中小学生和科技爱好者在开展科普教育、宣传科学思想等方面做了大量工作，产生了良好的社会影响。

（三）科学传播情况

2019年9月17日，受济南市科技局邀请，晶体材料国家重点实验室参加了2019年济南市“全国科普日”活动，为社会各界展示了晶体材料国家重点实验室多年来研究生长的各种晶体材料，并为参加本次活动的社会各界人士详细介绍了晶体材料的生长、加工和应用情况。通过此次活动对进一步宣传“山大晶体”品牌和晶体材料国家重点实验室起到了积极作用，产生了良好的社会影响。

（四）大型仪器开放共享情况

晶体材料国家重点实验室2019年度在提高大型仪器设备开放共享、服务能力与水平等方面做了大量扎实的工作，更好地服务教学、科研、学科学位建设等工作。通过不断完善团队建设，加强内部管理，提升材料测试与表征的服务能力和开放水平。提高仪器设备使用效率是做好仪器开放共享的基础，重点实验室按照管理制度对日常运行进行管理和维护，保证了材料表征和测试工作正常进行。重点实验室大型仪器设备完成了晶体材料国家重点实验室、山东大学多个学院和研究所、山东师范大学、济南大学、齐鲁工业大学、青岛大学、烟台大学、临沂大学等高等院校，以及山东省地震局、上海应用物理研究所、中科院理化所等研究机构、企业的材料测试工作，测试水平和效率都受到了广泛的好评。

重点实验室还积极发挥互联网提升作用，充分利用公共平台，提高了大型仪器设备的开放共享水平。重点实验室的扫描电镜SEM、X射线衍射仪等设备都已经在山东大学公共技术平台上线，测试预约、样品登记等操作均可以在平台上开放进行，并对部分有需求的研究生和教师提供设备操作培训，经过考核通过后开放独立使用权限，这些措施极大地提升了设备使用的开放程度。

晶体材料国家重点实验室在大型仪器设备使用方面，一直坚守面向社会、服务全校、重点保证实验室科研工作的方针，贯彻仪器有偿使用但低收费的政策，鼓励外单位使用仪器设备，努力提高仪器设备的开放共享水平。通过重点实验室的努力，2019年大型仪器设备对外开放共享取得了良好的效果。

（蒋宛莉）

微生物技术国家重点实验室

一、党建工作稳步推进

1. 积极推进“不忘初心，牢记使命”主题教育活动，形成了研究院党总支主题教育工作方案。按照方案要求，研究院班子集中学习研讨6次，各支部组织集中研讨40次，召开专题座谈会8次，参加人数超过130人次。

2. 新出台制定包括微生物技术研究院党总支“微光”系列党建活动实施办法”“关于进一步加强微生物技术研究院党支部建设的指导意见”在内的多项制度。

3. 成功举办“壮丽70年，中国有我，我有中国”祝福签名活动、“微光”系列活动之“和”专题科普讲座等特色活动；开展“我为国家建言”群众意见征集活动。

4. 创建标准化党员活动室，打造党建工作前沿阵地。

5. 发展党员30名，其中教师2名，研究生28名；确定入党积极分子23名，其中教师3名，研究生20名。

二、学术水平明显提升

1. 科研成果。2019年，实到科研经费4140.49万元。新立项64项，批准经费共计6577.6万元，其中省部级以上项目52项，横向项目12项；获国家级重大项目1项，国家级重点类项目7项。共发表SCI论文220篇，IF＞10的论文20篇；授权发明专利17项；获得“2019年度高等学校科学研究优秀成果奖（科学技术）”二等奖1项。

2. 学术交流。主办3场国际学术研讨会，主办1场大型国内学术会议，承办1场大型国内学术会议，召开了2019年度微生物技术国家重点实验室学术年会。组织举办学术交流讲座30余场。设置平台创新基金3项，开放课题新立项12项，滚动支持1项。

3. 公众开放。举办2019年微生物技术国家重点实验室“启梦微来”公众开放日活动。

三、对外合作成效显著

1. 基地建设。与4家企业国重联合成立蓝色经济区生物技术国家重点实验室联合体。山东大学生命环境共性研究技术平台—岛津企业管理（中国）有限公司合作实验室”签约揭牌。

2. 项目对接。2019 年，逐步开展了与青岛啤酒、伊利、华为、华大基因、金斯瑞、阜丰、鲁抗、京博等行业领军和科技创新巨头在生物制造、功能食品、基因测序、生物信息和健康大数据等方面的深度合作。

3. 国际合作。与英国谢菲尔德大学理学部就启动合作办学的项目申请达成了共识；美国科学院 Jorge E. Galán 院士与本院高翔教授合作，申请获得科技部国家重点研发计划政府间国际科技创新合作重点专项支持，资助金额为 285 万元；我院祁庆生教授联合阿斯隆理工学院获得国家自然科学基金委员会与欧盟委员会环境生物技术合作研究项目的批准资助，资助总额达 1500 万元。

四、人才引育工作再攀高峰

大力实施“人才强院战略”和“引育并举”战略。人才培育有了重要突破，张友明教授获评欧洲科学院院士，另有 2 人获批省部级人才，包括省杰青卞小莹和省青年泰山武大雷，高超获批齐鲁青年学者。

本年度共引进国家级人才 4 名，包括青年拔尖人才史大永，国家杰青汤亚杰，长江学者、国家杰青赵康，国家优青赵广；省部级人才 2 名，青年泰山学者毕双玉和颜富等 2 人，齐鲁青年学者李唐亮、毕双玉、颜富等 3 人，聘任兼职教授 2 人，包括美国科学院院士 Jorge Galan 和欧洲科学院院士汪兆琦。

五、行政工作推动新跨越

1. 战略规划方面。积极响应科技部关于国重重组的号召及山东省、青岛市进行的与生物、海洋相关的政策调研，提交《蓝色经济区生物技术国家重点实验室建设方案》（提交科技部生物领域专家组）、《微生物药物创制平台实施方案》（得到青岛市市长批示）、《国重重组思考》《经略海洋的国重担当》《微生物技术国家重点实验室海洋生物领域发展情况报告》等 10 余项规划汇报材料。

2. 条件保障方面。完成了 K1 二、四层、H4 四层实验室约 6000 平方米的设计改造工作；完成了第一和第四会议室改造工程；签约第二物业，构建精细化服务体系；持续进行公共仪器平台支撑能力建设，本年度共完成设备投入 2600 万元，进一步加强了物性分析、细胞生物学和结构解析方向建设，建成平台信息化管理系统。

3. 文化提升方面。完成微生物技术研究院文化长廊设计建设工作；进行展板设计制作上墙；组织乒乓球、羽毛球、篮球、合唱比赛、教职工元旦晚会等文娱活动；建立了研究院荣誉体系；设计制作微生物技术国家重点实验室宣传册；精心布置交流休息区和教工之家。

4. 效能提升方面。完善行政人员量化考核方案，制定研究院非事编文员薪酬待遇管理规定及研究院行政效能提升方案，推进行政体制改革，转职能提效能。

六、人才培养有序推进

1. 加强研究生思想政治教育工作。完成学生支部换届（新建）以及学生党员发展工作，开展了观看“国庆70周年阅兵”直播、纪念五四运动100周年主题团日等系列入学教育活动。

2. 做好毕业生就业工作。本年度博士毕业就业率100%，硕士毕业就业率96.50%。完成2020届毕业生的生源上报工作，成功举办了2020届生物医药类专场招聘会。

3. 加强研究生校园文化平台与品牌建设。举办了第一届“微艺大赛”，举办“安全宣传教育月”、配音大赛等校园文化活动。

4. 加强研究生学术培养工作。设立“格微致知”博士生高端微生物学术论坛。制定《微生物技术研究院研究生学位论文管理规定》。

（李　媛）

易学与中国古代哲学研究中心

在2019年，本中心坚持以习近平新时代中国特色社会主义思想为指导，以十九大报告中文化建设的新要求为立足点，围绕学校“双一流”以及“新文科”建设的需求，聚焦重大理论问题研究，积极加强学科建设，开展学术交流，拓宽学术眼界和思路，加强学术梯队建设，在理论研究、学术交流、书刊编辑诸领域取得了明显的工作成效。

在理论研究方面，中心诸同仁主要围绕《周易》经传、易学史、易学哲学等方面展开研究。中心科研人员在CSSCI期刊发表论文35篇，出版专著4部，获得国家社科基金重大项目1项，国家社科基金一般项目1项。由刘大钧教授承担的国家社科基金重大项目“百年易学精华集成”顺利通过结项，教育部基地重大项目“儒家哲学现代转型研究”也已经交付结项材料。另外，由本中心重点建设的易学资料数据库依然在有条不紊地进行，本年度录入、上传易学书目录5000余条，加工制作了120余种800余万字的图文对照的易类古籍。

在学术交流方面，我中心积极促进易学学术交流，弘扬易学文化。2019年7月17～18日，由本中心、《周易研究》编辑部、中国周易学会主办的“中国哲学起源问题的新探索国际论坛”在山东大学召开，与会专家围绕主题作了细致而深入的报告。此次会议中，深圳大学教授王兴国、武汉大学教授欧阳祯人、台湾“中央大学”教授杨自平分别以中国古代先民的思维活动和思维方式、《大学》《中庸》两部经典的解读以及具有代表性的几部中国哲学史或思想史的论著为切入点作了精彩报告并引起强烈的反响。此次会议深化和拓展了关于中国哲学起源问题的相关研究，促进了各院校、科研机构间的沟通与了解，扩大了本中心的影响。12月7～8日，由本中心联合哲学与社会发展学院等主办的“第二届易学与现象学研讨会”在山东大学召开。本次会议的主题是“面向易学的‘事情’本身”，围绕代表中华文化根脉的易学和西方现代哲学主流之一的现象学之间的会通展开学术研讨，探寻两者在思想理论与方法上的相通之处，对会通易学与现象学、开显中西哲学的新生面、拓宽相关研究领域具有重要意义。本次会议既有激烈的学术交锋，也在讨论中达成了一些共识，推动了易学与现象学的会通。除了积极主办会议以外，本中心于2019年间还参与协办了“第九届海峡两岸青年易学论文发表会”以及“第九届海峡两岸周易学术研讨会”，为推动易学发展、促进两岸学者交流起到了积极的作用，在两岸学界、社会都产生了重要影响，受到持续关注。除此之外，本中心还积极邀请海内外知名专家学者到中心访学，2019年4月12～13日、5月21日本中心分别邀请南京大学李承贵教授、清华大学丁四新教授来本中心作学术报告。2019 年 6 月 19 日，著名汉学家、芝加哥大学教授夏含夷到访中心并作学术报告。2019 年 6 月 20～22 日，韩国岭南大学教授、文科学院院长郑炳硕来到中心访问，并为广大师生作了两场专题报告。与此同时，本中心学者也多次受邀到国外进行学术交流。2019 年 7～11 月，本中心刘大钧教授、林忠军教授、李尚信教授、张文智教授分别受邀并赴新加坡、马来西亚、韩国、瑞士等国进行学术交流并作学术讲座。这对于促进中心的学术交流、扩大中心在海内外的影响，起到了重要作用。

在书刊编辑方面，中心共出版 6 期中文版《周易研究》，在 2019 年度由国家哲学社会科学文献中心公布的 2018 年度学术期刊数据库用户关注度数据报告显示，在哲学类期刊中，《周易研究》当年关注度名列首位。《周易研究》在当年纳入统计的 1881 种哲学社会科学期刊中，当年关注度列第 8 位；近三年总关注度列第 12 位；其中所刊发的论文中，有多篇文章被人大复印资料全文转载，在其公布的哲学学科期刊排名中，《周易研究》全文转载率和综合指数排名始终列前 10 位。另外，本刊合理使用国家社科基金资助，年度检查评估取得良好成绩，继续为推动易学的发展，实现哲学社会科学乃至文化的大发展大繁荣贡献自己的力量。

虽然在 2019 年度取得了一定的成绩，但中心的发展仍然面临一些问题，获得国家、教育部和省级称号的高层次人才短缺，数据库建设工作量大，不仅资金缺口大，而且人员紧缺，这都是中心开展工作所亟待解决的问题，这也是我们 2020 年工作重点。

在 2020 年，我们将继续坚持以习近平新时代中国特色社会主义思想为主导，聚焦“立德树人”这一核心任务，继续服务学校“双一流”“新文科”建设，全力协助和配合哲学与社会发展学院做好 120 周年校庆筹备工作，继续推动工作创新发展，以围绕中心服务大局为基本理念更好地开展相关工作。第一，我们应当把握时代契机，继续为建设“双一流”而奋斗，提升学科影响力和排名，继续鼓励中心科研人员申报国家级项目，大力引入海内外的高层次易学人才。第二，继续推进易学与现象学、易学与分析心理学的交叉与会通。同时，围绕中心科研重心召开 1 次国际学术会议，为学校的一流学科建设服务。第三，切实做好基地重大项目的结项准备工作的同时，扎实推进国社科重大项目的开题工作，使其有条不紊地进行。第四，进一步提高办刊效率，继续出版 6 期中文版《周易研究》；最后，2020 年，中心将继续向成为国内外一流的以易学研究为特色的中国传统哲学研究中心而迈进。

（董　春）

深圳研究院

2019 年，山东大学深圳研究院在学校党委的领导下，在全校教职医务员工、学生、校友和各界朋友大力支持下，贯彻落实习近平新时代中国特色社会主义思想、党的十九大和十九届二中、三中、四中全会精神，聚焦学校实现“由大到强”历史性转变目标要求和“双一流”建设任务，以服务山东高质量发展和粤港澳大湾区建设为中心，落实《百廿山大强校兴国行动方案》，紧抓深圳全面建设中国特色社会主义先行示范区的历史机遇，全力聚焦主责主业开展工作。

2019 年 4 月 25 日，学校印发了《关于进一步加强深圳研究院、苏州研究院转型发展的意见》（山大综字［2019］19 号），明确了研究院的发展定位和主要任务，为研究院发展制定了新的目标，深圳研究院在学校支持下，只争朝夕，深耕细作，大力推进转型发展，取得了显著成效，综合收入达到 3160 万元，较去年增长 25.5%，本年度荣获深圳虚拟大学园先进单位——“优秀研究院”称号，取得了经济效益和社会效益双丰收，有力地提升了学校在粤港澳地区的美誉度和竞争力。

一、开拓创新，认真落实服务山东战略

按照“引进来”“走出去”的要求，与中国工程物理研究院北京计算科学研究中心联合组建深圳京鲁计算科学应用研究院，搭建平台，支持学科建设。促成山东大学与富士康科技集团党委合作建立“山东大学耘梦非公经济组织党建培训示范基地”“山东大学马克思主义学院非公企业党建研究所”，推进与世界 500 强总部强强合作。为山东新旧动能转换培训 16 地市开办 38 个培训班次，2090 位党政团干部、企业家接受培训。安排接待山东 16 地市的领导、干部、学校教职医务员工和校友 1000 余次来研究院和深圳政府、企事业单位对接。积极协助山东省国资委、济南市和招远市等各级政府在深圳开展“双招双引”活动 19 次。研究院与青岛市深圳“体悟实训”干部队积极对接，联合山东商会、山大深圳校友会召开青岛市深圳“体悟实训”干部队座谈交流会，为“体悟实训”干部提供有力的帮助和支持。积极推动学校、山东与粤港澳大湾区的资源对接，为服务山东做了大量的工作。

二、追求卓越、人才培养品牌彰显

在人才培养方面，研究院本着探索终身教育模式的宗旨，以推进教学改革和学生综

合素质提升为抓手，为地方培养高层次人才，助力区域经济社会发展。研究生教育、网络教育、精品培训的发展各具特色，相辅相成，形成了完善的专本硕教育体系、学历教育和非学历教育并存的教育模式。截至2019年底，累计培养学生18149人，其中研究生186人，网络教育学生9958人，精品培训学员4050人，其他各类学员4000人。

研究生教育严格按照教育部的要求，坚持规范办学，有序推进，先后开展金融学、投资经济学、软件工程、护理学和EMBA在职研究生教育，2020年将增开哲学、文学、MPA等研究生教育项目和国际项目。

精品培训秉承山东大学“服务山东”战略和粤港澳大湾区国家发展战略，结合山东大学品牌学科和一流师资，借助粤港澳大湾区知名专家学者资源，为山东16地市和广东21地市的近5000名党政团干部、企业家开展培训，助力山东省新旧动能转换工程和粤港澳大湾区发展，为深圳市建设中国特色社会主义先行示范区提供强力保障。

网络教育123特色体系品牌效应日趋彰显，提升了人才培养的质量，有力地推动了学校继续教育工作转型发展，为深圳建设中国特色社会主义先行示范区提供有力的人才支撑。

研究院助推广东省新生代产业工人“圆梦计划”项目，2019年资助名额在12所参与高校中排名第一，助推深圳市总工会“圆梦计划”项目，2019年帮扶学生1008人，双“圆梦计划”项目实现历史性“双突破”，研究院荣获“2019中国企业学习与人才发展高校贡献奖”，受到《人民日报》等多家媒体的关注和报道，获得社会一致好评。2019年，招收网络教育学生2511人，同比增长24.3%，累计培养学生9958人。

三、搭建平台，科学研究凸显多个亮点

在科学研究及成果转化方面，研究院以发挥优势、搭建平台为导向，资源共享、厚植创新为抓手，先后成立了山东大学晶体材料国家重点实验室深圳基地、山东大学国家糖工程技术研究中心深圳分中心、城市大数据实验室，获批国家、广东省自然科学基金和深圳市科技项目三级平台，2019年研究院与中国工程物理研究院合作成立深圳京鲁计算科学应用研究院；响应韶关市政府号召建立对口支援关系，研究院与中国地质大学、上海交通大学、东南大学等双一流高校深圳研究院设立韶关市合力创新科技研究院，为未来的科学研究和创新创业孵化奠定了一定的基础，为深圳的创新驱动发展作贡献。截至2019年，研究院共组织了全校700余名科研人员参加了项目申报和科研工作，实现了济南、青岛、威海一校三地多学院覆盖，累计完成科技项目96项，获得了各级科技项目经费等共计2756万元，先后荣获研发机构引进奖、创新创业推荐奖、科研项目申报奖、深圳市科技项目奖等荣誉。

2019年2月12日上午，由山东大学深圳研究院、中国工程物理研究院北京计算科学研究中心共同组建的深圳京鲁计算科学应用研究院在深圳揭牌。全国人大常务委员会委员赵宪庚院士、国家基金委副主任谢心澄院士、国家基金委办公室孟庆国主任等嘉宾出席仪式。

2019年4月15日，深圳研究院在千佛山校区举办粤港澳大湾区科技政策解读宣讲会，深圳研究院连续两年到校本部进行科技政策宣讲。

2019 年科技项目立项情况一览表（部分）　　　　（单位：万元）

序号	项目名称	技术领域	项目类型	资助额
1	基于离散单元法和计算流体力学耦合的多尺度和多相态水压致裂机理研究	智能装备制造领域	国家自然基金项目	30
2	LncRNA MEG3/miR-27a-3p/IGF1 轴调控周期性牵张力下牙周膜干细胞成骨分化的机制研究	生物医药领域	广东省科技发展专项资金面上项目	10
3	基于机器学习的有机小分子半导体复合结构导热机理预测与研究	材料与能源领域	广东省科技发展专项资金面上项目	10
4	过渡金属氧化物@纳米碳的原位构筑及其活化过硫酸盐降解双酚类污染物的机制研究	材料与能源领域	广东省科技发展专项资金面上项目	10
5	宽禁带氧化镓单晶材料与器件：20190174——第三代半导体材料和器件制备研究及典型应用示范	材料与能源领域	广东省科技发展专项资金重大专项	800
6	泛素连接酶蛋白 CUL4B 调节 BRAF 突变黑色素瘤耐药性的机制研究	生物医药领域	广东省科技发展专项资金青年基金项目	10
7	氧化镓体块单晶的高效制备及电学性能调控研究	材料与能源领域	广东省科技发展专项资金青年基金项目	10
8	杂原子邻位 sp3 碳氢键的不对称氧化及其在若干手性药物合成中的应用	生物医药领域	深圳市科创委项目面上项目	40
9	PCAF 位点特异性乙酰化 EZH2-K348 调控 HMGB1 诱导 PASMC 表型转化参与肺血管重构	生物医药领域	深圳市科创委项目面上项目	40
10	基于晶面效应构筑高性能 Ni-Se 析氢和析氧双功能催化剂的研究	材料与能源领域	深圳市科创委项目面上项目	40
11	基于 BN/CC 等电子体置换策略的新有机闪烁晶体材料研究	材料与能源领域	深圳市科创委项目面上项目	40
12	酶促可注射水凝胶的制备及其在癌症治疗领域的应用	生物医药领域	深圳市科创委项目面上项目	40

续表

序号	项目名称	技术领域	项目类型	资助额
13	一种多功能纳米粒子介导的双药化疗与光热治疗在治疗三阴性乳腺癌中的效果研究与机制分析	生物医药领域	深圳市科创委项目面上项目	40
14	大规模机器人拣选系统参数配置与系统调度协同优化研究	电子信息科技领域	深圳市科创委项目面上项目	40
15	运营隧道结构灾害无人装备钻割的自适应控制方法研究	智能装备制造领域	深圳市科创委项目面上项目	30
16	新媒体时代思想政治教育范式转换与实践进路研究	哲学社会科学领域	深圳市哲学社会科学规划课题	18

四、积极探索，打造创新创业深圳模式

在探索创新创业深圳模式方面，连续承办五期山东大学深圳创新创业暑期学校。积极优化创新创业深圳模式，选拔 39 名在校生来深圳创新创业实习实践，学员来自一校三地各专业全日制本科生、硕士和博士研究生。通过“政学团研会企”六方联动，以丰富多彩的内容和有序合理的组织形式，获得了深圳市和学校的一致好评，被列入深圳团市委“雏凤计划”。这一活动的成功举办，是山东大学创新创业教育的改革理念在深圳的实践，有利于推动山东大学的教育综合改革、提高毕业生的创新创业和就业质量，为创新创业人才的培养提供了很好的模式范例。

2019 年 5 月 24 日，深圳研究院参加 2019 年山东大学创新创业学院院长扩大会议，总结 2018 年创新创业工作并交流 2019 创新创业工作进展。

2019 年 7 月 17 日，由深圳市团委、虚拟大学园管理服务中心、山东大学创新创业学院、本科生院、共青团山东大学委员会、山东大学深圳研究院主办的 2019 年深圳创新创业暑期学校在深圳虚拟大学园正式开营，来自各校区不同专业的 39 名本科生、硕士和博士研究生参加此次暑期学校。

五、奋发作为，社会服务工作凸显

在服务校友方面，研究院本着服务校友发展就是服务学校发展，服务校友发展就是服务地方发展的理念，创立了“新校友·心关爱”品牌，贴心为校友服务。自研究院成立以来，已连续成功举办六届，每年有新老校友 300 余人参加活动，开辟了校友与母校、当地校友会的交流渠道。

六、传递真声音，弘扬正能量，提升影响力，努力提升山大文化

在传播山大文化方面，研究院以传递真声音、弘扬正能量、提升影响力为抓手，在深圳举办大型文化品牌活动“山大深圳齐鲁大讲堂”，定期邀请校内专家学者到深圳讲学，努力传播山大文化，收效显著。本科生招生拓展实现了3个互动，全日制本科在粤录取线连年突破新高，录取排位连年提升，2019年录取线理科高于当地一本线86分，文科51分，广东省成为学校全国录取分数提升最快的省份之一。研究院秉承百年山大的优良传统，保持“为国育贤”办学初心，积极拓展，学校在粤港澳大湾区的竞争力和美誉度不断提升。

七、规范建设，健康可持续局面初步形成

研究院不断加强自身建设，保持健康可持续发展态势，不断提升服务能力和水平。研究院组织全体员工认真学习党的十九大会议精神，加强组织建设，建立党支部，提高员工的思想觉悟，取得了良好效果。依据规范管理、科学管理的要求，加强了建章立制工作，完成了《山东大学深圳研究院制度汇编》及《山东大学深圳研究院工作流程汇编》。其内容包括研究院文化、部门职责、人事管理、财务管理、科研项目管理和项目管理等32项制度、47项流程。

文化建设方面，研究院参加深圳虚拟大学园2019年体育节，取得了团体总分第二名的优异成绩，体现了山东大学良好的精神风貌。支持虚拟大学园成立20周年庆祝活动，全体工作人员编制节目《雕刻时光》，参加诗歌诵读会，反响热烈，节目纳入深圳读书月活动内容。研究院先后荣获虚拟大学园人才培养奖、大型学术会议及论坛组织奖，被评为“山东大学现代远程教育优秀校外学习中心”“全国高校现代远程教育优秀校外学习中心”和深圳虚拟大学园先进单位——“优秀研究院”荣誉称号，多次受到深圳市科创委和山东大学的表彰和奖励，被誉为“最严谨、最规范、发展速度最快”的研究院之一。

研究院将认真学习贯彻落实党的十九大精神，以习近平新时代中国特色社会主义思想为指引，以落实学校第十四次党代会精神为主线，落实《百廿山大强校兴国行动方案》，紧抓深圳建设社会主义先行示范区机遇，聚焦学校实现“由大到强”历史性转变目标要求和“双一流”建设任务，围绕一校三地管理体制改革、强院兴校、强校兴国等系列部署，进一步解放思想、开阔思路，依托自身平台优势、区位优势、资源优势，以服务山东新旧动能转换重大工程为契机，为助推学校“双一流”建设、山东高质量发展、深圳市加快建设中国特色社会主义先行示范区、粤港澳大湾区建设国家发展战略贡献山大力量！

（王飞虎）

苏州研究院

2019年，研究院不忘初心，紧紧围绕服务学校双一流建设，服务地方经济社会发展的要求，落实《山东大学关于进一步加强深圳研究院、苏州研究院转型发展的意见》文件精神，调整人员结构，加大科研投入，加快平台建设，推动创新转型发展。同时积极对接山东省新旧动能转换、长三角一体化等区域国家发展战略，找准差距、精准对接，资源共享、优势互补，不断完善学校在长三角地区的合作体系。

一、研究院自身建设

2019年，研究院党支部在上级党委的指导下，坚持学习习近平新时代中国特色社会主义思想，深入贯彻落实党的十九大精神，积极组织开展“不忘初心，牢记使命”主题教育活动：嘉兴南湖“不忘初心勇担当 砥砺前行创新篇”党建活动、“弘扬爱国奋斗精神 建功立业新时代——走基地、看成就、聚力量”教育活动等特色活动，支部策划组织的《创业路上的共产党员》系列视频荣获园区品牌党建活动，继续策划承办上级党委的《创新路上的共产党员》等系列视频，传递榜样力量。党支部现有中共党员12名。副院长郝立群被上级党委任命为党支部书记，同时当选苏州独墅湖科教创新区大学科技园新一届党委委员。

研究院工会委员会2019年召开委员换届选举大会，组织元旦迎新会、“开启奋进新征程”年会、“花开月圆这一年”中秋联欢等活动，还积极组织会员参加心理健康讲座、环金鸡湖健步走、独墅湖趣味运动会等工会活动，丰富职工业余文化活动，深化研究院文化建设，提升职工归属感。

根据学校对研究院转型发展的意见，结合研究院发展现状，积极调整组织机构，优化人力资源建设，根据学校要求完善事业单位财务管理制度，积极配合学校财务统一报表。

二、业务情况

1. 教育培训与国际合作

2019年，依托学校开展的在职教育学历项目根据国家相关政策调整，研究院教育培训中心积极配合学校要求，优化现有教育培训项目，全年各类学历项目招生录取人数392人。

积极探索新项目，抢抓机遇，结合自身特色，提升核心竞争力，积极策划实施面向山东政府、企事业单位的新旧动能转换培训项目，建立课程库、师资库、企业库，完成了50个类别，500多个课程方向的开发工作。承办中共山东省委组织部、山东省国资委产、中共山东省委党校、山东大学、山东省新材料产业协会等单位培训班50余个，培训2500余人，通过实际案例与情景教学相结合的创新培训模式，助推山东新旧动能转换。

2. 科研发展

2019年，研究院进一步完善人工智能、生物医药、材料研发、材料检测、能源环保等研发孵化平台建设工作，提升公共技术服务能力。重点与山东省化工行业龙头企业瑞星集团共建“山东大学瑞星苏州研究院”，充分发挥山东大学相关学科优势，整合海内外高端生物医药研发人才，以市场需求为导向，建设国际一流的生物医药研究开发及产业化运营中心，形成一批具有国际先进水平的医药创新成果，助力山东大学科技成果转化，加速瑞星集团产业转型和全球化布局。

2019年，山大教师依托苏州研究院承担纵向科研课题新增20项，签署校企产学研合作协议16项，申请发明专利15项，发表高水平学术论文20篇。近一年来，举办服务地方产业对接活动20余场，孵化科技创新型企业20余家，推动山东及长三角地区科技创新发展。

3. 创新创业

2019年，苏州研究院荣获国家级众创空间、江苏省新型研发机构、江苏省特色众创空间十强、江苏省人工智能创新服务平台、江苏省科技服务业“百强机构”“百优人才”。研究院运营“山大e禾”科创载体，累计服务科技企业2000家，孵化科技项目200个、科技企业100家，孵化企业总估值超10亿元。

研究院积极探索学校学生培养工作新模式，开展山东大学软件学院学生创新创业认知实习、山东大学材料学院苏州实践学习及山东大学苏州创新创业暑期学校、山东大学苏州触摸文明暑期学校，全年500余名山大学子来苏实习实训，研究院获评山东大学院级创新创业教育示范基地第一名。

4. 产业发展

研究院继续坚持“人才＋项目”同步孵化机制，4个项目入选苏州工业园区第十三届科技领军人才计划，1个项目入选姑苏领军人才计划，1个项目入选江苏省双创人才计划。

2019年7月，苏州研究院、山东大学长三角校友会联盟、苏州市山东商会在山东省委组织部、山东大学的指导下，共同举办“山东省一长三角产业合作对接会”。研究院紧抓长三角区域一体化发展、山东新旧动能转换重大发展机遇，来自山东省及长三角地区400位产业界代表参加，推出一批拟在山东落地的重大项目，更好地推动山东经济社会发展，共同谱写山东省一长三角产业合作的锦绣篇章。

山东工研院与山东大学苏州研究院签订战略合作协议，共同组建山东省新型研发机构战略合作联盟，通过战略合作，聚合产业创新要素，高效整合人才、科技、资本、产业，促进创新资源共享共用，实现优势互补、合作共赢。

5. 合作交流

2019 年，苏州研究院以学校为依托，积极构建“山东大学一山东省一长三角”合作体系，根据学校对服务山东工作的要求，接待山东政府、高校、企事业单位 6000 人次来苏州考察调研、洽谈合作。苏州研究院积极服务促进山东大学长三角校友会联盟校友企业家，长三角山东商会企业家事业发展，同时整合企业家资源聚创山大，聚创齐鲁，推动山东新旧动能转换、助力山东传统行业龙头企业转型升级。

（吕明新）

2019 届毕业生名单

本科毕业生名单

哲　学

徐　琪　马慧君　王羽青　刘　扬　庞雅文　刘　昊　郝　适　谭　坤　赵　冲
王俊杰　荆朝生　周伯翰　薛念鹏　郑冬晗　翟书宁　齐育飞　胡欣悦　程子芮
高　歌　黄庆辉　徐艺星　束然然　李诗萍　胡慧慧　邓曦阳　胡月玲　张方策
牛　雷　王　敏　胡佳宝　邱丹茹　宋熙蒙　曲　珍　姜　雨　钟　浩

社会学

吴鸣鹤　张梦琪　冯思韵　林颖晖　苗雪菲　王文泰　高　盼　易　康　侯锦坤
郭逸菲　赵雪遥　陈　程　赵明珠　吕　悦　张璐欣　吕冬梅　范春蕊　崔牛牛
李鑫芳　柴屹刚　裴婉廷　范艺鸽　贾元昊　黄永恩　赵一玮　尹雅静　鉴伟伟
王紫薇　卢建如　王　贺　华姝萍　陈齐齐　张雅婷　刘　芳　王　宁　秦华丹
陈记新　黄　优　杨紫荆　钱昱璇　杨金衡　武雪梅　赵鑫钰　刘聿萌　赵　苗
阿地里江·阿西木　比比·苏力坦阿很　古丽库娜·哈力

社会工作

陈慧有　徐欣欣　黄玉婷　杨林青　王天祥　常语宁　温　新　辛士豪　陈　丽
罗洪敏　郭建宏　任露露　张国庆　潘碧莹　李樂平　阿旺达吉　丁增绕吉
卓　玛　白玛措姆　木合提·堂加热克　四郎旺青　叶尔沙那提·哈布来西

人类学

王　洁　林颖洁　许毓颖　宋展飞　曾　城　朱纯萱　李　佳　彭春晴　高晓晨
徐锦婧　陈淑雅　李静宇　韩飞琪　王朱盛源

经济学

王嘉杨　黄红霞　张　帆　杨　沛　邵方明　樊　星　聂莉媛　刘文轩　王汉霄
万　千　赵　悦　张丽莎　赵长华　管世杰　王　奕　孙小童　鞠镇远　郝高扬
丁秋硕　周　琛　韦丹琳　王志浩　唐力豪　王秋琰　许微微　闫睿捷　苏金奇
朱婉琴　米伊凡　于　喆　李　聪　赵舒婷　刘　鑫

国际经济与贸易

刘益宁　覃鸿芬　薛园园　徐　灿　禹　瑾　崔恩华　郭峰志　马嘉伟　解彤彤
韩　敏　宋雅梅　冯煜航　王茂容　周　杨　姚　涛　王珍珍　王冠芳　胡建彬
武哲璇　武　晨　谢露露　张路平　王一凡　刘春云　陈翩翩　梁雅柔　王泽天

财政学

周嘉瑜　王晓璐　周瑾瑾　杨　夏　邹星宇　李金哲　郭　雯　郭晓颂　杨　霄
于璐霞　王智超　马晓婷　於明珠　刘家蕊　王宣懿　岳振钊　李　楠　朱校卫
赵晓鹏　杨　柳　张滕滕　高　琳　宋恬恬　梅瑞萱　叶傲玮　白玛群培
阿依娜西·卡买力别克索朗央金　才增卓玛　仁增白玛　次仁央金

金融学

易　姝　田芯安　符春紫　李冬琪　林素莲　林光飞　楚　昊　梁思媛　雅　兰
王婷婷　贺　涵　王　玥　徐　彤　卢欣然　杨正一　陈博文　李易华　贺凌波
张益晗　王诗琦　陈　曦　冯瑞芝　赵　坚　燕智杰　王元灏　王燕燕　刘　畅
左丛民　谢佳荠　王　硕　张宇翔　许英婕　刘晓睿　尚凡杰　刘　娇　胥聪慧
李丽源　杨兆凯　穆庆芬　高凤云　常春晓　崔英雯　李　洁　高贵源　郑浩然
王铭超　亓如玉　李　静　家　灏　董晓语　江承承　李佳琪　孙　怡　董樱超
贾颖颖　景　翔　陆春潇　王　淳　王妍笑　冯　鑫　胡文燕　蒋卿源　王秋实
王安琪　张　倩　徐　晟　王　茜　赵文洲　赵李琦　马　琳　刘昱昕　李司楷
张　政　郭　融　王梦圆　李　璐　祁　婧　韩心怡　陈嘉彦　王加恩　刘国斌
吉加巫乃　阿布力提甫·阿布力米提

保险学

张有贤　刘　慧　许镇强　林佩文　叶雨璇　孙溶梅　石颖颖　袁　影　蒋鹏飞
何兴邦　张峻玮　张浩华　谢晋宇　乔兆羽　王毓珺　李初瑞　侯宗慧　黄　冠
夏钰雯　祝　叶　周美含　呼程程　刁德斌

金融工程

黄　琦　凌火兰　孟子煜　谢一波　杜益皓　梁潇子　张　治　黄　璨　刘佳颖
孟　柯　王　玉　雷晓宇　丛鲍燕　郭文佳　杨明科　邓博文　张敬一　朱玲玲

赵国利　郗继磊　李　松　李乐欣　赵　耀　蔡瑞桐　华吉民　陈渲博　谢婉玉
陈世闻　郭书航　胡济州　孙曼婷　马文静　胡　靓　许莆琨　马泰国　崔永健
陈聪颖　李　珂　季彦哲　王欣原　米云飞

金融工程（金融数学与金融工程）

王成轶　向　旭　徐程祥　林靖翔　刘翠阁　张　玉　王　婕　卢艺方　满兴晨
董翰林　侯淑婷　李超男　王　晨　战晓东　袁俊童　应予旷　聂丹雨　赵皓冉
胡　颖　张广昊　周广瑜　王慧敏　杨时财　李　爽　熊　远　刘宇希　綦　航
徐恒坤　裴　冲　岳宗达　刘玉婷　李婧娴　王　桢

金融学（国际化实验班）

成钰珠　李家俊　刘　涛　朱明德　程昭文　马文歆　刘智博　史丁心　魏政颖
吴苏敏　张晓晴　刘博妤　刘美娜　王璐璐　刘欣冉　刘一鸣　王艳梅　刘　莹
邢晓旭　邢　瑶　孟祥栋　陈玉馨　刘子婕　任心宁　刘思敏　杨鸣雷　樊　博

经济学（国际化实验班）

吴　俣　李怡秀

科学社会主义

刘小伦　易正浩　柯伟鹏　薛星贝　王　娜　张　聪　张劲松　于　璞　方克琦

政治学与行政学

莫春慧　温　杰　金光哲　张　聪　王芝媛　王　昊　钟雪婧　段　伟　兰妙苗
张叶荣　周继萱　宋远航　潘隆冠　李雨蹊　施安鹏　施宏悦

国际政治

王　宇　郭真廷　邱　添　李婧茹　杨漪丹　乐　清　冯雨晴　张敬铠　张智超
李　钦　富大亨　彭坤舜　蔡　琦　付　清　陈子洁　杨　喆　姚　瑭　赵千惠

行政管理

邵镭雨　郭俊兵　毛昭郦　罗凌志　玉观敏　黄　妍　陈志忠　林智键　李　辉
安娜尔　秦若瑶　何雨涵　郝　双　翟柏棱　蔡智渊　王雨璇　张　嫈　刘慧杰
董雅琳　张瑾懋　孙　君　贾振宇　周　洁　史广萍　张文倩　黄国栋　孟雪迪
吴金良　刘梦琦　李英文　江佳佳　包国莉　贺国扬　加朵朵　余　虓　邹云燕
王　春　于秉鑫　胡致祥　党　尉　王　楠　韩　玮　祝子翀　普　赤
朱　颜　马　鑫　梁梓峰　巴桑卓玛

公共事业管理

於　佳　蔡　智　王玉佳　程康康　陈　欢　李　阳　李永霞　王　良　钟小榛

邹子乔　央青措姆

法　学

杨紫荆　许骐玉　黄志红　季思帆　林伊洋　黎木章　许超然　赵春玉　欧　铭
周安澜　谢　琳　王欣欣　黄春林　何越曦　韩怡墨　罗雅婷　王倩丽　唐行健
蒋安琪　陈梦瑶　沈正阳　徐　路　戴雨微　刘　文　汤佑铭　李亭奕　严明琪
张艺露　周晋宇　王相彭　张之光　刘文娇　贾俊宇　冯珂欣　张自成　焦豪楠
苏　钰　任雅男　张昊杰　王璐莹　高　珊　田克伟　赵秀洁　赵诗娜　孙晓敏
朱晓航　李　洁　田曼君　王玉荣　张正杰　朱亮宇　潘　靖　隋双媛　李　震
王　晖　仇子泉　吕露鹏　李妍青　韩现鑫　王佳琦　隋英英　周明明　孟祥宇
徐梦竹　王高乘　赵　楠　王风瑞　刘晓晴　张乐晗　孙　倩　杨　山　王　昊
周东鹏　赵露瑶　陈劭华　张国琪　王　振　邵丞玉　于芳竹　刘　歌　李术平
李　钰　吕钧儒　杜　畅　房　媛　刘显楷　尹艺霏　陈玲依　毛星月　陈子雨
高雨萌　李冬青　李　竹　任予杉　董家豪　袁嘉栋　王江伟　刘素清　李祎琳
班思寒　赵智聪　罗涵予　石孟林　韩尚宜　张雪霆　何珍珍　王竹筠　吴礼宝
项雨晴　程　驰　王一飞　许天睿　王子戍　唐　瑞　崇　真　徐春亮　彭世远
王　尊　张子钦　荆日扬　杨铠瑜　姚　瑶　殷文婧　杨　雪　赖思瑾　王艺洲
曹　洪　胡乐莹　李　雪　古立林　钮玉祥　杨佳文　付　冰
吾金占堆　阿依古丽·亚库甫　阿达莱提·外力　道里吉·热合曼
马拉力·加伦别克　图尔苏·艾则孜

法学（法学与英语双学位班）

宋圣美　肖音平　孙梦怡　吴　丹　杨　楠　徐　赞　秦思嘉　李海霞　高　姮
补政洋　龙钰文　耿斯文　赵艺璇　黄桥立　林玉娟　高建婷　任丽雯　李雯雯
张　绮　刘小琛　张　昱　刘　坤　张思齐　李晚露　李琳璇　张玎琪　张　越
孟令涛　李长根

中国语言文学类

邓诗琪　高雅琦　王竞聪　韦莹娇　曹　蕾　刘　怡　朱嘉裕　惠宇琛　陈颖玫
李彦燕　陈彦彤　黄露苗　马　悦　刘煜东　王佳佳　陈红晓　庄欣欣　陈素晶
陈婷婷　赵昕培　廖芸卿　杨　阳　付佳昕　林春杰　程馨莹　耿姝晴　丁晶璇
曲世明　马方韬　蒋黔川　吴金凤　刘思燕　杨萱仪　张　哲　齐　丽　杨　阳
桑　田　王　劭　何旭东　王思强　季雅瑄　冒颖轩　曲绍萍　王　真　高圆圆
王　觅　纪　凯　蒋晓桐　赵　航　鞠辛陆　江　珊　隋雪纯　单　钊　刘春晖
孙晓晴　滕　丹　刘凡愚　杨　萍　马金宁　任春玉　冯　娇　沈　雨　宋昊玥
路明昊　徐春丽　刘　晗　陈婉婷　刘国伟　李　跃　和平鸽　张　琪　李　柔
张昱晴　张其姝　周　荣　王嘉倩　张庆华　余洋洋　王丹妮　柳云歌　周景雯
范丽婕　胡晓宁　李　卓　田志贤　王丽娟　罗逸琳　徐昕炜　薄雨昕　达　珍

陈　琦　多文婧　马尧君　刘玲君　杨宗伦　黎曦蔚　王琬琼　林蒙初　吴　冕
姜如月　李嘉琪　冯　帅　丁静远　李思萌　张　瑞　郝梦雪　马　宁　张天舒
倪忠瑞　赵秒秒　何　毅　次仁拥宗　郎加措姆

新闻传播学类

田晶晶　毕一丹　陈怡蕾　叶恒越　余晓琪　邱小奕　黄钰莹　韦柳伊　阎懿娴
黄钊瑜　苏雅筠　罗浩丹　张小冰　张江南　陈天然　王海霖　吉　祥　刘贤慧
刘梓钊　许雅晶　王子暄　叶　帅　那文培　张凤菲　周晨静　宋　爽　邓萌萌
张美乐　王苑锟　张梦彤　武中奇　孙海霞　赵由甲　戴永洁　郭立叶　薛玲霞
李浩宇　杨梦圆　蔡容涵　张芷若　陈婧之　汪　露　张　琪　王闽生　戴舒月
张丛婧　杨文锋　何卿卿　傲　东　王熙敏　马亚莉　李雪美　李心贝　鞏于萱
旦增旺珍索朗玉珍　吐尔逊·巴合提别克　巴合达尔·吾扎提

音乐学（键盘器乐表演）

李天树　魏子婷　贺新国　杨雪晗　占　舰　赵　潇　颜子靖　李佳蓉　刘子荷
岳滢桔　丁　航　刘云格　李喆霖　孙华兴

音乐学（中国民族器乐表演）

费崇汇　张博源　陈　琳　孙宇辰　李敬宜　陈　卓　丁国栋　马　萌　栾昕宇
朱腾海　刁金鹏　何志勇　杨鑫钰　侯梦凡　刘　冉　尚　珺　孙启武　花修贤
魏铭豪　李锦璐

音乐学（声乐表演）

卢文萍　赵雅琦　申紫晶　程　盛　李　静　徐　超　刘　悦　高庆鹏　苏　曼
张洪魁　丁海伦　刘馨琪　孙东旭　戴继栋　王咪雪　李晨琳　于子杰　陈思琪
王辰鑫　刘念晨　赵常馨　姚孜怿　王宇辰　王克萌　刘天煜　刘健鹏

音乐学（西洋器乐表演）

郝津正　睢可晶　韩诗雨　李海宁　冯　凯　杨鹏伟　徐浩然　庄云蔚　王　茜
马晟睿　冯怡伶　赵廷雯

视觉传达设计

冯　军　蒋　浩　颜　斌　张　婵　汪凌蔚　张子晗　牟淑蕾　付景菲　索　宁
李　晗　孙雅乔　苗冬燕　贾　倩　张岭昱

美术学（国画方向）

苏国泽　刘慧婷　孙港花　龙天文　郑海燕　王佳丽　宋　迅　韩璐璐　李艳秋
李玉清　李奕彤　赵艺辉　张林栩

美术学（油画方向）

武雅晶　金蕾蕾　罗晨瑞　胡丽华　刘佳茜　张　蓉　徐　辉　陈欣茹　常小涵
谭　琦　季晓青　廉德潮

英　语

宋　涵　刘美芳　曹梓薇　张倩倩　林朝月　唐丽萍　郭凯玲　崔玲华　张金婷
刘志欣　周琦玥　刘　悦　陆　祎　阚　凯　苗　荣　卢晓冰　金玉杰　罗　佳
陈思雨　高同君　海　桢　杨希若　詹秀玉　葉子翀　马天文　张梦柔　李　雪
符元元

俄　语

王文佳　郭晶晶　胡谦瑞　周　苹　赵　杰　嵇昱皓　李晓彤　焦婧轩　蒋明哲
孙　悦　齐万兴　金　珍　刘家乐　李　玲　崔阳哲　张梦瑶　李孟婷　张绍鲁
孙　烨　曲籽照　孙凤娇　尤文慧　张玉姣　王　洋

德　语

查韫辉　陈梓姗　葛静莹　李志杰　张英剑　秦亚琳　曹洁琼　王瑛琪　韩祚美
王　晨　阎泓旭　鲁佳欣　万岳青　袁小莉　李静远　高一晨　魏聪聪　周学芃
付凯媛　孙　萌　胡珊珊　左　梦　訾璐颖　张兰洋　陈佳星　詹雯棋　张倚菱
唐京華　李　宁　徐舒扬　刘　蕙

法　语

周丽丽　付　越　汪之奕　滕　浩　吴佳利　陈品初　王虹宇　柴　婷　崔云青
宋　琳　董金铭　张欣怡　管清淳　宋思潼　李沛欣　林家全　管　芮　魏进红
狄　鹤　韩　杨　韩雨奇　赵力维　李俐蒴　谈　华　袁　博　向征义　林俊陞
周育详

日　语

丁舒莹　邓雨含　蔡超敏　张　允　林佳佳　李嘉昕　秦　宵　杨志慧　熊梦宇
江　南　徐　蓉　刘小河　刘　祎　潘　悦　王文艳　翟秀茹　杨　璇　王　荀
韩　璐　雷晓雨　于晓雯　董嘉琪　张世瑾　于晓倩　尹梓羽　薛皓鸿　提丰娜
于凤美　方延雪　房静文　邱焕炜　严笑寒　李明姝　赵　雪　刘　晓　任　珂
许嘉伊　柴　娜

朝鲜语

谢俊杰　李春月　仲可婧　钱　茜　何梓曦　金泳秀　林珈锋　李梓萌　张　曈
刘子嫣　李　彤　杜芳菲　雷　晗　陈曦之　张敏萱　贾文浩　高玉晓　孙馨慧

殷建鑫　陆艺超　邱　丽　季小涵

英语（英语与国际政治双学位班）

郑　红　李青霞　吴海铭　应林德　张鹏飞　司婧雯　戴楷然　耿奇贤　潘斯然
严哲琦　武东辉　尹启泽　楼新元　杨子婷　石翠香　朱晓易　杨雅茜　秦斐斐
崔宪丽　彭婉然　谢中生　范丹丹　孙惠生　张哲龙　王嘉玮　粟玉和
苏比伊努尔·阿卜杜拉　韩苏日古嘎　孟令晨旸

西班牙语

刘　波　周育瑄　田春秋　章逸麟　谢乐雨　吴芷君　魏思凡　谢　桐　李　茹
汪可祎　徐　瑶　李姝宜　董英超　陈丽娜　彭　瑜　刘　森　董青青　马星旭
刘玉莲　于志毅　赵娅琳　陈学梅　温　越　沙晓玮　傅子宸　柴舒妮　李园园
赵双双　黄淑娴　刘辉辉　陈敬信　樊笑迪　孙恺伦　战士杰

翻　译

罗彩月　范佳楠　姚孟茹　郑守美　宋晓健　王　扬　宋辰辰　王春青　吴冰欣
王　玺　王俊荣　丁　雪　王丽叶　钱韵佳　邱靖涵　赵婷婷　胡　贇　游锦铃
赵文杰　邢晨阳　赵　昕　原浩浩　贾伟伟　王青琳　张　玲　张祖政　刘少睿
宋　昭　庞明欣　李雅萌　王　瑶　田宏鑫　贾艺璇　丁智慧　高子涵　杜晓颖
逄　雨　高彩霞　刘笑言　张晓芬　孙可心　杨　曼　卢　宁　李　娜　田相齐

英语（商务英语）

吴晓华　张　悦　胡梦婷　许国源　林　彤　成雨瞳　夏　辰　双婉芬　唐祥辉
高海宁　崔媛媛　王丽倩　孙　菁　吕鹏飞　赵明燕　贺韵霖　崔　萌　董彦廷
孙　悦　郭泽宇　张珺清　李伟杰　陈文文　吴　博　李海兵

英语（梁实秋实验班）

周君怡　朱　煜　樊雪媛　武静妍　孙润国　肖文馨　杨华玉　田大有　刘一璇
赵婉莹　范一帆　陈若铭　王德宇　郭晓轩

历史学

郝宏波　袁　硕　李晓雪　罗笛轩　张梦瑶　贾　敏　单　宸　徐廷锴　李　妍
赵怡帆　赵一蒙　彭秋韵　赵显锋　杨云文　庞枫陶　林月良　王国文　孔令辉

世界史

毕利鹏　张碧芯　刘松煜　吴桥越　孙一鸣　张成龙　赵杨培　张　涛

考古学

张一景　王泽铭　张家宸　张　茜　李张驰　彭富仁　王　璐　王　悦　刘　蒙
戴敬一　郑　颖　李潇檬　李　琪　王群星　段绮梦　朱嘉铭　孟珂珂　圣　凡
金秀妍　周卓盈　陳寶珠　朱轩加

档案学

杨　涵　毛静漪　陈　楠　刘艺萌　张高振　韩　超　梁慧乐　韩　雪　耿　浩
詹逸珂　雷佳哲　王　晨　阿芝庆　贾　叶

文化产业管理

毕天峰　杨易臻　付一梅　张志伟　黄　宇　黎悦蕾　刘佳昕　解　柯　刘　姝
郭乐彤　武鹭帅　李　静　卞晨晨　魏雅琳　鞠风笛　张　雪　范　晨　胡茂金
张佳琪　昃晨晨　冷　杰　王　洋　吴雪杰　朱雪婷　吴春妮　冯　媄　刘朵朵
赵　凡　喻　帆　李　倩　尚媛媛　刘子晗　谈小萌　纳　婧　关和珺　吴桓颉
杨庞亚新　洛桑曲扎　格桑曲珍　旺久朗杰

文物与博物馆学

陈婷婷　梁尚宁　杨庆华　石佳欣　李凤翔　刘　嵘

数学与应用数学

侯宁远　严　旸　杨　晓　张一凡　蒋冬冬　沈启宇　李佳琪　董迎冰　王　欣
徐　铮　王立达　侯睿奇　郭　力　王宇瑶　任天成　徐佳丽　洪梁炜　邱嘉辉
朱禹霖　刘海洋　项海沐　张港回　李正品　武嘉文　陈俊钢　王奕然　张　良
商健宁　张逸群　李一鸣　孙茹清　刘海阳　张一枭　王书琛　单嘉伟　黄泰榕
薄一程　贾天旗　王昊晖　陈禹行　宋　豪　郭育鲲　李亚东　张雪丰　刘天昊
翟树涛　范兴源　孙天一　刘　忻　张　硕　俞　文　王　成

信息与计算科学

许裕之　李　俊　李金哲　李玉浩　傅诗文　张泽秋　任慧敏　邓熙宁　赵逸新
张翔鹤　朱殷欣　王鸿谋　巨兆廷　常　帆　王一博　马羽宸　戴力澄　方悦桐
张　晗　王芮锦　张浩迪　李　斌　张晓玉　时洪鹏　马思远

统计学

高尚男　殷兆麟　刘炳圻　王子睿　谢　涛　张翔宇　耿子沛　晁嘉佑　成天聪
陈栏灵　车杨予　陈　晨　刘亚楠　张亚琪　刘佳瑞　孙淑敏　刘振宇　冯洁茹
杨丰蔚　解家辉　葛祎蕾　徐瑞阳　林静涛　周子豪　王月月　潘　颖　赵亚奇
徐玉臣　戴国政　徐适可　马雨茁　刘　欢　施家浩　高德辰　王　浩　张晨冉

吴　颖　王化雨　宋智健　郭凯文　刘晓旭　米俊喆　高　睿　张宪华　左明月
高德亮　张　妍

信息安全

闫　瑾　马骁骏　覃先锐　吴世晨　贾子琦　王珩霁　冯昱霖　杜海斌　张倨源
张鲁豹　李　坤　王学营　刘思妤　隋　笑　张德宝　孙宇阳　孙立帅　傅冠华
胡葭骅　董艳山　邓英楠　张涵东　鲁静文　邓乐言　张世铎　崔佳敏　何家辉
游晨旭　冯平川　刘　丽　王忠良　张际福　宋宇宁　张　进

数学类（金融数学与金融工程）

李秀斌　王奕众

物理学

梁昊成　赵文呈　布日德　陈雪纯　李　唐　陈官生　侯万达　刘增霖　邱鸿和
陈　喆　张希智　荆若飞　朱政纲　王开朴　成　锐　刘伟林　翟浩然　岳明锡
彭林涛　郑　哲　李怡然　贾豪彦　贾玉锦　张　帅　易小鹏　田亚勋　吴迪光
余宏洲　聂玉钊　陈　通　苏兆乐　孙艺彤　李官栩　牛梓儒　宋文玉　郁鹏飞
周建奇　管　冬　迟元晓　董怡斌　高　辉　王鑫泉　李　宇　陈修远　李竹安
李林健　咸蕴庭　于东睿　姜松尚　宋程辉　王嘉璐　何时旻　钟佳慧　赵可明
周志鹏　王传行　耿家宁　朱世伟　范　宣　邓　娈　张浩宇　秦学贤　李俊豪
侯道海　李恭初　杨颖慧　严宇浩　邵　林　毛龙飞　苏明煦　邢明钊　刘齐斌
徐晓天　王天翊　咸以宁　王艺颖　刘成洋　刘昱林　王宇航　刘士卓　刘端程
陈发辉　车逾之　任　雷　滕佳秀　刘博群　闫钦源　王游方　姚俊聪　李文旭
李子豪　岳子冲　冯润发

应用物理学

陈　锶　王艳雯　王丹旭　邵雪莹　邬　靖　李成辉　程　健　赵响响　宋天时
石洪恺　李　凡　李志豪　秦　旭　殷梦雪　陈　坤　马世杰　耿继强　付继友
彭嘉涛　刘　艺　王一行　刘玉浩　刘　威　张逸箐　祝超文　张　良　王　琪
李振平　滕陈旖旎

微电子科学与工程

吴永锐　王炯榕　荆鹏蕾　赵天伦　佘　政　耿雯惠　贺　红　闻　菲　师至泱
齐钰文　林弘儒　陈志国　陈振宇　刘　昊　王壮壮　许云飞　张冬林　李　震
王东双　崔紫荆

化　学

胡鑫龙　邓天歌　苏民聪　唐　霞　南雪晴　王若凡　朱婧萱　张允楷　王海旭

王宇辰 王天琪 龙玉慧 车巧玲 王聪聪 胡媛媛 苗泽晨 丁怡 黄欢
张维欣 郑宇皓 姚富馨 郭庆 蔡立华 赵卓昊 董文楠 曹鹏飞 徐馨怡
朱佳宁 项往 江博 丁曼曼 霍明珠 陈萱 田琳 杜浩然 梁景
张玉超 宋硕 徐聪聪 王凌霄 郭丽君 郭凯新 程汉 陈东晓 陈红瑞
俞月文 唐志慧 王欣 王婷 欧阳明之 哈力旦·麦麦提明

应用化学

南天 叶蕾 陈星宇 张子涵 石熹 林文敏 程铭 周世钰 安富豪
王彬 王亚辉 方佳豪 胡慧兰 于德清 王杜珈 徐敏 宋修强 李卓育
石烁 李源 逄秋丽 孙艳美 续洛宇 张鸿 刘项 赵淑雅 游志
李述念 韩含 薛彩宁 娄双占 杨靖宇 王洋 丁培文 杜华峰 余萌
高玉虎 孙正平 杨露 隋新宇 陈铎 李宏达 李雅湘 杨丁丁
苏比伊·肖开提 穆合塔尔·亚森

化学工程与工艺

苏健 陆嘉琪 何李楠 林南贵 李佳琪 周航 沙欢 邵逸飞 于彤
时百睿 黄仁智 朱钦麟 陈霞 黄梦迪 付祎妹 戚梦月 穆帅 赵浩森
谢栋 马晓春 李少亭 田震 王霞 朱国庆 孙吉凯 胡安义 鲁艳梅
赵晨斐 张金中 刘一峰 刘佳明 李丹妮 张元郅 徐刚 邱月 秦明阳
薛晓圆 汪新叶 李志伟 吴杨 宋晓萱 李如霞 白燕心

化学（化学基地班）

许晓智 史亦涵 陈子云 王广振 王泽浩 李梦媛 杨增旭 周琬芃 高峻
李婧 刘珂 陈恒 王鑫 张晶 刘书畅 解晓琳 齐俊学 林栋平
唐自强 高欣 马江山 李晓宇 杨博 张家豪 师文静 李杰 王文亮
陈琳琳 贺李博闻

电子信息工程

刘玲欢 罗浚坤 周悦 贺文彬 吴英梗 吕亚鸣 王劭祥 李曾妮 贾云舒
谢昕瑶 钟逸飞 陈昱潜 弓育川 孙玉馨 刘煜聪 卜永波 王佳慧 杨柳
苏岳 王志广 王泽晨 王昱昊 要丁尹 罗洁 杨启帆 王晓冉 徐宏达
刘亚静 姚奕成 韩路明 李同泽 薛莹 李敏 訾传鲁 俞璟怡 席义方
涂家铭 闫利红 王洋洋 李铭 王若宇 成嘉楠 傅子怡 王煜 葛家威
张俨铭 陈双佳 高玉娇 易俊杰 姜海涛 孔亚晨 李文 沙桐桐 毕海娟
毛菲 吴斌 王宁 韩亮亮 陈雪阳 张晟豪 郭港 于开文 熊志伟
肖婷 李茂 魏晓晨 马永琳 唐琦 张博 李哲 张旺
李苏莱曼 加娜尔·托合托孙

通信工程

左 晟　曾毓宁　徐晓冉　邱远英　戴 恬　王建华　杨引左　苏晏园　陈增桂
黄琳睿　兰逢清　苏戈威　王皓民　邓麟珂　陈梦寒　邵 祯　狄子钧　万之璠
曾宇霆　周泽宇　夏 璠　王子元　孙 锐　戴文恺　赵思文　高煜月　吴 迪
李晓乐　李天扬　周德江　王一竹　高博远　葛鸿宇　牛增君　张雅琪　王丽莎
王 琦　宋丽俊　段振宇　李志伟　管海龙　严雪松　唐 晋　韩 宇　厉 芸
刘睿冉　张统峰　王 凯　王一鸣　张 艺　郭一帆　田广维　杨颖慧　林俊彤
李长坤　王 浩　张欣伟　王 聪　盖昱辰　陈 秋　李宜芳　杨 枭　李胜鹏
丰秀月　刘 杰　张映昀　徐光达　张祥国　贾文强　任 遥　乔乐一　郑安竹
吕旖旎　张凯峰　董志浩　李晨琪　丁保清　王文洁　信炜一　吴锦毅　刘德昊
孙嘉阳　姚天远　张阿芳　陈冠鹏　沈航宇　刘改勤　刘梦欣　李蒙恩　李智航
康林姣　黄晓光　李迎港　曹小雨　余隐竹　曹润华　侯 昕　王 波　崔 亮
何梦晴　葛 伟　林晓婷　孙彬文　安 璇　党 杰　刘 捷　刘云龙　吴浩然
张 增　张 浩　高 华　邵泽志　徐 超　李志军　刘 宇　孟 盈　殷曼茹
闻 昊　邵 帅　郭舒玉　叶崇懿　张神轶　冶有忠　汪 乐　朱秋实　郭志强
张霖川　陈洪桥　黄 东　蔡柱勇　徐 浩　姚舜禹　林宏哲　吴浩源　杨鹏越
苏 剑　余登科　张 锐　刘学娥　高 宇　刘瑀彤　王盛荣　向 淦
买买提吐尔孙·买买提尼牙子

光电信息科学与工程

张帅宇　徐依全　黎锦钊　潘黄郭　刘书浩　张 俊　赵乙洁　吴 波　冯容达
廖 睿　赵 洋　张泽旭　袁 博　牛 宏　张永安　张梓杨　李晓迪　陈 梅
单洪瑞　吴忆南　郑佳琪　王泽群　郝成杰　刘俊都　江 钊　张 露　何忆康
赵智轩　丁 昊　孙艺玮　张钰林　孔德猛　孟祥栋　张文林　苏 旭　朱效庆
曲慧超　赵一凡　黄 昀　尤金昌　许 哲　石子健　李 竣　崔朝阳　孟 诚
杨麒玉　王国发　黄 博

电子科学与技术

何家浩　王 萌　马 涛　秦 博　尹辉东　王英宁　李名芳　沈子豪　陈思睿
张景行　魏华宇　迟庆金　王 韬　鲁 璐　张 裕　王嘉豪　尹春植　李志伟
赵峰榕　李小珂　赵 微　吴芳梁　马晓斐　刘晋旭　蒋康男　柳 星　鲁 娜
马璟恒　赵栎栎　李成龙　朱思伟　李旭琛　顾兴斌　夏志杰　李朝阳

物联网工程

周麗頤　杨政杰　贾超贤　冉雨珂　李 梦　范晓畅　高 栋　杨 硕　张昊伟
孙圣浩　郑成杰　周永超　杨 翔　刘 鑫　吴翟琨　李 庆　陈琪铭　王会东
蒲 瑞　陈翠翠

电子信息类（崇新学堂）

李　颖　巩力铜　刘逸鹏　靳　辉　齐　琤　陈思亚　贝少奇　黄以正　赵耕达

计算机科学与技术

杨再彭　张　雪　陈姝祯　刘国栋　刘德聪　王　浪　童兴宽　徐鸿宇　魏一帆
张振飞　卢志泳　陶卫毓　徐　创　陈　爵　王银桥　吴挺茂　黎睿洁　曾逸城
潘铭辉　黄韵萍　王文静　王馨笛　刘　璐　陈　典　向卫星　赵文慧　缪冬宇
孟韩祥　李星宇　叶　欢　周志鹏　余乐飞　马俊博　尹　钰　赵增瑞　周雨晨
牛　甲　刘兵涛　张　珊　马付敏　袁　娜　张子春　任雪峰　秦　毅　张全杰
吴小明　周　聪　梁静雅　邱泽鲲　张景涛　李昕宜　金　辉　李双良　杜存宵
王　旭　徐昊洋　李运鹏　李振宇　曲乃珂　张荣涛　陈鹏辉　徐子健　成　达
张　慧　冯昌奇　刘钰超　袁欣迎　李永康　曲乐芹　王公勉　臧照虎　朱俊伟
张　晓　谢德龙　刘孟利　崔文浩　侯林林　张培隆　李勇博　孙策睿　田智君
张晨昊　史曾源　孔连杰　李冬冬　刘扣龙　康劭寅　戴宗豪　马泽中　贺　强
段吉润　李振宇　苟　鹏　李安东　张泰邦　王柏毅　郝振云　曲鹏程　陈　超
范欢欢　李东林　拉　吉　江格尔　张文炳　李　晨　孙光裕　王　昊　杨昕锐
牛　顿　杨培麟　吉学博　俞旭铮　张天姿　魏慧萍　苗　荣　李迎港　李　琼
赵前程　王泽江　杨　鑫　马　融　王林娜　袁志武　蜂劲松　肖功武　张云林
汪　淳　韦　然　杨文蓁　师脉旺　张立芳　孙禹铭　李永祺　于世伟　田秀丽
符道远　杜瑜嘉　麦麦提艾力·阿卜杜热西提　艾力亚尔·依力哈木
益西曲珍　罗布顿珠

计算机科学与技术（菁英班）

丰　叶　马国荣　袁冠宇　槐　硕　杜高源　陈召峥　马志鑫　辛高正　王文杰
孔世伟　黎佩华　陈尔亮　符　豫　李睿豪　杜孟君　陈安东　闫心愿　谭永卿
马金超　孙陈希　吴梦涵　卓　凤　苏　越　韦亦迅　肖俊伦　崔思伟　董慧冰

生物科学（生物基地）

严敏仪　周逸超　李雨鸿　戚坦妲　张廷靖　张颖凤　房　圆　毛　辛　王英杰
李　頔　陈丽君　王文斐　刘泽道　赵晓涵　宋鑫莉　葛行武　李　晗　刘维达
白永亮　宋卓然　郑建豪　许振伟　朱加勇　张　硕　周汶萱　郝乙泽　沙兆佳
陈俊宇　毕雪童

生物科学

蒋　鹏　覃维希　田宇昌　王丽舟　缪禹权　郑　昱　潘　玮　赵睿倩　陈灏今
高凯旋　李　越　李林峰　金汉卿　耿伊清　李正光　葛全芸　蒋欣知　田文娅
周　罡　黄泽辉　王惠琰　魏同坤　林思铖　曲雪纯　李荣宇　李豪杰　刘映志

张　鹏　刘毓敏　张艺凡　王素雅　王运泽　宋磐威　李红蕊　宋　楠　王　雪
张　彬　梅　敏　马梦蛟　王杏灵　任亚汝　杜文斐　刘　洁　王若言　宋姝瑾
孙　榕　薛俊彪　王启伟　逯小翠　李浩顿

生态学

何兆伟　张晓政　李璐旋　黄锦涵　李梓田　卢香宁
库丽洪·赛热别力　扎西罗布

生物工程

张洪波　江禹诺　陈秀丽　朱安杰　李晨珂　张　涵　钟欣芸　鲁彦伽　周淼婷
张培艺　洪传威　姜佩佩　厉彦伟　隋心怡　徐承鹏　夏金港　吕一鸣　阙超然
吴柏霖　原梦娜　万田雨　练索亦放

生物技术（生命基地）

周　岩　崔广超　周炎兰　唐　非　黄逸群　刘可心　赵丹琳　司祝平　余志云
刘巳钰　王　静　王　倩　李雅宁　马世鑫　侯文轩　鞠静芳　薛晶娜　宋劲竹
李凯悦　鞠好庆　曲若晨　吴鹏举　杨晓寒　夏梦雨　王宝磊　兰润栋　惠国杰
钟　婷　耿子龙　韩沛津　李庆庆　欧阳明旭

无机非金属材料工程

庄鸿明　谢子仪　孙迥昊　牟　倩　张力巾　王　婷　牛　屾　李高阳　史柯馨
梅　超　何晓娟　余华南　任尚轩　葛全胜　国　梁　赵洪元　初月华　崔成昊
苗雅岚　孙雅倩　李安然　李开鑫　梁靖雯　周晴晴　田　亚　韦升美　魏佳军
刘子睿　夏昭华　郭圣杭　汪路平　刿雪丽　杨香凝　陈志鑫　常粉娜　田　力

高分子材料与工程

付泉鑫　张雅婷　胡　进　王甜甜　李　高　王冰清　李　睿　马清源　彭　骜
李梦迪　安　坤　苏文禄　李雅男　张　晨　袭祥运　邱　岳　崔博文　赵欣瑞
陈伟翔　杨诗悦　张仁杰　徐　涛　张国庆　李樊星　李　哲　潘展坤　韩　蕊
张明旭　买淑钰　胡　霞　陈鸿圭　常伯宏　熊鹏鹏

包装工程

田英慧　张鸿熙　王逸群　孙晓彤　张欣怡　张佳敏　陈艺冉　于书凝　姚争艳
商鸿语　殷平来　陈　栩　赵海宇　母霖杰　杨文波　王　雨　任菊荣

材料物理

蔡小萌　黄　扬　石若愚　杜凤洋　王静怡　林成龙　刘哲彤　亓风刚　苏杨帆
尹成龙　马　萃　王牧宇　孙雨奇　段弘伟　于佳君　王重朴　陈　昶　王丽萍

满涵 白羚 项南 张芷菡 翟文博 王玉胜

材料成型及控制工程

牛豪甲 张树军 王盛家 李成波 张伟恒 姚雄婷 蒙天林 彭萱 陈超
梁晋维 顾文涛 刘林 侯超 袁碧清 何宗华 孙向宇 王浩 穆文博
史孝腾 武欢 张超 曾港龙 彭佳建 曾天宇 陈书寒 翟雪婷 姚雨晴
张兆刚 高智勇 闫学慧 苏珩 周长山 王磊 王涵文 秦宽 孙圣斌
牟鹏鹏 刘子祯 周鹏飞 方铭予 马文婷 鲁潇蔚 朱奕宇 李昌泽 赵青
解佩佩 戴宁 蔡浩宇 陈云强 银浩 汪磊 倪尔力 陈晨 柴再先
慕倩楠 刘磊 蔡丽雯 杨文杰 张鑫 陈志 敏学卿 丁汪洋 马宏越
潘宇 张海峰 赵喆 张林花 张圣涛 张洪源 苏晓康

金属材料工程

谢启飞 胡昕萌 张嘉林 鲁弈廷 滕赛赛 关媛媛 马宇弘 李宗远 邢凯
刘道议 徐文馨 王子凡 司韵 裘维康 赵艺萌 许少淏 郭荣胜 王玉哲

材料化学

张思超 李卓然 管红伟 罗顺子 张师睿 吴子爽 汤紫成 杨晨 康志超
严亦超 周芃 王淑娴 唐以涵 冯海龙 任思蓉 苗晓南 李小轩 刘昌成
安冬月 杜孟洋 张月存 刘源 刘永鹏 郑清凯 杨东杰 王金田 宣诏洁
张哲亮 张建楠 江嘉欣 郑司南 韩鹏翔 姚星宇 郭龙飞 来晓萌 张雅珏
张雅茹 张凯

材料成型及控制工程（卓越）

李梓溦 方萌 陈洁 韩静静 李静 陈航 董翼纶 何显扬 杨昊迪
李阳阳 孙伟 王阳 罗锐祺 李文博 刘昆朋 梁慧君 孙宗保 任鑫波
高凡 朱敏 梁晓雯 李伟 金诚 谢荣臻 赵笑宇 高守栋 黄小康
王苑 宇恒 刘超然 郑华雨 苏奕 王新秀 杨田雨 周小雅 卢雪妮
杨逸文 杨之波 王杰 王利华

工业设计（理）

何崇杰 周园 黄欢欢 陈星宇 洪若馨 吴稳

过程装备与控制工程

颜小健 郭奉琪 昂俊超 王义宏 谢程远 刘尧 李净凛 许业 吴槟
张晓亮 梁钊瑜 张介夫 张新煜 焦宗欣 刘鑫源 郑涛 郭志琛 邓兆飞
张倚铭 苏清华 甘新宇 刘帅 徐周 杨洋 曾恋 余方旗 朱文德

机械设计制造及其自动化（卓越）

龙俊熹 田欣雨 张亚康 申洪达 胡健睿 周昊天 孙翔宇 孙　溢 纪昊辰
于小洛 徐怀安 吴永杰 刘学森 王志超 李传政 李纯阳 王盛源 马国轩
张世波 张志慧 王纪文 李政辉 杨　贺 李　威 侯奕宣 高俊杰 郃凤阳
王　睿 代孜尧 李紫齐

车辆工程

罗运松 罗广源 孙　震 柯泽锋 张宏鹏 李金慧 李　阳 王默雷 张　璞
杨金龙 周　聪 常昊政 李忠银 王天民 王晨浩 刘　宁 毕研凯 范嘉辉
刘济铭 杜梓浩 彭志腾 刘守河 刘航宇 潘龙叶 王维金 肖翔宇 南　旺
阿　洁 姜学智 张超凡 马清涛

产品设计

李　洋 郭　婧 吴　瑞 仲晶晶 戚绪梦 马丹红 唐淑娴 顾黎明 陈子卓
林　沁 李　嶺 李章菱 王　静 陈海芸 郭子毓 李易儒 张新秀 王珍珍
周丽莎 田长理 渠　泉 彭开智 孙飞翔 刘亚男 高业勤 邱　雪 吴文奕
史梦雪 赵志勇 宋天宇 邹凡星 林申玉

机械设计制造及其自动化（机制）

李　雪 吴明宇 赵梓贺 郑维克 梁宏伟 马兴瑞 闫翔超 王宸宇 赵志强
左常晓 唐贤康 吴敬理 李鹏程 李佳峰 崔新耀 王勇斐 陈云昊 纪晓晨
李振宇 屈一飞 武萍萍 李和霖 葛人杰 何志康 朱铁爽 汪　武 冯金瑶
卜　凡 张　骁 徐坤坤 钟　华 刘忠强 童汉森 朱俊达 孙泰宇 王　磊

机械设计制造及其自动化（机电）

唐若钦 黄嘉伟 梁健强 孙凯旺 张胜博 张　希 王赛欣 张云翔 李凯林
韩一波 郑　鹏 叶新来 孙　祥 王家源 李　畅 苗　壮 张好达 张　悦
訾敬伟 张　涛 葛文祺 王文聪 王　轩 贺闻涛 何婉盈 王　鑫 丁银龙
李　港 张文斌 马成文 马兆叶 靳道鹏 黄永猛

机械设计制造及其自动化（机设）

蒋嘉文 李海坤 谢东栋 王俊凯 魏忠凯 王瑜亮 王　雷 李博博 姚文启
许海洋 李成麟 于新勇 连宪辉 袁　昊 刘　洋 赵　阳 刘月辰 孙旭峰
王明政 王一男 刘家风 王惟可 王　鹏 江　超 汪　婷 张　乐 卢后洪
兰加磊 王胜连

机械设计制造及其自动化（工业工程）

陈森辉 王泽锋 李婷玉 卞添翼 单守洪 郭晨杰 柳　淳 李幸林 宋　震
李浩正 李仁棠 秦伟杰 刘银康 张文泽 纪冒丞 董巧玲 吴弘毅 陈　冬
陈　健 杨　旭 马立强 黄金铭 王旭鹏 黄　飞 王一涵 和佳桃 周宇昇
刘昊东 刘春龙 忻　杰

机械设计制造及其自动化（国际）

陶新杰 马宇轩 许海亮 赵　军 杨　挺 吴纪宏 辛培阳 王西蒙 张泽坤
周　勇 路天庆 刘苏莹 宋　超 裴祖臻 李鹏帅 白智诚 辛旻汛 许珺阳
和向元 田子瑞 黎　健

机械设计制造及其自动化（增材）

梁云飞 陈立安 黄新龙 宋远鑫 张爰爰 刘建伟 陈昱桦 李罡毅 封佳兵
李泽鑫 丁宏健 石　浩 薛祥儒 李光伟 洪　颖 付　亮 闫　玮 丁兆驿
冯蔚然 许祥宇

测控技术与仪器

魏　峥 郭　峰 李皓南 周　涛 丁一恒 杨　众 景　然 马宝林 赵　威
王思贤 周丹雅 李羽欣 杨博文 王润治 张一秀 闫锦鹏 吴佳威 肖梦玥
刘宝川 邱常林 刘思琦 王可心 赵文皓 韦　帅 肖晨星 李文苑 范小琦
于伟东 姚红云 李龙飞 邓　阔 李道明 徐　婕 束嘉乐 田　力 胡军洋
高玉环 王　颖 刘　治 袁　萍 方　迁 马　强 杨永康 万　川 李新龙
杨志勇 宋良杰 王俊伟 李世伟 张亮亮

自动化

符光睿 孔令旭 温　欣 蔡畅怡 戚杨峻 马　健 张俊文 王钰淏 从定烟
陈逸维 黄杰峰 李沐阳 尹施南 杨　林 唐梓健 甘鹏飞 卞婧琳 邓清馨
黄俭植 林璇琨 蒋　浩 黄学钦 郑晓龙 王笑涵 连智杰 楚　航 王方抒
周琳琳 许鸿林 邵瀛杰 陆梦旭 蒋士强 王福君 曾昌丽 张钰荻 谭　龙
付正阳 李梦圆 刘骅锌 郑春泽 李朝阳 杨振涛 赵瑞俊 费昊卿 吕　畅
陈　聪 任志诚 梁金涛 李蕴奥 姜季佳 董　昭 王德鑫 孙雁君 白玉华
王万青 朱丹蕾 郑永健 杨君如 刘长振 贾寿安 李安琪 王祥生 秦　浩
齐宇轩 杨文轩 邢介邦 张　达 于　翔 王同心 王尊承 杨立伟 包　悦
杨志康 王子煜 刘敬贺 韩祥祖 林　硕 郭德阳 陈建功 王修宇 韩国梁
张　帆 任书平 牛少坤 王　建 刘孟琦 张　潇 王军良 盛嘉鹏 刘孟冬
李玉冲 王　晴 吴亚楠 苏　雪 马阳阳 郑维红 杨姣姣 宋安琪 薛　亮
张宇航 程小余 黄　景 江文胜 王莉丽 陈思远 李　涵 高昕彤 念泽志

钱映辰 贾　玮 刘汪洋 李鹏博 刘玉飞 王业腾 李家虎 王宏宇 高　旭
汤友钦 包宇辰 苏礼德 韩水龙 张　月 郑玉文 范　越 李嘉木 郑　涛
贾承锖 陈宇雷 刘玉会 吴祝黎 郝正源 曾学峰 邵　鑫 李　超

生物医学工程（4+3 制）

林诗颖 康湘莲 张现茹 安　然 王红霞 郭雯雨 李　贞 马纪德 张伊琛
刘芯宇 杜霞萍 路柏颖 马志祥 许春晓 李郑振 徐兆杰 郭晓晴 王　琳
鲁子鹏 王怡娟 黄　硕 陈　晨 姬生龙 曹际新 刘彤彤 任孟丽 蔡令一
唐跃威 屈淑娴

物流工程

张夏燕 尹步宇 张　明 陈盛霖 郑欣月 鲁彬彬 许开源 徐英钊 张　迪
关晨冉 张晓政 冯国轩 程静宇 尚伟伟 周文耀 石志浩 孙　倡 刘　硕
周　璞 吴　恒 岳　露 聂　倩 张天瑞 孙春明 王扬铭 黄　涛 陈志亮
张佳荦

自动化（卓越）

王　睿 吴郁文 郑志威 周明德 胡舒童 李婧钰 周自爱 米　楠 陈旭东
黄万祥 王心垲 舒　昊 李　想 文进勇 段振堂 赵宏昊 刘汉富 王光伟
焦小敏 薛雨泽 郑　威 沈英鹰 郭美延 周　柯 陈　云 赵昱臣 赵庆港
李钦正 沈锦瑞 陆宜天 王　凯 孙晨宇 方许铖 李鹤汀 孟　权 阮金杰
何松林 杨仁鹏 孟照腾

自动化（理工复合）

童子阳 纪政平 卢智慧 曹子琪 郭　凯 崔子钰 赵含霖 郝　涛 延晓晖
张延洲 孟　严 任少雅 苏　涵 胡茜茜 王　峰 张同强 陈鑫洋 周鑫冶
白宇兵 李亚轩

能源与动力工程

陈亚星 李　斌 赵子函 胡泽军 高　崇 杨　润 王　荣 逯鹏程 路晓龙
李　政 谢荣毅 李嘉硕 李　灵 严佳伦 毛一玲 张福强 高　传 苏柳桢
胥　奇 邢德能 王春姬 林承坤 林浩桐 陈艺文 张世杰 戴旻旻 马　群
李　哲 薛振涛 马承志 罗丁华 王慧林 何天宇 刘　尚 朱志明 张维一
谭方皓 刘思琦 冷　泠 聂冠宇 冯永逸 谭佳琦 侯　雯 孙嘉泽 姚昕雨
李家豪 袁铭宇 孙　滔 许丽娜 陈梦超 刘子枫 刘佳杰 邵　洋 刘　浩
袁御书 刘玥岑 李岳华 王宇珍 荣思达 任　天 王　宁 张艺腾 吕岱臻
张　裕 杨枚洁 王欣然 杨　贤 孙瑞强 杨鹏晖 杨　博 任　阳 祝　超
卓文才 马建新 崔同慧 周东方 管承硕 孟祥飞 梁庆莒 董舒奇 王云霄

李世强 褚　超 孙贤聘 王秋实 曲　腾 王艺淳 闫书棋 王　斌 毕于敬
陈　灏 齐　昱 高春禹 朱闻宇 封立杰 王晓旭 崔　旋 苗红靖 周　航
郝丰硕 贾文鹏 张宸玮 刘文洋 田希坤 王晨旭 苏　谦 蒿　宇 周　豪
王建荣 赵凌旭 李　振 韩增孝 王立胜 李　宵 商学硕 陈乐平 毛昱翔
王子良 苏玉译 林诗燕 吴建男 徐志峰 刘静远 臧泽润 王文龙 陈超伟
刘静静 邱永安 李双杰 陈自波 朱巧兴 罗俊潇 廖崇露 刘　厅 谢小军
娄宇轩 杜　乾 魏　浩 周智浩 曾晓昕 殷志童 徐济民 司　同 袁　兵
李　冉 钱　磊 孙　翱 柘淳天 马孔融 李彦霖 柴　旺 周　丽 秦川阁
李桥希 钟　典 盛振华 徐　露 褚厚渤 于　琨 汤旭阳 郭树勋 扇玉成
拉　珍 额尔奇 李煜坤 王　妍 黄德荣 张国成 李国泰 曹　军 苗高铭
王君凯 郭玉佩 贺　超 何　飞 刘　祺 金利强 房　童 杨　燕 张　丹
田　欣 杜飞宏 冯　强 虞方林 张成财 谢国芳 范文萍 孙景阳 张广法
瞿　遥 张　姝 王　贺 李云鹏 苏聪聪 索朗曲宗 觉阿拉姆
菲露拉·海沙尔 贡曲卓增 古丽纳再尔·艾尼瓦尔 阿力木拉提·托合塔尔江

交通运输

刘齐星 苏沃富 徐　卓 高　畅 向　庄 于静茹 马亿鑫 李佳奇 董方圆
张雪波 孔祥杰 高　洁 王茂杰 张聪聪 李　扬 杨晓楠 于艳鹏 刘剑锋
张　琦 李晓港 张永毅 邹　圆 王梦珂

能源与环境系统工程

王　睿 赵智龙 孙　婕 陈　熙 尚玉茹 郝明晟 王宇君 靳军赢 黄晨雯
李书佳 高翊航 刘智珂 陈晓轩 李　诚 单媛媛 吴孔强 吕奕彤 苏一顺
谢浩然 许　晨 李泽国 纪禹山 叶春阳 赵建法 张井坤

电气工程及其自动化

唐学文 魏逸豪 冯　川 曹　翔 魏奥博 李逐原 赵恒萱 商粟裕 亓　鸣
高　晋 徐建春 丁　宁 尹逊虎 汪安中 刘子菡 任　宽 胡国庆 周一凡
许力鹏 陈　曦 宋赵芳 陈剑飞 李　振 张方旭 袁　满 孙世镇 裴晓元
赵永森 龚超平 甄晓亮 范旌晶 高小能 李　泽 梁浩文 张冠博 廖金昊
郭劭嵩 林佳润 隋泓怡 张　毅 龙翔宇 周海玲 张　杰 刘　坚 邓逸风
张进豪 卢嘉成 陈一楠 许庆燊 张陈辉 李楚涵 易坤羽 孙寒砚 宋依鸿
周政利 陈　辉 朱佳晨 王　波 帅　博 王　乾 王泓力 陈芳婷 余昕垚
袁　万 巩　哲 沈翔宇 王剑儒 秦　清 何楷文 刘　星 任逸飞 张　萌
孙立鑫 李客村 谢　言 徐梓锟 谭　俊 陈晓慧 高　浩 杨　洁 王海天
杜志峰 杨宇涵 张逸凡 田曦晨 王　唱 徐敬轩 侯宇凡 刘星斗 赵晨亮
高士选 苏秀杭 郎文静 卫宇辰 王志欣 左　鹏 郭世琛 魏斌斌 柴兆男
郝雪兆 牛钊鑫 杨尚奇 刘会荣 肖　怡 章威忠 王心雨 张　楠 燕堃堃

张　浩　李子谦　常延朝　王晓嵩　封增强　逄　龙　牛凯程　贾小凡　丁　咪
李政洁　路　彤　杨国威　王新月　李增睿　赵　亮　梅立敏　侯永超　魏文潭
徐贵阳　姚云炀　王　超　王岳涵　王安诚　赵庆恺　马治国　王　晨　钱建行
殷德惠　杜　秋　谢元曦　梁　志　张泰恒　王　玮　张家旗　姜文祥　刘世光
曲晓琛　王厚福　马　昱　董玉展　徐恭德　孙京朝　许金阳　高　源　任宗强
任竞之　谷常磊　张克琪　孙子茹　张志睿　西鑫涛　于鑫洋　李泽新　金晓唐
王铭震　陈蔚然　王梓宸　刘　恩　孙议哲　李照冬　韩明昊　周晓童　李明东
于金浩　毛宏斌　张心兰　高树群　赵　一　白进哲　李道宇　赵嘉伟　刘信铎
高玉松　刘伟强　葛　睿　王明杰　黄　灿　孔　昊　赵富强　王晓斌　李　伟
孙维择　王金龙　王深泓　戴继凯　杨正扬　司志远　郭　浩　宋志平　杜云飞
金　帅　郭亦宗　孟令怡　舒为兵　赵传毅　董乃舟　殷浩浩　张鑫汝　郭晓倩
叶文超　陈宇宁　余子毅　应罗宵　刘冰露　陈冠廷　孙圣亚　魏犇犇　王琰迪
步冬冬　付宇航　程　涵　武彩凤　许　晗　曹　什　邱亚娟　汪子洋　卢润廷
李　静　黄文科　吴夏兰　白光赟　王妍心　魏银涛　王慧朵　朱晨辉　方　振
何翔路　张　颖　吴　磊　白云鹏　张　坤　姬玉雷　陈丹琦　张　弛　曹　博
韩小文　晁子昂　王爱平　朱泽坤　胡志刚　郭永健　李子彬　刘云辉　张　颖
王富强　杜灿娟　白天宇　张成泉　王　昊　张　晨　崔　梅　王裕翠　胡浩宇
呼延天亮

电气工程及其自动化（卓越）

周康佳　陈梦竹　梁坤杰　孔天龙　姜雨辰　刘欣怡　王海博　吴晓波　刘天浩
李　林　袁　通　王泽鹏　王冠杰　薛翼程　于浩天　尹亚飞　王梦雪　周昕宇
马龙飞　衣鹏永　王　建　李先壮　殷潇涵　王恒昕　李　伟　付天照　田成龙
李鑫洋　李柏慷　刘志彬　陈　晨　李冠斌　刘姝琪　郭晏宇　孙瑜歌　王泽琳
张嵩立　赵钰玥　卢　治　邱　伟　徐铂淞

建筑学（五年制）

王静怡　程梦莹　许　乐　耿　菲　行若凡　张博威　梁宇彤　梁　晓　王安澜
徐子娴　俞文韬　石善国　来思宇　陈博文　范昌超　张　宇　宁庆凯　邹荟荟
盛举艳　徐文艺　田思雨　司玉立　黄梦超　高亚群　明春君　陶　静　解依槿
马坤隆　韩毅祥　陈书丹　李姣姣　林晓文　向　琳　段旭燕　刘雨溪　李文明
吴雨薇　许梦茹　格桑单增

水利水电工程

林宏辉　吴杰儒　方任博　陈家艺　郭　俊　甘高源　马　骏　年树强　王　磊
何雪洁　张思凡　杨文静　张东伟　郭　辉　丁超元　于　凡　李新迎　李盈盈
王　戬　沈德汗　刘　鹏　占　堆　孟　健　周　贤　刘增辉　彭　艳　石凯萌
洛桑旦增

工程力学

杨　贡　朱子涵　郑铭跃　姜　坤　赵　坤　冯玥鹏　李志相　高一鸣　项子健
李　越　李　晨　李红庆　岳成浩　时浩天　王苏浩　郭文昊　张　凤　金言涵
汪展文　赵　鑫　刘　洋　周祖义　丁凌岩　董禹铭　赵婉清　陈香彤　储　银
王　鑫

土木工程

李明航　闫云龙　杨英豪　张志斌　郑皓升　罗靖宇　郭文辉　黄智睿　韦　哲
梁　勇　谭应越　吴　盈　邱欣晨　赖鼎森　吕天良　张　亮　霍增燚　方　琦
陈哲伟　王小东　朱军达　边　滢　刘凯铭　孙明宇　刘奕麟　张宏泽　张少远
任思佳　茹阳超　张晓龙　卫旺旺　吴礼闹　宋　洋　刘志钤　孙兰兰　刘逸超
高　崇　宋玉旭　杨延林　臧　倩　武成凤　夏承昕　冉德胜　栾光浩　明学辉
姜鑫海　宋天利　孙华琛　刘邵帅　王文杰　宋金鑫　孙京波　孙芳远　许辰宇
李尧霖　郁晨波　刘金博　刘文棚　吴卓立　范　虎　王国强　李泽宇　李　佳
姚　兰　于润泽　孙玉杰　于　洋　韩鹏凯　时述峰　王治品　邢文政　徐吉威
赵端陆　郑　通　王宇舒　丁银强　李怡熹　杨荣灿　张伯勋　任金召　落桑年扎

环境工程

李时畅　沈绍佳　彭庆香　陈益江　陈　奕　赖宇超　熊思媛　王润冰　邹家宇
丁梓晖　刘林楠　刘晓莉　马泽昕　任雨萱　吴钰坤　张　振　崔鸿飞　张　颖
王丽晴　李姿慷　郑宏岑　辛悦琳　牛晓倩　王　睿　安文浩　黄素秀　胡浩东
李金兴　宋泽群　孙章柽　石妍琦　潘北方　孙睿琦　刘小雨　张锦茹　肖　迪
杨世洪　张怡冰　方玲玉　汪文杰　杨晨晖　何晓雨　陈玉龙　祁生昕　米　雪

环境科学

吴　霖　邓仁全　陶　梓　黄伊璇　李菲菲　梁燕娜　史　祺　马　喆　张寒朔
郑　萍　刘　鹤　王　颖　刘子叶　刘　德　王渐舒　赵家兴　王思远　王　伟
葛张伟　桑安忆　王维仪　王子航　陈柳妮　张　婷　康娇娇　妥韶珺　曹襄雨浓
热米拉·艾尼　麦伍兰·艾则孜　贡嘎仁增

资源循环科学与工程

戴立前　张世节　胡臣兴　王雨桐　李亚茹　陈　桐　杜伟彦　魏君妍　马璐瑶
梁　莹　杨嘉欣　张恬静　杨直渝　冉　蛟　罗雨莉　曹苗苗　唐妍沛　索　郎
白　玛　旦增聂扎

预防医学（五年制）

刘财能　毛　敏　刘芸斐　李春阳　牛洁琼　张宏兵　李　芳　张馨心　尹　变

黄一萌　占艳艳　陆　阳　郑一韬　夏志鹏　俞自强　郑　雯　宣亚男　李天赐
叶全伟　肖永成　娄佳成　许云松　赵　喆　许恒敏　王　欣　张晓虹　于　金
葛浩通　王惜媛　李丹迪　姜仔璇　曲灵心　刘孟双　宿雯晴　王怡然　郑凯丽
苗晓涵　丁　云　于文浩　刘小宁　宋　珂　岳恩昭　赵　凌　潘凤鸣　李春霞
陈思源　范晓琪　王若薇　梁琳琳　王　昊　冯一平　武梦杰　邢新新　吴新莹
钱昱清　李　睿　刘立龙　贺淋香　徐　才　刘妍琛　刘宗超　梁卓辉　谢旖婧
李梦玥　苏泽康　蒋　敏　王　欢　雍郢棋　郑雨琪　何欣盈　褚世洁　王　瑶
赵红玉　吴汉彬　唐跃昆　杨士鋆　郭　萍　高　雪　吕希霖　孙升辉　王　帅
刘淋淋　李自慧　唐千湾　黄琬桐　刘　凡　姚志英　李钰梅　谢登梅　朱兴任
杨晓红　张耀耀　李　悦　李尚乐　柴　莉　郑晓朋　张晓晓　曹权树　黄智慧
卢　玲　马佳丽　西热罗布　阿曼姑丽·米吉提　艾力亚尔·热合曼
叶赛尼亚·吐尔洪　西加艾提·阿布力米提　玛赫金力　彭毛卓玛
阿丽达·叶尔克　帕列扎提·米然木　扎西曲珍

口腔医学（五年制）

旺　姆　刘　青　崔未未　梁超然　张思荻　王　煜　延　涵　王湘滔　孙立涛
刘博慧　冯春宇　俞　悦　章树铭　康华明　林嘉兴　陈　旭　苏晓明　束　杭
张凯歌　朱凯文　王湜清　陈友超　褚宏扬　李霄雨　孙朝阳　吴利娜　侯秀秀
黎子钰　冯　毫　徐文秀　孙雨桐　侯楠楠　张晓奇　张　艺　李玉珂　徐雨洁
杨焱然　邵湘庭　王家珂　李　星　臧国敬　赵瑶瑶　张大桐　张岱潮
仁增占堆　德吉玉珍　吉胡克的　得勒努尔·木坦　穆妮热·艾尼
阿依夏木古丽·阿布力米提　李旦增尼么

口腔医学（5+3）

卢小雅　秦倩怡　李艺宣　田浩洋　徐文惠　黄晟栋　陈　怡　王清彪　巫梅赟
陈文倩　李龙杰　梁　晔　付雅婧　马志德　侯莹月　向莹雪　张　琪　张力伟
刘　婵　陈思艺　郑文舟　蒙钇伶　杨恩黎　邓延伟　刘金华　阿依江·巴合提

护理学

刘娅星　李文硕　王美娇　李华鑫　韩　静　毛芳香　石　编　刘峥嵘　覃　瑞
吴柳柳　周咏春　董宵宵　胡恪贤　卢俊帆　张云雪　王　清　莫林成　郑凡玲
符伊娜　高颖怡　杨福生　杨兴海　李　影　孟　亚　张　洁　张　驰　任敏敏
杨慧慧

药　学

杨小宇　王囡囡　何家洲　龙晓艺　李思雨　伍绅浪　郭紫璇　王　杨　赵春乾
金　翩　黄　靖　傅　杰　张小羽　秦紫薇　梁　毅　郭美慧　李蕊秀　杨　晗
石　彤　李志颖　原笑笑　张元祯　陈晓臻　张冉冉　王苗苗　陈　皓　赵晓天

李　娜　邵政光　邹郝琛　程向璐　董馨婷　卜凡雪　杜润华　韩　笑　李　秀
郝珮羽　刘　悦　于世娇　李　琳　孙　琳　张梦竹　陈金瑶　聂爱清　李港生
张立媛　王樱澄　周　莹　董笑男　刘默婷　付顺利　关梦佳　唐苗苗　梁　杰
王　越　冯玉洁　石庆梦　郭　丽　卜华港　刘孝涛　陶　敏　魏文斌　张雅琪
胡一飞　刘　青　葛　蒲　周芯名　叶　峰　毕文超　马　瑞　庄文倩　宋禹良
孙彦莹　梁晓敏　张洪洋　王　慧　张　蕊　凌　俐　孙迎香　常丽丽

制药工程

董　鑫　郑季惟　白润桥　李鹏辉　陈雨桐　陶桂香　程　星　向雯鑫　王艳娟
曾若晴　韩清华　刘虓喆　张　涛　傅相蕾　候现新　巩志伟　吴　航　高　毅
王馨如　朱　彬　化丽平　布茹丽·吾如孜　达娃次仁

信息管理与信息系统

陈炫臣　黄冬梅　邓桂芳　李茜楠　熊伟奇　何　吉　晏起煌　李佳玘　初　颖
徐宏祯　宫玉莹　杨宇婷　张　磊　李子晴　张文瑶　任以宁　吴　蔓　马丽雅
胡裕阳

工业工程

李怡霖　李婉宁　宋萌萌　彭博达　姜新慧　霍　鑫　刘伟豪　邱书琳　董鹏程
刘书廷　石广盛　刘汉文　杨云龙　刘梦梦　钱柳颖　江雨峰　安义丹　陈起华
孙梦晨　汪　蓉

工程管理

缪斯林　魏　荥　黄晓林　朱　琦　梁羽与　马昕睿　吴　洁　董　安　宋钰璇
张怡婕　史桐欢　王佳伟　张晓煜　林自然　杨仲泽　于　凡　朱　琳　夏晓露
高　健　桑　萍　王玥冉　王璐瑶　赵青青　孙　瑜　徐婷婷　张丹怡　柳　琳
宋瑞震

工商管理

周子鑫　贾学萌　马佳琪　彭彦斌　凌　俐　邓楚千　俞　航　许晓敏　孙晓宇
张　妍　赵秀缘　喻　涵　纪　政　陈鑫莹　侯宜君　董　晨　孙　茹　牟凯璇
张　顺　付晓宇　张　佳　许建邦　张　静　魏可禹　周爱宽　林仕玉　张晓明
张均秒　何晓晓　孔晨曦　王晓斐　谭凯月　洪嫄琳　王铭磊　冯晓丹　李英慈
贺迎庆　夏云龙　张　雨　李鸿宇　赵艺湾　张永博　王丽丽　黄雨慧　李　楠
刘绮艳　侯　馨　李　琦　王　博　薛书新　向菊莎　秦楠楠　赵冲冲

市场营销

蒋青洁　王　祯　单　瑞　梁靖怡　黄金珍　李旭华　赵全增　杜海雯　韩韵禧

吴彩霞 许琛 陈璟浩 肖玉杰 陈乐 杜滨 戴茹西 贺家乐 刘睿澳
彭钻 盛瑞沛 申孟让 欧阳强 何洁 阎云汉 赵晓莹 梁建 张玉乔
王菁文 许佳辉 袁月 肖明静 陈允律 刘思良 张清瑞 丁巧琳 刘惠香
从家玮 冉晨欣 马丽艳 刘天骄 张育乔 赵正弘 吴育晏 刘真梦 左臣聪
赵爽爽 殷贵尚

会计学

张鲁欣 卢铁嘉 陈欣茹 田雪琪 余丽萍 林旭静 钟彦禹 李龙强 吴嘉阳
王敬涵 徐心阳 黄睿涵 邬琦 杨若云 袁星怡 许胜男 董思琪 王思蒙
张娴姝 李玉猛 王若男 王广鹏 武育楠 李紫轩 王佩 马丽静 侯超
李慧明 王月月 王众望 李弘扬 毕泽祯 孙兰珠 孙运超 宋永华 李雪
鲁欣鑫 李赛榕 张艺民 李景悦 苑婧文 张永刚 黄晓晨 鲁文浩 刘永
武子涵 魏柏辰 曹靖静 胡洋 刘雪颖 刘芳 许宸 姚涵露 张文丽
王驰 房媛 张忠昊 马晨 赵怡 戚真 张颖智 贾可帅 李子慧
边晴 岳瑶 张资琪 宫嘉怡 孙悦 张安 刘玉洁 何敬文 曹腾
孟廷廷 张越 肖学敏 刘培荣 杨梦雨 王紫玥 杨珠娜 张怡坪 李梦雅
赵超航 武晨辉 张由申 杨孟瑜 王家璧 何清源 章颖 董顺昌 黄子叶
李俊 刘嘉慧 徐嘉艺 周璇 兰天琪 许文 王瑾 黄琪华 王君妍
禚昕 于功 潘一彬 李超 陈风铭 国鸿昊 徐效榕 赵国栋 宋鹏
刘家宝 高世超 张锟铖 闫光泽 王羿 刘乾 宋宣昌 郑智睿 刘清博
李玉森 张鑫

人力资源管理

张天宇 刘惠惠 葛芳凯 宁如愿 周彦伶 周玉桐 唐佳强 王冕卿 彭莹霞
陈慧敏 戴思琦 贺书欣 傅心悦 何兰萍 张韵佳 董旻 李晴 李曙花
王启源 赵丽云 孙汝杰 李思琪 韩愈 白亚丽 贾倩 姚佳萃 张鸣
王一平 王琼 王淑慧 曾子心 高昕璐 李伟浩 孟圆 王红艳 林俊杉
李晓珺 刘小华 徐良 李瑶 周靖 叶露梦 万霖德 朱乃馨 夏子锋
王肖宇 刘育言 桑辉 胡玲 吴青青 李德馨 郝海宸 张一豪 施馨格
马娜 曹启含 解冰玉 罗慧琳 鞠岩 张慧 汪棋

旅游管理

豆杏敏 伍丽珊 陈夏惠 卢莹莹 翁苏琳 吴倩丹 殷韩 周嘉莹 李树林
赵芮 陈美鑫 王艺静 张宜铭 黄静 闫云玲 季子暄 康文青 王锴云
姚婷婷 陈晨 吴秉修 泽仁巴姆 多吉扎西 古桑旺姆

国际商务

白天宇 楊凯迪 魏永军 张友华 张明珠 李晓玉 朱樱桃 程鹏 刘斌

廖延镍 白 琼 屈 妍 刘少艳 王雅婷 周文君 崔姝琦 马 宁 管 勇
陈金娜 姚雪莲 叶蕴蕾 葛梦一 王怡婕 翁诗文 熊 鑫 马 倩 奎嘉雯
厉家宝 郑湘怡 刘 宇 王 艳 张亮亮 上官杨兰 边巴多吉

物流管理

邹泓宇 王钰心 李 立 于 宇 孙蕾鸿 黄国华 周晓晗 戴梦娜 吴相玉
杨 浩 张 磊 罗 彬 卢 瑶 钱振华 张 强 黎桂妤 杨嘉永 郭 甲

工商管理（实验班）

方心艺 李雨欣 王宇彤 云紫裳 常 磊 王雪力 陈 晗 李雨晴 赵婉彤
赵 芝 韩 柳 商慧辰 郑 莉 尹泽元 迟莘弋 柳汝泓 魏 雪 李旭清
郑元昊 罗婷玉 巫梦晨 方子牛 任思敏 范 蕾 邱介翔 李明雨 胡 敏
薛舒文 黄潇平 唐慧娟

社会体育指导与管理

周俊航 黄俊铭 林明设 黄锦超 胡发琴 毛飞扬 周 燕 高 鹏 罗玉川
姚嘉为 彭浩林 张夏萍 黄家曦 欧柱福 周福代 房 洁 冯帅帅 赵志鹏
祖承嗣 陈 健 曲雅倩 董丁源 孙家贺 徐长普 张佳辉 李 阳 刘德健
邵士同 臧云行 王振天 张钰奇 海玉娟 刘汝松 周生龙 盛希林 孙 逸
周 浩 张克成 郭 超 康兆乐 赵肖栋 王训虎 袁一正 潘 雄 王 涛
王 栋 李鲜周 李慧琦 陆泽福 徐继辉 操成龙 鲁杭军 赵 天 曾庆昌
张志坚 肖冬兰 罗金荣 肖玉珲 朱锡钦

软件工程

胡忠浩 刘松松 杨忠远 宁 睿 操鑫晖 苗钧淇 邱洪聪 陈竞帆 姚建宇
寇健恺 陈皓丹 王宇鸿 陈 逊 杜泽华 冼啟棉 肖济民 刘文森 陈冠恒
袁 校 梧恒铭 陈思帆 奉文芳 梁欣霞 李锡琼 林进英 陈丹衡 任润田
彭雨鸿 邓 鑫 张卓林 谭健夫 邹梦妮 刘泽华 林熙捷 黄威琛 江 韬
黄敬哲 姚德荣 王周宇 陈 龙 王 坤 廖 鑫 林俊雄 曾 颖 赵维翰
王兆盟 张伯宁 赵殿阳 张业欣 杨 璐 惠文治 徐志远 徐 连 王 羽
孙伟壹 陈 杰 陈可可 惠 波 吕佳怡 张文志 于宏正 于晓勇 林智瑶
罗 伟 宋 颂 陈 怡 张 骞 张嘉曌 朱昶霖 安 宁 常雨晴 赵 硕
单林林 张文涛 刘凤至 沈沛仓 王 帅 孟月琳 詹雨薇 李 勇 王晓博
袁 帅 刘伟亮 田寅楠 宋晓强 王 轲 袁郭苑 贺 杰 王 博 林 鹏
谭 超 黄 玮 万永斌 刘晓川 邵长旭 白志龙 徐程远 刘新放 韩明钦
张永健 龚树志 潘海亮 冯 港 马美晓 马嫣然 徐安然 石楚涵 杨逸轩
刘志远 冯仕铎 陈泽豪 焦方锴 董姗姗 陈一鸣 梁文珂 李鸣一 李庆阳
修丙楠 宋丽珺 焦石龙 张金潇 郑玉博 张建栋 徐卫霞 李瑞勇 宫鹏涛

田洁茹 张咪 卢梦梦 方浩汕 孙吉鹏 邵奇 李嘉伟 槐敏涵 高杨
宁雅皕 董文靖 蔺晓霞 李静 梁惠欣 周豪翔 燕嘉鑫 王子悦 李秋月
王彬 姜明润 吕柏成 关建军 董亭 樊运达 陈都宽 邵明山 薛新宇
秦梓恒 尉盛龙 闫舒 杨金鹿 李云飞 宋志远 周莎莎 王婕 潘明鑫
黄登坤 崔光泰 张豪 顾雪珊 王方良 杜成龙 翁清涛 王新惠 杜泽林
李龙刚 韩环宇 刘犇 刘奕辰 林子童 弭晓月 李睿 毕冠群 崔新利
高立男 肖仙岚 张晓彤 褚珂 邢真玮 张勇 王晨 李洪德 常秀娟
周秋 姚保程 史霞 宋璟辉 李旭升 张廷杰 张悦 朱志鑫 刘洋
王风琳 姜明宏 徐宁 王佳宁 曾凡越 刘晓宁 刘腾腾 刘玉浩 姜健
王莹 李倩 张笃振 王广臣 冯宇萧 隋源 张帆 李鹏泽 孟猛
陈钰涵 杜林 张继东 刘李鑫 孔令伟 于嘉策 徐标 舒叶芷 叶子扬
胡昊 朱小仑 董芷丹 谷一滕 李高旗 王一卓 赵亮 王拓 黄成梓
訾柏嘉 黄茂雷 孔潇楠 李卓群 路天顺 申立明 李嘉铖 姚晗 朱逸夫
宋夏昕 杨琛 冯嘉伟 李钊 韩佳靖 靳瑞 李欣宇 樊佳亮 刘波
李璐 赵宇 谈杰 魏俊 鲍伟 何思源 代强 汪永涵 何润东
胡焱鑫 任鹏程 沈贵宝 胡鸿正 杨雨晨 刘力瑞 马文琪 唐懿璇 张鼎
陈苇如 周振 彭祚源 袁策为 陈鸣 佘奇晋 邓文晴 赵彦博 王雅璇
张晓敏 董浩 王镜鑫

数字媒体技术

杨帅 林一凡 叶蕴盈 陈瀚 刘长杰 陈小宏 柯惠瑜 李心仪 雷钰铭
张雨薇 何昊 王彬 卢嘉昊 沈越凡 王柳 李金烨 王聪 陈星
冯金虎 许锐 仝心 连春晓 赵博 宋根鹏 于怀欣 宫璐璐 陈宇
刘鹏 赵铭 李晨晨 肖绍天 肖尧 李子菲 蒋杰 王佳璇 郑雅文
李晴 刘敏 张静 陈洪伟 赵馨昳 梁鹏昕 付一童 袁旭阳 毛瑜琦
薛如峥 秦义明 胡译丹

数学类（泰山学堂、潘承洞班）

熊锐 刘强 崔浩 林靖宇 程远 王红魁 张亦煌 张蓝天 沙童
彭柯尧 王舵 茆凯 路雨润

物理学类（泰山学堂、王淦昌班）

程铭 邓志福 马耀鹏 姜海龄 董学健 程龚睿 庄钰晨 王泽宇 薛洁然
周李平 寇枭枭 于博 郑铭宸 师加林 谢子宇 刁冠森

化学类（泰山学堂、邓从豪班）

瞿杨 王泽禹 竺叶澍 罗永睿 张妍 李汶运 徐昭轩 程增瑞 王彤彤
孙浩峰 左壮 郭志昊 李若菡

生物科学类（泰山学堂、童第周班）

陈昕东　税天鹏　郭杰明　王子陌　王艺潘　张俊哲　陈俊宇　朱学昊　刘子昂
张贻锋　郑策萍　张雅瑄　曲国靖　李文昊　武　洋　孙文博　张　楠

计算机科学与技术（学堂）

高庆哲　蒋思淇　张鑫禹　晁大任　杨浩然　田翰林　林信然　陈思蓓　刘中坤
朱　丽　赵　跃　张伊楠　王天浩　程鲁豫　任瑞阳

汉语国际教育

李晨煜　曲鸣雪　邓　潇　方　芳　李　睿　胡晓璠　孙若愚　张　楠　张　玥
耿文盛　孔浩鹏　王毅磊　李静悦　袁艳丽　孙　洁　陈文倩　曹鲁红　焦丽娜
贾鲁璧　冯英逊　许保瑞　管　璇　徐若芹　刘玫苑　黄钰楚　王一霖　王思维
陈　曦　王金玉　郎　月

集成电路设计与集成系统

王　鑫

临床医学（5+3）

张伟涛

临床医学（双语班）

曲凌艳　危银宏　姚　瑶　左小琳　孙瑞悦　滕　飞　毕静怡　李如龙　赵明明
顾莹珍　刘　铮　孙博睿　王小凯　王得道　奥　妙　狄　虹　王春颖　潘中健
陈　希　杨　秒　黄冰鑫　李梦强　程雪霖　汪张兵　何孟莹　张　晗　徐亚运
陈昊林　刘　畅　姜　娜　宋　宁　薛文隽　徐冰清　李元亨　陈宇飞　崔富豪
李晓童　牟泽中　李英杰　方文桐　李　正　刘天雯　王　凡　马心月　王　娟
李　晨　尹　彤　陈立新　李晓旭　陈　茜　孙泽文　陈　琳　景蓝汀　董济艳
郝圣杰　王　萌　张　梦　刘镕阁　孟凡一　张秀芳　汤子毅　李梦莹　张　迅
刘尧戈　李彩玲　吕林晓　张韵洁　赵玉莹　石雪晴　王　薇　陈弘韵　周　勋
蒋　昱　汪金金　武婧衡　李勇坤　王霁月　王茹婕　王怡心　贾晨晖　侯竹如
朱冠东　朱佳迪　范涛涛　董　晨　王　焱　吴　琪　崔　璐　张　玥　杨晓葳
刘慧宇　赵晨雪　段　炼　鄺寶環　鲍庆明　姚　准　王喜喜　周　丽　钟　颖
梁长春　周晨晨　王　冰　张　昕　倪杨红　何银海　任　雪　常建华　阿比因扎

临床医学（中文班）

郭荣顺　刘　情　王羽含　范中宁　黄劲涛　李　晗　李恺鹏　李尚峰　李　阳
李豫孟　卢海平　谭　震　薛瑞理　杨英杰　张　波　马俊轩　李佳惠　刘玉含

赵敏章　王珍珍　李宇祺　刘　昕　初竹秀　刘晓敏　万枚丹　韩莹莹　王　媛
贾国栋　武蔚杰　谷　乔　李　玲　徐龙昊　谢尚桓　蒋子鸣　姚晓静　李飞红
焦　学　秦成林　纪凯伦　刘　静　李忠臣　刘昱辰　王军鹏　赵　巍　王　康
吴　霞　孙浩瑜　李贵成　艾月盈　李俊婷　周　丹　黄　康　刘兆滨　钟　鑫
卢宇静　符贵宁　张云龙　胥　平　肖　娴　白盛江　张曦耘　孟俞佑　熊培尧
施　杰　魏珹怡　祝心怡　李佳琛　杨儒林　付梦迪　万嘉怡　闵树元　冉莹琪
张　佳　夏小舟　王国蕊　刘　旭　王凌霄　李奇昌　梁启航　黄　佐　和　桐
郭军霞　李胜男　于　玥　周家欣　邵鹏飞　翟渊涛　郜秀盼　黄学瑶　晋爱斌
周冰婷　孟玉洁　张婷婷　李　晶　莫　慧　曾小妮　税建林　崔中潇　卯　爽
代玲瑜　彭安康　张立果　阮士艳　张进霞　高　乐　张　苹　张莹莹　杨静文
王新慧　何秀庆　陈永新　扎西措姆　丁增罗布　白玛格宗　奴日曼古力·艾山江
图尔荪巴柯·吾普尔　穆丽娜·努尔曼　阿达莱提·阿卜来提
古力扎尔·阿比孜　木孜帕尔·外力

临床医学（本博连读）

王子翔　臧　楠　赵子潇　李姝敏　王梅洁　石　凯　左心怡　蒋　进　国云飞
于　震　黄思源　于小宸　吕翰林　陈　彤　王　旭　李育林　杨振贤　常佳琪
阎钰钏　吕东平　王凌君　李宗跃　张守基　赵振丹　马新春

临床医学（本硕连读）

门　祎　徐　珊　刘　晨　任大壮　陈伟强　刘恺宁　乔秋江　张　岱　刘　爽
孟　欣　赵智勇　李冠江　冯婉冰　高佳佳　赵　桐　徐子晟　任奕霏　李　伟
汪　玉　詹琳荃　张　岚　凌佳琦　綦灵宇　程逸凡　纪小帅　周　鹏　孙卫霞
陈效伟　吴宇辰　邹梦佳　赵狄铭　蒋绪峰　刘伊琳　范茂文　邵景龙　李梦晴
倪佳佳　陈剑峰　朱思静　许秦锋　毛昌琳　黄婷萍　宋晚妹　姚　浩　胡　敏
李晨曦　徐骊驰　吴　昊　陈　琳　陈文昊　陈家政　王一飞　刘鲁娜　闫　涛
纪智奇　陈　瑜　李　璐　徐　嵘　王丽娜　杨　堃　丁　坤　王　宇　周春阳
董晓倩　刘晓丽　陆梓文　李宏文　刘　洋　相　皓　王传玉　刘鹏林　张　广
李超凡　李　悦　李晓文　殷长健　云晓雅　杨　洋　陈　垒　王丽慧　郝　鹏
孙丹平　沈大伟　刘　鹏　李　曈　李守明　王雪妍　贾珊珊　娄　煜　宋建平
韩　琪　苗　壮　程　蕾　丁萌萌　付　康　郑文博　王会志　徐　瑶　王茹婷
张　莹　邹浩然　刘　玮　丁　昊　吴　凡　郭宏达　孙淑琴　马　欢　徐建业
白佳佳　魏天慧　邢晶波　陆　地　鲁林涛　张有振　王新新　孟婷婷　李欣悦
李心冰　张民阔　高景悦　王柯薇　张　远　石　铭　贾若霜　李　旭　申亚倩
陈忠绍　李昕昊　万　萌　苏文倩　何宜珊　陈　谦　谢佳莹　梁复超　姚　帅
肖钰鑫　刘健宇　尹琦慧　郭　铮　唐钰怡　颜伦杰　周俊霖　蒋松霖　陈月芬
何开新　龙宇晗　刘文裕　张鸿志　罗德素　刘紫怡　安文婷　张　雪　姚晟玉
王文卿　李　青　陈　峰　鲍世浩　邓展昊　张倩云　周兴国　侯西蔓　肖富亮

祝新伟　宋　朋　潘丽洁　韩孟桃　赵　晗　刘黎明　崔亭亭　杨　威　安　雯
杨关丽

城市地下空间工程

杨庆杰　马钊宇　李小帆　朱丽婷　陈适阳　田玉婷　张珈豪　李　铎　赵　鑫
丁浩宇　马　文　蔡昕辰　沈豪杰　邱　野　马一鸣　李　铎　杨　静　和鹏飞
闫　瑾　马徐晋　张益华　苏子菁　李睿杰　蔡启贵　刘子恒　张贯达　尹昭宇
范清涵　刘宗羲　王晓清　赵友超　王　超　王　滨　管清正　黄孝智　孙　馨
王士博　张俊奇　陈绍祥　梁路平　刘蓓蕾　曹　帅　马　坤　喻新皓　孟子健
李润东　李广东　何灵垚　吴　飞　王浩良　唐　洁　林　伟　王颢轩　黄国香
张远斌　白秀秀　戴晨祥　贾保鑫　朱亚楠

土木工程（交通基础设施方向）

朱常乐　李宜欣　方　晨　羊勇位　邱国涛　乐　兴　刘书豪　杨晨君　迟浩然
刘继伟　崔文杰　邵光杰　潘程源　刘昌伟　张　萌　陈小宝　杨　涛　李晨阳
刘鹏飞　仇正梅　连伟斌　王昱茜　洪铭笠　吕明钧　王福俊　李乐水　朱传学
彭香帅　刘明朋　黄贝贝　陈　敏　许　毅

汉语言文学

刘国强　崔　翔　陈　钰　李斌杰　汤远阳　付英超　马　越　黄笑赧　吴世林
康博文　尚培峰　钱金铭　辛　康　张玉颢　纪如玥　陈秀琳　叶泳妍　沈珍妮
吴星岸　刘梦悦　刘天禾　吴雪菡　隗茂杰　郭永臻

硕士毕业生名单

哲学与社会发展学院

中国哲学

高炎槿　胡飞林　焦健洋　刘娇娇　刘　萍　刘永昆　牟晓琳　渠　源　石云权
史天任　史逸华　唐文涛　王佩愉　杨牧青

马克思主义哲学

李建伟　刘成成　时玉珠　苏心悦　王凯慧　张　鹏　周昕慧

外国哲学

曲岩岩　鲍　婕　程　佑　惠贤哲　刘蕴霆　王钧哲　魏传珂

科学技术哲学

贾丹青　王佳乐　袁海明　王　哲

社会学

丁爱双　封　莹　韩　璐　李杭耘　刘　绒　马芳兵　王孟元　王　昕　许友君
杨凯璇　张欣欣　赵祥兵

人类学

石佳玉

社会保障

亓彩云　童国庆　杨　光

社会工作

王薪茹　包淑雅　陈丽华　董　佳　郭　璐　郭文彩　郭长兴　何泽凡　侯天阳

刘师师　刘兆荣　龙霁月　孟雨锦　齐广骥　孙丹潇　孙　亚　王燕新　王宇琴
薛琦予　于超臣　张　玉　赵毅娟　左梦珍　丛　宇　郭停停　尚　燕

宗教学

方炳星　王　昊　吴璟逸　杨佳乐　尹秀文　张舒晴

经济学院

政治经济学

李恩来　李　萍　刘希茜　SEO SEUNG DEOK　SOUVONG SAILA
INMEBOUN HEUANGPHONE

西方经济学

安　琪　纪俊杰　李欣玥　陆　易　童小栢　雍　智　张振华　赵聪锐

世界经济

丁安琪　高慧伟　苏燕莎　张　涵　张家宁
SHAYMONOV SHERZOD　COULIBALY MAMADOU

国民经济学

刘　露　王文静　信　婧　张梦华　张鹏奎　张维国

财政学

段崇艳　樊雪蓓　官高俊　李　静　梁　霖　鲁家琛　亓艳萍　王萌迪　于　欣
袁　帅　张　晓

金融学

鲍洪生　曾凌云　陈舒新　陈　政　李云汉　梁　婷　林书宇　史　悦　王伟韬
王禹琨　夏　文　邢晓晴　严佳慧　张　祥　王　烁　诸葛秀子
TAREQ AHMADULLAH　CHISILLIA MAYANGSARI
TUREVICH ARTSIOM　SATAROV BEHRUZ　EDITH ASHITEY
CLEMENCE GOMWE

产业经济学

曹　珑　曹晓彤　陈家龙　冯宇光　高梦晨　郭彦彦　韩叔君　李佳珊　刘　龙
秦艳萍　王素萍　杨沐蓉　尹慧娟　张佳利　张丽莎　张小洁

国际贸易学

胡　红　成　璐　马　萌　任冕南　王　淼　王　霄　尹　达

AKHAT KHAMROEV　KHONGLITH VIPHAKONE　LUKMAN AQILAH
KIM JUIM　FAIZA SHAHZAD　YOSEPH ARGAW LEMA
ANISH KOIRALA　GERTRUDE MUTANI NDALO
HAROLD OSEI-AGYEPONG　BOFELA MERLONE KEVIN AXEL
MUKSHTADT KRISTINA

劳动经济学

高小爽　蒋晓蕾　张堉杰

数量经济学

刘　冰　吴雨溪　赵全生

应用经济学（投资经济学）

胡　梦　孙　慧　袁建华

应用经济学（保险学）

梅宝虎　亓　明

金　融

刘晋东　陈　潇　程小珊　刘晓斐　吕月星　张运康　白雨蒙　薄纯康　曾伟峰
常　慧　陈梦琦　冯慧莹　高钰程　宫子超　郭　姣　胡晓喆　胡　阳　惠亚双
金英铭　孔　文　李彬彬　李丹婷　李　佳　李　颉　李溶难　李夏怡　李　彦
李　洋　李　哲　刘　静　刘小逸　律荣臻　孟　琦　孟庆银　苗文馨　潘　爽
任　静　任鹏飞　任　婷　孙广达　孙志强　唐如玉　唐云冲　王建光　王　晶
王俊楠　王抗抗　王　媛　王　玥　吴天元　徐晓波　徐晓玲　伊昱璇　余静涵
原欣欣　张路路　张泽堃　赵宝燕　朱泓润　朱振吉　邹明皓　陈隽文　陈旭彤
陈智瑜　程一明　董钰杉　付佳利　黄晓艳　贾婷婷　李　婧　李双钰　李文斐
李文婧　梁建泽　刘德文　刘广强　欧春雷　商　潇　尚鹏程　孙　浩　王琪薇
王姿懿　魏　涵　徐　冉　于　航　于瑞蕾　于晓媛　张金剑　张良彬　张全鑫
张　永　赵　腾　钟晓龙　周梦雯　周全生　祝凯丹　秦玉艳　贺大维　袁子祁

应用统计

崔蓝予　李茂润

税　务

甘泽政　杨雅颖　崔梦婷　狄凤超　杜明哲　傅锦超　侯艺轩　黄志阳　焦　赫
李傲雪　李文琦　秦　媛　沈　青　宋彩琴　孙晓萌　王嘉玮　王　倩　吴　鹏
许泽宇　杨天放　于富慧　张　婕　张瑜娟　赵　艳

国际商务

韩升苒　李瑞琪　王彤彤　张梦昊　毕馨予　常运朋　陈凯璇　黄佳怡　李艳华
梁　蕾　凌玺华　刘瀚璐　刘丽娜　刘重阳　马萌萌　唐乔臣　田浩楠　王红英
王明晖　王　夏　吴建瓴　徐士程　颜晓畅　叶　晨　周　萍

保　险

时子建　张家豪　党　毅　李　洁　刘　佳　穆伟超　田雪丰　徐　雪　杨　尚
翟耀祖　张　翔　张雪倩　朱　龑　董　杰　李　京　荣庆鹏　王　帅　许译芝

资产评估

朱天秋　胡亚倩　魏琇亚　夏露露　徐晨晨

工商管理

FRANK NDAHIRO　CHRISTIAN OWUSU-FORDJOUR
LINDA SUSAN KABBA　PRINCE OFOE
LINA MOHAMED FAROUK EBID ELSAGHIR　SAURAV SINGH
ABDUL BASEER
AHMED ABDULRAHMAN SAEED RASHED AL-SHAIBANI
VYNIA OCTAVIA POTOKOUE NSANZALI　ELLEN KARIKARI-APAU
MOHAMMED ARAFAT　MOHAMMED TASLIM ALAM
MARTIN KOBBY GRANT　BEENISH LATIF
HAMAD ZAHOOR　TEHNIAT ABBAS
ABDULMALIK SAAD FADHIL AL-RABIEY
MUHAMMAD SALEEM　FAISAL SHEHZAD　YASIR ALI

经济研究院

政治经济学

丁慧娟　蒋宇斯　李文月　刘丹丹　王子俊

经济思想史

马南翔

经济史

夏　璐　武芳蕾

西方经济学

林　繁　刘　飞　王　谨　王钟慧　张继武

世界经济

张宇航　焦华蕾　姚　金

人口、资源与环境经济学

林火斌

金融学

安　宁　常云龙　陈　龙　冯雨菡　郭晓东　何　珊　靳福磊　刘双文　刘云翰
罗培培　宋艺璇　孙　甜　徐　澜　杨　霖　朱伟伟　汪　杰　王观朋　徐方舟

劳动经济学

刘欣畅

数量经济学

张盟盟　李泊宁　孙　静　王高友　王　晶　马　申　赵国宇

金　融

毕先磊　曾琳华　陈浩源　程　章　丛炳浩　邓力川　邓婷婷　董　琰　杜家合
范耀璋　高晶晶　耿　灏　何　睿　何一珂　冀　磊　金福奎　李　淏　李佳音
李　静　李倩倩　李宛莹　刘安林　陆　梅　吕晓亮　彭炯宇　田秀颀　汪　蓉
王华杰　王敏雅　王　晔　王逸婧　吴刘星　幸小丛　徐恺岳　严　艳　余　强
翟　鑫　张冠凯　张书华　张雨彤　赵西来　朱玉兴　毕旭航　蔡毅翔　陈　飞
崔　斌　杜红斌　高文韬　郭籽萌　尚善飞　孙长启　王同阳　王　晔　肖华杰
肖良强　徐礼宾　于天池　张德胜　张　凯　张力文　张　燕　赵瑞雪　朱　迪
张力嘉　胡若曦　张　弛　赵　昕　董之宇　唐静远　薛　源　吴煜天品

应用统计

刘振强　祖　浩

税　务

常　皓　王紫莹

保　险

姜兆秋　王文星

国际商务

陶祥飞

资产评估

林士新

法学院

法律（非法学）

郭西超　卜令珊　曹鹏程　曹　媛　陈飞凤　陈　康　陈　宇　陈　元　初美彤
崔海伦　董乃硕　董玉莹　都奎田　冯晓畅　冯　滟　付丹阳　高白玉　高　彩
高露露　高　雪　耿雪妍　顾　恒　郭利强　郭露露　郭　熙　韩宁源　郝　晗
郝思远　洪珂珂　胡君洁　胡　露　胡　涛　黄兰珍　黄少伟　黄　轩　姜晓帅
景凯东　孔珊珊　李　欢　李　婕　李　乔　李庆成　李泉颀　李　帅　李杨杨
林青青　刘苗苗　刘姗姗　刘　舒　刘羽佳　刘玉梅　卢伟桐　鲁琦琦　骆　媛
马吉岳　马文刚　孟　梦　牛福春　庞伟昌　彭染晴　祁聪颖　尚　伟　施智桥
石　鹏　舒　琪　宋文燕　宋振东　孙　惠　田晓晴　汪　瑶　王润林　王少波
王绅吉　王　胜　王　胜　王晓东　王晓飞　吴桂珍　吴佳琪　伍方之　武　丹
席鸣岐　肖克勤　肖　涛　修　扬　许象森　闫　寒　杨　帆　杨　浩　杨　鑫
于成龙　翟长胜　张丙煦　张丽君　张　楠　张胜男　张雯雪　张仲炜　赵　琦
赵　谦　郑小宇　郑志超　钟未一　周　苗　周鹏飞　周轶星　周永波　朱安琪
朱天玉　祝晓春　宗克国　郭聚贵　任国栋　薛　聪　姚　尧　张晓宁

宪法学与行政法学

王婧琳　王艺惠　韩梦琪　李怡君　刘丽华　马玉洁　商华菲　孙宁宁　王晓萌
王　韫　袁博文　张　思　赵艳楠

民商法学

崔淑雅　韩若冰　胡慧雯　靳丽曼　李晓阳　刘杰勇　刘　旭　刘旭东　刘　政
马源良　起琳娜　秦　希　王尧志　王云锐　王子瑶　夏令炎　张修毅　赵一旭
郑　雯

法律（法学）

陈丽君　陈　璐　仇雪涛　崔静娴　丁泽云　樊　月　冯武莹　高　凤　高天骄
郭华丽　胡田雪　胡文娟　胡雨晖　华逢红　姬　祥　贾　茜　贾宜臻　姜凯月
蒋玉伟　鞠婧玮　鞠文杰　康　鑫　李涵言　李欢欢　李明芳　李文杰　刘　婧
刘　凯　刘　麒　刘润青　刘　杨　刘忠正　路　姗　庞　琪　孙　楠　王　薇
王　宇　熊　成　宿　静　许　靖　许　静　于洪洋　袁关金　张　丽　张　麒
张守菊　张述强　张雁羽　张增波　章元元　赵春阳　赵　娜　周梦凡　周怡欣
邹　敏　李宜洋

法学理论

党　昭　徐　昕　刘伦伦　王嘉禄　王文晗　王亚楠　杨南南　张新语　赵乐贝

法律史

贾彤彤　武晓风

刑法学

柴力甬　韩晓艳　李　婷　罗俊艺　马婧婧　田　雨　杨　笛　郭凯丽

诉讼法学

柴雨润　窦梓菡　胡　雪　姜英超　孙皖竹　张思聪　朱雪红　朱云霄

经济法学

伦　贝　于文菊　张　聪

环境与资源保护法学

邵亚茹

国际法学

陈　静　金言兮　厉潇然　马　洁　王天宇　许万春　袁　铭　周　浩

彭洪达

ODMAA ALTANTULKHUUR

政治学与公共管理学院

公共管理

张成元　殷明璐　曹　薇　查　君　陈　凯　陈作帅　程　飞　崔洁琼　杜金秋
范　超　顾　全　管晓宇　管玉瑶　郭德龙　郭孟珏　郭　擎　韩鲁莎　韩晓旭
郝　文　何玉娇　何圆圆　侯贺森　李　晨　李　焕　李惠赟　李　磊　李　露
李　帅　李延鹏　刘　坤　刘　蔓　刘相蔚　刘　月　刘召晨　卢钰茜　马超群
马　力　马晓美　孟　锴　米　山　牟　珂　乔昱人　邱群群　冉文惠　沈樾芊
唐　金　唐荣涛　王乐天　王仕鹏　王书磊　王小川　王　璇　夏资栋　项在亮
闫　栋　杨丹华　杨　雪　于德源　于海军　张　乔　张胜永　张璇璇　张　莹
张　雨　赵丽玮　郑广聪　周军军　高爱芹　高春华　蒋秀秀　牛方舟　秦　磊
王伟昭　吴昌宁　岳文端　张慧慧　赵魁梁　杨楚楚　张文文　张宗新

国际政治

崔　璨　黄　萍　李雪梅　刘　淼　曲　达　石　敏　孙雪敏　王楷淇　王文杰
魏旭东　于鸿天　赵　琦　朱迪娜
DMITRY BERGOLTSEV　GELEG DAMDINOV　ARTEMII SUSHEV
EKATERINA RADAEVA　KRISTINA BULEYKO
NATALIA STRELTSOVA　KSENIIA TIKHOMIROVA

政治学理论

程　烨　韩荣卿　李　舒　麦凌寒　孟庆琳　王文婷　王迎欣　王　政　阎永丽
颜　茜　杨　萍　衣晓彤　张宏发　左肖文

中共党史

段广旭　刘静茹　邱智平

国际关系

方佳佳　姜　昊　焦　帅　EWOLO AVOULOU JOACHIM
VOLOSHYNA ALINA　MYRNA ALEXANDRA ATYAH
RIEZQA FITRI WANDANSARI　TUMPA PAUL
DIANA KAROLINA BENALCAZAR GALLARDO
MANUEL EDJUARAY DA CUNHA ANTONIO
NURHIDAYATUL AQMAR HJ MORSID
OKOUMBA-SOUKOU KENNY SCOTH
ZABEHULLAH BASHARDOST　JOSHUA DAVID GILMORE
JOSEPH DANIEL AHO　LENA NISHNIANIDZE
PASHMINA SOOMRO　BO DANY

行政管理

高举相　韩　璐　胡文静　黄一倬　姜　铭　李飞飞　李　莎　李魏炜　李卓群
刘　洋　吕　洋　马凤娇　毛启元　秦　浩　孙　蕾　王鹏皓　王　晓　王阳泉
魏丽霞　魏　苒　魏莎莎　吴　玲　杨丹丹　杨冬雪　杨国帅　杨　丽　杨丽娟
杨淑婷　于志康　张红莉　张婧斐　张婧琦　张　璐　张永秀　赵　燕　周　娟
张曼莉

社会保障

田　真　于双奇　张顺峰　周　菲

政治学（统一战线学）

常雪薇　高　杨　耿聪慧　李　艳　亓　洁　辛美君　辛　奕　徐笑丹　周百灵
石钊欣

科学社会主义与国际共产主义运动

高玉霞　余帅军　张　栋

马克思主义学院

马克思主义发展史

韩瑞瑞

马克思主义基本原理

高　越　李　颖　李智慧　袁　龙　周　晓

马克思主义中国化研究

神冒坤　余炳江　高晨晓　解梦晗　宋　超　王婷婷　延廉政　赵远志　周　璇

思想政治教育

荼燕梅　丁腾腾　巩倩倩　黄　敏　李菲菲　李小梅　刘安琳　刘　超　苏　杰
王雪朋　咸友芹　许　娟

中国近现代史基本问题研究

郭云泽

马克思主义理论（高校学生发展指导与学生事务管理）

刘娟娟　宋晓炜

国外马克思主义研究

孟晓平

高等教育研究中心

教育经济与管理

高心可

文学院

汉语言文字学

程宗洋　李　靓　李南依　刘宇佳　潘元秀　肖玉芳　云　帆　张　宸　张晋龙
张丽萍

中国古代文学

宋红玉　曹馨心　陈济川　郭　晗　侯洪震　康　玥　李冉冉　李笑笑　李笑妍
李　杨　刘　璐　刘　欣　秦威威　司若兰　孙美娟　孙　倩　徐永珍　杨　柳
张文婷　赵国英　朱露露　朱　姝

中国现当代文学

冯　文　蔡志娟　李　静　刘志峰　马　芳　田汝晔　仝金鑫　王　舒　尹　璐
袁　典　张华艳　张　健　张智勇　赵思童　SHIN HEEJUNG

比较文学与世界文学

侯文婧　胡韵然　蒋文浩　刘雅伟　沈晓涵　王天乐　张熠儒

文艺学

陈清源　程　雨　冯佳音　郜　珏　公维敏　胡丹丹　黄　敏　惠欣欣　李明杰
刘培文　陆丽桦　潘　馨　石少华　唐　冰　殷登涛　张琳林　张　苗　周品洁
周雨斐　马赜博儿　欧阳枫琳

语言学及应用语言学

李静宇

新闻传播学院

新闻与传播

陈　珂　董　迪　姜开元　李聃扬　李　蓉　梁金凤　梁奕宸　刘　松　刘婷婷
马海燕　马小腾　聂　晨　沈曼怡　宋彤彤　苏　芮　王宫钦　辛　杰　颜文静
虞晓东　赵方方　郑凯闻　周晓楠

新闻学

郑红丽　褚肖依　郭孟媛　何艳艳　李佳敏　李新宇　凌莉敏　吕　良　祁道鹏
王冠婷　王　玲　赵　迪　朱　亮

传播学

李　娜　刘　欣　孟淑云　钱　珺　任芳慧　孙艺真　田　诺　王　悦　吴　飞
许翘楚　张俊笑　张翼晖　周　洁

艺术设计

陈　壮　张恒溢

设计学

刘仲明　潘沐阳　张云鹏

国际教育学院

中国语言文学（对外汉语）

姜晓玮　刘竹君　陈　娟　刘苏一　谢婷婷　杨金燕　叶舒阳　张　宇
YOSHIHIRO ARAI

汉语国际教育

华　帝　魏怡冰　张　月　蔡文韬　兰萌萌　南　楠　许本旭　薛梦晨　杨园林
姚钰琪　张　皓　陈　冰　张　晶　张艺馨　YEONKYEONG JEONG
LANNY LEONITA　CHARLES DELALI ADEGAH
AHN HYERIN　BAT-OCHIR ERDENECHIMEG　LYAN DWI NOVITA
KAEWKALONG TITIWORADA　MANDAKH LKHAGVADOLGOR
MORDI MARY OSITA　PARK EUNJI　SAKUNRUANGROT AROON
TING YIANN RONG　SANG NGOC NHAN
LEQUEUX ANTOINE　SMETANOVA ALENA

外国语学院

英语语言文学

马志欣　赵　妍　陈　珊　戴　彤　孔雯煜　李　琳　李　璐　李晓萌　李雅芳
李　缘　李　紫　丁　香　刘　静　刘　芮　齐英姿　师丽丹　王凤霞　王美会
王巧巧　王　婷　徐　爽　轩慧芳　杨海英　于腾腾　张　璐　庄　璐　梁　静

日语语言文学

赵　悦　陈雪莲　戈杨喆堃　刘浅之　潘瑶瑶　张若溪　赵一凡

俄语语言文学

邓　驰　范路迪　金　瑶　杨　然　张春玲　张佳丽　周擎擎

德语语言文学

李新凤　卢　昊　王晓宁　周承杏子

亚非语言文学

穆　彪

外国语言学及应用语言学

李秋晨　庞　妮

英语笔译

由明慧　顾　菁　郭　丹　郭静怡　郭　悦　呼亚雯　胡　岨　贾　芮　刘静姝
刘晓彤　邵冉冉　宋瑞雪　王慧静　王靖南　王佩英　王永力　魏桐瑶　吴晓莹
徐梦媛　张凯歌　张亚萍　庄馨丽　刘慧颖　梁巧稚

英语口译

许珊珊　段文惠　何亚洁　刘　健　毛贝贝　史雅洁　王　双　张贝贝　张新苑
赵国江　赵昱辉　自晗越　叶洁萍

艺术学院

音　乐

金羽睿　李越媛　周　敏

艺术学理论

李小琪　耿　帅　牛　苒　王　琦　王　潇　赵雅馨

音乐与舞蹈学

任泓名　田　蕾　王若舟　王　童　肖　露　刘薛甜　边亚晖　倪　萍

美　术

孙兆勇　王　政　闫文清　张　娜　姜　洋

美术学

关　佳

艺术设计

姚依伶

历史文化学院

考古学

马　越　葛利花　贺亚炳　李　思　邵　帅　孙浩然　孙泽娟　王　杰　王钦玄
王思佳　乙海琳　张文涛　朱　滢

中国史

李卫勇　马欣悦　申雄宇　陈　锴　崔文琦　方　允　付宝琦　郭毅敏　何建华
胡猷漳　胡迎迎　黄　静　黄　梁　黄衍鑫　纪　元　季　姣　李纪言　李振林
刘春德　刘江珊　刘钰莹　卢大觐　马胜楠　马淑晨　司家民　司晓明　孙晓彤
田小森　王晋楸　王琳琳　王　玉　邢一平　熊小原　杨　柳　于福祥　张　洁
张凌霄　赵学美　赵　阳

世界史

李娅婷　李康利　孙晓光　王亚萍　VIKTORIIA KUVSHINOVA

管理科学与工程（文化产业管理）

王富林　高原青　马瑞龙　王伟林　苑泓丽　周恋榕　PARK BOMIN

档案学

李思瑶　郭慧玲　郭　旭　雷贺羽　李胜文　李星玥　刘梦嘉　向怡泓　许文迪
张佳欣　张灵慧

文物与博物馆

陈成章　付红旭　高亚琪　黄恋茹　马　馨　孟庆蛟　裴　雪　蒲珅杉　师艳明
宋　霄　王红英　于筱筝　袁　超　张　飞　赵泽聪　郑　商

数学学院

应用数学

高小斐　郭剑波　刘宸汁　王　甜　杨晓梅

基础数学

于方塬　陈　婷　焦鸿儒　刘廷廷　刘　文　聂宏印　权思思　王媛媛　王　月
吴旭恒　武　双　徐培秋　张婉君　赵泽宇

计算数学

姜　茜　邓　拓　李　霁　仝湘媛　王　锦　闫勇伦　张智广　周世平

概率论与数理统计

洪志伟　李　敏　刘怡彤　宋铁凡　徐宝春　袁金铭　张　宇

运筹学与控制论

邢　飞　代天骄　巩金秋　贾　森　刘　聪　张静怡　张　祯　朱　硕　欧阳前程

数学（信息安全）

杜　娟　葛鹏飞　杨晨鹤　叶　晨　袁　泉　张梦媛　邹晶丹

数学（金融数学与金融工程）

郝志慧　胡　锐　黄贤超　李　杨　许美佳　许美莹　颜　翀

系统理论

朱蓉艳

统计学

成　可　董　迪　高姣姣　李树阳　孙　鑫　田　冰　王　凯　谢依依　张　璇
朱佳俊　司圃旭　王嘉欣

金融研究院

概率论与数理统计

付　泉　李正伟　吕境哲　时丽娜　宋媛媛　郭　杨

数学（金融数学与金融工程）

董　畅　李沛然　牛清影　苏梦然　张　佳　张　帅　张潇月

金融学

李道成　孙钰斐

统计学

刘　恋　满成剑　吴　静　张儒成　张文秀　张献迅　张雅倩　张　莹　赵晓晴

应用统计

郑祥瑞　曹　昱　陈　瑾　陈柯如　崔允霞　董俊生　范鸿宇　方叶彤　冯玉茹
刘　畅　刘恺霖　刘龙凤　陶丙德　王文星　郇文慧　张　灿　朱亦农　邹京晶

物理学院

凝聚态物理

艾号强　卞洛珍　陈宇飞　董衍茹　李　娜　卢世阳　司金如　孙　雪　王佳敏
尉益宁　臧如雪　张鑫森　赵寅睿

光　学

李洪斌　刘希琛　张欣桐

微电子学与固体电子学

刘　东　刘　沙　吕承锟

粒子物理与原子核物理

刘　印

声　学

赵亚囡

材料物理与化学

王雅飞

化学与化工学院

无机化学

李成龙　白晓梦　曹彦秀　丁晓彤　李海宁　李倩楠　李珊珊　李云杰　梁　凤
刘佳伟　苏艳敏　王秀玲　徐　珺　张　璟　张倩倩　孙　旭

分析化学

孙冲梅　崔荣伟　关　琪　潘秀姣　荣　幸　王　芳　王荣荣　王　帅　王泽华
杨丽琼　袁晓如　张　芳

有机化学

曹　敏　戴　朕　刘地宏　栾天翔　任士帅　宋婷婷　辛晓东　杨振楠　赵正华

物理化学

姚傲男　白　洁　陈　思　付佳莉　郭璐璇　郭晓彤　郝夏帆　郝亚南　李　康
李雪媛　马　慧　马晓丽　满月错　裴洪艳　宋秀芳　隋海燕　薛　萍　于　倩

翟天华　李　挺

高分子化学与物理

程　阳　孙贵宝　武素盼　杨金云　杨晓茹

化学工程

于小梦　宋圣晗　孙露露　冯春明　耿宏坤　胡润涛　华梦男　姜红蕊　梁可可
林亚玲　鹿　洁　吕　程　么建平　牛亚迪　孙冠男　孙　伟　唐瑞鹏　王茂鑫
王昱栋　温　凯　夏聪欣　杨振敏　于美杰　张红岩　张雪洁　张延芳　周欣欣
牛德闯　邵旭东

化学工艺

孙宏骞

应用化学

高梦辉　刘晶琛　王瑞雪　张翠玲　张秀梅

工业催化

崔　超

材料物理与化学

曹庆贺　高宗朋　姜宝来　孙瑞雪　唐少雄

微电子学院

微电子学与固体电子学

刘雅璇　王延庆

集成电路工程

陈　洋　李天庆　孟　云　沈绿杨　许　萌

生命科学学院

发育生物学

高晓桐　康　央　李　伟　李裕龙　刘媛媛　陆陈晨　齐　琦　严灵杰

植物学

韩梦琦　刘祥政　刘潇颖　刘　扬　史建军　孙瑞琪　王晓婉　杨方圆

动物学

霍利杰

遗传学

刘兴凤　王　丽　王亚男　朱国庆

细胞生物学

曹士凯　陈　烨　房琳琳　韩贤菁　景　颖　孔芳芳　李　靖　刘晓丹　马桂林
史菲菲　苏　鑫　王广令　吴郭杰　姚玉娟　张梦迪

生物化学与分子生物学

刁梦奇　郭宁宁　何中华　刘　静

生态学

白丰桦　甘文浩　郭　璇　韩　静　刘明磊　吴　盼

生物工程

田　特　曹立东　郭志强　李乐乐　李　潇　刘　璐　刘艺伟　刘兆善　栾庆玲
王　慧　王倩楠　徐　磊　张欠欠　张　颖　周　杰

信息科学与工程学院

光学工程

贾晨阳　焦　月　解宇磊　李大振　李凯凯　李晓芳　刘丙海　刘丽杰　刘新阳
毛家琦　钱启璋　宋浩男　张　学　赵同磊　宫卫华　胡琼宇　李文睿　史吉超
汪梦瑶　王丽丽　王燕档　阎正宇　朱吉男

电子与通信工程

曹艳坤　曾天亮　陈　敏　丁雪雯　董梦娇　董亚男　高书芹　龚　舒　韩冬雪
韩　钰　郝思敏　侯晓莹　冀先朋　靳　丽　孔祥茂　李菲菲　李明瑞　刘亚楠
彭美璇　施君宇　宋绪靖　孙　楠　王　涛　徐　宝　徐　威　徐　正　王维超

电子科学与技术

冯　佩　李利娟　李梦华　李　响　吕玲玉　马福帅　任启蒙　孙银霞　王紫莹
杨文静　尹胜涛　张　城　张　森　张云倩　程　浩

集成电路工程

杜保臻　宫玉昕　焦德晓　冷泽伟　刘连鹿　王　铮　姚春梅

信息与通信工程

程　琦　贺黎恒　胡晓倩　李德文　李浩东　李　杰　李　琪　李　兴　刘玉鹏
马甜甜　秦云瑞　任柄安　任倩慧　任　亿　史文惠　孙卫卫　王　博　王艳艳
王　玥　许晓文　闫　宁　杨钰倩　于倩蕾　余忠艺　袁　畅　翟　启　张翠翠
赵鹏杰　朱雪娜　朱耀文

晶体材料研究所

无机化学

徐郑灏　丁　喆　范永军　何琳涛　李　丽　李迎仙　吕　松　秦　笑　宋杰武
孙蕾蕾　闫莉莉　张冬冬　张　鹏　郑瑞津

材料物理与化学

柳林涛　禹在在

材料学

韩　冰　车智江　高存远　管子涵　姜　超　焦亚晨　兰海潮　李晨宁　李泽坤
潘佳宝　王增昊　翟慧珊　张鼎超　郑海龙

国家糖工程技术研究中心

分析化学

王聪聪　杨济源　于萌琪

有机化学

崔瞳晓　雷　娜　诸葛伟伟

细胞生物学

李俊鸽

生物化学与分子生物学

关靖雯　黄晓妍　李润润　李银萍　栗　敏　马忠轩　潘云军

生物工程

丁大海　李瑶瑶　桑迎春　王丹丹　王延辉　王振东　夏　慧　徐佳迪　杨志芳
姚行浩　周　丁

环境科学与工程学院

环境科学与工程

毕梦娇 陈永亮 陈月冬 程淑华 杜丽丽 高思晨 郭蓓蓓 郭 颖 韩登程
郝晋伟 贾晨号 李 静 刘 恒 刘晓伟 罗远霞 秦 敏 邵莹莹 沈友豪
石艳春 孙志强 王馨蕾 王子阳 杨冬璐 臧亚楠 张 景 张 练 张 洵
张昭阳 郑旭阳 杨诗慧 HAFIZ ADEEL AHMAD

环境工程

仇胜萌 杜淑娟 范梅霞 胡远超 贾甜甜 姜丽萍 晋 童 李建伟 李守秀
刘 鸿 刘晓琳 刘子箫 马建国 邱同同 宋希冉 苏瑞典 孙晓东 王丽莎
王路瑶 王晓东 姚国庆 于佳民 于师昆 喻 豪 岳仍宇 张 力 张 娜
张莎莎 张珊珊 张生荣 张烁烁 赵肖肖 赵 玉 周 帅 王付栋

环境研究院

环境科学与工程

鲍 雷 陈 浩 陈金峰 李峻瑶 李 珂 雒园园 苗永君 王小丹 王一宇
王园园 吴 琳 杨怡潇 易雅谊 张博伟 张浩杰 张浩哲 张 鑫 张银晓
章涵穹 赵亚楠 郑棚罡 朱建强 朱哲婧 左晨鹏 刘 昆

管理学院

企业管理

曹琳君 丁 敏 冯梓航 宫启隆 姜梦娜 兰鹏璐 李 波 李婷婷 李晓彤
李昱潼 廖 敏 卢姗姗 陆晓雨 马鹏程 孙 艳 田 地 王凯旋 王雪凝
王 哲 吴皞玉 许 艺 杨 洁 于明永 袁 硕 张兰燕 周 宪
POSUWAN NESTCHANOK

审 计

何 琪 史聪聪 王雨晴 徐 瑞 赵小东

工业工程

代纪磊 勾明月 刘建斌 汤正正 杨 超

管理科学与工程

陈 琛 高文倩 韩 雨 贺 珂 李 扬 林琦彤 刘鸿飞 鲁天晓 马冠群

孟韩博　潘友道　孙小晴　汪　涛　熊　磊　张文姬　张晓晖　祝　蕊　窦汝雯
PROMUPSORN WATTANAKARUNYAPAS

会计学

董若翾　韩　丹　纪虹宇　江红玲　李京伟　刘晶晶　刘　芃　王卓君　熊宗惠
薛铃沄　闫晓媛　周　彤

旅游管理

迟红蕾　楚美雅　黄楷伊　林亚楠　王一如　魏　虹　袭　威
BAUMAN NATALIIA　SUKANYA LIMSAKUL　IHNATOLIOVA LUCIE°

会　计

李　娴　刘亭妤　蔡睿博　崔　秦　丁　冰　丁晓含　冯兰时　贾　楠　贾　哲
李　晶　李晓晗　李　彦　李　煜　梁　潇　刘见敏　刘　杰　刘萌宇　刘　淼
刘　晓　刘雅奇　刘章潇　马　宇　毛静言　邵　越　史文静　宋玉平　孙艺玮
田坤行　万宇轩　王路希　王小楠　王晓阳　王秀明　王　叙　西云欣　徐　磊
于熹梦　张　珊　张泽文　周晓晴　刘华英

工程管理

姜　森　孙　超　杨瑞泽　张盛敏　郝飞翔　李　哲　岳彩阳　朱作慧

图书情报

迟雅楠　戴　吉　宋丰凯　王平利　王　振

项目管理

NAFISSATOU SOUARE　NAFEESAH ABDULLATEEF
JACKSON DAWSON KATENDELE
MONIR OMER MOHAMEDALI MOHAMEDELHUSSEIN
SAMI MOHAMMED AHMED GHANEM　KHALIL WAJID
KHAWAR AHMED KHAN　SAFWAN FAHMI MOHAMMED WAHHAS
KEBEDE FESSEHA WORKU　TESFAY FISHA NGUSE
MUHAMMAD HASSAAN　MARYUM SAJID　MD RASHEDUZZAMAN
ETIM OKON INIEKUNG　BRITTANY MARIE HOPPE
NUMAN KHAN AFRIDI　YOUSUF NAZIR　SHAIF NOOR
MUATH MOHAMMED ALI ALGOMAIE
ABDULRAHMAN NASR GHALEB MOHAMMED　JOSEPH DONKOR
ANWAR HOSSEN　OSAMAH MOHAMMED ABDULLAH AL-NAQEB
SEHAM ABDULLAH HEZAM AL-MATARI

MAMADOU BAH　MARIEME AMITH FALL
NAGBE ALPHA　ABELLA GOURAR
MAROA AHMED MOHAMMED ABDULQADER SHAWLAQ

市场营销

杜立婷　李　倩　刘雨萌　秦　晓　杨　娟　殷佳佳

儒学高等研究院

中国哲学

蔡　杰　曾　燚　崔艳娟　乐晓旭　李晋阳　李　伟　刘飞飞　佟雨恒　文競萱
吴媛媛　吴越强　张　贝　张宁璐

民俗学

郭寒冰　李　娟　李小真　任倩倩　温玉多　谢梦珠　杨心恬

科学技术哲学

董　海　何刚刚　尤一菲

文艺学

雷作安　刘鑫鹏　杨来来　于秋漪　张天棋

汉语言文字学

范　晴　朱祎祺

中国古典文献学

范　洁　谷玲玲　江　江　龙　朔　曲娟娟　任小叶　邵琰婷　宋雅娴　王成厚
王国婧　王　娜　王荣煜　张恩标　张玉婷　周　玲

中国古代文学

金莎莎　裴苏皖　孙小潭　王冰雅　尹思琦　于　倩　张其秀　张雨霏

中国语言文学（中国民间文学）

李　思　骆晨茜　马竹君

中国史

韩博韬　曹　岩　董彩云　何瑞东　刘玉茹　罗庆佳　齐宁阳　王开丽　王　茜
张　惠　张修兰

材料科学与工程学院

材料工程

王　宁　安永灵　安仲鑫　包瑞君　陈美玲　陈素素　房　征　高希成　桂喜雨
郭　晶　韩建勋　贺晓龙　胡颐华　黄浩硕　惠志城　江春丽　蒋冠众　焦　枫
景　然　孔　剑　李晓敏　李孝露　李增强　李长安　刘　帅　刘　涛　刘　鑫
刘　铮　路瑞佼　毛晶晶　毛兴晨　孟　迪　潘长东　屈云鹏　瞿　策　宋远超
隋佳丽　隋　杨　孙振亚　王泉明　王亚洁　王祯斌　王志超　温永策　武俊飞
武玉琳　谢胜坤　邢长健　许晓晗　闫广远　杨　英　尹　锐　尤书鑫　翟艳杰
张　成　张梦洁　张　明　张钦昊　张昕萌　张　杨　张宜良　张　远　赵亚茹
刘慧莹

材料科学与工程

宋忆宁　柏　涛　鲍恩成　步真霞　陈靖桦　陈祥菊　陈　永　程　龙　崔玉佳
丁明琦　冯杰杰　冯　潇　付善龙　郭云月　韩治坤　郝旭霞　洪　洋　侯　越
黄朝晖　贾堡馨　李　冰　李超凡　李寒冰　李红宇　李禄斌　李亚男　李玉强
李振阳　梁孟超　林鸿辉　刘贝贝　刘　玉　刘镇镇　路　璐　路　骁　罗　冰
罗法魁　蒲　泽　任杏非　孙启迪　孙维燕　孙兴辰　孙煦茹　孙　瑜　田伟宏
王军长　王伟国　王祥营　温明月　郗　翀　谢冰莹　许庆飞　杨　帆　杨　行
张庆友　张书璇　张显龙　张亚男　赵　雯　赵　毅　赵宇鹏　欧阳天虹

热科学与工程研究中心

动力工程及工程热物理

柴小明　陈增桥　侯兰雅　刘凯迪　刘祎玲　马　冲　孙智浩　王靖晨　薛洪涛
俞逸杰　张俊凯　赵　毅　马宇辉

机械工程学院

机械制造及其自动化

张宇磊　胡瑞泽　陈　杰　陈时光　陈　涛　侯冠明　侯　鑫　黄贤通　李璐丽
李仕浩　刘　笑　吕沃耘　牛佳慧　彭扬翔　任　冰　桑　迪　孙蓬勃　孙一航
田　昆　万志坚　王　伟　魏　鑫　吴得宝　于　毅　袁佶鹏　张立保　张珊珊
赵　峰　朱家豪　朱文丹

车辆工程

陈晓晓　房素素　付文超　何　鑫　牛　宁　房佩鸽　侯力文　霍聪聪　魏枫展

刘中正

工业工程

曹　勇　巩高铄　顾承超　李　龙　路　阳　聂玉龙　王　琛　王艳芸　王涌泉
燕同同

工业设计工程

冯　坚　胡志远　唐志斌　朱贵慧

机械电子工程

高鸿志　高文斌　谷雨橦　李创业　柳云鹤　吕宇翔　马晓源　杨　艳　于　哲
张　迪　张建敏　景来钊

机械设计及理论

蔡晨需　李新颖　王　波　王德京　王嘉伟　王亚飞　于　洋　汤又衡

机械工程（机械制造工业工程）

陈　帅　刘浩华　邱钦宇　邵祖光　田再浩　杨得玉　臧志刚　张锐杰　周群海

机械工程（机械产品数字化设计）

韩陆依　李巾杰　孙德鹏　王　超　朱宏伟

化工过程机械

王润堃　贾俊楠　李美婷　刘　宇　万冬冬　袁淑英　程吉锐

设计学

洪诗莹　满孝曼　王雪彤　周　雁

机械工程

田海丹　班传奇　卜　杨　曹　凯　曾世琛　程　锐　丁志彤　窦　蒙　杜宜聪
高　建　韩双玲　蒋东东　金成山　李广伦　李　振　刘方全　刘汉唐　刘婧文
刘伟昊　吕荣基　毛晓雯　潘聚义　潘　睿　彭　鑫　漆　焱　瞿德浩　商建通
沈　琦　孙文政　唐鑫鑫　王　鹏　王　强　王书达　王　腾　王　瑜　王　震
王作山　杨　斌　杨　烨　喻　超　张贵梁　赵守东　赵　阳　周民法　朱先萌
邹　刚　甘海宏　闫本正

能源与动力工程学院

动力工程

陈国斌　陈余祥　董　卉　董　言　高振雷　顾稼炜　郭豪威　韩旭东　户英杰
姜鹏飞　李　琛　李广禄　李国麟　刘　焓　刘羊九　刘智勇　石代龙　孙超颖
孙文昌　田民丽　田叶顺　汪　坤　汪　鑫　王加敏　王　珂　王韦达　王　旭
王一鸣　王云山　温邦耀　宿德欣　徐士尧　徐文杰　徐屹蓝　徐　毅　杨永春
殷纪强　余显晟　张贯虹　张弘韬　张　起　张　鑫　张学骞　张亚鲁　赵哲华
周林林　朱庆武　邹　健

车辆工程

程隆璇　杜潇沛　徐怀民　叶　欢

动力工程及工程热物理

陈小涵　程　旭　丁　凯　范晓倩　冯　普　冯文辰　冯远扬　高　扬　黄　卓
贾文华　孔德宇　李皓鹏　李　昆　李　悦　李　哲　刘丹丹　刘龙飞　刘　璐
刘世伟　刘　岩　刘　志　陆一锋　苗雪冬　阮寅生　尚靖武　师　帅　石吉红
孙文帅　汤弘睿　唐新程　王梅荣　王宜灿　武玉琪　徐　聪　徐天明　许　昌
薛　超　杨　婷　苑　艺　张　鹏　张倩男　张秋双　张宗敏　陈兆友

载运工具运用工程

廉　静　王　浩　钟永昌

电气工程学院

电气工程

陈春龙　陈　凯　陈　楠　陈　瑞　崔　硕　邓敬方　邓兆哲　丁金诚　丁　芃
丁媛媛　段小木　付善强　韩林晓　韩智云　何俊涛　何　山　黄　旭　匡　野
李方晴　李树荣　李熙娟　李　晓　李学聪　李　毅　李　哲　林金涛　卢兆楠
鹿　珂　吕　程　吕海霞　孟晓承　彭鸿昌　乔　梁　申海振　盛亚如　宋　哲
孙梦晨　孙显卓　孙毓婕　唐婧璇　汪新浩　王冠亚　王天翔　王文杰　王一鸣
王泽雄　王　祯　吴　晨　谢季平　谢冉冉　徐　浩　杨志鹏　尹丰钊　于大川
翟潜河　张炳蔚　张程琳　张登旭　张繁斌　张　洁　张开放　张黎明　张　敏
张文竹　张雯芳　张啸宇　张亚琦　张　瑶　张　真　赵　斌　赵　威　赵祥君
郑泽文

电机与电器

杜兴飞　何　航　梁留欢　彭　博　童　涛　王维兵　邢泽智　徐龙江　杨小童

岳增凯　张　鹏　张懿夫

电力系统及其自动化

董　帅　杜子璇　伏传顺　高浩瀚　宫志云　郭　靖　李　昊　李佳鸿　李佳琪
李璐璐　李　倩　李　正　李政男　蔺呈倩　刘　冲　刘科含　刘文文　刘正中
马嘉翼　聂雅馨　彭佩琦　宋长城　滕国钧　王美岩　王盼瑞　王湘女　吴悦华
易　维　尹晓东　尹雪燕　于向华　袁佩然　张　臣　张春磊　张维桐　张　旭
赵鹏辉　曾　钰　高仕林　胡亮亮　黄旭祥　蒋灵通　李文博　李文琳　孙一凡
王公珂　徐　迪　徐家东　弋　豫　赵元春　郑金鑫　周安平　朱长春　邹磊磊
ZAHID JAVID　MANESH KUMAR OCHANI　RIZWAN AHMED
ORLANDO MAURICIO VALAREZO RIVERA

高电压与绝缘技术

陈泰羽　程如功　崔静娴　高垚冲　霍凯旋　贾荣照　李　檀　李祥耀　王家驹
姚竣严

电力电子与电力传动

耿　铮　郝允建　贺　雷　孙惠中　滕昌鹏　王　璠　王　柯　王腾鑫　杨明明
张丰一　张凌菡

电工理论与新技术

曹　雨　丁　彦　韩佳奇　彭博纬　齐　云　宋亚琴　田　靖　王英杰　张爱平
周君民

控制科学与工程学院

控制工程

白帅峰　曾显武　查怀宇　陈　爽　陈祥海　陈远方　程宝旭　邓　捷　丁昌鑫
丁鹏昱　丁为杰　方逸雷　冯建航　顾问鼎　郭仁和　韩明娟　胡安翔　姜雨寒
孔令龙　孔祥龙　李光瑞　李　硕　李秀清　李昭青　李政源　刘　栋　刘洪超
刘　江　刘少鹏　刘　亚　卢　宁　马一凡　欧东璟　任利娟　沈冬冬　司曹龙
孙芸馨　涂振宇　王柏瑞　王淑倩　王文超　王晓静　魏　猛　吴　擎　吴悦晨
辛元昊　邢增宇　轩文龙　杨　帅　郁　豹　翟　宇　张　辰　张大鹏　张浩然
张汇锋　张凯浩　张　珂　张立志　张明瑞　赵　迪　赵　飞　赵宇晴　朱友峰

生物医学工程

尹春燕　胡柏杨　胡文婧　刘玉琳　孙　辉　王　兰　张　坤　张　宇　曾海滨
陈振鑫　林磊同　王丽华　王玉萍　王　悦　吴　聪　张　兆　庄　媛　周天苒

系统分析与集成

白爽冉　张素素

仪器科学与技术

洪明哲　宋　柯　张天鹏

电力电子与电力传动

方浩然　巩嗣钊　匡冀源　刘　琦　齐共新　邱　涵　宋超超

控制科学与工程

郭　凯　邹家祥　白　冰　毕明悦　迟金鑫　戴根林　盖珍荻　侯博翔　贾　浩
李翠萍　李鸿儒　李文静　李　雪　李艺萌　李　泽　刘　炽　刘　茜　刘　强
罗　勇　邵长旭　石小兵　苏学孟　孙铁柱　孙晓红　孙玉杰　谭广艺　汤文君
田　园　王　怀　王　健　王军峰　王鹏昊　王　鑫　王志杰　王梓任　吴晓健
熊　巧　杨杰丽　杨亚宁　于　鑫　张军委　张　凯　张　淼　张　威　张学涛
张勇强　张智勐　赵　月　朱永鑫

交通运输工程

李美影

现代物流研究中心

控制科学与工程（物流工程）

曹伟洁　常友成　陈云霞　韩　星　姜振煜　田　雪　张言松　张云基

土建与水利学院

建筑与土木工程

陈天宇　崔国枝　冯若峰　郭孔灵　郭　帅　李　兵　李　聪　李牧笛　李盛听
刘浩杰　刘　建　刘　锐　刘亚南　潘海洋　随海通　孙国瑞　王世民　吴启龙
夏　腾　辛爱强　胥洪彬　杨红鲁　于雅琳　张学亮　张邑尘　赵　欢　周炳桦

固体力学

刘　刚

工程力学

戴德宣　谢雅娟　许　锋　周亚荣

建筑学

付翘楚　李孟海　牛胜男　唐守朕　于政坤

岩土工程

陈尚远　程　铭　刘　杰　苗雨生

结构工程

白　璐　侯全胜　季可凡　荆倩婧　李　晗　李　阳　李永超　刘锦伟　娄　超
万　志　张　雪　周春霖

水文学及水资源

程雨菲　李锡铜　孟祥磊　张　玺

水土结构工程

何　玥　李　康　马国栋　马梦蝶　马玉骁　明瑞平

道路与铁道工程

崔社强　王忠啸　张　磊

水利工程

崔佳伟　杜欣澄　宫雪亮　刘开印　芦昌兴　童　凯　杨幸子

计算机科学与技术学院

计算机技术

杨伯宇　白　雪　卜　瑞　陈建彬　陈俊庄　陈　奎　豆小彬　范亦涵　高　渠
葛　瑶　韩　冰　黄闯营　姜　芸　林　欢　刘成成　刘慧慧　刘梦迪　刘　越
刘　赟　毛晓伟　秦　东　孙　彬　孙千慧　孙言斐　王　博　王前前　王　乾
王　硕　王天雨　王鉼润　徐　松　许　妍　杨　倩　袁孟林　张福成　张　欢
张继超　张孟南　赵　陆　赵鹏飞　周念梅　周至刚　郝东东

计算机科学与技术

柴宇飞　陈　超　刁晓娜　丁一明　范凯超　冯姝桦　付文静　顾方霖　韩　健
郝　菁　郝岳明　黄甜甜　姜传奇　解雯霖　柯俊明　李材华　李传祥　李　刚
李世清　李　双　李相君　李　壮　梁毓麟　林于杰　刘　洁　刘　瑞　刘珅岐
刘　鑫　柳佳园　梅　磊　钱　鑫　孙达程　王梅瑞　王睿智　王　欣　王妍岩
魏　源　魏运清　吴　波　肖博文　邢　欢　杨　环　尤　瑶　于万金　岳灵茜

张俊华　张良凯　张天雨　张文静　张文婷　赵　超　赵芳华　周　肖　周　扬
李明珠　ABDUL HASEEB　KASHIF SHAHEED

软件工程

栾婷婷　曹益铭　丁　娜　房　琰　高凤毅　蒯　硕　刘晓康　马　可　石　成
史秀涛　徐永超　郑　妙

软件学院

软件工程

陈　晨　陈智智　程　林　崔用芬　贾娜娜　姜润芝　李付梅　李　净　李旭光
李玄龙　李耀坤　梁克楠　刘　霖　刘月灿　刘子宁　裴洪丽　亓国文　钱　宇
邵晓蓓　施汶超　王颢霖　王嘉琪　吴泓邵　吴雅鑫　谢世玲　张　浩　张梦一
张盘龙　张　然　张云峰　张　正　朱新宇　祁　烁

体育学院

体育学

乔　舟　滕　冕　安玉润　郭小玉　胡煜强　卢玉雪　邵程程　尹　洁

体育教学

吴子伟　潘慧茹　刁振宇

运动训练

边通达　张鹏飞　赵丰年

齐鲁医学院

病理学与病理生理学

葛　爽　李海玲　李倩华　孙　悦　谭晓颖　王　倩　吴　震　阴其慧　张国豪

病原生物学

安怡斐　郭瑞婷　贾夏夏　李　亚　沙文超　孙鹏鹏　孙夏慧　郑静怡　周小青

儿科学

刘金龙　刘子琳　孙红林　杜增艳　杜　旭　陈　晓　陈学南　程　序　崔海滨
李　萌　李霄霖　孟康慧　宋媛媛　孙晓炜　田萍萍　王　莉　熊　娜　钟　晴

儿少卫生与妇幼保健学

白茂飞　孙佳丽

耳鼻咽喉科学

李洪蕊　王占旺　刘　芊　马　岩　许　雅　季　炜　王　玥　张　泰　李振江　罗宇星　张永举
EMMERENCEANA NCHAMA MAHULU　OUAYE JASMINE PAMELA

妇产科学

贺婷婷　黄毓非　李文质　刘聪聪　刘立东　吕椿子　苗春影　孙慧慧　王香向　吴倩倩　杨兆杰　张思颖　赵　帅　陈佳钰　陈晶莹　陈　婧　陈君宇　陈婷婷　范延玮　葛汝秀　关晓宇　黄文倩　蒋　琪　金　晶　李　慧　李　晓　刘　超　戚丽萍　王羲尧　胥　燕　杨　瑶　杨　宇　于金习　于永泽　褚　然　段宁雅　高　蕾　巩书梅　郭玉锦　黄茂丹　解　琳　李　霞　刘海玲　吕尚格　马　悦　牛金蕾　任　伟　孙丹丹　谭伊琳　王鹏玲　王　倩　王亦阳　张　倩　张　钦　赵婷婷　朱　琳　李仲瑗　MINATI MALIDE　CHOI FUN SHING GEORGE

公共卫生

韩幸娟　高　瀚　顾建华　韩李臻　侯亚苹　姬　祥　贾俊娥　贾晓娴　康凤玲　李佳蔚　刘　琦　刘姗姗　刘熠华　聂　爽　滕艾颖　王　囡　王珮竹　魏　然　吴秀秀　谢　苏　徐琼琼　徐源佑　羊　柳　杨晓梅　殷晓霖　于鹏鹏　于子航　袁华财　张　静　张　兰　赵　宁　郑文慧　周　苗　蓝恭赛　李　涛　李学志　刘欣婷　刘雅琪　刘　洋　路　睿　罗　强　吕镜如　王楚云　魏冠男　徐　浩　徐志伟　薛世文　ABDUL MAROUF RAOUFI　SYED MOHSIN ALI

公共卫生与预防科学（卫生检验学）

董　祯　傅倩芸　任　娜　付晓峰

护　理

任伟霞　曹翠萍　曹丹凤　陈　雪　郭　敏　胡晓乐　姜惠丽　李宏生　李珊珊　李秀婷　李媛媛　刘晨霞　刘伟伟　柳红娟　吕　梦　吕晓燕　庞建美　彭　雪　孙玉莲　王　伟　王亚菲　王兆秀　肖　伟　许娜娜　翟　静　张　琦　张振美　章笑天　周欣宇

护理学

孟　臻　周麦琳　柴晓慧　冯秀娟　金雅茹　李　萌　梅姣姣　牟焕玉　司华新　王　翠　王丽雯　杨　蓓　杨圆圆　赵　迪　赵　霞　朱杉杉

基础医学（医学心理学）

王艺莱

基础医学（人文医学）

杨玉婵

急诊医学

代　帅　董倩倩　王　征　于洁琼　翟小轩　白桂云　韩　杰　刘瑞婷

精神病与精神卫生学

阚伟京　刘树苗　马坦坦

口腔临床医学

顾　客　韩　琦　韩媛媛　贾婷婷　靳　也　李傲楠　梁乾宇　刘　飞　刘峻青
刘奇博　马小草　乔青芳　苏　展　魏　霆　吴　旋　邢艺晓　尤　柱　张春澍
周　渊　赵　斌

口腔医学

赵鑫钰　陈佩佩　陈　倩　陈　雪　程媛媛　崔金婕　戴　丽　董唯吉　杜　菁
高　远　哈雅楠　贾　璐　柯秀平　李　娜　李子轩　刘少鹏　刘亭松　刘　洋
刘哲男　吕美宜　聂晓琨　齐　鸣　邱纪玲　史　杰　孙文倩　王淑慧　王晓雅
王　晔　吴祖平　西文琼　许香娜　薛润琦　闫圣杰　杨丽丽　于　晴　张馨月
张　岩　赵　斌

劳动卫生与环境卫生学

管敏杰　管强东　郭　浩　黄凤艳　苏本玉　提鑫婧　田竹筠　王俊程　王　琼
张翠琴

老年医学

韩咪咪　徐　梅

临床病理学

郝　原

临床检验诊断学

安　歌　耿　旭　李　晨　李书彤　展　垚　张淑君　赵　瑞　周荣芳　李亚丽
王恬恬　吴　双　张艳美

临床医学（重症医学）

刘爱敏

流行病与卫生统计学

劳家辉　李吉庆　林伟强　刘言玉　柳晓涓　娄小焕　马晓天　潘艳飞　尹　昕
于　涛　郑兆磊　MARLVIN ANEMEY TEWARA

麻醉学

安晓娜　侯　琪　黄琳洁　唐　雯　王润佳　温　爽　杨　晔　龚顺之

免疫学

靳桂媛　孔令丽　梁　燕　彭加丽　王西双　王小羽　张慧颖　张　洁　庄梦玮

皮肤病与性病学

付芳惠　赵　煜　王晓杰　臧　箫　黄　珊　季雪琦　李昕雨　刘　琳　吴晓晖

人体解剖与组织胚胎学

崔东海　崔伟伟　鲁　新　庞坤坤　任　俊　商　月　石晴晴　万　点　王亚南
杨　宁

社会医学与卫生事业管理

王　倩　张新益　朱　静　陈佳林　陈　晴　李　奇　刘世蒙　邵雨辰　王　茜
王同霞　袁林林　张　璐　张　悦　杨玉霞

神经病学

张晶清　黄丽燕　贾　琨　刘煜东　宋超远　许雪碧　张　菁　陈　慧　陈志超
崔晓晨　何雨茜　李瑞华　王　晖　王文卿　魏传乔　张　楠　张晓婷　郭丹丹
金　亮　马晓宇　苏永鑫　苏　源　吴怀宽　郑　睿　周　杨　李袁婧　卢　璐

生理学

罗　丹　齐海博　宋其其　辛丹清　于　欣

生物化学与分子生物学

郭璐璐　郭盛超　马存英　孙凯月　孙启超　王　倩　张睿昊　张　英

生药学

胡水瑶　李妍茹

微生物与生化药学

金毅明　孟丹华　田伟路　王婷婷　吴季栩　张成盈　孙　莹　赵雅萍

细胞生物学

李丹阳　王莉红　夏　渊　张娇娇

眼科学

葛　芳　王晶晶　黄　鑫　梁倩倩　孙丽媛　王琳梦　张焕开　杨庭骅

药剂学

古自力　胡　旭　梁　爽　庞秀萍　孙思雨　吴继莲　朱艺馨

药理学

任丹丹　郭　兴　王晓赟　王伊萌　闫绍琪　张亚楠　朱家庆　党一凡　巩福莲
姜晓宁　张　宇

药物分析学

杨利军　董思晶

药物化学

陈　晨　程锡强　董俊泽　龚亚平　顾新杰　洪仁元　李臻臻　刘　攀　刘统申
刘志阳　吕明君　武高禅　闫崇政　周　欣　SAMUEL DESTA GUMA

药　学

白金卓　卜亚茹　蔡小康　蔡兆阳　陈　颜　崔媛媛　戴长浩　范晟华　封秀丽
高玲玲　郝燕云　贺美莲　胡超羽　姜文文　蒋　伟　黎　婷　李憬昱　李　谦
李　蕊　李天红　李　悦　刘美霞　刘瑞玲　刘小钰　栾小艺　吕　畅　吕佳徽
石崇灯　孙卓森　汤博皓　吴云飞　徐　峰　尹志成　俞　霁　张芳芳　张华然
张秋琼　张思颖　张晓双　张晓玉　张嘉茜

药学（临床药学）

宫　颖

药学（免疫药物学）

方可可　沈文姝　赵雪梅　李　蕾

天然药物化学

陈吉宁　代立平　高　云　刘　焱　倪　荣　宋　薇　王金霞　王珊珊　王　瑀

袁方玉　张春阳　张　玲

药学（制药工程学）

李丹阳　孙钟毓

遗传学

陈忠发　段禹尧　陆世华　田　菲　王宇星　魏世君　杨婷婷　左　丹

营养与食品卫生学

蔡云汐

影像医学与核医学

刘伟伟　田迷迷　于鑫鑫　张田园　刘玲尉　曹丕坤　韩言秀　李　琪　刘华秀
刘子豪　王　红　王希恒　王艺璇　张海青　张　静

制药工程

程慧玲　胡雪芳　刘晶晶

肿瘤学

孙亦挺　王世龙　张志慧　车柯颖　胡明涛　吕雪彤　马淑真　钱梦君　沈景艺
苏晓晔　孙　爽　孙　颖　谈月清　王　越　徐　菁　徐一月　杨宇帆　张晓宇
傅方萌　高常彤　金　晶　李煜铭　孟洪讷　石志强　孙　琳　王　琳　辛　梦
徐　磊　杨文敬　张　方　赵泽毅　郭　燚　高宇静

康复医学与理疗学

赵宝珠　高冬梅　宋沙沙

全科医学

李　翠

内科学

张　舟　袭雪娇　陈琳琳　聂　牧　郭丽敏　李建华　谭佳钰　王雪晴　薛　飞
于诗然　代一伯　杨　琳　艾　欣　李　硕　刘小霞　王　聪　吴　楠　孟冬筱
吴晨思　宋　佳　王金榜　英　慧　赵　颖　邹伊舟　邹志伟　王子阳　高丕雪
董媛媛　冯邦哲　荆小马　李家睿　李燕新　马如超　孙　影　王胜会　张　洁
张业欣　孙有海　王喜梅　程小韵　邓启明　樊幼君　顾娇阳　郭思怡　韩晓琳
何　搏　呼双敏　贾　旭　李肖苇　李　悦　刘安俐　刘　强　娄　阳　曲俊彦
宋佳文　孙菲菲　孙枫岚　谭晓琳　王　涵　王彤钰　王亚丽　王　莹　吴忆帆

续　玥　杨笑笑　尹腾飞　赵　朗　赵梦霞　陈吉彬　韩　爽　胡伯昂　姜　珊
茹　铭　尚　志　盛媛媛　孙亚男　王倩倩　颜森波　姚桂翔　于　臻　翟艳杰
张传鑫　张　帅　赵庆燕　赵亚超　王　炎　郇春苗　杨丹丹　朱伟伟　曹　可
崔园园　解立旭　孙媛媛　王秀秀　许　芸　郝娇荣　孟一腾　沙　硕　孙岳婷
王君珂　王美倩　杨卓鑫　赵凝慧　杜婷婷　韩　芳　李　萍　刘文平　刘晓明
王芳芳　王　宁　徐　蓝　张冬梅　张莹莹　钟　芳　周晓聪　李　慧　王诗远
吴飞飞　于奎鹏　张亚萍　卓　豪　高　林　郭　悦　张冠优　高月明　郭　伟
任　婧　肖鹏波　李　佳　杨　慧　郭文娟　侯　琳
NAKIB UL ALAM　　DICKSON ATHANASIO MINJA
JAFFAR SIMAI PANDU　　ABDI-SAMAD ABDI ALI

外科学

徐为华　孙明杰　张汶虎　张佳辰　杜　昊　刘　瑶　刘　颖　栾　娜　桑雨廷
杨光升　张　鹏　李洪飞　孙天童　狄　钰　张建烨　赵宏达　范江江　公孙鑫
陈秀洋　杨春雷　范磊磊　张亚运　陈虹霖　崔怀平　段志宸　高兴帅　胡佳林
胡佳蓉　江　杭　姜烨容　孔　都　赖　斌　李风周　李凤娇　李昊元　李惠云
李锦章　李　丽　李羿鑫　李泽岩　刘仁洋　刘雪峰　罗　力　马永灵　潘长瑜
齐　浩　任善武　尚宏伟　施彬垚　王聪聪　王　皓　王璐颖　王适雨　王　喆
吴志南　夏阳阳　辛钟伟　徐　帅　徐　鑫　薛　诚　严海晨　于　猛　余　萌
岳冰清　张保良　张恩浩　张　昊　张梦晨　张明晓　张世民　赵恩生　周　欢
朱惠邦　蔡腾飞　董　浩　姜政辰　李　健　刘　冰　刘增利　陆寰宇　路永衢
邵　林　魏玉华　杨春成　周　伟　朱芯平　曹建康　陈长军　池　海　仇道迪
郭　询　贾　斐　李　慈　梁　霄　毛　奕　王　乐　王利民　王少毅　王　翕
周　鑫　朱　亚　高华宇　高　泽　陆　赛　陆思思　逯小飞　舒彦涛　宋道庆
孙卓伦　王立成　王学胜　王振青　徐世豪　郑冀鲁　韩　辉　刘　通　苗惠凯
宋　剑　王　琦　董绪帅　郭　赛　韩　超　李柏延　李复生　李中刚　邵方臣
王明明　杨俊华　曹　毅　顾　达　李　艳　包　凯　宫红敏　郭龙飞　刘淑敏
于晓阳　桑尊孟　许志合　SALMA JUMA ALI　甫尔瓦·才仁

神经生物学

滕帅文

计算医学

张　琪

中西医结合临床

张　喜

海洋研究院

环境科学与工程

贾民娟　于　浩　朱志林

物理化学

杜　鹏　赵菲菲

生物学

李晶晶　王世浩　张行坤　钟　帅

机械制造及其自动化

贺彤彤　侯云星　刘梦超　吴瀚峻　薛海峰

检测技术与自动化装置

王　凯　王　澍

山东大学（威海）

药物化学

郭晴晴　贾晴晴　卢相成　鲁文玉　彭爱红　王　巍

微生物与生化药学

郭　超　马家惠　徐藜栩

艺术设计

白　暖　姜　姗　刘国庆　刘　可　刘杨子

音乐与舞蹈学

王子毓

美术学

曹春雨　冯柳莺　李若琳　孙运启　王安琦

设计学

梁淦明

音　乐

侯发荣　王伟舟　王　琨　张玮茜

舞　蹈

艾明旭　李飞扬　刘　鑫　孙蕾婷　吴晓昊

美　术

方智慧　连　琳　潘亚琼　郑梦蝶

财政学

陈家宝　陈丝雨　刘胡皓　王　惠　王可夏

产业经济学

安　超　丁　进　孔亚丽　刘　洋　千晓莉　魏苗苗　张　琪　王增欣

劳动经济学

侯云霞　杨馥萍

工程管理

李一萍　董祎颖　李晓婧　宋　琳　隋　静　孙文文　王电超　王怀国　王婷婷
相　波　杨浩志　叶青松　于　惠　张　驰　张学进　崔喜凯　王春鹏　徐　越
韩　帅

会　计

刘　玲　刘晓红　罗　昕　吕晞雯　戚品晗　祁亚楠　宋倩文　王雨颖　韦　斌
徐佳琳　于荟萃　岳宗寒　刘晓彤　吕　敏　马婉璐　王　琳　徐彩红　张恩坤

金　融

柏安宁　陈　倩　程　妍　丛仲花　崔静欣　郭慧敏　黄艳华　纪　翔　李　凡
刘思玢　刘　源　马凤鸣　睢曼曼　孙任飞　王　璐　王　泰　王晓琳　王晓旭
吴菲阳　冯彩霞

西方经济学

侯欣怡　刘学帅　问　宇　周东星

法学理论

高曼宁　刘　宁　王艺雅　乌日力嘎

刑法学

兰　倩　卢　叶　裴晓倩　王志鹏　张文烨　邹汶洋

民商法学

王　楠　高丽鹏　李　鼎　宋学冉　王金雨　朱聪瑶

思想政治教育

张　晨　毕净垠　陈　博　姜嘉欣　冷姣仪　梁　玉　彭宇宁　衣安琪

法律（非法学）

刘　玮　陈禹衡　范　鑫　高润泽　顾忠观　贾宗非　李彩金　李志鹏　庞学硕
汪亚文　邢丽芝　薛晶晶　游　权　俞琳娜　张煜琳　赵子莹　周　杰　李　聪

法律（法学）

冯　雪　郭　静　吕晓阳　任　民　韦福林　张　楠　张艺馨　郭昌玉

生物工程

常亚奇　韩　冷　娄丹丹　莫新民　任一丹　王　冲　王绪婷　许潇冉　于文静
岳　珍　张　娥　张　凡　赵家立　郑庆轩

电子与通信工程

程　伟　郭丹丹　韩　贺　蒋翔宇　孔胜超　李贺绩　罗思凡　莫　洋　沈　鑫
孙悟颉　王　莹　赵　晨　王　佳　王明燕

控制工程

陈昌硕　高文健　李　民　李　昕　刘　帅

计算机技术

郭本伟

通信与信息系统

任汉付　张　增

语言学及应用语言学

张　曼　朱刘敏　陈倩雯　李学娇　徐玮琳　殷彦明　邓利洁

中国现当代文学

曹　前　陈　思　陈　雯　罗茜晖　邱凌雁　徐　珂　周玉城　高　瑜

比较文学与世界文学

刘雅麒　郦文华　钱淑雅　杨潇仪

英语语言文学

崔玉莹　丁　静　付海玉　胡晓青　唐靓嫱　朱慧超

亚非语言文学

管　亮　王　晴　祝　凤

新闻学

曹雅婷　顾明正　郭　洁　徐鑫馨　张　进　张亚楠

英语笔译

陈艺帆　解逸群　刘　怡　钱文琴　宋怀岳　温　琪　吴天元　殷恩惠

朝鲜语口译

卞倩玉　陈　斌　刘江楠　柳美燕　徐　展　杨鲁娜　周琪琪　朱益双
YUN TAESEOK　JO YEONSEO

基础数学

黄　坤　刘志文　徐亚飞　赵　蕊

运筹学与控制论

焦　棚　马　悦　张　鹏

物理学

陈超鑫　高　颖　韩星池　邵　曦　肖　骁　郑敏嘉

空间物理学

毕向宇　冯梓航　刘　通　曹海军　靳欢欢　李默闻　王蒙蒙　周珊羽

微生物学

贺瑞含　李昌明　王南南　王肖慢

海洋生物技术

王露洁　闫　洋　张永坤

生态学

邓文浩　李美慧　孙慧媚　赵奉熙

机械制造及其自动化

曹　可　邓世辉　韩凌云　韩宇珍　孔黄海　李德志　魏志远　邬德峰　张云粮

材料科学与工程

察兴建　邵鹏程　孙向威　王鹏飞　薛其森　杨欢欢　张泽群

电路与系统

闫宏博

微电子与固体电子学

李治玥　杨波波

信息与通讯工程

刘康旭　刘晓潇　熊文硕　张志　宗志凯　邹玉娇

马克思主义中国化研究

王　全　温　东

控制科学与工程

曹　勇　方　兴　李启鹏　刘昌峰　刘钱源　南献茹　闫梦鸽　张霄峰　张晓雪

计算机科学与技术

常爱馨　龚　庆　姜高宇　孔汉章　李丽君　满美麟　王荣生　张　波

机械工程

白华伟　陈子昂　杜良娟　韩　数　韩　硕　何淑垒　贾丽静　刘　伟　年显勃
任晨亮　夏欣欣　杨润青　张金山

企业管理

郭　敏　黄　超　雷婷婷　刘章川　沈慧婷　佟海燕　万裴蕾　王新奇　王　鑫
徐毛毛　KWEON MINJI

行政管理

孙鲁霞　陈欢欢　高文杰　黄雯菁　李　芳　王亚琼　张　菲　张　敬　曾　乾

徐元杰

MBA 中心

工商管理

房纯洁　高建桐　李 楠　刘金程　宋拂晓　魏磊磊　张永辉　曹亚男　郭树艳
韩礼涛　雷文娜　刘守会　宋 瑞　杨 凡　姚 旻　韩 洲　刘 政　宋巧真
肖钰龙　寻 伟　陈 静　李 科　许石宝　麻雪梅　安梓郡　白 洁　毕文斐
陈 楠　陈为梅　崔 越　邓少治　杜 超　房 永　高露曦　耿 鹏　贺凌峰
侯 哲　扈玉洁　贾建乐　姜 丽　蒋红升　靖 宇　李 博　李昌盛　李淑芳
李旖旎　李泳璇　林志雷　刘冰帆　刘 兵　刘 超　刘 聪　刘东亮　刘风芹
刘 洁　刘 攀　刘 蕊　刘 瑞　刘 坦　刘铁铮　刘卫华　刘文博　刘文沙
刘 雯　刘亚文　刘业刚　刘 铮　罗雅婷　罗艳青　吕飞龙　吕焕莉　吕艳秋
马素雷　闵 婕　牟乐海　南琳琳　潘成龙　潘 霄　潘 雪　彭友峰　亓 凯
秦家君　渠慧琳　曲晓晓　任广艳　任丽威　任 倩　邵 帅　宋国强　苏童童
苏 伟　隋一波　孙清照　孙斯恒　孙潇洋　孙业宗　孙玉龙　谭姣月　汤晓辰
田 硕　万文娟　王光辉　王海滨　王海杞　王海伟　王 昆　王 鑫　王 悦
王 曌　魏才翔　徐方苓　薛 琳　于 淼　袁贺辰　袁 帅　翟卉婷　张 超
张 春　张慧洁　张军勇　张凯旋　张 琳　张珊珊　张天瀛　张 鑫　张雪凝
张 洋　张志涛　赵瑞阳　程 斌　迟晓梅　杜恩光　樊儁利　葛 磊　何 川
胡博文　金 莉　李红蕾　李 俊　李 玥　连金祥　梁经纬　刘振宇　明兆祥
宋亮亮　孙亚飞　王吉宁　王 茗　吴纯洁　武 玫　许 睿　于德一　于 涛
张 婕　张文波　张晓帆　张 哲　周昱彤　胡世展　么 化　王 锋　刘泽星
王燕龙　吴志平　余 燕　张爱燕　宋 震　张瑞锋　赵 源　高 彩　郭丽珍
马灿霞　赵秋一　朱 寅　姚炳茜　常晓彤　陈 腾　程中帅　戴 文　董 璐
范玉栓　何孟杰　何瑶卿　胡锦程　贾子龙　姜婧杰　孔文倩　李 阳　刘 灿
刘方林　刘海云　吕延涛　马 松　马晓宇　马宇盟　彭家旺　时 光　孙 晶
王春龙　王 平　王玉荷　王云杰　隗亚男　魏阳光　席 昕　胥维真　于 慧
于小飞　张诚诚　张小剑　张云霞　赵 培　郑晓龙　周 童　成 威　韩 涛
焦旭丽　李 阳　马 强　邵 彬　田亚萍　王纪飞　阴 朋　陈 阵　黄威栋
屠一凡　成 云　赵 婧　谢 笛

文化遗产研究院

考古学

柏哲人　刘宇林　周柳君

微生物技术研究院

微生物学

曹燕仃　崔庆文　崔庆宇　戴　琳　段秋月　郭晓婷　黄　昊　晋喜涛　李贵福
李红红　李亚轻　刘宁华　刘如欣　刘晓彤　刘亚楠　马亚楠　牟颖丽　宋玉龙
苏　宁　孙鹤敏　孙琳琳　田震楠　王曼曼　王新圆　王　悦　王　征　未建华
杨义瑞　张　峰　张焕云　张紫茜　钟　晴　朱见深　刘　慧　王蓉水

生物化学与分子生物学

杜　娇　韩小云　张　坤

生物物理学

何　静

发酵工程

马含月

生物工程

冯法旭　高　娜　郭玉晓　蒋　新　李　阳　栗利娟　蔺春茂　刘　洋　孟庆云
牛苏昊　牛亚平　苏亚茹　王　龙　王胜丹　严金鑫　杨　舟　张　秀

前沿交叉科学青岛研究院

粒子物理与原子核物理

隋风飞　王豪豪

齐鲁交通学院

岩土工程

董振兴　耿　哲　刘佳琪　陆小蕊　栾英成　王曼灵　徐　辉　张崇民

桥梁与隧道工程

刘振华

道路与铁道工程

刘相阳　刘阳宇东　卢　青　孙春阳　孙梦林　孙明皓　田长进

交通运输规划与管理

高雪松

建筑与土木工程

秦 乾　陈 奇　董 行　房忠栋　高 斌　高 楠　李明江　刘春阳　刘胜杰
刘 源　秦承帅　史培贺　孙延利　田斌华　万立尧　王厚同　王 琳　谢肖坤
许英东　闫章程　张靖宇　张 琦　张 硕　张玉强

博士毕业生名单

哲学与社会发展学院

中国哲学

马　慧　于江波　卜章敏　杨　静　陈凤英

外国哲学

许　欢　王海英

宗教学

任一超

社会保障

赵　静　王文静

经济学院

西方经济学

赵莎莎　QAMAR UZ ZAMAN

产业经济学

刘龙花　陈　浩　刘洪波　刘重阳　张　骞　鲁　彦　张　倩

数量经济学

李力春　JANA SALIM

金融学

黄佳琳　王　可　宋唯实　宋汇玄　张　笑

国际贸易学

段晓宇　李丽丽　宗慧隽　刘　震

国民经济学

王雨佳　尚豫新　李　捷　吕玉兰

政治经济学

王春晖　孙　平

经济研究院

语言经济学

宋景尧

西方经济学

陈　苗　孙广召　孙瑞琪　MUHAMMAD UMAR FAROOQ
ZAIRA MANZOOR

金融学

冷霄汉　王康仕　蔡英玉　董　骥　张原野

区域经济学

纪小乐

政治经济学

滕越洋

数量经济学

张馨月

法学院

宪法学与行政法学

高鲁嘉　刘赫喆　陈　希　郝　炜　李静怡

民商法学

姜海洋　贺　茜　王俣璇　翟甜甜

国际法学

钱嘉宁　张亚丽

法学理论

曹晟旻

政治学与公共管理学院

政治学理论

宋清员　马红邑　鞠丽华　孟　燕

行政管理

王　晨　刘　宇　李先涛

国际政治

张程锦　孙　通　张　程
SI SIENGYIN　ORAZALINA　KORLAN　PAVICEVIC MARKO
MOHAMMAD RAZAUL KARIM　SUJIT KUMAR DATTA

科学社会主义与国际共产主义运动

刘玉娣

统一战线学

路　璐　韩志宏

中共党史

韩　慧　毕　松

马克思主义学院

马克思主义中国化研究

王瑞香　刘燕妮　刘　蕊

思想政治教育

郭庆玲　于　欣　周颜玲

文学院

比较文学与世界文学

谭志强　宋婉宜　武　鹏

汉语言文字学

刘　嵚　亓文婧　侯　倩

文艺学

张晓东　张纪群　王英璟　孙　凤

中国古代文学

马瑜理　耿　锐　吕冠南　秦　玮　王　彬　孙　琳　LEE MINJUNG

中国现当代文学

尹　辉

文史哲研究院

中国语言文学（中国民间文学）

彭瑞红

外国语学院

外国语言学及应用语言学

姚雪丽　张广勇

英语语言文学

阿卜杜外力·热合曼

艺术学院

文艺学

呼斯乐

历史文化学院

考古学

李　贝　陈松涛　陆青玉　郭荣臻

世界史

张腾欢　王美君　唐秋香

中国史

高晋南　周子钧　孙　虹　齐廉允　曹晋彰

中国近现代史

张海明

专门史

滕　晋

数学学院

概率论与数理统计

武洪萍　孙亚兵

数学（金融数学与金融工程）

刘青阳　张　方　王　媛　张　宁　纪晓君

基础数学

杨　冉　何晓光　孙加萌　张　驰　娄　森　王琼燕　张平原

计算数学

王亭亭　刘　欢　孙　悦

系统理论

詹　行

运筹学与控制论

曲存全　李　瞳　田家明　于永渊　侯盈男　王　彪　詹　弢　李　阳

数学（信息安全）

初志晖　李　铮　孙　玲　李艳斌

应用数学

张　慧　马　颖

金融研究院

概率论与数理统计

曹晓敏　韩星宇　刘永欣

金融数学与金融工程

杜　凯　刘国民

物理学院

凝聚态物理

钟　海　蔡　立　姚卫增　郝润润　刘　亮　谢继浩　颜士瑞　金　翠　李　宜
王芙凝　杨　博　翟近泽　王羿文　李晓腾　MATIULLAH

材料物理与化学

余　敏　张　恒　刘大康

光　学

聂伟杰

微电子学与固体电子学

毕鹏青　杨小雨

原子与分子物理

赵培芘

理论物理

刘雨男

原子与分子物理

闫　伟

微电子学院

微电子学与固体电子学

戴成虎　杜路路　李云鹏　赵　伟　李长富

化学与化工学院

无机化学

张大鹏　陈晓霞　胡修翠　林良栋　李川川　严　涵　韩建梅　张　强　岳　芳
董才富　王舒平　田文芝　NADEEM HUSSAIN

有机化学

张爱玲　张　梁　李昊昱　齐行昊　宋　恒　谢彩霞　余　鑫　张奕滕

物理化学

张　娟　王雪凤　武文丽　靳　帆　雷娜娜　齐　娜　任改焕　王益彤　魏　敏
吴奥丽　燕　汝　杨一莹　张宝花　张　晗　胡婷霞　陈孟军　田　歌　陈倩倩
张　勇　董　川

分析化学

谢　萌　周晓斐　常宇虹　王　瑞

高分子化学与物理

曹金凤　侯胜珍　邱秀敏　高　生　李　娟

生命科学学院

细胞生物学

代学焕　赵　璇　安文涛　王　勇

植物学

李　婷　王红春

动物学

从晓燕

发育生物学

张亭亭　杜海波

生态学

杨雪莼

生物化学与分子生物学

牛国娟

微生物技术研究院

微生物学

何春娟　刘　萌　唐白露　别路垚　曹海岩　崔志勇　李　毅　邵　璇　王　磊
魏　闪　夏呈强　辛永平　袁增林　赵　璇　卓　丽　李亚楠　李　振　李焕杰
李　凯　蒋　艺　杨春龙　侯宁可　刘秋媛　孙晓萌
MIAN NABEEL ANWAR　JOSEPH BADYS AMOZAY MAYAKA

信息科学与工程学院

通信与信息系统

张传亭

信号与信息处理

刘庆一　孙文正

光学工程

孙腾飞　王福鹏　樊明琦　臧　婕　张衍敏　江　山

信息与通信工程

边　际　刘　萌　白　露　张笑青

材料科学与工程

高学松　于文慧　朱立华

电子科学与技术

牛传宁　孙崇磊　武继璇　向　琛　彭瑞宏

晶体材料研究所

材料物理与化学

冯　曦　梁龙跃　王　金　张　锐　王守志　王晓宁　谭　华

材料学

张建华　黄萍萍　纪念静　李学晨　安　阳　房倩楠　郭丽方　靳晓彤　李从刚
李慧亮　李自清　连亚飞　刘小磊　卢伟群　马保金　马世会　秦　浩　王梦霞
吴亚强　殷　建　于童童　张保国　仲月瑶　井涞荥　居佃兴　陈菲菲

凝聚态物理

周　莹　任宏凯　王新乐　吴志心　王祎然　孙玉祥　张玉霞

无机化学

黄慧宁　贾　宁　金盈盈　张　淼　夏侯玉娇

国家糖工程技术研究中心

分析化学

徐晓珲

生物化学与分子生物学

王淑敏　韩乃寒　吴其征　李梦华　张化杰　冯少杰

有机化学

熊成鹤

环境科学与工程学院

环境工程

程　呈　宋　雯　张　波　卜　凡　蒋　丽　刘华清　王文语　张　北　张立杰
张永强　徐先莽　金　岩　任兆勇　豆帅勇　蒋丽群　杨敏敏

环境科学

郝明路　康　妍　赵立宁　张　旭　张　瑞

环境研究院

环境科学

吕国春　张瑞明　黄子晓　李思扬　徐　亮　张俊美　刘仕杰　文　亮　孙　雷
甘延东　刘　磊

管理学院

会计学

张远远　迟冬梅

管理科学与工程

殷瑞瑞　张　正　李雅萍　王成韦　陈佳丽

企业管理

吴明霞　李珊珊

儒学高等研究院

中国古典文献学

沈　畅　刘晓丽　姚文昌　晏　青　王　珂

科学技术哲学

苗建荣

中国民间文学

郭　佳　周连华　赵洪娟

中国史

陈　闯

中国哲学

唐东辉　任鹏程

新闻传播学院

传播学

赵君香

材料科学与工程学院

材料科学与工程

杨　茜　陈丽娜　杨彩霞　李德平　牛芳旭　冉　蕾　任楠楠　王　莹　袁晓敏

张　洁　智杰颖　解培涛　唐　瑞　李欣欣　解振东　白　雪　徐小燕　智丽丽
郭云立　成　圆　吕美哲　董士花　臧千豪　赵　博　耿培皓　侯俊吉　张　磊
李婷婷　陈　洁　生培瑶　赵永峰　侯传信　孙　震　吴楠楠　马　霞　杨化冰
王俊珺　吴　昊　艾　青　侯广梅　董　琪　韩娟娟　MUDASER ULLAH

机械工程学院

机械制造及其自动化

栾晓娜　朱兆聚　刘国梁　王倩倩　孙加林　任小平　张　超　王龙晖　葛梦然
马鹏磊

机械电子工程

鞠晓君　叶瑛歆　陈　超　倪鹤鹏　王兆国

机械工程（制造系统信息工程）

殷复鹏

机械设计及理论

张竹林　杨璐慧

化工过程机械

齐　鲁

电气工程学院

电工理论与新技术

董　磊　刘亚迪

电机与电器

田蒙蒙　付东山

电力系统及其自动化

程定一　靳宗帅　张玉敏　郭一飞　许　涛　牟倩颖　王伟琦　罗四倍　杨　浩
郭一忱

高电压与绝缘技术

李斯盟

能源与动力工程学院

热能工程

刘家友　刘立宁　刘峻瑜　魏　伟　马晓彤　于贺伟　张兴宇　李新海　闫　敏
任常在　陈宪丙

控制科学与工程学院

系统工程

郝慎学　王　蕊

控制理论与控制工程

海　泉　陈焕朝　刘加朋　田大东　张梦洋　路晓东　李小倩　黄亚欣

电力电子与电力传动

丁文龙　严　毅　秦昌伟

生物医学工程

江兴娥　林梅爱　赵莉娜　颜　昌　任晓飞　李　阳　张伟东

模式识别与智能系统

张友梅　黄文慧　赵　阳　刘洪彬　刘冬梅　杨　琨

土建与水利学院

防灾减灾工程及防护工程

李清川　王洪波　孙尚渠　黄　鑫　李相辉　王　雷　李梦天

工程力学

成　帅

结构工程

徐刚年　解全一

岩土工程

马腾飞　林　鹏　张家奇　高　强　王知深　孙会彬

桥梁与隧道工程

张万志

计算机科学与技术学院

计算机科学与技术

罗　昕　杨晓燕　魏　艺　樊庆楠　范琳伟　产院东　苏　琨　李晓乐　刘海英
刘　萌　张　琪　杨　海　高传根　贾会强　夏　菁　杨如鹏　BREKHNA

计算机软件与理论

徐敏峰

体育学院

体育管理科学

赵雅萍　冯振伟　杜建军　LEE JINWOO

齐鲁交通学院

岩土工程

崔　伟　侯福金

齐鲁医学院

细胞生物学

刘小艳　秦丹丹　崔浩然

口腔基础医学

王　威

口腔临床医学

曾雪敏　姬雅雯　张云鹏

人体解剖与组织胚胎学

纪淑芳　宋丽梅　周文娟

神经病学

侯　颖　丁　卯　隋少梅　宋　林　马莹娟　吕晶玮　王　琪　运　岩

内科学

窦　双　景芳邈　李　营　郭艳静　徐铭俊　张　瑞　杨惠敏　李　晓　王　乐
华明强　王庆莲　张明明　陈卫佳　郭梦琪　施钰根　张　娅　王　乾　李　欣
刘风燕　秦小腾　程　晶　隋文海　杨重博　李静媛　赵雅境　曹新冉　李洪璇
刘　洋　凌立平　黄　涛　绳　紫　AKTAR KAMAL

外科学

寸金晶　宋　岩　刘镕菡　杨依航　于万成　张维全　乔　原　高泰弘　王济潍
丰浩田　徐　然　王鲁强　张永振　程玉刚　黄　鑫　刘园桐　刘　义　索　宁
贾　阳　梁怡然　马　亮　王　晓　王国宗
ALMAGHALSA ZIAD MOHAMMED

药物化学

林御星　张　健　石小龙　毕方超　陈　晨　冉凡胜

药学（天然药物化学）

李璐宁　孙书涛　李　祎　史晏榕　郑泓波　李岳兰　李小曼

微生物与生化药学

孟彩彩　张　舒　李　策　陈启鑫

生物化学与分子生物学

槐鹏程　杨笃晓　张更林　龚　正　贾梦琪　孙玉静　张秀蕾　牛焕民
ROSTAMINASAB DOLATABAD MEISAM

耳鼻咽喉科学

徐佳宁　徐新博　于晓宇

卫生毒理学

厉　铭　索金宁

影像医学与核医学

王　宝

药理学

郭　楠　郭　建　郑冰清

生物与医药

林永强

护理学

李　洁　谢　晖

肿瘤学

李同煜　郑立欣　王　岩　王欣桐　庞兆飞　郝胜男　景璇璇　王　哲　王遥度
李　晨　尚书恒　孙　怡

眼科学

戴晨阳

流行病与卫生统计学

槐鹏程　孙喜凤

麻醉学

王　栋　赵　旭

生理学

刘　琪
MAKAWI AHMED ABDALHAMID OSMAN　TADELE NIGUSSE ALEMU

临床检验诊断学

胡胜男　李利群　刘妍妍　汤俊怡　李培龙　曲爱林　田景惠　孙林英

急诊医学

崔素梅　刘文雯

病理学与病理生理学

胡　菁　马冉冉　刘海亭　杨倩倩

皮肤病与性病学

李荣花　闫建军

儿科学

纪红燕　李　雪　刘　菁　王晓庆

药剂学

刘梦锐　蒋丹丹

药物分析学

齐秋晨　李　昂

社会医学与卫生事业管理

冷安丽　司明舒　刘延峥　王书平　谷景亮　许敏兰　秦文哲

免疫药物学

王海刚　赵华俊　刘梅芳　尹春来　孟德萍

妇产科学

韩　赛　刘志铭　徐　莹　周　倩　张　磊　孙晓梅　赵新蕊　李　苗　邵　童
梁　莹　邱驭昊

康复医学与理疗学

贾　磊

医学心理学

徐晶晶　李　青　ARSLAN KHALID

遗传学

袁倩倩　杨　帆　许志亮

病原生物学

郭晶晶

老年医学

李婷婷

卫生检验学

迟苗苗

免疫学

刘　文

海洋研究院

海洋生物技术

刘雪辉

环境科学

吴　超

前沿交叉科学青岛研究院

粒子物理与原子核物理

马延辉　燕斌斌　马玉明　王　帅　段艳云

凝聚态物理

张　静

山东大学（威海）

理论物理

武　昭　李雨桐　贾　慧　聂文锋

材料科学与工程

敖冬威　彭传校

等离子体物理

王　冰　王　勇　路　光　周　丽

公共经济学

撒凯悦

机械制造及其自动化

王挺侹

生态学

孔令明

通信与信息系统

唐振超

西方经济学

张晓毅

中国现当代文学

郭海玉

检测技术与自动化装置

梁文科

海洋生物学

张　雷

文化遗产研究院

中国民间文学

毛晓帅

国际教育学院

语言与文化传播

张学广　李昊天

各类“委员会”“领导小组”名单

（2019年新成立或调整）

山东大学研究生教育教学指导委员会

主任委员：好　哲

副主任委员：王育济　刘　琚　李　辉　李新钢　夏光敏

委　　员：马　军　马　伟　王文龙　王俊菊　王春玲　王韶兴　冯维明
刘昌明　刘战强　刘树伟　吕广世　孙宏建　张东辉　张利宁
张　建　李学庆　李清泉　杨蕙馨　陈冠军　陈　原　林兆军
郑智航　侯　明　胡绍明　赵小刚　赵明文　郝霄鹏　贾　超
郭　亮　高迎刚　高宝玉　常发亮　傅永军　傅有德　鞠秀丽

山东大学关心下一代工作委员会

主　任：仝兴华

副主任：李光合　陈春艾　李　玲　周作福　郭举修

成　员：（以姓氏笔画为序）
王　旭　王君松　曲　波　刘传勇　李玉亮　吴　臻　张　熙
陈宏伟　柳中海　林　明　赵爱国　赵翠萍　姜伟光　桑晓旻
鲁统超　戴智章

山东大学国有资产管理委员会

主　任：校　长

副主任：分管副校长

委　员：党委、校长办公室，监察处，人事部，科学技术研究院，人文社科研究院，财务部，审计处，资产与实验室管理部，基建部，后勤保障部，经营性资产管理办公室，服务山东办公室，博物馆，图书馆主要负责人；威海校区、青岛校区、齐鲁医学院分管领导。

学校国有资产管理委员会办公室设在资产与实验室管理部，资产与实验室管理部部长兼任学校国有资产管理委员会办公室主任。

山东大学文化委员会

主　任：曹宪忠

专家委员会、工作委员会人员不变。

山东大学学生违纪处理委员会

主任委员：仝兴华

委　　员：（以姓氏笔画为序）

刘传勇　刘国亮　孙凤收　宋作标　张　青　周　岩　周作福

胡长玉　郭培良　鲁统超

学生会主席团成员　研究生会主席团成员

学生违纪处理委员会下设办公室，由周作福兼任办公室主任。

学生违纪处理委员会成员随工作变动自然调整。

山东大学学生思想政治教育导师委员会

主任：仝兴华

成员：（以姓氏笔画为序）

马晓琳　陈宏伟　周作福　贺　平　夏　威　夏晓虹　桑晓旻
董雪梅　鲁统超

山东大学学位评定委员会

主　席：樊丽明

副主席：王学典　刘建亚　张　运　彭实戈

委　员：于浩海　马春红　王　丽　王　欣　王传新　王守宇　王克芳
王俊菊　王美琴　王韶兴　方　辉　申富英　仝兴华　邢占军
刘传勇　刘林华　刘国亮　刘明洋　刘森林　刘新泳　安　宁
孙　强　孙晋海　杜泽逊　李士雪　李术才　李学庆　李晓峰
肖金明　吴文新　宋爱民　张友明　张文祥　张庆松　张承慧
张恒旭　张景全　陈　峰　陈子江　陈玉国　陈增敬　易　凡
周长军　郑　春　赵国群　赵炳新　郝京诚　贾　磊　夏利东
黄卫平　黄少安　黄传真　曹廷求　曹现强　戚桂杰　梁振林
屠长河　葛少华　韩圣浩　綦建刚　蔡　勇　谭保才

山东大学定点扶贫与对口支援工作领导小组

组　长：郭新立　樊丽明

副组长：王琪珑　芦延华

成　员：党委办公室、校长办公室，纪委办公室、监察处，党委组织部，党委宣传部，工会，团委，人事部，科学技术研究院，人文社科研究院，财务部，资产与实验室管理部，后勤保障部，合作发展部、校友工作办公室，继续教育学院，产业党委，附属中学，齐鲁医院，第二医院，口腔医院，附属生殖医院负责同志。

学校定点扶贫与对口支援工作领导小组下设定点扶贫与对口支援工作办公室（挂靠学校党委、校长办公室），党委、校长办公室主任兼任办公室主任。

山东大学自学考试命题工作领导小组

组　长：仝兴华
副组长：靳光华　刘　珂　王君松　张海波　刘灿伟

山东大学农业转基因生物安全领导小组

组　长：樊丽明
副组长：李术才
成　员：易　凡　谭保才　张友明　向凤宁　张可炜
农业转基因生物安全领导小组办公室设在科学技术研究院，易凡兼任办公室主任。

聘用相关专业技术职务及岗位人员名单

2019年聘用相关专业技术岗位人员名单

一、高等学校教师系列

教授四级岗：79人

易学与中国古代哲学研究中心：张文智　刘保贞

文学院：樊庆彦

外国语学院：张延飞　郭海红　闫秋燕（教学型）

历史文化学院：王广振　马光（破格）

国际教育学院：冯赫

儒学高等研究院：孙微（同级转聘）　蔡祥元

经济学院：李颖

经济研究院：孙涛

政治学与公共管理学院：李济时

张天舒（教学型）

法学院：黄士元　满洪杰

冯俊伟（破格）

管理学院：郭妍

马克思主义学院：黄广友　韩萌（破格）

新闻传播学院：王咏梅

生命科学学院：康翠洁

数学学院：高夫征　戎晓霞（教学型）　胡龙（破格）

物理学院：刘言锐

糖工程技术研究中心：顾国锋

微生物技术研究院：钟耀华　王明钰　夏永振（破格）

材料科学与工程学院：武玉英　司鹏超

机械工程学院：朱洪涛　姚鹏

能源与动力工程学院：高明　杜文静
土建与水利学院：张波
岩土工程中心：杨为民
环境科学与工程学院：胡振
环境研究院：谢慧君
晶体材料研究所：王泽岩　李静　贾志泰
齐鲁交通学院：丁万涛
控制科学与工程学院：王伟　段彬　李珂
信息科学与工程学院：刘治　贲晛烨　王作佳（破格）
计算机科学与技术学院：吕琳　陈竹敏
电气工程学院：王辉　郝全睿
微电子学院：王永
网络空间安全学院（研究院）：鞠雷
基础医学院：李曦　刘志方　周怀瑜
公共卫生学院：曾涛　温红玲
口腔医学院：郭杰（同级聘任）　魏福兰（同级聘任）
护理学院：王功朝（同级聘任）
药学院：王小宁
医药卫生管理学院：李顺平　孙晓杰
威海校区：芮欣　崔英　张剑　吴静寅　陈学胜　孙庆峰　赵宏
侯旭光　汤朝灵　宋凯凯　宋勇

副教授三级岗：131 人

哲学与社会发展学院：于淼
易学与中国古代哲学研究中心：张沛
文学院：国家玮　程鸿彬
外国语学院：张聪　周小兰　邹晓　白云（教学型）　林佳（教学型）
葛海燕（教学型）
艺术学院：李文菁　孙天　王鲁光
历史文化学院：陈建（自 2020 年 2 月起聘）　张鲁君　彭淑庆
文化遗产研究院：王建波
国际教育学院：张云　连佳　矫雅楠（教学型）
儒学高等研究院：邹晓东
经济学院：孔建宁　刘颖　张博
经济研究院：隋鹏　赵娅
政治学与公共管理学院：黄晴　孙宗锋　王军洋
法学院：向力　刘俊霞
管理学院：李盈　赵海川
体育学院：张宪亮　张军（教学型）

马克思主义学院：张妍妍　闵琪　董沐夕　段立国（教学型）
生命科学学院：杜宁　王燕飞　赵阳　王蕙
数学学院：赵翀　陶涛
物理学院：王洪超（同级转聘）　许国富（同级转聘）　苏文斌　彭勇刚
化学与化工学院：金钊
胶体材料工程技术研究中心：王挺（同级转聘）
微生物技术研究院：陈林旭　刘红蕾
海洋研究院：刘纪化
国家糖工程技术研究中心：徐莉
材料科学与工程学院：钱钊（同级转聘）
机械工程学院：马嵩华　张纪群　赵晓峰　王黎明（同级转聘）
　　　　　　卢国梁（同级转聘）　李燕乐（同级转聘）
能源与动力工程学院：孙静　柏超
热科学与工程研究中心：李雪芳
土建与水利学院：赵俊峰
岩土工程中心：许新骥　李召峰
环境科学与工程学院：刘巍
晶体材料研究所：张雷（同级转聘）　张健（同级转聘）
张国栋（同级转聘）
齐鲁交通学院：蒋红光　梁艳红
控制科学与工程学院：王炳昌（同级转聘）　刘春生
杨荣妮（同级转聘）　刘国良（同级转聘）王新沛
信息科学与工程学院：郑丽娜　杨忠明
计算机科学与技术学院：宋雪萌　甘甜
电气工程学院：刘洪顺　石访　王成福　宫金林
软件学院：蒋瀚
微电子学院：周莉
网络空间安全学院（研究院）：张国艳　胡程瑜
基础医学院：李培山　徐霞　肖鹏　刘巧　王蓉（教学型）
公共卫生学院：张翠丽　杨丽萍　孔凡磊
口腔医学院：刘毅（同级聘任）
医药卫生管理学院：阴佳　王海鹏
生殖医学研究中心：赵世刚　焦雪
威海校区：武　鹏　周　妍　黄秀国　安祥祥　王　岩　刘彦鹏　周婷婷
　　　　　李　宁　张伟强　张志平　于静静　孙　克　牟利明　杨丰凯
　　　　　卢　红　李秀艳　蒋玉蛟　丛　伟　侯俊峰　宋　波　邢赞扬
　　　　　路士州　杨　飞　张　立　王文玉　王艳玲　张　斌

讲师三级岗：3 人
医药卫生管理学院：傅佩佩
威海校区：孙绍轩　邱海业

二、思想政治教育系列

教授四级岗：2 人
经济学院：李维林
生命科学学院：李娟
副教授三级岗：4 人
能源与动力工程学院：任伟
软件学院：何萌
基础医学院：柴明莉
威海校区：郭晓妮
讲师三级岗：17 人
党委学生工作部、武装部：孙浩令　夏飞
团委：翁祥栋
青岛校区学生工作部、学生处：于路心
历史文化学院：朱继磊
法学院：曲仪
材料与工程学院：刘梦瑶
机械工程学院：张柏寒
信息科学与工程学院：宋文洁
齐鲁医学院学生工作处：许文
威海校区：申新　赵天舒　王祎璠　王紫山　翟俊伟　张欣媛　窦尚孝

三、工程、实验系列

应用研究员四级岗：3 人
化学与化工学院：贾炯
信息科学与工程学院：栗华
药学院：高彦慧
高级实验师
三级岗：10 人
艺术学院：张擎
物理学院：崔彬
化学与化工学院：王伟伟
材料科学与工程学院：张爱敏
机械工程学院：杜付鑫
控制科学与工程学院：张法业

基础医学院：郭春
药学院：侯准
威海校区：蒋守芬　邢翔

高级工程师三级岗：6 人

后勤保障部：赵元东
新闻传播学院：徐迎春
岩土工程中心：金青　杜毓超
齐鲁医院：曹雁南
第二医院：宋尚玲

实验师三级岗：23 人

生命科学学院：于晓琳
微生物技术研究院：张成家　赵晓敏　王森
机械工程学院：李淑颖　刘雪飞
晶体材料研究所：蒋贺纯　孙丽
控制科学与工程学院：田天
信息科学与工程学院：房明　李海燕
光学高等研究中心：董亚魁
计算机科学与技术学院：颜廷坤
微电子学院：王成园　部建培　周冉冉
基础医学院：王震
临床医学院：刘月冉
护理学院：高洁
药学院：王潇
工程训练中心：张柯　赵子峥
公共（创新）实验教学中心：崔会珍

工程师三级岗：10 人

党委办公室、校长办公室：李腾
本科生院：王超　黄晓丹
资产与实验室管理部：李慧敏
后勤保障部：孙文章　孔凡鑫
青岛校区保卫处：叶青霖
青岛校区条件保障处：孙付龙　王维栋　林建国

四、教育管理研究系列

研究员四级岗：4 人

党务：
党委办公室、校长办公室：梅强
图书馆：刘相金

行政：
审计处：王玉莲
机械工程学院：刘杰
副研究员三级岗：8 人
党务：
党委组织部：赵海
团委：张熙
口腔医学院：陈国军
医药卫生管理学院：李雨嘉
行政：
党委办公室、校长办公室：林飞
学科建设与发展规划部：董春杰
研究生院：李汝宾
校医院：温志兴
助理研究员三级岗：160 人
党务：
党委办公室、校长办公室：马勇　宋敏　方珺　马颖颖
党委组织部：张海宁　张艳强　张晓冉　崔杨
党委宣传部、党委教师工作部：马永军　王　彬　车慧卿　冯　刚　刘婷婷
张　清　孟建华
党委统战部：马毓轩　吕淑良
党委研究生工作部：高正
工会、妇委会：徐博伦　徐晓燕　刘淑红
文学院：杨俊娇
儒学高等研究院：温磊
国际教育学院：任向荣
马克思主义学院：王晓杰
控制科学与工程学院：汤庆新
齐鲁医院：王强强
第二医院：刘书红
威海校区：杨青　赵昆　戚伟良　李松
行政：
党委办公室、校长办公室：李茂政　申树欣
党委学生工作部、武装部：张燕霞　刘卉　许冠林　刘学刚　司汝壮　路乔　荆悦
人事部（人才工作办公室）：王璐璐　崔慧　王莎莎　董斌　耿振兴　许德涛
耿婕　秦丽媛　张婷婷　宋帅　周国宁
学科建设与发展规划部：梁勇　李良杰　赵志强
本科生院：孙大永　张强　杨晓玲　袁凯　高凯

研究生院：谢江宁　郑彬　王标　张玉龙　朱太锐　刘震宇　李栋　罗伟
科学技术研究院：刘德宝　胡大伟　牛娟玲
科技创新军民融合研究院：胡孝瑞　都业爽
国际事务部（港澳台事务办公室）：周烁　张佳琦　阎啸
资产与实验室管理部：胡蔓　吕国凯　焦丽媛　张平清　程延栋　田庚
公安处：张化良　刘滨
后勤保障部：丁昌　张新达　刘子丰
离退休工作处（离退休党委）：李骐
合作发展部：曹锐　王震
服务山东办公室：陈诚
学生就业创业指导中心：于春娥　吴俊　常海峰　刘国栋　张莹
继续教育学院：周明华　史建中
档案馆：张鹏
工程训练中心：周睿
青岛校区党工委办公室、管委会办公室：褚雷
青岛校区人事处：王姣云
青岛校区本科生教育办公室：赵启鹏
青岛校区资产与实验室管理处：顾乃静
哲学与社会发展学院：齐晓东
国际教育学院：张晓辉　胡乃麟
经济学院：韩娟
马克思主义学院：孟鹏
数学学院：姜杨
材料科学与工程学院：霍启辉
齐鲁交通学院：李凯
基础医学院：徐光
齐鲁医学院研究生处：郑华
校医院：郑义
齐鲁医院：卜丽娟　马　明　王白璐　王学军　王常灏　邓宝芸　付延安
刘红岩　刘　明　刘　娜　李　斌　李　鲲　张御卿　赵伟宁
赵　玲　俞　水　姜小峰　姜　波
第二医院：戚莉莉　许守刚
威海校区：门潇洪　谭　谦　孙　艳　郭　楠　胡启超　张正武　丛岗滋
赵　辉　薛　峰　宋　嵩　张　帆　边　婧　袁　伟　邹晓光
韩鲁青　邬　迪　李　齐　高绍山　刘　亮　耿菁璐　尹传波
刘　书　陈　超　孙巍峰　万　伟

五、图书、档案、文博系列

研究馆员四级岗：1 人
威海校区：艾雰
副研究馆员三级岗：3 人
图书馆：李劲军
博物馆：杨海燕
威海校区：赵林林
馆员三级岗：6 人
图书馆：邸丽丽　姜丽岩　吴帼帼
博物馆：李明倩
威海校区：高雪　聂麟枭

六、出版、编辑系列

编审四级岗：1 人
《山东大学学报》（哲学社会科学版）编辑部：李春明
副编审三级岗：1 人
党委宣传部、党委教师工作部：林东生

七、会计、审计系列

正高级会计师四级岗：1 人
审计处：余红
高级会计师三级岗：2 人
财务部：史焱
审计处：孙贤荣
会计师三级岗：8 人
财务部：盛小娇　魏龙华　王海清　管文卿
经营性资产管理办公室：乔名芳
齐鲁医学院财务与资产管理处：刘佩
青岛校区财务处：李太书　王晓娜
审计师三级岗：4 人
审计处：于聪聪　杨洁
威海校区：李晨　张珂

八、中小学教师系列

正高级教师四级岗：1 人
附属中学：王继萍

高级教师三级岗：3 人

附属中学：张伦超　王兆贞

后勤保障部：赵伟

一级教师三级岗：1 人

附属中学：邹子韬

九、卫生技术系列

主任医师四级岗：41 人

临床医学院：吕斌

口腔医学院：吴峻岭　宋爱梅　张瑾

齐鲁医院：毛雪琴　司海朋　吕慧霞　祁　磊　孙　宇　李　文　李　鹏
李春海　李福海　吴剑波　沈　琳　张　辉　张爱军
赵玉英（自 2020 年 3 月起聘）　赵秀鹤　姜　政　宫　杰　秦　平
殷　钢　阎　磊　赖　宏　蔡大幸　潘正论　冀学斌
张澄（杰出人才特别评审）

第二医院：王若义　王洪波　王晓红　朱孔锡　刘文广　刘佳宁　孙爱丽
孟国伟　倪一虹　高德宗　吴灵潼（引进人才）张兆华（培育人才）

主任技师四级岗：2 人

齐鲁医院：庄学伟　杨咏梅

主任护师四级岗：1 人

齐鲁医院：阚宝甜

副主任医师三级岗：66 人

临床医学院：田翠环

口腔医学院：张东姣　黄海云

齐鲁医院：冯昕（自 2019 年 10 月起聘）　赵云鹏　徐　硕　宁尚磊　刘新光
闫治波　尚媛媛　杨丞喆　杨洪娜　于洪鸾　马志勇　王大伟
王加勇　孔晓丽　石　亮　卢群山　边　圆　许书倩　孙丰银
孙巧玲　李永刚　李树海　李昊（呼吸）　李昊（骨科）
张　一　魏述建　张　帅　张兆航　张鲁伟　张强波　林鹏飞
庞鷗鹏　赵海锋　原所茂　郭海鹏（自 2019 年 10 月起聘）
章静茹　扈　煜　尉从新　董涛涛（自 2019 年 12 月起聘）　魏　慧

第二医院：马万里　王　岩　王永静　王家伟　王熙前　叶　兰
田根东　朱晓波　乔　勇　刘斌（介入医学科）　许运彬
孙　云　孙国勇　张海令　武士清　周　勇　赵　同　姜　宁
贾　涛　贾明睿　徐琳琳　黄翠萍

校医院：唐　剑

副主任技师三级岗：6 人

齐鲁医院：郑桂喜　孙锦堂　董召刚

第二医院：马玲　王丽娜　杜鲁涛

副主任药师三级岗：4 人

齐鲁医院：刘晓燕　相妍笑　王燕燕

第二医院：刘永青

副主任护师三级岗：14 人

齐鲁医院：丁娥　万海燕　王文君　王艾君　李咏梅　吴晓燕　张世君　张昕婷　高蔚　郭萍

第二医院：叶国美　江淼　张萍　晋运玲

副研究员（卫生技术）三级岗：2 人

齐鲁医院：张青　徐云飞

主治医师三级岗：1 人

校医院：宫艳慧

主管护师 3 人

齐鲁医院：薛媛

第二医院：李红彦　杨丽

组织机构与干部任职名单

中共山东大学委员会

单　位	职　务	姓　名
山东大学	书　记	郭新立
	副书记	樊丽明
	副书记	仝兴华
	副书记	张永兵
	副书记	王君松
	副书记兼纪委书记	陈向阳

校长、副校长

单 位	职 务	姓 名
山东大学	校 长	樊丽明
	常务副校长	王琪珑
	副校长	韩圣浩
	副校长	陈子江
	副校长	芦延华
	副校长	刘建亚
	副校长	李术才
	副校长	程 琳

副级校干部、党委常委、校长助理

单 位	职 务	姓 名
山东大学	副校级干部	尹作升
	副校级干部	侯俊平
	党委常委	陈宏伟
	党委常委	桑晓昊
	校长助理	贾 磊
	校长助理	邢占军
	校长助理	吴 臻
	校长助理	易 凡
	校务委员会副主任、文化委员会主任	曹宪忠

处级领导干部

单　位	职　务	姓　名
党委办公室 校长办公室	主　任	朱德建
	副主任（兼）	梅　强
	副主任（兼）	张海波
	副主任	毛永强
	副主任	马　勇
	校长秘书（副处级）	陈　菡
保密工作办公室	主　任	张海波
	副主任	林　萍
	副主任（兼）	赵明晟
	副主任（兼）	林　飞
政策研究室	主　任	梅　强
	副主任	田　磊
信息化工作办公室	主任（兼）	朱德建
	常务副主任	葛连升
	副主任	陈　军
	副主任	李永在
	副主任	林　飞
法律事务办公室	主　任	侯艳芳
会议服务中心	主　任	王桂林

续表

单　位	职　务	姓　名
纪委办公室、监察处	纪委副书记、纪委办公室主任	刘　珂
	纪委副书记兼监察处处长	张桂珍
	正处级纪检员	高　山
	纪委办公室副主任	白向忠
	监察处副处长	史正勇
	监察处副处长	王旭锋
	副处级纪检员	宋尧玉
督查巡察办公室	主　任	张希华
	副主任	朱恪川
党委组织部	部　长	陈宏伟
	副部长	赵　海
	副部长	王　欣
	副处级组织员	江　红
	副处级组织员	于　超
机关党委	书记（兼）	陈宏伟
	常务副书记	付岩志
	副书记	刘　华
党　校	校长（兼）	陈宏伟
	副校长（兼）	桑晓旻
	专职副校长	罗建军
	办公室主任	—
党委宣传部	部　长	桑晓旻
	副部长	鞠　晗
	副部长	孙宜山
融媒体中心	主任（兼）	桑晓旻
	副主任	李　欣
	副主任	万广远
	副主任（兼）	冯　刚
山东大学报社	社长（兼）	桑晓旻
	主　编	冯　刚

续表

单　位	职　务	姓　名
党委教师工作部	部长（兼）	桑晓旻
	副部长	张　权
党委统战部	部　长	秦承涛
	副部长	朱文增
	副部长	马毓轩
党委学生工作部、武装部	部　长	周作福
	学工部副部长（兼）	傅艺娜
	学工部副部长	刘　琰
	学工部副部长	朱　伟
	武装部副部长	纪荣顺
学生心理健康教育与咨询中心	主　任	傅艺娜
学生公寓管理服务中心	主　任	窦志强
党委研究生工作部	部　长	鲁统超
	副部长	高　弟
工会、妇委会	工会主席	曲　波
	妇委会主任兼工会副主席	朱桂英
	工会副主席	程翠玉
	工会副主席	徐洪民
	工会副主席兼妇委会副主任（不驻会）	王丽萍
团　委	书　记	张　熙
	副书记	—
	副书记	翁祥栋
人事部（人才工作办公室）	部长（主任）	吴　臻
	常务副部长（常务副主任）	郭春晓
	副主任（兼）	于向明
	副部长（副主任）	王小平
	副部长（副主任）	董春杰
	副部长（副主任）	李　岩
	副部长（副主任）	—
档案管理服务中心	主　任	蒲业虹

续表

单　位	职　务	姓　名
学科建设与发展规划部	部　长	王志鹏
	副部长	高　峰
	副部长	王　芳
本科生院	院　长	刘传勇
	副院长（兼）	张树永
	副院长（兼）	王丰晓
	副院长	高　凯
	副院长	姜兆亮
	教务管理办公室主任	—
教学促进与教师发展中心	主　任	张树永
	副主任	李赛强
	副主任	王彩霞
泰山学堂	院　长	彭实戈
	常务副院长	吴　臻
	专职副院长	刘振美
	副处级辅导员	徐孝刚
本科招生办公室	主任（兼）	刘传勇
	副主任	姜令嘉
	副主任	徐延宝
研究生院	院长（兼）	刘建亚
	常务副院长	刘国亮
	副院长	鲁统超
	副院长	万　熠
	副院长（兼）	曹枫林
	副院长（副处级）	王文光
办公室	主　任	—
招生办公室	主　任	李汝宾
培养办公室	主　任	许　峰
学位办公室	主　任	徐先蓬
在职教育中心	主　任	郑　彬

续表

单　位	职　务	姓　名
科学技术研究院	院　长	易　凡
	副院长	李　勇
	副院长	—
	副院长	吕明新
	副院长	周传健
成果与综合办公室（科技服务中心）	副主任	—
	副主任	胡大伟
项目组织办公室	副主任	张玉生
	副主任	刘全芬
平台建设办公室	副主任	刘德宝
学术委员会办公室	副主任	信春雨
国家大学科技园管理办公室	副主任	王立民
科技创新军民融合研究院	院　长	刘升贤
	副院长	赵明晟
人文社科研究院	院　长	邢占军
	副院长	丁培卫
	副院长	王　涛
国际事务部（港澳台事务办公室）	部长（主任）	孙凤收
	副部长（兼）	宋春玲
	副主任兼副部长	姬　锐
	副部长	朱贵昌
	副部长	姜宏敏
国际学生学者中心	主　任	徐志全
财务部	部　长	刘丕平
	副部长（兼）	王延太
	副部长（兼）	艾　量
	副部长	孙　栋
	副部长	安　爽
会计服务中心	主　任	王延太
招标采购管理中心	主　任	艾　量

续表

单 位	职 务	姓 名
审计处	处 长	王玉莲
	副处长（兼）	霍新喜
	副处长	王善举
	副处长	张 琦
资产与实验室管理部	部 长	朱德建
	副部长	胡美琴
	副部长	冉栋刚
公有住房管理服务中心	副部长兼主任	卢新郁
公安处	处 长	胡长玉
	副处长	李松涛
	副处长	栾希新
	副处长（兼）	类淑毅
	副处长（兼）	董太华
“610”办公室	主任（兼）	胡长玉
	副主任	董太华
校卫队	队 长	类淑毅
基建部	部 长	张敬明
	副部长兼总工程师	于振国
	副部长	田文宝
后勤保障部（后勤党委）	部长兼房改办公室主任	殷录民
	书 记	殷录民
	副部长兼综合管理办公室主任	罗司军
	副部长兼洪家楼校区管理办公室主任	彭恒军
	总工程师	—
	副书记	张卫东
	副书记	巩 勇
能源与物业管理办公室	主 任	刘 浩
趵突泉校区管理办公室	主 任	杨汝元
千佛山校区管理办公室	主 任	郑延民
饮食管理服务中心	主 任	徐 健
交通通讯管理服务中心	主 任	王奉合

续表

单 位	职 务	姓 名
房改办公室	副主任	解 国
离退休工作处（离退休党委）	处长兼党委书记	郭举修
	副处长兼党委副书记	王景山
	副处长兼党委副书记	邵明石
	副处长兼党委副书记	李学禄
合作发展部	部 长	王 飞
	副部长	杨 斌
	副部长（兼）	吕明新
	副部长（兼）	王明星
	副部长	张 灵
	副部长	王 震
校友工作办公室	主任（兼）	杨 斌
	副主任	李湘军
	副主任	于德宁
学生就业创业指导中心	主 任	肖祥
	副主任	李 勇
	副主任	王迎春
继续教育学院	院 长	靳光华
	副院长	沈 翔
	副院长	刘灿伟
	副院长兼中华美德教育学院副院长	—
兴隆山校区管理办公室	副主任	王明山
	副主任	訾维星
辅导员工作研究会与思政培训中心办公室	主 任	夏晓虹
	副主任	王海宁
经营性资产管理办公室	主 任	朱效平
	副主任	沈宝杰
龙山校区（创新港）建设办公室	主 任	李旭新
	副主任	王维桥
	副主任	闫忠明

续表

单　位	职　务	姓　名
服务山东办公室	主　任	井海明
	副主任	王海华
校庆筹备工作办公室	常务副主任	史永志
直属附属单位		
直属单位党委	书　记	李　红
	副书记	—
档案馆	馆　长	赵爱国
	副馆长	楼蔚文
	副馆长	耿德良
校史办公室	主任（兼）	赵爱国
	副主任	李彦英
博物馆	馆　长	方　辉
	副馆长	李慧竹
	副馆长	肖贵田
科技期刊社	社　长	陈　斌
	副社长	周英智
	副社长	姜百健
《山东大学学报》（哲学社会科学版）编辑部	主编、主任	魏　建
	副主任	赵玉华
产业党委	书　记	崇学文
	副书记	郑　波
	副书记	刘永新
图书馆	馆　长	赵兴胜
	党委书记	刘相金
	副馆长	姚传义
	副馆长	程　蓓
	副馆长	汲言斌
	副馆长	程川生

续表

单　位	职　务	姓　名
工程训练中心（机械厂）	主任（厂长）	李剑峰
	党总支书记	高建军
	副主任（副厂长）	刘　新
	副主任（副厂长）兼办公室主任	刘　健
	副主任（副厂长）	齐炳和
校医院	院长（兼）	王传新
	执行院长	孟　彦
	副院长	田　旭
	副院长	李　玉
	副院长	姚海燕
	办公室主任	刘宝泉
卫生与健康服务中心（计划生育委员会办公室、爱国卫生运动委员会办公室）	主　任	赵增科
出版社	党总支书记（兼）	桑晓旻
	社　长	陈　斌
	总编辑	王贻社
附属中学	校　长	赵　勇
	党委书记	李玉亮
	常务副校长	庄晓迎
	党委副书记	申桂华
	副校长	陈立军
	副校长	王继萍
	副校长	刘成军
科研机构		
晶体材料研究所	党委书记	刘升贤
	常务副所长	于浩海
	党委副书记	赵希波
	副所长	孙　洵
	副所长	王泽岩

续表

单　位	职　务	姓　名
晶体材料国家重点实验室	名誉主任（聘）	薛其坤
	常务副主任（聘）	于浩海
	副主任（聘）	赵国群
	副主任（聘）	陈　峰
	副主任（聘）	郝京诚
	副主任（聘）	宋爱民
	副主任（聘）	孙　洵
	主任助理（聘）	王泽岩
	主任助理（聘）	贾志泰
	办公室主任（聘）	蒋宛莉
新一代半导体材料集成攻关大平台	党总支书记	刘升贤
	主任（聘）	徐现刚
	副主任（聘）	郝霄鹏
	副主任（聘）	贾志泰
	副主任	王焕杨
国家糖工程技术研究中心	副主任	肖　敏
	副主任	王凤山
经济研究院	院　长	黄少安
	副院长	韦　倩
	副院长	孙　涛
	副处级辅导员	石　莹
儒学高等研究院	党委书记	李平生
	执行院长（聘）	王学典
	副院长（聘）	颜炳罡
	副院长（聘）	王加华
	副院长（聘）	徐庆文
	副院长（聘）	王　震
	党委副书记	李鹏程

续表

单　位	职　务	姓　名
《文史哲》编辑部	主编兼主任	王学典
	副主任	刘京希
	英文版编辑部主任兼副主任、副主编	李扬眉
	副主任	—
金融研究院	院　长	陈增敬
	副院长	贾广岩
	副院长	林　路
文化遗产研究院	办公室主任	孙　强
数据科学研究院	名誉院长（聘）	汤　涛
	院长（聘）	刘建亚
	副院长（聘）	王光辉
	副院长（聘）	薛付忠
	副院长（聘）	刘　斌
	副院长（聘）	郭　亮
高等技术研究院	党委书记	李　勇
	副院长（聘）	孙　锲
学　院		
哲学与社会发展学院	院长、党委副书记	刘森林
	党委书记	郑　倩
	副院长	王华平
	副院长	陈　坚
	副院长	程胜利
	副院长	付立华
	党委副书记	李永卫
	党委副书记	阚　铮
	副处级组织员	何立光

续表

单　位	职　务	姓　名
经济学院	院长、党委副书记	曹廷求
	党委书记	王秀丽
	正处级辅导员	李维林
	副院长	—
	副院长	石绍宾
	副院长	孙淑琴
	副院长	王哲伟
	党委副书记	林　竹
	党委副书记	朱子川
	副处级组织员	马　燕
文学院	院长、党委副书记	杜泽逊
	党委书记	张　帅
	正处级辅导员	刘志业
	副院长	李剑锋
	副院长	黄发有
	副院长	程相占
	副院长	马　兵
	党委副书记	王　萌
	副处级组织员	沈　文
外国语学院	党委书记、院长	王俊菊
	党委常务副书记	薛佩军
	正处级辅导员	曾志英
	副院长	申富英
	副院长	李建刚
	副院长	崔校平
	副院长	马　文
	副院长	刘洪东
	党委副书记	赵　龙
	党委副书记	魏鲁鸿
	副处级组织员	周俊基

续表

单　位	职　务	姓　名
艺术学院	院　长	安　宁
	党委书记	李晓峰
	副院长	姚榕华
	副院长	王文灏
	党委副书记	姜　楠
	副处级组织员	孙亚娣
历史文化学院	院长、党委副书记	方　辉
	党委书记	刘　军
	副院长	刘家峰
	副院长	杨　光
	副院长	王　芬
	副院长	代国玺
	党委副书记	朱继磊
	党委副书记	张　伟
	副处级组织员	薛辰兵
	副处级辅导员	李一楠
数学学院	院　长	陈增敬
	党委书记	曲明军
	副院长	芮洪兴
	副院长	—
	副院长	胡锡俊
	副院长	王光辉
	党委副书记	王　波
	党委副书记	路云生
	副处级组织员	崔玉红
	副处级组织员	赵　伟

续表

单　位	职　务	姓　名
物理学院	院　长	陈　峰
	党委书记	郁　鹏
	正处级辅导员	张　倩
	副院长（聘）	郝晓涛
	副院长	司宗国
	副院长	赵明文
	副院长	赵明磊
	党委副书记	徐晓霞
	党委副书记	辛　莹
	副处级组织员	于新好
化学与化工学院	院长、党委副书记	郝京诚
	党委书记	王　浩
	正处级辅导员	刘　红
	副院长	陈代荣
	副院长	贾春江
	副院长	占金华
	副院长	刘　磊
	党委副书记	关　勇
	党委副书记	孙国翠
	副处级组织员	彭　彤
软件学院	院长、党委副书记	崔立真
	党委书记	仇道滨
	正处级组织员	潘国栋
	副院长	许信顺
	副院长	刘士军
	副院长	刘卫国
	副院长	周元峰
	党委副书记	吕　刚
	党委副书记	吴天柱

续表

单　位	职　务	姓　名
材料科学与工程学院	党委书记、院长	赵国群
	常务副院长	吕宇鹏
	党委常务副书记（副处级）	罗　超
	副院长	李　辉
	副院长	管延锦
	副院长	毕见强
	副院长	张存生
	党委副书记	董　兴
	党委副书记	姜炳刚
	副处级组织员	张力勇
机械工程学院	院长、党委副书记	黄传真
	党委书记	刘　杰
	副院长	姚　鹏
	副院长	贾存栋
	副院长	宋清华
	副院长	朱洪涛
	党委副书记	吕　伟
	党委副书记	刘　玥
控制科学与工程学院	院长、党委副书记	张承慧
	党委书记	高　瑞
	副院长	常发亮
	副院长	朱文兴
	副院长	宋　锐
	副院长	孙　波
	党委副书记	艾　斌
	党委副书记	吴晓晴
	副处级组织员	管延新

续表

单　位	职　务	姓　名
能源与动力工程学院	院　长	刘林华
	党委书记	徐　波
	常务副院长	辛公明
	副院长	王乃华
	副院长	王文龙
	副院长	韩奎华
	副院长	白书战
	党委副书记	滕玉军
	党委副书记	任　伟
电气工程学院	院　长	—
	党委书记	刘相宜
	常务副院长	张恒旭
	正处级辅导员	夏　威
	副院长	丁　磊
	副院长	李清泉
	副院长	杨　明
	党委副书记	宋思利
	党委副书记	李功华
	副处级组织员	薛　辉
土建与水利学院	院长、党委副书记	张庆松
	党委书记	胡　岩
	副院长	张强勇
	副院长	王培军
	副院长	崔新壮
	副院长	韩　勃
	党委副书记	张　强
	党委副书记	辛　帅
	副处级组织员	范　方

续表

单　位	职　务	姓　名
管理学院	院长（聘）	武常岐
	党委书记	吉小青
	正处级辅导员	石清云
	副院长（正处级）	卞　江
	副院长	王益民
	副院长	—
	副院长	路军伟
	副院长	孟庆春
	党委副书记	石　岩
	党委副书记	—
体育学院	党委书记、院长	孙晋海
	党委常务副书记	郭学庆
	正处级组织员	任若强
	副院长	石振国
	副院长	—
	副院长	王　飞
	党委副书记	周庆华
马克思主义学院	院长、党委副书记	王韶兴
	党委书记	马晓琳
	副院长	周金龙
	副院长	张士海
	副院长	黄广友
	副院长	郑敬斌
	党委副书记	周明明
	副处级组织员	齐子萍

续表

单　位	职　务	姓　名
国际教育学院	院长、党委副书记	郑　春
	党委书记	徐关众
	副院长	马晓乐
	副院长	王尧美
	副院长	王彦伟
	副院长（兼）	孔　梓
	党委副书记	王璐璐
孔子学院工作办公室	主任（兼）	郑　春
	副主任	孔　梓
微电子学院	执行院长（聘）	宋爱民
	党委书记	王卿璞
	常务副院长（聘）	林兆军
	副院长（聘）	王　永
	副院长	杨再兴
	党委副书记	卢士涌
新闻传播学院	院长（聘）	吕　芃
	党委书记	王德胜
	常务副院长	刘明洋
	副院长	倪　万
	副院长	邱　凌
	党委副书记	王丽君
	副处级组织员	王智洁
齐鲁交通学院	名誉院长（聘）	聂建国
	院长（聘）	李术才
	党委书记	刘健（回族）
	副院长（聘）	李利平
	副院长（聘）	葛　智
	副院长（聘）	杨为民
	副院长（聘）	孙法合
	党委副书记	孙玉玲

续表

单　位	职　务	姓　名
青岛校区		
青岛校区	党工委书记	孔令栋
	校长（兼）	韩圣浩
	副校长（兼）	贾　磊
	党工委副书记、纪工委书记	杜言敏
	副校长	韩明涛
	副校长	李振奎
	党工委副书记	郭邦礼
	副校长（聘）	谭保才（美籍）
	副校长	曹现强
	党工委（管委会）办公室主任	周加强
	党工委（管委会）办公室副主任	—
	政工处处长	李延成
	政工处副处长	杜　亮
	机关党委书记	李延成
	机关党委副书记	杜　亮
	学生工作部（处）部（处）长	宋作标
	学生工作部（处）副部（处）长	李海燕
	人事处处长	于向明
	人事处副处长	—
	财务处处长兼财务部副部长	刘竞虹
	财务处副处长	何维兴
	基建处处长	薛建斌
	基建处副处长	李传海
	保卫处处长	李修荣
	保卫处副处长	—
	条件保障处处长	苏保玲
	条件保障处副处长	郭晓东
	条件保障处副处长	—
	资产与实验室管理处处长	—

续表

单　位	职　务	姓　名
青岛校区	资产与实验室管理处副处长	侯兴合
	资产与实验室管理处副处长	王纪磊
监察审计办公室	常务副主任	霍新喜
本科生教育办公室	常务副主任	王丰晓
研究生教育办公室	常务副主任	李德春
国际事务办公室	常务副主任	宋春玲
政治学与公共管理学院	院长（聘）	贝淡宁（加拿大籍）
	党委书记	盖玉强
	常务副院长	曹现强
	正处级辅导员	彭　展
	副院长	马　奔
	副院长	刘昌明
	副院长	李济时
	副院长	孔新峰
	党委副书记	董雪梅
	党委副书记	桑伟林
法学院	院长、党委副书记	周长军
	党委书记	杜言敏
	正处级辅导员	齐向东
	副院长	张海燕
	副院长	李忠夏
	副院长	郑智航
	副院长	满洪杰
	党委副书记	王苗雨
	党委副书记	邹永厚
	副处级组织员	江小荃

续表

单　位	职　务	姓　名
信息科学与工程学院	院长（聘）	黄卫平（加拿大籍）
	党委书记	张东升
	副院长	刘　琚
	副院长	李桂秋
	副院长	刘兆军
	副院长	赵　佳
	党委副书记	宫相栋
	党委副书记	李鸿娟
	副处级组织员	马桂兰
计算机科学与技术学院	院长（聘）	成秀珍（美籍）
	党委书记	贾智平
	常务副院长	屠长河
	正处级辅导员	贺　平
	副院长（聘）	郭　灵
	副院长	彭朝晖
	党委副书记	张四化
生命科学学院	院长（聘）	谭保才（美籍）
	党委书记	曲　刚
	副院长	郭卫华
	副院长	刘相国
	副院长	张　伟
	副院长	周传恩
	党委副书记	韩春岫
	党委副书记	李　娟

续表

单　位	职　务	姓　名
环境科学与工程学院	党委书记	王曙光
	院长（聘）	蔡勇（美籍）
	常务副院长	张　建
	副院长	李玉江
	副院长	袁宪正
	副院长	胡　振
	副院长（聘）	景传勇
	党委副书记	王　斌
	副处级组织员	宋红明
国际创新转化学院	名誉院长（聘）	初大平
	院长（聘）	陈志军
	副院长（聘）	乔　岳
	副院长（聘）	邢建平
网络空间安全学院（研究院）	院长（聘）	王小云
	党委书记	王宪华
	常务副院长（聘）	王美琴
	副院长	郭山清
	副院长	魏普文
海洋研究院	党总支书记	张振山
环境研究院	院长（聘）	张庆竹
	副院长（聘）	薛丽坤
微生物技术研究院（微生物技术国家重点实验室）	院长（主任）（聘）	张友明（德籍）
	党总支书记	林建群
	执行副院长（执行副主任）（聘）	林建群
	副院长（副主任）（聘）	祁庆生
	副院长（副主任）（聘）	王禄山
	副院长（副主任）（聘）	胡　玮
前沿交叉科学青岛研究院	院长（聘）	韩圣浩
	直属党支部书记	赵　罡
	副院长	王衍章

续表

单　位	职　务	姓　名
人文社会科学青岛研究院	院　长	方　雷
	直属党支部书记兼副院长	张荣林
数学与交叉科学研究中心	主任（聘）	彭实戈
	常务副主任	赵永新
	副主任（聘）	陈增敬
	副主任（聘）	栾贻会
公共教学管理服务中心	主任（聘）	刘保东
	副主任	王建立
公共（创新）实验教学中心	主任兼资产与实验室管理处副处长（聘）	王洪君
齐鲁医学院		
齐鲁医学院	院长（兼）	陈子江
	党工委书记	刘洪渭
	常务副院长	柳丽华
	副院长	贾继辉
	副院长	王凤山
	党工委副书记、纪工委书记	陈鑫（回族）
	副院长	—
	党工委副书记	王炳学
	副院长	马春红
办公室（党工委办公室）	主　任	王明良
	副主任	王巍巍
	副主任	蔡清香
政工处	处　长	张欣平
	副处长	张海燕
	副处级组织员	王言法
学生工作处	处　长	张　青
	副处长	—
人事处	处　长	王秋生
	副处长	张乃亭

续表

单　位	职　务	姓　名
教务处	处　长	—
	副处长	王立祥
科研与国际交流处	处　长	刘奇迹
	副处长	王振光
	副处长	方　浩
研究生处	处　长	曹枫林
	副处长	李晶晶
财务与资产管理处	处　长	李蕾
	副处长	刘仁芝
继续（网络）教育中心	主　任	姜文丽
	副主任	李　泉
医院管理处	处　长	赵华强
实验动物中心	主　任	张爱国
基础医学院	院长、党委副书记	高成江
	党委书记	赵福昌
	副院长	—
	副院长	高　鹏
	副院长（聘）	于　晓
	党委副书记	李玉蓉
	副处级辅导员	刘明利
临床医学院	院长（聘）	王　欣
	党委书记	牟道玉
	副院长	马金耀
	副院长	王立祥
	党委副书记	孙　钰
公共卫生学院	院　长	李士雪
	党委书记	李士雪
	党委副书记、正处级辅导员	王永杰
	副院长	薛付忠
	副院长	赵秀兰
	副处级组织员	侯淑军

续表

单　位	职　务	姓　名
口腔医学院（口腔医院）	院　长	—
	党委书记	吕　波
	常务副院长	葛少华
	副院长	孙钦峰
	副院长	熊世江
	副院长	张春河
	副院长	宋　晖
	副院长	郭　杰
	党委副书记	齐山华
	党委副书记、纪委书记	陈国军
	党委副书记	吕光平
护理学院	院　长	王克芳
	党委书记	李　峰
	副院长	范秀珍
	党委副书记	曹　源
	副处级组织员	鲍　红
药学院	院　长	刘新泳
	党委书记	王晓林
	副院长	张　建
	副院长	张　娜
	党委副书记	张　慧
	党委副书记	马宏峰
	副处级组织员	徐文忠
医药卫生管理学院	院　长	—
	党总支书记	李雨嘉
高等医学研究院	常务副院长（聘）	马春红
	副院长（聘）	—
	副院长（聘）	彭　军
	副院长（聘）	刘招舰

续表

单　位	职　务	姓　名
附属医院		
齐鲁医院	党委书记	侯俊平
	院　长	陈玉国
	党委副书记	苏　华
	党委副书记	林亚杰
	党委副书记、纪委书记	陈莹颖
	总会计师	刘　庆
	副院长	纪春岩
	副院长	焉传祝
	副院长	程玉峰
	副院长	田　辉
	党委办公室主任	—
	党委组织部部长（兼）	林亚杰
	党委宣传统战部部长	吕　军
	离退休职工服务中心主任	曹玉美
	工会主席	陈明菊
	院长办公室主任（聘）	于承浩
	人事处处长（兼）	纪春岩
	医务处处长	杨　杰
	医院感染管理处处长	韩　辉
	门诊部主任	耿　磊
	护理部主任	栾晓嵘
	教育处处长	高　莉
	科研处处长	吕　明
	审计处处长	谢北华
	后勤保障处处长	—
	监察处处长	陈莹颖
	供应处处长（兼）	刘　庆
	基建处处长	曹雁南
	医师培训处处长	—

续表

单　位	职　务	姓　名
齐鲁医院	医疗保险管理办公室主任	孙竹平
	东院区综合管理办公室主任	岳寿伟
	信息网络中心主任	李　勇
	保卫处处长	李　超
	后勤党总支书记	—
	内科党总支书记	史德焕
	外科党总支书记	魏其珍
	妇儿神党总支书记	李爱菊
	五官肿瘤党总支书记	张桂兰
	门诊党总支书记、保健办公室主任	王丹影
	计划财务处处长	赵　欣
	法规事务处处长	董来东
	国有资产管理处处长	魏华刚
	国际合作交流处处长	—
第二医院	党委书记	袁魁昌
	院长	王传新
	党委副书记	孔令华
	副院长	王一彪
	副院长	毕建忠
	副院长	孙强三
	副院长	贾红英
	党委副书记、纪委书记	葛　楠
	党委副书记兼副院长	赵小刚
	总会计师	李彤冰
威海校区		
校区领导	校长（兼）	刘建亚
	党工委书记	尹作升
	党工委委员、常务副校长	韩建新
	党工委副书记	赵玉璞

续表

单　位	职　务	姓　名
校区领导	党工委委员、副校长	刘　海
	党工委副书记、纪工委书记	郭培良
	党工委副书记	周慧如
	党工委委员、副校长	夏利东
	党工委委员、副校长	黄凯南
党工委（校长）办公室	主　任	杨　玉
	副主任	刘晓军
	副主任	—
	副主任	顾　炜
纪检监察审计办公室	主任兼纪工委副书记	周大白
	副主任	薛施贞
	副主任	—
组织部	部　长	张文玺
	副部长	梁奉军
宣传统战部	部　长	姜　强
	副部长	魏　斌
学生工作部（学生工作处）	部（处）长	王景瑞
	副部（处）长	孙丽霞
	副部（处）长	刘会刚
	副处级辅导员	于和利
团　委	书　记	于振涛
	副书记	—
工　会	主席兼妇委会主任	朱桂华
	副主席	姜　胤
机关党委	书　记	王迎宾
离退休党委 离退休办公室	书记、主任	刘　玮
人事处	处　长	黄建军
	副处长	葛彩云
	副处长	—

续表

单　位	职　务	姓　名
教务处	处　长	王湘云
	副处长	贾慧卿
	副处长兼招办主任	—
科研处	处　长	高　军
	副处长	吴玉阁
	副处长	—
学科建设与研究生处	处　长	吴丙新
	副处长	陈昌珠
	副处长	—
财务处	处　长	于燕臣
	副处长	—
国际合作与交流处（港澳台事务办公室）	处长（主任）	孔海燕
	副处长	孟凡波
资产与实验室管理处	处　长	王福安
	副处长	宋玉厚
	副处长	原所东
保卫处	处　长	林朝旭
	副处长	王绍林
基建处	处　长	王祖杰
	副处长	孙可寒
后勤管理处	处　长	陈广奕
	党总支书记	韩延伟
	副处长	宋云龙
	副处长	佟　强
图书馆	馆　长	谢穗芬
	直属党支部书记	辛洪云
	副馆长	左　峰
	副馆长	王学福
网络与信息管理中心	主　任	王　亮
	副主任	—

续表

单　位	职　务	姓　名
继续教育学院	院　长	张秉江
	副院长	井海波
东北亚学院	院长（兼）	赵玉璞
	党委书记	谷丽霞
	副院长	张景全
	副院长	毕颖达
	党委副书记	陈　昕
商学院	院长、党委副书记	戚桂杰
	党委书记	袁相万
	副院长	杨　林
	副院长	夏　辉
	副院长	刘　超
	副院长	陈学胜
	党委副书记	郭晓妮
	党委副书记	孔　雷
法学院	院长、党委副书记	肖金明
	党委书记	汪全胜
	五级职员	牛文军
	副院长	姜世波
	副院长	刘　军
	副院长	张　乐
	党委副书记	侯丽娜
文化传播学院	院长、党委副书记	张红军
	党委书记	于培丽
	副院长	管恩森
	副院长	张文祥
	副院长	—
	党委副书记	周玉宏

续表

单　位	职　务	姓　名
翻译学院	院长、党委副书记	申富英
	党委书记	栗庆冬
	副院长	李万军
	副院长	李　克
	副院长	梁　远
	副院长	—
	党委副书记	常伟东
艺术学院	院长（兼）	李晓峰
	党委书记	李恒江
	副院长	张　剑
	副院长	纪维剑
	副院长	赵　鸿
	党委副书记	宗文婷
海洋学院	院长（兼）	贾　磊
	党委书记	孙文范
	常务副院长（聘）	梁振林
	副院长	杜宗军
	副院长	李　霞
	副院长	葛长字
	党委副书记	范　蕊
机电与信息工程学院	党委书记	彭兆强
	常务副院长、党委副书记	王　丽
	副院长	刘若伦
	副院长	陈　原
	副院长	姜　斌
	副院长	—
	副院长	宋凯凯
	党委副书记	单登科
	党委副书记	高佚婧

续表

单　位	职　务	姓　名
空间科学与物理学院	党委书记	迟　涛
	常务副院长（副处级）	王守宇
	副院长	陈　耀
	副院长	胡绍明
	副院长	吕英波
	党委副书记	李　冶
空间科学研究院	行政副院长	杜　猛
数学与统计学院	院长（聘）	张益唐
	党委书记	单丙波
	常务副院长、党委副书记	綦建刚
	副院长	李　娟
	副院长	齐海涛
	副院长（聘）	郭　亮
	党委副书记	王鹏飞
马克思主义学院（威海）	院长、党委副书记、 兼马克思主义学院副院长	吴文新
	党委书记	郝书翠
	正处级组织员	李洋修
	副院长	马秋丽
	副院长（聘）	焦　佩
体育教学部	主　任	张　颖
	直属党支部书记	叶军堂
	副主任	王友坤
	副主任	张　奇
国际教育学院	院　长	蒋保臣
	正处级组织员	杨金才
澳国立联合理学院	院长（兼）	刘建亚
	执行院长	吕广世
	党委书记	孔海燕
	党委副书记	范其学

续表

单　位	职　务	姓　名
非实职处级干部		邹　海
		闫涛蔚
		徐希锋
		高绍山

基本情况综合统计

山东大学 2019 年度统计公报

一、各类在校生数（单位：人）

学生类别		人数
本科生研究生	本科生	41037
	全日制硕士研究生	15205
	非全日制硕士研究生	4166
	全日制博士研究生	5205
	非全日制博士研究生	7
	小计	65620
成教生	成人本专科生	4082
	网络本专科生	106241
	小计	110323
留学生	学历教育留学生	1560
	非学历教育留学生	2030
	小计	3590
在职硕士		3789
其他学生	普通预科班	122
	进修及培训生（一年以上）	387
	小计	509
在校生数总计		183831

四、学科规模（单位：个）

分类	数量
博士学位授权一级学科点	44
博士学位授权二级学科点	1
硕士学位授权一级学科点	54
硕士学位授权二级学科点	0
博士后科研流动站	42
国家级重点学科（一级）	2
国家级重点学科（二级）	14
国家重点（培育）学科	3
省（部）级重点学科	70
国家重点实验室	2
国家工程实验室	2
国家工程技术研究中心	3
省部级设置的研究院所及实验室	152

续表

二、教职工数（单位：人）

分类			人数
（一）	教职工总数		8029
	1	专任教师	4530
		行政人员	1233
		教辅人员	1193
		工勤人员	275
	2	科研机构人员	399
	3	校办企业职工	89
	4	其他附设机构人员	310
（二）	聘请校外教师		586
（三）	离退休人员		5080

三、职称情况（单位：人）

分类	职称	人数
教职工	正高级	1634
	副高级	2453
	中级及以下	3942
	小计	8029
其中：专任教师	正高级	1501
	副高级	1727
	中级及以下	1302
	小计	4530

五、校舍情况（学校产权）（单位：平方米）

分类			面积
（一）	学校占地面积		5187690.72
（二）	校舍面积		3236917.51
	1	教学及辅助用房	1190440.02
	2	行政办公用房	111969.01
	3	生活用房	902132.05
	4	教工住宅	891796.29
	5	其他用房	140580.14

六、学校其他情况（学校产权）

分类	数量
固定资产总量（万元）	1138765.97
教学科研仪器设备资产（万元）	303135.03
信息化设备资产（万元）	60347.66
图书（万册）	747.9656
电子图书（册）	871586
网络多媒体教室数（间）	816
管理信息系统数据总量（GB）	5795
上网课程数（门）	4574

注：
统计时期：2018.10.1～2019.9.30
统计时点：2019.9.30

大事记

山东大学 2019 年大事记

1 月

3 日　教育部思想政治工作司公布第一批、第二批高校思想政治工作精品项目名单，山东大学“添翼工程”项目成功入选第一批高校思想政治工作精品项目，培育周期 2 年，教育部一次性拨付建设经费 10 万元。

8 日　中共中央、国务院在北京隆重召开 2018 年度国家科学技术奖励大会。中共中央总书记、国家主席、中央军委主席习近平等党和国家领导人出席奖励大会并为获奖人员颁奖。2018 年度，山东大学共获得四项国家科学技术奖，其中山东大学齐鲁医院张澄教授等完成的项目“心血管重构分子机制、检测技术和干预策略的基础研究”获国家自然科学二等奖；能源与动力工程学院李国祥教授参与完成的项目“重型商用车动力总成关键技术及应用”、控制科学与工程学院的王静副研究员参与完成的项目“地质工程分布式光纤监测关键技术及其应用”获国家科技进步一等奖，基础医学院的高成江教授参与完成的项目“葡萄膜炎病证结合诊疗体系构建研究与临床应用”获国家科技进步二等奖。

同日　山东大学一流本科教育学生座谈会在中心校区举行。校长樊丽明出席会议并为与会本科生上思政课。校党委副书记仝兴华主持座谈会。座谈会上，与会学生代表谈了对一流本科教育的认识并围绕学生发展、能力提升、国际化、一校三地共建共享、课程与讲座、教师水平与激励机制、科研能力、管理效能等进行了发言，对学校本科教育工作提出了意见和建议。

12 日　教育部高等学校“研究生思想政治理论课”分教学指导委员会 2019 年年会在山东大学中心校区召开。教育部高等学校研究生思想政治理论课分教指委主任委员、中国人民大学党委书记靳诺，山东大学党委书记郭新立，山东省教育厅副厅长关延平等出席会议。

14 日　按照中纪委机关、中组部关于认真开好 2018 年度党员领导干部民主生活会的通知，根据中组部、教育部党组和山东省委部署要求，山东大学领导班子召开了 2018 年度民主生活会。中央督导组和山东省委组织部、省委教育工委有关负责同志到会指导。校党委书记郭新立主持会议并作总结讲话。校长樊丽明和其他班子成员参加会议，副校长陈子江、程林列席会议。

15 日　经第十四届党委第 15 次常委会研究决定：

王丽君同志任新闻传播学院党委副书记，免去其材料科学与工程学院党委副书记职务；

免去王欣同志的新闻传播学院党委副书记职务；

免去刘丽娟同志的药学院办公室主任职务。

17 日　爱思唯尔（Elsevier）正式发布了 2018 年中国高被引学者（Chinese Most Cited Researchers）榜单，来自 229 个高校/科研单位/企业、分布在 38 个不同学术领域的 1899 位学者入选。山东大学有 22 位学者入选。

18 日　山东大学 2018 年度领导班子和领导人员年度考核及选人用人“一报告两评议”会议在中心校区召开。校党委书记郭新立代表学校党委报告 2018 年度选人用人工作情况，并代表学校领导班子作 2018 年度述职报告。校长樊丽明主持会议。

19～20 日　山东大学 2018 年度中层领导班子述职汇报评议会在中心校区召开。校党委书记郭新立出席会议并讲话。校长樊丽明主持会议。

21 日　通过山东大学机械工程学院与美国弗吉尼亚理工大学“3＋2”联合培养项目进入美国弗吉尼亚理工大学学习的学院机械设计制造及其自动化专业机电方向 2012 级本科生崔华晨，以第一作者在全球著名的国际顶级期刊 *Nature Materials*（IF 39.235）上发表题为“Three-dimensional printing of piezoelectric materials with designed anisotropy and directional response”的研究论文。文章中，崔华晨（论文第一作者）所在的郑小雨（论文通讯作者）团队首次将机械超材料赋予智能化，将其所有力学特性传递到电压输出，拓展出新的机电耦合超材料。

22～23 日　山东大学 2019 年校领导班子寒假工作务虚会在中心校区举行。校党委书记郭新立主持会议，校长樊丽明等全体校领导出席会议。此次会议的主题是：以习近平新时代中国特色社会主义思想为指导，全面贯彻落实全国教育大会精神，紧紧围绕学校第十四次党代会确立的目标任务和战略部署，聚焦人才强校和学术兴校，以追求卓越、只争朝夕的状态，谋大事、干大事、成大事，加速推进学校“双一流”建设，加快实现“由大到强”的历史性转变。

23 日　经党委常委会研究决定：

张海波同志任保密工作办公室主任兼党委办公室、校长办公室副主任，免去其党委组织部副部长职务；

周传健同志任科学技术研究院副院长（副处级），免去其材料科学与工程学院副院长职务；

朱子川同志任经济学院党委副书记。

以上新提拔干部试用期一年。

免去荣晓燕同志的党委办公室副主任、校长办公室副主任、保密工作办公室主任职务。

25 日　国家卫健委耳鼻喉科学重点实验室共建共享工作研讨会暨授牌仪式在趵突泉校区举行。校长樊丽明出席会议并讲话，副校长、齐鲁医学院院长陈子江出席会议。

29 日　山东大学与山东省商业集团有限公司（简称“鲁商集团”）合作共建山东大学药学科学院签约暨揭牌仪式在山东省药学科学院举行。鲁商集团党委副书记、总经理、山东省药学科学院理事长凌沛学，山东大学副校长、齐鲁医学院院长陈子江出席活动并致辞。

本月　中国科学文献计量评价研究中心推出一个重磅研究报告《世界学术期刊学术影响力指数（WAJCI）年报》。该报告显示，《山东大学学报》（哲学社会科学版）在世界综合性人文社会科学期刊学术影响力指数排名中居第 113 位，在 WAJCI-Q2 区中国综合性人文社会科学期刊中居第 34 位。

本月　山东省科技厅发布《关于公布 2018 年度山东省工程技术研究中心建设名单的通知》，依托山东大学建设的山东省海洋微生物菌种保藏与应用工程技术研究中心、山东省绿色制造工程技术研究中心、山东省高性能微纳器件与芯片集成工程技术研究中心、山东省绿色建筑智能建造工程技术研究中心、山东省特殊环境作业机器人与装备工程技术研究中心、山东省肿瘤标志物检测工程技术研究中心等 6 个中心获批立项建设。

本月　教育部公布了 2018 年度高等学校科学研究优秀成果奖（科学技术）的授奖决定。山东大学以第一完成单位共获得 6 项奖励，其中一等奖1 项、二等奖 5 项，获奖总数位列全国高校第十。此外，山东大学作为合作单位还获得技术发明一等奖 1 项。

本月　教育部公布了 2018 年国家精品在线开放课程认定结果，山东大学共有 4 门课程入选。至此，山东大学国家精品在线开放课程总数达到 21 门，入选数量位居全国高校第 10 位。本次入选的 4 门课程分别是：数学学院张天德教授主持的“数学竞赛选讲”，生命科学学院魏天迪副教授主持的“生物信息学”，基础医学院侯桂华教授主持的“辐射与防护”，机械工程学院王震亚副教授主持的“设计创意生活”。

2 月

1 日　山东大学校长樊丽明率团访问文化和旅游部，就深入推进“全球汉籍合璧工程”进展等有关问题，与文化和旅游部副部长张旭等进行了深入会谈。国家图书馆副馆长兼国家古籍保护中心副主任张志清、文化和旅游部公共服务司副司长白雪华、山东大学常务副校长王琪珑参加会谈。

19 日　山东大学在中心校区举行山东省两会部分人大代表、政协委员座谈会，就山东大学怎么实现由大到强的历史性转变、怎么更好地服务山东进行交流。校党委书记郭新立主持会议并作总结，校长樊丽明参加会议并讲话。

21 日　中共山东大学第十四届委员会第三次全体会议在中心校区明德楼举行。党委委员 25 人出席会议，非党委委员的学校领导和纪委委员列席会议。会议听取并审议通过了郭新立同志代表常务委员会所作的《中共山东大学第十四届委员会第三次全体会议工作报告》。

21～23 日　国家自然科学基金（NSFC）重大研究计划“大气细颗粒物的毒理与健康效应”2018～2019 年度学术交流会在青岛召开。本次会议由国家自然科学基金委员会化学科学部主办，山东大学环境科学与工程学院、中国科学院生态环境研究中心联合承办。中国科学院院士张玉奎、江桂斌和中国工程院院士郝吉明、朱利中等作为专家组成员出席了会议。来自清华大学、北京大学、中国科学院等国内知名高校和科研机构的专家及项目负责人近 150 人参加了本次会议。会议期间，山东大学校长樊丽明会见了部分与会专家。

22 日　山东大学在中心校区召开新学期工作会议，安排部署学校 2019 年重点工作。校党委书记郭新立主持会议并作总结讲话，校长樊丽明就 2019 年重点工作进行部署。樊丽明从切实加强党的领导和党的建设、全面加快世界一流大学建设进程两方面回顾了学校 2018 主要工作。她指出，2018 年学校工作有声有色，改革发展进入快车道，但也要清醒认识到工作中还存在的一些问题和不足，必须高度重视，在 2019 年工作中加以改进并取得阶段性突破。郭新立重点围绕如何实现学校“由大到强”的历史性转变，以及如何做好 2019 年各项工作提出了要求。

本月　教育部办公厅公布了第二批“三全育人”综合改革试点单位名单，山东大学历史文化学院入选全国“三全育人”综合改革试点院（系）。在学校党委的正确领导下，山东大学历史文化学院历来高度重视学生培养和思想政治工作，形成了优良的育人传统和风格，在学科、教学、科研、师资等方面具备了良好的基础和优势，在党建引领、学风建设、学生实习实践和社团指导、班主任工作、家校联系等方面形成了比较鲜明的特色。

本月 山东大学首届“一院一品”校园文化建设项目完成评审，全校共57个项目获得立项，其中重点项目10个，一般项目22个，培育项目25个。“一院一品”校园文化建设项目申报评选活动是学校党委按照教育部《高校思想政治工作质量提升工程实施纲要》要求，结合学校实际打造的校园文化建设品牌。

本月 中国高等教育学会公布了2014～2018年全国普通高校本科学科竞赛评估结果，山东大学以获奖397项、总分95.95的成绩位列全国高校第七位。排名前三位的分别是浙江大学、哈尔滨工业大学和武汉大学。

本月 经国家出版基金评审专家评审并由国家出版基金管理委员会批准，2019年度国家出版基金资助项目名单公布。山东大学出版社报送的《中国辞赋编年史》《当代中国戒毒创新研究》《核塌缩型超新星的演化》三个项目获国家出版基金资助。项目预计于2019年底出版。

3月

6日 山东大学新学期学生工作会议在中心校区举行。校党委副书记仝兴华主持会议并部署2019年学生工作。仝兴华在讲话中表示，2018年一校三地全体学生工作队伍同心同向、凝聚合力、共同努力，学生工作取得了较好成绩，为学校整体工作和学生培养作出了重要贡献；2019年是学校实现“由大到强”历史性转变的关键之年，学生工作队伍要付出更大努力，围绕落实立德树人根本任务，继续秉持追求卓越、只争朝夕的精神状态，齐心协力、狠抓落实，写好奋进之笔。

同日 全国人大代表、山东大学校长樊丽明做客人民网两会“高谈客论”栏目，就世界一流大学建设相关话题，与网友进行了交流。

7日 中国工程院院士、北京大学教授、鹏城实验室主任高文所作的题为《人工智能发展现状与趋势》的学术报告会在山东大学青岛校区举行；中国工程院院士、北京航空航天大学赵沁平教授，高文院士受聘仪式暨山东大学——北航虚拟现实技术与系统国家重点实验室虚拟现实联合实验室签约与揭牌仪式同时举行。山东大学党委书记郭新立出席仪式并致辞。山东大学党委副书记、青岛校区党工委书记张永兵主持活动，山东大学副校长、青岛校区校长韩圣浩出席活动。

8日 山东大学在中心校区举行纪念“三八国际劳动妇女节”109周年暨先进表彰座谈会，对2018年度妇女工作先进集体和个人进行表彰。山东大学党委书记郭新立出席会议并讲话，校党委副书记、纪委书记陈向阳出席会议。

8～9日 智能通信与边缘计算国际研讨会暨国家自然科学基金重点国际（地区）合作研究项目启动会在山东大学举办。中国工程院院士、山东大学讲席教授张明高担任会议名誉主席；中国工程院院士、海军航空大学信息融合研究所所长、海战场信息感知与融合技术军队重点实验室主任何友出席会议并作报告。会议期间，山东大学党委书记郭新立会见何友院士，并就控制与信息学科建设与发展等有关事宜进行座谈交流。山东大学常务副校长王琪珑出席会议开幕式并致辞。

13 日　QS 全球教育集团中国总监张巘博士应邀到青岛校区作题为《山东大学建设世界一流大学和学科：QS 观点》的专题报告。山东大学党委副书记、青岛校区党工委书记张永兵，青岛校区副校长李振奎出席会议，青岛校区党工委副书记郭邦礼主持会议。

15 日　山东大学生殖医学研究中心在减数分裂领域取得重大突破，研究成果“Per-nucleus crossover covariation and implications for evolution”发表于国际权威学术杂志 *Cell*。该研究发现并解析了交叉重组频率在同一减数分裂细胞的不同染色体之间协同变化这一重组调控新机制，揭示其在生物进化适应中的重要作用，并且为深入研究染色体结构与重组之间的关系及重组对生物进化适应的影响，提供了新思路。生殖医学研究中心王顺心教授为该文章的第一兼共同通讯作者，山东大学为第一作者单位和通讯作者单位。

17 日　央视《新闻联播》“打牢学生成长的科学思想基础——全国高校思想政治理论课建设综述”报道山东大学《百微山大》系列视频工程典型做法，强调高校应运用新媒体、新技术，将思政工作做到在学生心坎上。

19 日　2019 年山东大学国际交流与合作工作推进会在中心校区举行。山东大学校长樊丽明出席会议并讲话，副校长韩圣浩主持会议，校党委常委、宣传部部长桑晓旻出席会议。樊丽明作了题为《凝心聚力 只争朝夕 加快推进山东大学国际交流与合作》的讲话，围绕学校事业发展中心任务，就进一步推进国际化重点工作进行了动员和部署。

20 日　美国哈佛大学 James Hankins 教授应山东大学政治学与公共管理学院的邀请，在青岛校区图书馆报告厅作了题为《近现代欧洲早期的贤能政治，为什么利玛窦认为中国是一个乌托邦?》的学术讲座，山东大学政管学院院长贝淡宁主持讲座。

21～26 日　山东大学—山口大学友好交流 40 周年系列庆祝活动在山东大学举行。山口大学校长冈正朗一行访问山大，参加庆祝活动。山东大学校长樊丽明会见了代表团一行，并出席 25 日举行的两校友好交流 40 周年庆祝仪式。

22 日　山东大学服务山东十六地市人才引进专场招聘会在山东大学中心校区体育馆举行，来自全省 16 地市的 430 家用人单位参加了招聘会。本次招聘会是按照学校“服务山东”战略，首次邀请全省 16 地市政府人社部门组织当地重点用人单位到校参加的大型招聘会，为山大及省内外高校毕业生在山东省就业、为各地市引进人才提供了良好平台。

同日　经第十四届党委第 14 次常委会研究决定：

聘任蔡勇为环境科学与工程学院院长；
聘任景传勇为环境科学与工程学院副院长。

23 日　第 59 届山东大学企业发展论坛暨山东大学济南校友 2019 年会举行。本次论坛的主题是：服务山东遇见山大系，聚创齐鲁走进新时代。山东大学党委书记郭新立，济南市人大常委会副主任李胜利，山东大学济南校友会会长、浪潮集团董事长孙丕恕分别致辞。山东大学常务副校长王琪珑出席活动。

23～24 日　第八届控制科学与工程高端学术论坛暨随机与非线性控制前沿热点研讨会在山东大学举行。中国工程院院士、东北大学柴天佑教授出席会议并作报告，中国工程院院士、中南大学桂卫华教授就自动化未来发展趋势与参会代表座谈研讨。山东大学常务副校长王琪珑出席论坛开幕式。

24～31 日　为期八天的 2019 年全国游泳冠军赛暨世锦赛选拔赛在山东青岛落幕。山东大学 2018 级本科生季新杰、杨彩萍参加比赛，并获得 1 金 4 银1 铜的优异成绩。

25 日　日本山口大学校长岡正朗率教授团来访山东大学齐鲁医学院，参加两校合作举办的山东大学一山口大学医学学术研讨会，庆祝两校友好交流 40 周年。访问期间，山东大学副校长、齐鲁医学院院长陈子江会见代表团一行并在研讨会开幕式上致辞。

27 日　2019 年《中国研究生》编委、顾问会议在山东大学举行。中国工程院院士、《中国研究生》编委会主任赵沁平，山东大学党委书记郭新立、常务副校长王琪珑，教育部学位中心主任黄宝印、山东省教育厅巡视员张士俊出席会议并分别致辞。

28 日　中国科学院院士、山东大学网络空间安全学院院长王小云当选 2019 年国际密码协会会士（International Association for Cryptologic Research Fellow）。IACR 是国际最权威的密码学科研组织，致力于密码学及相关领域的前沿研究。从 2004 年开始，为表彰对密码学研究作出卓越贡献的人士，国际密码协会（IACR）每年进行会士选举。该工作主要由 IACR 会士选举委员会承担，结合会员的投票结果，每年确定三到七位会士。中国科学院院士王小云是继 2010 年姚期智教授之后，第二位当选 IACR 会士的中国科学家。

同日　山东大学 2019 届毕业生春季就业双选会在中心校区体育馆举行，来自全国 21 个省（直辖市、自治区）的 430 余家用人单位参会，其中包括部分校友企业。本次双选会参会单位共提供岗位需求 16000 余个，包括部分实习岗位。

同日　山东大学国际问题研究院揭牌仪式暨百年大变局高端对话在威海校区举行。山东大学校长樊丽明，威海市委副书记张宏伟，山东大学副校长、威海校区校长刘建亚，威海校区党工委书记尹作升等出席揭牌仪式。高端对话邀请了来自国际关系、世界经济、城市与环境等研究领域的七位著名专家共同探讨“百年大变局”这一主题。

29 日　山东大学在中心校区体育馆举行 2018 年度“榜样的力量”优秀学生颁奖典礼，表彰了 2018 年“山东大学‘榜样的力量’学生年度人物”、校长奖获得者等优秀学生代表。学校党委书记郭新立、校长樊丽明出席典礼并致辞。

30 日　第十届全国大学生数学竞赛决赛在哈尔滨工业大学举行，山东大学代表队获数学专业组一等奖 2 人，获非数学专业组一等奖 1 人。山东大学获优秀组织奖。

本月　教育部社科司公布了 2019 年度教育部人文社会科学研究一般项目立项名单（教社科司函〔2019〕33 号），山东大学 29 项课题获准立项，居全国高校第八位。其中，规划基金项目 13 项，青年基金项目 13 项，专项研究课题 3 项，总立项经费 254 万元。

本月　山东大学在医学领域取得大突破，研究团队在 *Cell* 发表论文 1 篇、医学顶级期刊《新英格兰医学杂志》（*NEJM*，IF＝79）发表 1 篇论文、《柳叶刀》（Lancet，IF＝53）发表 2 篇论文。

本月　由山东大学齐鲁医院急诊科陈玉国教授团队骨干徐峰教授牵头主持的国家科技基础资源调查专项项目——“中国人群心脏骤停发病率、病死率及危险因素调查”获科技部批准立项，项目研究期 4 年，获中央财政专项经费资助 1200 万元。这是“十三五”国家科技计划改革以来，学校首次获批该类型的国家级重大科研项目。

本月　山东大学齐鲁医院消化科左秀丽教授牵头主持的国家重点研发计划“智能机器人”重点专项——“消化内镜微创手术机器人关键技术及系统”项目获科技部批准立项。项目研究期三年，总经费 2282 万元，其中中央财政专项经费 1082 万元。

本月　教育部公布了 2018 年度国家虚拟仿真实验教学项目认定结果，共有 184 所高校的 296 个项目获得认定，山东大学参评的 4 个项目全部入选，在全国高校中位居第六位。山东大学此次入选的 4 个项目是：生命科学学院郭卫华教授主持的“黄河三角洲湿地生态系统演替与修复实验”虚拟仿真实验教学项目，机械工程学院姜兆亮教授主持的“超高速切削加工虚拟仿真实验”虚拟仿真实验教学项目，护理学院王克芳教授主持的“股骨颈骨折合并糖尿病病人护理”虚拟仿真实验教学项目，新闻传播学院倪万教授主持的“基于多角色扮演的新闻发布交互式演练”虚拟仿真实验教学项目。

本月　教育部公布了 2018 年度普通高等学校本科专业备案和审批结果，山东大学共获批增设 6 个战略新兴本科专业，包括网络空间安全（080911TK）、人工智能（080717T）、数据科学与大数据技术（080910T）、智能制造工程（080213T）、生物医学科学（100103T）、材料科学与工程（080401）。本科专业结构进一步优化，本科专业现代化建设取得阶段性成果。

4 月

2 日　“习近平总书记在学校思想政治理论课教师座谈会上重要讲话精神”学习研讨会在山东大学召开。研讨会由教育部思想政治工作司指导，中国高等教育学会、中国高等教育学会辅导员工作研究分会、《高校辅导员》编辑部主办。中国高等教育学会副秘书长郝清杰，山东大学校长助理、人文社科研究院院长邢占军以及 6 位参加学校思想政治理论课教师座谈会的全国高校辅导员年度人物和全国高校辅导员素质能力大赛获奖者出席会议，全国部分高校辅导员骨干、思政工作骨干以及部分山东高校辅导员名师工作室主持人及骨干成员和部分山东大学处级辅导员工作室主持人参加会议。中国高等教育学会辅导员工作研究分会秘书处办公室主任夏晓虹主持会议。

3 日　为发挥老干部、老战士、老专家、老教师、老模范（以下简称“五老”）的独特优势，促进学生成长成才，提升“三全育人”工作实效，山东大学启动“五老”担任学生德育辅导员工作并举行首批聘任仪式。学校党委副书记仝兴华出席仪式。

同日　经 2019 年 4 月 1 日第十四届党委第 19 次常委会研究决定：

聘任栾贻会为数学与交叉科学研究中心副主任。

王明山同志任兴隆山校区管理办公室副主任，免去其后勤保障部总工程师职务；

免去李旭新同志的兴隆山校区管理办公室主任职务；

免去张希华同志的党委办公室、校长办公室副主任职务。

4 日　2018 年度山东省科学技术奖励大会在济南隆重召开，会议表彰了荣获 2018 年度国家科学技术奖和山东省科学技术奖的单位和个人，省委书记刘家义，省委副书记、省长龚正等省领导为获奖代表颁发获奖证书。山东大学获 2018 年度国家科学技术奖共计 4 项，其中山东大学齐鲁医院张澄教授团队完成的成果“心血管重构分子机制、检测技术和干预策略的基础研究”荣获国家自然科学二等奖，山东大学作为参与单位获国家奖 3 项。山东大学获 2018 年度获山东省科学技术奖共计 27 项，其中作为第一完成单位（人）获一等奖 3 项、二等奖 7 项、三等奖 1 项；作为参与单位（人）获一等奖 6 项、二等奖 9 项、三等奖 1 项。

同日　山东大学干部教师专题报告会举行。清华大学首批文科资深教授谢维和作了《创新人才培养的机制环境》的专题报告。校党委书记郭新立主持报告会。报告中，谢维和教授结合中外高校相关工作案例，围绕创新人才培养的学科制度改革、专业制度改革两个方面作了系统阐释和深入论述。

10～15 日　山东大学“榜样的力量”优秀学生宣讲会分别在济南、威海、青岛三地举行。本次宣讲会共举办七个场次，35 名优秀学生代表围绕专业学习、科研竞赛、社会实践、学生工作、志愿服务、国际交流等方面内容，结合各校区不同学科、专业特色与现场同学们进行经验分享与交流，充分展现了他们在大学生活中踏实求学、勇往直前、锐意创新的精神风貌和爱国爱校、奉献社会的家国情怀，进一步增强了优秀榜样的感召力和影响力。

13 日　2018 年，第十五届王大珩光学奖评审会在北京召开，物理学院陈峰教授指导的博士研究生聂伟杰在众多候选人中脱颖而出，荣获王大珩光学奖——高校学生光学奖。这也是山东大学学生首次获得该项奖励。

15 日　经 2019 年 4 月 15 日第十四届党委第 20 次常委会研究决定：

赵海同志任党委组织部副部长，免去其山东大学报社副社长兼主编职务。

16 日　山东大学本科教学指导委员会 2019 年第一次会议在中心校区召开。主任委员、校长樊丽明出席会议并讲话，副校长韩圣浩主持会议，副校长陈子江出席会议。会议审议了本科生院院长刘传勇作的学校本科教育教学工作 2018 年总结及 2019 年计划，评审了 4 个拟申报新增的本科专业，并讨论了相关工作。

同日　经 2019 年 4 月 15 日第十四届党委第 20 次常委会研究决定：

聘任邢建平为创新创业学院副院长。

17～18 日　山东大学党委 2019 年第一轮巡察工作动员部署会暨巡察组培训会在中心校区召开。校党委书记、巡察工作领导小组组长郭新立出席会议并作动员讲话。校党委副书记、青岛校区党工委书记张永兵，校党委副书记、纪委书记、巡察工作领导小组副组长陈向阳，党委常委、组织部部长、巡察工作领导小组成员陈宏伟，党委常委、宣传部部长、巡察工作领导小组成员桑晓旻出席会议。陈向阳主持会议。

19 日　山东大学 2019 年田径运动会在中心校区开幕。山东大学党委书记郭新立，校长樊丽明，常务副校长王琪珑，党委副书记仝兴华，副校长芦延华，党委常委、宣传部部长桑晓旻等出席开幕式。仝兴华主持开幕式。开幕式上，伴随激昂的《运动员进行曲》，带着对祖国的美好祝福，山东大学国旗方队、校旗方队、校徽方队和迎国庆标语方队迈着铿锵有力的步伐走过主席台。随后，国防生护旗方队、裁判员队伍及各单位运动员代表队喊着响亮的口号依次入场，他们或身着队服意气风发，或手举标牌身姿雄健，并结合各单位特色带来了舞蹈、演唱等节目展示，展现出山大师生医务员工蓬勃向上的生机与活力。

19～20 日　山东大学在全校范围内开展了首届“体育大课堂”活动。今年的体育大课堂以田径运动会为主体，以各单位自行组织的体育活动为补充，不参与田径运动会的学生可以参加各自学院组织的体育活动。除参加田径运动会的1059名运动员以外，共有20个学院5000余人次参加活动。

21日　新中国土地制度演变与农业发展研讨会在山东大学召开。本届论坛由山东大学经济研究院、山东发展研究院主办，来自中国农业经济学会、中国社科院、中国人民大学、中国农业大学、中央财经大学、江西财经大学、山东大学等机构和高校的多位农村经济和土地制度研究领域专家参加研讨。山东大学党委副书记仝兴华出席会议并致辞。会议由山东大学经济研究院院长黄少安教授主持。

23日　校长樊丽明一行到青岛校区调研国家糖工程技术研究中心运行情况，并访问青岛海检集团，推进共建海检研究院事宜。青岛海检集团党委书记、董事长王立宇，校党委副书记、青岛校区党工委书记张永兵出席相关活动。

同日　经2019年4月15日第十四届党委第20次常委会研究决定：

阚铮同志任哲学与社会发展学院党委副书记；

杨再兴同志任微电子学院副院长，试用期一年。

25日　山东大学与富士康科技集团党委战略合作协议签约仪式在中心校区举行。山东大学党委书记郭新立、富士康科技集团党委书记刘忠先出席签约仪式并致辞，山东大学常务副校长王琪珑与刘忠先代表双方签署协议。

25～26日　山东大学第十八届国际文化节在中心校区举行。山东大学党委副书记仝兴华，党委常委、宣传部部长桑晓旻出席相关活动。来自世界上100多个国家和地区的留学生及山东大学中国师生、兄弟院校代表等数千人参加了文化节。山东大学国际文化节开始于2001年，今年是第18届。18年来，一批又一批来自世界各地的国际学生自信地走上舞台，展示他们丰富多彩的民族文化的魅力。山东大学国际文化节已经成为体现山东大学理解、包容、开放、向上的校园文化特色品牌，成为山东大学全体师生们的文化盛宴。

26日　山东大学召开人文社科学术工作会议，会议主题是“顺应时代、继承传统、服务国家、创新发展，为加快构建中国特色哲学社会科学作出山大贡献”。校党委书记郭新立、校长樊丽明出席会议并讲话，教育部社会科学司司长刘贵芹、山东省委宣传部副部长孔繁轲在会上致辞，山东大学终身教授、讲席教授刘大钧、袁世硕、曾繁仁、路遥出席会议。会议由常务副校长王琪珑主持。

27日　由济南市、团省委和山东大学共同主办的山东大学2019年度志愿服务济南社区行动启动暨志愿服务工作站揭牌仪式在济南市洪家楼街道七里堡社区举行。山东大学校长樊丽明出席活动并讲话，校党委副书记仝兴华一同参会。济南市委常委、市总工会主席雷天太，共青团山东省委副书记李梦遥等出席仪式。

28日　山东大学第四届教职医务员工代表大会第一次会议暨第十九届工会会员

代表大会第一次会议在中心校区科学会堂开幕。会议应出席代表 444 人，实际出席 421 人，符合法定人数。根据会议议程，校党委书记郭新立致开幕词，校长樊丽明作学校工作报告。

29 日　教育部等 13 部委在天津联合召开“六卓越一拔尖”计划 2.0 启动大会。教育部党组书记、部长陈宝生出席会议并作了题为《掀起一场高等教育质量革命，助力打造质量中国》的报告，党组成员、副部长钟登华主持会议。山东大学校长樊丽明率团参会，并被聘为新文科建设工作组组长和基础学科拔尖学生培养计划 2.0 专家委员会成员；副校长陈子江被聘为新医科工作组成员。

同日　山东大学学习习近平总书记“纪念五四运动 100 周年大会”讲话精神青年师生座谈会在中心校区举行。校党委书记郭新立结合习近平总书记在纪念五四运动 100 周年大会上的重要讲话精神，与一校三地的青年师生医务员工代表交流学习心得，畅谈新时代山大青年的成长和发展。

本月　教育部公布了 2018 年高等教育国家级教学成果奖获奖项目名单，山东大学作为独立完成单位组织完成的“依托学科优势构建以生为本的数学公共课课程体系与创新人才培养模式”获得二等奖。

本月　据国家自然科学基金委员会和英国皇家学会（The Royal Society）通知，山东大学空间科学研究院、空间科学与物理学院史全岐教授申请的“近地空间天气活动中小尺度过程的全球效应”项目获 2019 年牛顿高级学者基金（Newton Advanced Fellowship）资助。

本月　教育部印发《关于同意设立山东大学澳国立联合理学院的函》，山东大学首个中外合作办学机构获批设立。山东大学澳国立联合理学院（SDU-ANU Joint Science College，Shandong University）借助山东大学与澳大利亚国立大学学科优势，通过引进世界一流大学的办学理念、管理体制和优质教育资源，改革创新课程体系和教学方法，培养具有国际视野、创新精神和实践能力的精英人才。

本月　山东省教育厅下发《关于成立 2019～2022 年山东省本科教育教学指导委员会的通知》，山东大学推荐的 71 位教授和 13 位业界专家获聘 2019～2022 年山东省本科教育教学指委会委员。受聘委员分布于 49 个专业类或专门工作指导委员会，其中樊丽明等 13 位教授为主任委员，数量超过本届主任委员总数的 1/5；另有于良春等 18 位教授为副主任委员，李华等 3 位教授为秘书长。

本月　国家发展改革委公布了 2018 年度国家地方联合工程研究中心名单。山大控制科学与工程学院张承慧教授牵头申报的“新能源与高效节能”国家地方联合工程研究中心获批建设。这是山东大学首个国家地方联合工程研究中心，也是全面推动“双一流”建设之际在国家级平台建设方面取得的重要突破。

本月　著名学者龚鹏程先生接受山东大学邀请，就任山东大学文学院专任讲席教授。4 月 24 日下午，山东大学校长樊丽明在中心校区学人大厦会见龚鹏程教授，对其来校任教表示欢迎，并就山东大学的学术研究和学术交流等话题深入交换了意见。文学院党委书记张帅、院长杜泽逊参加了此次会谈。

5 月

4 日　由《文史哲》编辑部主办、以“儒学价值及其现代命运：五四运动百年纪念”为主题的第八次人文高端论坛在山东大学召开。来自北京大学、清华大学、南京大学、复旦大学、南开大学、四川大学、厦门大学、华东师范大学、中国社会科学院、同济大学、首都师范大学、河北大学、河南大学、中国海洋大学、山东师范大学、广州大学、山东大学等学术单位的近 40 名学者出席论坛。由《文史哲》编辑部与《中华读书报》联合评选的 2018 年度“中国人文学术十大热点”同时发布。

5 日　“逐梦新时代　学习正当时——寻找青年‘政治佳’”（第四季）活动启动暨大众网·海报新闻客户端“思政课”频道上线仪式在山东大学举行。大众报业集团党委常委、副总编辑蓝海，省委党校（山东行政学院）副校长鲁庆波，山东社科院副院长袁红英，山东大学党委常委、宣传部部长桑晓旻出席启动仪式。

同日　经 2019 年 4 月 30 日第十四届党委第 22 次常委会研究决定：

桑晓旻同志兼任出版社党总支书记；

陈斌同志任出版社社长；

卞江同志任管理学院副院长（原正处级不变），免去其出版社副社长职务；

免去史永志同志的出版社党总支书记职务，另有任用。

7 日　山东大学召开创新驱动、服务山东、产城融合暨山东大学产业服务山东表彰会。校长樊丽明、济南市副市长孙斌出席会议。校党委副书记仝兴华主持会议。副校长芦延华作了题为《创新驱动，服务山东，产城融合》的工作报告。

7～8 日　STAR 前向径迹探测器升级及相关物理研讨会（Workshop on STAR Forward Tracking Detector Upgrade and Related Physics）在山东大学青岛校区前沿交叉科学青岛研究院举行。会议由山东大学粒子科学技术研究中心主办。来自美国布鲁克海文国家实验室、石溪大学、伊利诺伊大学芝加哥分校，以及清华大学、北京大学、中国科学技术大学、复旦大学、华中师范大学、山东大学等 10 余个科研院所、高校的 30 多名专家学者出席了会议。

8 日　重庆市人民政府一山东大学战略合作框架协议签约仪式在重庆市举行。重庆市委副书记、市长唐良智会见山东大学党委书记郭新立并见证签约。重庆市委常委、组织部部长胡文容，重庆市副市长屈谦，重庆市政府秘书长欧顺清出席签约仪式。重庆市政府副秘书长唐慎主持签约仪式。

10 日　国际著名控制论专家、美国国家工程院、欧洲科学院院士，美国伊利诺伊大学香槟分校工程学院院长 Tamer Başar 教授受聘山东大学名誉教授仪式在中心校区举行。山东大学校长樊丽明向 Tamer Başar 教授颁发聘书并致辞。

11～13 日　山东大学首届美育文化日系列活动在各校区举行，以美育讲座论坛、精彩美育展览以及美育文化演出等形式为载体，在普及审美知识、提高审美素养的同时，营造了良好的校园文化氛围，吸引了山大师生的广泛参与，为全校师生带来了一场场视听盛宴和美的享受。

15 日　国务院学位委员会办公室副主任、教育部学位管理与研究生教育司副司长徐维清一行来山东大学，就学科建设与研究生教育工作开展专题调研座谈。山东省教育厅总督学孟庆旭一同调研。校党委书记郭新立出席座谈会并致辞，副校长刘建亚主持座谈。

同日　山东大学第十届“五四”青年科学奖颁奖典礼暨青年学子科研分享会在中心校区举行。山东大学校长樊丽明、党委副书记仝兴华出席典礼。典礼共表彰 31 名“五四”青年科学奖获得者和 4 支“五四”青年优秀成果奖获奖团队。

15～17 日　由国家自然科学基金委主办、山东大学承办的第三届纳米多孔金属材料战略研讨会在山东大学召开。中国科学院院士魏炳波，国家基金委工材学部材料科学一处项目主任郑雁军、流动项目主任邓意达，山东大学党委副书记、纪委书记陈向阳出席研讨会。该研讨会是山东大学“科技引领未来”学术论坛系列活动之一。

17 日　山东大学前沿科学高端论坛在青岛校区举行。论坛包括前沿交叉科学青岛研究院学科发展研讨会、学术报告会以及院士访谈等内容。中国科学院院士、中国科学院高能物理研究所所长王贻芳研究员，中国科学院院士、北京大学赵光达教授，中国科学院院士、中国科学院理论物理研究所张肇西研究员，南开大学李学潜教授等应邀参加活动。山东大学党委副书记、青岛校区党工委书记张永兵出席相关活动。山东大学副校长、青岛校区校长韩圣浩出席学科发展研讨会，并主持前沿科学高端论坛首场报告会。

18～19 日　第五届全国生物和食品类虚拟仿真实验教学资源建设研讨会在山东大学青岛校区召开。会议由高等学校国家级实验教学示范中心联席会生物和食品学科组，高等学校国家级实验教学示范中心联席会植物、农林、动物、水产学科组，高等教育出版社，山东大学，虚拟仿真实验教学创新联盟生物领域工作委员会联合主办，山东大学生命科学学院承办，南京莱医特电子科技有限公司协办。来自清华大学、吉林大学、武汉大学等近七十所高校及教育部高教司、高等学校国家级实验教学示范中心联席会、高等教育出版社等单位的近200位专家学者出席了会议。

20～23日 由中国植物生理与植物分子生物学学会主办，山东大学生命科学学院和植物发育与环境适应生物学教育部重点实验室承办的第六届女科学家分会学术交流会在青岛召开。山东大学副校长陈子江，中国植物生理与植物分子生物学学会副理事长、中科院上海植物生理生态研究所何祖华研究员出席开幕式并致辞。会议开幕式由学会女科学家分会会长、山东大学植物发育与环境适应生物学教育部重点实验室主任夏光敏教授主持。来自全国各地的200余位女科学家、科技工作者参加了会议。

21日 经2019年5月13日第十四届党委第23次常委会研究决定：

李晓峰同志任艺术学院党委书记；

安宁同志任艺术学院院长；

姜楠同志任艺术学院党委副书记；

姚榕华同志任艺术学院副院长；

王文灏同志任艺术学院副院长；

孙亚娣同志任艺术学院副处级组织员。

侯俊平同志任齐鲁医院党委书记；

陈玉国同志任齐鲁医院院长；

苏华同志任齐鲁医院党委副书记；

林亚杰同志任齐鲁医院党委副书记；

陈莹颖同志任齐鲁医院党委副书记、纪委书记；

刘庆同志任齐鲁医院总会计师；

纪春岩同志任齐鲁医院副院长；

焉传祝同志任齐鲁医院副院长；

程玉峰同志任齐鲁医院副院长；

田辉同志任齐鲁医院副院长。

以上新提拔担任非选举产生领导人员的，试用期一年。

陈宏伟同志兼任机关党委书记、党校校长；

付岩志同志任机关党委常务副书记；

王志鹏同志任材料科学与工程学院党委常务副书记；

李海燕同志任青岛校区学生工作部（处）副部（处）长，免去其生命科学学院党委副书记职务；

李娟同志任生命科学学院党委副书记；

王衍章同志任前沿交叉科学青岛研究院副院长，试用期一年。

免去：

张桂珍同志的机关党委书记职务。

曹宪忠同志的齐鲁医院党委书记职务，另有任用；

李新钢同志的齐鲁医院院长职务；

张万民同志的齐鲁医院党委副书记职务；
胡三元同志的齐鲁医院副院长职务；
李延青同志的齐鲁医院副院长职务；
苏华同志的齐鲁医院纪委书记职务。
顾亚龙同志的艺术学院院长职务；
高迎刚同志的艺术学院副院长职务，挂职工作结束后另行安排；
李平同志的艺术学院副院长职务。

26 日　山东大学第一届教学学术周开幕式暨博约大讲坛启动仪式在中心校区举行。校长樊丽明出席活动并讲话。校党委副书记仝兴华主持活动。举办教学学术周暨博约大讲坛是落实全国教育大会、新时代全国高等学校本科教育工作会议和学校第十四次党代会精神，全力推进学校“由大到强”历史性转变，推进学校教学学术发展，提升广大教师教学能力和教学水平，促进一流人才培养的大事。

26～28 日　一辆造型简洁、风格鲜明的大篷车先后到山东大学兴隆山校区和中心校区巡游，引发师生关注，吸引了众多好奇的目光。这标志着包豪斯 100 年全球纪念活动——包豪斯设计大篷车中国巡游活动正式拉开帷幕，山东大学成为这一活动的起点。山东大学党委书记郭新立出席相关活动并致辞。

27 日　第十届丘成桐大学生数学竞赛在清华大学举行，山东大学 2016 级本科生刘奔获得 1 枚金牌（代数与数论方向）、2 枚银牌（分析与方程、个人全能），是山东大学取得的个人最好成绩，创历史新高。

28 日　美国科学院院士、耶鲁大学病原微生物系主任 Jorge E. Galán 教授受聘山东大学兼职讲席教授仪式在青岛校区举行。

同日　山东大学召开 2019 年全面从严治党工作会议。会议深入学习贯彻习近平总书记在十九届中央纪委三次全会上的重要讲话和全会精神、2019 年教育系统全面从严治党工作视频会议和山东省纪委十一届四次全会精神，总结了学校 2018 年全面从严治党工作，聚焦实现“由大到强”历史性转变，部署了下一步全面从严治党工作任务。校党委书记郭新立出席会议并讲话，校长樊丽明主持会议，党委副书记、纪委书记陈向阳传达上级会议精神并作纪委工作报告。

28 日　经 2019 年 5 月 20 日第十四届党委第 24 次常委会研究决定：
薛佩军同志任外国语学院党委常务副书记；
刘升贤同志任晶体材料研究所党委书记；
于浩海同志任晶体材料研究所常务副所长，试用期一年；
赵希波同志任晶体材料研究所党委副书记，免去其直属单位党委副书记职务；
孙洵同志任晶体材料研究所副所长，试用期一年；
王泽岩同志任晶体材料研究所副所长，试用期一年；

蒋宛莉同志任晶体材料研究所五级职员。

免去：

黄柏标同志的晶体材料研究所党委书记职务；

陶绪堂同志的晶体材料研究所所长职务；

徐现刚同志的晶体材料研究所副所长职务；

张怀金同志的晶体材料研究所副所长职务；

郝霄鹏同志的晶体材料研究所副所长职务；

程秀凤同志的晶体材料研究所党委副书记职务；

曾斌同志的晶体材料研究所办公室主任职务，另有任用。

28～29 日　英国利兹大学常务副校长、英国皇家工程院院士 Hai-Sui Yu 率团访问山东大学。山东大学校长樊丽明会见代表团一行，常务副校长王琪珑与 Hai-Sui Yu 签署两校学术与研究合作协议，副校长李术才参加相关活动。

30 日　中国铝业集团有限公司、山东大学“国企领导上讲台、国企骨干担任校外辅导员”首场报告会在山东大学中心校区举行。中铝集团党组书记、董事长葛红林作了题为《坚守正道 气有浩然》的主题报告。山东大学党委书记郭新立主持报告会。党委副书记仝兴华，党委常委、宣传部部长桑晓旻出席相关活动。近 500 名师生聆听报告。

同月　山东大学公布了 2019 年教育教学改革研究项目立项结果，全校共确定立项建设项目 362 项。其中重点项目 10 项，重点培育项目 9 项，一般项目 343 项，项目选题范围、参与教师人数、立项建设数量、经费支持力度均创历史新高。

6 月

2～5 日　教育部工程教育认证联合专家组一行 9 人，对山东大学无机非金属材料工程和机械设计制造及其自动化两个工程教育专业进行了专业认证现场考查。山东大学党委副书记仝兴华出席专家见面会和认证意见反馈会并讲话。

4～5 日　第九届控制科学与工程（国际）高端学术论坛在山东大学千佛山校区举行。中国科学院院士郭雷教授等海内外杰出学者出席会议并作报告。论坛由控制科学与工程学院承办。开幕式上，控制科学与工程学院院长张承慧向各位专家长期以来对山东大学，尤其是对控制学院各项事业发展给予的指导、支持与帮助表示感谢，并简要介绍了学院近年来改革建设的总体情况。长江学者、国家杰青张焕水教授主持开幕式。

6 日　山东大学教职工住宅区增设电梯集中签约仪式在洪家楼校区举行。常务副校长王琪珑出席仪式并致辞。济南市历城区住房和城乡建设局老旧小区整治办公室主任张殿伟出席仪式并为中心校区南院 44 号楼 2 单元发放安装电梯政府补助款。

同日　中国国家主席习近平在圣彼得堡出席接受圣彼得堡国立大学名誉博士学位仪式并致辞，俄罗斯总统普京出席仪式并陪同参观圣彼得堡国立大学对华合作展览。山东大学全球汉籍合璧工程（以下简称“合璧工程”）编目合作专家、圣彼得堡国立大学东方系德米特里·马雅斯基（Dmitri Maiatckii）副教授为习近平主席讲解了参展图书。

7～9日　山东大学主办的第九届中国商业文化与管理学术会议（以下简称“会议”）在威海校区召开。本次会议以“全球化背景下的商业文化与管理”为主题，为商业文化研究者提供了一个高水平的学术交流平台。山东大学管理学院王兴元教授、香港城市大学商学院杨志林教授作为大会主席共同主持了会议。

10日　经2019年6月10日第十四届党委第27次常委会研究决定：
聘任徐显明为山东大学法学院名誉院长。

11日　经2019年6月10日第十四届党委第27次常委会研究决定：
赵伟同志任数学学院副处级组织员，免去其金融研究院办公室主任职务；
免去张晓曼同志的威海校区文化传播学院副院长职务；
免去赵巍同志的威海校区翻译学院副院长职务。

13日　山东大学与重庆三峡学院校际合作签约仪式在中心校区举行。山东大学党委书记郭新立会见重庆三峡学院代表团一行。山东大学常务副校长王琪珑，重庆三峡学院校长张伟、副校长祁俊生出席签约仪式。

同日　山东大学在中心校区召开一流本科专业建设推进会，重点部署一流本科专业申报和建设工作。校长樊丽明出席会议并讲话，校党委副书记仝兴华出席会议。

15日　“化学、环境、能源和健康”全国博士后学术论坛在山东大学举行。论坛特邀中国科学院院士江桂斌、中国科学院上海有机化学研究所研究员马大为作主题报告。国家人力资源和社会保障部留学人员和专家服务中心党委书记、中国博士后科学基金会副秘书长邱春雷，山东省人力资源和社会保障厅党组成员、副厅长周春艳出席论坛开幕式并讲话。山东大学常务副校长王琪珑致欢迎辞。

同日　全国人大常委会委员、全国人大监察和司法委员会副主任委员、山东大学原校长徐显明教授受聘山东大学法学院名誉院长仪式在山东大学（青岛）举行。徐显明教授作了题为《关于中国的法治道路》的学术报告并致辞。山东大学校长樊丽明向徐显明教授颁发聘书并致辞。青岛市中级人民法院院长李方民、青岛市人民检察院检察长李建新等出席活动。山东大学副校长、青岛校区校长韩圣浩主持活动。

16日　中国特色社会主义预算管理理论与制度创新论坛暨“中国特色政府预算管理制度研究”开题讨论会在山东大学举行。山东大学校长樊丽明，山东大学人文社科特聘一级教授安体富，中山大学党委副书记、副校长马骏，上海大学总会计师苟燕楠，上海财经大学公共经济与管理学院院长刘小兵，东北财经大学财政税务学院院长孙开，中央财经大学政府预算研究所所长李燕出席论坛并作主旨演讲。山东大学校长助理、人文社科研究院院长邢占军参加开幕式并代表学校致辞。

15～16 日　“新中国成立以来中国法理学的发展与回顾”学术研讨会在山东大学举行。本次会议是由山东大学资助的人文社科高端论坛，由中国法学会法理学研究会和中国法学会学术委员会指导，山东大学法学院、浙江大学法理研究中心、“法理研究行动计划”秘书处、《法制与社会发展》编辑部、《山东大学学报》（哲学社会科学版）编辑部、《中国法律评论》编辑部协办。中国社会科学院学部委员、法学研究所研究员、中国法学会法理学研究会会长李林，全国人大常委会委员、全国人大监察和司法委员会副主任委员、中国法学会副会长徐显明，山东大学校长、全国人大代表樊丽明，中国法学会党组成员、学术委员会主任、浙江大学法理研究中心主任、吉林大学哲学社会科学资深教授张文显先后致辞。

18 日　中国工程院院士李椿萱双聘院士聘任仪式在山东大学千佛山校区举行。山东大学副校长韩圣浩出席仪式并为李椿萱院士颁发聘书。

同日　山东省副省长于杰一行来山东大学，就国家重点实验室整改工作进行专题调研。山东大学党委书记郭新立主持座谈会，常务副校长王琪珑、副校长李术才出席座谈会。

21 日　山东大学 2019 年本科生毕业典礼暨学位授予仪式在中心校区体育馆隆重举行。2019 届本科毕业生齐聚一堂，带着激动和喜悦的心情，共同见证人生中最难忘且极具仪式感的神圣时刻——毕业盛典。

22 日　山东大学 2019 年研究生毕业典礼暨学位授予仪式在中心校区体育馆隆重举行。

同日　第 176 期齐鲁大讲坛在山东大学中心校区举行。当代著名学者和思想家、山东大学讲席教授龚鹏程作了题为《孔子在当代》的报告。山东省社科联副主席张宏明、秘书长徐青出席报告会。报告会由长江学者特聘教授、山东大学文学院院长杜泽逊教授主持。

23 日　山东大学中华美德教育学院揭牌仪式暨“中华美德教育高峰论坛——首届干部政德教育论坛”在山东大厦举行。中共中央宣传部原副部长王世明、山东大学校长樊丽明、山东省委党校常务副校长徐闻、山东省委组织部副部长刘树军、山东省委宣传部副部长孔繁轲、湖北省委党校副校长黄俭、湖南省委党校副校长蔡文辉、山东大学党委副书记仝兴华、山东师范大学纪委书记姚东方出席揭牌仪式暨论坛。山东大学常务副校长王琪珑主持开幕式。

同日　青岛校区 2019 年毕业典礼暨学位授予仪式在风雨操场隆重举行。1900 多名 2019 届本硕博毕业生齐聚一堂，满怀激动和感恩之情，与师长、同窗、亲友共同庆祝圆满完成学业，迈向人生新征程。

26 日　经 2019 年 6 月 24 日第十四届党委第 28 次常委会研究决定：邵明立为山东大学齐鲁医学院名誉院长。

28～30 日　诺贝尔物理学奖获得者、著名科学家、山东大学名誉教授丁肇中（Samuel C. C. Ting）到山东大学例行工作访问并受聘为山东大学高等技术研究院名誉院长。访问期间，山东省委省政府主要领导、山东大学党委书记郭新立会见了丁肇中教授一行。山东大学校长樊丽明出席名誉院长聘任仪式并为丁肇中教授颁发聘书，常务副校长王琪珑主持聘任仪式。

29 日　首届类脑经济学国际研讨会在山东大学中心校区召开。莱斯特大学（英国）Sanjit Singh Dhami、复旦大学管理学院戴伟辉、山东大学齐鲁医学院刘树伟、清华大学经济管理学院郑捷、霍夫斯特拉大学（美国）李丹阳、南开大学尉孟星、北京师范大学经济与工商管理学院唐红红、中国科学技术大学生命科学学院张效初、山东大学齐鲁医学院陈哲宇等出席会议并作主旨演讲。

30 日　山东省委举行庆祝中国共产党成立 98 周年暨表彰大会，山东大学文学院党委副书记、院长杜泽逊荣获“山东省优秀共产党员”称号。另外，山东大学 5 个党组织和 7 名个人受到山东省委教育工委表彰。

本月　教育部和国家卫健委心血管重构与功能研究重点实验室在中国工程院院士张运的领导下，在动脉粥样硬化基础研究领域中取得系列重大进展，在《自然通讯》（*Nat Commun*）、《美国科学院院报》（*Proc Natl Acad Sci USA*）、《实验医学杂志》（*J Exp Med*）等国际一流专业期刊连续发表多篇研究论文，受到国际学术界高度关注。

本月　山东大学微生物技术国家重点实验室主任张友明教授在欧洲科学院 2019 年度选举中当选为院士。

7 月

1～2 日　2019 山东大学中美肿瘤免疫治疗研讨会在山东大学趵突泉校区举办。校长樊丽明会见了参加此次研讨会的专家代表团，副校长、齐鲁医学院院长陈子江出席研讨会开幕式并致辞。

1～5 日　山东大学副校长、青岛校区校长韩圣浩率团出席第十一届中韩大学校长论坛，访问成均馆大学和汉阳大学，并与山东大学韩国校友会进行座谈，推动山东大学与韩国高校在学生联合培养、学术交流、职员能力提升以及来华留学生拓展等方面的深度合作。

2 日　山东大学校长樊丽明率团访问司法部，就共建环境损害司法鉴定人才培养理论研究及实践基地等工作进行会谈。司法部部长傅政华会见樊丽明一行。司法部副部长刘振宇出席活动。

5 日　经 2019 年 6 月 24 日第十四届党委第 28 次常委会研究决定：

刘建亚同志兼任山东大学澳国立联合理学院院长；
孔海燕同志任山东大学澳国立联合理学院党委书记。

同日　经 2019 年 7 月 3 日第十四届党委第 29 次常委会研究决定：
姜兆亮同志任本科生院副院长，免去其机械工程学院副院长职务。

同日　山东大学—南洋理工大学人工智能国际联合研究院在山东大学中心校区揭牌成立。这是在 2018 年 10 月新加坡贸工部兼教育部高级政务部长徐芳达和山东省副省长任爱荣见证下签署的人工智能联合研究计划合作意向书基础上两校合作的进一步深化。新加坡南洋理工大学副校长蓝钦扬，山东大学党委书记郭新立、校长樊丽明，加拿大英属哥伦比亚大学电子和计算机工程学院荣誉教授 Cyril Leung 先生，中国工程院院士、新一代人工智能产业技术创新战略联盟理事长高文，中国科学院院士、俄罗斯科学院外籍院士、西北工业大学常务副校长黄维出席成立仪式。

7 日　为纪念新中国成立 70 周年，推进中国企业管理理论与实践的发展，由山东大学管理学院、中国企业管理研究会、云南邓荣霖教育基金会联合主办，《经济管理》杂志社协办，山东大学人文社科类高端学术论坛支持的“致敬 70 年：中国企业管理发展论坛”在山东大学中心校区举行。山东大学常务副校长王琪珑、中国企业管理研究会会长黄速建、云南邓荣霖教育基金会副理事长李桂荣出席开幕式并致辞。山东大学管理学院党委书记吉小青主持开幕式。

8 日　经 2019 年 7 月 8 日第十四届党委第 30 次常委会研究决定：
聘任程相占、凌晨光、胡友峰为文艺美学研究中心副主任；
聘任薛其坤为晶体材料国家重点实验室名誉主任；
于浩海为晶体材料国家重点实验室常务副主任；
赵国群、陈峰、郝京诚、宋爱民、孙洵为晶体材料国家重点实验室副主任；
王泽岩、贾志泰为晶体材料国家重点实验室主任助理；
蒋宛莉为晶体材料国家重点实验室办公室主任。

9 日　为了持续推进中国企业社会责任、企业伦理、管理伦理领域的理论研究，促进学者间的思想碰撞，由上海交通大学安泰经济与管理学院与《管理学报》联合发起，山东大学管理学院主办的“第六届中国企业·管理·伦理论坛”在山东大学中心校区举行。山东大学管理学院副院长王益民教授、上海交通大学安泰经济与管理学院周祖成教授出席开幕式并致辞，山东大学管理学院辛杰副教授主持开幕式。

11 日　山东大学与财政部山东监管局战略合作框架协议签约仪式在山东大学中心校区举行。山东大学校长樊丽明，财政部山东监管局党组书记、局长王振东，财政部山东监管局党组成员、副巡视员安钢出席签约仪式。山东大学副校长芦延华主持签约仪式。

15 日　中国药品监督管理研究会会长、原国家食品药品监督管理局局长、原卫生部副部长邵明立教授受聘山东大学齐鲁医学院名誉院长仪式在趵突泉校区举行，山东大学药品监管科学研究院揭牌仪式同时举行。山东大学校长樊丽明、副校长韩圣浩，副校长、齐鲁医学院院长陈子江，山东省商业集团有限公司党委副书记、总经理、山东省药学科学院理事长凌沛学，山东省药品监督管理局副局长史国生出席仪式。樊丽明向邵明立颁发了山东大学齐鲁医学院名誉院长聘书。邵明立、凌沛学、史国生、樊丽明、韩圣浩、陈子江共同为山东大学药品监管科学研究院揭牌。陈子江主持活动。

16 日　全国政协副主席何维一行来山东大学考察调研医学教育工作。国家药品监督管理总局局长焦红，中国药品监督管理研究会会长、原国家食品药品监督管理局局长、原卫生部副部长邵明立，山东省副省长任爱荣，山东省政协副主席赵家军，山东大学校长樊丽明，常务副校长王琪珑，副校长、齐鲁医学院院长陈子江参加活动。王琪珑主持工作汇报会。

同日　经 2019 年 7 月 8 日第十四届党委第 30 次常委会研究决定：

崔立真同志任软件学院院长、党委副书记；

吕刚同志任软件学院党委副书记，免去其计算机科学与技术学院办公室主任职务；

吴天柱同志任软件学院党委副书记，免去其物理学院党委副书记职务；

许信顺同志任软件学院副院长；

刘士军同志任软件学院副院长；

刘卫国同志任软件学院副院长；

周元峰同志任软件学院副院长；

董兴同志任材料科学与工程学院党委副书记，免去其计算机与软件学院党委副书记职务；

张存生同志任材料科学与工程学院副院长；

朱洪涛同志任机械工程学院副院长；

桑晓旻同志兼任融媒体中心主任，免去其新闻中心主任职务；

李欣同志任融媒体中心副主任，免去其新闻中心副主任职务；

万广远同志任融媒体中心副主任，免去其新闻中心副主任职务；

冯刚同志任融媒体中心副主任兼山东大学报社主编。

以上新提拔担任非选举产生领导人员的，试用期一年。

免去李学庆同志的软件学院副院长职务。

17～25 日　QCD 物理暨基金委重大项目“量子色动力学的相结构和新颖拓扑效应研究”年度学术交流会（Workshop on QCD Physics & Study of the QCD Phase Diagram and New-type Topologic Effect）在山东大学威海国际学术中心举行。中国科学院院士、北京大学赵光达教授，中国科学院院士、中科院理论物理研究所张肇西教授，中国科学院院士、中国原子能研究院张焕乔研究员，中国科学院院士、中科院上海应用物理所沈文庆研究员，中国科学院院士、浙江大学罗民兴教授，中国科学院院士、复旦大学/中科院上海应用物理所马余刚研究员，以及来自美国布鲁克海文国家实验室、劳伦斯伯克利国家实验室、石溪大学、得克萨斯A&M大学、伊利诺伊大学芝加哥分校，中科院理论物理所、中科院上海应用物理所、华中师范大学、清华大学、南开大学、华南师范大学、中国科技大学、复旦大学、山东大学等30余个科研院所及高校的100多名国内外高能核物理领域相关专家学者出席了会议。

22日　经2019年7月8日第十四届党委第30次常委会研究决定：

吴臻、易凡同志任山东大学校长助理，试用期一年。

24～26日　以“敢为人先放飞青春梦，勇立潮头建功新时代”为主题的第五届山东省“互联网+”大学生创新创业大赛决赛在青岛大学浮山校区举行。山东大学学生作品共获得金奖9项、银奖2项、铜奖14项。

27～28日　为庆祝中华人民共和国成立70周年，深入贯彻习近平总书记在学校思想政治理论课教师座谈会上的重要讲话精神，全面回顾与总结70年来思想政治教育理论与实践的成就和经验，推动新时代思想政治教育工作的创新发展，由山东大学马克思主义学院主办的新中国成立70年与思想政治教育创新发展高端论坛在山东龙口举行。《红旗文稿》杂志社社长顾保国教授、中国人民大学马克思主义学院党委书记兼常务副院长王易教授、同济大学马克思主义学院院长徐蓉教授出席开幕式，山东大学马克思主义学院副院长郑敬斌教授代表主办单位致辞。开幕式由山东省高校思想教育教学研究会会长、山东大学马克思主义学院徐国亮教授主持。

31日　由山东大学齐鲁医院左秀丽教授担任项目负责人的2018年度国家重点研发计划“智能机器人”重点专项“消化内镜微创手术机器人关键技术及系统”项目启动暨实施方案论证会在济南召开。科技部“智能机器人”重点专项总体专家组组长赵杰教授、天津大学副校长王树新，山东省科技厅一级巡视员张士新，山东大学校长助理、科研院院长易凡，齐鲁医院院长陈玉国出席会议。

本月　山东大学国际创新转化学院名誉院长、剑桥大学先进光子学与电子技术中心主席初大平教授，剑桥大学剑桥企业中心首席执行官Tony Raven博士在青岛校区作了创新创业主题系列讲座。山东大学副校长、青岛校区校长韩圣浩主持讲座。

8月

1日　经2019年7月22日第十四届党委第32次常委会研究决定：

吕明新同志任科学技术研究院副院长，试用期一年；

免去黄波同志的科学技术研究院副院长职务。

2～3 日　由山东大学主办的《中国现代普通外科进展》杂志第四届编委会暨首届齐鲁精准肝胆外科论坛在济南举行。中国工程院院士、国家肝癌科学中心主任王红阳，中国工程院院士、清华大学临床医学院院长、清华大学长庚医院执行院长董家鸿，山东大学常务副校长王琪珑出席会议并致辞。

7 日　经 2019 年 8 月 4 日第十四届党委第 33 次常委会研究决定：
聘任蒋锐、张淑兰、孔新峰为当代社会主义研究所副所长；
聘任陈坚、董修元、李海涛为犹太教与跨宗教研究中心副主任；
聘任李尚信为易学与中国古代哲学研究中心常务副主任，沈顺福、张文智、张克宾为易学与中国古代哲学研究中心副主任。

12 日　经 2019 年 8 月 4 日第十四届党委第 33 次常委会研究决定：
许峰同志任研究生院培养办公室主任；
郑彬同志任研究生院在职教育中心主任；
免去苏绚涛同志的研究生院培养办公室主任职务；
免去段吉群同志的研究生院在职教育中心主任职务。

16 日　国家自然科学基金委员会公布了 2019 年国家自然科学基金集中申报项目立项结果。截至目前，山东大学共获各类资助项目 505 项，立项项目数位居全国第八位，均创历史最好水平。

16～18 日　由教育部人文社会科学重点研究基地——山东大学当代社会主义研究所主办的“中华人民共和国政治发展 70 年与当代社会主义民主政治新态势”高端论坛暨山东大学当代社会主义研究所 2019 年学术年会在山东大学青岛校区召开。来自中共中央对外联络部、中央党史和文献研究院、中国社科院、中央党校、中央社会主义学院、北京大学、中国人民大学、华中师范大学、浙江大学、山东大学等 30 余所高校、科研机构的近百名专家学者参加了此次会议。

17～18 日　中国历史研究院历史研究杂志社与山东大学历史文化学院共同主办的第六届青年史学家论坛在山东济南举行，来自中国历史研究院、北京大学、南开大学、山东大学等 15 所高校和科研单位的 70 余位青年学者参加论坛。山东大学副校长芦延华、中国历史研究院历史研究杂志社社长路育松出席开幕式并讲话。山大历史文化学院党委书记刘军主持开幕式。

19 日　英国爱丁堡皇家学会院士、诺丁汉大学 Colin Snape 教授受聘山东大学兼职讲席教授仪式在中心校区举行。山东大学副校长陈子江出席聘任仪式并为其颁发聘书。

21 日　中国化学会第十届全国无机化学学术会议闭幕式在山东大学中心校区知新楼举行。大会主席、中国科学院院士钱逸泰，中国科学院院士高松、陈小明、陈军，中国化学会副秘书长郑素萍，中国化学会无机化学学科委员会主任左景林，山东大学常务副校长王琪珑出席闭幕式。

22 日　微生物技术国家重点实验室建设发展战略咨询研讨会在青岛校区举行。中国科学院院士、上海交通大学邓子新教授，中国科学院院士、中国科学院生物物理研究所王志新教授，中科院青岛生物能源与过程研究所所长吕雪峰，山东大学副校长李术才出席咨询会。会议由青岛校区副校长韩明涛主持。

22～25 日　第十四届全国大学生“恩智浦”杯智能汽车竞赛全国总决赛在威海举行。山东大学代表队在比赛中获国家一等奖 4 项、二等奖 7 项。山东大学威海校区承办本次比赛并获组织贡献奖。

22～25 日　第十二届计算纳米科学与新能源材料国际研讨会在山东大学青岛校区召开。来自麦吉尔大学、中国科技大学、北京大学、清华大学以及中国科学院金属研究所等国内外科研机构、高等院校的 500 余名专家学者参加了此次研讨会。本次大会主题为：深入研讨当前国内外计算纳米科学与新能源材料领域研究热点、前沿和发展趋势，前瞻我国计算材料领域的前景与未来。

23～25 日　由山东大学《文史哲》编辑部主办，山东大学历史文化学院、北京大学中国古代史研究中心协办的“《文史哲》青年学者工作坊暨第十二届中国中古史青年学者联谊会”在山东济南召开。来自中国大陆、台湾，日本，美国 20 余所高校和科研机构的 38 位青年学者，参与了本次会议的论文发表和评议，并共同就中国中古史研究的成就、趋势和困境等话题展开讨论。会议得到了校内外广大师生的积极参与。

25 日　诺贝尔奖获得者 AriehWarshel 教授受聘山东大学兼职讲席教授仪式暨数学与学科交叉研讨会在中心校区举行。山东大学副校长韩圣浩出席聘任仪式，并为 AriehWarshel 教授颁发聘书。

26～29 日　山东大学举办 2019 年新聘教职工入职培训，校党委书记郭新立出席新聘教职工交流会，校长樊丽明出席培训会并为新聘教职工代表颁发聘书。

30 日　最高人民检察院检察研究基地授牌仪式暨检察理论工作座谈会在最高人民检察院机关会议室举行。最高人民检察院检察长张军、副检察长童建明、检委会专职委员万春等出席会议。山东大学常务副校长王琪珑应邀参会。在研究基地授牌仪式上，张军向山东大学检察理论研究中心颁授最高人民检察院“检察基础理论研究基地”牌匾。

本月　由山东大学微生物技术国家重点实验室、微生物技术研究院祁庆生教授牵头申请的“合成塑料降解转化微生物菌群”项目经中国和欧盟双方专家评审及机构协商，获得 2019 年国家自然科学基金组织间国际（地区）合作研究项目立项资助。项目由三个课题有机组成，总资助金额 1500 万元，实现了山东大学在该领域的突破。

本月　山东省社会科学优秀成果评奖委员会公布表彰省第 33 届社会科学优秀成果奖获奖成果，山东大学共有 50 项研究成果获奖，其中一等奖 7 项、二等奖 23 项、三等奖 20 项，获奖总数占全省获奖数的 20%。获得一等奖的成果为：《市场分割促进区域经济增长的实现机制与经验辨识》（作者：付强）、《社会主义国家政党政治百年探索》（作者：王韶兴）、《邻避困境：城市治理的挑战与转型》（作者：王佃利等）、《刑事诉讼中变更公诉的限度》（作者：周长军）、《创新与跨越：美学研究的三种路径》（作者：陈炎）、《俄藏黑水城金代〈西北诸地马步军编册〉新探暨重命名》（作者：范学辉）、《中国文化四季》（主编：马新、陈新岗等著）。此外，《生态美学基本问题研究》（作者：曾繁仁）等 23 项成果获二等奖、《论康德自然概念的三个层次》（作者：胡友峰）等 20 项成果获三等奖。

本月　教育部社会科学司公布了 2019 年度教育部人文社会科学重点研究基地重大项目立项结果，山东大学共有 3 项项目获准立项。3 项获准立项项目分别为：当代社会主义研究所楚成亚教授主持的《马克思主义话语主导权与当代中国基层社会意识形态问题研究》、犹太教与跨宗教研究中心张平教授主持的《对话视域中的以色列宗教与现代性研究》、文艺美学研究中心程相占教授主持的《生态批评的理论问题及其中国化研究》。

本月　2019 年全国高性能计算学术年会（HPC China）在内蒙古呼和浩特举行。会上，大会组委会揭晓了第三届国产 CPU 并行应用挑战赛（简称 CPC）以及第七届"英特尔杯"全国并行应用挑战赛（简称 PAC）的比赛结果。山东大学一参赛队获得全国 PAC 赛事第 1 名——该项赛事唯一金奖。指导老师为软件学院刘卫国教授。

本月　2019 年"TI 杯"全国大学生电子设计竞赛结果公布，山东大学本科生代表队获得全国一等奖 2 项、二等奖 8 项，山东省一等奖 14 项、二等奖 18 项。其中，控制学院李效霖、从政、周子泰的作品《线路负载及故障检测装置（C 题）》，张延峰、褚石磊、杨晓君的作品《模拟电磁曲射炮（H 题）》分别获得全国一等奖。另有来自控制学院、信息学院、电气学院的八支队伍获得全国二等奖。

9 月

1 日　经 2019 年 8 月 29 日第十四届党委第 34 次常委会研究决定：

聘任韩圣浩为前沿交叉科学青岛研究院院长（兼）；

免去梁作堂的前沿交叉科学青岛研究院院长职务。

6 日　山东大学 2019 级本科生开学典礼暨迎新音乐会在中心校区体育馆隆重举行。校党委书记郭新立出席典礼并为优秀新生奖学金获得者颁发证书，校长樊丽明在典礼上讲话，为 2019 级新同学讲授开学第一课。力学专业 77 级校友、中国科学院院士胡海岩教授，山东大学终身教授、文艺美学研究中心曾繁仁先生，国家杰出青年基金获得者、物理学院司宗国教授，国家杰出青年基金获得者、材料科学与工程学院尹龙卫教授，国家杰出青年基金获得者、齐鲁医学院马春红教授，国家万人计划教学名师、材料科学与工程学院孙康宁教授，校党委副书记仝兴华、张永兵、陈向阳，副校长陈子江、芦延华、刘建亚，校党委常委、宣传部部长桑晓旻，校长助理、人事部部长吴臻，校长助理、科学技术研究院院长易凡，校长助理、青岛校区副校长曹现强等出席典礼，并在主席台就座。仝兴华主持典礼。

同日　经 2019 年 8 月 29 日第十四届党委第 34 次常委会研究决定：

高成江同志任基础医学院院长、党委副书记，试用期一年；

林建群同志任微生物技术研究院（微生物技术国家重点实验室）党总支书记；

辛莹同志任物理学院党委副书记。

免去易凡同志的基础医学院院长、党委副书记职务；

免去高成江同志的高等医学研究院副院长职务；

免去朱纪聪同志的微生物技术研究院（微生物技术国家重点实验室）党总支副书记职务，另有任用。

6～8 日　中国考古学会人类骨骼考古专业委员会第三届年会暨生物考古学高端论坛在山东大学青岛校区召开，本次会议主题为“以骨释古，考古情境下古代人骨的研究”。国家文物局副局长顾玉才，山东大学党委副书记、青岛校区党工委书记张永兵，山东省文化和旅游厅一级巡视员周晓波，中国考古学会常务理事兼人类骨骼考古专业委员会主任朱泓出席会议。山东大学历史文化学院院长、文化遗产研究院院长方辉教授主持开幕式。

7 日　山东大学威海校区商学院、山东大学服务贸易中心在威海校区举办了“新中国 70 年：国际贸易理论演进和服务贸易创新发展高端论坛”。来自中国国际经济交流中心、清华大学、中国科学院大学、浙江大学、南开大学、厦门大学、山东大学、商务部研究院、光明日报、鼎韬研究院等单位的知名专家学者参加了论坛。

7～11 日　诺贝尔物理学奖获得者、麻省理工学院教授、山东大学名誉教授丁肇中（Samuel C. C. Ting）率团访问山东大学。山东省委书记刘家义，省委常委、秘书长孙立成，副省长于杰，山东大学党委书记郭新立、校长樊丽明，省政协副主席程林会见丁肇中教授一行。

8 日　山东大学 2019 级研究生开学典礼在中心校区体育馆隆重举行。校党委书记郭新立出席典礼并为山东大学研究生优秀生源奖励基金获得者代表颁奖；校长樊丽明出席典礼并讲话，寄语同学们立志做新时代的研究者。

10 日　山东大学在中心校区音乐厅举行 2019 年教师节庆祝大会暨优秀教师颁奖典礼，表彰本科教学“终身成就奖”、本科教学“卓越奖”、第十一届

“我心目中的好导师”、最美高校辅导员等荣誉称号获得者。校党委书记郭新立、校长樊丽明出席大会并讲话；中国工程院院士、山东大学讲席教授王文兴，中国科学院院士、山东大学讲席教授王小云，山东大学终身教授曾繁仁等杰出学者代表，常务副校长王琪珑，党委副书记仝兴华、陈向阳，副校长韩圣浩、陈子江、芦延华、刘建亚，校党委常委、宣传部部长、教师工作部部长桑晓旻，校长助理邢占军、吴臻出席典礼。

11 日　山东大学世界一流大学建设中期自评专家评议会在中心校区召开。会议邀请中国科学院院士郭雷、钱逸泰、陈军、郭万林，中国工程院院士侯保荣、吴以成、于金明，吉林大学吴振武教授，上海交通大学吴建南教授等 9 人组成专家组，对山东大学前一阶段世界一流大学建设进行评议。山东大学党委书记郭新立、校长樊丽明出席会议。

同日　山东大学召开“不忘初心，牢记使命”主题教育动员部署大会，深入贯彻落实习近平总书记关于“不忘初心，牢记使命”主题教育的重要讲话和重要指示批示精神，按照中央要求，对学校开展主题教育进行动员部署并提出要求。校党委书记郭新立出席会议并作动员部署，校长樊丽明主持会议并讲话。中央第四指导组副组长、教育部科技司副司长张国辉出席会议并讲话。

12 日　经 2019 年 9 月 9 日第十四届党委第 35 次常委会研究决定：
免去陈志军同志的管理学院副院长职务。

17 日　山东大学 2019 年迎新文艺晚会在中心校区体育馆举行。晚会以“梦开始的地方”为主题，济南各校区 2019 级本科新生参加。

17～19 日　为落实服务山东战略，加强产学研合作交流，山东大学代表团先后赴东营市、淄博市、日照市座谈交流，与三市人民政府签署战略合作框架协议，18 项产学研合作项目同时签约落地。校长樊丽明、常务副校长王琪珑、副校长芦延华出席相关活动。

19 日　放歌新时代，礼赞新中国。山东大学庆祝中华人民共和国成立 70 周年教职医务员工合唱比赛决赛在中心校区音乐厅举行。校党委副书记陈向阳，党委常委、组织部部长陈宏伟出席活动并为获奖单位颁奖。

20 日　山东大学 2019 级学生军训汇报表演暨总结表彰大会在中心校区举行。山东大学党委书记郭新立，中国人民解放军 32125 部队政治委员赵廷磊，济南警备区副司令员王浩，党委副书记仝兴华，党委副书记、纪委书记陈向阳出席大会。大会由仝兴华主持。

同日　山东大学校长樊丽明与威海市委书记王鲁明就进一步推进校地合作共建事宜进行座谈交流。威海市委常委、秘书长侯世超，威海市副市长张伟，威海高新区党工委书记、管委会主任刘伟；山东大学副校长、山东大学（威海）校长刘建亚，山东大学（威海）党工委书记尹作升等参加座谈。

同日　山东大学（威海）2019 级新生开学典礼暨迎新晚会举行。山东大学校长樊丽明出席典礼并讲话，山东大学副校长、山东大学（威海）校长刘建亚主持典礼。山东大学（威海）党工委书记尹作升、校区领导班子全体成员出席活动。

21 日　世界华人心血管医师协会（World Association of Chinese Cardiologists，简称 WACC）换届会议在青岛举行，中国工程院院士、山东大学齐鲁医院张运教授受聘为世界华人心血管医师协会第二届委员会荣誉会长。世界华人医师协会会长、中国医师协会会长张雁灵教授向张运院士颁发了聘书。

同日　山东大学（青岛）2019 级新生开学典礼暨迎新晚会隆重举行。校长樊丽明出席典礼，并为优秀新生奖学金获得者和研究生优秀生源奖励基金获得者代表颁奖。

22 日　济南市政协主席雷杰率团来山东大学考察访问。校长樊丽明会见雷杰一行。双方就共建山东大学国际医学中心工作进行了座谈。

23～24 日　山东大学领导班子“不忘初心，牢记使命”主题教育第一次集中学习研讨在中心校区明德楼举行。中央第四指导组组长、最高人民检察院原副检察长、党组成员李如林，山东大学党委书记郭新立、校长樊丽明出席会议。郭新立主持会议。此次学习研讨的主题为“为国育贤守初心，落实立德树人根本任务”，重点围绕落实立德树人根本任务，健全“三全育人”体制机制，强校兴国行动方案等开展研讨。

24 日　在济南举行的 2019 中国城市信用建设高峰论坛上，由山大地纬建设、将服务于中国（山东）自由贸易试验区济南片区的“区块链＋政务”可信服务平台正式发布，依托区块链技术，山东自贸试验区济南片区将在保障审批信息安全可信的同时，加速实现“秒办”“联办”。这是山大地纬软件股份有限公司近年来开展区块链技术研究、开展“区块链＋”应用的又一次成功案例。

同日　经 2019 年 8 月 29 日第十四届党委第 34 次常委会研究决定：
王贻社同志任出版社总编辑，试用期一年；
免去马新同志的出版社总编辑职务。

同日　经 2019 年 9 月 23 日第十四届党委第 37 次常委会研究决定：
孔令栋同志任青岛校区党工委书记；
免去张永兵同志的青岛校区党工委书记职务；
刘升贤同志兼任新一代半导体材料集成攻关大平台党总支书记；
王智洁同志任新闻传播学院副处级组织员，免去其本科生院教务管理办公室主任职务。

25 日　山东大学发展战略咨询委员会第二次会议在青岛校区召开。发展战略咨询委员会主任委员、中国工程院院士、教育部原副部长赵沁平主持会议，发展战略咨询委员会委员李守信、温熙森、黄达人、周其凤、周绪红、张大良、赵路，山东大学党委书记郭新立，山东省委教育工委常务副书记、省教育厅厅长邓云锋出席会议。

29 日　山东省庆祝中华人民共和国成立 70 周年招待会暨 2019 年度“山东省荣誉公民”“山东省人民友好使者”授荣典礼在山东大厦举行。山东大学电气工程学院客座教授弗拉基米尔·特兹亚（Vladimir Terzija）获得“山东省荣誉公民”称号，青岛校区副校长、生命科学学院院长谭保才与微生物技术研究院院长、微生物技术国家重点实验室主任张友明获得“山东省人民友好使者”称号。

30 日　庆祝中华人民共和国成立 70 周年山东大学师生书画展在中心校区举行开展仪式。校党委副书记张永兵，校党委常委、宣传部部长桑晓旻等出席开展仪式。本次书画展由山东大学党委宣传部主办，山东大学书画研究院承办，活动共征集济南、威海、青岛三地师生书画作品 300 余幅，在中心校区展出 80 余幅。

同日　2019 年度中国政府友谊奖颁奖仪式在人民大会堂隆重举行，国家领导人向来自 31 个国家的 100 位获奖外国专家表示热烈祝贺，充分肯定他们为促进中国现代化建设、推动中外友好交往与互利合作所作的重要贡献。山东大学电气工程学院客座教授弗拉基米尔·特兹亚获此殊荣。

本月　教育部正式发文公布 2019 年度省部共建协同创新中心认定名单，共有 64 个省部共建协同创新中心通过认定，山东大学申报的“儒家文明省部共建协同创新中心”获批建设。这标志着该中心从原有的“山东省高等学校协同创新中心”升级为国家级科研平台，成为学校首个省部共建协同创新中心。

本月　教育部下发了《关于公布 2019 年教育部野外科学观测研究站名单的通知》，依托山东大学环境科学与工程学院建设的“南水北调东线河湖生态健康”野外科学观测研究站获批立项。此次是教育部首次将野外科学观测研究站列入教育部科技创新平台序列支持建设，也是山东大学首次获批建设野外科学观测研究站。

10 月

1 日　为隆重庆祝中华人民共和国成立 70 周年，山东大学在中心校区大成广场举行国庆升旗仪式，开展“我与祖国共奋进——国旗下的演讲”特别主题团日活动。山东大学党委副书记仝兴华参加活动并致辞，校党委常委、党委宣传部部长桑晓旻参加活动。

8 日　经 2019 年 9 月 23 日第十四届党委第 37 次常委会研究决定：

吕广世任山东大学澳国立联合理学院执行院长，试用期一年，免去其数学学院副院长职务。

同日　经2019年10月8日第十四届党委第38次常委会研究决定：

聘任徐现刚为新一代半导体材料集成攻关大平台主任；

聘任郝霄鹏、贾志泰为新一代半导体材料集成攻关大平台副主任；

范其学同志任山东大学澳国立联合理学院党委副书记，免去其威海校区党工委（校长）办公室副主任职务。

9日　在第28个世界精神卫生日来临之际，山东大学与省精神卫生中心开展合作并举办世界精神卫生日主题活动。山东大学与省精神卫生中心合作协议签订仪式在中心校区举行。山东大学党委副书记仝兴华、山东省卫生健康委员会副主任秦成勇出席仪式。

11～12日　高考改革高峰论坛暨山东大学第十五届全国重点中学校长论坛在中心校区举办。此次论坛旨在进一步加强大学与中学的交流与合作，着重探讨新高考改革背景下人才选拔方式与人才培养工作。山东大学校长樊丽明出席开幕式并致辞。中国教育在线总编辑陈志文，山东大学党委副书记仝兴华、副校长刘建亚参加活动。

12日　由山东大学历史文化学院顾銮斋教授任首席专家的国家社科基金重大项目《多卷本英国赋税通史》开题论证会在山东大学中心校区举行。

12～14日　由中国微生物学会、山东微生物学会主办，山东大学微生物技术国家重点实验室承办的2019年中国微生物学会学术年会在泉城济南召开。中国微生物学会理事长、中国科学院院士、上海交通大学邓子新，中国微生物学会副理事长、中国科学院微生物研究所黄力研究员，中国微生物学会副理事长、中国疾病预防控制中心邵一鸣研究员，中国微生物学会副理事长、空军军医大学徐志凯教授，中国微生物学会副理事长、云南大学张克勤教授，山东省科学技术协会二级巡视员、人才部部长赵书平，山东大学副校长李术才，中国微生物学会常务理事、山东微生物学会理事长陈冠军教授，欧洲科学院院士、山东大学微生物技术国家重点实验室主任张友明教授出席开幕式。

14日　由山东大学机械工程学院黄传真教授主持承担的国家重点研发计划“制造基础技术与关键部件”重点专项“高速、低温、清洁切削机理及其关键前沿技术研究”项目启动会在山东大学召开。国家“高档数控机床与基础制造装备”科技重大专项技术副总师、国家重点研发计划“制造基础技术与关键部件”重点专项专家组组长、中国机械工业联合会副秘书长李东茹，山东大学校长助理、科学技术研究院院长易凡出席会议。

14～19日　数学与交叉科学研究中心举办了“表示论进展与展望”的国际学术研讨会。来自美国犹他大学、克罗地亚萨格勒布大学，日本东京大学、京都大学、熊本大学、东京农业科技大学、青山大学，中国香港科技大学、香港中文大学、香港中文大学—深圳、台湾“中研院”、台湾清华大学、中国科学院、北京大学、清华大学、复旦大学、华东师范大学、上海大学、上海师范大学、厦门大学和山东大学等21个世界知名大学科研机构的 26 位国内外基础数学表示论方向的知名专家学者参加了此次会议。

15 日　经 2019 年 10 月 15 日第十四届党委第 40 次常委会研究决定：
殷录民同志任后勤保障部部长、党委书记；
免去刘学祥同志的后勤党委书记职务。

16 日　经 2019 年 10 月 15 日第十四届党委第 40 次常委会研究决定：
聘任邢建平为国际创新转化学院副院长。

同日　经党委常委会研究决定：
聘任武常岐为管理学院院长，试用期一年。

同日　山东大学第四届齐鲁青年论坛主论坛在中心校区举行，来自 21 个国家和地区的 200 余位青年学者参加活动。山东大学校长樊丽明出席会议并致辞，论坛由副校长韩圣浩主持。

18 日　第十四次体育文化建设与中华传统诗词研讨会在山东大学举行。全国政协原常委、北京市人大常委会副主任、北京体育大学副校长田麦久，中华全国体育总会顾问、国家体育总局原副局长崔大林，中国人民解放军特种作战学院军事体育战略研究中心原主任刘德佩，中国体育科学学会副理事长、体育社会科学分会主任委员、北京体育大学原党委书记、校长杨桦，沈阳体育学院原党委书记、院长王钰清，山东大学党委副书记仝兴华出席本次研讨会。研讨会开幕式由中国体育科学学会体育社会科学分会副主任委员兼秘书长黄亚玲主持。

18～20 日　由山东大学、新加坡南洋理工大学、清华大学联合主办，山东大学一南洋理工大学人工智能国际联合研究院（C-FAIR）承办的第四届众智科学与工程国际会议（ICCSE 2019）在济南举行。会议同时联合了第七届人工智能与乐龄科技国际会议（ICAA2019）、第四届 IEEE 智能代理国际会议（IEEE ICA 2019）共同组织召开。来自 10 余个国家和地区的 160 余名人工智能领域知名学者参加会议。会议期间，山东大学校长樊丽明会见了与会专家。

19 日　第三届全国高校联合国知识竞赛在北京第二外国语学院举行。由山东大学外国语学院马文啸、庞妍妮、李英健 3 名队员组成的山东大学代表队荣获特等奖。大赛共评出特等奖 1 个、一等奖 2 个、二等奖 5 个、三等奖 6 个，还评出了最佳组织奖和个人最佳风采奖。

20 日　ISQua（国际医疗品质协会）第 36 届年会在南非首都开普敦国际会议中心召开。在本届年会特别举办的全球首届医疗品质提升大赛（The First International Quality Improvement Competition）上，山东大学齐鲁医院课题研究型品管圈“肺福之言圈”——《基于 ERAS 肺癌患者气道管理 360 模式构建》获得了第一名，也是大赛唯一的一等奖。

20～24 日　首届山东大学“全球友好学校交流周”暨“双一流”建设背景下的学生流动工作研讨会在中心校区举行，来自 12 个国家和地区 20 多所友好高校的 40 余名代表齐聚山大，共话合作。期间举行了 20 余场境外学习经历宣讲会、10 余场工作座谈会，开展了境外学习经历交流展、英文授课课堂观摩、中华传统文化体验等形式多样的交流活动。山东大学校长樊丽明会见了参会友好高校代表，副校长韩圣浩参加会见，并出席交流周开幕式等相关活动。

21～23 日　为落实“重庆市人民政府与山东大学战略合作框架协议”精神，重庆三峡学院、重庆师范大学先后来访，就深化校际合作、助推鲁渝友好协作进行交流座谈。山东大学常务副校长王琪珑，党委副书记、纪委书记陈向阳，副校长刘建亚出席相关活动。

22 日　国务院新闻办公室发表了《为人民谋幸福：新中国人权事业发展 70 年》白皮书。山东大学人权研究中心主办的学术理论性刊物《人权研究》出现在白皮书中。白皮书第六部分“不断加强人权法治保障”的第九段“提高全社会人权法治意识”一节中写道：“出版和发行《人权》《人权研究》《中国人权评论》等专业书刊。中国人权研究会连续出版《中国人权事业发展报告》蓝皮书，积极推动人权学术研究、教育和知识普及。”

23 日　为适应“健康中国”战略发展需要，促进人工智能和医学交叉融合，推动生物医学工程学科、智能医学工程专业建设和临床医学、医疗及相关产业发展，经学校 2019 年第 13 次校长办公会议研究，决定成立山东大学智能医学工程研究中心。该中心为学校直属科研机构，挂靠控制科学与工程学院，与齐鲁医院共建。王聪任中心主任。

同日　经 2019 年 10 月 15 日第十四届党委第 40 次常委会研究决定：

王焕杨同志任新一代半导体材料集成攻关大平台副主任，试用期一年。

24 日　黄河生态文明专家论坛暨生态环境损害司法鉴定理论研究与实践基地成立活动在山东大学青岛校区举行。司法部副部长刘振宇、山东大学校长樊丽明，中国工程院院士、山东大学讲席教授王文兴出席活动。山东大学副校长韩圣浩主持签约活动。

同日　山东大学授予德国科学院与工程院院士罗夫·穆勒（Rolf Müller）教授名誉博士学位仪式在青岛校区举行。山东大学学位评定委员会主席、校长樊丽明出席仪式。樊丽明为罗夫·穆勒教授颁发山东大学名誉博士学位证书。山东大学青岛校区党工委书记孔令栋宣读了国务院学位委员会《关于同意授予罗夫·穆勒名誉博士学位的通知》。

25 日　山东大学召开 2019 年国际合作与交流工作会议，会议主题为“全面落实国际化战略，扎实推进‘双一流’建设”。校党委书记郭新立、校长樊丽明出席会议并讲话。

25 日　由山东大学新闻传播学院主办、北京外国语大学国际新闻与传播学院协办的第五届中国跨文化传播论坛在山东新闻大厦召开。本届论坛的主题为“媒介科学与跨文化创新传播”。山东大学党委副书记张永兵出席论坛并致辞。来自北京大学、中山大学、北京外国语大学、西安交通大学、山东大学等高校的七十多余位专家学者参加论坛。

26 日　山东大学校友会第三届理事会第四次会议暨 2019 年校友工作会议在中心校区举行。山东大学党委书记郭新立，山东大学校长、校友会会长樊丽明，山东大学原党委书记李守信出席会议。

27 日　山东大学 2019“范曾日”活动在中心校区知新楼举行。书画大师、山东大学艺术学院名誉院长范曾先生以“中国画纵横谈”为题为师生作学术讲座。校党委书记郭新立会见范曾先生并出席讲座。

同日　山东大学 2019 年“礼赞七十年 · 奋斗新时代”研究生合唱比赛在中心校区音乐厅举行。校党委副书记仝兴华出席活动并颁奖。全校 32 个培养单位逾两千名研究生参加活动。

28 日　由中国科学文献计量评价研究中心和清华大学图书馆联合研制的《中国学术期刊影响因子年报》（人文社会科学）2019 年版发布。该年报显示，《山东大学学报》（哲学社会科学版）影响力指数 CI 值为 161.456，在 191 种社会科学综合期刊中排名第 19 位，位于 Q1 区。

30 日　经 2019 年 10 月 28 日第十四届党委第 41 次常委会研究决定：

聘任曹现强、孔新峰为国家治理研究院副院长；

徐延宝同志任本科招生办公室副主任，免去其齐鲁医学院教务处副处长职务；

徐志全同志任国际学生学者中心主任，免去其本科招生办公室副主任职务；

王立祥同志任齐鲁医学院教务处副处长；

李一楠同志任历史文化学院副处级辅导员，免去其团委副书记职务；

刘明利同志任基础医学院副处级辅导员，免去其国际学生学者中心主任职务；

刘洪渭同志任齐鲁医学院党工委书记；

免去侯俊平同志的齐鲁医学院党工委书记职务。

本月　由山东大学管理学院旅游管理系发起并组织的首届旅游实验研究方法学术研讨会暨《旅游学刊》第七届青年学者学术沙龙在中心校区举行。教育部高校旅游管理类专业教学指导委员会秘书长赵书虹，山东大学校长助理、人文社科研究院院长邢占军出席会议。

本月　2020 年优秀应届本科毕业生免试攻读研究生接收工作基本结束。经学校推荐、招生单位录取，山东大学 1764 名优秀应届本科毕业生将赴北京大学、清华大学、山东大学、上海交通大学、浙江大学、南京大学、中国科学院大学等高校和科研机构免试攻读研究生。

本月　新闻传播学院杨晓冬副研究员以第一作者身份在 SSCI 一区顶级期刊 *Public Understanding of Science* 发表了题为“Does Media Exposure Relate to the Illusion of Knowing in the Public Understanding of Climate Change?”的学术研究论文。*Public Understanding of Science* 为新闻传

播学专业期刊，致力于发表关于科学与公众的国际前沿研究成果，具有较大的学术影响力。这是山东大学新闻传播学院首次在该期刊发表文章。

11 月

4 日　世界政党研究中心成立仪式在山东大学举行。山东大学党委书记郭新立，中国社会科学院党组成员、当代中国研究所所长兼马克思主义研究院院长姜辉出席仪式并为研究中心揭牌。

5 日　中央统战部副部长邹晓东一行来山东大学调研留学人员统战工作。中央统战部五局局长李莉，山东省委统战部分管日常工作的副部长赵强，济南市委常委、统战部部长王拥华，山东大学党委副书记张永兵出席调研活动。

6 日　教育部党组成员、副部长翁铁慧来山东大学调研“双一流”建设和思想政治理论课建设情况。校党委书记郭新立、校长樊丽明陪同调研。

9 日　“新中国 70 年收入分配与财税政策研讨会”在山东大学中心校区举行。校长樊丽明出席会议并致辞。研讨会由山东大学经济学院、山东大学公共经济与公共政策研究中心、山东省公共经济与公共政策研究基地共同主办，来自中国社会科学院、北京大学、复旦大学、中国人民大学等高校以及《财政研究》《财贸经济》《税务研究》《上海财经大学学报》《当代财经》期刊编辑部的专家学者及经济学院师生参加会议。

10 日　由山东大学和山东省高等学校教务与教学管理学会联合主办的“新文科建设高峰论坛：从理念到行动”在中心校区举行。山东大学校长、教育部新文科建设工作组组长樊丽明，北京语言大学校长刘利，教育部高教司副司长徐青森，山东省教育厅二级巡视员张士俊，山东大学党委副书记仝兴华等出席会议。

11 日　经 2019 年 11 月 11 日第十四届党委第 42 次常委会研究决定：

李士雪同志任公共卫生学院党委书记；

朱德建同志任党委办公室、校长办公室主任，兼任信息化工作办公室主任；

陈菡同志任校长秘书（副处级），免去其研究生院办公室主任职务；

张浩同志任继续教育学院副院长兼中华美德教育学院副院长，免去其齐鲁医学院学生工作处副处长职务；

免去李士保同志的公共卫生学院党委书记职务，借调工作结束后另行安排；

免去王君松同志的党委办公室、校长办公室主任，信息化工作办公室主任职务。

同日　由山东大学、四川大学法律实证研究所主办，山东大学法学院和《山东大学学报》（哲学社会科学版）编辑部联合承办的第四届中国法律实证年会暨“新中国成立以来法律实证研究的新发展”高端论坛在山东青岛举行。山东大学青岛校区党工委副书记、法学院党委书记杜言敏、《山东大学学报》（哲学社会科学版）主编魏建以及四川大学法学院院长左卫民出席会议并致辞。会议开幕式由山东大学法学院副院长郑智航主持。

13 日　山东大学领导班子“不忘初心，牢记使命”主题教育整改落实推进会举行。中央第四指导组组长、最高人民检察院原副检察长、党组成员李如林到会指导。校党委书记郭新立出席会议。校长樊丽明主持会议。

14 日　由山东山大华天软件有限公司牵头、山东大学机械工程学院高琦教授担任项目负责人的国家重点研发计划“网络协同制造和智能工厂”专项“产品服务生命周期集成平台研发”项目启动暨实施方案论证会在济南召开。

同日　山东大学文化遗产研究院王伟教授与哥本哈根大学 Enrico Cappellini 教授带领的科研团队，首次在距今 193 万年的巨猿化石中成功提取遗传信息，并确认了这个早已绝灭的物种与亚洲猩猩存在密切的演化关系。这是在亚热带地区的化石中首次提取年代如此古老的蛋白质证据，其研究成果“牙釉质蛋白质组揭示巨猿是猩猩家族的早期成员”（Enamel proteome shows that Gigantopithecus was an early diverging pongine）发表在英国《自然》杂志上。王伟教授为该论文的共同通讯作者。

17 日　2019 未来科学大奖颁奖典礼在北京举行，山东大学网络空间安全学院（研究院）院长，双聘院士、讲席教授王小云荣获“数学与计算机科学奖”。山东大学党委书记郭新立受邀出席颁奖典礼。

19 日　科技部办公厅、财政部办公厅联合发布了《关于发布中央级高校和科研院所等单位重大科研基础设施和大型科研仪器开放共享评价考核结果的通知》（国科办基〔2019〕90 号），公布了前期评价考核结果，山东大学连续两年保持优秀。

20 日　山东大学在中心校区召开 2019 年“双一流”建设工作推进会。会议传达了教育部近期关于“双一流”建设的有关指示精神，安排部署了下一阶段重点工作。校长樊丽明出席会议并讲话，副校长刘建亚主持会议，副校长芦延华出席会议。

21 日　中国数学会第十三次全国会员代表大会暨 2019 年学术年会在广东佛山召开。会议开幕式上公布了 2019 年中国数学会华罗庚奖、陈省身奖和钟家庆奖获奖名单。山东大学吴臻教授获得第十七届陈省身数学奖，以奖励其在随机递归系统的最优控制理论和方法研究上取得的一系列创新性突破性结果，这也是山大学者首次获得该奖项。

同日　第八届焊接科学与工程国际会议（8th International Conference on Welding Science and Engineering）上举行了焊接科学与工程计算

(Computational Welding Science and Engineering，CWSE）先锋奖（Pioneers Award in）的颁奖仪式，山东大学材料科学与工程学院武传松教授因其“在焊接科学与工程计算领域作出了突出及开拓性的贡献”获得这一殊荣，是本届唯一获奖者。国际计算焊接力学的创始人、CWSE先锋奖基金会主席、日本大阪大学荣休教授 Ueda 向武传松教授颁发了奖牌，CWSE 先锋奖评选委员会主席、日本大阪大学麻宁绪教授向武传松教授颁发了奖品。

21～22 日 2019 年中国研究生媒体联席会议暨“为祖国点赞”活动总结会在山东大学举行。会议以“加强融媒协作·共助立德树人”为主题，紧密围绕高校落实立德树人根本任务，就推进新媒体的融合与协作展开交流。山东大学党委书记郭新立，教育部学位与研究生教育发展中心主任、《中国研究生》杂志主编黄宝印，山东省教育厅二级巡视员张士俊出席大会开幕式并致辞。校党委副书记王君松主持会议。

21～22 日 由山东大学物理学院主办的薄膜暨光学和有机电子学交叉学科国际学术研讨会（International Interdisciplinary Workshop on Thin Films & Photonics and Organic Electronics）在中心校区举行。这是自 2016 年来物理学院主办的该系列第四次会议。来自澳大利亚、韩国、日本、中国香港和大陆多所高校及研究机构的 80 余位专家学者、研究生参加。

22 日 2019 年中国科学院、中国工程院增选院士名单公布，山东大学陈子江教授当选为中国科学院生命科学和医学学部院士，李术才教授当选为中国工程院土木、水利与建筑工程学部院士。

23 日 2019 年医学数据科学大会在山东大学趵突泉校区开幕。中国科学院院士金力、赵国屏，中国工程院院士周宏灏，山东省副省长孙继业，济南市委副书记、市长孙述涛，山东大学党委书记郭新立出席开幕式。中国科学院院士、山东大学副校长、齐鲁医学院院长陈子江主持开幕式。

同日 山东大学一特拉维夫大学犹太与以色列联合研究所揭牌仪式在中心校区举行。以色列特拉维夫大学校长特派代表 OrlyFromer 女士、山东大学常务副校长王琪珑出席仪式并致辞。教育部人文社会科学重点研究基地山东大学犹太教与跨宗教研究中心主任、山东大学一特拉维夫大学犹太与以色列联合研究所所长傅有德教授主持揭牌仪式。

24 日 2019 年度宝钢教育基金（宝钢教育奖）年度会议举行，山东大学 8 名师生获得奖励。其中，临床医学院本科生周晴获得优秀学生特等奖，山东大学已连续两年获得宝钢优秀学生特等奖。

同日 山东省教育厅组织专家组在济南对山东大学“智能无人系统教育部工程研究中心”建设计划任务进行了可行性论证，正式启动中心建设。

25 日 山东泉润晟投资有限公司向山东大学捐赠仪式在山东大学中心校区举行。山东泉润晟投资有限公司捐资 500 万元人民币，用于支持山东大学脑与类脑科学研究。签约仪式前，山东大学校长樊丽明会见了山东泉润晟投资有限公司古真女士，山东大学兼职讲席教授、诺奖获得者爱德华·莫索尔教授等。山东大学常务副校长王琪珑出席仪式。

同日　山东大学工业自动化研究生1986级校友、上海新时达电气股份有限公司董事长纪德法捐资1000万元支持山东大学事业发展。山东大学校长樊丽明出席仪式。山东大学常务副校长王琪珑主持仪式。

26日　齐鲁医院血液科侯明教授作为中国大陆唯一受邀专家参与制定的ITP国际共识更新（Updated international consensus report on the investigation and management of primary immune thrombocytopenia）在美国血液病学会主办期刊Blood Advances在线发表。

同日　“双一流”建设背景下高校学术期刊的责任与使命学术研讨会暨全国高校文科学报研究会第八届理事会第五次会议召开，会上，《山东大学学报》（哲社版）荣获“全国高校社科名刊”荣誉称号。

28～29日　多伦多大学医学研究院院长刘明耀率团访问山东大学，出席首届山东大学一多伦多大学双边医学论坛。山东大学校长樊丽明会见了代表团成员。山东大学副校长、齐鲁医学院院长陈子江出席相关活动。

29日　山东大学召开“三全育人”综合改革工作推进会，党委书记郭新立出席会议并讲话。党委副书记王君松主持会议。

同日　由山东大学举办的全球汉籍合璧工程推进研讨会在中心校区召开。山东大学党委书记郭新立、终身教授曾繁仁、常务副校长王琪珑等出席会议。

30日　山东大学与威海市人民政府深化校地合作签约仪式在威海东山宾馆举行。双方将在人才培养、科学研究、科技创新、智力服务、文化引领等方面，开展全方位、多层次、宽领域合作，构建全面战略合作关系和长效合作机制。

同日　山东大学澳国立联合理学院成立大会在威海校区举行。山东大学校长樊丽明，威海市委副书记、市长张海波，澳大利亚国立大学教务长Mike Calford等出席大会并致辞；澳大利亚驻华大使馆教育与研究公使衔参赞贺蓉歌女士向联合理学院的成立发来祝贺视频。

本月　山东大学临床研究中心揭牌仪式暨山大——哈佛临床研究高峰论坛在山东大学齐鲁医院大礼堂举行。山东大学副校长陈子江出席仪式并讲话，中国科学院院士顾东风、中国工程院院士张运、哈佛医学院研究生院院长AjayK. Singh、挪威卑尔根大学医学院院长Per Bakke、*NEJM*医学前沿执行主编肖瑞平等国内外知名专家出席仪式。

本月　近日，由山东大学文学院主办、文艺美学研究中心承办的山东大学中国古代文学理论青年学者论坛在中心校区举行。来自国内近20所高等院校的30多名青年学者围绕中国古代文学理论研究的相关问题，展开了热烈交流和讨论。山东大学文学院院长杜泽逊教授、中山大学中国语言文学系主任彭玉平教授、华南师范大学文学院特聘教授蒋寅出席开幕式并致辞。

12 月

1 日　山东大学济南宽禁带半导体产业研究院揭牌仪式举行。山东省委常委、济南市委书记王忠林，市委副书记、市长孙述涛，市人大常委会主任殷鲁谦，市政协主席雷杰；山东大学校长樊丽明等出席活动。王忠林、樊丽明共同为山东大学济南宽禁带半导体产业研究院揭牌。

同日　第十六届中国研究生数学建模竞赛颁奖大会在福州大学举行。山东大学研究生获一等奖 1 项、二等奖 12 项、三等奖 27 项。其中，控制科学与工程学院研究生延晓晖、顾潘龙、庄文密团队获得一等奖，受邀担任竞赛赛题学术交流会主讲人。山东大学连续第十一次获评“优秀组织奖”。

2 日　共青团中央书记处书记李柯勇一行来山东大学专题调研青年思想政治状况。山东大学党委书记郭新立会见李柯勇一行。共青团山东省委副书记李子元一同调研，山东大学党委副书记王君松出席相关活动。

4 日　曲阜师范大学党委书记戚万学一行来山东大学座谈交流，就协商共建儒家文明省部共建协同创新中心、服务山东省新旧动能转换重大战略和科研管理等相关事宜交换意见。山东大学校长樊丽明，常务副校长王琪珑，曲阜师范大学党委常委、副校长夏云杰出席活动。

同日　全国哲学社会科学规划办公室公布了 2019 年度国家社科基金重大项目立项名单，山东大学 8 项课题获准立项，立项数居全国高校并列第九位。立项课题的学科分布为：哲学 3 项、中国文学 3 项、应用经济 2 项。

同日　经 2019 年 11 月 25 日第十四届党委第 43 次常委会研究决定：

郭山清、魏普文同志任网络空间安全学院（研究院）副院长，试用期一年；

免去孙洁同志的威海校区机电与信息工程学院副院长职务。

5 日　山东大学生殖医学陈子江教授团队与中科院北京基因组研究所刘江教授团队再次合作，在《自然》（*Nature*）杂志以长文形式（Article）发表了题为“Key role for CTCF in establishing chromatin structure in human embryos”的突破性成果。该成果首次揭示了人类早期胚胎中的染色质三维结构的动态变化，发现 CTCF 蛋白对于早期胚胎发育中拓扑结构域（TAD）具有重要调控作用。

6 日　中国铝业集团有限公司、山东大学《国企领导上讲台、国企骨干担任校外辅导员》第二场报告会在山东大学中心校区举行。中铝集团党组副书记、总经理余德辉作了题为《奋楫世界一流企业战略与管控》的主题报告。山东大学党委书记郭新立主持报告会，校党委副书记王君松出席相关活动。

9 日　经 2019 年 12 月 9 日第十四届党委第 45 次常委会研究决定：
仇道滨同志任软件学院党委书记；
孙强同志任文化遗产研究院副院长，免去其文化遗产研究院办公室主任职务；
免去陈安彪同志的软件学院党委书记职务。

9～10 日　2019 年国际中文教育大会在湖南长沙举行。中共中央政治局委员、国务院副总理孙春兰出席大会开幕式并发表主旨演讲。中共湖南省委书记、省人大常委会主任杜家毫，中国教育部部长陈宝生先后致辞；教育部副部长田学军主持大会开幕式。山东大学校长樊丽明率团参加大会，出席大会开幕式、孔子学院总部理事座谈会、山东大学 2019 年孔子学院院长联席会等活动并致辞。

10 日　山东大学党委书记郭新立以“深入学习宣传贯彻党的十九届四中全会精神　扎实推进学校治理体系和治理能力现代化”为题，为学校师生代表作了党的十九届四中全会精神专题宣讲。

14 日　第十四届公共经济与公共政策研究论坛在山东大学中心校区举行。本次论坛的主题为“国家治理现代化与地方财政改革”。山东大学校长樊丽明，中国财政科学研究院院长刘尚希，中国社会科学院财经战略研究院副院长杨志勇，中央财经大学副校长马海涛，西南财经大学党委副书记马骁出席开幕式。

15 日　以“赢创新有道，大业域无疆”为主题的山东大学创新创业教育平台建设十周年总结表彰大会在中心校区举行。校长樊丽明出席会议并讲话，党委副书记、创新创业学院院长仝兴华致辞。

17 日　经 2019 年 12 月 9 日第十四届党委第 45 次常委会研究决定：
王志鹏同志任学科建设与发展规划部部长，试用期一年；
免去刘洪渭同志的学科建设与发展规划部部长职务。

18 日　2019 山东省创新驱动发展高峰论坛在济南召开。本次论坛以“智聚赋能　创新未来”为主题。中国科学院院士郑建华、王小云，中国工程院院士侯保荣、杜彦良、王复明、孔宪京、李华军、马军、李术才，美国医学生物工程院院士、俄罗斯工程院外籍院士李长明等 10 位院士出席论坛。山东省委常委、济南市委书记王忠林，山东省副省长于杰，山东大学党委书记郭新立出席论坛并致辞。山东大学校长樊丽明为院士颁发山东工研院特聘专家聘书。山东省科学技术厅厅长唐波出席论坛。

同日　山东大学学位评定委员会 2019 年第二次全体会议在中心校区举行。校长、学位评定委员会主席樊丽明出席会议并讲话，副校长、学位评定委员会副主席刘建亚主持会议。校学位评定委员会副主席张运、王学典以及校学位评定委员会委员共 50 人参加会议。

21 日　以山东大学数学学院陈增敬教授为项目负责人的国家重点研发计划“金融风险的计量理论与方法”项目启动暨实施方案推进会在济南召开。中国科学院院士郭雷、彭实戈，山东大学党委书记郭新立等出席会议。

24 日　经 2019 年 12 月 23 日第十四届党委第 46 次常委会研究决定：

刘杰同志任机械工程学院党委书记，免去其科学技术研究院副院长职务；

罗超同志任材料科学与工程学院党委常务副书记（副处级）。

免去：

仇道滨同志的机械工程学院党委书记职务；

王志鹏同志的材料科学与工程学院党委常务副书记职务；

马喆同志的齐鲁医院党委办公室主任职务。

25 日　山东大学与济南市高新区共建软件园校区合作协议签约仪式在济南市高新区举行。山东大学校长樊丽明，济南市委常委、高新区管委会主任王宏志出席签约仪式并讲话。山东大学常务副校长王琪珑与高新区管委会常务副主任寇梅代表校地双方签署合作协议。副校长芦延华参加活动。

26 日　中共中央对外联络部在北京举办以“高质量共建‘一带一路’：方向和路径”为主题的“一带一路”高端智库论坛暨“一带一路”智库合作联盟理事会第五次会议。会前从国内外 262 家智库联盟理事单位中评选出 10 个优秀理事单位，山东大学亚太研究所入选，并再次被聘为新一届“一带一路”智库合作联盟理事单位。会上对评选出的优秀理事单位和新一届理事单位颁发了奖杯、证书和聘书。

27 日　山东大学在中心校区音乐厅举行 2019 年度“榜样的力量”优秀学生颁奖典礼，对 2019 年学生年度人物、校长奖获得者等优秀学生代表进行隆重表彰。学校党委书记郭新立、校长樊丽明出席典礼并致辞。

同日　由山东大学主办的“药品监管科学协同创新大会”在济南召开，同时举行国家药品监督管理局药品监管科学研究基地揭牌仪式。国家药品监督管理局副局长徐景和，中国药品监督管理研究会会长、原国家食品药品监督管理局局长、原卫生部副部长邵明立，山东省人大常委会副主任、山东省工商联主席王随莲，山东大学校长樊丽明出席大会。山东大学副校长、齐鲁医学院院长陈子江主持揭牌仪式。

28 日　由儒家文明省部共建协同创新中心和山东大学共同主办的“文化传承与儒学创新”学术研讨会暨 2019 年度儒家文明省部共建协同创新中心理事会议在北京举行。教育部社科司副司长谭方正，山东省教育厅科技处处长徐文广到会致辞；山东大学校长樊丽明发表讲话；常务副校长王琪珑主持理事会议。来自清华大学、北京大学、北京师范大学、中国人民大学、华东师范大学、浙江大学、四川大学、曲阜师范大学、山东师范大学、山东社会科学院、国际儒学联合会、中国孔子基金会、孟子研究院、曾子研究院、山东省图书馆以及山东大学的学者和中心理事共 60 余人参加了研讨会和理事会。

29～30 日　山东大学 2020 新年音乐会分别于山东大学音乐厅、山东省会大剧院奏响。校党委副书记王君松出席音乐会。学生工作部、校团委相关负责人以及部分师生出席音乐会。

30 日　山东大学本科教学指导委员会 2019 年第二次工作会议在中心校区召开。主任委员、校长樊丽明出席会议并讲话，常务副主任委员、党委副书记仝兴华主持会议。会议听取了本科生院关于 2019 年本科教育教学工作、本科教学质量报告、新版本科人才培养方案修订指导意见等工作汇报，评审了 5 个拟申报新增本科专业和双学士学位人才培养项目，并讨论了相关工作。

本月　为庆祝中华人民共和国成立 70 周年，推进大学校史研究和文化育人工程建设，由中国高等教育学会校史研究分会主办，山东大学档案馆、校史办、历史文化学院联合承办的"改造与探索：1949 年前后的中国高等教育"研讨会暨第三届华东地区校史论坛在山东大学中心校区举行。来自上海交通大学、北京大学、清华大学、复旦大学等 40 余所高校的 80 余名校史工作者参加会议。

本月　教育部办公厅发布《关于公布 2019 年度国家级和省级一流本科专业建设点名单的通知》，山东大学 30 个本科专业入选国家级一流本科专业建设点，20 个本科专业入选省级一流本科专业建设点，入选专业来自一校三地 33 个学院，体现了学校大力推进专业现代化建设、持续开展专业结构动态优化调整的阶段性成果。

本月　人民网 2019 大学校长论坛在西安举行，论坛发布了《2018～2019 中国高校社会影响力排行榜》，山东大学位列高校新媒体影响力榜单第六。获得前十名的高校依次为浙江大学、清华大学、上海交通大学、北京大学、厦门大学、山东大学、南开大学、湖南大学、大连理工大学和郑州大学。

本月　山东大学齐鲁医院肝胆外科李涛教授团队在肝癌研究领域取得原创性突破，相关研究结果以"TMPRSS4 Drives Angiogenesis in Hepatocellular Carcinoma by Promoting HB-EGF Expression and Proteolytic Cleavage"为题发表在肝脏疾病研究领域权威期刊 *Hepatology*（1 区，影响因子 14.971）上。山东大学齐鲁医院为独立完成单位，齐鲁医院肝胆外科主治医师董兆如、硕士研究生杨亚飞和孙东为文章共同第一作者，李涛教授为独立通讯作者。这是继 2018 年该团队在 Clinical cancer research 杂志（1 区，影响因子 10.199）发表研究性论著阐述肝癌血管生成靶向药物耐药机制的研究后再次在国际一流专业期刊发表肝癌血管生成调控机制的研究性论著。

本月　信息科学与工程学院李德春教授课题组在二维纳米材料的非线性光学性能研究方面取得新进展，相关成果以"Broadband Nonlinear Optical Response of InSe Nanosheets for the Pulse Generation From 1 to 2 μm"为题在线发表于国际顶级期刊 ACS Applied Materials & Interfaces 上（IF

=8.456)。信息学院2017级博士生潘瀚为论文第一作者，李德春教授、褚宏伟研究员以及山东大学兼职杰出中青年学者张晗教授为共同通讯作者，山东大学为第一完成单位。

（杨　洁）

威海校区

山东大学（威海）概况

2019 年，威海校区在学校党委的坚强领导下，以习近平新时代中国特色社会主义思想为指导，认真贯彻学校第十四次党代会精神，紧扣“六大战略”“十大任务”，把推进“双一流”建设、实现“由大到强”历史性转变作为总目标总遵循，围绕“思想提升，目标提升，效率提升”要求，全力推动校区各项事业增速发展，着力打造新亮点，各项工作迈出坚实步伐。

一、主题教育成效显著

校区把开展“不忘初心，牢记使命”主题教育作为重大政治任务，将学习教育、调查研究、检视问题、整改落实贯穿始终，党工委先后开展 8 次集中学习研讨，在学懂弄通做实习近平新时代中国特色社会主义思想、推动校区改革发展稳定上收到较好效果；深入基层调研 35 次，专门召开调研成果交流会；牵头主讲专题党课 7 次；召开对照党章党规找差距专题会议、整改落实推进会和专题民主生活会，深刻检视问题，梳理形成校区领导班子问题清单 10 个方面 26 个具体问题，逐条逐项制定针对性的措施，切实把开展主题教育同完成改革发展稳定各项任务结合起来。

二、综合改革蹄疾步稳

根据《中共山东大学委员会关于深化一校三地管理体制机制改革的意见》，积极探索管理体制机制改革，提升校区管理服务规范化、科学化水平，助力学校治理体系和治理能力现代化。以编制核定为突破口，调结构、转方式，编制了未来三年校区编制核定工作方案、本科生招生计划调整方案、研究生招生计划调整方案。加快破解矛盾障碍，激发办学活力，研究制定《山东大学（威海）推进高质量发展三年行动计划（2020～2022 年）》，加快推进校区事业发展。

三、党建和思政工作扎实有效

充分发挥党建引领作用，团结带领校区师生员工，切实增强“四个意识”、坚定“四个自信”、做到“两个维护”。贯彻落实民主集中制，年内召开党政联席会、党工委会24次，确保学校各项决策部署落地见效。加强干部队伍建设，认真做好2018年度中层领导班子和处级干部考核工作。持之以恒正风肃纪，严格落实“一岗双责”。深化基层党建“双创”工作，1个支部获评山东省样板支部，1个基层党组织获评山东省先进基层党支部。全面提升“三全育人”工作水平，以理想信念教育为主线，建立分层分类立体化思想引领体系。落实意识形态责任制，成立校区舆情应对处置领导小组，专题研判意识形态工作，全面排查意识形态工作风险。校区思政教育改革工作先后被《求是》杂志、光明网作了重点报道，山东新闻联播、学习强国平台等媒体专门报道8次，全面系统展示了思政课教育改革的成果，1人获评全国“最美高校辅导员”。

四、学科建设亮点频出

前沿交叉科学研究院成果突出，其中蓝绿发展研究院1人入选2019年全球高被引科学家，在 *Nature* 子刊、*Environmental Science & Technology* 等顶级学术刊物发表论文近20篇，其中顶级期刊论文5篇。空间学科攀登计划创新团队建设成绩喜人，5人入选国家探月工程专家组，空间数据分析研究成果被美国宇航局（NASA）纳入标准数据处理平台。国际问题研究院充分发挥高端智库作用，成功申请立项3个国家高端智库委托项目，在《人民日报》发表评论文章1篇，提交6份《国际问题研究专报》至国家相关部委，成功举办第三届中华复兴论坛。多措并举推动跨专业、跨院部、跨校区学科交叉融合，开展“院长沙龙”“学科交叉论坛”活动。

五、科研工作水平大幅提升

校区2019年度获评省部级以上项目128项，立项经费突破1亿元，较去年增长40%。其中，承担国家社科基金重大项目2项，取得历史突破。校区参与的文登天文台项目、子午工程二期、某重大科学工程等已经通过国家批复。汉籍合璧重大文化工程校区获得参与经费2000万，国家重大科技基础设施建设专项立项经费近2000万。董恩清教授团队在医学成像领域国际顶级期刊IEEE TMI发表文章。新建“山东省海洋微生物菌种保藏与应用工程技术研究中心”。1个创新团队获批学校学青年交叉科学创新群体项目，4个团队入选学校人文社会科学青年团队。

六、人才队伍建设步伐加快

积极引进高层次人才，年内引进专任教师岗位29人，具有高级职务的占到45%；引进全职高层次人才10人（其中讲席教授1人、千人计划特聘教授1人、山大杰青4人、齐鲁青年学者4人），兼职讲席（特聘）教授12人。在墨尔本设立“山东大学（威海）海外人才工作站”，组织齐鲁青年论坛威海校区分论坛，重点推荐6名人选申报青年千人计划和齐鲁青年学者。省级人才项目评审实现新突破，1人入选“外专双百”专家，1人入选泰山学者特聘教授岗位，3人获聘泰山学者青年项目，开创历史新高。

七、人才培养质量不断提高

推动学科交叉研究生培养，扩大研究生国际化培养规模和层次，研究生海外经历参与人数比上年提高近3倍。年内停招9个专业，增设“人工智能”专业。大力开展教育教学资源共建共享，切实推动本科教育教学一体化建设，受益学生累计超15000人次。天文与空间科学菁英班面向一校三地招生，8人入选尼山学堂、5人入选崇新学堂。创新创业教育成绩突出。校区成功承办第十三届大学生智能汽车竞赛全国总决赛，并获国家一等奖3项、二等奖4项，国奖数量位列全国参赛高校第四名；在全国大学生数学建模、电子设计、“互联网＋”大学生创新创业等各类竞赛中获得国家一等奖13项、二等奖28项、三等奖9项。1家在孵企业在股权交易中心成长板挂牌、4家企业入选科技部科技型中小企业。

八、国际化战略取得突破

山东大学澳国立联合理学院正式获批，2019年招生成绩喜人，联合理学院成为“双一流”建设高校与世界一流大学联合办学的代表性成果。全年新签署合作协议14项，包括新加坡国立大学、韩国成均馆大学等知名高校。参与海外经历学生数突破1100人，其中有444名毕业生赴斯坦福大学等海外名校继续攻读学位。年内校区共接收长、短期国际学生1112人，来自英、澳、日、韩、俄等22个国家。

九、服务地方再谱新篇

充分发挥山东大学一校三地资源优势，与威海市签署《威海市人民政府　山东大学聚力精致城市与一流大学建设深化校地合作协议》等系列协议，山东大学威海工业技术研究院、威海发展研究院、高水平基础教育学校、海洋科技创新中心等重点合作平台建设积极推进，实现“山大系”与威海市全方位对接，助力威海精致城市建设。落实威海市联系村帮扶工作要求，开展精准扶贫，2019年向石家泊村捐赠帮扶款5万元，开展农村书屋改造等工作。建立服务山东工作联络机制，积极拓展国内合作资源。

十、条件保障全面加强

牢固树立以师生为中心的服务理念，2019年服务师生六件承诺事项已全部提前完成。提高了教职工查体费，建设党员活动室，改造11个教师休息室，新设23个学生自助服务室，切实提高师生的获得感和幸福感。落实机关管理服务质量提升年方案，作风建设成效显著。办学条件持续优化。材料与空间科学科研楼、新工科与交叉学科科研楼于2019年6月顺利开工建设，专家公寓项目基本完成装修工作。制定校区智慧校园建设规划三年行动方案，完成校园网三地统一认证联调工作，做好网络优化改造升级。图书馆师生查收查引和科技查新服务免费，增设学者交流研讨室，推进济威青三地文献资源通借通还。制定《国有资产出租出借管理办法》，优化资源配置，规范公房和资产管理。推进一校三地安全稳定工作体系落实，为“双一流”建设保驾护航。

（顾　炜）

山东大学（威海）大事记

1 月

3 日　校区国际交换学生结业仪式在闻天楼报告厅举行，副校长黄凯南出席仪式并为国际交换学生颁发结业证书。来自 30 所海外高校的 87 名国际交换学生参加了仪式。

5 日　著名数学家、美国加州大学圣塔芭芭拉分校终身教授、山东大学（威海）数学与统计学院院长、潘承洞数学研究所所长张益唐教授做客中央广播电视总台中文国际频道（CCTV4）《世界听我说》节目，为大家讲述其传奇的学术心路。

8 日　校区设视频分会场，参加山东大学一流本科教育学生座谈会。校长樊丽明出席会议，并为与会本科生上思政课。校党委副书记仝兴华主持座谈会。

11 日　2018 年度校区领导班子和机关及直属单位汇报评议会在知行楼召开。党工委书记尹作升出席会议。常务副校长韩建新主持会议。校区领导班子成员、全体副处级以上领导干部以及其他方面代表参加会议。

12 日　校区在知行楼召开国际化建设工作座谈会，副校长夏利东出席会议。

13 日　校区 2019 年“双创”冬令营开营仪式暨专题报告会在知行会堂举行。党工委副书记、纪工委书记郭培良出席仪式并讲话。

14 日　校区发布《山东大学（威海）2018 届本科毕业生就业质量报告》。

18 日　山东大学 2018 年度领导班子和领导人员年度考核及选人用人“一报告两评议”会议在中心校区召开。校党委书记郭新立代表学校党委报告 2018 年度选人用人工作情况，并代表学校领导班子作 2018 年度述职报告。校长樊丽明主持会议。威海校区在会上作 2018 年度领导班子述职报告，校区领导班子成员、学院主要负责人、教职工代表等参加会议。

18～20 日　校区副校长夏利东出席第五届国际教育管理会议并致辞。

19～20 日　山东大学 2018 年度中层领导班子述职汇报评议会在中心校区召开，威海校区 12 个学院首次一同参加述职。山东大学党委书记郭新立出席会议并讲话，校长樊丽明主持会议。威海校区领导班子成员参加会议。

21日　校区领导班子召开2018年度民主生活会，党工委书记尹作升主持会议并作总结讲话。学校党委第二督导组全体成员到会指导，校区领导班子成员参加会议。会议主题是“强化创新理论武装，树牢‘四个意识’，坚定‘四个自信’，勇于担当作为，以求真务实作风坚决把党中央决策部署落到实处”。

2月

21日　校区2019年音乐舞蹈类专业校考工作结束。

22日　校区设视频分会场参加山东大学新学期工作会议。山东大学党委书记郭新立主持会议并作总结讲话，校长樊丽明就2019年重点工作进行部署。

23、24日　校区常务副校长韩建新，副校长刘海，党工委副书记、纪工委书记郭培良分别带队检查开学准备工作。

26～28日　校区党工委书记尹作升先后到商学院、马克思主义学院、法学院、海洋学院、机电与信息工程学院调研指导工作，实地检查实验室安全隐患排查整改情况，围绕各单位学习贯彻新学期工作会议精神、加强党建、科学谋划发展等工作情况进行座谈。

28日　根据山东大学文件（山大人字［2019］17号），决定聘任威海校区李娟为教授二级岗；聘任孙光宁、李克、李自雄、焦佩、杨在斑、吴晓林、亓斌、杜清府、柏铭、肖华为教授四级岗；聘任刘惠莹、周宏燕、程子健、郝延伟、程婕婷、张超、孟文博、唐鑫梅、张传涛、赵丹、房世刚、战文腾、刘春利、孙晓红、李雪莲、张克国、严发宝、孙宏刚、周晓、孔晓明、蒋方翠、胡琴琴、皮庆华、马莲为副教授三级岗；聘任马庆林、刘杰为高级实验师三级岗；聘任顾炜、范其学为副研究员三级岗；聘任鹿遥为副研究馆员三级岗。聘任时间自2018年9月算起。

3月

2日　山东大学（威海）2019届毕业生春季就业双选会在体育训练馆举行。校区党工委书记尹作升，党工委副书记、纪工委书记郭培良到现场调研。双选会共吸引270余家用人单位参会，提供岗位13000余个，涵盖本、硕、博各学历层次和校区全部学科门类。

4～5日　山东大学党委书记郭新立到威海校区检查安全工作，并分别与校区领导班子、教学院部主要负责人以及师生代表进行座谈。校区党工委书记尹作升参加活动。在4日下午的校区领导班子座谈会上，郭新立介绍了学校有关安全工作的部署、要求，解读了学校推进“由大到强”历史性转变的工作部署。尹作升代表校区领导班子作了校区安全工作汇报，梳理总结工作，剖析存在问题，提出改进措施。校区常务副校长韩建新主持座谈会，校区领导班子成员结合各自分管工作，谈了做好安全工作的意见和建议。

5～6 日　山东大学常务副校长王琪珑到威海校区调研文科科研工作。山东大学校长助理、人文社科研究院院长邢占军，威海校区党工委副书记赵玉璞、副校长黄凯南出席活动。5 日下午，王琪珑出席山东大学国际问题研究院建设专题会议，听取国际问题研究院建设进展情况汇报及 2019 年工作推进计划。

6 日　威海市委常委、统战部部长、东部滨海新城建设指挥部总指挥戴龙成，经区党工委书记、管委会主任、东部滨海新城建设指挥部副总指挥吕晓东一行访问威海校区。校区党工委书记尹作升会见来访客人。党工委副书记赵玉璞主持座谈会。

7 日　威海市委常委、宣传部部长、教育工委书记刘广华一行来校区调研，就党建与意识形态工作举行座谈。校区党工委书记尹作升，副书记周慧如出席座谈会。

同日　校区召开庆祝“三八国际劳动妇女节”暨表彰座谈会。党工委书记尹作升出席会议并致辞。校区领导赵玉璞、郭培良、周慧如出席大会。会议由周慧如主持。

8 日　校区召开实现“由大到强”历史性转变工作推进会。会议围绕贯彻落实山东大学新学期工作会议精神，聚焦郭新立书记到威海校区调研时对班子提出的要求，谋大事、干大事，抓改革、促落实，全力打造新亮点，为山东大学实现“由大到强”历史性转变做出威海贡献这一主题展开深入研讨。校长刘建亚出席会议并讲话，校区党工委书记尹作升主持会议。全体校区领导出席会议。

9 日　校本部与威海校区本科教学“6＋5”院—院共建共享工作会议在知行楼召开。威海校区副校长黄凯南出席会议并讲话。山东大学本科生院院长刘传勇作总结发言，威海校区教务处处长王湘云主持会议。

11 日　校区副校长黄凯南率团赴上海交通大学就中外合作办学工作开展调研并座谈。上海交通大学密西根学院党委书记兼科研副院长李新碗、行政主管宋立群参加座谈。山东大学澳国立联合理学院筹建办公室相关人员陪同调研。

13 日　山东大学党委副书记、纪委书记陈向阳一行来威海校区调研，围绕推进纪检监察体制改革和新形势下纪检监察工作举行座谈，并深入课堂听思政课。校区党工委书记尹作升，党工委副书记、纪工委书记郭培良，山东大学纪委副书记兼监察处处长张桂珍出席相关活动。

同日　校区印发《山东大学（威海）学科建设委员会章程》（山大威校研字［2019］1 号）。

14 日　校长刘建亚先后到翻译学院、文化传播学院、数学与统计学院调研指导工作。校区党工委副书记、纪工委书记郭培良参加部分调研。

15 日　山东大学（威海）第五届教职工代表大会第五次会议在闻天楼举行。校长刘建亚出席大会并作题为《凝心聚力　真抓实干　加快推进“双一流”建设再上新台阶》的校区工作报告，校区党工委书记尹作升致开幕辞。常务副校长韩建新，党工委副书记、纪工委书记郭培良分别向大会作年度财务工作报告和教代会提案工作报告。校区领导赵玉璞、刘海、夏利东、黄凯南出席大会。大会开幕式由党工委副书记周慧如主持。全体教代会代表，不是代表的校区中层干部和部门工会主席参加了会议。

同日　《人民日报》理论版刊发了中国社会科学院学部委员、山东大学特聘一级教授张蕴岭的署名文章《在大变局中把握发展趋势》。

18 日　法国雷恩商学院中方代表冯凌燕女士访问威海校区。副校长夏利东会见来访客人。

22 日　根据山东大学文件（山大党任字［2019］5 号），经 2019 年 3 月 18 日第十四届党委第 18 次常委会研究决定：韩建新同志挂任山东大学校长助理，挂职时间两个月，挂职期满挂任职务自然免除。

26 日　校区党工委书记尹作升召集校办、教务处、资产与实验室管理处、保卫处、后勤处等部门负责人，深入部分教学院部现场办公，通过召开座谈会、听取汇报、实地察看等形式，围绕办学空间、环境整治等问题查情于一线，问需于学院。校区副校长刘海、黄凯南陪同调研。27 日上午，校区召开专题会，通报并研究各项问题落实情况。

同日　山东卫视《新闻联播》以“将红色基因注入血脉，凝聚接续奋斗磅礴力量”为主题，头条报道威海校区思政课建设成果。

28 日　山东大学校长樊丽明来威海校区调研指导工作。调研期间，樊丽明分别与校区领导班子、商学院与机电与信息工程学院领导班子及教师代表举行座谈，并出席“校长有约”学生座谈会。山东大学副校长、威海校区校长刘建亚一同调研，校区党工委书记尹作升出席活动并主持相关座谈会。

同日　山东大学国际问题研究院揭牌仪式暨百年大变局高端对话在威海校区举行。山东大学校长樊丽明，威海市委副书记张宏伟，山东大学副校长、威海校区校长刘建亚，威海校区党工委书记尹作升等出席揭牌仪式。高端对话邀请了来自国际关系、世界经济、城市与环境等研究领域的七位著名专家共同探讨“百年大变局”这一主题。高端对话活动前，樊丽明等与会嘉宾共同为山东大学国际问题研究院成立揭牌，仪式现场还举行了合作签约仪式。

同日　校区党工委在知行楼召开校内双向挂职教师干部交流座谈会。校区党工委副书记周慧如出席会议并讲话。在威海校区挂职的全体教师干部、有关挂职部门和学院负责人参加座谈会。

同日　英国萨里大学 Gang Li 教授受聘校区客座教授仪式在商学院举行。校区副校长夏利东为其颁发客座教授聘书。

4月

1日　山东大学一校三地研究生教育工作研讨会在威海校区举行。威海校区副校长夏利东出席会议并讲话。山东大学一校三地研究生教育工作部门负责人及相关工作人员参加会议。当晚，威海校区党工委副书记、东北亚学院院长赵玉璞，威海校区副校长夏利东，山东大学研究生院常务副院长刘国亮在东北亚学院就加强研究生教育工作展开座谈调研。

同日　校区党工委印发《山东大学（威海）2019年党政工作要点》（山大威党字［2019］3号）。

3日　威海市民营企业家到高校、市直部门挂职锻炼座谈会在威海校区举行。威海市委常委、组织部部长刘运出席会议并讲话。校区党工委副书记周慧如代表接收挂职民营企业家高校讲话。会议由威海市委统战部副部长、市工商联党组书记、副主席陈文主持。参加挂职锻炼的威海市民营企业家，以及接收挂职干部的驻威高校、威海市直部门代表参加座谈会。会后，山东大学副校长、威海校区校长刘建亚与刘运就校地人才合作等工作进行了交流座谈。此次共有19位民营企业家分赴驻威高校、市直部门挂职锻炼，其中到威海校区挂职的有两位。

8日　澳大利亚斯威本科技大学副校长 Alan Lau 一行访问山东大学（威海），副校长夏利东会见来访客人。

9日　知名随机分析专家、英国拉夫堡大学教授赵怀忠应邀做客稷下讲坛，为校区师生作题为"Do Periodicity and Transition in Systems with Uncertainty Matter?"的报告。校区副校长夏利东主持报告会。

同日　校区党工委印发《山东大学（威海）机关及直属单位"管理服务质量提升年"实施方案》（山大威党综字［2019］3号）。

10日　校区副校长黄凯南率团赴浙江大学国际联合学院（海宁国际校区）开展工作调研，与浙江大学国际联合学院副院长、浙江大学爱丁堡大学联合学院院长欧阳宏伟，浙江大学爱丁堡大学联合学院副院长陈晔举行座谈，就中外合作办学工作进行交流研讨。

12日　太原理工大学副校长梁卫国一行访问威海校区。校区副校长夏利东会见来访客人，并就国际化建设等相关问题进行座谈交流。山东大学澳国立联合理学院筹建办公室相关人员参加会谈。

同日　中泰友好交流暨山东大学"威海讲堂"开班仪式在威海校区举行，山东大学（威海）副校长夏利东出席仪式并讲话。泰国坤敬公立华侨学校校长薇莱蓬・诗林瓦塔娜出席仪式。威海市侨联侨办代表、泰国坤敬公立华侨学校代表陈桂英分别发言。

14日　教育部长江学者、东北师范大学副校长韩东育教授做客稷下讲坛，为校区师生作题为《〈中日修好条规〉与东亚政治地图的改写》的学术报告。山东大学副校长、威海校区校长刘建亚主持报告会。

16 日　环翠区副区长王大治率团来校区开展校地合作交流。副校长刘海会见王大治一行并举行座谈。环翠区海洋发展局、服务业发展促进中心负责人，校区相关单位负责人及工作人员参加活动。

17 日　山东大学（威海）首批国际合作联络教授（学者）聘任仪式在知行楼举行。副校长夏利东出席仪式并讲话，并为国际合作联络教授（学者）代表颁发聘书。本次共有来自文、理、工各领域的 23 名学者获聘校区国际合作联络教授（学者）。

22 日　校长刘建亚与联系班级 2017 级数学与应用数学班开展面对面交流活动。

23 日　校区参与举办的“文友辅仁”——2019 中韩书画国际交流展在威海市美术馆举行。威海市委常委、宣传部部长刘广华，山东大学（威海）党工委副书记赵玉璞、周慧如、副校长黄凯南出席相关活动。当天下午，山东大学（威海）艺术学院和韩国忠南大学艺术学院在知行楼举行合作签约仪式。

同日　2019 年人文社会科学青年学术团队启动工作会在知行楼召开。副校长黄凯南主持会议并讲话。

24 日　山东大学党委副书记、山东大学（青岛）党工委书记张永兵，山东大学副校长、山东大学（青岛）校长韩圣浩率团访问威海校区，就校园文化建设、学生培养等方面工作进行座谈交流。山东大学副校长、山东大学（威海）校长刘建亚，山东大学（威海）党工委书记尹作升出席座谈会并讲话。

25 日　山东大学副校长、山东大学（青岛）校长韩圣浩到东北亚学院调研人事人才工作。威海校区党工委副书记、东北亚学院院长赵玉璞，山东大学一级教授张蕴岭出席座谈会。

同日　威海校区首期“院长沙龙”在知行楼举行。山东大学控制科学与工程学院院长、长江学者特聘教授张承慧作为主讲嘉宾作题为《控制科学与工程学院学科建设的实践与发展》专题报告。校区副校长夏利东教授主持报告会。

26 日　“风雨七十年　砥砺复兴路”山东大学（威海）第九届“唱响主旋律　传扬正能量”歌咏大赛决赛暨纪念新中国 70 年华诞歌唱音乐会在知行会堂举行。

29 日～5 月 6 日　山东大学副校长、山东大学（威海）校长刘建亚率团访问奥克兰大学、斯威本科技大学、澳大利亚国立大学、塔斯马尼亚大学，拓展校际交流领域，深化中外合作办学。在澳大利亚期间，访问团还访问了澳大利亚教育管理集团墨尔本办公室。刘建亚与澳大利亚教育管理集团负责人共同为山东大学（威海）海外人才工作站揭牌。山东大学（威海）副校长黄凯南，山东大学微生物技术国家重点实验室、山东大学化学与化工学院、山东大学（威海）国际教育学院、国际合作与交流处等相关人员参加活动。

本月　据国家自然科学基金委员会（NSFC）和英国皇家学会（RS）通知，空间科学研究院、空间科学与物理学院史全岐教授获英国皇家学会2019年牛顿高级学者基金（Newton Advanced Fellowship）资助。

本月　教育部印发《关于同意设立山东大学澳国立联合理学院的函》，山东大学首个中外合作办学机构获批设立。

本月　威海校区共有9位教师入选2019～2022年山东省本科教育教学指导委员会名单。

5月

5日　纪念五四运动100周年暨山东大学（威海）2018年度优秀学生表彰大会在知行会堂举行。校区党工委书记尹作升出席大会并致辞。党工委副书记赵玉璞，副书记、纪工委书记郭培良，副书记周慧如出席大会并为受表彰师生颁奖。现场颁奖环节与文艺汇演交叉进行，共进行了综合荣誉类、社会实践类、创新创业类、学科竞赛类和优秀指导教师、优秀学生工作者等的表彰活动。

9日　山东省司法厅副厅长齐延安到法学院调研指导工作，并举行座谈。威海校区副校长黄凯南出席座谈会。

同日　山东大学党委副书记、纪委书记陈向阳一行来威海校区调研，就如何以全面从严治党引领和推动学校实现“由大到强”举行座谈。威海校区党工委副书记、纪工委书记郭培良，山东大学纪委副书记兼监察处处长张桂珍出席座谈会。

10日　乌克兰科学院院士、俄罗斯索伯列夫数学研究所所长级研发顾问德米特里·伊万诺维奇·斯维里登科教授，新西伯利亚国立大学信息技术系主任、索伯列夫数学研究所首席研究员德米特里·埃维根耶维奇·帕查诺夫教授，北京天元数学与信息技术综合研究与应用中心主任许继来先生等一行访问我校。山东大学副校长、山东大学（威海）校长刘建亚会见来访客人。访问期间，学校与索伯列夫数学研究所、北京天元数学与信息技术综合研究与应用中心签订了合作协议，三方将在博硕士生联合培养、国际科研合作、招才引智等方面加强合作。

14～19日　确山县2019年领导干部培训班（第一期）在威海校区举办。校区党工委书记尹作升，确山县委副书记、县长彭广峰出席开班仪式并讲话，校区党工委副书记赵玉璞，副校长夏利东、黄凯南出席相关活动。

16日　由教育部留学服务中心主办、山东大学（威海）承办的国家公派留学派出工作培训会在威海举行。来自全国各省市教育厅及150余所高校的280多名公派留学负责人员参会。教育部留学服务中心副主任艾宏歌，教育部国际司留学处副处长杨洲、财务司外事财务处处长徐薇、留学服务中心出国处处长丁莉，山东大学（威海）副校长夏利东出席培训会。

16～17 日 校区举行第三十一届田径运动会。

18 日 山东省海洋微生物菌种保藏与应用工程技术研究中心第一届专家委员会成立暨一届一次会议在威海校区召开。校区副校长夏利东出席会议，并向专家委员会委员颁发聘书。

20 日 澳大利亚新南威尔士大学堪培拉校区科学学院副院长 Scott Sharp 教授一行访问威海校区。副校长黄凯南会见来访客人，并举行座谈。

21 日 广东医科大学党委副书记、湛江海东校区筹建办主任罗辉率团访问山东大学（威海）。校区党工委书记尹作升会见罗辉一行。

同日 中国科学院院士、中科院上海应用物理研究所研究员、复旦大学教授马余刚做客稷下讲坛，为校区师生作题为《小爆炸：原子核碰撞研究夸克物质与反物质》的报告。副校长夏利东主持报告会。

24 日 山东大学（威海）第四届大学生中华经典诵读大赛决赛在知行会堂举行。校区党工委书记尹作升、副书记周慧如出席大赛并为获奖队伍颁奖。

25 日 山东大学（威海）2019 届毕业生暨 2020 届实习生招聘会举行，环翠区“政策面对面暨重点企业高校行”走进山东大学（威海）活动同步进行。校区党工委副书记、纪工委书记郭培良与环翠区委常委、组织部部长、统战部部长梁明等领导出席活动。

同日 法国雷恩商学院副校长 Santiago Garcia 先生一行访问威海校区。山东大学副校长、山东大学（威海）校长刘建亚会见来访客人。

26 日 校区教师在山东省第六届高校教师教学比赛中获奖，海洋学院戚明颖获理科组一等奖，翻译学院王苏华获文科组二等奖。

28 日 威海校区设视频分会场参加山东大学 2019 年全面从严治党工作会议。山东大学党委书记郭新立出席会议并讲话，校长樊丽明主持会议，党委副书记、纪委书记陈向阳传达上级会议精神并作纪委工作报告。威海校区党工委书记尹作升在会上作交流发言。

30 日 校区学子在第十六届“挑战杯”山东省决赛中再创佳绩。4 件作品获特等奖，3 件作品获一等奖，其中，6 件作品推荐进入国赛。校区获得省赛“优胜杯”和优秀组织奖。

31 日 澳门大学李德凤教授受聘为校区兼职特聘教授，副校长刘海为其颁发聘书。

6 月

1 日 杭州电子科技大学颜成钢教授受聘为威海校区兼职教授，校区党工委副书记、纪工委书记郭培良为其颁发聘书。

4 日　中国前驻捷克、挪威大使唐国强做客第三十五期“大使讲坛”，为校区师生作题为《新中国七十年的外交历程以及当前国际形势中的几个问题》的报告。威海校区党工委副书记赵玉璞主持讲坛。此前一天，唐国强大使及其夫人王海涵女士做客校区第 111 期林海文化论坛。

5 日　英国皇家学会院士、伦敦数学学会会长、布里斯托大学 Jon Keating 教授访问校区。山东大学副校长、山东大学（威海）校长刘建亚会见来访客人。

6 日　深圳亚略特生物识别科技有限公司董事长兼 CEO、校区 1995 级电子学与信息系统专业校友邵宇向校区捐赠价值 230 万元的生物识别软件平台。校区常务副校长韩建新代表校区接受捐赠，并向邵宇校友颁发学生职业发展校友导师聘书。

7～9 日　山东大学 2019 年“一校三地”排球总决赛在威海校区体育训练中心举行。校区副校长黄凯南出席活动并致辞。

8 日　英国皇家学会院士、伦敦数学学会会长、布里斯托大学 Jon Keating 教授受聘校区客座教授仪式在知行楼举行。山东大学副校长、山东大学（威海）校长刘建亚为 Jon Keating 教授颁发客座教授聘书。聘任仪式后，Jon Keating 教授作题为“Moments and Divisor Correlations”的学术报告。

9～13 日　校区副校长刘海率团访问台湾地区中原大学、台湾海洋大学、东吴大学、世新大学等高校。

12 日　全国人大常委会法工委研究室副巡视员贾红梅一行来校调研地方立法工作。全国人大常委会法工委研究室处长侯晓光、山东省人大常委会法工委法规三处副处长王岩、威海市人大常委会副主任张竞、山东大学（威海）副校长黄凯南出席活动。

同日　韩国清州大学外事副校长金荣哉一行来校区访问。校区常务副校长韩建新会见来访客人并举行座谈。

13 日　郭永怀事迹报告会在知行会堂举行。威海市委常委、组织部部长刘运，山东大学（威海）党工委书记尹作升，威海市委党校常务副校长、胶东（威海）党性教育基地管理办公室主任曲赓出席报告会。山东大学（威海）党工委副书记周慧如主持报告会。

同日　校区印发《山东大学（威海）“数据科学与人工智能实验班”管理办法》（山大威校教字〔2019〕10 号）。

15 日　新中国 70 年马克思主义文化研究高端论坛在知行楼举行。校区党工委副书记周慧如出席开幕式并致辞，全国人大教科文卫委员会委员、中国社科院大学首席教授，著名马克思主义理论家程恩富学部委员、中国软实力研究中心主任张国祚教授、山东大学马克思主义学院院长王韶兴教授等出席开幕式。

同日　山东大学马克思主义理论学科建设座谈会在威海校区举行。校区党工委副书记周慧如出席座谈会。

17～20 日 校区副校长夏利东出席 2019 年《中美人才培养计划》年度工作会议暨第十六届学生毕业典礼。2019 年，威海校区共有 4 名学生通过《中美人才培养计划》项目毕业，其中 3 名学生获“优秀毕业生”称号。

18 日 校区国际交换学生结业仪式在文华苑举行。副校长黄凯南出席仪式并为交换学生颁发结业证书。来自 24 所海外高校的 88 名国际交换学生参加仪式。

18～23 日 澳大利亚国立大学理学、健康与药学联合学部副部长 Sasha Mikheyev、物理与工程学研究院院长 Tim Senden、化学研究院院长 Penelope Brothers 等一行访问校区。副校长黄凯南会见来访客人，

19～20 日 新中国 70 年生态文明建设与生态设计实践高端学术论坛暨 2019 年传统聚落与人居环境可持续发展国际学术会议在校区召开。本次会议由山东大学（威海）、中国勘察设计协会传统建筑分会、山东省勘察设计协会和环翠区人民政府共同主办。校区常务副校长韩建新、威海市环翠区组织部部长梁明出席开幕式并致辞。

20 日 “同心·光彩助学行动”助学金发放仪式在闻天楼举行。校区党工委书记尹作升出席仪式并讲话。党工委副书记、纪工委书记郭培良，副校长黄凯南出席仪式。党工委副书记周慧如主持仪式。

22 日 由东北亚学院主办的区域与国别教学研究论坛在校区举行。校区党工委副书记、东北亚学院院长赵玉璞主持论坛。教育部中外人文交流中心机制工作一处处长丁连普、教育部国别和区域研究工作秘书处执行主任温冰、副校长黄凯南出席开幕式并致辞。

23 日 山东大学（威海）2019 年毕业生毕业典礼在图书馆广场举行。校长刘建亚出席典礼并讲话，党工委书记尹作升主持典礼。校区领导、各院部党政主要负责人、职能部门负责人、教师代表、家长代表、校友代表和 2019 届毕业生参加了毕业典礼。与会领导为优秀毕业生颁发荣誉证书，并向本科生代表、研究生代表和国际学生代表颁发毕业证书。毕业典礼后，刘建亚在玲珑学堂为毕业生颁发了学位证书。

27 日 校区印发《山东大学（威海）国际学生奖学金实施细则（修订）》（山大威校综字［2019］4 号）《山东大学（威海）关于进一步规范和促进非学历继续教育工作的意见》（山大威校综字［2019］5 号）。

28 日 欧洲科学院院士、山东大学微生物技术国家重点实验室主任、微生物技术研究院院长张友明教授做客校区第二期“院长沙龙”，介绍重点实验室建设情况，交流学科建设发展经验。山东大学副校长、山东大学（威海）校长刘建亚，山东大学（威海）党工委书记尹作升出席活动。校区党工委副书记赵玉璞主持活动。

同日 校区 2019 年“学生海外学习经历”启动仪式在知行会堂举行。校长刘建亚出席仪式并讲话，副校长夏利东主持仪式。校区 2019 年全年共有

1073名学生赴国（境）外学习交流。

同日　校区组织校领导、机关及直属单位副处级以上党员干部到威海市廉洁教育中心参观学习、接受教育。校区领导赵玉璞、刘海、郭培良、周慧如参加活动。

同日　山东大学（威海）与中国科学院国家天文台共建“天文与空间科学菁英班”合作协议续签仪式在闻天楼举行。山东大学（威海）副校长夏利东、黄凯南，中国科学院国家天文台党委书记赵刚出席相关活动。

本月　海洋学院党委副书记范蕊当选2019年“最美高校辅导员”。

7月

3日　校区党工委书记尹作升主持召开党工委理论学习中心组专题学习会议，学习传达中央“不忘初心，牢记使命”主题教育有关文件精神及学校理论学习中心组参考学习材料。校区领导韩建新、赵玉璞、刘海、郭培良、周慧如、夏利东、黄凯南出席会议。理论学习中心组成员参加会议。

同日　山东大学当代社会主义研究所与马克思主义学院（威海）合作签约暨社会主义文献研究中心成立仪式在威海校区举行。山东大学（威海）副校长黄凯南出席仪式并讲话。

4日　香港威海同乡会会长张强等一行访问威海校区，校区党工委副书记赵玉璞会见来访客人。威海市委统战部副部长程晓军陪同参访。

5日　根据山东大学文件（山大党任字［2019］24号），经2019年6月24日第十四届党委第28次常委会研究决定：
刘建亚同志兼任山东大学澳国立联合理学院院长；
孔海燕同志任山东大学澳国立联合理学院党委书记。

8～11日　由中国科学院青年创新促进会主办，山东大学空间科学研究院和中国科学院地球化学研究所青年创新促进会小组联合承办的第四届地球与行星科学青年论坛暨2019火星科学暑期短训班在校区召开。山东大学（威海）副校长夏利东、中国科学院青年创新促进会理事长杨蔚、中国科学院地球化学研究所研究员李雄耀出席开幕式并分别致辞。来自国内22家高校及科研机构的110余名青年学者参加了本次论坛。

9日　2019年暑期山东大学“威海讲堂”开班仪式在电子楼举行。校区副校长黄凯南出席仪式并致辞。

同日　校区党工委书记尹作升、副校长刘海一行实地调研学生宿舍空调安装工作，并进行现场办公。

10日　校区党工委副书记、纪工委书记郭培良，副校长黄凯南到2019年本科招生录取工作现场指导工作。

11日　校区在知行楼召开党建工作专题会议。党工委副书记周慧如主持会议并讲话。

11～13 日　山东大学 2019 年“一校三地”篮球总决赛在威海校区举行。

13 日　中国社会科学院第六届马克思主义文艺理论论坛暨“人民性与中国文论建设”学术研讨会在威海召开。此次论坛由中国社会科学院马克思主义理论学科建设与理论研究工程领导小组主办，中国社会科学院文学研究所、山东大学马克思主义文艺理论研究中心、山东大学（威海）文化传播学院合作承办。

16～20 日　校区副校长夏利东率团访问澳大利亚国立大学，推动双方合作办学机构与项目相关工作、参加联合毕业典礼。

23～26 日　校区学子在第五届山东省“互联网＋”大学生创新创业大赛决赛中再创佳绩，共获得金奖 4 项、铜奖 8 项。

24 日　校区 2019 年本科招生录取工作圆满结束，多地在录取分数、录取位次创历史新高。2019 年，威海校区面向全国 30 个省（直辖市、自治区）计划招生 3700 人，实际录取 3700 人，足额完成年度招生计划，录取类型涵盖艺术类、国家专项和本科普通批次。

26 日　共青团山东省委书记刘天东到校区调研学生创新创业工作。校区党工委书记尹作升陪同调研。党工委副书记、纪工委书记郭培良，副校长黄凯南，共青团威海市委书记许宏妮参加活动。

26～27 日　教育部驻鲁直属高校审计工作研讨会在校区召开。校区党工委副书记、纪工委书记郭培良出席会议并致辞。

29～30 日　基层社会治理与“两委”组织法修法研讨会在校区举行。本次会议由全国人大社会建设委员会主办，山东省人大社会建设委员会和威海市人大常委会协办，山东大学（威海）法学院承办。全国人大常务委员会委员、社会建设委员会副主任委员江小涓，山东省人大社会建设委员会主任委员张光峰，威海市人大常委会副主任张竞，山东大学（威海）副校长黄凯南出席开幕式并讲话。全国人大社会建设委员会委员、全国总工会副主席（兼）许振超主持开幕式。

30 日　根据山东大学文件（山大编字［2019］13 号），经中共山东大学第十四届委员会第 23 次常务委员会议研究，决定成立山东大学澳国立联合理学院（简称“联合理学院”）。联合理学院是由山东大学与澳大利亚国立大学合作创办的中外合作办学机构，为学校直属独立建制的教学科研机构。联合理学院不设行政级别，实行联合管理委员会领导下的院长负责制。

8 月

7 日　根据山东大学文件（山大人字［2019］77 号），威海校区文化传播学院张红军、空间科学与物理学院史全岐获评 2019 年“山东大学优秀教师”；机电与信息工程学院（威海）王小利获评2019年“山东大学先进教育工作者”。

8～11日　校区学子在第十二届全国大学生节能减排社会实践与科技竞赛中再创佳绩。共获得国家一等奖1项、二等奖3项、三等奖7项，校区荣获优秀组织奖，获奖数量位于全国前列，创校区参加该项赛事以来的最好成绩。

15日　山东省政法干部培训基地揭牌仪式在知行楼举行。山东省委政法委副书记梁战光，山东省法学会专职副会长任伟，山东大学（威海）副校长夏利东、法学院院长肖金明共同为培训基地揭牌。

15～16日　由山东大学空间科学研究院主办的第七届GNSS监测评估技术研讨会在闻天楼召开。中国工程院院士、西安测绘研究所研究员魏子卿，山东大学（威海）副校长夏利东、中国卫星导航工程中心焦文海研究员出席开幕式并致辞。

16日　国家自然科学基金委员会公布了2019年度国家自然科学基金集中申报项目立项结果。威海校区共获批立项31项，其中面上项目16项、青年科学基金10项、国际（地区）合作与交流项目1项、天文联合基金项目4项（其中重点支持项目1项，直接经费250万元），共获批直接经费1650万元。

20日　山东大学校长樊丽明来威海校区调研。山东大学副校长、山东大学（威海）校长刘建亚主持会议。校区党工委书记尹作升，校区领导韩建新、赵玉璞、刘海、郭培良、周慧如、夏利东、黄凯南出席座谈会。会上，夏利东、黄凯南、郭培良结合各自分管工作，分别进行了工作汇报。

22日　校区召开2019年暑期校区领导班子工作务虚会。校长刘建亚出席会议并讲话。校区党工委书记尹作升主持会议。校区领导韩建新、赵玉璞、刘海、郭培良、周慧如、夏利东、黄凯南出席会议。

23日　新一代人工智能与自动化论坛（威海）在威海校区举办。全国政协常委、国际核能院院士、中国人工智能学会不确定性人工智能专委会主任张勤，新加坡工程院院士、新加坡国立大学教授葛树志，加拿大工程院院士、中国香港中文大学教授孟庆虎，山东大学副校长、山东大学（威海）校长刘建亚，中国自动化学会理事李贻斌教授，山东省自动化学会监事长王起功出席开幕式。

24～25日　第十四届“恩智浦”杯智能汽车竞赛全国总决赛在威海校区举行。来自全国185所高校、391支队伍、共计1700余名师生参加比赛。校区智能车队获国家一等奖3项、二等奖4项。

25～29日　“中国阐释学理论与实践”高级研修班在威海校区举办。中国社会科学院原副院长、中国社会科学杂志社总编辑张江教授，中国社会科学院大学党委常务副书记、中国社会科学院大学校长张政文教授，校区党工委副书记周慧如出席开班仪式。

31 日　艺术学院教师郭敏、张琳仙创编的舞剧《西楚霸王》荣获第十一届山东省“泰山文艺奖”舞蹈类唯一的一等奖。

31 日～9 月 1 日　澳大利亚国立大学、西澳大学、皇家墨尔本理工大学、塔斯马尼亚大学等澳大利亚合作高校代表来校参加威海校区中外合作办学专业迎新活动。8 月 31 日，山东大学副校长、山东大学（威海）校长刘建亚会见澳大利亚国立大学理学部部长 Kiaran Kirk 一行。9 月 1 日，澳大利亚高校代表分别与新生和家长举行见面会。

本月　董恩清教授团队在医学成像领域国际顶级期刊 *IEEE Transactions on Medical Imaging*（IEEE TMI）发表关于肺部 4D CT 图像配准的最新成果。

9 月

1 日　校区领导班子召开专题会，学习贯彻学校新学期工作会议及暑期务虚会精神，特别是认真学习了郭新立书记、樊丽明校长在学校领导班子暑期工作务虚会上对威海校区事业发展的指导意见。威海校区校长刘建亚出席会议并讲话。校区党工委书记尹作升主持会议。

同日　山东大学澳国立联合理学院 2019 级新生和家长见面会在闻天楼报告厅举行。山东大学副校长、山东大学（威海）校长、山东大学澳国立联合理学院院长刘建亚，澳大利亚国立大学副校长、理学部部长 Kiaran Kirk 教授出席见面会并讲话。澳大利亚国立大学理学部各专业研究院负责人、理学部国际关系合作部有关负责人，全体 2019 级联合理学院新生及家长参加见面会。

2 日　校区印发《山东大学（威海）国际政治与国际经济双学位实验班管理办法》（山大威校教字［2019］18 号）。

2～20 日　校区 2019 级本科生进行军训。

5 日　校区党工委书记尹作升在知行楼主持召开安全工作专题会议。会议传达落实教育部、山东省委、山东省委教育工委、山东大学党委有关安全工作的会议精神，安排下一步校区安全工作。校区常务副校长韩建新、党工委副书记周慧如出席会议。

同日　“长安威海——政法新媒体矩阵联盟”成立仪式举行，中共威海市委常委、政法委书记傅广照出席仪式并发表讲话。校区与威海市政法委合作共建的“威海市政法新媒体发展研究中心”作为新媒体矩阵现有的三个联盟成员之一正式宣告成立。校区党工委副书记赵玉璞出席仪式，并与市公安局党委副书记、政委李刚一起为研究中心揭牌。

7 日　山东大学（威海）商学院、山东大学服务贸易中心在校区举办“新中国 70 年：国际贸易理论演进和服务贸易创新发展高端论坛”。

同日　第十二届全国人民代表大会财政经济委员会副主任委员、重庆市原市长、中国国际经济交流中心副理事长黄奇帆先生受邀做客稷下讲坛，作题为《新时代国际贸易新特征、新趋势》的主题报告。

9 日　校区在知行楼举办 2019 年应征入伍学生欢送会。校区党工委副书记、纪工委书记郭培良出席会议并讲话。

同日　校区召开庆祝 2019 年教师节座谈会，主题为“立德树人，强院兴校，一体发展”。副校长刘海出席会议并讲话。

10 日　山东大学在中心校区音乐厅举行 2019 年教师节庆祝大会暨优秀教师颁奖典礼，威海校区设视频分会场。来自威海校区的山东大学第十一届“我心目中的好导师”夏利东教授，“最美高校辅导员”范蕊老师，2019 年度“山东大学先进教育工作者”王小利，2019 年度“山东大学优秀教师”张红军教授、史全岐教授等优秀教职工参加典礼并接受表彰。

11 日　校区设视频分会场参加山东大学“不忘初心，牢记使命”主题教育动员部署大会，深入贯彻落实习近平总书记关于“不忘初心，牢记使命”主题教育的重要讲话和重要指示批示精神，按照中央要求，对学校开展主题教育进行动员部署并提出要求。党委书记郭新立出席会议并作动员部署，校长樊丽明主持会议并讲话。中央第四指导组副组长、教育部科技司副司长张国辉出席会议并讲话。

12 日　校区第一期学科交叉学术沙龙举行，主题为“东部边疆数字人文研究——秦时明月汉时城的仰望与触摸”。东部边疆数字人文研究团队核心成员以及东北亚学院、机电与信息工程学院、艺术学院师生 50 余人参加沙龙活动。

16 日　校区庆祝中华人民共和国成立七十周年教职工合唱比赛在知行会堂举行。校区党工委书记尹作升，常务副校长韩建新，副校长刘海，党工委副书记、纪工委书记郭培良，党工委副书记周慧如，副校长夏利东出席活动。

18 日　山东大学党委副书记仝兴华来威海校区调研，就扎实推进校区安全工作举行座谈。校区党工委书记尹作升主持座谈会。校区常务副校长韩建新出席座谈会。

20 日　山东大学新文科建设研讨会在威海校区举行。校长樊丽明出席会议并讲话。山东大学副校长、山东大学（威海）校长刘建亚出席会议。研讨会由山东大学（威海）常务副校长韩建新主持。会上，山东大学本科生院院长、本科招生办公室主任刘传勇介绍了《山东大学新文科建设工作方案（2019～2021）》（征求意见稿）有关内容，与会人员围绕工作方案进行了研讨，并提出了修订意见和建议。

同日　山东大学校长樊丽明与威海市委书记王鲁明就进一步推进校地合作共建事宜进行座谈交流。威海市委常委、秘书长侯世超，威海市副市长张伟，威海高新区党工委书记、管委会主任刘伟；山东大学副校长、山东大学（威海）校长刘建亚，山东大学（威海）党工委书记尹作升等参加座谈。

同日　山东大学（威海）2019 级新生开学典礼暨迎新晚会举行。山东大学校长樊丽明出席典礼并讲话，山东大学副校长、山东大学（威海）校长刘建亚主持典礼。山东大学（威海）党工委书记尹作升、校区领导班子全体成员出席活动。

22 日　校区第一期校友思政大讲堂在闻天楼举行。山东大学 1996 届校友、上海威派格智慧水务股份有限公司董事长李纪玺做客大讲堂，并受聘为校区就业导师。校区党工委副书记、纪工委书记郭培良出席活动，并为李纪玺颁发就业导师证书。

26 日　山东大学党委书记郭新立在威海校区主持召开座谈会，听取校区领导班子成员工作汇报，并对相关工作提出了指导意见。

27 日　共青团山东省委副书记刘少华来威海校区调研共青团工作。校区党工委书记尹作升在知行楼会见刘少华一行。校区党工委副书记、纪工委书记郭培良，共青团威海市委书记许宏妮等出席活动。

29 日　威海校区设视频分会场，参加山东大学领导班子“不忘初心，牢记使命”主题教育第二次集中学习研讨。

29～30 日　校区承办的 2019 年信息通讯与信号处理国际会议在威海召开。山东大学（威海）副校长刘海出席开幕式并致辞。本届会议以“信息通讯和信号处理应用技术及产业化发展”为主题，共吸引了来自中国、美国、加拿大、德国、挪威、印度、韩国、日本等 7 个国家的 116 名专家、学者参会。

30 日　校区举办“同升国旗同唱国歌”集体升旗仪式。校区领导，机关各职能部门负责人，各学院党委书记、副书记、全体辅导员、2019 级全体学生参加仪式。

本月　校区 34 个项目获批 2019 年度山东省社科规划项目立项，立项数量比上年提高 26％。

10 月

8 日　根据山东大学文件（山大党任字［2019］43 号），经 2019 年 9 月 23 日第十四届党委第 37 次常委会研究决定：吕广世任山东大学澳国立联合理学院执行院长，试用期一年，免去其数学学院副院长职务。

9～10 日　艺术学院青年合唱团获 2019 山东合唱比赛“金牌合唱团”奖，指挥刘巍获优秀指挥奖。

11 日　校区设视频分会场，参加山东大学“不忘初心，牢记使命”主题教育专题党课。学校党委书记、学校“不忘初心，牢记使命”主题教育领导小组组长郭新立以《为国育贤守初心，强校兴国担使命》为题作专题报告。中央第四指导组副组长、教育部科技司副司长张国辉出席报告会。

12～13 日　由文化传播学院主办的“跨学科：现当代文学与华文文学”学术研讨会在威海校区召开。校区党工委副书记周慧如出席开幕式并致辞。

13 日　由山东大学国际问题研究院、东北亚学院主办，威海市社会科学联合会、威海市刘公岛管理委员会合作举办的“第四届中华复兴论坛：新时代海洋命运共同体构建”在威海召开。中共中央对外联络部政策研究室主任栾建章，国家海洋信息中心总工程师、研究员王晓惠，山东省委决策咨询委员会办公室主任、一级调研员王中平，威海市委党校常务副校长、胶东（威海）党性教育基地管理办公室主任曲赓，威海市社会科学联合会主席刘昌毅，威海市刘公岛管理委员会党委书记、主任、威海文旅发展集团党委书记、董事长刘震等出席本次论坛。山东大学（威海）党工委副书记、东北亚学院院长赵玉璞主持开幕式。

13～15 日　校区两件作品获第五届中国“互联网＋”大学生创新创业大赛全国总决赛银奖，取得参加该项赛事以来的最好成绩。

16 日　校区在知行楼召开年轻干部调研座谈会，党工委书记尹作升主持会议并讲话。党工委副书记周慧如出席会议。座谈会上，校区五位赴新加坡南洋理工大学研修回国管理人员分享了学习成果。

17～20 日　校区承办山东大学第四届齐鲁青年论坛分论坛。

18 日　中国科学院院士、美国艺术与科学院院士、北京大学副校长田刚做客稷下讲坛，为校区师生作题为《欧拉公式和计数几何》的报告。校长刘建亚主持报告会。

19 日　韩国大邱寿城区区长金大权率团访问威海校区，校区党工委副书记赵玉璞与来访客人进行交流座谈。

19～20 日　校区组织 4400 多名学生赴刘公岛开展主题为“青春献祖国，奋斗谋复兴”爱国主义教育活动。2019 级全体本科生、研究生新生以及 2017 级本科生党员参加活动。

24 日　中国前驻希腊、爱尔兰大使、中国驻旧金山总领事（大使衔）罗林泉做客校区第 36 期“大使讲坛”，为校区师生作题为“我亲历的外交工作”的报告。校区党工委副书记、纪工委书记郭培良主持报告会。此前一日，罗林泉及夫人做客校区第 113 期林海文化论坛。

25 日　校区党工委书记尹作升在知行楼为校区机关及直属单位科级干部讲“党员干部应强化责任担当”专题党课。

26～27 日　山东大学一校三地学生健康活力大赛在威海校区举办。来自一校三地的 17 支学生代表队参加活动。

29 日　校区党工委领导班子在知行楼召开对照党章党规找差距专题会议。党工委书记尹作升主持会议并带头作对照检视。校区党工委其他班子成员参加会议。

30 日　威海校区领导班子“不忘初心，牢记使命”主题教育调查研究成果汇报交流会在知行楼举行。山东大学党委副书记、纪委书记陈向阳出席会议。校区党工委书记尹作升主持会议。学校第七指导组组长李建平到会指导。

同日　塔斯马尼亚大学校长 Rufus Black，常务副校长 Rob Wilson 一行访问威海校区。山东大学副校长、威海校区校长刘建亚会见来访客人。

同日　中国工程院院士、中国勘察设计大师、上海江欢成建筑设计有限公司董事长江欢成访问艺术学院并开展座谈。

31 日　著名昆曲艺术家、中国艺术研究院研究员、研究生导师刘静应邀到艺术学院作《感受昆曲之美——春色如许》学术报告。报告会前，校长刘建亚向刘静颁发客座教授聘书。

31 日～11 月 2 日　校区参与承办的第十届全国空间碎片学术交流会在威海召开。来自全国 70 多家单位的 220 余名代表参加会议。国防科工局系统工程一司副司长于国斌、中国工程院院士戚发轫、威海市人民政府副市长张伟、山东大学（威海）常务副校长韩建新、北京卫星环境工程研究所副所长张春元、山东省工业与信息化厅军民融合处处长龙希江出席开幕式并致辞。会议开幕式和闭幕式由中国空间技术研究院科技委主任李明主持。

本月　山东大学威海前沿交叉科学研究院冯奎双教授以通讯作者身份在 *Nature* 子刊《自然一可持续发展（*Nature Sustainability*）》上发表了题为“拉丁美洲和加勒比海地区向贫困人口实行现金转移支付的碳税制度”(Cash Transfers for pro-poor carbon taxes in Latin America and the Caribbean）的研究论文。

11 月

2 日　山东大学（威海）2020 届毕业生秋季双选会在体育训练馆举行。此次双选会共吸引 170 家用人单位参会，提供就业岗位 9000 余个。

5 日　山东大学（威海）——哈尔滨工业大学（威海）校际课程共建暨学分互认协议签约仪式在哈工大（威海）举行。山大（威海）常务副校长韩建新、哈工大（威海）副校长钟诗胜出席会议，山大（威海）教务处长王湘云、哈工大（威海）教务处长姜永远代表双方签署协议。

7～12 日　校区在 2019 年“挑战杯”全国大学生课外学术科技作品竞赛终审决赛中，获二等奖 4 项、三等奖 2 项，团体总分名列山东省第二名。

8 日　山东大学党员教育基地揭牌仪式在山东荣成郭永怀事迹陈列馆举行，威海校区领导班子围绕“落实党代会精神，推动校区跨越式发展”这一主题开展了“不忘初心，牢记使命”主题党日活动。山东大学（威海）党工委书记尹作升，荣成市委常委、组织部部长张国杰在仪式上致辞，并共同为党员教育基地揭牌。威海校区领导班子成员韩建新、赵玉璞、刘海、郭培良、周慧如、夏利东出席仪式。周慧如主持仪式。仪式后，校区领导班子在郭永怀事迹陈列馆开展了“不忘初心，牢记使命”主题教育党日活动。

19日　校区前沿交叉环境经济学研究团队成员冯奎双教授首次入选科睿唯安2019年度“高被引科学家”名单。

22日　第十届“刘公岛杯”大学生思想政治风采大赛在知行会堂举行。校区党工委书记尹作升，党工委副书记周慧如，威海文旅发展集团有限公司党委委员、副总经理孔祥极出席大赛。

29日　山东大学校长樊丽明来威海校区调研指导学科建设工作。山东大学副校长、威海校区校长刘建亚一同调研并主持相关座谈会。威海校区党工委书记尹作升，校长助理、青岛校区副校长贾磊陪同调研。

30日　山东大学澳国立联合理学院成立大会在威海校区举行。山东大学校长樊丽明，威海市委副书记、市长张海波，澳大利亚国立大学教务长 Mike Calford 等出席大会并致辞；澳大利亚驻华大使馆教育与研究公使衔参赞贺蓉歌女士向联合理学院的成立发来祝贺视频。山东大学副校长、威海校区校长刘建亚主持大会。澳大利亚国立大学理学部部长 Kiaran Kirk，澳大利亚教育管理集团总裁李新庆、总监王晶，山东大学威海校区党工委书记尹作升，校党委常委、宣传部部长桑晓旻，校长助理贾磊等出席大会。成立大会上，与会嘉宾共同为山东大学澳国立联合理学院揭牌。山东大学澳国立联合理学院（SDU-ANU JOINT SCIENCE COLLEGE）是经教育部批准，开展本科层次学历教育的中外合作办学机构。联合理学院的办学双方为山东大学和澳大利亚国立大学，学院设有数学与应用数学、应用物理学、应用化学和生物科学四个本科专业，以两校传统优势学科为基础，引进澳大利亚国立大学的教学模式、课程体系以及教学资源，采用国际先进的办学理念和教学质量评估标准，使毕业生具有前往世界名校继续深造和全球就业的能力，培养具有国际视野、创新精神和实践能力的精英人才。

本月　威海校区推荐2020年优秀本科毕业生免试攻读研究生工作再次取得新突破。共有455名学生被成功推荐到各高校攻读研究生，占校区2016级应届本科毕业生总数的12.22%，再创历史新高。在推免学生中，攻读硕士学位学生407名、直博生48名。其中，377名推免生被“双一流”建设高校和中国科学院大学录取，占推免生总数的82.86%。

12月

4日　威海市“12·4”国家宪法日暨山东大学（威海）法治文化节集中宣传活动在校区举行。威海市委常委、宣传部部长刘广华，校区党工委副书记周慧如出席活动并共同为威海市法治宣传教育研究基地揭牌。威海市司法局局长李元敬主持活动。

10 日　　威海银兴集团向威海校区捐赠仪式在知行楼举行。捐赠仪式前，校长刘建亚会见威海银兴集团董事长郝凡森先生，并为其颁发续聘威海校区兼职教授聘书。校区党工委书记尹作升出席捐赠仪式并致辞。仪式上，威海银兴集团捐资 40 万元人民币，支持学校教育事业发展。赵玉璞代表校区接受捐赠，并向郝凡森颁发捐赠证书。

16～20 日　校区常务副校长韩建新应邀率团赴韩国启明大学、清州大学、祥明大学、韩国教职员共济会等机构进行友好交流访问，并签署有关学生交流合作协议。17 日，韩建新与清州大学教务副校长朴浩构分别代表双方学校签署了预科班合作协议。18 日，韩建新与祥明大学教务副校长禹济烷分别代表双方学校签署了艺术类专业的学生交换协议书。

20 日　　著名书法家、校区兼职教授张雪明做客稷下讲坛，为校区师生作题为《启功先生的学艺历程及艺术成就概述》的学术报告。校长刘建亚主持报告会。

同日　　校区党工委书记尹作升到联系班级——机电与信息工程学院 2017 级量子信息工程实验班宣讲党的十九届四中全会精神，讲授专题思政课，并与同学们深入交流。

20～22 日　山东省京剧院来校区举办了三场京剧演出。威海市委常委、组织部部长刘运，山东大学副校长、山东大学（威海）校长刘建亚，山东大学（威海）党工委书记尹作升，党工委副书记赵玉璞、周慧如等出席活动。

22 日　　山东大学空间科学研究院战略规划委员会暨课题组长评估会议在闻天楼召开。空间科学研究院战略规划委员会主任汲培文研究员任会评专家组组长，战略规划委员会委员国家天文台党委书记、副台长赵刚研究员，山东大学副校长、山东大学（青岛）校长韩圣浩教授，山东大学副校长、山东大学（威海）校长刘建亚教授，陈冠军教授、梁作堂教授参加会议并担任专家组成员。

24 日　　韩国忠南大学副校长李准宪一行访问威海校区，校区副校长夏利东会见来访客人。

28 日　　校区参与承办的 2019 中韩（威海）人才交流合作大会在东山宾馆举行。韩国驻青岛总领事馆总领事朴镇雄，山东省政府外事办公室副主任李永森，威海市委副书记、市长张海波，山东大学副校长、山东大学（威海）校长刘建亚等出席开幕式并致辞。威海市委常委、组织部部长刘运主持会议。大会开幕式上，由山东大学（威海）、威海人才协会、迪尚集团和韩国湖西大学、韩中文化经济友好协会、兰草亚洲创业投资株式会社为主要发起人，部分在威韩资企业和韩国机构等共同参与成立了“中韩人才交流合作金桥联盟”。会上，山东大学（威海）与韩国忠北大学签署了合作协议。校区党工委副书记赵玉璞主持主题论坛。

同日　　校长刘建亚到联系班级——数学与统计学院 2017 级数学与应用数学班宣讲党的十九届四中全会精神，讲授专题思政课，并与同学们进行了交流。

29 日　中国自贸区高质量发展论坛在威海校区举行。山东大学副校长、山东大学（威海）校长刘建亚，中国贸促会商事认证中心副主任闫芸，山东工商学院副校长王艳明出席论坛并致辞。山东大学校长助理、人文社会科学研究院院长邢占军主持开幕式。

同日　山东大学（威海）2020 新年音乐会在知行会堂举行。校区党工委书记尹作升，校区领导赵玉璞、刘海、郭培良、周慧如、夏利东等出席音乐会。

本月　华东政法大学刘松山教授受聘为学校兼职特聘教授，武汉大学秦前红教授受聘为学校兼职讲席教授。校区常务副校长韩建新、副校长刘海分别为刘松山、秦前红颁发聘书。

本月　校区两项国家社科基金重大项目获批立项，分别是张红军教授担任首席专家投标的“西方自然美学通史”和孙光宁教授担任首席专家投标的“社会主义核心价值观背景下的案例指导研究”。

（赵林林）

附属医院

齐鲁医院

2019年，在国家卫生健康委、山东省卫生健康委和山东大学的坚强领导下，山东大学齐鲁医院坚持以习近平新时代中国特色社会主义思想为指导，深入贯彻落实党的十九大和十九届二中、三中、四中全会精神，按照国家卫生健康工作统一部署和“健康中国”“健康山东”、学校“双一流”建设要求，实施“医疗立院，学科强院，人才兴院，依法治院，党建领院”五大发展战略，围绕建设国内一流、国际知名高水平研究型医院这一战略目标，以“追求卓越，只争朝夕”的奋斗姿态全面推进各项事业，医院发展改革呈现出新气象。

一、主要业务工作

医院全年门急诊服务量达496万人次，出院病人23万人次，手术量10万台次。医院在香港艾力彼医院管理研究中心2019年发布的“中国医院竞争力·顶级医院100强”排行榜中位列全国第18位。全面启动130周年院庆筹备工作，“文化院庆·学术院庆·智慧院庆”的院庆工作氛围和社会氛围已经初步形成。

二、医疗工作

进一步完善院科两级医疗质量管理组织，应用科学管理工具持续改进医疗质量与安全。2019年平均住院日8.41天，同比下降0.6天，住院患者死亡率、好转率、医院感染率、手术部位感染率等医疗质量安全指标持续优化；抗菌药物使用强度（DDD）降至34，达到国家卫生健康委要求；加强院感内涵建设，采用智能化物联网监测手段提升医务人员手卫生依从性；消毒物品合格率达到100%，在国内首次提出并实施12项消毒供应质控指标。

围绕整体提升疑难复杂疾病和急危重症诊治能力，扎实推进国家疑难病症诊治能力（重症医学方向）提升工程建设。全面推进胸痛、卒中中心建设，成为国家高级卒中中心建设单位，在山东省“六大中心”建设中发挥了引领作用；加强临床新技术应用，开展AR（增强现实）骶神经调控手术等全国首例高水平手术多项，三四级手术占比、微创手术占比等医疗技术指标持续优化；主持或参与ITP（免疫性血小板减少症）等国际国内专家共识修订，充分发挥医院在优势技术领域的引领作用。

拓展诊疗服务内涵，推进多学科联合诊疗（MDT）和专病门诊建设。组建MDT团队24个，开设专病门诊22个；持续扩大日间手术范围，实现日间手术患者入院检查前置；医技检查提速增效，基本实现零预约；青岛院区增设全科医学、康复医学病房，门诊住院服务布局不断完善；推出身份证（就诊卡）线上充值退款、住院病历微信预约邮寄等服务，不断改善患者就医体验；开设国际医疗部，试点开展门诊服务；推进医保门诊患者智能审核、诊间结算等流程改造，提高智能审核水平。2019年度，门诊患者满意度达97.66%，住院患者满意度达98.75%。

完善护理质量评价指标体系。应用360度绩效考核法提高护理业务水平；积极应用管理工具进行质量改进，荣获国际级、国家级、省级品质管理比赛奖项18项，打造出业界知名的齐鲁护理品牌；扎实开展护士培训，全年完成理论及操作培训考核1.6万人次，荣获挪威护理技能大赛金奖。

医保扩面工作持续推进。医保病人出院结算13.8万人次，同比增长12.86%，联网结算率达98.71%；进一步规范重点病房管理，积极落实大病保险政策，将25种国家谈判药品管理落到实处；创新控费模式，连续五年争取到统筹基金追加经费，2019年获得追加经费1138万元、上年度统算奖励1305.8万元。

积极顺应医改新政策要求，持续降低药占比；搭建个体化用药指导管理平台，开设9个医药联合门诊，有效支撑医疗质量与安全；建设全国最大单体静脉用药调配中心(PIVAS)，持续提高服务患者能力；在全省牵头编写药物临床合理应用与管理专家共识，承担全省近40家医院的制剂调剂使用工作，充分发挥区域示范引领作用。

圆满完成干部保健任务和中国人民解放军海军成立70周年海上阅兵、全国两会等重大活动医疗保障任务；广泛开展志愿服务，齐鲁关爱生命健康志愿服务队、南丁格尔志愿服务队等成为医院开展社会服务的闪亮名片。

三、人才学科建设工作

成立学科建设办公室，加强学科建设顶层设计。举办“科技引领未来”科研与学科建设高峰论坛；实施学科交叉计划，整体对接山东大学各学院，推动学科交叉融合；围绕中长期发展规划任务和领导班子KPI指标，加强重点学科建设任务落实，推出学科建设专项奖励计划。在复旦大学医院管理研究所2019年发布的中国医院专科声誉排行榜上，齐鲁医院有6个学科跻身全国十强，其中急诊科排名全国第3位，康复科排名全国第6位；9个学科获得全国十强提名。

加强人才工作顶层设计，实施从院级杰青到院士的系统培育工程。坚持“走出去，请进来”人才战略，首次在海外举办人才洽谈会，参加首届京津冀卫生健康人才交流会，拓宽引才视野和渠道；灵活运用政策，创新工作模式，加大高层次人才引育力度。全年新增院士（山大兼职讲席教授）、泰山学者等高层次人才14人次，新增山大杰出人才体系相关岗位人才25人次；夯实人才梯队基础，增加“临床科研复合型”人才上升通道，鼓励科研业绩突出的青年人才脱颖而出；2019年新入院博士毕业生61人，非事业编专业技术人员180人；开展卫生技术与管理岗位助理研究员聘任工作，进一步畅通职工职称晋升通道。

四、科研工作

加大力度推动临床科学研究，作为挂靠单位成立山东大学临床研究中心，引领带动区域临床医学研究发展。举办国家临床医学研究中心建设方案院士论证会；升级改造基础医学研究所，建成公共生物样本库，青岛院区建成公共科研平台；完善科研平台考核机制，提升科研积极性；加强院企合作，促进科研成果转化；试行临床医疗人员科研带薪休假，鼓励开展原创性科学研究。2019年，科研项目经费共计近1.6亿元，创历史新高；获批国家重点研发计划项目和课题3项、国家自然科学基金项目70项；获得省部级科研成果一等奖3项，创近年新高；发表SCI收录论文数位列全国医疗机构第16位，Medline数据库收录论文数位列第21位，近十年（2009～2018年）论文被引用次数位列第14位；多篇高水平论文发表在《柳叶刀》等国际顶级医学期刊；新增省级科研平台2个，山东大学校级科研平台3个。

五、教学工作

加强师资队伍建设和教学质量监控。荣获山东大学大学生临床技能竞赛团体一等奖、团队赛第一名；成功举办“齐鲁医院稷下风”全国优秀大学生夏令营，扩大齐鲁临床医学影响力；加强研究生分类管理，加大临床实践管理与考核力度，研究生获奖学金数量占山东大学临床医学类获奖总数的54.3%；创新开展研究生奖学金评选奖励，为规培专硕研究生发放生活补助；全年毕业研究生发表SCI收录论文349篇，高影响因子论文比例持续提高。全院在院研究生2462名，在岗博导165人，硕导246人。

六、医师规范化培训工作

更新培训制度，提升专科内涵。开展住院医师与带教师资360度评估；增加教学实践能力岗前考核，完成新增师资认证工作，评审实施创新性研究专项22项；完成各类培训考核近1.3万人次，培训师资1200余人次，结业考核1370人次；临床技能模拟训练中心获评“心血管急救培训杰出中心”，成为山东省全科医学服务中心挂靠单位。

七、国际合作与交流工作

积极搭建创新型国际合作交流平台，加强与人才引育、科研合作、校友联络等工作机制的整合。全年派出3个因公出访团组；新增韩国庆尚国立大学医院等国际合作伙伴；与挪威卑尔根大学、瑞典卡罗林斯卡医学院达成合作意向；通过院际合作项目派出13名学者赴梅奥诊所等国际顶尖研究机构进修学习；全年接待国外来访团组70余个。

八、突发应急事件及卫生支援工作

发挥国家区域医疗中心作用，在全国牵头搭建急诊急救大联盟。与省内75家医院建立了分级诊疗技术协作关系，牵头成立了21个专科联盟；青岛院区成立医联体办公室，完善医联体管理机制；积极开展健康扶贫，全方位对口支援陕西省清涧县人民医院，精准对口支援河南省确山县人民医院等省内外医院10余家，赴甘肃省甘南藏族自治州开展巡回医疗活动。

九、医疗保障工作

优化医院战略发展顶层设计，建立领导班子务虚会制度。进一步完善科学民主决策机制，修订完善院务会议议事规则，民主集中制、“三重一大”、决策督办等执行规范有力，制度刚性显著增强；创新建立重点任务定期调度、医疗管理部门双周联席会议等工作机制；以三甲医院等级复核工作为抓手，全面梳理修订规章制度和工作流程，启动医院章程编制；青岛院区开展首期精细化管理活动，创新实施扁平化医院管理。

加强医改等国家政策解读，严格执行药品集采和耗材零加成政策；以三级公立医院绩效考核为契机，积极优化医疗技术服务和经济收入结构，持续完善绩效考核指标体系；完成预算管理信息系统和绩效奖金信息系统建设工作，启用电子化票据管理系统，提高财务管理信息化水平；实施妇儿综合楼、疑难病症诊治能力提升工程专项审计，审计合同金额1.18亿元；进一步健全合同联审制度，有效降低医院运行风险，维护医院合法权益。

统筹规划妇儿综合楼启用后腾空用房的流转使用，确保业务空间充分利用；院士实验室修缮改造项目完成规划设计，东院区手术室完成改造。进一步提升后勤服务社会化水平，通过招标更换中心院区物业公司，实现物业服务提质升级；积极推进后勤服务外包，智能化被服管理模式试运行效果良好；加强能耗控制，在业务量稳步增长的前提下，各项能耗指标基本保持稳定。

国有资产管理精细化水平稳步提升，疑难病症诊治能力提升工程按期推进，齐鲁医疗投资管理有限公司平稳运行，国有资产持续保值增值。成功入选国家第一批医用耗材唯一标识系统试点使用单位、国家卫生健康委政府采购管理平台试点项目医院。推进智慧医院建设，提升医院运行管理信息化水平，实现聚合支付和微信在线储值；推广部署静脉血栓栓塞监控系统（VTE)、临床床旁即时检验系统（POCT）等业务系统，实现影像检查胶片自助打印。

十、平安医院建设

积极开展“七五”普法教育，加强全员医患沟通能力培训，全年医疗纠纷调解成功率达75%；开展重大急危重手术（特殊诊疗）风险告知律师见证工作，有效防控重大医疗纠纷。深入开展扫黑除恶专项行动，完善警医联动工作机制，维护良好就医秩序，保障医务人员安全。

十一、党建工作

加强领导班子政治理论学习。全力推进医院《“十三五”发展规划》实施，以领导班子务虚会、主题教育研讨会等形式，针对制约医院发展的重点难点问题，进一步凝聚共识、形成合力、持续推进，做到了党建与业务同计划同部署同落实。加强干部队伍建设，积极谋划推动中层换届工作，组织领导干部和党务人员参加各类学习培训，提升干事创业的能力水平；坚持党管人才原则，指导实施学科强院和人才兴院战略，开创医院人才工作新局面。

聚焦提升组织力。构建医院党委、党总支、党支部、党员“四位一体”工作体系；顺利实施基层党组织按期换届选举工作，贯彻支部建在科室原则，对党支部设置进行调整；实施年度党组织书记抓基层党建突破项目 49 个；加强“双创”工作室建设，积极培育“双带头人”，进一步强化落实党支部抓基层党建工作目标责任制。

实施加强和改进机关作风建设、医疗乱象专项整治、医疗卫生领域民生问题专项整治三个专项行动，进一步转变机关和行业作风；开展党章党规党纪教育，组织处级以上干部观看《叩问初心》警示教育片等；健全监督体系，推进纪检体制改革；制定党风廉政建设责任清单，坚决查处违反中央八项规定精神问题；有效运用监督执纪“四种形态”，不断肃正党风政风行风。

牢固坚持马克思主义指导地位，牢牢把握意识形态工作领导权、主导权、主动权；建立健全意识形态工作分析研判、舆情处置、督导检查等长效工作机制；定期排查摸底，防范和抵御宗教渗透；强化阵地管理，加强网络安全管理，严格落实哲学社会科学讲座报告“一事一报”制度；坚持从讲政治的高度全面统筹安全稳定工作。

十二、行业文明建设

以院庆筹备工作为主抓手，加强医院文化建设顶层设计；围绕新时代医院精神，结合庆祝新中国成立 70 周年等重要时间节点，挖掘新闻亮点，选树典型人物，讲好齐鲁故事，持续提升医院影响力与美誉度；全年组织“我爱齐鲁·做合格齐鲁人”大讨论等文化建设活动 20 余次，有效提升了全院干部职工干事创业的精神风貌与责任担当。

（张 啸　赵 玲　连雪洪）

第二医院

一、医院概况

山东大学第二医院是国家卫生健康委员会委属（管）医院，也是百年老校山东大学的附属医院，是集医疗、科研、教学、预防、保健为一体的大型综合性三级甲等医院。

2019年，医院入选首批委省共建国家区域医疗中心成员单位，携黄北跨打造“一院三区”战略已定，医技综合楼日新月异华丽亮相，学科影响力高歌猛进捷报频传。

二、党建工作

深入学习习近平新时代中国特色社会主义思想，用“四个意识”导航、用“四个自信”强基、用“两个维护”铸魂，推进落实《关于加强公立医院党的建设工作的意见》，获评健康报“卫生健康基层党建创新案例奖”，荣获山东教育系统“先进基层党组织”称号，全国三甲医院党务干部来院参观交流。

1. 抓好主题教育。在学校“不忘初心，牢记使命”主题教育第九指导组的指导下，把学习教育、调查研究、检视问题、整改落实有机融合、贯穿始终。按照“五个一”要求，围绕5个专题集中学习研讨，班子成员带头讲授专题党课8场次，深入基层调研11次，梳理并整改突出问题17个，主题教育成效明显。

2. 抓细思想政治。切实加强政治理论学习，组织党委中心组学习14次，加大党员干部思想政治教育。加强意识形态管理，专题研究政治安全和意识形态问题4次，制定修订相关制度4项，严格实施网站、微信、微博等备案制。加强精神文明建设，顺利通过省直文明单位复审。

3. 抓稳干部队伍。坚持正确选人用人导向，调整补充机关后勤及临床医技干部21人次；加强干部管理，对全院中层正副职人员因私出国（境）严格审批；完成84名试用期满干部考核。

4. 抓实基层党建。坚持“应建尽建”，设立8个党总支，调整至46个党支部，完成换届选举，配强支部班子。落实“双带头人”培养，组织支部书记赴井冈山开展党性教育等。继续运用“两条线”思维，加强党员教育管理。全院讲授各层次专题党课50余场，梳理突出问题17个，针对所有检视问题提出 整改方案，明确责任人，划定时间表。开展“三会一课”进行指导，对落实情况进行检查，并纳信支部考评范围。全年发展党员 37 人，预备党员转正 21 人，接收转入党员 36 人，目前全院党员（含校医院）共 838 人。

5. 抓严党风廉政。做好中央巡视、校内巡察问题整改，写好“后半篇文章”。狠抓中央八项规定精神落实，坚决反对“四风”，支持纪律监督执纪问责，带头述职述廉，接受群众监督。签订党风廉政建设责任书及职工诚信守法承诺书，组织党风廉政建设责任制考核；落实“一岗双责”，召开党风廉政与行风建设专题报告会，组织观看廉政教育片；组织赴山东省廉政教育馆开展预防职务犯罪警示教育；举办“清风课堂”，开展“五位一体”廉洁教育；突出执纪审查教育功能，注重身边案例警示教育。

6. 抓牢工团和统战。完成部门工会换届调整和职代会代表换届选举；征集职工代表提案 61 件并一一办复；扎实开展“暖心工程”活动。坚持“党建带团建”，全年累计推优 23 人；完成团支部整顿，健全团干队伍；组织青年文明号开展活动，急诊医学中心获评医院第一个国家号，麻醉二科、第二手术部获评省级号，新增 3 个校级号；丰富志愿者活动，674 名医务工作者献血 18.5 万毫升，胸外科“绿肺行动”、乳腺外科“爱相聚”、急诊医学中心“四叶草”等志愿活动已成品牌，获评“山东省医务社工与志愿服务工作先进单位”。发展民主党派成员 3 人，参加学校统一战线专题培训班。

7. 抓活宣传工作。聚焦医院中心工作，拓展宣传平台，与新华社电视台《新华大健康》《人民日报》健康客户端等国家级官媒平台建立合作。王成伟教授参与录制的《手术两百年》在央视九套播出，宣传片《小儿患者的生命守护神——陈雨历》获评中组部第十五届全国党员教育电视片优秀奖，《学习强国》推送宣传稿件 9 篇，山东电视台《身体健康》《医案》《名医话健康》等播出专题百余期，山东大学网站投稿量居全校第一，连续多年获评学校新闻宣传先进单位。

三、医疗服务

门急诊量同比增长 10.1%；出院患者同比增长 9.6%；手术量同比增长 14.2%；医疗收入同比增长 14.4%；全年实现收入总额同比增长 15.0%。

1. 临床专科和技术再突破。检验医学、传染感染、康复医学和变态反应等 4 个学科/专科入围中国医院专科声誉（复旦版）华东区排行榜，其中检验医学跻身全国第 14 位。胸外科“肺癌多学科精准诊疗”和乳腺外科“乳腺癌综合诊疗”获批国家重大疾病多学科合作诊疗能力建设项目；继呼吸内科“肺部疾病精准诊疗”之后，消化内科“胃肠肿瘤内镜诊疗”再获批省级临床精品特色专科。中国房颤中心、中国绿色电生理联盟心律失常诊疗中心落户医院，“夫精人工授精技术”通过评审，生殖医学科正式开诊。建设“六大中心”，卒中中心加入山东省和济南市卒中地图，成立 18 个多学科联合诊疗中心。开展 24 项医疗新技术和 38 项护理新技术新项目，省内甚至国内领先的技术领域不断拓展。

2. 医疗质量和安全再加强。加大对重点患者监管力度；开展院感拉网排查，梳理整改 13 个方面 32 项问题；完善护理技术操作考核标准、流程等 62 项，制定“护理安全零容忍”项目 22 项，试点实施 SBAR 交班模式，落实护理质量每日巡查、每月督导及安全日历管理；推进临床路径电子化。严格药品和耗材管理，规范高值耗材临时采购流程。开展66个品管圈项目，斩获山东省第三届品管圈大赛一等奖2项和第七届全国医院品管圈大赛二等奖1项。

3. 服务内涵和效率再改善。进一步改善医疗服务60条措施，持续开展优质护理服务行动计划，病区6S管理初见成效；加强专科护理管理，推进糖尿病、伤口造口、PICC、助产士等护理专科门诊工作，个案管理师工作探索实施效果良好；提供延伸护理服务，获评全国护理科普教育基地。干部保健工作有序推进。简化退费流程，扩展缴费渠道，自助机实现现金支付，门诊窗口支持微信、支付宝扫码支付。上线手机门诊智能导航，增设手机APP院内导诊服务。更新患者预约界面，持续优化分时段预约，预约率为54.7%。

四、科研与教学

1. 科研成效逐步显现。烧伤外科学、耳鼻咽喉科学、心血管病学、泌尿外科学、胸外科学等5个学科进入中国医院科技量值（STEM）全国百强。

2. 科研项目组织有力度。申报各级各类课题511项，中标146项，其中国家级项目22项（国家自然科学基金项目18项），省部级课题47项；介入医学科牵头的“中西医结合胆石症防治”项目获批省财政经费1000万元。科研成果质量有提升，在*Nature Communications*等杂志发表SCI论文203篇，平均IF 3.04，论文质量显著提升；获批专利20项，其中发明专利5项，实用新型专利15项。科研平台建设有进展，共建国家卫健委耳鼻喉科学重点实验室，新增山东省肿瘤新型生物标志物研发与转化协同创新中心、济南市胸部肿瘤临床医学研究中心、山东大学生命组学研究院及山东大学检验医学中心等科研平台。学术期刊建设有动作，落实强刊兴院，筹划*Current Urology* SCI收录，承办核心期刊《中国现代普通外科进展》。

3. 学生培养及医师培训能力不断增强。本科生教学改革项目17项，其中校级重点项目1项，4门慕课上线；完成30门课程共计3600余课时教学工作，安排9所医学院校789名学生轮转实习；在第八届山东大学大学生临床技能竞赛中获得团体成绩第二名，斩获单项优胜奖4个。研究生培养，举办医院首届全国优秀医学生夏令营；招收博士39人，硕士53人。住院医师规范化培训，通过山东省住院医师规范化培训基地现场评估，招收118名住培医师。继续医学教育，承担国家级继教项目26项，省级项目34项。先后获批成立中国心肺复苏培训中心、中国医师协会肿瘤放射性粒子植入治疗技术培训基地、山东省医师协会妇科内镜培训学院等平台。

五、人才队伍建设

组织人才项目申报30余人次，有2人入围国家优青答辩（山东大学医学领域共3人），全职引进山东大学齐鲁青年学者郭海洋，赵小刚教授入选山东省泰山学者特聘专家，王允山、杜鲁涛、叶兰入选山东省青年泰山学者，5人入选齐鲁卫生与健康领军人才培育工程。引进肝胆外科、血液内科及心内科等技术骨干4人，有效助力学科发展。新增山东大学博士生导师6人，继续实施博导支持与激励计划；新增省级以上学/协会主委6人，副主委22人。完善中青年骨干培养机制，发挥国家留学基金委公派出国项目等政府项目作用，派出 14 人出国交流；启动优秀中青年人才国际研修支持计划，继续实施杰出医师培养计划，派出 52 人到相关专业顶尖医院进修。夯实基础人才储备。

六、医院管理

1. 建立医院荣誉体系。集体奖增设“医疗立院·临床先锋奖”“科技强院·科研先锋奖”“教育兴院·育人先锋奖”及“学科影响力提升进步奖”；个人奖增设“杰出学科带头人·齐鲁头雁奖”“爱岗敬业·齐鲁医匠奖”及“杰出人才引荐人·齐鲁伯乐奖”。

2. 深化依法依规执业。迎接国家卫健委新一轮大型医院巡查，落实公立医院财务及内部价格管理自查自纠，接受山东省市场监管局医药卫生服务价格专项检查及省市医保局现场检查等。

3. 深化医药卫生体制改革。全面取消医用耗材加成，1965 条收费耗材实行“零差率”销售，调整 625 项医疗服务项目价格，全面落实三级公立医院绩效考核。

4. 强化经济管理。加强财务内控建设，梳理财务管理风险点，全面整治医疗欠费；完成政府会计制度改革，落实个税改革，调整公积金缴纳基数；完成预算编制，推进项目标准化管理；荣获国家卫健委资产决算工作先进单位一等奖。审计监督作用凸显，完成 2018 年度预算执行和财务收支审计，工程项目结算平均审减率为 16.6%。招标实行事前核准、事中监督、事后备案，建立“双编四核一会审”工程招标控制价审核制度，完成各类招标项目 100 余项。

5. 基建工程有速度。获批 2020 年专项建设资金 5300 万元；科研教学楼工程初步取得立项批复；东片区征迁纳入委省共建国家区域医疗中心共建协议；对接济南携黄北跨战略，与济南新旧动能转换先行区管委会签订院区建设战略协议。

6. 信息化建设有成效。加速以电子病历为核心的业务系统建设，电子病历通过四级认证；启动移动医护项目；启动住院病区结算，实现新旧医保升级过渡；医疗大数据全周期人工智能诊疗平台”入选国家卫健委“医疗健康人工智能应用落地最佳案例”。

7. 设备与药耗供给有提升。落实医技综合楼开办费项目财政拨款支付，4K 腹腔镜等 25 台设备安装完毕；实现设备报修巡检信息化，维修费降低 20%。上线医用耗材供应链管理系统（SPD），实现耗材精细化管理。

8. 后勤服务保障有突破。大物业统一管理，专业和效率明显提升；节能降耗效果显著；成功申请明德楼改造国拨资金项目支持；创新停车管理，引入 e-代驾提供代泊车服务；扎实做好消防、治安、反恐及扫黑除恶工作，荣获“2019 年度共建平安山东先进单位”称号。

9. 医养结合立标杆。开设中医治未病门诊，设立安宁疗护床位，逐渐形成治疗期住院、康复期护理、稳定期生活照料和临终期关怀一体化的健康养老服务；全年接待美国、日本、澳大利亚及国内交流参观团近 600 人次。

10. 校医院运行显成效。开设心血管、内分泌专家门诊，完成趵突泉校区国医堂建设，中心校区拓展适宜理疗项目，中医康复理疗服务水平显著提升；做好校园公共卫生保障和传染病防控；完成门急诊量 21.8 万余人次，教职医务员工体检 8000 余人次。

11. 医联体建设再发力。新拓展合作医院 16 家，医联体成员单位达到 42 家；成立胸外科专科联盟和癫痫专科联盟，包含 34 家成员单位；成立山东省甲状腺功能亢进健康医疗大数据科技创新联盟，全省 46 家医院参与，辐射带动作用进一步增强。

12. 招远分院五年发展迈入新阶段。启动三级医院等级评审，服务能力大幅提升。

13. 善德公司集团化实现新跨越。目前拥有 8 个部门和 4 个子公司，集团化发展更加有力规范，被评为纳税信用等级 A 级企业，荣获国家卫健委企业决算工作先进单位一等奖。，卫生技术主系列医疗人员学历结构不断优化。

七、文化建设

继续打造“有温度的医院”品牌、精品活动品牌和科普品牌，多媒介融合讲好二院故事，荣获“人文品牌风尚案例”“人文医院文化建设典型”“人文管理创新医院”。

1. 践行医院精神。不以路远而愁，不以亲别而孤，山大二院人始终践行着“尚义担当”的援子洲精神，始终奔赴在祖国和人民最需要的地方。创伤骨科刘中浩和医学影像中心杨玉海两位专家甘于奉献，大爱无疆，远赴塞舌尔已有一年多时间。像他们一样的还有 60 余位干部职工先后驻守在新疆、陕西子洲、甘肃华池及省内沂水、高青、东平、齐河及成武等地，为健康扶贫贡献着二院智慧和力量。“喀什光明行”再启程，深入喀什地区英吉沙县、麦盖提县两地，让 200 例白内障患者重见光明，六年足迹闪耀着医院精神，浸润着医院文化。

2. 续写温暖故事。涌现十余位典型人物温暖事迹，敬畏生命不分高低贵贱，救死扶伤不管时间地点。“病榻上问诊”的陈雨历教授，获评山东省“十大凡人善举”、第二届“山东健康卫士”终身成就奖、第四届“敬佑生命　荣耀医者”公益活动全国“人文情怀”奖和山东区“金柳叶刀”奖。还有一大批德艺双馨的专家获得各类殊荣，张庆林教授荣获中华医学会神经外科学分会“终身成就奖”，王树春教授荣获第三届“山东健康卫士”终身成就奖，许荣廷教授荣获“山东省急诊医学终身成就奖”，李玉亮荣获第三届“国之名医·优秀风范”称号，孙琳荣获“山东省十佳医师”，朱晓波荣获“山东省十佳青年医师”“省级最美医生”，崔霞荣获“省级最美护士”，林森荣登 2019 年度“好大夫”榜单，胡勇、郭建强、王成伟、王若义和姜宁等医师分别荣获“敬佑生命　荣耀医者”奖项，等等。“有温度的医院”项目获得山东大学“一院一品”重点支持，温情故事系列登上央视新闻，54 个二院故事汇集成《人间医味》。

3. 迸发文化活力。举办庆祝新中国成立 70 周年歌会，1500 多名职工唱响主旋律、弘扬正能量；开展“我们的传统节日”系列主题活动和关爱护传俱乐部兴趣小组系列活动，丰富广大职工文化生活；举行“努力奔跑　同心圆梦”国际护士节活动，开展“奏响科普最强音”第二届健康科普大赛，庆祝第二届中国医师节；组织“青春心向党·建功新时代”实践活动等，激发青春活力和奋斗热情；参加学校 2019 年田径运动会，获得教工组团体总分第一名，8 人获得个人项目第一名，展现健康向上的精神风貌。

（侯雯　袁玉起）